集成电路系列丛书
国家出版基金项目

集成电路产业全书

（上册）

王阳元　主编

电子工业出版社
Publishing House of Electronics Industry
北京·BEIJING

内 容 简 介

本书分上、中、下三册，全方位、多角度地介绍集成电路全产业链各个环节的相关知识，既综合了集成电路发展历程、应用技术、产业经济、未来趋势等内容，也详细讲解了集成电路设计、制造、生产线建设、封装测试、专用设备、专用材料等内容，还介绍了集成电路的新技术、新材料、新工艺以及前沿技术发展方向等具有前瞻性的新知识。

本书适合集成电路产业界、科技界、教育界、投资界等相关人员阅读，既可作为工具书也可作为技术参考书。

未经许可，不得以任何方式复制或抄袭本书之部分或全部内容。
版权所有，侵权必究。

图书在版编目（CIP）数据

集成电路产业全书：全3册/王阳元主编．—北京：电子工业出版社，2018.9（2025.10重印）．
（集成电路系列丛书）
ISBN 978-7-121-34822-8

Ⅰ．①集… Ⅱ．①王… Ⅲ．①集成电路产业-介绍-中国 Ⅳ．①F426.63

中国版本图书馆 CIP 数据核字（2018）第 174203 号

责任编辑：刘九如　刘海艳　张　剑
印　　刷：北京捷迅佳彩印刷有限公司
装　　订：北京捷迅佳彩印刷有限公司
出版发行：电子工业出版社
　　　　　北京市海淀区万寿路173信箱　邮编：100036
开　　本：720×1000　1/16　印张：131　字数：2423千字
版　　次：2018年9月第1版
印　　次：2025年10月第9次印刷
定　　价：600.00元（全三册）

凡所购买电子工业出版社图书有缺损问题，请向购买书店调换。若书店售缺，请与本社发行部联系，联系及邮购电话：(010)88254888，88258888。

质量投诉请发邮件至 zlts@phei.com.cn，盗版侵权举报请发邮件至 dbqq@phei.com.cn。
本书咨询联系方式：lhy@phei.com.cn。

《集成电路产业全书》编委会

主　　编：王阳元

副 主 编（按姓氏笔画排序）：
　　　　　王永文　张　兴　罗正忠　季明华
　　　　　周子学

编委会秘书长：王永文（兼）
编委会副秘书长：陈春章
编委会秘书：曹　健　蒋乐乐　徐小海

编委会成员（由各章编委会人员组成）

第1章　集成电路技术与产业发展

主　　编：郑敏政
副 主 编：王永文
编　　委（按姓氏笔画排序）：
丁　伟　王芹生　任爱光　刘　堃　严晓浪　李　珂
季明华　周玉梅　郑　凯　莫大康　夏　岩　钱佩信
徐小海　徐步陆　彭红兵　蒋守雷
责任编委：李　珂

第2章　集成电路产品门类与应用

主　　编：周生明
副 主 编：陈春章　王新安
编　　委（按姓氏笔画排序）：
王　红　王明江　邓　川　刘　欢　张盛东
胡刚毅　祝昌华　黄学良　董浩然　霍雨涛
责任编委：陈春章（兼）

第3章　集成电路产业经济与投资

主　　编：周子学
副 主 编：潘建岳
编　　委（按姓氏笔画排序）：
丁　伟　冯　科　刘　越　严衍伦
李芳芳　张　骋　蔡　颖
责任编委：李芳芳　冯　科

第4章　集成电路生产线建设

主　　编：张汝京
副 主 编：姜　镭　王毅勃
编　　委（按姓氏笔画排序）：
　　　　于兰藏　于永航　马传辉　刘　伟
　　　　刘　浩　李新国　肖德元　顾小剑
责任编委：于永航

第5章　集成电路设计

主　　编：魏少军
副 主 编：严晓浪　程玉华
编　　委（按姓氏笔画排序）：
　　　　尹首一　任奇伟　刘伟平　汤天申　李文宏　杨　军
　　　　杨俊祺　时龙兴　孟建熠　拜福君　倪　昊　曾晓洋
责任编委：尹首一

第6章　集成电路制造与企业管理

主　　编：季明华
副 主 编：王　煜　陈南翔
编　　委（按姓氏笔画排序）：
　　　　卜伟海　王跃林　刘英坤　吴汉明　陈向东　赵海军
责任编委：卜伟海　吴汉明

第7章　集成电路封装测试

主　　编：毕克允
副 主 编：于燮康
编　　委（按姓氏笔画排序）：
　　　　于大全　王国平　朱文辉　孙宏伟　肖　斐
　　　　吴　健　张志勇　罗　乐　唐　亮　黄安君
　　　　曹立强　梁新夫　虞国良　蔡　坚
责任编委：孙宏伟

第 8 章　集成电路专用设备

主　　编：叶甜春
副 主 编：尹志尧　赵晋荣
编　　委：（按姓氏笔画排序）：
丁培军　王　帆　王　晖　王志越　吕彤欣　杨　峰
张　东　张　昕　张志勇　张国铭　陈宝钦　陈福平
柳　滨　贺荣明　夏　洋　浦　远　程建瑞
责任编委：浦　远　夏　洋

第 9 章　集成电路专用材料

主　　编：杨德仁
副 主 编：康晋锋
编　　委：（按姓氏笔画排序）：
王茂俊　石　瑛　杨士勇　余学功　袁　桐
责任编委：余学功

第 10 章　集成电路基础研究与前沿技术发展

主　　编：张　兴
副 主 编：许　军　时龙兴
编　　委：（按姓氏笔画排序）：
于洪宇　王文武　王喆垚　刘晓彦　杨振川　吴汉明
吴南健　张　荣　施　毅　傅云义　蔡一茂
责任编委：蔡一茂

编辑出版委员会

主　　任：刘九如
委　　员：赵丽松　刘海艳　张　剑

古今多少事　都在文墨中

王阳元

编纂《集成电路产业全书》对我和我的同事们来说，都有着一个深深的情怀。虽然我们毕业于不同的院校，但毕业后都在从事与集成电路相关的工作，可以说终生与集成电路结下了不解之缘。我们都姓"集成电路"，都是"集成电路"家族中的一员。我们都有共同的心愿，就是要用集成电路的创新作为基石，铺设中华民族伟大的复兴之路。

索道于当世者　莫良于典

东汉思想家王符在《潜夫论·赞学》中说："索道于当世者，莫良于典。"可见"典"对于学习、传承、创新以育人、树业的重要性。编纂《集成电路产业全书》的宗旨，就是要使它成为集成电路产业发展需求下推动集成电路创新的"典"。

事情还得从1992年年初说起，当时在机械电子工业部微电子与基础产品司工作的一群年轻人，包括集成电路处和科技处的郑敏政、徐小田、陈贤、王永文等同志，基于当时集成电路产业及其重大工程实施过程中的需求，最早提出编写这样一本书的倡议。他们的倡议得到了部领导和司领导的欣然支持，从而自上而下地组织起100多名中青年科技工作者、工程师、产业管理人员来参加《集成电路工业全书》的编写工作，由我任主编。历时一年多，终于在1993年4月诞生了由电子工业出版社出版的《集成电路工业全书》，由时任电子工业部部长胡启立同志题写书名，时任国家计划委员会副主任曾培炎同志为此书作序。这本书出版后，立即受到了集成电路产业界、科技界和教育界的欢迎。20多年过去了，至今仍有人索要此书而不可得。

正如《集成电路工业全书》"编者的话"中所叙:"本书是一部既包括集成电路工业的技术、经济,又包括管理和产业建设的集成电路工业全书。它可以为我国从事集成电路工业管理的各级领导和在第一线工作的企事业干部、工程技术人员提供一本手册,便于经常参阅,使各个层次的决策更加符合客观规律;也可以作为教学参考书,使所培养的人才,不仅掌握集成电路工业技术,而且能够比较全面地了解集成电路工业的特点和规律。同时这本书还有助于科技工作者在从事相关领域研究工作时,能够方便地查阅所要了解的一些内容。"这正是我们的初心。

终究时代在发展,25年过去了,科学技术和产业的形态、规模、水平都在不断地发展着、变化着、前进着。例如,1993年版的《集成电路工业全书》对产业规模的预测仅到2000年,技术展望仅达到$0.12\mu m/300mm$硅片集成电路制造技术水平,而这早在2000年年初就被超越了;对器件发展的预测,有的已经变成现实,有的当时尚未被认识,特别是多栅、围栅等高性能、低功耗的新结构器件,而今已实现产业化,成为大生产的核心竞争力;如此等等。正因如此,亟待编纂一本适应现代集成电路产业发展需要的新版《集成电路产业全书》。初心不变,要继续前进。

岁月如梭,当年推动1993年版《集成电路工业全书》诞生的一批青年才俊,而今已过古稀之年,但他们仍然是新版《集成电路产业全书》的积极促进者,并亲历其中,起着核心和中坚的作用。为了适应发展的需要,在这班老同事的鼓动下,耄耋之年的我还是发动了新版《集成电路产业全书》的编纂工作。

但是,随着改革的深化、政府功能的转变,这次新版《集成电路产业全书》的编纂不可能采用1993年版《集成电路工业全书》那样的自上而下的组织方法。

2015年8月31日,我向国家集成电路产业发展咨询委员会(以下简称为"产业咨询委员会")、工业和信息化部(以下简称为"工信部")领导提出了编纂"集成电路系列丛书"(以下简称为"丛书")

的建议；作为"丛书"的第一册，则是编纂新版《集成电路产业全书》。该建议得到了工信部领导和产业咨询委员会主任的大力支持。

在此需要特别说明的是，最初我们计划沿用1993年版的书名，即《集成电路工业全书》。但是，随着编写和审稿工作的深入开展，我们感觉这本书介绍的内容涉及集成电路全产业链，再沿用《集成电路工业全书》这个书名就显得不够贴切。经编委会讨论通过，决定将书名更改为《集成电路产业全书》（以下简称为《全书》）。

产业发展的需求，同事们的积极参战，以及领导的热情支持，表明该是我们"直挂云帆济沧海"的时候了！2016年2月26日，在南方科技大学的支持下，我主持召开了"丛书"和《全书》编委会的筹备会议。会议对"丛书"和《全书》的编纂工作进行了总体设计，并在原来参加微电子学科和产业发展战略规划讨论的成员基础上，提出了编委会的第一批近百名编委的征求意见名单。

《全书》计划分为10章，拟请相关领域的权威专家任各章的主编和副主编，并建议设立责任编委，协助各章的主编落实编写工作。《全书》计划由约1000个词条组成，平均每个词条的篇幅约为1000字，若考虑到图和表，《全书》将是一部120万字至150万字的鸿篇巨制。

我们还要求在《全书》的编纂中，各词条名称均由中文简体字、中文繁体字、英文三种文字（体）构成，词条解释目前仍为中文简体字，但留有今后发展的空间。这样做的目的是，通过《全书》使有关集成电路产业各个环节的名词术语得到统一和规范，以利于今后海内外的学术交流。

2016年4月6日，就此构想，"丛书"和《全书》筹委会向我国集成电路相关领域的百余位专家发出了《征求意见函》，绝大部分专家回函表示将大力支持这项工作，同意在"丛书"和《全书》编委会中任职，并推荐了一批新的专家任编委。

在此基础上，2016年4月26日，工信部电子信息司代表产业咨询委员会秘书处发出了召开"丛书"和《全书》编委会工作会议的通知。5月7日，"丛书"和《全书》的编委会会议在北京召开，工信部电子信息司有关领导先后主持了会议，宣布"丛书"和《全书》编委会正式成立，并由我出任"丛书"和《全书》的主编。电子信息司司长还代表产业咨询委员会秘书处向到会的编委颁发了聘书。

电子信息司司长在全面阐述我国集成电路产业发展形势之后，指出"人才培养迫在眉睫，'丛书'和《全书》编纂的启动恰逢其时"，要求全体编委对"丛书"和《全书》的编纂树立起高度的责任心和荣誉感，"要与时俱进，贴近产业"，"要覆盖全面，科学准确"。

在编委会成立大会上，我引用了高尔基的"书籍是人类进步的阶梯"这一名句，以此来说明编纂"丛书"和《全书》的重要性，强调书籍无论是对产业发展、人才成长，还是对个人品质修养和素质的提高，均犹如"好雨知时节，当春乃发生。随风潜入夜，润物细无声"，会有潜在的、有力的推动作用，更是集成电路文化建设的一个重要组成部分。对于"丛书"和《全书》编纂过程中的若干重要问题，我做了如下说明。

（1）写作是一件严肃的事情，一定要在学习、传承的基础上创造新的知识，这样才能奉献于人类的进步，奉献于科技和产业的发展。学习、传承、创新，本身就是一个艰苦的劳动过程，来不得半点投机与取巧，"书山有路勤为径，学海无涯苦作舟"。

（2）我们在尊重自己知识产权的同时，一定要尊重他人的知识产权。决不允许有任何"抄袭"或"疑似抄袭"的行为，要知道任何一点或一个词条若有学术不端的行为，就会毁掉整个"丛书"和《全书》，毁掉所有参与写作的人员的劳动成果和声誉。这一点将是我们今后书稿审查工作的重中之重。凡是确要引用他人著作的，必须明确注明被引用的论文及其出处，我们将统一向著作权所有者申请授权许可。即使是引用互联网上的某些简短的精彩论述，也要注明出处，将其作为参考文献列在词条后。

（3）人是重要的知识载体，但人的生命是有限的、短暂的，在历史发展的长河中仅仅是一个短暂瞬间的浪花。今天在座的同事们，可以说也只是在集成电路发展历程中各领风骚数十载而已。但文字,诸位写出来的著作,则将长久地流传下去,它将比大家的生命更长久,更有生命力和影响力。尽管科学技术发展得很快,产业技术和形态更新得也很快,但我们所写的蕴含于技术内容中的哲理和探索精神,则将远比"知识"本身更长久地影响后人。"古今多少事,都在文墨中。"因此,各位撰稿人的笔头重若千斤,落笔即负有历史责任。

编委会成立后,《全书》各章的编写工作全面展开,"丛书"中的某些卷也逐步开始制订编撰专著的计划。截至2016年12月31日,《全书》各章已完成初稿的编写,统计上来的词条总数达到1126个,撰稿专家有276位,字数总计约180万字。为了加强编写质量的管理,我们落实了各章的主编、副主编、责任编委和编委的名单,根据实际工作进展情况,增补了部分编委。在各章自审自查的基础上,在国家集成电路设计深圳产业化基地和深圳市国微电子有限公司的支持下,于2017年2月19—24日在深圳组织了《全书》书稿的初审工作会。会上,《全书》编委会副主编兼秘书长王永文研究员代表编委会汇报了初稿编写情况及存在的问题。

《全书》书稿的初审结果给我们敲响了警钟——"查重"严重超标,编写上的不规范之处普遍存在,"抄袭"或"疑似抄袭"的行为也多处被发现,个别撰稿人甚至将从互联网上复制来的带有Logo的"资料"直接粘贴到他所写的词条中。这是我们坚决反对和严格禁止的行为!绝对不能容忍!

鉴于此,我严肃地提出了如下问题:词条的撰写是不是我们自己在学习、传承基础上的创新?是否具有自主知识产权?是否以新的知识奉献给读者大众?是否公正地参考或引用了他人的部分研究成果且加以注明,并列入参考文献中?

我在这次会议上强调:要时刻牢记"诚信"这个写作底线。写作与做人、干事业一样,无诚信则不立。

为此,在《全书》书稿初审会议纪要中,我们一方面严肃地提出了"诚信"是我们每位编委、撰稿人、审稿人必须遵守的底线,另一方面也向那些写作经验不足的年轻学者传授正确撰写词条的方法——如何在学习、消化、吸收的基础上自主创新地撰写词条，如何正确引用他人的成果和互联网上的精辟论述，同时明确标出引用的段落和词句，列出参考文献。这个过程，实质上也是一个教育和培养年轻学者学习写作的过程。会后，对于"查重"超标的初稿，《全书》编委会请各章重新组织审查。受此启发，《全书》编委会决定在复审过程中采取逐章逐条审查的方式。

从初审结束到复审开始的约三个月的时间，是《全书》编写、改进的第一个攻坚阶段，也是《全书》撰写和组织管理人员共同努力，以"原创第一、质量第一"的精神对《全书》初稿进行再加工的过程。到了复审阶段，《全书》的撰稿人和审稿人总数已达500余位。要把500多位撰稿人和审稿人的写作思路、编写标准统一起来，是一个艰苦的过程。我们再三强调，这是一部由500多位专家共同完成的鸿篇巨制，是一部要经得起时间和全世界同行考验的、严肃的学术著作，不允许有丝毫的松懈，更不允许出现落在白纸黑字上的学术不规范的问题。因此，每位撰稿人和审稿人首先要对自己负责，对全体撰稿人、审稿人和编委会负责，更要对集成电路产业的发展历程和未来负责。必须恪守"诚信做人、踏实做事"的底线。

2017年5月7—31日，在中芯国际集成电路制造有限公司和华大半导体有限公司的支持下，《全书》书稿的复审和再"查重"的工作分两个阶段在上海中芯国际会议室和北京万寿宾馆举行。复审过程更是一个艰辛的攻坚过程，但也是令人感动的过程，反映了我们有一批忠诚于我国集成电路发展的中坚力量，这正是我们的事业蓬勃发展之希望所在。

各位编委、撰稿人和审稿人都认真、负责地改进了初稿审查中发现的那些明显的不当之处，使《全书》第二稿的质量有了大幅度的提高。

复审是对1000多个词条逐一审查、逐一"查重"的过程。这是一个"千淘万漉虽辛苦，吹尽狂沙始到金"的浪淘沙过程。"泥沙俱下"的词条必须经过反复淘洗，直到创新的"金品"出现，这才体现我们编纂《全书》的初心。

复审过程中出现了许多令人感动的事。首先是各章的主编、副主编都能认真对待复审工作，在该章复审的两天中均亲自到场，听取意见，回去后认真组织编委、撰稿人和审稿人进行改进，并及时反馈。第8章的责任编委浦远特地从美国赶到上海参加该章的复审，审完后才返回美国硅谷；第5章的编委、审稿人刘伟平在得知他所负责的词条需要修改后，就立即赶到审稿地，将稿件拿回去，连夜修改，直至凌晨两点，在第二天的复审中得以顺利通过。

我要特别感谢参加复审、终审全过程的《全书》编委会的三位副主编王永文、季明华、罗正忠，和副秘书长陈春章、秘书组曹健博士，以及电子工业出版社的两位责任编辑，他们每天工作8~11小时，高强度连续奋战20多天，在审查过程中不仅展现了极为认真、严谨的工作态度，也营造了团结、相互尊重又各抒己见的优良的学术氛围。在复审的最后两天，王永文研究员肠胃不适，不能进食，全靠喝水来维持，但仍坚持完成复审工作。《全书》审查过程中体现出来的这种科学、民主、团结、爱国、敬业、诚信的精神，是促进我国集成电路产业发展的宝贵的精神财富。这也使我深深体会到，《全书》的编写过程凝聚了一支队伍，他们是我国集成电路产业发展的中坚力量。

在初审和复审过程中，我们总结出了下面的"一二三四五"。

坚守一个基础：即坚守诚信原则，做到自主原创。诚信地引用他人成果。

坚信两个原则：一是在学习、传承的基础上进行创新，为读者提供先进、新鲜的知识；二是去芜存菁，沙里淘金。

坚定三个方向：做到"向前人致敬，向今人展示，给后人启迪"，演绎出科学发展的哲理和思考。

坚持四个并举：即图表、文字并举，纵向（历史）、横向（国际）并举，技术、市场并举，学术、科普并举。

坚执五字标准：即"信、达、雅、精、准"。"信"即写作规范；"达"即文辞畅达；"雅"即富有文采；"精"即去繁存简；"准"即表达准确。

2017年7月14—27日，在国家集成电路产业投资基金股份有限公司的支持下，对经过复审后的各章书稿、附录、词汇索引、英汉索引及《全书》的装帧设计进行了终审，这是攻坚的第三个阶段。

在终审会上，编委会报告了"查重"结果：经过各章撰稿人、审稿人的共同努力，结合人工对被"查重"文献中不应列入重复审查的定义、定理、定律、专用名词、政策/法规文件的阐述，以及已引用的参考文献部分进行梳理，用目前最严格的PaperPass中文文献相似度对比系统进行"查重"，有近4章的重复率为零，有4章的重复率小于1%，有2章的重复率小于1.5%。经过人工分析发现这些重复主要是因为某些文字描述的概率问题，不存在知识产权方面的问题。

在终审会议上我们特别强调，既要保护自己的知识产权，又要充分尊重他人的知识产权，凡在《全书》中引用他人的参考文献、图表和数据都要得到授权。为了保证《全书》的权威性和纯洁性，会议请曹健、蒋乐乐和徐小海同志负责此项工作。在终审会议上，《全书》编委会决定聘请电子工业出版社专职法务人员田小青担任《全书》的法律顾问。

历经两年半的努力，在最酷热的三伏天里，我们终于完成了《全书》全部书稿的编写工作，这使人不禁想起"锄禾日当午，汗滴禾下土"，"谁知《全书》中，字字皆辛苦"。

有奋斗必有收获，有收获必经艰辛的历程。当我们再次会聚在一起验收《全书》的时候，大家共同分享着组织筹备中认真的研讨，写作过程中推敲的艰辛，审稿过程中争论的苦乐，成稿之后甘甜的回味。

当今，是盛世。我们编纂《全书》恰逢天时、地利、人和，正是盛世修典。

天时者，机遇也。集成电路将人类带入信息社会，信息革命为治国理政、经济繁荣、国家安全和人才培养打造了无数的创新平台，集成电路产业发展水平已成为强国综合实力的重要标志。国务院国发〔2000〕18号文件、国发〔2011〕4号文件、《国家集成电路产业发展推进纲要》的相继出台，以及国家集成电路产业投资基金的设立，为我国集成电路产业的发展提供了重要机遇，我国集成电路产业也在进入21世纪后迅速腾飞。从技术发展的层面来看，集成电路产业已开始逐步进入后摩尔时代，新器件模型、新设计方法、新工艺、新封装不断涌现，这为我们提供了"创新发展"的大好机遇，在某些领域，我们有可能从"追随者"变成"领跑者"。2018年5月28日，习近平总书记在两院院士大会上说："我们必须清醒认识到，有的历史性交汇期可能产生同频共振，有的历史性交汇期也可能擦肩而过。"他还强调："实践反复告诉我们，关键核心技术是要不来、买不来、讨不来的。"在集成电路产业进入后摩尔时代的历史性交汇期，我们切不可与之擦肩而过；对于集成电路这一关键核心技术，我们必须掌控在自己的手中，从而促使我国集成电路产业迈向全球价值链中高端。

地利者，环境也。在国际环境中，我国是"一带一路"的倡议者，我们的许多产品正在阔步走向世界，无论高铁、智能手机，还是普通的电视机、计算机，"Made in China"正在国际市场上大放异彩；同时，我国还是集成电路的第一大消费市场，无论高端的北斗导航系统，还是普通的消费类产品，都为集成电路产品提供了广阔的市场空间。作为目前世界第二大经济体的中国，不仅有能力支撑我国集成电路产业的发展，也有能力消化所有不同品类的集成电路产品。无论何种新形态的信息科学技术和产业经济，如各种人工智能系统、大数据、互联网、物联网、云计算等，其基础仍然是集成电路、集成系统和软件。随着信息科技和经济的发展，我国必将成为集成电路产业强国。

人和者，关键也。习近平总书记在两院院士大会上强调："硬实力，软实力，归根到底要靠人才实力"。世上一切竞争的本质都是人才的竞争。正是有了钱学森、王淦昌、邓稼先等一批"两弹一星"元勋，中国才有了世界舞台上的话语权；正是有了黄昆、谢希德、王守武等一批先行者，我国才有了半导体专业的第一批宝贵的领军人；正是有了一大批我国自己培养的科学家，以及一大批从海外归来的科学家、教育家和企业家，我们才有了微电子学科的创建，才有了最初的集成电路设计系统，才有了第一条300mm代工生产线，才有了能够走出国门的集成电路专用设备，才有了468人共同撰写的《集成电路产业全书》。《全书》凝聚了全体编委、撰稿人和审稿人的心血，是"人和"的体现。

2017年7月27日，在《全书》初审、复审、终审均已完成后，召开了《全书》编委会全体会议。此次会议完成了如下议题：

（1）通过了调整后的各章主编、副主编、责任编委和编委的正式名单。

（2）通过了完成终审后的各章书稿，各章的主编、副主编、责任编委在各自负责的章的书稿上进行了签字确认，并正式提交给电子工业出版社。

（3）为了保证《全书》的权威性，我建议在终审基础上还可以有两个月的异议期，各章的主编、副主编和责任编委要将该章内容用电子邮件发送给《全书》各编委和相关专业有代表性的人士征求意见。

（4）通过了电子工业出版社的书样设计方案。

根据九月份征求意见的情况，最后完成定稿，并由五位副主编和主编共同签字，确认书稿最终定稿。

再过一段时间，各位编委的书桌上、书店的书架上，将散发着凝聚"天时、地利、人和"特色的《集成电路产业全书》的墨香。

王永文副主编引用王国维在其著作《人间词话》中富有诗意的一段话来描述我们《全书》编纂的过程："古今之成大事业、大学问者，必经过三种之境界。'昨夜西风凋碧树，独上高楼，望尽天涯路'，此第一境也；'衣带渐宽终不悔，为伊消得人憔悴'，此第二境也；'众里寻他千百度，蓦然回首，那人却在灯火阑珊处'，此第三境也。"

第一境界为"立"。2015年8月31日，我向工信部的领导提出了编纂"丛书"和《全书》的建议；2016年2月26日，在深圳南方科技大学召开了"丛书"和《全书》编委会筹备会议，拟定了编委会初步名单，进行了总体结构的顶层设计，制订了具体的工作计划；2016年5月7日，"丛书"和《全书》的编委会正式成立。自此，开启了"独上高楼，望尽天涯路"的征程。

第二境界为"搏"。自2016年5月7日起，全体撰稿人开始撰写《全书》初稿；2017年2月19日，在深圳召开了《全书》初稿的初审会议；2017年5月7—21日，在上海中芯国际召开了《全书》第一阶段复审会议；2017年5月25—31日，在北京万寿宾馆召开了《全书》第二阶段复审会议；2017年7月14—27日，在北京中国职工之家召开了终审会议。自2016年5月至2017年8月，前后历时15个月，各词条的撰稿人、审稿人，以及《全书》书稿的复审人、终审人，进入了"衣带渐宽终不悔，为伊消得人憔悴"的境界。尤其是在《全书》的复审和终审阶段，无论与会的各章主编、副主编和责任编委，还是《全书》副主编和秘书组的同志，都真正做到了全身心投入，付出了超强度的劳动，为保证《全书》的权威性、正确性、专业性和先进性奠定了基础。

2018年9月，我们将进入"众里寻他千百度，蓦然回首，那人却在灯火阑珊处"的第三境界。那时，回顾这三年的艰辛历程，我们会感到由衷的欣慰，我们会永远铭记这一段无悔的人生。

发展未有穷期　奋斗永不言止

2018年，当这本书问世的时候，正好是集成电路发明60周年。1958年暑假期间，基尔比（Jack S. Kilby）分析了各种方案，认为按现有元器件进一步小型化走下去是没有出路的，唯有将有源器件、无源元件集成在一块半导体基片上，才有可能真正降低成本，走出困境，有新的发展前途。1958年9月12日，基尔比展示了他设计并研制成功的第一个集成电路——一个基于锗材料的移相振荡器；1958年10月，基尔比成功研制了基于锗材料的触发器；TI公司于

1959年5月6日为其申请了专利。1959年7月30日，仙童（Fairchild）半导体公司联合创始人之一——诺伊斯（Robert N. Noyce），用平面工艺方法成功研制了硅平面集成电路，并申请了专利。事实上，诺伊斯的发明更适合批量生产。基尔比和诺伊斯的贡献均得到了美国政府的认可，他们先后入选了美国国家发明家名人堂。翻开60年来集成电路的发展史，实质上是一部创新的文明史。随着CPU、存储器等一个个发明和创新的应用，带来了社会的信息文明。2000年，瑞典皇家科学院为了表彰集成电路的发明，向基尔比颁发了诺贝尔物理学奖，而诺伊斯则遗憾地由于过早在1990年辞世而无缘诺贝尔奖。

  基尔比在2001年应邀访问北京大学时曾对我说："我知道我发明的集成电路很有用，但不曾料到其应用会如此广泛"。60年来，集成电路迅猛发展并被广泛应用，正是由其本质决定的。集成电路现在已发展为集成系统，它将信息获取、处理、存储、传输和随机执行等功能集成在一个小小的芯片上，而且可以大批量、高可靠、低成本地生产。因其具有性价比高、可靠性高和处理信息能力强的特点，使得集成电路如水银泻地无孔不入地应用到各种民用和国防军事系统中去。如同细胞组成人体一样，集成电路业已成为各种信息系统的基础。当然，集成电路作用的发挥离不开软件的支撑，而软件技术的发展来自于应用需求，最终集成软件、硬件于一体的集成系统进一步支撑着各种信息系统的发展。如今，集成电路产业理所当然地成为国民经济和国防系统发展的基础，成为一个国家的核心竞争力，成为一个国家的综合实力的标志之一。

  与此同时，随着集成电路特征尺寸的缩小，7nm电路已进入小批量生产，5nm/3nm集成电路也开始研制，有人认为这将接近器件物理的极限，于是惊呼"集成电路寿命不长了，没有发展前途了"，这是极大的误解。实际上，进入后摩尔时代，特征尺寸的实际含义已经变化了。如果我们转变一下思路，用降低功耗、提高性能、提高性能/功耗比来衡量集成电路和集成系统的进步，这样我们就会进入"山重水复疑无路，柳暗花明又一村"的新境界了。这就是后摩尔时代的第一个特征。

当前，集成电路的发展已使其集成度达到 10^{11}，单个单元的功耗仅为数皮瓦（pW），面积约为 $100nm^2$，这比人体细胞还要小，甚至可以将其嵌入人体、人脑或各种人工智能装置中，这就形成了全新的创新领域。

在信息时代，信息是最活跃的因素，掌握和利用信息将是革命性的创新活动。因此，信息及其利用信息的系统将广泛地渗透到各个科技领域，以及人类生产和生活的各个方面，这就是后摩尔时代的另一个特征。

由此可见，集成电路和集成系统的发展仅仅是开始，前途不可限量。即使是硅集成电路的产业生产，也不会在短期内萎缩，21世纪会存在，下一个世纪还会发展下去。当然，它所用的材料、工艺、器件结构、封装形式都在不断地创新着、变化着，就像1903年莱特兄弟发明的飞机，至今已有一个多世纪了，仍在快速发展；火车在1814年被发明出来，至今已有200多年历史了，现在依然要不断地发展高速轨道交通工具。

当然，我国集成电路的发展还有很长一段路要走。党的十八大以来，我国集成电路处于高速发展阶段，近五年的平均增速是同期全球的2.7倍，但核心技术受制于人的问题尚未解决。集成电路的主要特征是具有战略性与市场性的双重特征，我们必须掌握这一规律，遵从客观规律持续发展，要拂去浮躁的尘埃，"铁"下心来，稳步、快速而有序地发展。

集成电路产业是资金、技术、人才密集的产业。从国家集成电路产业投资基金成立以来，资本出现了日趋活跃的迹象。但关键还在于人才。资本最终还要召唤人才，科技创新是在资本支持下的人类创造性劳动的成果。只有与人才相结合，资本才能创造神奇。人才紧缺是当前制约我国集成电路发展的最大障碍。我国对外开放，吸引全球人才来中国创业、投资与发展，但归根到底要靠自己能持续不断地培养出以国家战略需求为己任的高素质、高质量的人才,特别是集成电路各产业链的领军人才,还要涌现出更多的企业家。为此,我们必须对现有的人才评估体系、学科分布设置、师资队伍建设、课程体系、教学与产业相结合等方面进行深化改革。一定要把原微电子与固体电子学的二级学科提升为一级学科(名称可暂定为"微纳电子科学与集成电路工程"),使之与国家战略需求和市场发展相适应。只有拥有足够的优秀人才,才能支撑起建设社会主义现代化强国的宏伟目标。

要突破关键技术,一是要支持高校和研究机构开展基础研究,二是要大力支持企业开展研发活动,三是要强调产学研的结合,建立产学研联盟。持之以恒,锲而不舍,才能真正掌握集成电路产业的关键技术。

1840年鸦片战争爆发后,中华民族历尽沧桑,而今在中国共产党的领导下浴火重生,正在快步走向繁荣和复兴。在信息时代,我国将以集成电路和软件为支撑点,促进我国国民经济的持续发展,实现党中央提出的"两个一百年"的奋斗目标,把我国建设成为富强、民主、文明、和谐、美丽的社会主义现代化强国。

今天,我们正是基于这样的信念,编纂了《集成电路产业全书》;今后,我们还会一版又一版地继续编纂下去。当然,编纂下一版的时候,也许我不再担任主编,但年轻的一代一定会继续下去。习近平总书记在两院院士大会上讲到:"青年是祖国的前途、民族的希望、创新的未来"。发展未有穷期,奋斗永不言止。我相信年轻的一代一定会比我们做得更好,犹如长江后浪推前浪,一浪更比一浪高。

在《全书》的编纂过程中,我们的撰稿人和审稿人都十分认真、努力,各章的主编也多次组织了各章的审稿、修改。在此基础上,《全书》编委会组织了初审、复审和终审三次审稿会议,从复审开始,更是对《全书》逐章、逐条地进行审阅、检查和修改,历时6个多月,六易其稿,应当说是尽心尽力了。但是,每个人的写作都受到其所处的时期、地域及其所掌握的信息量限制,因此阐述难免有不足之处,甚至出现错误之处,还望广大读者不吝批评指正,为《全书》的改进和再版提出宝贵的意见和建议。正如我在"丛书"和《全书》编委会成立会议上所言,《全书》出版后要密切关注读者反馈的意见,在适当的时候也考虑推出中文繁体字版和英文版的《全书》,所以还有很大的改进和发展的空间。从《全书》的顶层设计来看,也是有缺憾的。就拿集成电路产业管理来讲,没有将其单独列为一章就是一个遗憾。管理是一门大学问,我们要向"管理"要效益,向"管理"要生产力,何况我们目前正处于深化改革的历程之中呢?泛泛地说"管理",各大学几乎都设有管理学院,管理领域人才辈出。但是,就集成电路产业管理而言,无论管理经验还是写作人才,都需要有一个积累的过程。《全书》将与管理相关的内容分散在多个章节中,而在"丛书"中,我们已将"集成电路产业管理"单独列为一卷,就是试图将更多的管理方面的专著展现出来。同样,我们也没有能把产业发展与教育和人才培养列为专门一章来阐述。教育是人类社会永恒的主题,也是社会发展的基础,决不可能拘泥于我们全书中的一章。但翻开集成电路产业的发展史,集成电路产业总是在教育发达和人才凝聚的地区首先发展起来。如美国的硅谷、中国的中关村、日本的筑波都是如此,这之间的关联是值得我们深思和总结的。我们也已在"丛书"中将教育和人才培养列为单独一卷。希望在《全书》再版时,能弥补这些缺憾。文无完文,书无完书,人无完人。我想有缺点、有问题是难免的,何况468位撰稿人、125位审稿人的写作风格迥异呢?"海纳百川,有容乃大",要允许不同的学术观点在统一的规则之下存在,这对读者之参考大有裨益。我诚挚地期望广大读者既要有包容之心,又能严肃地指出本书的缺点、问题和错误之处,以助未来有更好的《全书》版本涌现出来。

致 谢

最后,我要感谢所有支持和参与《全书》编纂和出版的领导、企业、企业家、科学家、科技人员、工程师和出版界的朋友。如果没有国家集成电路产业发展咨询委员会及其秘书处的支持,以及工业和信息化部（特别是电子信息司）领导的支持，就不会有这本书的诞生。《全书》是468名撰稿人、125位审稿人和编辑人员共同努力的成果，他们是我国集成电路产业和科技发展的中坚和骨干力量，我们要像爱护自己的眼睛一样保护他们的积极性和所做出的贡献。"问渠那得清如许？为有源头活水来"（南宋·朱熹），正是他们奉献的涓涓细流汇成了长流不息的原创之河。

在此，我要特别感谢南方科技大学、国家集成电路设计深圳产业化基地、深圳市国微电子有限公司、中芯国际集成电路制造有限公司、华大半导体有限公司、国家集成电路产业投资基金股份有限公司和北京华大九天软件有限公司等单位，这些单位慷慨地支持了《全书》的筹备会议、初审会议、复审会议、终审会议和验收会议的召开。我也要感谢北京大学微纳电子学研究院，为《全书》取得相关数据、图表和全部参考文献的著作权授权许可而慷慨解囊，使我们的《全书》具有完整的知识产权；为此，我也要感谢《全书》编委会秘书组的同志们对《全书》的"查重"、版权协商和会议组织方面付出的辛勤劳动。我们还要衷心感谢电子工业出版社的刘九如总编辑、张剑编审和刘海艳副编审，正是有了他们的全程参与、密切配合与合作，才使得我们的书稿幻化成图书；他们提出的精美设计方案，也令我们赏心悦目。但愿《全书》能成为我国集成电路图书库中的一部"盛世修典"之作，也为"丛书"的编写带来一个好的兆头。愿"集成电路系列丛书"如同智慧文化之泉不断涌现，伴随我们一生，滋养着我国集成电路产业和科技的不断发展。

我国集成电路产业和科技的创新发展，必将为全球集成电路产业的不断发展做出中华民族特有的贡献！我国集成电路科学技术和产业的强盛之日不会让我们等待太久！

2018年春节初稿于深圳
2018年仲夏时节修改于北大燕园

春 华 秋 实

——《集成电路产业全书》编纂纪实

楔　子

编纂《集成电路工业全书》的动议，缘起于 1991 年年底。彼时，北京大学教授王阳元在机械电子工业部微电子与基础产品司兼职副司长，郑敏政、徐小田、陈贤、王永文也供职于此。作为行业管理人员，这些人经常会遇到一些产业发展战略、市场分析、产业经济、产业管理等宏观问题，以及具体的产品应用、产品设计、产品工艺、材料设备等微观问题，解决这些问题就需要查阅相关资料或向专家请教。但是，当时出版的有关集成电路的书籍，基本是以特定领域的技术类著作或学术专著为主的，如《半导体物理学》（黄昆、谢希德著）、《集成电路设计原理（双极型逻辑集成电路）》（唐璞山主编）、《大规模集成电路计算机辅助制版软件系统》（洪先龙等编著）、《多晶硅薄膜及其在集成电路中的应用》（王阳元、T. I. 卡明斯编著）、《集成电路工艺基础》（王阳元、关旭东、马俊如编著）等；有关产业链中集成电路封装、测试、专用设备和专用材料的著作几乎是凤毛麟角。当时，直接接触行业管理的工作人员大都出身于理工科，未曾有过学习经济、管理等系统知识的经历，且可供参考的集成电路产业经济学和管理学的专著很难找到。为此，陈贤、王永文等人萌生了编纂一部专著的想法，该著作一是要"全"，在宏观层面应包括发展方向、战略举措、市场数据、历史沿革、预测展望，在技术层面应涵盖整个集成电路产业链；包括集成电路产品的分类、应用、设计、工艺、封装、测试、设备、材料及厂房建设等；二是该书应具有辞典性质，可作为案头工具书，供集成电路行业的管理人员、技术人员和教学人员随时翻阅、参考。这一动议立即获得了微电子与基础产品司郦大升司长和其他司领导的赞同,并一致推举王阳元副司长为该书的主编,同时特别将副标题定为"技术·经济·管理"。

1991年,写书的条件很艰苦,没有带文字编辑软件的计算机,没有网络,没有手机,甚至连电话大都是转轮式拨号的分机,与外界通话需要通过总机转接。书稿中的所有文字均需撰稿人在每页400字的稿纸上用钢笔亲自书写,所有图表均需撰稿人用鸭嘴笔蘸着绘图墨水手工绘制,所有参考文献均需撰稿人亲临图书馆去查阅,所有纸质稿件均要通过邮电局完成邮递。没有条件开大会,一切信息交流均要通过投入绿色邮筒的贴有8分钱邮票的信函来实现,信函在国内往返一趟约需一周的时间。当时,位于北京北太平庄的牡丹园宾馆是全部稿件的集中地。

1992年,114位撰稿人和电子工业出版社的两位编辑陆续投入了繁忙的撰写和编辑工作中。1993年4月,96.7万字的《集成电路工业全书》正式出版发行(见图0-1)。如今,《集成电路工业全书》

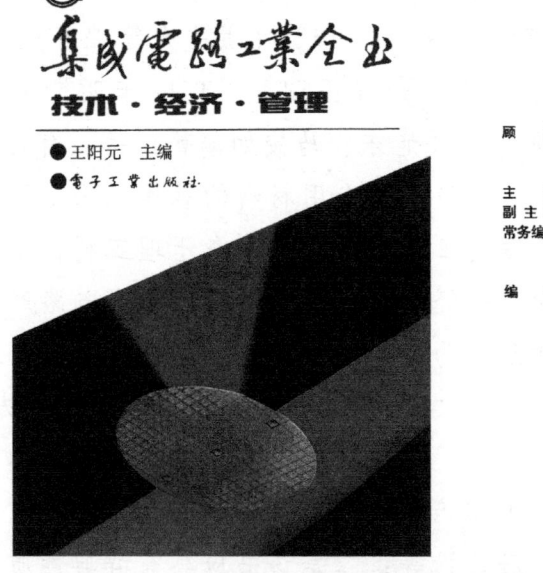

图 0-1 1993 年版《集成电路工业全书》

编委会中的王守武、林兰英、王守觉、李志坚、梁春广、郦大升、郑慰亲、张小玉、张惠泉、徐葭生、庄同曾、龚兰芳已经离开了我们，但他们为中国集成电路产业发展做出的贡献不会被世人遗忘。

夙　愿

1993年4月，国务院进行机构调整，机械电子工业部撤销，分别成立了机械工业部和电子工业部。这次机构调整后，王阳元回到北京大学的教学和科研岗位上继续工作，但他心中一直挂念着集成电路产业的发展。他不仅为"908"工程、"909"工程的建设出谋献策，还在各种媒体上发表了数十篇有关集成电路战略研究和产业建设的文章，表达了他对中国集成电路产业"跑步圆梦"的憧憬。2000年，他身体力行，与国内外同仁一起创建了中芯国际集成电路制造有限公司（简称"中芯国际"），并在2000—2009年期间任中芯国际董事长。中芯国际的成立，显著缩小了中国集成电路制造技术与国外先进水平之间的差距，成为中国集成电路产业建设中的里程碑事件。自2008年起，他与合作者共同编著了《我国集成电路产业发展之路》《绿色微纳电子学》《战略——生存与发展之本》等专著。但是，他的心中一直有一个尚未完成的夙愿，那就是重新编纂一部《集成电路工业全书》。这是因为，自1993年起，全球集成电路产业发生了翻天覆地的变化，深紫外光刻、铜互连、FinFET、高k栅介质、浸没式光刻、多栅晶体管、3D封装等新技术、新器件层出不穷；一代又一代新的集成电路产品不断开辟着新的应用市场，数码相机、笔记本式计算机、平板电脑、移动电话、互联网、可穿戴设备和层出不穷的应用软件，正日新月异地改变着人们的生产方式和生活方式。自2000年起，中国政府相继颁布了《国务院关于印发鼓励软件产业和集成电路产业发展若干政策的通知》（国发〔2000〕18号）、《国务院关于印发进一步鼓励软件产业和集成电路产业发展若干政策的通知》（国发〔2011〕4号）、《国家集成电路产业发展推进纲要》等文件，提出了发展中国集成电路产业的重要举措。很显然，1993版的《集成电路工业全书》

已无法满足集成电路行业从业人员、投资者、产业布局者、市场开拓者和集成电路应用者与时俱进的新需求，编纂新版《集成电路工业全书》势在必行。

2015年8月31日，作为横跨产、学、研多重领域领军人物的王阳元院士，向工业和信息化部的领导提出了编纂"集成电路系列丛书"和《集成电路工业全书》的建议。他的建议得到了时任国家集成电路产业发展咨询委员会主任、工业和信息化部副部长怀进鹏院士和电子信息司司长以及众多业内专家的鼎力支持，怀进鹏认为："这是一件极为有益的事，表达了科学家的追求，更是我国IC发展的大事，建议积极支持！"

春　华

2016年2月26日，北京春寒料峭的季节，深圳却已暖意融融。南方科技大学的绿茵正散发着勃勃生机，清澈的湖心向四周泛起一波又一波的涟漪。会议室里，王阳元正在主持召开"集成电路系列丛书"（以下简称为"丛书"）和《集成电路工业全书》（后更名为《集成电路产业全书》，以下统一简称为《全书》）编委会筹备会议。会议拟定了"丛书"和《全书》编委会的初步名单，确立了《全书》的基本架构，进行了《全书》章节的初步设计，制订了《全书》编纂工作计划。一颗静待发芽的种子已在这改革开放的沃土中悄然播下。

2016年4月6日，北京季春时节，桃泛红粉，柳吐鹅黄，草青水绿，新芽初放。"丛书"和《全书》编委会筹备组向101位中国集成电路业界专家发出了《征求意见函》，绝大多数专家回复意见同意在编委会中任职，并表示将全力支持编纂工作的开展。

2016年5月7日，月季媚，芍药鲜，丁香雅，牡丹艳。中国集成电路产业在阔步前进的路上，迎来了一个百花齐放的春天。无论年逾耄耋的前辈，还是事业有成的中年骨干，无论在生产一线勤奋耕耘的海归精英，还是在市场中奋力拼搏的热血青年，在《全书》这面大旗的召唤之下，齐聚北京万寿宾馆。这一天，《全书》编委会正式成立，工业和信息化部电子信息司及中国半导体行业协会的有关领导，各高校、研究所、企业和出版社有关负责人和专家学者近百人出席了成立大会（见图0-2）。

图0-2 《全书》编委会成立大会

会议由王阳元院士主持。

工业和信息化部电子信息司司长对《全书》编委会的成立表示祝贺，并对编纂工作提出了具体建议。

为增强各编委委员的荣誉感和责任感，电子信息司司长代表国家集成电路产业发展咨询委员会秘书处向出席会议的编委会主编、副主编及编委颁发了聘书。

王阳元院士在此次会议上做主旨发言，针对如下四个方面进行了详尽阐述。

（1）编纂"丛书"和《全书》的意义；

（2）编委会成员产生办法和编委会的工作方式；

（3）与知识产权、经费相关的问题；

（4）在 2020 年年底前，"十三五"期间，我们可期望获得的成果。

会议讨论了包括章节设计、全书篇幅、词条撰写规范等工作的详细预案，制订了撰写工作的进度计划，确定了《全书》各章的主编人选。

砥　砺

怀着建设集成电路产业强国的梦想，肩负着历史赋予我们这一代人的光荣使命，各章主编开始组织队伍，踏上了撰写千余词条、挥洒百万文字的征程。历经 9 个月的努力，468 位撰稿人在知识的群峦中开凿出了一块巨岩，它究竟是内含宝藏的璞玉，还是极其普通的原石，尚需实践的检验。

2017 年 2 月 19—24 日，《全书》初审会议在深圳麒麟山庄召开（见图 0-3），这距离深圳编委会筹备会议的召开整整一年。

图 0-3　出席《全书》初审会议的编委合影

王阳元在初审会议上强调了审读的四条基本原则。

（1）正确性与科学性：内容必须是正确的、科学的，否则就会"误人子弟"。写下来的东西，比生命更长久，要经得起几万人甚至十几万人的推敲，经得起历史的检验。

（2）自主性与创新性：要保证每个词条都是自主撰写的，一定要杜绝抄袭，决不允许有任何抄袭的内容混入《全书》。引用他人成果时，一定要列出参考文献，注明出处。涉及的知识产权我们将统一付费取得授权。

（3）合理性与系统性：各章内容、各章之间分布是否科学、合理，有无重复，全书是否具有系统性？要重质量，不重数量，不要赶进度。高质量是我们必须遵循的第一标准，追求的第一目标。

（4）全面性与前瞻性：内容是否覆盖了国内外集成电路产业和相关科技的全部内容。我们要保证一定的前瞻性，这样才更具实用性，没有前瞻性就容易落伍，失去实用价值。

出席会议的所有编委对各章责任编委提交的初稿，逐字逐句地进行了极为审慎的通读和点评，结论是"成绩很大，问题不少，前景光明"。成绩是，160万字的1200个词条终于展现在全体编委面前；问题是，有些词条存在不同程度的学术不端行为；前景是，璞玉可雕琢，终会成"业之重器"。

与1993年版《集成电路工业全书》的写作方式相比，我们有了可以随时调用的文字和图表编辑软件，有了可随时查阅资料的互联网。然而，互联网是一柄双刃剑，它作为一把钥匙，若使用得当，可以打开文化的宝库，为我们带来丰富的学养；若使用不当，也可以打开潘多拉的盒子，为我们带来侵犯知识产权的灾难。

知识产权是人类对其在社会实践中创造的智力劳动成果享有的专有权利。1967年，世界知识产权组织成立；1980年，中国成为该组织正式成员。《中华人民共和国著作权法》于1990年9月7日第七届全国人民代表大会常务委员会第十五次会议通过；2012年，国家版权局公布了《中华人民共和国著作权法》第三次修改草案，拟将侵犯著作权的赔偿上限标准从原来的50万元提高到100万元。

如何避免侵犯知识产权，成为深圳初审会议内容的重中之重。解决问题之道，一是道德（即诚信律己），二是约束（即法治律人）。尊重他人的知识成果是底线，是不可逾越的红线，是所有学生和学者的良知。绝对不能采用"复制+粘贴"的方式拼凑自己的文稿，绝对不能未加标注就引用他人的作品，绝对不能未经授权就使用他人的图表和数据。为此，王阳元指令《全书》编委会秘书组专人负责处理"查重"工作，即检查撰稿人提供的文稿与其他已经发表的文献是否存在完全相同或极其相似的部分。利用 PaperPass 中文文献相似度比对系统对初稿进行文献"查重"后，所得结果并不尽如人意，王阳元对此表示严重关切。瑕疵可以修饰，缺陷必须铲除，跨越"查重"这道"坎"成为深圳初审会议后的头等大事，成为将璞玉雕琢成璧玉的第一刀，也是时刻警醒我们必须尊重知识产权的达摩克利斯之剑。

奋　进

"查重"表现了对知识的敬畏，对他人的尊重。"查重"的目的是拂去功利的尘埃，扫除浮躁的戾气。经过两个多月的修订和调整，2017 年 5 月 7 日，《全书》第一阶段复审会议在中芯国际（上海）公司召开（见图 0-4）。这个日子距编委会成立刚好又是整整一年。

图 0-4　出席《全书》第 2 章上海复审会议的成员合影

复审的内容包括词条论述的权威性、正确性、专业性和先进性，英文、繁体字词汇的正确性，语句、词汇及参考文献的规范性，同时对各章修订稿进行"再查重"。

《全书》第一阶段复审会议是一次高强度、高质量、高效率的工作会议，在2017年5月7—21日的15天里，共复审第2、4、6、7、8、9章打印、装订成"模拟书"的稿件1352页，词条744条。

2017年5月25—31日，复审人员挥师京城，继续举行第二阶段复审会议，对第1、5、10章进行复审，共复审打印、装订成"模拟书"的稿件622页，词条293个。

京沪两地的复审会议共复审《全书》9章的稿件1974页，词条1037个，按每个页面1600字折算（含图表），两个阶段的复审会议共完成约316万字的复审工作，日均审读约16万字。

鉴于第3章请周子学教授出任主编，第3章的复审时间推迟到2017年6月25—30日。

经过近3个月的认真修订，"再查重"的结果表明，复审稿与其他文献相同或相似的概率大大降低，有可能产生知识产权纠纷的问题得到大幅度抑制。

PaperPass系统查重范围宽泛，包括网络、书籍、杂志等所有媒体文献，但作为软件工具，对含有重复的内容无法正确判断其是否属于"抄袭"，对有些内容可能产生"误判"，如：

（1）已引用的文献或数据；

（2）对定义、定理和定律的描述；

（3）公开的法律、法规、数据、国家正式文件、领导人讲话摘录；

（4）专有名词（包括人名、地名、事物名、书名等）；

（5）不涉及知识产权的一般性描述。

在对以上内容进行"人工择清"后，所有复审稿件的重复率已降至最低（多数章节的重复率为0，少数章节的重复率小于1%，共支付"查重"费用25969元）。

在"查重"问题基本得到解决后,引用参考文献、数据和图表的付费工作提到了日程上来。这是我们不能绕行、必须跨越的第二、第三道"坎",即引用的文献、图表和数据不仅要详细标明来源,还要付费(或免费)取得版权方(如出版商、作者、统计组织等)的授权许可,以确保《全书》在知识产权问题上不存在任何瑕疵。

经过近两个月的精雕细琢,《全书》编委会认为对全部稿件进行终审的时机已经成熟,决定于2017年7月14—27日,在北京"中国职工之家"召开终审会议(见图0-5)。

图0-5 出席《全书》终审会议的编委合影

终审会议的主要内容是,对经过复审后的各章书稿、附录、词汇索引、英汉索引及《全书》的装帧设计进行终审。《全书》的主编、副主编、秘书组成员,各章的主编、副主编、责任编委,以及电子工业出版社的有关领导和编辑等70余人出席了终审会议。

在终审会议上,《全书》主编王阳元做了题为"书山有路勤为径,学海无涯苦作舟"的主旨报告。王阳元在报告中对134位编委、468位撰稿人、125位审稿人在1052个词条、240万字的撰写过程中所付出的辛勤劳动表示感谢，对副主编和秘书组的负责、执着、团结、合作的工作精神和工作成果表示感谢。

王阳元说，《全书》首先发行中文简体字版，其后是与国外知名出版机构合作，发行英文版，那时会有更多的海外撰稿人参与《全书》英文版的撰写工作。另外，将根据市场的需求情况，考虑发行《全书》的中文繁体字版。

中芯国际董事长周子学、原中芯国际CEO张汝京等编委，以及工信部电子信息司司长、电子工业出版社总编辑刘九如等出席会议的嘉宾，发表了热情洋溢的讲话。他们认为，集成电路一定会在中国扎根、成长，今天留下的、代表中国水平的《集成电路产业全书》具有重要意义，其编纂是一件功在当代、利在千秋的大事，理应成为国家图书宝库中的精品。

2017年7月，电子工业出版社向国家出版基金规划管理办公室提交了"集成电路系列丛书"项目申请书，2018年2月8日，国家出版基金规划管理办公室正式批准并公布，对"集成电路系列丛书"项目给予国家出版基金资助。国家出版基金是出版业影响最大的国家级文化基金，是继国家自然科学基金、国家社会科学基金之后的第三大国家级基金。作为"丛书"第一部的《全书》，在封面上使用了国家出版基金的标识。

秋　实

2017年8月7日，立秋。北京送走了酷暑，迎来了微风送爽、天高云淡的金秋。《全书》的写作也接近尾声，到了稻穗低垂、果满枝头的收获时节。

《全书》编委会决定于2017年8月24—29日对第1、4、5、6、7、9、10章进行验收；于9月21—28日对第2、3、8章进行验收。

2017年9月29日，召开了由各章责任编委、副主编、主编和《全书》副主编、主编出席的全体会议。会议听取了关于"查重"和引用文献、引用图表和引用数据的获取版权授权许可工作的汇报，对于应取得授权的 110 幅图表和参考文献，经与 IEEE 等相关组织或作者联系，均已获得引用授权，合计付费 3700.64 美元。对于引用数据，经与各相关组织联系，WSTS 表示可以使用 Historical Billing Reports 和其他发表在其官网上的内容；IC Insights 表示公开数据可用，非公开数据可购买其 McClean Report；SEMI 表示经 SEMI 审核的内容可引用；Gartner 表示可引用其官网内容，但要严格按引用格式要求引用；Semicast Research 和 Yole 同意引用其官网内容；赛迪顾问和中国半导体行业协会表示可引用其统计数据。最终，103 处国内外市场数据获得授权，其中 32 次引用的 IC Insights 数据，付费 50 954.41 元人民币。以上"查重"费用及购买引用文献、引用图表和引用数据知识产权的费用合计折合人民币 101 347.6 元，全部由北京大学微纳电子研究院出资；历次会议费用分别由南方科技大学、深圳市国微电子有限公司、中芯国际集成电路制造（上海）有限公司、华大半导体有限公司、国家集成电路产业投资基金股份有限公司和北京华大九天软件有限公司资助，《全书》编委会在此一并致谢。

在经历了内容核实、书写规范、降解"查重"、获取授权等一系列的雕琢之后，从知识山峰上采得的原石，褪去了皮色，避开了绺裂，剔除了瑕疵，磨平了划痕，成为一块可视、可读、可赏的美玉。这块美玉再经过电子工业出版社的抛光、修饰后，就可以呈现给海内外广大读者了。

在验收会上，《全书》主编王阳元对撰稿工作进行了总结。他说："集成电路是点石成金的产业，《全书》的写作是'吹尽狂沙始到金'的过程，是去芜存菁、去伪存真的过程。科学路上无捷径，来不得半点虚假。诚信是《全书》写作的基础，是经得起时间、经得起众人检验的标尺。本书坚持了三个方向，即'向前人致敬，向今人展示，给后人启迪'。《全书》既记录了前人'筚路蓝缕，以启山林'的艰苦历程，也展示出宏观经济、技术进步的全方位演变，以及有关科学发展的哲理和思考"。

人是社会中的行者，书是行者的足迹，是表达思想、传播信息、贮存智慧、阐述文化的重要载体。融入生命中的经验和学识，将在历史的长河中不断流淌，从这个意义上讲，书籍已经成为生命延续的接力棒。

写书是净化心灵的考验，是不断输入、输出知识的过程。《全书》是今人继往开来、传承文化的记录，是集成电路文化建设的一个重要组成部分，是留给后人的宝贵财富。

1958年，基尔比发明了集成电路。60年后的2018年，《集成电路产业全书》将在集成电路产业发展的百花园中散发着沁人的芬芳。在此，以"沁园春"一首贺本书的出版，并作为集成电路发明60周年的纪念。

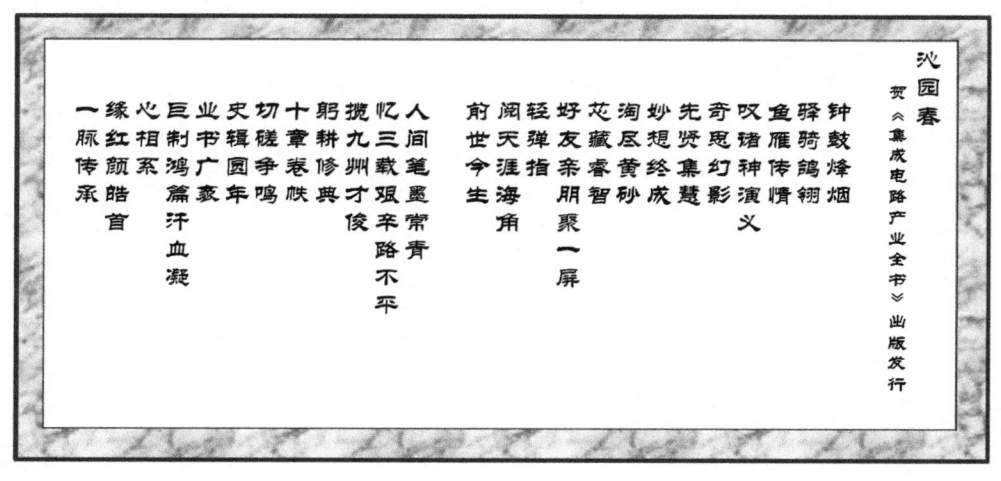

注：六十称圆，东西为广，南北为袤

《集成电路产业全书》编委会
2018年6月

出 版 说 明

1958年9月12日，美国德州仪器实验室的基尔比（Jack S. Kilby）成功地实现了把电子元器件集成在一块半导体材料上的构想。这一天，被视为集成电路的诞生日。60年来，集成电路技术与产业的飞速发展，推动电子信息产业成为世界各国的战略性支柱产业，深刻影响着社会与国民经济的快速发展；集成电路及相关产品由此成为信息时代的国之重器，经济高质量发展的富国之鼎，保障国家安全的安邦至宝。集成电路产业正处于变革创新、快速发展的新阶段。

变革年代呼唤理论新知，激荡岁月催生传世经典。为了总结集成电路产业发展历程、系统分析集成电路发展的技术规律、经济规律和发展路径，已届耄耋之年的中国科学院院士、北京大学教授王阳元再次担纲主持，联络起活跃在我国集成电路产业领域的各路精英，于2015年8月开始动议，2016年2月正式组建编委会，历经3年时间，组织编纂完成了《集成电路产业全书》（以下简称《全书》）。

在《全书》编辑过程中，我们为王阳元院士一次又一次不辞辛苦地组织专家研讨、一章又一章地参与审稿，严肃认真而又不厌其烦地督促相关人员确认书中的数据和知识版权而深深敬佩；我们也为各章主编和各位编委对一个一个词条深入研究、一个一个术语推敲校正，字斟句酌、一丝不苟而深深感动；正是专家们孜孜不倦的敬业精神让我们加班加点，做好统调编辑、三审三校、设计制作、印制出版等工作，促使《全书》精美地呈献到读者面前。

为了方便读者阅读，我们就《全书》的编辑工作做以下几点说明：

一是《全书》的策划构想源于电子工业出版社曾于1993年4月出版的《集成电路工业全书》，但新的《全书》绝不是简单的再版，而是由院士、专家、企业家组成的顶级研究团队，对集成电路产业最近25年来发展的创新成果和成功经验进行的深入研究总结，是集成电路产业领域最新研究成果的集中展现。

二是新的《全书》综合研究了集成电路的发展历程、应用技术、产业经济、未来趋势等方面的创新成果，覆盖了设计、制造、封装测试、专用设备、专用材料等产业链各环节的技术内容，还介绍了新结构器件、新型集成电路、纳米级器件等极具发展前景的新技术、新材料和新工艺，最终凝聚形成了240万字的1052个经典词条。

三是为方便集成电路产业及相关领域各类人士查阅，促使集成电路产业各个方面的名词术语得到统一，以利于海内外学术交流，《全书》中的各个词条名称，按顺序分别以简体中文、繁体中文和英文描述，简、繁、英三种文字之间以逗号相隔。词条内容的解释全部为简体中文。

四是新的《全书》凝聚了134位编委、468位撰稿人、125位审稿人以及多位专家的心血，不同的撰稿人有不同的写作风格，出版社的编辑们做了大量的文字统调、行文统一等编辑修改工作，但如此鸿篇巨制，其中难免遗留差错，敬请读者理解和原谅。

在纪念集成电路诞生60周年和我国集成电路产业发展形成热潮之际，我们向各界读者精心奉上新的《全书》。我们相信，《全书》的出版发行，能够为正在高速发展的集成电路产业提供知识工具和智力支撑，必将影响集成电路产业几代人的成长和发展。各位读者在阅读《全书》的过程中，如发现有差错，或有其他修改建议，恳请及时向我们反馈，我们将通过不断的完善和修订，真正将《全书》打造成传世经典。

电子工业出版社

2018年8月

目录

上　册

第1章　集成电路技术与产业发展 ... 1

1.1　集成电路的发明与技术进步 ... 3

1.1.1　集成电路与集成电路产业，積體電路與積體電路產業，
Integrated Circuit (IC) and IC Industry ... 3

1.1.2　集成电路发明前的技术准备，積體電路發明前的技術準備，
Invention before IC ... 4

1.1.3　电子管、晶体管的发明与应用，電子管、電晶體的發明與應用，
Invention and Application of Electron Tube and Transistor ... 6

1.1.4　集成电路的发明，積體電路的發明，Invention of IC ... 9

1.1.5　集成电路产业中信息获取、存储与处理的里程碑，積體電路產業
中資訊獲取、存儲與處理的里程碑，Milestones of Information
Acquisition, Storage and Processing in IC Industry ... 11

1.1.6　集成电路材料发展的里程碑，積體電路材料發展的里程碑，
Milestones of Materials Development in IC ... 13

1.1.7　集成电路制造发展的里程碑，積體電路製造發展的里程碑，
Milestones of Manufacturing Development in IC ... 14

1.1.8　从工业时代到信息时代，從工業時代到資訊時代，
From Industrial Era to Information Era ... 17

1.1.9　信息的市场需求与技术推动，資訊的市場需求與技術推動，
Market Demand and Driving Force of Information Technology ... 19

1.2　集成电路产业的特点与战略意义 ... 22

1.2.1　集成电路的战略性与市场性，積體電路的戰略性與市場性，
Strategy and Marketability of IC ... 22

1.2.2　集成电路与国家安全，積體電路與國家安全，IC and National Security ... 23

1.2.3　集成电路与绿色经济，積體電路與綠色經濟，IC and Green Economy ... 25

1.2.4　集成电路与社会生活和社会文化，積體電路與社會生活和社會文化，
IC and Social Life and Culture ... 27

1.2.5 价值流向知识聚集的地方，價值流向知識聚集的地方，
"The value goes to where the knowledge is" ················ 29

1.3 集成电路产业的发展规律 ······················ 30

1.3.1 摩尔定律和贝尔定律，摩爾定律和貝爾定律，
Moore's Law and Bell's Law ················ 30

1.3.2 金帆定律、吉尔德定律和梅特卡夫定律，金帆定律、吉爾德定律和梅特卡夫定律，Gene's Law, Gilder's Law and Metcalfe's Law ············ 33

1.3.3 微电子技术与产业的发展规律，微電子技術與產業的發展規律，
Development Law of Microelectronic Technology and Industry ········ 35

1.3.4 摩尔定律的终结与软件的创新，摩爾定律的終結與軟體的創新，
Ending of Moore's Law and Innovation of Software ············ 39

1.4 世界集成电路产业的发展 ······················ 42

1.4.1 世界GDP与人均GDP，世界GDP與人均GDP，
Global GDP and GDP per Capita ················ 42

1.4.2 集成电路产业链，積體電路產業鏈，IC Supply Chain ········ 46

1.4.3 圆片代工，晶圓代工，Wafer Foundry ················ 48

1.4.4 集成电路产业结构的变迁，積體電路產業結構的變遷，
Evolution of IC Industrial Structure ···················· 51

1.4.5 世界半导体企业销售额排名前10位的变化（1985—2015年），世界半導體企業銷售額排名前10位的變化（1985—2015年），Revenue Change of the Top 10 World's Semiconductor Companies（1985-2015） ············ 53

1.4.6 全球半导体市场规模、区域分布及产品结构（1985—2016年），全球半導體市場規模、區域分佈及產品結構（1985—2016年），Revenue, Distribution and Product Category of Global Semiconductor Market（1985-2016） ···················· 55

1.4.7 世界半导体理事会，世界半導體理事會，
World Semiconductor Council（WSC） ················ 58

1.4.8 国际半导体设备与材料协会，國際半導體設備與材料協會，
Semiconductor Equipment and Materials International（SEMI） ········ 60

1.4.9 全球半导体联盟，全球半導體聯盟，
Global Semiconductor Association（GSA） ················ 61

1.4.10 国际半导体技术路线图，國際半導體技術綫圖，
International Technology Roadmap for Semiconductors（ITRS） ········ 62

1.4.11 世界主要集成电路研发机构，世界主要積體電路研發機構，
Worldwide Major Institutions of IC Research and Development ········ 64

1.4.12 半导体市场分析，半導體市場分析，Semiconductor Market Analysis ······ 65

1.4.13 世界半导体贸易统计公司，世界半導體貿易統計公司，
World Semiconductor Trade Statistics（WSTS） ……………… 67

1.4.14 全球主要集成电路市场研究公司，全球主要積體電路市場研究公司，
World Wide Major IC Market Research and Consulting Companies ………… 68

1.4.15 后摩尔时代集成电路科学技术展望，後摩爾時代積體電路科學技術
展望，Perspectives of IC Science and Technology in Post-Moore Era ………… 70

1.4.16 美国集成电路产业发展，美國積體電路產業發展，
IC Industry Development in the United States ……………… 73

1.4.17 欧洲集成电路产业发展，歐洲積體電路產業發展，
IC Industry Development in Europe ……………… 74

1.4.18 日本集成电路产业发展，日本積體電路產業發展，
IC Industry Development in Japan ……………… 75

1.4.19 韩国集成电路产业发展，韓國積體電路產業發展，
IC Industry Development in South Korea ……………… 76

1.4.20 中国台湾地区集成电路产业发展，中國臺灣地區積體電路產業發展，
IC Industry Development in Chinese Taiwan ……………… 78

1.5 中国集成电路产业的发展 ……………………………………………… 79

1.5.1 中国GDP与人均GDP，中國GDP與人均GDP，
China's GDP and GDP per Capita ……………… 79

1.5.2 避免中等收入陷阱和修昔底德陷阱，避免中等收入陷阱和修昔底德陷阱，
Avoiding Middle Income Trap and Thucydides's Trap ……………… 81

1.5.3 巴黎统筹委员会与瓦森纳协定，巴黎統籌委員會與瓦森納協定，
Coordinating Committee for Multilateral Export Controls and Wassenaar
Arrangement ……………… 83

1.5.4 中国集成电路产业的发展（1965—1999年），中國積體電路產業的發展
（1965—1999年），Development of China's IC Industry（1965-1999） ……… 84

1.5.5 中国集成电路产业的发展与展望（2000—2030年），
中國積體電路產業的發展與展望（2000—2030年），
Development and Prospect of China's IC Industry（2000-2030） ………… 86

1.5.6 1956—1967年科学技术发展远景规划纲要，1956—1967年科學
技術發展遠景規劃綱要，Long-Term Plan of Science and
Technology Development from 1956 to 1967 ……………… 88

1.5.7 国家高技术研究发展计划（863计划），國家高技術研究發展計劃
（863計劃），National High Technology Research and Development
Program of China ……………… 89

1.5.8 国家重点基础研究发展计划（973计划），國家重點基礎研究發展計劃
（973計劃），National Basic Research Program ……………… 91

1.5.9 厦门集成电路战略研讨会，廈門積體電路戰略研討會，
Semiconductor Industry Strategy Conference at Xiamen ……………… 93

1.5.10 四项优惠政策与电子工业发展基金，四項優惠政策與電子工業發展
基金，Four Policies and Electronics Industry Development Fund ………… 94

1.5.11 电子计算机和大规模集成电路领导小组，
電子計算機和大規模集成電路領導小組，
Leadership Group of Computers and Large Scale IC ……………… 95

1.5.12 "六五""七五""八五"科技攻关，"六五""七五""八五"
科技攻關，Task Force of Science and Technology for the Sixth, Seventh and
Eighth 5-Year Plans ……………………………………………………… 96

1.5.13 国家科技重大专项，國家科技重大專項，Key Programs of National
Science and Technology …………………………………………………… 98

1.5.14 深化科技体制改革实施方案，深化科技體制改革實施方案，
Implementation Plan to Deepen the Reform of Scientific and
Technological Systems …………………………………………………… 100

1.5.15 无锡微电子工程，無錫微電子工程，Wuxi Microelectronics Project …… 101

1.5.16 "908"工程，"908"工程，908 Program ……………………………… 102

1.5.17 "909"工程，"909"工程，909 Program ……………………………… 104

1.5.18 中芯国际集成电路制造有限公司，中芯國際集成電路製造有限公司，
Semiconductor Manufacturing International Corporation（SMIC）………… 106

1.5.19 第二代居民身份证与金融IC卡，第二代居民身份證與金融IC卡，
Second Generation Resident ID Card and Financial IC Card ……………… 107

1.5.20 国发〔2000〕18号文，國發〔2000〕18號文，
State Council Document No. 18（2000） ………………………………… 109

1.5.21 国发〔2011〕4号文，國發〔2011〕4號文，
State Council Document No. 4（2011） ………………………………… 110

1.5.22 国家集成电路产业发展推进纲要，國家集成電路產業發展推進綱要，
Guidelines for National IC Industry Development ………………………… 112

1.5.23 从"六五"计划到"推进纲要"，從"六五"計劃到"推進綱要"，
From "Sixth Five-Year Plan" to "Guidelines" …………………………… 113

1.5.24 国家集成电路产业投资基金，國家集成電路產業投資基金，
National IC Industry Investment Fund …………………………………… 115

1.5.25 中国集成电路产业销售额（2000—2016年），
中國積體電路產業銷售額（2000—2016年），
Sales Revenue of China IC Industry（2000-2016） ……………………… 116

1.5.26 中国集成电路设计业的发展（2000—2016年），
中國積體電路設計業的發展（2000—2016年），

Development of China IC Design Industry (2000-2016) ················· 118

1.5.27 中国集成电路制造业的发展（2000—2016年），
中國積體電路製造業的發展（2000—2016年），
Development of China IC Manufacturing Industry (2000-2016) ············ 119

1.5.28 中国集成电路封装测试业的发展（2000—2016年），
中國積體電路封裝測試業的發展（2000—2016年），
Development of China IC Packaging and Testing Industry (2000-2016) ······ 121

1.5.29 中国集成电路设备业的发展（2000—2016年），
中國積體電路設備業的發展（2000—2016年），
Development of China IC Equipment Industry (2000-2016) ················ 122

1.5.30 中国集成电路材料业的发展（2000—2016），
中國積體電路材料業的發展（2000—2016），
Development of China IC Material Industry (2000-2016) ················· 124

1.5.31 中国集成电路设计业重点企业，中國積體電路設計業重點企業，
Major Design Companies of China IC Industry ························· 125

1.5.32 中国集成电路制造业重点企业，中國積體電路製造業重點企業，
Major Manufacturing Companies of China IC Industry ·················· 127

1.5.33 中国集成电路封装测试业重点企业，中國積體電路封裝測試業重點企業，Major Packaging and Testing Companies of China IC Industry ······ 128

1.5.34 中国集成电路专用设备重点企业，中國積體電路專用設備重點企業，
Major Equipment Companies of China IC Industry ····················· 130

1.5.35 中国集成电路专用材料重点企业，中國積體電路專用材料重點企業，
Major Material Companies of China IC Industry ······················· 132

1.5.36 中国集成电路市场规模与产品结构（2000—2016年），
中國積體電路市場規模與產品結構（2000—2016年），
Market Scale and Product Category of IC in China (2000-2016) ·········· 134

1.5.37 中国集成电路进出口规模（2000—2016年），
中國積體電路進出口規模（2000—2016年），
Import and Export Amount of IC Products in China (2000-2016) ········· 136

1.5.38 中国的集成电路产业联盟，中國的積體電路產業聯盟，
China's IC Industry Alliances ······································ 137

1.5.39 中国半导体行业协会，中國半導體行業協會，
China Semiconductor Industry Association (CSIA) ····················· 139

1.5.40 国家工业信息安全发展研究中心，國家工業信息安全發展研究中心，
Electronic Technology Information Research Institute of MIIT (ETIRI) ··· 140

1.5.41 中国电子技术标准化研究院，中國電子技術標準化研究院，
China Electronics Standardization Institute (CESI) ····················· 141

1.5.42 中国电子产品可靠性与环境试验研究所，
中國電子產品可靠性與環境試驗研究所，
China Electronic Product Reliability and Environment Test Research
Institute（CEPREI） ………………………………………………………… 143

1.5.43 中国电子信息产业发展研究院，中國電子信息產業發展研究院，
China Center for Information Industry Development（CCID） …………… 144

1.5.44 中国电子科技集团公司集成电路研发机构，中國電子科技集團公司
積體電路研發機構，IC R&D Institutions of CETC …………………… 145

1.5.45 中国电子信息产业集团有限公司集成电路研发机构，中國電子信
息產業集團有限公司積體電路研發機構，IC R&D Institutions of CEC …… 147

1.5.46 中国航天科技集团公司集成电路研发机构，中國航天科技集團公司
積體電路研發機構，IC R&D Institutions of CASTC ………………… 149

1.5.47 中国科学院集成电路科研机构，中國科學院積體電路科研機構，
IC R&D Institutes of CAS ………………………………………………… 150

1.5.48 高等学校集成电路教学科研机构，高等學校積體電路教學科研機構，
IC Scientific Research Institutions under Higher Education System ……… 151

1.5.49 上海集成电路研发中心有限公司，上海集成電路研發中心有限公司，
Shanghai Integrated Circuit Research and Development Center Ltd.
（ICRD） …………………………………………………………………… 152

1.6 集成电路中的信息安全 ………………………………………………………… 153

1.6.1 集成电路与信息安全，積體電路與資訊安全，
IC and Information Security ……………………………………………… 153

1.6.2 对集成电路中信息安全性的攻击种类，對積體電路中資訊
安全性的攻擊種類，Kinds of Attacks to Information Security in IC …… 155

1.6.3 非侵入式攻击，非侵入式攻擊，Non-invasive Attacks ……………… 156

1.6.4 侵入式攻击，侵入式攻擊，Invasive Attacks ………………………… 158

1.6.5 半侵入式攻击，半侵入式攻擊，Semi-invasive Attacks ……………… 159

1.6.6 存储器的信息安全防护，記憶體的資訊安全防護，
Information Security Protection in Memory ……………………………… 160

1.6.7 CPU 的信息安全防护，CPU 的資訊安全防護，
Information Security Protection in CPU ………………………………… 162

1.6.8 密码算法实现的 SCA 防护，密碼算法實現的 SCA 防護，
Defence Against SCA to Implementation of Cryptography ……………… 164

1.6.9 密码算法实现的 FIA 防护，密碼算法實現的 FIA 防護，
Defence Against FIA to Implementation of Cryptography ……………… 165

1.6.10 鲁棒性与信息安全，韌性與資訊安全，
Robustness and Information Security ……………………………………… 166

1.7 集成电路知识产权 ······ 167

- 1.7.1 中国集成电路知识产权现状，中國積體電路智慧財產權現狀，
  Status of China's IC IP ······ 167
- 1.7.2 硅知识产权核，矽智慧財產權核，Silicon IP Core ······ 168
- 1.7.3 集成电路 IP 核现状，積體電路 IP 核現狀，Status of IC IP Core ······ 169
- 1.7.4 工业和信息化部软件与集成电路促进中心，
  工業和信息化部軟件與集成電路促進中心，
  MIIT Software and Integrated Circuit Industry
  Promotion Centre（CSIP）······ 170
- 1.7.5 上海硅知识产权交易中心有限公司，
  上海硅知識產權交易中心有限公司，
  Shanghai Silicon Intellectual Property Exchange Inc.（SSIPEX）······ 172
- 1.7.6 硅知识产权交易、合作与共享及集成电路知识产权诉讼典型案例，
  矽智慧財產權交易、合作與共享及積體電路智慧財產權訴訟典型案例，
  Silicon IP Transactions, Cooperation and Sharing & Litigation
  Cases in IC IP ······ 173

1.8 国际竞争与合作 ······ 175

- 1.8.1 客户自有技术和代工厂自有技术，客戶自有技術和代工廠自有技術，
  Customer-Owned Technology and Foundry-Owned Technology ······ 175
- 1.8.2 技术授权，技術授權，Technology License ······ 176
- 1.8.3 半导体公司并购，半導體公司併購，
  Semiconductor Corporation Merge and Acquisition ······ 178
- 1.8.4 圆片代工企业的未来趋势及商业模式，晶圓代工企業的未來趨勢及
  商業模式，Future Trend and Business Model of Foundry ······ 180
- 1.8.5 450mm 圆片时代，450mm 晶圓世代，450mm Wafer Era ······ 181

1.9 集成电路企业管理 ······ 184

- 1.9.1 集成电路企业类型，積體電路企業類型，Type of IC Companies ······ 184
- 1.9.2 集成电路企业组织结构，積體電路企業組織結構，
  Management Structure of IC Enterprises ······ 186
- 1.9.3 集成电路企业经营管理，積體電路企業經營管理，
  Operation Management of IC Enterprises ······ 188
- 1.9.4 集成电路企业生产管理，積體電路企業生產管理，
  Production Management of IC Enterprises ······ 191
- 1.9.5 集成电路企业资产管理，積體電路企業資產管理，
  Asset Management of IC Enterprises ······ 192
- 1.9.6 集成电路企业信息管理，積體電路企業資訊管理，

Information Management of IC Enterprises ………………………………… 194

1.10 人才培养 ………………………………………………………… 196

1.10.1 近代科学教育的发展，近代科學教育的發展，
Development of Education in Modern Science ………………………… 196

1.10.2 国内大学微电子专业设置与学历教育情况，國內大學微電子專業設置與學歷教育情況，Setup of Microelectronics Specialty and Education Status of Academic Degree in Domestic Universities …………… 200

1.10.3 人才培养相关政策和示范性微电子学院，人才培養相關政策和示範性微電子學院，China's Policies on Education of IC Talents ……… 201

1.10.4 海外高层次人才引进计划，海外高層次人才引進計劃，Recruitment Program for Foreign Experts（Thousand Talents Plan）…………………… 203

1.10.5 长江学者奖励计划，長江學者獎勵計劃，
Chang Jiang Scholars Program（Cheung Kong Scholars Programme）…… 204

1.10.6 中国科学院百人计划，中國科學院百人計劃，
CAS Pioneer Hundred Talents Program ……………………………… 205

1.10.7 国家杰出青年科学基金，國家傑出青年科學基金，
National Science Fund for Distinguished Young Scholars …………… 206

1.10.8 集成电路人才培训，積體電路人才培訓，Trainings of IC Talents …… 207

1.10.9 关于营造企业家健康成长环境弘扬优秀企业家精神更好发挥企业家作用的意见，關於營造企業家健康成長環境弘揚優秀企業家精神更好發揮企業家作用的意見，Opinions on Building a Healthy Growth Environment for Entrepreneurs and Promoting the Outstanding Entrepreneurship to Play a Better Role ………………………………… 208

第 2 章 集成电路产品门类与应用 ……………………………………… 211

2.1 集成电路产品的发展与分类 ……………………………………… 213

2.1.1 集成电路产品发展概述，積體電路產品發展概述，
Overview of IC Products ……………………………………………… 213

2.1.2 集成电路产品的分类，積體電路產品的分類，
Classification of IC Products ………………………………………… 215

2.1.3 集成电路产品的功能与结构，積體電路產品的功能與結構，
Function and Structure of IC Products ……………………………… 217

2.2 按制造工艺划分的集成电路产品门类 ……………………………… 218

2.2.1 集成电路制造工艺与产品，積體電路製程與產品，
IC Products by Manufacturing Process ……………………………… 218

2.2.2 双极型集成电路，雙極接面型積體電路，Bipolar Junction Transistor IC …… 219

2.2.3 平面CMOS集成电路，平面CMOS積體電路，Planar CMOS IC ……… 221
2.2.4 双扩散金属-氧化物-半导体集成电路，雙擴散金氧半積體電路，
Double-diffused Metal-Oxide-Semiconductor IC ……………… 222
2.2.5 双极互补金属-氧化物-半导体集成电路，雙極互補金氧半積體電路，
Bipolar Complementary Metal-Oxide-Semiconductor IC ……………… 224
2.2.6 双极互补双扩散金属-氧化物-半导体集成电路，雙極-互補-雙擴散
金氧半積體電路，Bipolar-CMOS-DMOS IC ……………… 226
2.2.7 鳍式场效应晶体管集成电路，鰭式場效應電晶體積體電路，
Fin Field Effect Transistor IC ……………… 227
2.2.8 绝缘体上硅集成电路，絕緣體上矽積體電路，Silicon on Insulator IC ……… 229
2.2.9 砷化镓器件，砷化鎵元件，Gallium Arsenide Devices ……………… 231
2.2.10 磷化铟器件，磷化銦元件，Indium Phosphide Devices ……………… 232
2.2.11 氮化镓器件，氮化鎵元件，Gallium Nitride Devices ……………… 233
2.2.12 碳化硅器件，碳化矽元件，Silicon Carbide Devices ……………… 234
2.2.13 异质结双极晶体管，異質接面雙極電晶體，
Heterojunction Bipolar Transistor（HBT）……………… 236
2.2.14 系统级封装集成电路，系統級封裝積體電路，System in Package IC ……… 237
2.2.15 微/纳机电系统，微/奈機電系統，
Micro/Nano-Electro-Mechanical System（MEMS/NEMS）……………… 238
2.2.16 其他先进工艺产品，其他先進製程產品，Products of Other Advanced
Processes ……………… 240

2.3 数字集成电路产品 ……………… 242

2.3.1 数字集成电路，數位積體電路，Digital IC ……………… 242
2.3.2 静态随机存取存储器，靜態隨機存取記憶體，
Static Random Access Memory（SRAM）……………… 243
2.3.3 动态随机存取存储器，動態隨機存取記憶體，
Dynamic Random Access Memory（DRAM）……………… 245
2.3.4 双倍速率同步动态随机存取存储器，雙倍速率同步動態隨機存取
記憶體，Double Data Rate SDRAM ……………… 246
2.3.5 低功耗双倍速率同步动态随机存取存储器，低功耗雙倍速率同步動態
隨機存取記憶體，Low Power Double Data Rate SDRAM ……… 248
2.3.6 图形双倍速率同步动态随机存取存储器，圖形雙倍速率同步動態隨機
存取記憶體，Graphics Double Data Rate SDRAM ……………… 249
2.3.7 一次可编程和多次可编程存储器，一次可程式和多次可程式記憶體，
One-Time Programmable/Multi-Time Programmable Memory ……… 251
2.3.8 闪速存储器，快閃記憶體，Flash Memory ……………… 253
2.3.9 固态硬盘，固態硬碟，Solid State Drive（SSD）……………… 255

2.3.10 嵌入式多媒体卡，嵌入式多媒體卡，
　　　　Embedded Multi-Media Card（eMMC） ………………………… 256
2.3.11 嵌入式多芯片封装存储器，嵌入式多晶片封裝記憶體，
　　　　Embedded Multi-Chip Package Memory …………………………… 258
2.3.12 x86 架构处理器，x86 架構處理器，x86 Processors …………… 261
2.3.13 IA-64 架构处理器，IA-64 架構處理器，IA-64 Processors ……… 263
2.3.14 POWER 系列架构处理器，POWER 系列架構處理器，
　　　　POWER Family Processors ……………………………………… 265
2.3.15 MIPS 架构处理器，MIPS 架構處理器，MIPS ………………… 267
2.3.16 ARM 架构处理器，ARM 架構處理器，ARM Processors ……… 269
2.3.17 UltraSPARC 架构处理器，UltraSPARC 架構處理器，
　　　　UltraSPARC Processors ………………………………………… 270
2.3.18 C-SKY 架构处理器，C-SKY 架構處理器，
　　　　C-SKY Architecture Processors ………………………………… 272
2.3.19 图形处理器，圖形處理器，Graphics Processing Unit（GPU） … 273
2.3.20 微控制器，微控制器，Microcontroller Unit（MCU） …………… 276
2.3.21 数字信号处理器，數位信號處理器，Digital Signal Processor（DSP） … 278
2.3.22 现场可编程门阵列，現場可程式閘陣列，
　　　　Field Programmable Gate Array（FPGA） ……………………… 279
2.3.23 专用集成电路，專用積體電路，
　　　　Application Specific Integrated Circuit（ASIC） ………………… 281
2.3.24 网络处理器，網路處理器，Network Processor（NP） ………… 283
2.3.25 安全加密处理器，安全加密處理器，Secure Cryptoprocessor … 285
2.3.26 高级处理器，高級處理器，Advanced Processors ……………… 286
2.4 模拟与模数混合集成电路产品 ……………………………………………… 289
　2.4.1 模拟集成电路产品，類比積體電路產品，Analog IC ………… 289
　2.4.2 模/数转换器，類比/數位轉換器，Analog-to-Digital Converter（ADC） … 291
　2.4.3 数/模转换器，數位/類比轉換器，Digital-to-Analog Converter（DAC） … 293
　2.4.4 比较器，比較器，Comparator ………………………………… 294
　2.4.5 运算放大器，運算放大器，Operational Amplifier（Op-Amp） … 295
　2.4.6 仪表放大器，儀表放大器，Instrumentation Amplifier ………… 296
　2.4.7 专用放大器，專用放大器，Specialty Amplifier ……………… 297
　2.4.8 电源管理集成电路，電源管理積體電路，
　　　　Power Management IC（PMIC） ………………………………… 298
　2.4.9 交流/直流转换器，交流/直流轉換器，AC/DC Converter ……… 299
　2.4.10 直流/直流转换器，直流/直流轉換器，DC/DC Converter ……… 301
　2.4.11 开关电源控制器，開關電源控制器，Switching Power Supply Controller … 301

2.4.12 低压差线性稳压器，低壓差綫性穩壓器，
Low Dropout Regulator（LDO） ··· 303

2.4.13 发光二极管驱动器，發光二極體驅動電路，
Light Emitting Diode Driver ··· 305

2.4.14 液晶显示器驱动器，液晶顯示器驅動電路，
Liquid Crystal Display Driver ·· 306

2.4.15 电动机控制器，馬達控制器，Motor Controller ···················· 308

2.4.16 串行/解串器，串列/解串器，SerDes ·································· 308

2.4.17 串行通信与通用串行总线接口，串列通信與通用串列匯流排介面，
Serial Communication and Universal Serial Bus Interfaces ············ 310

2.4.18 以太网接口集成电路，乙太網路介面積體電路，
Ethernet Interface IC ·· 313

2.4.19 标清与高清视频传输接口，標清與高清視頻傳輸介面，Interface for
Standard-Definition Television and High-Definition Television ········· 314

2.4.20 高清多媒体接口集成电路，高清多媒體介面積體電路，
High-Definition Multimedia Interface IC ···································· 315

2.4.21 高技术配置接口，高技術配置介面，
Advanced Technology Attachment Interface ································ 317

2.4.22 DDR SDRAM 接口，DDR SDRAM 介面，DDR SDRAM Interface ··········· 318

2.4.23 接口转换集成电路，介面轉換積體電路，
Protocol Converter Interface IC ·· 321

2.4.24 控制器局域网总线，控制器局域網匯流排，
Controller Area Network Bus ··· 322

2.4.25 内部集成电路总线，内部積體電路匯流排，
Inter-Integrated Circuit Bus ·· 323

2.4.26 高频调谐器，高頻調諧器，High Frequency Tuner ·················· 324

2.4.27 数字视频广播调制解调，數位視頻廣播調製解調，
Digital Video Broadcasting Modulation/Demodulation ···················· 325

2.4.28 蜂窝移动通信集成电路，蜂窩移動通信積體電路，
Cellular Mobile Communication IC ··· 327

2.4.29 音频编解码器，音頻編解碼器，Audio Codec ························ 329

2.4.30 视频编解码器，視頻編解碼器，Video Codec ························ 330

2.4.31 电力线通信，電力綫通信，Power Line Communication（PLC） ····· 330

2.4.32 数字用户线路，數位用戶綫路，Digital Subscriber Line（DSL） ····· 332

2.4.33 无源光纤网络和电缆调制解调器，無源光纖網路與纜綫數據機，
Passive Optical Network and Cable MODEM ································ 332

2.5 射频集成电路产品 ··· 334

2.5.1 射频领域集成电路产品，射頻領域積體電路產品，RF and Microwave IC Products · · · · · · 334

2.5.2 射频功率放大器，射頻功率放大器，RF Power Amplifier（RF PA） · · · 335

2.5.3 低噪声放大器，低雜訊放大器，Low Noise Amplifier（LNA） · · · · · · 337

2.5.4 混频器，混頻器，Mixer · · · · · · 338

2.5.5 振荡器，振蕩器，Oscillator · · · · · · 340

2.5.6 双工器，雙工器，Duplexer · · · · · · 341

2.5.7 滤波器，濾波器，Filter · · · · · · 343

2.5.8 微波器件，微波元件，Microwave Devices · · · · · · 344

2.5.9 毫米波器件，毫米波元件，Millimeter Wave Devices · · · · · · 346

2.5.10 太赫兹器件，太赫茲元件，Terahertz Devices · · · · · · 347

2.5.11 收音机芯片，收音機晶片，Radio Receiver Chip · · · · · · 349

2.5.12 导航芯片，導航晶片，Navigation Chip · · · · · · 350

2.5.13 无线网络产品，無綫網路產品，Wireless Fidelity Products · · · · · · 351

2.5.14 蓝牙产品，藍牙產品，Bluetooth Products · · · · · · 352

2.5.15 紫蜂产品，紫蜂產品，ZigBee Products · · · · · · 353

2.5.16 射频识别产品，射頻識別產品，Radio Frequency Identification Products · · · · · · 354

2.6 功率器件产品 · · · · · · 355

2.6.1 功率器件，功率元件，Power Devices · · · · · · 355

2.6.2 功率二极管，功率二極體，Power Diode · · · · · · 357

2.6.3 快恢复二极管，快恢復二極體，Fast Recovery Diode（FRD） · · · · · · 359

2.6.4 晶闸管，晶閘管，Thyristor（SCR） · · · · · · 361

2.6.5 功率双极晶体管，功率雙極電晶體，Power BJT · · · · · · 364

2.6.6 功率金属-氧化物-半导体场效应管，功率金氧半場效電晶體，Power MOSFET · · · · · · 366

2.6.7 绝缘栅双极晶体管，絕緣閘雙極電晶體，Insulated Gate Bipolar Transistor（IGBT） · · · · · · 369

2.6.8 宽带隙半导体器件，寬能隙半導體元件，Wide Bandgap Semiconductor Devices · · · · · · 373

2.6.9 超级结型晶闸管，超極接面型晶閘管，Super Junction Thyristor · · · · · · 374

2.6.10 栅极关断晶闸管，閘極關斷晶閘管，Gate Turn-Off Thyristor · · · · · · 376

2.6.11 集成栅极换流晶闸管，整合閘極換流晶閘管，Integrated Gate Commutated Thyristor（IGCT） · · · · · · 378

2.6.12 发射极关断晶闸管，發射極關斷晶閘管，Emitter Turn-Off Thyristor · · · · · · 379

2.6.13 MOS门控晶闸管，MOS 關斷晶閘管，MOS Controlled Thyristor（MCT） · · · · · · 380

2.7 光电器件产品 · · · · · · 382

2.7.1　光电器件，光電元件，Optoelectronic Devices ·· 382
2.7.2　光电二极管，光電二極體，Photodiode ··· 383
2.7.3　雪崩光电二极管，雪崩光電二極體，Avalanche Photodiode（APD） ··· 385
2.7.4　发光二极管，發光二極體，Light Emitting Diode（LED） ····················· 387
2.7.5　有机发光二极管，有機發光二極體，
　　　　Organic Light Emitting Diode（OLED） ··· 388
2.7.6　有源矩阵有机发光二极管，主動式矩陣有機發光二極體，
　　　　Active Matrix Organic Light Emitting Diode（AMOLED） ···················· 390
2.7.7　微型发光二极管，微型發光二極體，
　　　　Micro Light Emitting Diode（MicroLED） ··· 392
2.7.8　量子点发光二极管，量子點發光二極體，
　　　　Quantum Dot Light Emitting Diode（QLED） ··· 393
2.7.9　薄膜晶体管，薄膜電晶體，Thin Film Transistor（TFT） ····················· 395
2.7.10　激光二极管，雷射二極體，Laser Diode（LD） ······································ 397
2.7.11　光电倍增管，光電倍增器，Photomultiplier（PMT） ···························· 398
2.7.12　红外器件，紅外元件，Infrared Devices（IR Devices） ······················· 399
2.7.13　光通信器件，光通信元件，Optical Communication Devices ················ 401

2.8　传感器与微机电系统传感产品 ·· 402
2.8.1　传感器与微机电系统器件，感測器與微機電系統元件，
　　　　Sensors and MEMS Devices ··· 402
2.8.2　电阻式传感器，電阻式感測器，Resistance Sensor ································ 404
2.8.3　电容式传感器，電容式感測器，Capacitance Sensor ······························ 405
2.8.4　电感式传感器，電感式感測器，Conductance Sensor ···························· 407
2.8.5　压电传感器，壓電感測器，Pizeo-Electric Sensor ································· 408
2.8.6　温度传感器，溫度感測器，Temperature Sensor ··································· 409
2.8.7　霍尔传感器，霍爾感測器，Hall Effect Sensor ······································· 410
2.8.8　压力传感器，壓力感測器，Pressure Sensor ··· 411
2.8.9　微机电系统惯性器件，微機電系統慣性元件，MEMS Inertial Device ··· 413
2.8.10　射频微机电开关，射頻微機電開關，RF MEMS Switch ······················ 414
2.8.11　微流控芯片，微通道晶片，Microfluidics Chip ······································ 415
2.8.12　MEMS 磁强计，MEMS 磁強計，MEMS Magnetic Field Sensor ·········· 417
2.8.13　红外传感器，紅外感測器，Infrared Sensor ·· 419
2.8.14　电荷耦合器件，電荷耦合元件，Charge Coupled Device（CCD） ······· 420
2.8.15　CMOS 图像传感器，CMOS 影像感測器，
　　　　CMOS Image Sensor（CIS） ·· 421
2.8.16　指纹识别芯片，指紋識別晶片，Fingerprint Recognition Chip ············· 423
2.8.17　触控芯片，觸控晶片，Touch Control Chip ·· 424

2.8.18　生物微机电集成电路，生物微機電積體電路，Bio-MEMS IC ············ 425

2.9　集成电路产品在消费电子、计算机和通信等领域的主要应用 ············· 427

2.9.1　电子游戏机与电子玩具产品，電子遊戲機與電子玩具產品，
Electronic Games and Toys ··················· 427

2.9.2　家用电器，家用電器，Home Appliances ············· 427

2.9.3　个人消费电子产品，個人消費數碼產品，
Consumer Electronics Products ·················· 428

2.9.4　智能卡，智慧卡，Smart Card ················· 429

2.9.5　物联网应用，物聯網應用，Application of Internet of Things ······· 431

2.9.6　智慧家庭，智慧家庭，Smart Home ·············· 432

2.9.7　智慧城市，智慧城市，Smart City ·············· 433

2.9.8　个人计算机、工作站与外部设备，個人電腦、工作站與週邊設備，
Personal Computer and Peripherals ················ 434

2.9.9　超级计算机，超級計算機，Supercomputers ············ 435

2.9.10　手机，手機，Mobile Phone ················· 437

2.9.11　数据中心，資料中心，Data Center ·············· 438

2.9.12　网络通信设备，網路通信設備，Network Communication Equipment ··· 440

2.9.13　无线通信核心网与接入网，無線通信核心網與接入網，
Telecommunication Core Network and Access Network ········ 441

2.9.14　通信领域的融合，通信領域的融合，Unified Communications ······· 442

2.10　集成电路产品在汽车电子与工业、医疗等领域的主要应用 ············· 444

2.10.1　车载信息娱乐系统，車載資訊娛樂系統，In-Vehicle Infotainment ····· 444

2.10.2　车身控制模块，車身控制模組，Body Control Module ········ 445

2.10.3　动力传动综合控制系统，動力傳動綜合控制系統，
Powertrain Control System ··················· 446

2.10.4　汽车主动安全系统，汽車主動安全系統，
Automotive Active Safety Systems ················· 447

2.10.5　新能源汽车，新能源汽車，New Energy Vehicles ·········· 448

2.10.6　高级驾驶辅助系统，高級駕駛輔助系統，
Advanced Driver-Assistance Systems（ADAS）············ 449

2.10.7　轨道交通，軌道交通，Rail Transit ·············· 450

2.10.8　智能电网，智慧電網，Smart Grid ·············· 451

2.10.9　新能源应用，新能源應用，Application of New Energy Sources ····· 452

2.10.10　医疗成像设备，醫療成像設備，Medical Imaging Equipments ····· 453

2.10.11　经典医疗电子设备，經典醫療電子設備，
Medical Electronic Equipments ·················· 455

2.10.12　医疗监护仪，醫療監護儀，Medical Monitor ················· 457

2.10.13　医疗电子装置，醫療電子裝置，Medical Electronic Devices ········ 458

2.10.14　植入式医疗电子装置，植入式醫療電子裝置，
Implanted Medical Electronic Devices ····················· 459

2.10.15　医疗机器人，醫療機器人，Medical Robot ·················· 460

2.11　集成电路产品在航空军事及新兴领域的主要应用 ······················· 461

2.11.1　雷达，雷達，Radio Detection and Ranging（Radar） ············· 461

2.11.2　航空飞行控制，航空飛行控制，Aviation Flight Control（AFC） ······ 463

2.11.3　集成电路在人造卫星中的应用，積體電路在人造衛星中的應用，
Application of ICs in Satellites ·························· 465

2.11.4　军事通信，軍事通信，Military Communication ················ 466

2.11.5　电子战用集成电路，電子戰用積體電路，Electronic Warfare IC ······ 468

2.11.6　导弹制导和控制系统，導彈制導與控制系統，
Missile Guidance and Control System ····················· 469

2.11.7　红外夜视，紅外夜視，Infrared Night Vision ··················· 470

2.11.8　航空仪表，航空儀表，Avionics Instrument ···················· 473

2.11.9　预警机，預警機，Early Warning Aircraft ····················· 474

2.11.10　智能机器人环境认知传感器，智慧機器人環境認知感測器，
Smart Robot Environment Cognitive Sensors ················ 475

2.11.11　机器人网络通信系统，機器人網路通信系統，
Robot Network Communication System ··················· 476

2.11.12　智能制造系统，智慧製造系統，
Intelligent Manufacturing System（IMS） ·················· 478

2.11.13　无人机系统，無人機系統，Unmanned Aerial Vehicle System ······· 479

2.11.14　双目视觉系统，雙目視覺系統，Binocular Vision System ········· 481

2.11.15　虚拟现实/增强现实/混合现实，虛擬實境/擴增實境/混合實境，
Virtual Reality/Augmented Reality/Mixed Reality ············ 482

2.11.16　人工智能系统，人工智慧系統，Artificial Intelligence System ······ 484

第3章　集成电路产业经济与投资 ·· 487

3.1　与集成电路产业相关的经济学和金融学理论 ··························· 491

3.1.1　集成电路产业与宏观经济，積體電路產業與宏觀經濟，
IC Industry and Macro-economy ························ 491

3.1.2　集成电路产业的规模经济效应，積體電路產業的規模經濟效應，
Effect of Scale Economies in the IC Industry ················ 494

3.1.3　摩尔定律的经济学理解，摩爾定律的經濟學理解，

Economic View of Moore's Law ········· 496

3.1.4 集成电路产业的供给侧结构性改革，積體電路產業的供給側結構性改革，Structural Reform of Supply Side for IC Industry ········· 497

3.1.5 集成电路产业的范围经济和产业集群，積體電路產業的範圍經濟和產業集群，Scope Economy and Industrial Cluster in IC Industry ········· 499

3.1.6 集成电路产业的蓝海和红海市场，積體電路產業的藍海和紅海市場，Blue Ocean and Red Ocean of IC Industry ········· 501

3.1.7 集成电路产业的全球化和开放性市场，積體電路產業的全球化和開放性市場，Globalization and Open Market for IC Industry ········· 502

3.1.8 集成电路产业的全球价值链和微笑曲线，積體電路產業的全球價值鏈和微笑曲線，Global Value Chain and Smiling Curve of IC Industry ········· 503

3.1.9 集成电路产业的贸易与关税，積體電路產業的貿易與關稅，Trade and Tariff in IC Industry ········· 505

3.1.10 后发国家/地区的集成电路产业赶超策略，後發國家/地區的積體電路產業趕超政策，"Catching-Up" Strategy of Late-Comer Countries/Areas in IC Industry ········· 506

3.1.11 集成电路产业贸易保护的主要手段，積體電路產業貿易保護的主要手段，Protective Trade Policy in IC Industry ········· 507

3.1.12 不同所有制集成电路企业在投融资方面的区别，不同所有制積體電路企業在投融資方面的區別，The Difference in Financing among IC Enterprises with Distinct Ownership System ········· 508

3.1.13 集成电路产品的生命周期，積體電路產品的生命週期，Life Cycle of IC Products ········· 510

3.1.14 集成电路产业中的长尾效应和定制化产品，積體電路產業中的長尾效應和定制化產品，Long Tail Effect and Customized Products in IC Industry ········· 511

3.1.15 集成电路企业的权益估值模型，積體電路企業的權益估值模型，Equity Valuation Model of IC Enterprises ········· 513

3.1.16 集成电路企业管理中的委托代理制度，積體電路企業管理中的委託代理制度，Principal-Agent System in IC Enterprise Management ········· 516

3.1.17 集成电路企业的资本结构，積體電路企業的資本結構，Capital Structure of IC Enterprises ········· 517

3.2 集成电路产业的发展规律和发展指标 ········· 519

3.2.1 集成电路产业的发展趋势，積體電路產業的發展趨勢，Developing Trend of IC Industry ········· 519

3.2.2 存储器产业的特征，記憶體產業的特徵，

　　　　　　　Business Characteristics of Memory IC Industry …………………………… 521
3.2.3　集成电路产业的战略和市场，積體電路產業的戰略和市場，
　　　　Strategy and Market for IC Industry …………………………………………… 523
3.2.4　政府政策与集成电路产业发展，政府政策與積體電路產業發展，
　　　　Government Policies and IC Industry Development ………………………… 524
3.2.5　集成电路产业的投资与成长，積體電路產業的投資與成長，
　　　　Investment and Growth of IC Industry ………………………………………… 526
3.2.6　集成电路产业商业模式转变的技术经济原因，
　　　　積體電路產業商業模式轉變的技術經濟原因，
　　　　Technomic Factors for IC Industry Evolution ………………………………… 526
3.2.7　全球半导体产业投资规模与市场规模的变化，
　　　　全球半導體產業投資規模與市場規模的變化，
　　　　Changes in Total Investment and Market Size of Worldwide
　　　　Semiconductor Industry ………………………………………………………… 529
3.2.8　集成电路产业的资本支出和研发支出，
　　　　積體電路產業的資本支出和研發支出，
　　　　CAPEX and R&D Expense of IC Industry …………………………………… 531
3.2.9　集成电路产业的进入壁垒，積體電路產業的進入壁壘，
　　　　Entry Barriers of IC Industry …………………………………………………… 534
3.2.10　集成电路产业的区域演进，積體電路產業的區域演進，
　　　　Regional Migration of IC Industry ……………………………………………… 536
3.2.11　集成电路产业投资与产业生态建设，積體電路產業投資與產業生態建設，
　　　　IC Industry Investment and Industrial Ecology Development ……………… 536
3.2.12　集成电路产业投资与技术进步的关系，積體電路產業投資與技術進步的
　　　　關係，Relationship Between Investment and Technology Advancement in
　　　　IC Industry ……………………………………………………………………… 538
3.2.13　优势企业在集成电路产业中发挥决定性作用，
　　　　優勢企業在積體電路產業中發揮決定性作用，
　　　　Major Role of Superior Enterprises in IC Industry …………………………… 540
3.2.14　集成电路产品的成本结构分析，積體電路產品的成本結構分析，
　　　　Cost Structure Analysis of IC Products ……………………………………… 542
3.2.15　集成电路制造业优化生产规模，積體電路製造業優化生產規模，
　　　　Production Scale Optimization for IC Manufacturing Industry ……………… 543
3.2.16　集成电路制造业的盈亏特点，積體電路製造業的盈虧特點，
　　　　Profit and Loss Characteristics of IC Manufacturing Industry ……………… 545
3.2.17　集成电路代工企业的股权结构，積體電路代工企業的股權結構，

Shareholder Structure of IC Foundry ·················· 546

3.2.18 集成电路产业的统计类景气度指标，積體電路產業的統計類景氣度指標，Prosperity Indicators of Statistics for IC Industry ·················· 547

3.2.19 集成电路产业的证券类景气度指标，積體電路產業的證券類景氣度指標，Prosperity Indicators of Securities for IC Industry ·················· 548

3.3 企业财务经营实务与分析 ·················· 549

  3.3.1 三大财务报表与财务分析方法，三大財務報表與財務分析方法，Financial Statements and Analysis Methods ·················· 549

  3.3.2 资本支出，資本支出，Capital Expenditure（CAPEX）·················· 551

  3.3.3 出货量，出貨量，Shipment ·················· 553

  3.3.4 市场份额，市場份額，Market Share ·················· 555

  3.3.5 产品结构，產品結構，Product Category ·················· 557

  3.3.6 毛利率，毛利率，Gross Margin Rate ·················· 559

  3.3.7 折旧，折舊，Depreciation ·················· 561

  3.3.8 税息折旧及摊销前利润，稅息折舊及攤銷前利潤，EBITDA ·················· 562

  3.3.9 其他报表财务指标，其他報表財務指標，Other Financial Indexes ·················· 565

  3.3.10 市盈率，市盈率，Price-to-Earnings Ratio（PER，P/E）·················· 567

  3.3.11 商誉，商譽，Goodwill ·················· 568

  3.3.12 股权激励，股權激勵，Equity Incentive ·················· 570

3.4 集成电路产业的投资与融资 ·················· 571

  3.4.1 风险投资基金/私募股权基金，風險投資基金/私募股權基金，Venture Capital/Private Equity（VC/PE）·················· 571

  3.4.2 中国概念股，中國概念股，Chinese Concept Share ·················· 574

  3.4.3 集成电路企业的主要融资渠道，積體電路企業的主要融資管道，Major Financing Sources for IC Companies ·················· 575

  3.4.4 集成电路制造业的资金来源，積體電路制造業的資金來源，Financing Sources for IC Manufacturing ·················· 577

  3.4.5 产业基金的投资方式，產業基金的投資方式，Investment Methods of Industry Funds ·················· 578

  3.4.6 国家集成电路产业投资基金股份有限公司和华芯投资管理有限责任公司，國家集成電路產業投資基金股份有限公司和華芯投資管理有限責任公司，China Integrated Circuit Investment Fund Co. Ltd and Sino IC Capital ·················· 579

  3.4.7 中国主要省级集成电路政府投资基金（北京），中國主要省級積體電路政府投資基金（北京），China's Major Provincial IC Investment Funds（Beijing）·················· 582

  3.4.8 中国主要省级集成电路政府投资基金（上海），

中国主要省级积体电路政府投资基金（上海），
China's Major Provincial IC Investment Funds（Shanghai） ········ 583

3.4.9 中国主要省级集成电路政府投资基金（其他），
中国主要省级積體電路政府投資基金（其他），
China's Major Provincial IC Investment Funds（Others） ········ 584

3.4.10 国际集成电路相关政府投资基金，國際積體電路相關政府投資基金，
International Government Investment Funds on IC ········ 585

3.4.11 国际集成电路研发投资，國際積體電路研發投資，
International IC R&D Investment ········ 587

3.4.12 中国主要民间集成电路投融资机构，
中國主要民間積體電路投融資機構，
China's Major Private IC Investment and Financing Institutions ········ 588

3.4.13 集成电路产业的并购，積體電路產業的併購，
Mergers and Acquisitions in IC Industry ········ 590

3.4.14 IPO 和私有化，IPO 和私有化，IPO and Going Private ········ 592

3.4.15 集成电路企业的风险投资操作流程，積體電路企業的風險投資操作流程，
Procedure of Venture Capital for IC Companies ········ 595

3.4.16 A股上市的半导体企业，A股上市的半導體企業，
A Share Listed Companies of Semiconductor Industry ········ 597

3.4.17 在香港联交所上市的中国集成电路企业，
在香港聯交所上市的中國積體電路企業，
Listed Companies of China IC Industry in HKEX ········ 599

3.4.18 在纳斯达克交易所上市的中国集成电路企业，
在納斯達克交易所上市的中國積體電路企業，
Listed Companies of China IC Industry in NASDAQ ········ 600

3.4.19 集成电路企业的尽职调查，積體電路企業的盡職調查，
Due Diligence in IC Enterprises ········ 601

3.4.20 集成电路企业的资产评估，積體電路企業的資產評估，
Asset Evaluation of IC Enterprises ········ 603

中　　册

第4章　集成电路生产线建设 ········ 607

4.1 集成电路生产线的发展历程 ········ 609

4.1.1 集成电路生产线发展情况，積體電路生產綫發展情況，
History of IC Manufacturing Line ········ 609

4.1.2 中国集成电路生产线发展情况，中國積體電路生產綫發展情況，
History of China IC Manufacturing Line ……………………………… 611

4.2 集成电路生产线的选址与环境影响评价 …………………………………… 612

4.2.1 集成电路生产线的选址准则，積體電路生產綫的選址準則，
Guidelines of IC Manufacturing Line Plant Location ………………… 613

4.2.2 环境空气影响评价，環境空氣影響評價，
Environmental Evaluation of Air ……………………………………… 614

4.2.3 地表水环境评价，地表水環境評價，
Environmental Evaluation of Surfacewater …………………………… 616

4.2.4 地下水环境评价，地下水環境評價，
Environmental Evaluation of Groundwater …………………………… 617

4.2.5 声环境评价，聲環境評價，Environmental Evaluation of Noise ………… 618

4.2.6 土壤环境评价，土壤環境評價，Environmental Evaluation of Soil ……… 619

4.2.7 环境风险评价，環境風險評價，Environmental Risk Assessment ………… 620

4.2.8 环境影响评价因子，環境影響評價因子，
Environmental Assessment Factors ……………………………………… 622

4.2.9 集成电路生产线的污染分析，積體電路生產綫的污染分析，
Analysis of Contamination in IC Manufacturing Line ………………… 623

4.2.10 集成电路生产线的污染物及处理，積體電路生產綫的污染物及處理，
Contaminants and Treatment in IC Manufacturing Line ……………… 626

4.3 集成电路生产线设计 ………………………………………………………… 627

4.3.1 集成电路生产线的工艺设计，積體電路生產綫的製程技術設計，
Technology Considerations for IC Manufacturing Line ……………… 627

4.3.2 集成电路生产线的投资与分配，積體電路生產綫的投資與分配，
Investment and Expenses for IC Manufacturing Line ………………… 629

4.3.3 集成电路生产线的建筑与结构，積體電路生產綫的建築與結構，
Buildings & Structures for IC Mamufacturing Line …………………… 630

4.3.4 绿色厂房设计，綠色廠房設計，Green Plant Design ………………… 631

4.3.5 自动化物料搬运系统，自動化物料搬運系統，
Automated Material Handling System（AMHS）……………………… 632

4.3.6 给排水系统，給排水系統，Water Supply and Drainage System ………… 633

4.3.7 消防系统，消防系統，Fire Safety System ……………………………… 634

4.3.8 电力系统，電力系統，Power System …………………………………… 636

4.3.9 超纯水系统，超純水系統，Ultrapure Water System ………………… 639

4.3.10 废水处理系统，廢水處理系統，Waste Water Treatment System ……… 640

4.3.11 厂务监控系统，廠務監控系統，

　　　　　　Facility Monitoring and Control System（FMCS）·················· 642
　　4.3.12　二次配管系统，二次配管系統，Hook Up System ·················· 644
4.4　集成电路生产线厂房的洁净室与空调·················· 645
　　4.4.1　洁净室系统，潔淨室系統，Clean Room System ·················· 645
　　4.4.2　空调系统，空調系統，Air Conditioning System ·················· 647
　　4.4.3　工艺循环冷却水系统，製程循環冷卻水系統，
　　　　　　Process Circulating and Cooling Water System ·················· 648
　　4.4.4　工艺真空系统，製程真空系統，Process Vacuum System ·················· 649
　　4.4.5　工艺排气系统，製程排氣系統，Process Exhaust System ·················· 650
4.5　集成电路生产线厂房的中央气体系统与化学品供应系统·················· 652
　　4.5.1　大宗气体系统，大宗氣體系統，Bulk Gas System ·················· 652
　　4.5.2　特种气体系统，特種氣體系統，Specialty Gas System ·················· 653
　　4.5.3　化学品供应系统，化學品供應系統，Chemical Supply System ·················· 656
4.6　集成电路生产线厂房的建设与管理·················· 658
　　4.6.1　项目组织与职责，項目組織與職責，Organization and Responsibility ·················· 658
　　4.6.2　项目规划与设计，項目規劃與設計，Project Plan and Design ·················· 659
　　4.6.3　项目招标投标流程，項目招標投標流程，Project Bidding Procedure ·················· 660
　　4.6.4　政府审批，政府審批，Government Approval ·················· 661
　　4.6.5　施工管理，施工管理，Construction Management ·················· 664
　　4.6.6　合同管理，合約管理，Contract Management ·················· 665
　　4.6.7　进度控制，進度控制，Schedule Control ·················· 666
　　4.6.8　质量监督与保障，質量監督與保障，
　　　　　　Quality Inspection & Quality Assurance（QA）·················· 667
　　4.6.9　动力设施空间管理，動力設施空間管理，
　　　　　　Utilities Equipment Space Management ·················· 668
　　4.6.10　施工安全管理，施工安全管理，Construction Safety Management ·················· 670
　　4.6.11　中央供应系统的测试，中央供應系統的測試，
　　　　　　Monitoring of Central Supply System ·················· 671
4.7　集成电路生产线的节能降耗·················· 672
　　4.7.1　生产线能耗的种类，生產綫能耗的種類，
　　　　　　Energy Consumption in IC Production Line ·················· 672
　　4.7.2　节能降耗的主要措施，節能降耗的主要措施，
　　　　　　Main Measures for Saving Energy and Reducing Consumption ·················· 674
4.8　集成电路生产线的危险化学品管理·················· 675
　　4.8.1　采购，採購，Procurement ·················· 675
　　4.8.2　运输，運輸，Transportation ·················· 676

4.8.3 储存，儲存，Storage ………………………………………………………… 677
4.8.4 使用，使用，Usage ………………………………………………………… 678
4.8.5 处理，處理，Disposal ……………………………………………………… 679

4.9 集成电路生产线建设的发展趋势 ……………………………………………… 680
4.9.1 集成电路生产线建设的现状及发展方向，積體電路生產綫建設的現狀
及發展方向，Development and Status of IC Manufacturing Line ……… 680
4.9.2 中国集成电路生产线发展的现状和机遇，中國積體電路生產綫發展的
現狀和機遇，Status and Opportunity of China IC Manufacturing Line …… 682

第5章 集成电路设计 ………………………………………………………………… 685

5.1 集成电路设计产业概况 …………………………………………………………… 687
5.1.1 全球集成电路设计业概况，全球積體電路設計業概況，
Overview of Global IC Design Industry …………………………………… 687
5.1.2 中国集成电路设计业概况，中國積體電路設計業概況，
Overview of IC Design Industry in China ………………………………… 688
5.1.3 集成电路设计对整机系统的支撑作用，積體電路設計對整機系統的
支撐作用，Supporting Role of IC Design to System …………………… 689
5.1.4 集成电路设计与制造的协同发展，積體電路設計與製造的協同
發展，IC Design and Technology Co-optimization（DTCO）………… 691

5.2 集成电路设计技术基础 …………………………………………………………… 692
5.2.1 设计规格，設計規格，Design Specification …………………………… 692
5.2.2 设计流程，設計流程，Design Flow ……………………………………… 693
5.2.3 工艺设计包，工藝設計包，Process Design Kit（PDK）……………… 695
5.2.4 客户自有技术，客戶自有技術，Customer-Owned Technology（COT）… 697
5.2.5 标准单元库，標準單元庫，Standard Cell Library …………………… 698
5.2.6 电路图，電路圖，Schematics …………………………………………… 699
5.2.7 输入/输出，輸入/輸出，Input/Output（I/O）………………………… 701
5.2.8 时钟，時鐘，Clock ………………………………………………………… 702
5.2.9 泄漏电流，漏電流，Leakage Current …………………………………… 704
5.2.10 功耗，功耗，Power Consumption ……………………………………… 705
5.2.11 设计仿真，設計模擬，Design Simulation …………………………… 706
5.2.12 功能验证，功能驗證，Functional Verification ……………………… 708
5.2.13 布局布线，佈局佈綫，Placement and Routing ……………………… 709
5.2.14 物理验证，物理驗證，Physical Verification ………………………… 710
5.2.15 版图，版圖，Layout ……………………………………………………… 711
5.2.16 版图交付，版圖交付，Tape Out ……………………………………… 712

5.2.17 静电放电防护设计，靜電放電防護設計，Electrostatic Discharge
Protection Design ··· 713
5.3 数字集成电路设计 ··· 715
5.3.1 数字集成电路，數位積體電路，Digital IC ································ 715
5.3.2 硬件描述语言，硬體描述語言，Hardware Description Language
（HDL） ··· 717
5.3.3 电路划分，電路劃分，Circuit Partitioning ································ 718
5.3.4 布局规划，布圖規劃，Floor Planning ···································· 720
5.3.5 高层次综合，高層次合成，High Level Synthesis（HLS） ············· 721
5.3.6 逻辑综合，邏輯合成，Logic Synthesis ··································· 722
5.3.7 时序分析，時序分析，Timing Analysis ··································· 724
5.3.8 形式验证，形式驗證，Formal Verification ······························ 725
5.3.9 可测性设计，可測性設計，Design for Testability（DFT） ············ 726
5.3.10 硬件仿真，硬體模擬，Hardware Emulation ····························· 728
5.4 模拟集成电路设计 ··· 729
5.4.1 模拟集成电路，類比積體電路，Analog IC ································ 729
5.4.2 运算放大器设计，運算放大器設計，Operational Amplifier Design ····· 731
5.4.3 带隙基准源设计，能隙基準源設計，Bandgap Reference Design ······· 732
5.4.4 滤波器设计，濾波器設計，Filter Design ·································· 733
5.4.5 模/数转换原理，類比/數位轉換原理，
Analog-to-Digital Converter Principle ······································ 735
5.4.6 模/数转换器特性参数，類比/數位轉換器特性參數，
Characteristic Parameters of Analog-to-Digital Converter ················ 736
5.4.7 模/数转换器设计，類比/數位轉換器設計，
Analog-to-Digital Converter Design ··· 737
5.4.8 数/模转换器特性参数，數位/類比轉換器特性參數，
Characteristic Parameters of Digital-to-Analog Converter ················ 739
5.4.9 数/模转换器设计，數位/類比轉換器設計，
Digital-to-Analog Converter Design ··· 740
5.5 射频集成电路设计 ··· 742
5.5.1 射频集成电路，射頻積體電路，Radio Frequency Integrated
Circuit（RFIC） ··· 742
5.5.2 微波毫米波集成电路，微波毫米波積體電路，
Microwave & Millimeter Wave Integrated Circuit ························· 744
5.5.3 软件定义无线电，軟體定義無線電，Software Defined Radio（SDR） ····· 745
5.5.4 射频收发器设计，射頻收發器設計，

Radio Frequency Transceiver Design ··· 746

 5.5.5 低噪声放大器设计，低雜訊放大器設計，
    Low Noise Amplifier Design ··· 748

 5.5.6 混频器设计，混頻器設計，Mixer Design ···································· 749

 5.5.7 频率合成器设计，頻率合成器設計，Frequency Synthesizer Design ········ 750

 5.5.8 射频功率放大器设计，射頻功率放大器設計，
    Radio Frequency Power Amplifier Design ································ 751

 5.5.9 射频开关设计，射頻開關設計，Radio Frequency Switch Design ·········· 752

 5.5.10 数字射频集成电路设计，數位射頻積體電路設計，
    Digital Radio Frequency Integrated Circuit Design ······················· 754

5.6 功率集成电路设计 ··· 756

 5.6.1 功率器件与 BCD 工艺，功率元件與 BCD 工藝，
    Power Device and BCD Process ··· 756

 5.6.2 智能功率集成电路，智慧功率積體電路，
    Smart Power Integrated Circuit（SPIC）································· 757

 5.6.3 电源管理集成电路，電源管理積體電路，
    Power Management Integrated Circuits（PMIC）······················· 759

 5.6.4 能量采集与变换控制，能量採集與變換控制，
    Energy Harvesting and Transformation Control ························· 761

 5.6.5 交流/直流转换器与驱动电路，交流/直流轉換器與驅動電路，
    AC/DC Converter and Driver ·· 764

 5.6.6 直流/直流转换器与驱动电路，直流/直流轉換器與驅動電路，
    DC/DC Converter and Driver ·· 766

5.7 处理器设计 ··· 768

 5.7.1 处理器，處理器，Processors ··· 768

 5.7.2 指令集架构，指令集架構，Instruction Set Architecture（ISA）············ 770

 5.7.3 数据通路，資料路徑，Datapath ·· 772

 5.7.4 控制逻辑，控制邏輯，Control Logic ····································· 774

 5.7.5 协处理器，協處理器，Coprocessor ······································· 775

 5.7.6 数据处理流水线，資料處理管綫，Data Processing Pipeline ··············· 776

 5.7.7 多发射，多指令分發，Multi-Issue ·· 777

 5.7.8 单指令多数据，單一程式流多重資料，
    Single-Instruction Multiple-Data（SIMD）································ 778

 5.7.9 多线程，多執行緒，Multi-Thread ··· 779

 5.7.10 多核，多核心，Multi-Core ·· 781

 5.7.11 众核，衆核，Many Cores ·· 782

5.7.12 存储架构，存儲層次，Memory Hierarchy ········· 783
5.7.13 数字信号处理器，數位信號處理器，Digital Signal Processor（DSP）····· 785
5.7.14 图形处理器，圖形處理器，Graphics Processing Unit（GPU）············ 786

5.8 存储器设计 ············ 787

5.8.1 存储器，記憶體，Memory ············ 787
5.8.2 存储单元和外围电路，記憶體單元和週邊電路，
Memory Cell and Periphery Circuit ············ 789
5.8.3 存储器控制器，記憶體控制器，Memory Controller ············ 791
5.8.4 静态随机存取存储器，靜態隨機存取記憶體，
Static Random Access Memory（SRAM）············ 793
5.8.5 动态随机存取存储器，動態隨機存取記憶體，
Dynamic Random Access Memory（DRAM）············ 795
5.8.6 闪速存储器，快閃記憶體，Flash Memory ············ 797
5.8.7 三维与非闪速存储器，三維 NAND 快閃記憶體，3D NAND Flash Memory ··· 800
5.8.8 铁电存储器，鐵電記憶體，
Ferroelectric Random Access Memory（FeRAM）············ 802
5.8.9 自旋转移矩磁随机存储器，自旋轉移力矩磁隨機記憶體，Spin Transfer
Torque-Based Magnetoresistive Random Access Memory（STT-MRAM）······ 804
5.8.10 阻变存储器，電阻式記憶體，
Resistive Random Access Memory（ReRAM）············ 806
5.8.11 相变存储器，相變記憶體，
Phase Change Random Access Memory（PCRAM）············ 807

5.9 系统芯片设计 ············ 809

5.9.1 系统芯片，系統晶片，System on Chip（SoC）············ 809
5.9.2 IP 核，矽智財核，Intellectual Property Core ············ 810
5.9.3 嵌入式处理器，嵌入式處理器，Embedded Processor ············ 812
5.9.4 系统总线，系統匯流排，System Bus ············ 813
5.9.5 外设 IP 核，週邊 IP 核，Peripheral IP Core ············ 814
5.9.6 中断控制器，中斷控制器，Interrupt Controller ············ 815
5.9.7 驱动程序，驅動程式，Driver ············ 816
5.9.8 软硬件协同设计，硬軟體協同設計，Hardware Software Co-design ······ 818
5.9.9 安全增强设计，安全增強設計，Security Enhancement Design ············ 819
5.9.10 人工智能芯片设计，人工智慧晶片設計，
IC Design for Artificial Intelligence ············ 821

5.10 可编程逻辑电路设计 ············ 823

5.10.1 可编程逻辑，可程式邏輯，Programmable Logic ············ 823

5.10.2 现场可编程门阵列，現場可程式閘陣列，
Field Programmable Gate Array（FPGA） ········ 824

5.10.3 电可编程逻辑器件，電可程式邏輯元件，
Electrically Programmable Logic Device（EPLD） ········ 825

5.10.4 可编程系统芯片，可程式系統晶片，
Programmable System on Chip（PSoC） ········ 826

5.10.5 可重构计算芯片，可重構計算晶片，Reconfigurable Computing Chip ······ 826

5.11 设计自动化工具 ········ 829
　5.11.1 集成电路设计自动化，積體電路設計自動化，IC Design Automation ······ 829
　5.11.2 流程管理工具，流程管理工具，Flow Management Tool ········ 831
　5.11.3 系统仿真工具，系統模擬工具，System Level Simulator ········ 832
　5.11.4 电路图录入工具，示意圖錄入工具，Schematic Capture Tool ········ 833
　5.11.5 仿真工具，模擬工具，Simulator ········ 834
　5.11.6 逻辑综合工具，邏輯合成工具，Logic Synthesizer ········ 838
　5.11.7 形式验证工具，形式驗證工具，Formal Verification Tool ········ 839
　5.11.8 可测性设计工具，可測性設計工具，Design for Testability Tool ········ 841
　5.11.9 物理设计工具，物理設計工具，Physical Design Tool ········ 842
　5.11.10 寄生参数提取工具，寄生參數提取工具，
Parasitic Parameter Extractor ········ 845
　5.11.11 版图验证工具，版圖驗證工具，Layout Verification Tool ········ 847
　5.11.12 时序与功耗分析工具，時序與功耗分析工具，
Timing and Power Analysis Tool ········ 851
　5.11.13 可制造性设计，可製造性設計，Design for Manufacturability（DFM） ········ 853
　5.11.14 成品率设计，良率設計，Design for Yield ········ 855
　5.11.15 可靠性设计，可靠性設計，Design for Reliability ········ 856

第6章 集成电路制造与企业管理 ········ 859

6.1 集成电路制造技术的演进 ········ 861
　6.1.1 摩尔定律和工艺微缩，摩爾定律和製程尺寸微縮，
Moore's Law and Technology Scaling ········ 861
　6.1.2 后摩尔定律时代的工艺，後摩爾定律時代的製程，
Process of Post Moore's Law Era ········ 862
　6.1.3 技术路线图，技術路綫圖，Technology Roadmap ········ 864
　6.1.4 前段、中段、后段工艺，前段、中段、後段製程，
FEOL, MOL, BEOL ········ 865

6.2 集成电路中的硅基器件 ········· 867

6.2.1 双极晶体管，雙極型電晶體，Bipolar Junction Transistor（BJT） ········· 867

6.2.2 MOS 场效应晶体管，MOS 場效應電晶體，MOSFET ········· 868

6.2.3 鳍式场效应晶体管，鰭式場效應電晶體，Fin Field Effect Transistor（FinFET） ········· 869

6.2.4 全耗尽型 SOI，全耗盡型 SOI，Fully Depleted SOI（FD-SOI） ········· 871

6.2.5 超级结，超級接面，Super Junction ········· 872

6.2.6 横向扩散 MOSFET，橫向擴散 MOSFET，Laterally Diffused MOSFET（LDMOS） ········· 874

6.2.7 集成无源元件，積體化被動元件，Integrated Passive Device（IPD） ········· 876

6.3 化合物半导体器件及其集成电路 ········· 877

6.3.1 化合物半导体功率器件与集成，化合物半導體功率元件與積體化，Compound Semiconductor Power Devices and Integration ········· 878

6.3.2 高迁移率沟道集成电路，高遷移率通道積體電路，High-Mobility Channel ICs ········· 880

6.3.3 硅光子集成电路，矽光子積體電路，Si Photonics ICs ········· 882

6.3.4 射频集成电路，射頻積體電路，Radio Frequency Integrated Circuits（RFIC） ········· 884

6.3.5 微波单片集成电路，微波單片積體電路，Microwave Monolithic Integrated Circuits（MMIC） ········· 885

6.4 微机电系统制造 ········· 888

6.4.1 湿法刻蚀，濕式蝕刻，Wet Etching ········· 888

6.4.2 干法刻蚀，乾式蝕刻，Dry Etching ········· 891

6.4.3 牺牲层技术，犧牲層技術，Sacrificial Layer Technology ········· 894

6.4.4 键合技术，鍵合技術，Bonding Technology ········· 896

6.4.5 空腔-SOI，空腔-SOI，Cavity-Silicon on Insulator（Cavity-SOI） ········· 899

6.4.6 微机电系统与 CMOS 集成，微機電系統與 CMOS 積體化，MEMS and CMOS Integration ········· 900

6.5 单项工艺 ········· 904

6.5.1 光刻工艺，微影製程，Lithography ········· 905

6.5.2 移相掩模，相位移光罩，Phase-Shift Mask（PSM） ········· 907

6.5.3 浸没式光刻，浸潤式微影，Immersion Lithography ········· 908

6.5.4 极紫外光刻，極紫外微影，EUV Lithography ········· 909

6.5.5 计算光刻，計算微影，Computational Lithography ········· 911

6.5.6 氧化工艺，氧化製程，Oxidation Process ········· 913

6.5.7 扩散工艺，擴散製程，Diffusion Process ········· 915

6.5.8 离子注入，離子佈植，Ion Implantation …………………… 916
6.5.9 等离子体掺杂，電漿佈植，Plasma Doping …………………… 917
6.5.10 退火工艺，退火製程，Thermal Annealing …………………… 919
6.5.11 物理气相沉积及溅射工艺，物理氣相沉積及濺射製程，
Physical Vapor Deposition and Sputtering …………………… 920
6.5.12 化学气相沉积工艺，化學氣相沉積製程，
Chemical Vapor Deposition …………………… 922
6.5.13 原子层沉积，原子層沉積，Atomic Layer Deposition …………………… 923
6.5.14 化学机械抛光工艺，化學機械抛光製程，
Chemical Mechanical Polishing …………………… 924
6.5.15 外延工艺，磊晶製程，Epitaxy …………………… 925
6.5.16 干法刻蚀和清洗，乾式蝕刻和清洗，Dry Etch and Cleaning …………………… 926
6.5.17 湿法刻蚀和清洗，濕式蝕刻和清洗，Wet Etch and Cleaning …………………… 928

6.6 模块工艺 …………………… 930
6.6.1 双阱工艺，雙阱製程，Twin-Well or Dual Well …………………… 930
6.6.2 隔离工艺，隔離製程，Isolation …………………… 931
6.6.3 沟道工艺，通道製程，Channel Process …………………… 932
6.6.4 多晶硅栅，多晶矽閘，Poly-Si Gate …………………… 932
6.6.5 高 k 金属栅工艺，高 k 金屬閘製程，High-k Metal Gate（HKMG）…… 933
6.6.6 硅化物工艺，矽化物製程，Silicidation …………………… 934
6.6.7 接触孔工艺，接觸窗口製程，Contact Process …………………… 935
6.6.8 铝/铜互连工艺与双镶嵌法，鋁/銅互連製程與雙鑲嵌法，
Al/Cu Interconnect and Dual Damascenes …………………… 936
6.6.9 双重图形化技术，雙重圖形化技術，Double Patterning
Technology（DPT）…………………… 938
6.6.10 应变硅（压应力/张应力），應變矽（壓應力/張應力），
Strained Silicon（Compressive Stress/Tensile Stress）…………………… 940
6.6.11 嵌入式源漏选择性外延，嵌入式源漏選擇性磊晶，
Embedded Source and Drain Selective Epitaxy …………………… 942

6.7 集成工艺 …………………… 943
6.7.1 前段集成工艺，前段整合製程，FEOL Integration Flow …………………… 943
6.7.2 中段集成工艺，中段整合製程，MOL Integration Flow …………………… 954
6.7.3 后段集成工艺，後段整合製程，BEOL Integration Flow …………………… 956
6.7.4 CMOS 集成工艺，CMOS 整合技術，CMOS Integration Technology …………………… 959
6.7.5 非易失性存储器集成工艺，非揮發性記憶體整合技術，
Non-volatile Memory（NVM）Integration Technology …………………… 967

6.7.6 三维NAND集成工艺，三維NAND整合技術，
3D NAND Integration Technology ………………………………… 973

6.7.7 动态随机存储器集成工艺，動態隨機存儲器整合技術，
Dynamic RAM (DRAM) Integration Technology ………………… 975

6.7.8 设计-工艺协同优化技术，設計-製程協同優化技術，
Design-Technology Co-Optimization (DTCO) …………………… 978

6.8 集成电路企业类型 …………………………………………………………… 980

6.8.1 整合器件制造公司，整合式元件製造公司，
Integrated Device Manufacturer (IDM) ………………………… 980

6.8.2 无生产线集成电路设计公司，無晶圓廠積體電路設計公司，
Fabless Design House ……………………………………………… 981

6.8.3 模块制造公司，模組製造公司，Module Manufacturer ………… 982

6.8.4 集成电路圆片代工企业，積體電路晶圓代工企業，Wafer Foundry ……… 983

6.8.5 IP设计和服务公司，IP設計和服務公司，IP Design and Service ……… 985

6.8.6 外包半导体封装测试厂，外包半導體封裝及測試廠，
Outsourced Semiconductor Assembly & Test (OSAT) …………… 987

6.8.7 掩模版制造厂，光罩製造廠，Photo Mask Manufacturer ………… 988

6.8.8 半导体设备制造公司，半導體設備製造公司，
Semiconductor Equipment Manufacturer ………………………… 989

6.8.9 半导体材料制造公司，半導體材料製造公司，
Semiconductor Materials Manufacturer …………………………… 989

6.8.10 电子设计自动化软件公司，電子設計自動化軟體公司，
Electronic Design Automation (EDA) Company ………………… 990

6.8.11 分销商与销售代理，經銷商與銷售代理，
Distributor & Sales Representative ………………………………… 992

6.9 集成电路制造企业管理和模式 ……………………………………………… 993

6.9.1 组织架构，組織架構，Organization Structure ………………… 993

6.9.2 战略管理，戰略管理，Strategy Management …………………… 994

6.9.3 计划管理，計劃管理，Planning Management …………………… 996

6.9.4 技术管理，技術管理，Technology Management ………………… 997

6.9.5 品质管理，品質管理，Quality Management …………………… 998

6.9.6 市场和销售管理，市場和銷售管理，
Marketing and Sales Management ………………………………… 999

6.9.7 洁净厂房管理，潔淨廠房管理，Clean Room Management ……… 1000

6.9.8 物料管控，物料管控，Materiel Management and Control ……… 1001

6.9.9 设备维护管理，設備維護管理，Facility Management …………… 1003

6.9.10 废弃物处理管理，廢棄物處理管理，
Waste Material Treatment Management ………………………… 1004

6.9.11 环境保护管理，環境保護管理，Environmental Protection Management … 1005

6.9.12 安全管理，安全管理，Safety Management …………………… 1006

6.9.13 信息安全管理，資訊安全管理，Information Security Management …… 1007

第7章 集成电路封装测试 …………………………………………… 1009

7.1 集成电路封装测试业的发展 …………………………………… 1011

7.1.1 全球封测业发展现状与趋势，全球封測業發展現狀與趨勢，
Developing of Global Packaging and Testing Industry ……………… 1011

7.1.2 中国集成电路封测业发展现状与特点，中國積體電路封測業發
展現狀與特點，Status and Characteristics of Packaging and
Testing Industry in China ………………………………………… 1012

7.1.3 中国集成电路封测产业链的协同创新，中國積體電路封測產業鏈的
協同創新，Collaborative Innovation of Packaging and
Testing Industry Chain in China ………………………………… 1013

7.1.4 全球封测业的主要运营模式，全球封測業的主要運營模式，
Main Business Model of Global Packaging and Testing Industry …… 1015

7.1.5 全球主要IDM企业的封测业务，全球主要IDM企業的封測業務，
Packaging and Testing Business of Major Global IDM Companies …… 1016

7.1.6 中国半导体封装技术研究机构，中國半導體封裝技術研究機構，
Semiconductor Packaging Technology Research Institutes in China …… 1018

7.2 集成电路封装类型 …………………………………………… 1019

7.2.1 传统封装的定义与作用，傳統封裝的定義與作用，
Definition and Function of Conventional Packaging ……………… 1019

7.2.2 主要封装类型的变迁，主要封裝類型的變遷，
Changes of Major Package Types ………………………………… 1021

7.2.3 传统封装，傳統封裝，Conventional Package ……………………… 1023

7.2.4 先进封装，先進封裝，Advanced Package ………………………… 1027

7.2.5 通孔插装类封装和表面贴装类封装，通孔插裝類封裝和表面貼裝類
封裝，Through Hole and Surface Mount Package ………………… 1028

7.2.6 四面引线扁平封装，四面引綫扁平封裝，Quad Flat Package ……… 1031

7.2.7 有机基板封装，有機基板封裝，Organic Substrate Package ……… 1033

7.2.8 圆片级封装，晶圓級封裝，Wafer Level Package ………………… 1035

7.2.9 系统级封装，系統級封裝，System in Package（SiP）…………… 1036

7.2.10 微系统封装，微系統封裝，Micro System Package ……………… 1038

- 7.2.11 多芯片组件封装，多晶片模组封装，Multi-Chip Module Package …… 1039
- 7.2.12 嵌入式封装，嵌入式封裝，Embedded Package …… 1040
- 7.2.13 三维封装，三維封裝，3D Package …… 1042
- 7.2.14 板上芯片封装，板上晶片封裝，Chip on Board（COB）Package …… 1043
- 7.2.15 基板类封装，基板類封裝，Substrate Package …… 1045
- 7.2.16 外壳封装分类，外殼封裝分類，Packaging Shell Catagories …… 1046
- 7.2.17 封装互连，封裝互連，Packaging Interconnection …… 1048
- 7.2.18 引线框架类封装，引綫框架類封裝，Lead Frame Package …… 1051
- 7.2.19 气密性封装和非气密性封装，氣密性封裝和非氣密性封裝，Hermetic Package and Non-hermetic Package …… 1052
- 7.2.20 封装类型的选择，封裝類型的選擇，Package Type Selection …… 1053

7.3 传统封装关键工艺及典型流程 …… 1054
- 7.3.1 圆片减薄工艺，晶圓減薄製程，Wafer Thinning Process …… 1054
- 7.3.2 划片工艺，晶圓切割製程，Wafer Dicing Process …… 1055
- 7.3.3 装片工艺，黏晶粒製程，Die Attach Process …… 1056
- 7.3.4 引线键合工艺，焊綫製程，Wire Bonding Process …… 1059
- 7.3.5 塑封工艺，塑封製程，Molding Process …… 1061
- 7.3.6 电镀工艺，電鍍製程，Plating Process …… 1063
- 7.3.7 SOP封装工艺，SOP封裝製程，SOP Process …… 1064
- 7.3.8 QFN封装工艺，QFN封裝製程，QFN Process …… 1066
- 7.3.9 键合BGA工艺，焊綫球柵陣列封裝製程，Wire Bond BGA Process …… 1067
- 7.3.10 金属封装工艺，金屬封裝製程，Metal Packaging Process …… 1070
- 7.3.11 陶瓷封装工艺，陶瓷封裝製程，Ceramic Packaging Process …… 1071

7.4 先进封装典型流程及关键工艺 …… 1073
- 7.4.1 凸块工艺流程与技术，凸塊製程與技術，Bump Process Flow and Technology …… 1073
- 7.4.2 倒装芯片工艺，覆晶製程，Flip Chip Process …… 1076
- 7.4.3 倒装芯片球栅阵列工艺流程与技术，覆晶球柵陣列封裝製程與技術，Flip-Chip Ball Grid Array Process Flow and Technology …… 1077
- 7.4.4 倒装芯片尺寸级封装工艺流程与技术，晶片尺寸覆晶封裝製程與技術，Flip-Chip Chip-Scale Package（FC-CSP）Process Flow and Technology … 1080
- 7.4.5 叠层封装工艺流程与技术，堆疊式封裝製程與技術，Package on Package（PoP）Process Flow and Technology …… 1084
- 7.4.6 圆片级芯片尺寸封装工艺流程与技术，晶圓級晶片尺寸封裝製程與技術，Wafer Lever Chip-Scale Package（WLCSP）Process Flow and Technology …… 1087

7.4.7 扇出型圆片级封装工艺流程与技术，扇出型晶圆級封裝製程與技術，
Fan-out Wafer Level Packaging (FoWLP) Process Flow and Technology ⋯ 1090

7.4.8 硅通孔封装工艺流程与技术，矽穿孔封裝製程與技術，
Through Silicon Via (TSV) Process Flow and Technology ⋯⋯⋯⋯⋯ 1092

7.4.9 三维封装工艺流程与技术，三維封裝製程與技術，
3D Package Process Flow and Technology ⋯⋯⋯⋯⋯⋯⋯⋯⋯⋯⋯⋯ 1095

7.4.10 板级埋入式封装工艺流程与技术，板級崁入式封裝製程與技術，
Panel Level Embedded Assembly Process Flow and Technology ⋯⋯⋯ 1099

7.4.11 系统级封装工艺流程与技术，系統級封裝製程與技術，
System in Package (SiP) Process Flow and Technology ⋯⋯⋯⋯⋯⋯ 1103

7.5 先进封装设计技术 ⋯⋯⋯⋯⋯⋯⋯⋯⋯⋯⋯⋯⋯⋯⋯⋯⋯⋯⋯⋯⋯⋯⋯⋯⋯⋯⋯ 1106

7.5.1 典型先进封装选型和设计要点，典型先進封裝選型和設計要點，
Typical Advanced Package Selection and Design Points ⋯⋯⋯⋯⋯⋯ 1106

7.5.2 芯片-封装-PCB 协同设计，晶片-封裝-PCB 協同設計，
Chip-Package-PCB Co-design for System ⋯⋯⋯⋯⋯⋯⋯⋯⋯⋯⋯⋯ 1108

7.5.3 封装设计中的电气性能考量，封裝設計中的電氣性能考量，
Electrical Considerations for Package Design ⋯⋯⋯⋯⋯⋯⋯⋯⋯⋯ 1110

7.5.4 封装设计中的热性能考量，封裝設計中的熱性能考量，
Considerations of Thermal Performances for Package Design ⋯⋯⋯⋯ 1112

7.5.5 封装设计中的材料与结构性能考量，封裝設計中的材料與結構性能考量，General Rules for Packaging Material Selection and Structure Design ⋯⋯⋯⋯⋯⋯⋯⋯⋯⋯⋯⋯⋯⋯⋯⋯⋯⋯⋯⋯⋯⋯⋯ 1114

7.5.6 封装设计中的电-热-力多物理场耦合设计，封裝設計中的電-熱-力多物理場耦合設計，Electrical-Thermo-Mechanical Multiphysical Design ⋯⋯⋯⋯⋯⋯⋯⋯⋯⋯⋯⋯⋯⋯⋯⋯⋯⋯⋯⋯⋯⋯⋯⋯⋯⋯⋯ 1116

7.5.7 可制造性、可靠性和可测性协同设计，可製造性、可靠性和可測性協同設計，DFM/DFR/DFT Co-design ⋯⋯⋯⋯⋯⋯⋯⋯⋯⋯⋯ 1117

7.5.8 封装设计与仿真流程，封裝設計與仿真流程，
Design and Simulation Flow for IC Package ⋯⋯⋯⋯⋯⋯⋯⋯⋯⋯⋯ 1118

7.5.9 封装设计与仿真工具现状及发展趋势，封裝設計與模擬工具現狀及發展趨勢，Current Status and Development Trend of Design and Simulation Tools ⋯⋯⋯⋯⋯⋯⋯⋯⋯⋯⋯⋯⋯⋯⋯⋯⋯⋯⋯⋯⋯⋯ 1120

7.5.10 SiP 和 SoC 的协同发展，SiP 和 SoC 的協同發展，
Co-development of SiP and SoC ⋯⋯⋯⋯⋯⋯⋯⋯⋯⋯⋯⋯⋯⋯⋯⋯ 1122

7.6 集成电路测试技术 ⋯⋯⋯⋯⋯⋯⋯⋯⋯⋯⋯⋯⋯⋯⋯⋯⋯⋯⋯⋯⋯⋯⋯⋯⋯⋯⋯ 1123

7.6.1 集成电路测试定义，積體電路測試定義，

　　　　　　Definition of IC Test ·················· 1123
　7.6.2 数字集成电路测试，數位積體電路測試，Digital IC Test ·············· 1125
　7.6.3 模拟集成电路测试，類比積體電路測試，Analog IC Test ·············· 1127
　7.6.4 混合信号集成电路测试，混合信號積體電路測試，Mixed Signal IC Test ······ 1129
　7.6.5 存储器集成电路测试，記憶體積體電路測試，Memory IC Test ············· 1132
　7.6.6 高速信号集成电路测试，高速信號積體電路測試，
　　　　　　High Speed IC Test ·················· 1133
　7.6.7 射频集成电路测试，射頻積體電路測試，RF IC Test ················ 1135
　7.6.8 可编程器件测试，可程式設計元件測試，
　　　　　　Programmable Device Test ·················· 1137
　7.6.9 系统芯片测试，系統晶片測試，SoC Test ··················· 1141
　7.6.10 物联网芯片/微机电系统芯片测试，物聯網晶片/微機電系統晶片
　　　　　　测试，IoT/MEMS Chip Test ·················· 1143
　7.6.11 测试成本优化，測試成本優化，Optimization of Testing Cost ············· 1145
　7.6.12 故障模型，故障模型，Fault Model ··················· 1146
　7.6.13 可测性设计，可測性設計，Design for Testability (DFT) ············· 1148
　7.6.14 测试数据管理，測試數據管理，Management of Testing Data ············ 1150
　7.6.15 测试平台，測試平臺，Test Platform ·················· 1152
7.7 集成电路封装可靠性 ·················· 1154
　7.7.1 集成电路封装可靠性定义，積體電路封裝可靠性定義，
　　　　　　Definition of IC Package Reliability ·················· 1154
　7.7.2 集成电路封装可靠性设计，積體電路封裝可靠性設計，
　　　　　　Reliability Design of Integrated Circuit Package ·················· 1155
　7.7.3 集成电路封装可靠性试验的分类与作用，積體電路封裝可靠性試驗的
　　　　　　分類與作用，Classification of Reliability Testing for IC ············· 1158
　7.7.4 集成电路封装可靠性试验标准，積體電路封裝可靠性試驗標準，
　　　　　　Standards for Reliability Testing of IC ·················· 1159
　7.7.5 集成电路封装可靠性试验程序，積體電路封裝可靠性試驗程序，
　　　　　　Package Reliability Testing Procedures for IC ············· 1161
　7.7.6 集成电路封装失效分析方法，積體電路封裝失效分析方法，
　　　　　　Failure Analysis Methods for IC Package ············· 1164
　7.7.7 集成电路封装失效分析流程，積體電路封裝失效分析流程，
　　　　　　Procedure of Failure Analysis for IC Package ············· 1165
　7.7.8 集成电路封装典型失效模式与分类，積體電路封裝典型失效
　　　　　　模式與分類，Failure Modes and Classification of IC Package ········ 1167
　7.7.9 集成电路封装失效机理，積體電路封裝失效機制，
　　　　　　Failure Mechanism of IC Package ·················· 1168

7.7.10 集成电路封装可靠性模拟分析，積體電路封裝可靠性模擬分析，
Simulation Analysis of Package Reliability of IC ……… 1171

7.8 集成电路封装的标准化 ……… 1173

7.8.1 国际封装标准化组织，國際封裝標準化組織，
International Packaging Standardization Organization ……… 1173

7.8.2 中国封装标准化组织，中國封裝標準化組織，
China Packaging Standardization Organization ……… 1174

7.8.3 封装外形和封装命名的标准化，封裝外形和封裝命名的標準化，
Standardization of Package Outline and Designation ……… 1175

7.8.4 集成电路封装的国家标准，積體電路封裝的國家標準，
National Standard of IC Packaging（GB）……… 1176

7.8.5 GJB 与 MIL 标准，GJB 與 MIL 標準，China and US Military Standards ……… 1178

7.8.6 JEDEC 标准，JEDEC 標準，Joint Electron Device Engineering Council Standard ……… 1179

7.8.7 IPC 标准，IPC 標準，Association Connecting Electronics Industries Standard ……… 1182

7.8.8 AEC-Q100 标准，AEC-Q100 標準，Automotive Electronics Council-Q100 Standard ……… 1184

下　册

第 8 章　集成电路专用设备 ……… 1187

8.1 集成电路设备产业发展 ……… 1189

8.1.1 国际集成电路设备产业发展概况，國際積體電路設備產業發展概況，Development of International IC Equipment Industry ……… 1189

8.1.2 全球各市场区域集成电路设备产业发展的特点，全球各市場區域積體電路設備產業發展的特點，Development Characteristics of Worldwide IC Equipment Industry ……… 1190

8.1.3 中国集成电路设备产业发展阶段，中國積體電路設備產業發展階段，Development Phase of IC Industry in China ……… 1193

8.1.4 中国集成电路设备产业发展现状，中國積體電路設備產業發展現狀，Development Status of IC Equipment Industry in China ……… 1194

8.2 硅片制备设备 ……… 1197

8.2.1 硅片制备设备概况，矽晶片製造設備概況，
Overview of Silicon Wafer Manufacturing Equipment ……… 1197

8.2.2 直拉单晶炉，直拉單晶爐，Czochralski Crystal Growth Furnace ……… 1199
8.2.3 区熔单晶炉，區熔單晶爐，Float Zone Crystal Growth Furnace ………… 1201
8.2.4 滚磨机，滾圓機，Ingot Grinding Machine ……………………………… 1203
8.2.5 切片机，切片機，Slicing Machine …………………………………… 1206
8.2.6 硅片退火炉，矽片退火爐，Silicon Wafer Annealing Furnace ………… 1210
8.2.7 倒角机，圓磨機，Edge Rounding Machine …………………………… 1212
8.2.8 研磨机，研磨機，Lapping Machine …………………………………… 1215
8.2.9 硅片刻蚀机，矽片蝕刻機，Wafer Etching Machine ………………… 1219
8.2.10 抛光机，抛光機，Polisher …………………………………………… 1221
8.2.11 双面磨片机，雙面輪磨機，Double Side Grinder …………………… 1224
8.2.12 单面磨片机，單面輪磨機，Single Side Grinder …………………… 1226
8.2.13 边缘抛光机，邊緣抛光機，Edge Polisher …………………………… 1228
8.2.14 双面抛光机，雙面抛光機，Double Side Polisher …………………… 1233
8.2.15 单面抛光机，單面抛光機，Single Side Polisher …………………… 1234
8.2.16 硅片清洗机，矽片清洗機，Final Cleaning Machine ………………… 1238

8.3 掩模制造设备 ……………………………………………………………… 1240
 8.3.1 掩模制造设备的发展与展望，光罩製造設備的發展與展望，
   Development and Outlook of Mask Manufacturing Equipment ………… 1240
 8.3.2 掩模制造设备概述，光罩製造設備概述，
   Overview of Mask Manufacturing Equipment ………………………… 1242
 8.3.3 掩模检查设备，光罩檢查設備，Mask Inspection Equipment ………… 1244
 8.3.4 激光差动共焦显微镜，雷射差動共焦顯微鏡，
   Laser Differential Confocal Microscope（LDCM）……………………… 1245
 8.3.5 掩模关键尺寸测量系统，光罩關鍵尺寸測量系統，
   Mask CD Measurement System ………………………………………… 1247
 8.3.6 掩模缺陷和污染检测系统，光罩缺陷和污染檢測系統，
   Inspection System for Mask Defects and Contamination ……………… 1249
 8.3.7 掩模版自动检测系统，光罩自動檢測系統，
   Automatic Mask Inspection System …………………………………… 1250
 8.3.8 掩模修补系统，光罩修補系統，Mask Repairing System ……………… 1252
 8.3.9 光学图形发生器，光學圖形產生器，Optical Pattern Generator ……… 1254
 8.3.10 分步重复系统，分步重複系統，Step-and-Repeat System …………… 1255
 8.3.11 激光直写系统，雷射直寫系統，Laser Lithography System ………… 1257
 8.3.12 基于 DMD 的激光掩模直写系统，基於 DMD 的雷射光罩
    直寫裝置，DMD-Based Laser Mask Direct Writing System ………… 1259
 8.3.13 电子束曝光系统，電子束曝光系統，
    Electron-Beam Exposure System ……………………………………… 1262

8.3.14 投影式电子束曝光系统，投射式電子束曝光系統，
Electron-Beam Projection Lithography System ……………………… 1264

8.3.15 掩模光刻胶处理及清洗设备，光罩光阻處理及洗淨設備，
Resist Processing and Cleaning Equipment for Mask-Making ………… 1266

8.3.16 掩模光刻胶涂覆设备，光罩光阻塗覆設備，
Photoresist Coater for Mask-Making ……………………………… 1267

8.3.17 光刻胶去除装置，光阻去除裝置, Photoresist Stripper ………… 1268

8.3.18 掩模复印机，光罩複製機, Mask Copier …………………………… 1269

8.3.19 掩模湿法刻蚀设备，光罩濕式蝕刻設備，
Wet Etching Equipment for Mask-Making ………………………… 1270

8.3.20 掩模干法刻蚀设备，光罩乾式蝕刻設備，
Dry Etching Equipment for Mask-Making ………………………… 1271

8.3.21 掩模版保护膜安装仪，光罩保護膜安裝儀，
Pellicle Mounting Instrument ……………………………………… 1272

8.3.22 掩模图形数据处理系统，光罩圖形數據處理系統，
Processing System for Mask Pattern Data ………………………… 1273

8.4 光刻设备 …………………………………………………………………… 1275

8.4.1 光刻机简介，微影設備簡介，
Introduction of Photo Lithography Equipment ……………………… 1275

8.4.2 光刻机发展历史，微影設備發展歷史，
History of Photo Lithography Equipment ………………………… 1277

8.4.3 接触/接近式光刻机，接觸/接近式微影設備，
Contact/Proximity Aligner ………………………………………… 1279

8.4.4 步进重复光刻机，步進微影設備, Wafer Stepper ………………… 1280

8.4.5 步进扫描光刻机，掃描微影設備, Wafer Scanner ………………… 1283

8.4.6 浸没式光刻机，浸潤式微影設備, Immersion Scanner …………… 1287

8.4.7 极紫外光刻机，極紫外微影設備，
Extreme Ultraviolet (EUV) Lithography System …………………… 1288

8.4.8 无掩模光刻系统，無光罩微影系統，
Maskless Lithography System ……………………………………… 1290

8.4.9 电子束光刻系统，電子束微影系統，
Electron Beam Lithography (EBL) System ………………………… 1291

8.4.10 纳米电子束直写系统，奈米電子束直寫系統，
Nano Electron Beam Direct Writing System ……………………… 1292

8.4.11 多电子束光刻机，多電子束微影設備，
Multiple Electron Beam Lithography System ……………………… 1294

8.4.12 纳米压印设备，奈米壓印設備, Nano-Imprint Equipment ………… 1295

8.4.13 圆片匀胶显影设备，軌道設備，Wafer Track …………………………… 1297
8.4.14 湿法去胶设备，光阻去除機，Wet Stripping System …………………… 1301

8.5 扩散及离子注入设备 ……………………………………………………………… 1303
 8.5.1 扩散及离子注入设备简介，擴散及離子佈植設備簡介，
   Introduction to Diffusion and Ion Implantation Equipment …………… 1303
 8.5.2 卧式扩散炉，水平式擴散爐，Horizontal Diffusion Furnace ………… 1305
 8.5.3 立式扩散炉，垂直式擴散爐，Vertical Diffusion Furnace …………… 1307
 8.5.4 退火炉，退火爐，Annealing Furnace ……………………………………… 1309
 8.5.5 高压氧化炉，高壓氧化爐，High Pressure Oxidation Furnace ………… 1310
 8.5.6 中束流离子注入机，中電流離子佈植機，
   Medium Current Ion Implanter ……………………………………………… 1311
 8.5.7 大束流离子注入机，大電流離子佈植機，High Current Ion Implanter … 1314
 8.5.8 高能离子注入机，高能離子佈植機，High Energy Ion Implanter ……… 1315
 8.5.9 快速热处理设备，快速熱處理設備，
   Rapid Thermal Processing（RTP）System ………………………………… 1317

8.6 薄膜生长设备 ……………………………………………………………………… 1320
 8.6.1 薄膜生长原理与设备，薄膜生長原理與設備，
   Principles of Thin Film Growth and Equipment ………………………… 1320
 8.6.2 物理气相沉积设备，物理氣相沉積設備，
   Physical Vapor Deposition（PVD）Equipment …………………………… 1326
 8.6.3 化学气相沉积和外延设备，化學氣相沉積和磊晶設備，
   Chemical Vapor Deposition（CVD）and Epitaxy Equipment …………… 1327
 8.6.4 真空蒸镀设备，真空蒸鍍設備，Vacuum Evaporator …………………… 1329
 8.6.5 直流物理气相沉积设备，直流物理氣相沉積設備，
   Direct Current Physical Vapor Deposition（DCPVD）System ………… 1331
 8.6.6 射频物理气相沉积设备，射頻物理氣相沉積設備，
   Radio Frequency Physical Vapor Deposition（RFPVD）System ……… 1332
 8.6.7 磁控溅射设备，磁控濺射設備，Magnetron Physical Vapor Deposition
   （Magnetron-PVD）System …………………………………………………… 1334
 8.6.8 离子化物理气相沉积设备，離子化物理氣相沉積設備，
   Ionized Physical Vapor Deposition（Ionized-PVD）System …………… 1337
 8.6.9 常压化学气相沉积设备，常壓化學氣相沉積設備，Atmospheric
   Pressure Chemical Vapor Deposition（APCVD）System ……………… 1340
 8.6.10 低压化学气相沉积设备，低壓化學氣相沉積設備，
   Low Pressure Chemical Vapor Deposition（LPCVD）System ………… 1341

8.6.11 等离子体增强化学气相沉积设备，電漿增強化學氣相沉積設備，
Plasma Enhanced Chemical Vapor Deposition (PECVD) System ………… 1342

8.6.12 高密度等离子体增强化学气相沉积设备，高密度電漿增強化學氣相沉積設備，High Density Plasma Chemical Vapor Deposition
(HDP-CVD) System ………………………………………………………… 1345

8.6.13 金属化学气相沉积设备，金屬化學氣相沉積設備，
Metal Chemical Vapor Deposition (Metal-CVD) System ………… 1347

8.6.14 原子层沉积设备，原子層沉積設備，
Atomic Layer Deposition System ………………………………………… 1350

8.6.15 光化学气相沉积，光化學氣相沉積，
Photo Chemical Vapor Deposition (Photo-CVD) ………………… 1353

8.6.16 激光化学气相沉积，雷射化學氣相沉積，
Laser-Assist Chemical Vapor Deposition (LA-CVD) ………………… 1354

8.6.17 电子回旋共振等离子化学气相沉积设备，電子回旋共振微波電漿化學氣相沉積設備，Electron Cyclotron Resonance CVD
(ECR-CVD) System ………………………………………………………… 1355

8.6.18 金属有机气相沉积设备，金屬有機氣相沉積設備，
Metal Organic Chemical Vapor Deposition (MOCVD) System ………… 1356

8.6.19 分子束外延系统，分子束磊晶系統，
Molecular Beam Epitaxy System ………………………………………… 1358

8.6.20 气相外延系统，氣相磊晶系統，
Vapor Phase Epitaxy (VPE) System ……………………………………… 1360

8.6.21 液相外延系统，液相磊晶系統，
Liquid Phase Epitaxy (LPE) System ……………………………………… 1362

8.6.22 化学束外延系统，化學束磊晶系統，
Chemical Beam Epitaxy (CBE) System …………………………………… 1364

8.6.23 离子团束外延系统，離子團束磊晶系統，
Ion Beam Epitaxy (IBE) System …………………………………………… 1365

8.6.24 低能离子束外延系统，低能離子束磊晶系統，
Low Energy Ion Beam Epitaxy (LE-IBE) System ………………… 1366

8.6.25 匀胶机，旋塗機，Spin Coater ……………………………………… 1368

8.7 等离子体刻蚀设备 ……………………………………………………… 1369

8.7.1 等离子体刻蚀原理及设备简介，電漿蝕刻原理及設備簡介，
Principle of Plasma Etching and Equipment ……………………… 1369

8.7.2 等离子体刻蚀设备的分类，電漿蝕刻設備的分類，
Category of Plasma Etching Equipment …………………………… 1371

8.7.3 等离子体刻蚀设备的应用及展望，電漿蝕刻設備的應用及展望，
Plasma Etching Equipment: Application and Outlook 1375

8.7.4 离子束刻蚀设备，離子束蝕刻設備，
Ion Beam Etching (IBE) Equipment 1377

8.7.5 等离子刻蚀设备，電漿蝕刻設備，Plasma Etching Equipment 1379

8.7.6 反应离子刻蚀设备，反應離子蝕刻設備，
Reactive Ion Etching (RIE) Equipment 1380

8.7.7 磁场增强反应离子刻蚀设备，磁場增強型反應離子蝕刻設備，
Magnetically Enhanced Reactive Ion Etching (MERIE) Equipment 1382

8.7.8 电容耦合等离子体刻蚀设备，電容耦合電漿蝕刻設備，
Capacitively Coupled Plasma (CCP) Etching Equipment 1384

8.7.9 电感耦合等离子体刻蚀设备，電感耦合電漿蝕刻設備，
Inductively Coupled Plasma (ICP) Etching Equipment 1387

8.7.10 电子回旋共振等离子体刻蚀设备，電子回旋共振電漿蝕刻設備，
Electron Cyclotron Resonance (ECR) Plasma Etching Equipment 1391

8.7.11 螺旋波等离子体刻蚀设备，螺旋波電漿蝕刻設備，
Helicon Wave Plasma (HWP) Etching Equipment 1393

8.7.12 表面波等离子体刻蚀设备，表面波電漿蝕刻設備，
Surface Wave Plasma (SWP) Etching Equipment 1396

8.7.13 原子层刻蚀设备，原子層蝕刻設備，
Atomic Layer Etching (ALE) Equipment 1398

8.7.14 等离子体去胶设备，電漿除光阻設備，Plasma Stripping Equipment ... 1401

8.7.15 干法清洗设备，乾式清洗設備，Dry Cleaning Equipment 1404

8.7.16 等离子体刻蚀设备的主机平台，電漿蝕刻設備的主機平臺，
Platform of Plasma Etching Equipment 1407

8.7.17 等离子体刻蚀设备反应腔部件的材料，電漿蝕刻設備反應腔零部件的
材質，Materials of Chamber Parts in Plasma Etching Equipment 1410

8.7.18 等离子体刻蚀设备中的静电吸盘，電漿蝕刻設備中的靜電吸盤，
Electrostatic Chuck (ESC) in Plasma Etching Equipment 1412

8.8 湿法设备 1415

8.8.1 湿法工艺设备概述，濕法製程設備概述，
Overview of Wet Processing and Wet Equipment 1415

8.8.2 槽式圆片清洗系统，槽式晶圓清洗系統，
Bench-Type Wet Cleaning System 1418

8.8.3 槽式圆片刻蚀机，槽式晶圓蝕刻機，Bench-type Wet Etcher 1420

8.8.4 单圆片湿法设备，單晶圓濕法設備，
Single-Wafer Type Cleaning Equipment 1421

8.8.5 单圆片清洗设备，單晶圓清洗設備，
Single-Wafer Type Cleaning System …… 1423

8.8.6 单圆片刷洗设备，單晶圓刷洗設備，Single-Wafer Type Scrubber …… 1426

8.8.7 单圆片刻蚀设备，單晶圓蝕刻設備，Single-Wafer Type Wet Etcher …… 1428

8.8.8 单槽体圆片清洗机，單槽體晶圓清洗機，Single-Bath Wafer Cleaner …… 1430

8.8.9 低温超临界流体圆片清洗机，低溫超臨界流體晶圓清洗機，
Cryogenic-Aerosol Wafer Cleaner …… 1432

8.8.10 化学机械抛光机，化學機械抛光機，
Chemical Mechanical Polisher（CMP） …… 1434

8.8.11 无应力抛光设备，無應力抛光設備，Stress Free Polish Equipment …… 1436

8.8.12 电化学镀铜设备，電化學鍍銅設備，
Copper Electro-Chemical Plating（Cu-ECP）Equipment …… 1439

8.9 工艺检测设备 …… 1441

8.9.1 工艺检测设备的作用和主要类型，製程檢測設備的作用和主要類型，
Metrology and Inspection Equipment：Roles and Categroies …… 1441

8.9.2 套刻误差测量设备，微影叠對量測設備，
Overlay Metrology Equipment …… 1442

8.9.3 关键尺寸扫描电子显微镜，關鍵尺寸掃描電子顯微鏡，
Critical Dimension Scanning Electron Microscope（CD-SEM）…… 1446

8.9.4 光学薄膜测量设备，光學薄膜量測設備，
Optical Thin Film Metrology Equipment …… 1448

8.9.5 光学关键尺寸测量设备，光學關鍵尺寸量測設備，
Optical Critical Dimension（OCD）Measurement Equipment …… 1450

8.9.6 明场光学图形圆片缺陷检测设备，明場光學圖形晶圓缺陷檢測設備，
Bright Field Optical Patterned Wafer Defect Inspection Equipment …… 1453

8.9.7 暗场光学图形圆片缺陷检测设备，暗場光學圖形晶圓缺陷檢測設備，
Dark Field Optical Patterned Wafer Defect Inspection Equipment …… 1455

8.9.8 无图形圆片表面检测系统，無圖形晶圓表面檢測系統，
Unpatterned Wafer Surface Inspection Tool …… 1457

8.9.9 宏观缺陷检测设备，宏觀缺陷檢測設備，
Macro Defect Inspection Tool …… 1459

8.9.10 电子束图形圆片缺陷检测设备，電子束晶圓缺陷檢測設備，
Electron Beam Inspection（EBI）Equipment for Wafer Defects …… 1461

8.9.11 缺陷分析扫描电子显微镜，缺陷分析掃描電子顯微鏡，
Defect-Review Scanning Electron Microscope …… 1463

8.9.12 X射线测量设备，X射綫量測設備，X-Ray Metrology Equipment …… 1465

8.9.13 原子力显微镜，原子力顯微鏡，Atomic Force Microscope（AFM）…… 1467

8.9.14 聚焦离子束显微镜，聚焦離子束顯微鏡，
Focused Ion Beam (FIB) Microscope ………………………………… 1469

8.9.15 傅里叶变换红外光谱仪，傅立葉變換紅外光譜儀，
Fourier Transform Infrared (FTIR) Spectrometer ………………… 1470

8.9.16 薄膜应力测试设备，薄膜應力測試設備，
Film Stress Measurement Tool ………………………………………… 1471

8.9.17 四探针方块电阻测试仪，四點探針方塊電阻測試儀，
Four-Point Probe ………………………………………………………… 1473

8.9.18 表面台阶仪，表面臺階儀，Surface Profiler ………………………… 1475

8.10 组装与封装设备 ……………………………………………………………… 1476

8.10.1 组装与封装工艺及设备，組裝與封裝製程及設備，Overview of
Process and Equipment for Assembling and Packaging ………… 1476

8.10.2 圆片减薄机，晶圓減薄機，Wafer Grinder …………………………… 1478

8.10.3 砂轮划片机，晶圓切割機，Dicing Saw ……………………………… 1481

8.10.4 激光划片机，雷射切割機，Laser Saw ……………………………… 1484

8.10.5 临时键合/解键合机，臨時鍵合/解鍵合機，
Temporary Bonding/Debonding Machine ……………………………… 1487

8.10.6 圆片键合机，晶圓鍵合機，Wafer Bonder …………………………… 1488

8.10.7 植球机，植球機，Ball Mounting Machine …………………………… 1489

8.10.8 黏片机，黏片機，Die Bonder ………………………………………… 1491

8.10.9 引线键合机，引綫鍵合機，Wire Bonder …………………………… 1492

8.10.10 倒装机，倒裝機，Flip Chip Bonder ………………………………… 1495

8.10.11 助焊剂清洗机，助焊劑清洗機，Flux Cleaner ……………………… 1497

8.10.12 回流炉，回流爐，Reflow Oven ……………………………………… 1498

8.10.13 塑封机，塑封機，Molding Machine ………………………………… 1500

8.10.14 电镀及浸焊生产线，電鍍及浸焊生產綫，
Electro Plating and Wave Soldering System ………………………… 1501

8.10.15 切筋成型机，切筋成型機，Cropping Machine ……………………… 1502

8.10.16 激光打标设备，雷射印標機，Laser Marking Machine …………… 1503

8.11 主要公用部件 ………………………………………………………………… 1504

8.11.1 设备前端模块，設備前端模組，Equipment Front End Module (EFEM) … 1504

8.11.2 机械手，機械手臂，Manipulator ……………………………………… 1505

8.11.3 气体质量流量控制器，氣體質量流量控制器，
Mass Flow Controller (MFC) …………………………………………… 1508

8.11.4 射频电源，射頻電源，RF Generator ………………………………… 1510

8.11.5 尾气处理装备，尾氣處理裝備，Local Scrubber …………………… 1511

8.11.6　干泵，乾式泵，Dry Pump ……………………………………………… 1513

8.11.7　冷泵，冷凍泵，Cryopump ………………………………………… 1515

8.11.8　分子泵，分子泵，Turbo Pump ……………………………………… 1516

8.11.9　低温冷却器，低溫冷卻器，Chiller ………………………………… 1517

8.11.10　阀门，閥門，Valves ………………………………………………… 1519

8.11.11　气路系统，氣路系統，Gas Panel ………………………………… 1520

8.11.12　静电吸盘，靜電吸盤，Electrostatic Chuck（E-Chuck） ……… 1522

8.11.13　反应腔喷淋头，反應腔噴淋頭，Process Chamber Showerhead …… 1523

8.11.14　反应腔室，反應腔室，Reaction Chamber ………………………… 1524

8.12　集成电路测试设备 ………………………………………………………… 1525

8.12.1　集成电路测试设备概述，積體電路測試設備概述，
　　　　Overview of IC Testing Equipment ……………………………… 1525

8.12.2　通用数字集成电路测试系统，通用數位積體電路測試系統，
　　　　Logic IC Test System ……………………………………………… 1527

8.12.3　存储器测试系统，記憶體測試系統，Memory IC Test System …… 1528

8.12.4　SoC 测试系统，SoC 測試系統，SoC Test System ………………… 1529

8.12.5　模拟/混合集成电路自动测试系统，類比與混合型積體電路
　　　　自動測試系統，Analog/Mixed-Signal IC Test System …………… 1532

8.12.6　射频集成电路自动测试系统，射頻積體電路自動測試系統，
　　　　RF IC Test System ………………………………………………… 1534

8.12.7　定制化测试设备，定制化測試設備，Customized Test System …… 1536

8.12.8　测试仪表，測試儀表，Test Instrument …………………………… 1537

8.13　生产线其他相关设备 ……………………………………………………… 1538

8.13.1　电感耦合等离子体质谱仪，電感耦合電漿質譜儀，
　　　　Inductively Coupled Plasma-Mass Spectrometer（ICP-MS） …… 1538

8.13.2　离子色谱仪，離子色譜儀，Ion Chromatograph …………………… 1538

8.13.3　热脱附气相色谱质谱仪，熱脫附氣相色譜質譜儀，Thermal
　　　　Desorption-Gas Chromatogram Mass Spectrometer（GC-MS） …… 1539

8.13.4　自动滴定仪，自動滴定儀，Titrator ………………………………… 1540

8.13.5　研磨液颗粒计数仪，研磨液顆粒計數儀，Accusizer ……………… 1541

8.13.6　液体颗粒计数仪，液體顆粒計數儀，
　　　　Liquid Particle Counter（LPC） ………………………………… 1541

第 9 章　集成电路专用材料 ………………………………………………………… 1543

9.1　硅材料 ……………………………………………………………………… 1545

9.1.1　集成电路对硅材料的要求，積體電路對矽材料的要求，
　　　　Requirements of IC for Silicon Materials ……………………… 1545

9.1.2 高纯多晶硅，高純多晶矽，High Purity Polycrystalline Silicon ………… 1548

9.1.3 单晶硅，單晶矽，Mono Crystalline Silicon ………… 1549

9.1.4 非晶硅薄膜，非晶矽薄膜，Amorphous Silicon Thin Film ………… 1551

9.1.5 纳米硅材料，奈米矽材料，Nano-Silicon Materials ………… 1552

9.1.6 硅外延单晶薄膜，矽磊晶單晶薄膜，
Monocrystalline Silicon Epitaxial Film ………… 1554

9.1.7 SOI 材料，SOI 材料，Silicon-on-Insulator ………… 1555

9.1.8 硅基 SiGe 薄膜，矽基 SiGe 薄膜，SiGe Film on Silicon Substrate ………… 1558

9.1.9 硅基应变硅薄膜，矽基應變矽薄膜，
Strained Silicon Film on Silicon Substrate ………… 1559

9.1.10 硅基碳管，矽基碳管，Carbon Nanotubes on Silicon Substrate ………… 1560

9.1.11 硅基石墨烯，矽基石墨烯，Graphene on Silicon Substrate ………… 1561

9.1.12 硅基发光材料，矽基發光材料，
Light Emitting Materials on Silicon Substrate ………… 1562

9.2 硅片加工 ………… 1563

9.2.1 晶体热处理，晶體熱處理，Heat Treatment of Crystal Ingot ………… 1563

9.2.2 晶体定向，晶體定向，Orientation of Crystal ………… 1564

9.2.3 晶锭切断工艺，晶錠切斷工藝，Cutting Technology of Crystal Ingot ………… 1565

9.2.4 切片工艺，切片技術，Slicing Technology ………… 1566

9.2.5 研磨工艺，研磨技術，Lapping Technology ………… 1567

9.2.6 抛光工艺和抛光片，抛光技術和抛光片，
Polishing Technology and Polished Wafer ………… 1569

9.2.7 硅片清洗与包装，矽片清洗與包裝，
Cleaning and Packaging of Silicon Wafer ………… 1571

9.3 硅材料中的缺陷与杂质 ………… 1573

9.3.1 点缺陷，點缺陷，Point Defects ………… 1573

9.3.2 线缺陷，綫缺陷，Line Defects ………… 1574

9.3.3 面缺陷，面缺陷，Surface Defects ………… 1575

9.3.4 体缺陷，體缺陷，Bulk Defects ………… 1577

9.3.5 微缺陷，微缺陷，Microdefects ………… 1578

9.3.6 直拉单晶硅中的氧，矽單晶中的氧，Oxygen in CZ Silicon ………… 1579

9.3.7 直拉单晶硅中的碳，矽單晶中的碳，Carbon in CZ Silicon ………… 1580

9.3.8 直拉单晶硅中的氮，矽單晶中的氮，Nitrogen in CZ Silicon ………… 1581

9.3.9 直拉单晶硅中的金属杂质，矽單晶中的金屬雜質，
Metallic Impurity in CZ Silicon ………… 1582

9.3.10 滑移位错，滑移位错，Slip Dislocation ………… 1583

9.3.11 失配位错，失配位错，Misfit Dislocation ………… 1585

9.3.12 氧化诱生层错，氧化誘生層錯，Oxygen-Induced Stacking Faults …… 1586

9.3.13 外延缺陷，磊晶缺陷，Epitaxial Defects ………… 1587

9.3.14 诱生微缺陷，誘生微缺陷，Induced Microdefects ………… 1588

9.4 化合物半导体 ………… 1590

9.4.1 化合物半导体材料，化合物半導體材料，
Compound Semiconductor Materials ………… 1590

9.4.2 集成电路对化合物半导体材料的要求，積體電路對化合物半導體材料的要求，Requirement of IC for Compound Semiconductor Materials …… 1590

9.4.3 砷化镓单晶的制备，砷化鎵單晶的製備，
Fabrication of Monocrystalline GaAs ………… 1592

9.4.4 砷化镓热处理和晶片加工，砷化鎵熱處理和晶圓加工，
Thermal Treatment and Processing of GaAs Wafers ………… 1594

9.4.5 砷化镓外延，砷化鎵磊晶，GaAs Epitaxy ………… 1595

9.4.6 磷化铟的性质，磷化銦的性質，Properties of InP ………… 1597

9.4.7 磷化铟单晶制备，磷化銦單晶製備，
Fabrication of Monocrystalline InP ………… 1598

9.4.8 铟镓砷，銦鎵砷，InGaAs ………… 1599

9.4.9 氮化镓单晶，氮化鎵單晶，Monocrystalline GaN ………… 1600

9.4.10 氮化镓薄膜，氮化鎵薄膜，GaN Thin Film ………… 1602

9.4.11 蓝宝石晶体与衬底材料，藍寶石晶體與襯底材料，
Crystalline Al_2O_3 and Substrate Materials ………… 1602

9.4.12 碳化硅单晶，碳化矽單晶，Monocrystalline Silicon Carbide ……… 1603

9.4.13 碳化硅薄膜，碳化矽薄膜，Silicon Carbide Film ………… 1605

9.4.14 化合物量子阱材料，化合物量子阱材料，
Compound Quantum Well Materials ………… 1606

9.4.15 化合物量子点材料，化合物量子點材料，
Compound Quantum Dot Materials ………… 1607

9.5 光掩模和光刻胶材料 ………… 1609

9.5.1 集成电路对光掩模材料的要求及发展，積體電路對光罩材料的要求及發展，Requirements of IC for Photomask Materials and Development of Photomask Materials ………… 1609

9.5.2 光掩模基板材料，光罩基板材料，Photomask Substrate Material ……… 1610

9.5.3 匀胶铬版光掩模，匀膠鉻版光罩，
Photoresist Applied Chrome Thin Film Photoplate ………… 1612

9.5.4　移相掩模，相位移光罩，Phase-Shift Mask（PSM）……………… 1614
　　9.5.5　极紫外掩模，極紫外光罩，
　　　　　 Extreme Ultraviolet Lithography Photomask ………………………… 1616
　　9.5.6　硬掩模，硬光罩，Hard Photomask …………………………………… 1617
　　9.5.7　光刻胶，光阻，Photoresist ……………………………………………… 1618
　　9.5.8　g 线和 i 线的紫外光刻胶，g 綫和 i 綫的紫外光阻，
　　　　　 UV Photoresist for g-Line and i-Line ………………………………… 1621
　　9.5.9　KrF 和 ArF 深紫外光刻胶，KrF 和 ArF 深紫外光阻，
　　　　　 DUV Photoresist for KrF and ArF ……………………………………… 1623
　　9.5.10　极紫外光刻胶，極紫外光阻，EUV Photoresist ……………………… 1624
　　9.5.11　新型光刻胶材料，新型光阻材料，
　　　　　 Next Generation Lithography Materials ………………………………… 1625
　　9.5.12　光敏聚酰亚胺，光敏聚酰亞胺，Photosensitive Polyimid ………… 1627
　　9.5.13　抗反射涂层，抗反射塗層，Antireflection Coating ………………… 1629
　　9.5.14　光刻胶配套试剂，光阻配套試劑，Ancillaries …………………… 1629
9.6　工艺辅助材料 ………………………………………………………………………… 1630
　　9.6.1　浸没液体，浸沒液體，Immersion Fluid …………………………… 1630
　　9.6.2　高纯特种气体，高純特種氣體，High Purity Special Gases ………… 1632
　　9.6.3　硅片精密加工材料，矽片精密加工材料，
　　　　　 Precise Processing Materials for Silicon Wafers …………………… 1637
　　9.6.4　石英制品，石英製品，Quartz Products …………………………… 1639
　　9.6.5　高纯化学试剂，高純化學試劑，High Purity Chemicals ……………… 1642
　　9.6.6　清洗腐蚀试剂，清洗蝕刻試劑，Cleaning and Etching Chemicals ……… 1643
　　9.6.7　化学机械抛光液，化學機械抛光液，
　　　　　 Chemical Mechanical Polishing Slurry ………………………………… 1645
　　9.6.8　化学机械抛光垫和化学机械抛光修整盘，化學機械抛光墊和化學機械抛光
　　　　　 修整盤，Chemical Mechanical Polishing Pad and Conditioning Disc ……… 1646
　　9.6.9　掺杂试剂，摻雜試劑，Doping Reagents …………………………… 1647
　　9.6.10　铝靶，鋁靶，Aluminum Target ……………………………………… 1648
　　9.6.11　钛靶，鈦靶，Titanium Target ………………………………………… 1650
　　9.6.12　钽靶，鉭靶，Tantalum Target ………………………………………… 1651
　　9.6.13　铜靶，銅靶，Copper Target …………………………………………… 1653
　　9.6.14　贵金属靶，貴金屬靶，Precious Metal Target ……………………… 1654
9.7　封装结构材料 ………………………………………………………………………… 1655
　　9.7.1　引线框架材料，引綫框架材料，Lead Frame Materials ……………… 1655
　　9.7.2　塑封材料，塑封材料，Plastic Packaging Materials ………………… 1657

9.7.3 陶瓷封装材料，陶瓷封裝材料，Ceramic Packaging Materials ············ 1658

9.7.4 金属封装材料，金屬封裝材料，Metal Packaging Materials ············ 1661

9.7.5 陶瓷基板材料，陶瓷基板材料，Ceramic Substrate Materials ············ 1663

9.7.6 有机封装基板，有機封裝基板，Organic Packaging Substrate ············ 1664

9.7.7 贵金属及其键合引线材料，貴金屬及其鍵合引線材料，
Precious Metals and Their Bonding Wire Inner Leads Materials ············ 1666

9.7.8 键合铜线、铝线及其合金引线材料，鍵合銅絲、鋁絲及其合金引線材料，
Copper Bonding Wire, Alloy of Copper Bonding Wire, Aluminium Bonding
Wire and Alloy of Aluminium Bonding Wire Inner Leads Materials ············ 1668

9.7.9 导电胶黏结材料，導電膠黏結材料，Conductive Adhesive Materials ···· 1671

9.7.10 绝缘黏结胶材料，絕緣黏結膠材料，Insulated Adhesive Materials ······ 1672

9.7.11 焊料，銲料，Solder ············ 1672

9.7.12 底填料，底填料，Underfill ············ 1675

第10章 集成电路基础研究与前沿技术发展 ············ 1679

10.1 非传统新结构器件 ············ 1681

10.1.1 栅极全环绕器件，閘極全環繞元件，
Gate-All-Around（GAA）Device ············ 1681

10.1.2 隧道场效应晶体管，隧道穿透場效應電晶體，
Tunneling Field Effect Transistor ············ 1682

10.1.3 碰撞电离 MOS 器件，碰撞電離 MOS 元件，
Impact Ionization MOS ············ 1684

10.1.4 自旋场效应晶体管，自旋場效應電晶體，
Spin Field Effect Transistor ············ 1685

10.1.5 负栅电容晶体管，負柵電容電晶體，
Negative Capative MOSFET（NC-MOSFET）············ 1687

10.1.6 磁阻式随机存储器，磁阻式隨機記憶體，
Magnetoresistive Random Access Memory（MRAM）············ 1690

10.1.7 自旋转移矩磁随机存储器，自旋轉移力矩磁隨機記憶體，Spin Transfer
Torque-Based Magnetoresistive Random Access Memory（STT-MRAM）··· 1693

10.1.8 相变存储器，相變記憶體，Phase Change Random Access Memory ······ 1695

10.1.9 阻变随机存储器，阻變隨機記憶體，
Resistive Switching Random Access Memory（RRAM）············ 1698

10.1.10 忆阻器，憶阻器，Memristor ············ 1700

10.1.11 准 SOI 器件，準 SOI 器件，Quasi-SOI Devices ············ 1702

10.2 新型集成电路 1705

- 10.2.1 人工神经网络，人工神經網路，Artificial Neural Network 1705
- 10.2.2 类脑芯片，類腦晶片，Brain-Inspired Chip 1707
- 10.2.3 可重构计算集成电路，可重構計算積體電路，
  Reconfigurable Computing Integrated Circuits 1709
- 10.2.4 太赫兹集成电路，太赫兹積體電路，
  Terahertz Integrated Circuit (THz IC) 1711
- 10.2.5 量子集成电路，量子積體電路，Quantum Integrated Circuit 1713
- 10.2.6 认知无线电集成电路，認知無綫電積體電路，
  Cognitive Radio Integrated Circuit 1715
- 10.2.7 非易失性逻辑集成电路，非揮發性邏輯積體電路，
  Non-volatile Logic Integrated Circuit 1717
- 10.2.8 生物医学芯片，生物醫學晶片，Biomedical Chip 1720

10.3 集成电路新材料 1722

- 10.3.1 金刚石，金剛石，Diamond 1722
- 10.3.2 石墨烯，石墨烯，Graphene 1724
- 10.3.3 类石墨烯材料，類石墨烯材料，Graphene-Like Materials 1726
- 10.3.4 纳米线材料，奈米綫材料，Nanowire Materials 1728
- 10.3.5 碳纳米管，碳奈米管，Carbon Nanotube (CNT) 1730
- 10.3.6 锗锡，鍺錫，GeSn 1732
- 10.3.7 量子线材料，量子綫材料，Quantum Wire Materials 1735
- 10.3.8 拓扑绝缘体，拓撲絕緣體，Topological Insulator (TI) 1736

10.4 先进集成电路制造技术 1738

- 10.4.1 超低介电常数和空气隙，超低介電常數和空氣隙，
  Low-k Dielectric and Air Gap 1738
- 10.4.2 等离子体掺杂，電漿佈植，Plasma Doping 1739
- 10.4.3 纳米压印光刻，奈米壓印光刻，Nano-Imprint Lithography (NIL) 1742
- 10.4.4 定向自组装光刻，定向自組裝微影，
  Directed Self-Assembly (DSA) Lithography 1743

10.5 新型集成与互连 1746

- 10.5.1 三维互连工艺，三維互連制程，3D Interconnect Technology 1746
- 10.5.2 基于 TSV 的三维集成电路，基於 TSV 的三維積體電路，
  TSV-Based 3D IC 1748
- 10.5.3 片上光互连，單晶片光連接模組，On-Chip Optical Interconnect 1750

10.6 纳米级器件模型与模拟 … 1751

10.6.1 半导体技术计算机辅助设计，半導體技術計算機輔助設計，
Technology Computer Aided Design … 1751

10.6.2 蒙特卡洛器件模拟，蒙特卡洛器件模擬，
Monte Carlo Simulation for Device … 1753

10.6.3 准弹道输运，準彈道輸運，Quasi-ballistic Transport … 1754

10.6.4 非平衡格林函数，非平衡格林函數，
Non-equilibrium Green's Function（NEGF）… 1756

10.6.5 分子动力学模拟，分子動力學模擬，Molecular-Dynamics Simulation … 1757

10.6.6 第一性原理，第一性原理，First Principles Method … 1759

10.6.7 密度泛函理论，密度泛函理論，
Density Functional Theory（DFT）… 1760

10.6.8 原子级器件模拟，原子級器件模擬，Atomic Device Simulation … 1761

10.7 柔性半导体器件 … 1762

10.7.1 可延展无机半导体器件，可延展無機半導體器件，
Flexable Inorganic Semiconductor Devices（FISD）… 1762

10.7.2 可折叠硅集成电路，可折疊矽積體電路，
Foldable Silicon Integrated Circuit（FSIC）… 1764

10.7.3 柔性薄膜晶体管，柔性薄膜電晶體，
Flexible Thin Film Transistors（FTFT）… 1765

10.7.4 有机场效应晶体管，有機場效應電晶體，
Organic Field Effect Transistors（OFET）… 1768

10.7.5 柔性存储器，柔性記憶體，Flexible Memory（FM）… 1769

10.7.6 柔性衬底技术，柔性襯底技術，
Flexible Substrate Technology（FST）… 1771

10.7.7 柔性电子标签，柔性電子標籤，Flexible RFID … 1773

10.7.8 柔性微机电系统技术，柔性微機電系統技術，
Flexible Micro Electro Mechanical Systems（F-MEMS）… 1774

10.7.9 有机半导体材料，有機半導體材料，
Organic Semiconductor Materials（OSM）… 1776

10.7.10 有机半导体异质结，有機半導體異質結，
Organic Heterojunctions（OH）… 1778

10.7.11 有机发光二极管，有機發光二極體，
Organic Light Emitting Diode（OLED）… 1779

10.7.12 有机光探测器，有機光探測器，Organic Photodetectors … 1780

10.7.13　有机太阳电池，有機太陽電池，Organic Solar Cells ·············· 1781

10.8　集成微系统技术 ·· 1783

　　　10.8.1　可植入式微系统，可植入式微系統，Implantable Microsystem ········ 1783

　　　10.8.2　纳米能源器件，奈米能源器件，Nano Energy Devices ············· 1784

　　　10.8.3　体硅微加工工艺，矽微加工技術，
　　　　　　Bulk-Si Micromachining Technology ··························· 1785

　　　10.8.4　表面硅微加工工艺，面型矽微加工技術，
　　　　　　Surface-Si Micromachining Techonlogy ······················· 1786

　　　10.8.5　光刻-电镀-注塑技术，微影-電鍍-造模技術，
　　　　　　Lithographie-Galvanoformung-Abformung（LIGA）Process ········ 1787

　　　10.8.6　智能传感器，智慧型感測器，Smart Sensors ····················· 1788

10.9　先进表征技术与测试技术 ·· 1789

　　　10.9.1　导电原子力显微镜，導電原子力顯微鏡，
　　　　　　Conductive Atomic Force Microscope（CAFM） ················ 1789

　　　10.9.2　原子探测断层成像，原子探針斷層成像，
　　　　　　Atom Probe Tomography ···································· 1791

　　　10.9.3　非弹性电子隧道谱技术，非彈性電子穿隧譜技術，
　　　　　　Inelastic Electron Tunneling Spectroscopy ······················ 1792

　　　10.9.4　飞秒激光技术，飛秒雷射科技，Technology of Femtosecond Lasers ····· 1794

　　　10.9.5　低功耗测试，低功耗測試，Power-Aware Testing ················· 1795

　　　10.9.6　三维集成电路测试，三維積體電路測試，3D IC Testing ············ 1796

　　　10.9.7　嵌入式内核测试，嵌入式內核測試，Embedded Core Testing ········ 1798

　　　10.9.8　缺陷容忍度，缺陷容忍度，Defect Tolerance ···················· 1800

　　　10.9.9　自适应测试，自我調整測試，Adaptive Testing ··················· 1801

　　　10.9.10　硬件安全和可信度，硬體安全和可信度，
　　　　　　　Hardware Security and Trust ································ 1803

附录 A　集成电路企业简介 ·· 1807

　　A.1　全球部分半导体企业简表 ·· 1807

　　A.2　全球重要半导体企业排名 ·· 1810

　　　A.2.1　全球重要集成电路设计企业排名 ································ 1810

　　　A.2.2　全球重要集成电路制造企业排名 ································ 1811

　　　A.2.3　全球重要集成器件制造商排名 ·································· 1811

　　　A.2.4　全球重要集成电路封装测试企业排名 ···························· 1812

- A.2.5 全球重要圆片制造设备供应商排名 1813
- A.2.6 全球重要车用半导体供货商排名 1813
- A.2.7 全球重要 MEMS 企业排名 1814
- A.3 中国重要半导体企业排名 1814
  - A.3.1 中国重要集成电路设计企业排名 1814
  - A.3.2 中国重要集成电路制造企业排名 1815
  - A.3.3 中国重要半导体封装测试企业排名 1815
  - A.3.4 中国其他重要半导体企业 1816
- A.4 中国半导体与集成电路产业联盟 1818
  - A.4.1 中国半导体产业相关联盟 1818
  - A.4.2 中国半导体产业相关联盟简介 1818
- A.5 索尔维会议 1822

附录 B 常用参考表 1825

- B.1 希腊字母表 1825
- B.2 常用物理化学参考表 1826
  - B.2.1 元素周期表 1826
  - B.2.2 集成电路制造常用元素 1827
  - B.2.3 常用气体的物理化学特性表 1828
  - B.2.4 部分液体的物理化学特性表 1829
  - B.2.5 常用半导体材料参数表 1830
  - B.2.6 物理化学常量表 1831
- B.3 常用数学常数表 1832
- B.4 常用物理学常量表 1834
  - B.4.1 通用物理常量表 1834
  - B.4.2 电磁学常量表 1834
  - B.4.3 原子与原子核常量表 1835
- B.5 国际单位制（SI Units） 1835
  - B.5.1 国际单位制基本单位 1835
  - B.5.2 国际单位制导出单位 1836
  - B.5.3 可与国际单位制单位并用的我国法定计量单位 1837
  - B.5.4 国际单位制词头 1838
- B.6 常用单位换算表 1838

B.6.1　常用长度单位换算表 …………………………………………… 1838
　　　B.6.2　常用面积单位换算表 …………………………………………… 1838
　　　B.6.3　常用体积和容量单位换算表 …………………………………… 1839
　　　B.6.4　其他常用单位换算表 …………………………………………… 1839
　　　B.6.5　常用货币换算表 ………………………………………………… 1840

附录 C　集成电路常用缩写语 ………………………………………………… 1841

附录 D　集成电路产业常用词汇 ……………………………………………… 1853

索引 …………………………………………………………………………………… 1869

第 1 章　集成电路技术与产业发展

　　作为20世纪最伟大的发明之一，集成电路开创了电子技术历史的新纪元。自发明至今，集成电路已经经历了60年的发展。通过技术研发、产品创新、产业变革，集成电路引领着电子信息行业乃至整个科技界的发展。本章作为全书的开篇，对全球集成电路技术与产业的发展历史进行了梳理，重点回顾了中国集成电路产业的发展沿革，并对中国集成电路产业的相关政策、核心环节、重点机构、重要事件、信息安全、知识产权、国际合作、企业管理以及人才培养等进行了较为全面的解析。

　　本章的撰写，意在帮助读者了解集成电路技术与产业的发展历史与现状。

　　本章在编写过程中，得到了中国半导体行业协会、北方微电子设备公司和业界同仁的支持和帮助，在此一并表示感谢。由于我们水平所限，难免有不足甚至错误之处，敬请批评指正。

◎ 本章编委会

主　　编：郑敏政

副主编：王永文

编　　委（按姓氏笔画排序）：

丁　伟　王芹生　任爱光　刘　堃

严晓浪　李　珂　季明华　周玉梅

郑　凯　莫大康　夏　岩　钱佩信

徐小海　徐步陆　彭红兵　蒋守雷

责任编委：李　珂

1.1 集成电路的发明与技术进步

1.1.1 集成电路与集成电路产业，積體電路與積體電路產業，Integrated Circuit (IC) and IC Industry

集成电路（Integrated Circuit，IC）是指通过一系列特定的加工工艺，将晶体管、二极管等有源器件和电阻器、电容器等无源元件，按照一定的电路互连，"集成"在半导体（如硅或砷化镓等化合物）晶片上，封装在一个外壳内，执行特定功能的电路或系统。

集成电路由美国德州仪器公司（Texas Instruments，TI）的基尔比（Jack S. Kilby）和仙童公司（Fairchild Co.）的诺伊斯（Robert N. Noyce）分别于1958年和1959年发明。至2018年，集成电路技术和产业的发展已经度过了60个春秋。

集成电路自发明以来，经过20世纪60年代和70年代的发展，逐步形成了集成电路产业。1965年，仙童公司的戈登·摩尔（Gordon E. Moore）在《电子学》杂志上发表了对集成电路技术发展的预测，他认为，在"最低元件成本下集成电路的复杂度大约每年增长一倍"，这就是最初的"摩尔定律"。1975年，摩尔将上述"每年增长一倍"的推断进行了修正，改为每两年增长一倍。迄今，CPU上晶体管数目的变化与摩尔的预测相符，而存储器上晶体管的数目大约每18个月增加一倍。

集成电路最初的生产商基本是"自产自销"的系统厂商。其后，一种独立生产集成电路、面向所有系统厂商的企业形式出现。这种自行设计，用自己的生产线加工、封装、测试，成品芯片自行销售的集成电路制造商称为IDM（Integrated Device Manufacture，整合器件制造商或集成器件制造商）。随着集成电路技术的演进，集成电路封装、设计、制造等环节也出现了独立的企业，形成了由专业封装、"无工艺生产线"（Fabless）、"专业代工制造"（Foundry），以及只销售知识产权核（Intellectual Property Core，IP核）并不生产集成电路（Chipless）的多种企业组成的集成电路产业结构。此外，集成电路全产业结构还包括了电子设计自动化（Electronic Design Automation，EDA）工具提供商、集成电路生产材料厂商和集成电路制造设备厂商，以及人才培养、人才培训、产业投资、中介服务等多个层面。

集成电路最初的加工线宽为 $10\mu m$ 量级，随着铜互连、浸没式光刻、3D封装等新技术的不断涌现，2018年风险量产集成电路的加工技术已经达到7nm。作为集成电路的衬底，硅圆片的直径已由最初的1in（约25.4mm）增长到现在的300mm（约12in）。硅圆片的直径早期以in为单位，如4in、5in，后期在硅圆片直径达到150mm时全部以mm为单位。通常国内业界将直径为150mm的硅圆片俗称为6in的硅圆片；将直径为200mm的硅圆片俗称为8in的硅圆片；将直径为300mm的硅圆片俗称为12in的硅圆片。

1958年诞生的集成电路拉开了人类社会迈向信息社会的帷幕。集成电路应用从最初的军事领域，逐步扩大到工业、农业、交通、政务、金融、安全、办公、通信、教育、传媒、娱乐等各个领域。集成电路科学技术与产业不仅成为加速经济持续增长、改变人类生产和生活方式的推动力，而且成为关系现代战争胜负的重要因素。集成电路产业的规模、科学技术水平和创新能力正在成为衡量一个强国综合国力的重要标志。

集成电路技术为人类创造了全新的信息世界，在人类社会发展的进程中创立了不可磨灭的历史功绩。在信息社会中，集成电路已经成为强国之鼎，富国之宝，兴邦之器，安邦之本。

撰稿人：北京大学　　　　王永文
审稿人：工业和信息化部　郑敏政

▷▷▷ 1.1.2　集成电路发明前的技术准备，積體電路發明前的技術準備，Invention before IC

人类对电的认识源于摩擦起电。东汉时期的王充在《论衡·乱龙》中论述了"顿牟掇芥"的现象，顿牟即琥珀，掇芥即吸引轻微纤细之物。但是，摩擦起电产生的电荷电量甚微，且不可持续。

1745年，荷兰莱顿城莱顿大学的彼得·冯·马森布鲁克（Pieter Van Musschenbrock）教授发明了可以将电荷储存起来的容器"莱顿瓶"。但是，莱顿瓶中的电荷依然不能存储足够的电量，且该电量的流动不可控制。

1752年，美国科学家本杰明·富兰克林（Benjamin Franklin）进行了著名的"风筝引电"实验，并提出了"电流""正电""负电"等术语。

1799年，意大利物理学家伏特（Alessandro Volta）成功地制成了世界上第一个电池——"伏特电堆"。从此，人类社会有了人工制造的、可控的"电源"。

1820年，丹麦物理学家奥斯特（Hans C. Oersted）发现了电流的磁效应。

1826年，德国物理学家欧姆（Georg S. Ohm）发表了著名的欧姆定律。

1827年，法国物理学家安培（André M. Ampère）出版了《电动力学现象的数学理论》,并发明了电流计。

1831 年,英国物理学家法拉第(Michael Faraday)发现了电磁感应现象,使人类掌握了电磁运动相互转变以及机械能和电能相互转变的方法。

1864 年,英国物理学家麦克斯韦(James C. Maxwell)发表了论文《电磁场的动力学理论》。

1865 年,英国物理学家麦克斯韦预言了电磁波的存在,并证明了真空中电磁波的速度等于光速,这成为现代无线电技术的基础。

1866 年,德国人西门子发明了自励式直流发电机。

1888 年,塞尔维亚裔美国人尼古拉·特斯拉(Nikola Tesla)发明了交流多相电力传输系统,大大推进了第二次工业革命的进程,使人类社会迅速进入到电气时代。

1888 年,德国物理学家赫兹(Heinrich R. Hertz)用实验证实了麦克斯韦所预言的电磁波的存在。

1897 年,英国物理学家汤姆逊(Joseph J. Thomson)从实验上发现了电子存在的直接证据。电子的发现,揭示了电的本质。

1900 年,德国物理学家普朗克(Max K. E. L. Planck)提出了物质辐射的能量是不连续的假说,引入了能量量子的概念,创立了量子理论(Quantum Theory)。

1913 年,丹麦物理学家玻尔(Niels H. D. Bohr)提出了新的量子化原子模型。

1926 年,奥地利物理学家薛定谔(Erwin Schrödinger)系统地阐明了波动力学理论,提出了薛定谔方程。

1928 年,量子理论创始人普朗克提出了固体能带理论的基本思想能带论。该理论阐述了在外电场作用下,半导体靠满带中的"空穴"和导带中的电子这两种载流子进行导电,"空穴"参与的导电过程称为 p 型导电,电子参与的导电过程称为 n 型导电(双极型与 MOS 集成电路的基本工作原理)。能带论第一次科学地阐明了固体可按导电能力的强弱,分为导体、半导体和绝缘体。

1930 年,英国物理学家狄拉克(Paul A. Maurice Dirac)著书《量子力学原理》,提出了著名的狄拉克方程,并且从理论上预言了正电子、磁单极子的存在。

1931 年,英国物理学家威尔逊在能带理论的基础上提出了半导体的物理模型,阐述了"杂质导电"和"本征导电"的机理。半导体所有变化的性能和广泛的应用价值,都由杂质导电机理决定。威尔逊模型奠定了半导体学科的理论基础。

1939年，德国的肖特基（W. H. Schottky）、英国的莫特（N. F. Mott）和苏联的达维多夫（Б. Давыдов）几乎同时应用金属与半导体接触的"势垒"（Potential Energy Barrier）概念，建立了解释金属−半导体接触整流作用的"扩散理论"。这样，能带论、半导体导电机理和扩散理论这三个相互关联、逐步发展起来的半导体理论模型构成了确立晶体管这一技术发明的理论基础。

至此，科学家们为晶体管的发明已经做好了理论和实践上的准备。

撰稿人：北京大学　　　　　王永文
审稿人：工业和信息化部　郑敏政

▷▷▷ 1.1.3　电子管、晶体管的发明与应用，電子管、電晶體的發明與應用，Invention and Application of Electron Tube and Transistor

最初，电子设备的核心部件是电子管，电子管控制电子在真空中的运动。

1879年，美国发明家托马斯·阿尔瓦·爱迪生（Thomas A. Edison）点亮了第一支有实用价值的电灯。1880年1月27日，爱迪生申报了发明电灯的专利。

1904年，英国发明家弗莱明（J. A. Flemimg）在研究"爱迪生效应"的基础上，在只有灯丝的"灯泡"里加了一块金属板（阳极），发明了真空二极管并取得专利。此后，真空二极管在无线电技术中被用于检波和整流。

1907年，美国发明家德·福雷斯特·李（De F. Lee）在二极管中加入了一个格栅，制造出第一支真空电子三极管。三极管集"放大""检波"和"振荡"功能于一身。这使得它成为无线电发射机和接收机的核心部件。

在1918年，美国一年内就制造了100多万个电子管。这已经是第一次世界大战（1914—1918年）前的50多倍。至20世纪50年代中期，家用收音机均由电子管构成。

1946年，美国宾夕法尼亚大学研发了世界上第一台电子数字积分计算机（Electronic Numerical Integrator and Computer，ENIAC）。冯·诺依曼（John von Neumann）是该研发团队成员之一。ENIAC占地面积约170m^2，质量达30t，功耗150kW，包含了17 468个电子管；每秒可执行5000次加法运算或400次乘法运算，计算速度是继电器计算机的1000倍、手工计算的20万倍。

电子管的主要缺点是加热灯丝需耗费时间，延长了工作的启动过程；同时灯丝发出的热量必须时时排出，且灯丝寿命较短。以ENIAC为例，几乎每15min就可能烧掉一个电子管，导致整台计算机停止运转；而至少还要花费

15min以上的时间,才能在17 468个电子管中寻找出损毁的那一个。因此,ENIAC的平均无故障工作时间仅为7min。为此,人们迫切希望一种不需要预热灯丝的、耗能低的、能控制电子在固体中运动的器件来替代电子管。

1946年,美国贝尔实验室成立了由肖克莱(William B. Shockley)、巴丁(John Bardeen)和布拉顿(Walter H. Brattain)组成的固体物理学研究小组(见图1-1)。1947年12月16日,布拉顿和巴丁实验成功点接触型锗三极管,这是世界上第一个晶体管,如图1-2所示。初步测试的结果显示,该器件的电压增益为100,上限频率可达10 000Hz。

图1-1　晶体管发明人(左起:巴丁、肖克莱、布拉顿)

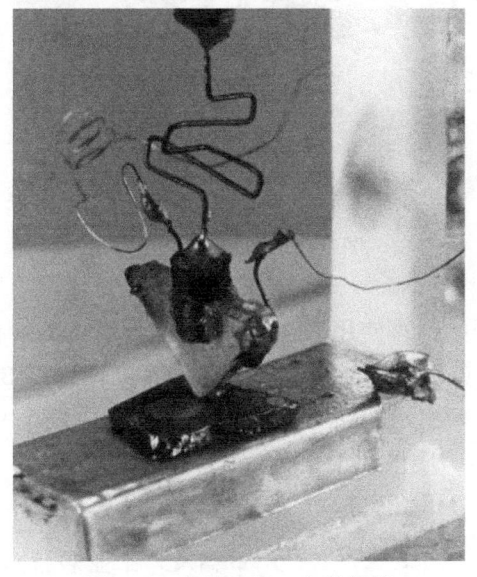

图1-2　世界上第一个晶体管

布拉顿想到它的电阻变换特性，即它是靠一种从"低电阻输入"到"高电阻输出"的转移电流来工作的，于是将其取名为Trans-resister（转换电阻），后来缩写为Transistor。

1948年，肖克莱提出了pn结型晶体管的理论，并于1950年与斯帕克斯（Morgan Sparks）和戈登·K.蒂尔（Gordon K. Teal）一起成功研制出锗npn三极管。晶体管的发明开创了微电子学科的先河。晶体管与电子管相比，其优点是寿命长、耗电少、体积小，无须预热，耐冲击和耐振动，因此很快得到市场的青睐。

1953年，助听器作为第一个采用晶体管的商业化设备投入市场。

1954年10月18日，第一台晶体管收音机Regency TR1投入市场，仅包含4个锗晶体管。到1959年，在售出的1000万台收音机中，已有一半使用了晶体管。

1954年1月，贝尔实验室使用684个晶体管组装了世界上第一台晶体管数字计算机（Transistor Digital Computer，TRADIC），如图1-3所示。

图1-3　TRADIC的照片

1957年，IBM开始销售使用了3000个锗晶体管的608计算机，这是世界上第一种投入商用的计算机。与使用电子管的计算机相比，IBM 608计算机的功耗要低90%，它的时钟频率是100kHz，支持9条指令，两个9位BCD数的平均乘法运算时间仅为11ms，质量约1t。

撰稿人：北京大学　　　　王永文
审稿人：工业和信息化部　郑敏政

▷▷▷ 1.1.4 集成电路的发明，積體電路的發明，Invention of IC

虽然 IBM 的 608 晶体管计算机的质量仅为 ENIAC 的 1/30，但 1t 的质量不可能成为陆军单兵的负荷，更不可能作为飞机的装载。20 世纪 60 年代初，一台能够进行四则运算、乘方、开方的计算器，其质量和一台 21in CRT 电视机相当，体积也远远超过算盘和计算尺。

为此，美国国家标准局（NBS）以及美国空军和海军都致力于电子装备小型化的研究与开发工作。在美国进行电子装备小型化的发展过程中，有三个方面工作：①陆军支持信号公司（Signal Corps）从事微型模块（Micro Module）的工作，在已有陶瓷基片上进行元器件的小型化和集成；②海军重点支持薄膜技术；③空军支持称为"分子电子学"的集成工作。

1952 年，英国科学家达默（G. W. A. Dummer）在英国皇家信号和雷达机构（Royal Signal & Radar Establishment）的一次电子元器件会议上，首先提出并描述了集成电路的概念。他说："随着晶体管的出现和对半导体的全面研究，现在似乎可以想象，未来电子设备是一种没有连接线的固体组件。"虽然达默的设想当时并未付诸实施，但是他为人们的深入研究指明了方向。

1958 年，在德州仪器公司（Texas Instruments，TI）负责电子装备小型化工作的基尔比（Jack S. Kilby）提出了集成电路的设想："由于电容器、电阻器、晶体管等所有部件都可以用一种材料制造，我想可以先在一块半导体材料上将它们做出来，然后进行互连而形成一个完整的电路。"（这是基尔比 2001 年访问北京大学时与王阳元的对话。）1958 年 9 月 12 日和 19 日，基尔比分别完成了移相振荡器和触发器的制造和演示，标志了集成电路的诞生（由于当时 TI 的生产条件限制，基尔比的集成电路是由锗晶体管构成的）。1959 年 5 月 6 日，TI 公司为此申请了小型化的电子电路（Miniaturized Electronic Circuit）专利（专利号为 No. 3138744，批准日期为 1964 年 6 月 23 日）。基尔比和第一个集成电路专利如图 1-4 所示。

1959 年 3 月 6 日，TI 公司在纽约举行的无线电工程师学会（Institute of Radio Engineers，IRE，电气电子工程师学会（Institute of Electrical and Electronics Engineers，IEEE）的前身）展览会的记者招待会上公布了"固体电路（Solid State Circuit）"，即集成电路（Integrated Circuit，IC）的发明。

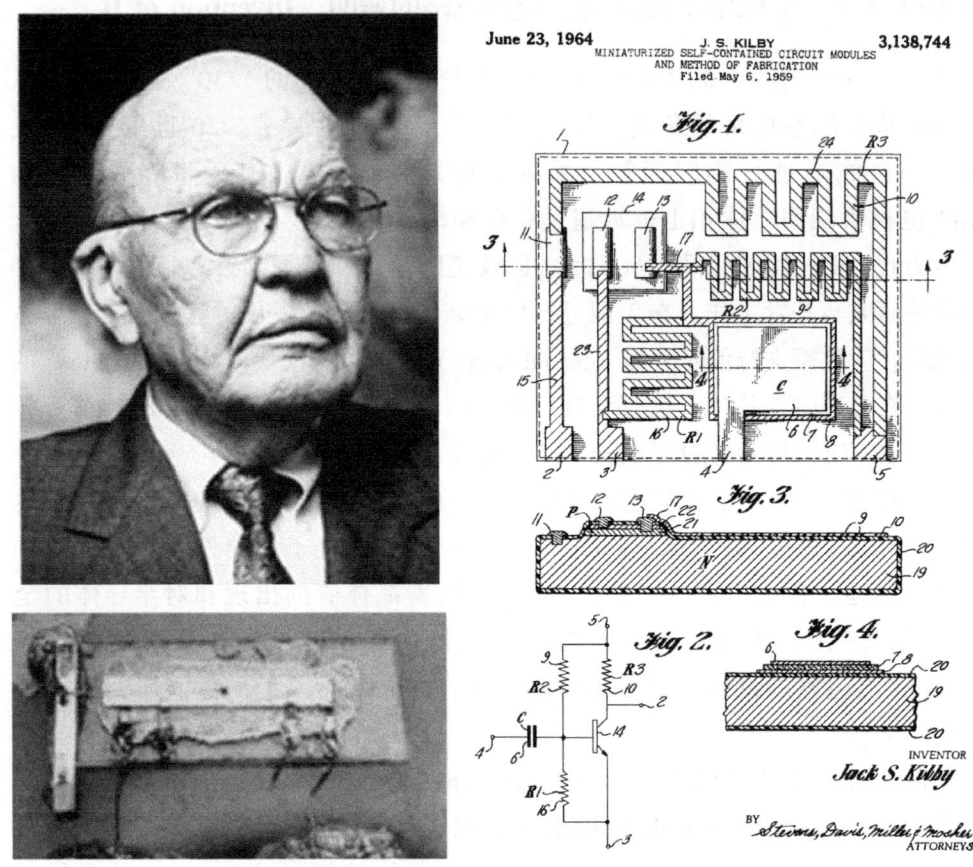

图 1-4 基尔比和第一个集成电路专利

在 TI 公司申请了集成电路发明专利的 5 个月以后，即 1959 年 7 月 30 日，仙童公司（Fairchild Co.）的诺伊斯（Robert N. Noyce）申请了基于硅平面工艺的集成电路专利（专利号为 No. 2981877，批准日期为 1961 年 4 月 25 日）。诺伊斯和平面集成电路专利如图 1-5 所示。诺伊斯的发明更适合集成电路的大批量生产。

2000 年，基尔比被授予诺贝尔物理学奖。诺贝尔奖评审委员会曾评价基尔比"为现代信息技术奠定了基础"。遗憾的是，诺贝尔奖不颁给已故之人，而诺伊斯于 1990 年 6 月 3 日辞世，因此未能获此殊荣。

当我们看到第一枚集成电路样品时，我们会对它的简陋与粗糙感到讶异，但其中蕴含的博大与精深的智慧却永远值得我们深思。

第 1 章 集成电路技术与产业发展

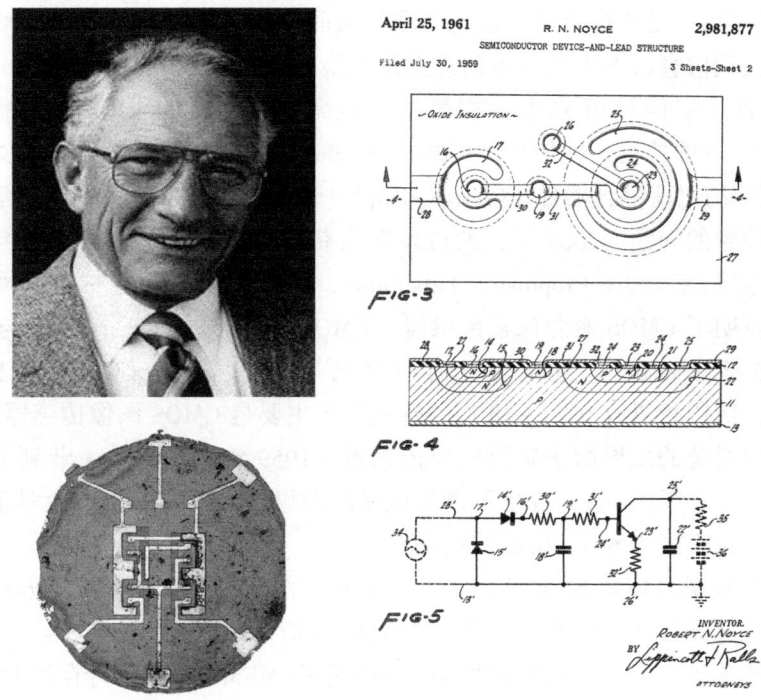

图 1-5 诺伊斯和平面集成电路专利

撰稿人：北京大学　　　　王永文
审稿人：工业和信息化部　郑敏政

▷▷▷ 1.1.5 集成电路产业中信息获取、存储与处理的里程碑，積體電路產業中資訊獲取、存儲與處理的里程碑，Milestones of Information Acquisition, Storage and Processing in IC Industry

技术是解决问题的方法及其原理，是人们利用现有事物形成新事物，或者改变现有事物功能、性能的方法。技术发展主要体现在为什么做（需求）、用什么做（材料）和如何做（工艺）的问题。

最初，人类只能通过感官直接获取信息，如中医的望（视觉）、闻、问（听觉）、切（触觉）。

图像传感器（Imaging Sensor）和微机电系统（Micro-Electro-Mechanical

· 11 ·

System，MEMS）是集成电路在信息获取领域取得重要成果的两个里程碑。

由于视觉信息占有人类获得信息总量的最大比例（约83%），解决光影信息如何转换成数字信号就成为人们最迫切的需求。1969年，美国贝尔实验室（Bell Labs）的威拉德·博伊尔（Willard S. Boyle）和乔治·史密斯（George E. Smith）发明的电荷耦合器件（Charge Coupled Device，CCD）解决了光学影像转化为数字信号的问题。2009年，两位发明人获诺贝尔物理学奖。1992年，美国喷气推进实验室（Jet Propulsion Laboratory，JPL）的埃里克·弗萨姆（Eric Fossum）发明了CMOS有源像素传感器（CMOS Active Pixel Sensor）。与CCD相比，CMOS具有体积小，耗电量不到CCD的1/10，售价比CCD便宜1/3的优点。当前，数码相机（包括手机）的感光装置主要是CMOS图像传感器。

微机电系统的发展始于硅微压力传感器。1959年，理查德·菲利普斯·费曼（Richard P. Feynman）提出了微型机械的设想。1987年，加州大学伯克利分校研制出转子直径为$60\sim12\mu m$的电动机。

微机电系统可以集成速度、温度、湿度、高度、声音、压力、方位、气体等更多的传感器，使人们通过直觉感受到的模拟信息（快慢、冷热、干湿、力度）能够精确地数字化。被传感器采集的数据在MEMS内部进行存储和处理后，既可以输出到内部的执行器，如陀螺、电动机，也可以与外部设备进行数据交换。

半导体存储器最大的贡献是解决了海量信息的存储问题。

人类最初存储信息的媒介是大脑，传播信息的方式是口传心授。其后，人类历史发展的信息存储于自然界的物体（如岩石、龟甲、竹简、羊皮）、人工制造的器物（如铜器、陶器）和建筑物之中。纸张是人类用于存储信息最广也是最久远的媒体。电子计算机的存储器最初是机电装置（如继电器），后为磁性介质（如磁鼓、磁带、磁芯）。但磁性介质依然存在体积大、质量大、存储量小的弊端。

继1963年美国仙童公司的弗朗克·万拉斯（Frank Wanlass）和萨支唐（Chi-Tang Sah）提出金属-氧化物-半导体（Metal-Oxide-Semiconductor，MOS）概念之后，在1967年7月，同时发明了两种半导体存储器：一是在IBM工作的登纳德（Robert Dennard）发明的动态随机存取存储器（Dynamic Random Access Memory，DRAM），二是在美国贝尔实验室工作的华裔科学家施敏和韩裔科学家姜大元发明的非易失性半导体存储器（Non-volatile Semiconductor Memory，NVSM）。1969年，Intel研制成功64bit双极静态随机存取存储器（SRAM）芯片C3101，开创了半导体存储器的先河。1984年，根据NVSM原型，日本东芝公司的舛冈富士雄（Fujio Masuoka）开发出了闪速存储器（Flash Memory）。

DRAM 保存数据的时间很短，需要定时刷新，一般作为计算机的内存。闪速存储器（简称内存）可以长期保存数据，一般作为计算机的外存。

1970 年，Intel 采用 12μm 工艺开发的 1Kbit MOS DRAM（C1103 型）问世。1Kbit DRAM 的商品化使得半导体存储器迅速在计算机中取代了磁芯存储器。今天，DRAM 的存储量已经达到 10^9 bit 数量级。

1988 年，Intel 率先生产了 256Kbit 闪存芯片并将其投放市场。今天，由闪存构成的固态硬盘（Solid State Drive，SSD）的最大容量已经达到 10^{13} bit 数量级，大有取代机械硬盘（Hard Disk Drive，HDD）的趋势。

最早的数据处理器可以追溯到算筹、算盘、计算尺、机械计算机以及后来的电子管计算机和晶体管计算机，虽然后者的计算速度大大超过了前者，但其体积、质量与功耗难以为一般企业、家庭，更不用说个人所接受。

1971 年，Intel 的霍夫（Hoff）发明了型号为 4004 的中央处理器（Central Processing Unit，CPU），集成电路作为最重要的角色登上了信息处理的历史舞台。迄今，微处理器（Microprocessor Unit，MPU）已经成为所有电子设备不可或缺的核心部件。

撰稿人：北京大学　　　　王永文
审稿人：工业和信息化部　郑敏政

▷▷▷ 1.1.6　集成电路材料发展的里程碑，積體電路材料發展的里程碑，Milestones of Materials Development in IC

第一代半导体材料以锗和硅为主。

最早的半导体材料是锗。世界第一个晶体管和第一块集成电路的材料均是锗。

1886 年，德国化学家温克勒（C. A. Winkler）首先制备出锗，为纪念其祖国，他把这种新元素命名为 Germanium，来源于德国的拉丁文名称"Germania"。

1950 年，美国人蒂尔（G. K. Teal）和里特尔（J. B. Little）采用切克劳斯基（J. Czochralski）法（又称直拉法或 CZ 法）拉出锗单晶。

锗的热导率较低，为 64W/(m·K)，用锗制造的器件只能工作在 90℃ 以下的环境，高于 90℃ 时，锗器件的泄漏电流明显增大；锗的熔点只有 937℃，难以承受诸如掺杂、激活、退火等高温工艺过程；同时，锗的氧化物溶于水，结构不稳定，无法制成 MOS 器件；更重要的是，锗的机械性能较差，锗单晶的直径不宜很大，锗晶片的加工与运输也存在一定的安全问题。

1952 年，蒂尔和比勒（E. Buehler）用直拉法拉出硅单晶。随后，德州仪器

(TI) 于 1954 年成功制造了第一支硅晶体管。由于硅具备禁带宽度大（为 1.106eV）、热导率高（为 145W/(m·K)）、硅氧化物（SiO_2）是性能最好的介电绝缘材料、硅是地球上最丰富的元素之一（约占地壳质量的 26%）等一系列优势，20 世纪 60 年代以后，硅成为主流的半导体功能材料。

第二代半导体材料以砷化镓（GaAs）、磷化铟（InP）、锑化铟（InSb）和硫化镉（CdS）等Ⅲ-Ⅴ族化合物材料为主，适用于制作高速、高频、大功率以及发光电子器件，是制作高性能微波、毫米波器件以及发光器件的优良材料，被广泛应用于卫星通信、移动通信、光通信和全球定位系统（Global Positioning System，GPS）等领域。

第三代半导体材料主要指以碳化硅（SiC）、氮化镓（GaN）、氧化锌（ZnO）和氮化铝（AlN）等为代表的宽禁带（禁带宽度大于 2.2eV）半导体材料。第三代半导体材料具有禁带宽度大、击穿电场高、功率密度大（氮化镓的功率密度是砷化镓的 10~30 倍）、热导率高、电子饱和速率高及抗辐射能力强等优秀品质，因而更适合制作高温、高频、抗辐射、大功率器件和半导体激光器等。目前，较为成熟的第三代半导体材料是碳化硅和氮化镓，碳化硅比氮化镓更成熟一些。

随着新器件的开发，更多高 k 介质（High-k Dielectric）材料（Mg、Ca、Sr、Ba、La、Hf 等）、金属栅材料（Al、Ni、镧系金属、稀土金属等）、互连材料（Ti、Ta、W 等）、存储器材料（各种过渡金属氧化物，如 $BaTiO_3$、$SrTiO_3$、TiO_2、ZrO_2、NiO、MoO_3、V_2O_5、WO_3、ZnO 等）、外延和衬底材料（应变硅、FD-SOI 等）、碳基材料（碳纳米管、石墨烯等）的研究正在广泛展开。例如，FinFET（Fin Field Effect Transistor，鳍式场效应晶体管）工艺将采用Ⅲ-Ⅴ族材料来增加载流子的迁移率，在互连结构中采用钛、钴或钌构成连线及氮化钛作为阻挡层材料。

撰稿人：北京大学　　　王永文
审稿人：工业和信息化部　郑敏政

▷▷▷ 1.1.7　集成电路制造发展的里程碑，積體電路製造發展的里程碑，Milestones of Manufacturing Development in IC

广义的集成电路制造主要包括设计、制造和封装（含测试）三个方面。

集成电路最初的设计方法是全手工设计，如手工画图，人工刻制曝光用的多层掩模等。人工设计仅适用于小规模集成电路。20 世纪 70 年代，第一代集成电路计算机辅助设计（Integrated Circuit Computer Aided Design，ICCAD）系统问世。由于当时的计算机存储量不够大，运算速度也不够快，因此 ICCAD 工具只能简单处理版图级设计问题。20世纪70年代末,出现了仿真和自动布局布线工具,提高了集成电路的设计效率。1983年,工作站(Workstation)在市场上崭露头角,有力地支持了ICCAD技术的发展,出现了第二代ICCAD系统,增加了逻辑级设计功能。20世纪90年代,ICCAD系统进入第三代,将行为级设计以硬件描述语言(Hardware Description Language,HDL)的方式纳入自动化设计的范畴。

进入21世纪后,集成电路设计向可制造设计(Design for Manufacturability,DFM)方向发展,其重要技术方向有软硬件协同设计、IP库、低功耗设计、可靠性设计,以及系统芯片(System on Chip,SoC)和系统级封装(System in Package,SiP)。

集成电路制造是一个在特定薄膜上制造特定图形的过程。其中的氧化、外延、掺杂(扩散、离子注入)、沉积(物理气相沉积、化学气相沉积)等工艺为薄膜制造工艺,光刻(曝光和刻蚀)工艺为图形制作工艺。

曝光和刻蚀是集成电路完成图形制作的最核心工艺,缩小加工尺寸首先要减小曝光光源的波长。

20世纪70年代中期以前,曝光光源为汞灯,汞灯是一种多波长的光源,其波长范围为400~700nm。1982年,曝光光源改进为紫外线(Ultraviolet,UV)g线(波长为436nm)和i线(波长为365nm)。1994年,曝光光源波长进入深紫外线(DUV)领域,主要为准分子激光KrF(波长为248nm)和ArF(波长为193nm)。

2003年12月,荷兰ASML(Advanced Semiconductor Material Lithography)公司发布了全球首套商用浸没式光刻(Immersion Lithography)设备,将纯净水充满投影物镜最后一个透镜的下表面与硅片之间,使得曝光光源的有效波长缩短,将193nm光刻延伸到32nm CMOS技术节点。此外,利用双曝光/成像(Double Exposure/Double Patterning)技术,将193nm浸没式光刻技术扩展到了10nm/7nm技术节点。

经过一定图形曝光后的薄膜,还必须去除不需要的部分才能得到所希望的图形,这就是刻蚀工艺。最初的刻蚀技术是湿法刻蚀,由于是各向同性腐蚀,所以对图形尺寸的控制性较差。1980年以后,刻蚀技术进入干法刻蚀的时代,其中包括等离子刻蚀和反应离子刻蚀(Reactive Ion Etching,RIE),后者是当前主流的刻蚀技术。

当所有的晶体管通过薄膜技术和光刻技术在硅片上制作完成时,还必须采用互连技术将上百万乃至数十亿个晶体管按照所设计的规则连接起来才能形成真正的电路。最初的互连材料是铝,研究表明,$0.25\mu m$工艺(铝导线,SiO_2介质)的情况下,由互连产生的延迟已经超过门电路的延迟。1997年,IBM宣布推出了采用铜(电导率为$59.6×10^6 S/m$)互连技术的芯片,这就是著名的镶嵌工艺。

整机或系统是集成电路与最终消费者之间的界面,集成电路只有通过在整机或系统中的应用才能体现其价值;封装是集成电路芯片与整机或系统的界面,只有经过封装后的芯片才能装入系统，并在系统中发挥应有的效用。

最初的集成电路封装沿用了晶体管外形（Transistor Outline，TO）封装形式。20世纪60年代中期，双列直插封装（Double In-line Package，DIP）成为集成电路封装的主流。20世纪80年代，表面贴装技术（Surface Mount Technology，SMT）得到长足发展，出现了多种封装形式，如塑料有引线片式载体（Plastic Leaded Chip Carrier，PLCC）封装、塑料四面引线扁平封装（Plastic Quad Flat Package，PQFP）等。

20世纪80年代至90年代，集成电路封装引脚开始由周边型向面阵型发展，如针栅阵列（Pin Grid Array，PGA）封装。自20世纪90年代的球栅阵列（Ball Grid Array，BGA）封装开始，封装的"插装"概念被"贴装"所颠覆，"管脚"被"焊球"所替代。20世纪末，芯片尺寸封装（Chip Size Package，CSP）解决了芯片面积小而封装面积大的矛盾，引发了封装技术的革命。今后集成电路封装将向系统级封装（System in Package，SiP）的方向发展。3D封装中最重要的技术是硅通孔（Through Silicon Vias，TSV），该技术基于IBM的Merlin Smith和Emanuel Stern于1964年的发明专利，2010年以后开始在集成电路封装中得到应用。

集成电路制造技术中的另一个发展趋势是硅片直径不断增大。以Intel生产线为例，1972年硅片直径为3in，1992年为200mm，2002年Intel建立了第一条300mm硅片的生产线。

综上所述，集成电路制造技术发展的重要里程碑如图1-6所示。

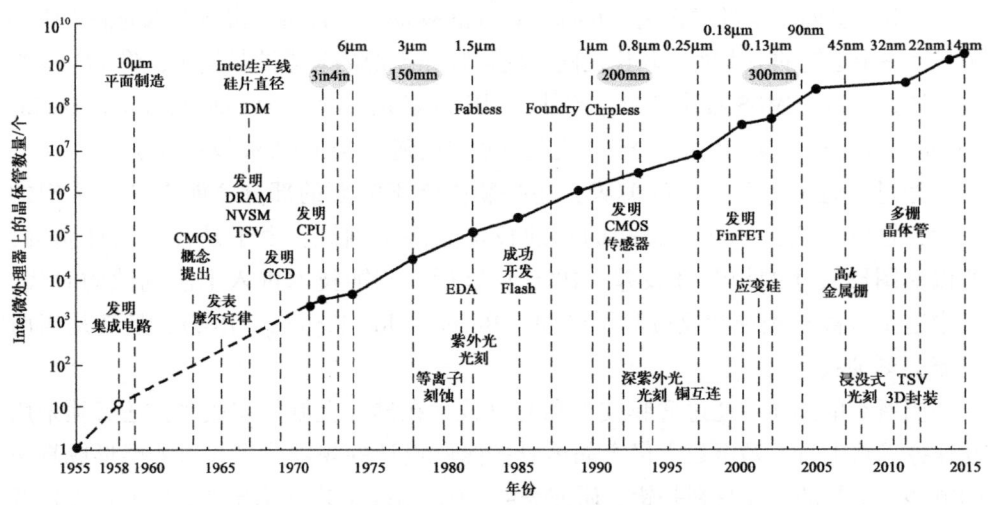

图1-6 集成电路制造技术发展的重要里程碑

撰稿人：北京大学　　　　王永文
审稿人：工业和信息化部　郑敏政

▷▷▷ 1.1.8 从工业时代到信息时代，從工業時代到資訊時代，From Industrial Era to Information Era

18世纪以前，世界处于农耕文明时期，作为衡量经济发展状况指标的国内生产总值（Gross Domestic Product，GDP），一直在低位徘徊，仅仅随着人口的自然增长略有增加。公元元年至1820年，世界人口年均复合增长率为0.0084%，GDP年均复合增长率为0.105%。

1776年，瓦特制造出第一台有实用价值的蒸汽机，揭开了以能源为基础的第一次工业革命的序幕。

工业社会以能源，特别是一次性能源的消耗为代价，换取了生产效率的提高和生活质量的改善。没有能源的介入，就不可能有工业社会的进步。从图1-7可以看出，在1820—1950年，世界人口增长到1820年的2.42倍，能源消耗增长到1820年的3.36倍，GDP增长到1820年的7.73倍[1]。

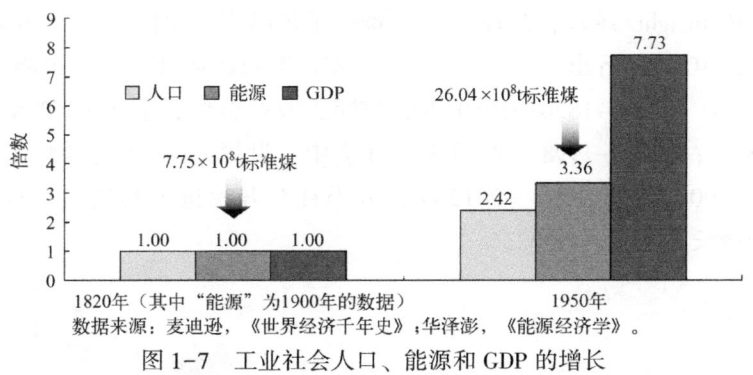

图1-7 工业社会人口、能源和GDP的增长

1965—2015年世界能源消耗年增长率与GDP年增长率如图1-8所示。

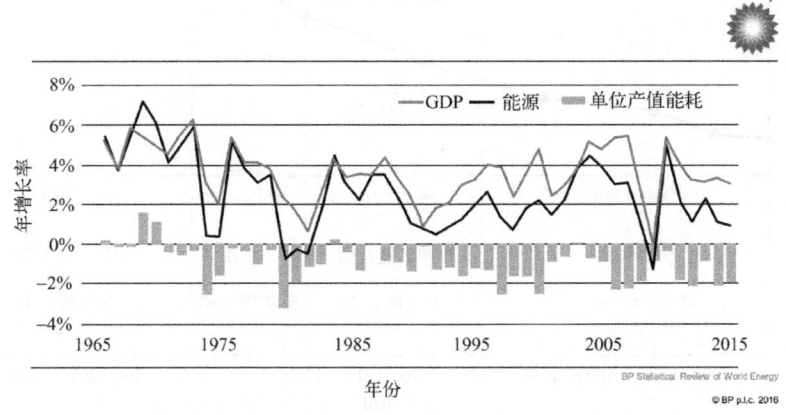

图1-8 1965—2015年世界能源消耗年增长率与GDP年增长率[2]

2014年,全球半导体生产商制造了 2.5×10²⁰ 个晶体管(见图 1-9),即每秒都会产出 8 万亿个晶体管。

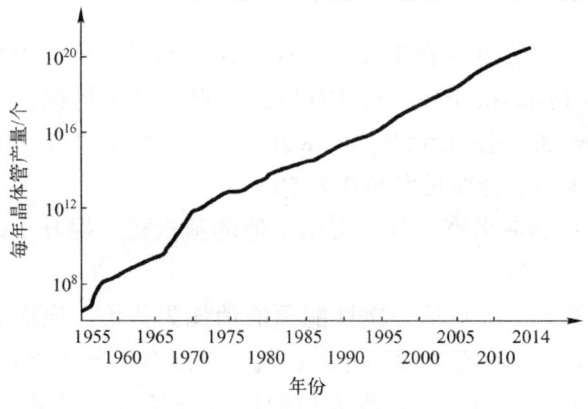

图 1-9 全球晶体管产量[3]

根据 IC Insights 统计,2016 年,全球电子产品市场规模达到 1.46 万亿美元。

从图 1-10 可以看出,从公元元年到 1820 年的农业社会中,世界 GDP 年均增长率仅有 0.105%;1820—1950 年的初期工业社会中,世界 GDP 年均增长率达到 1.585%;1950—1998 年的后工业社会中,世界 GDP 年均增长率进一步提高,达到 3.908%;而 1998—2012 年,人类社会开始进入初期信息社会,世界 GDP 年均增长率跃升为 6.622%[4]。

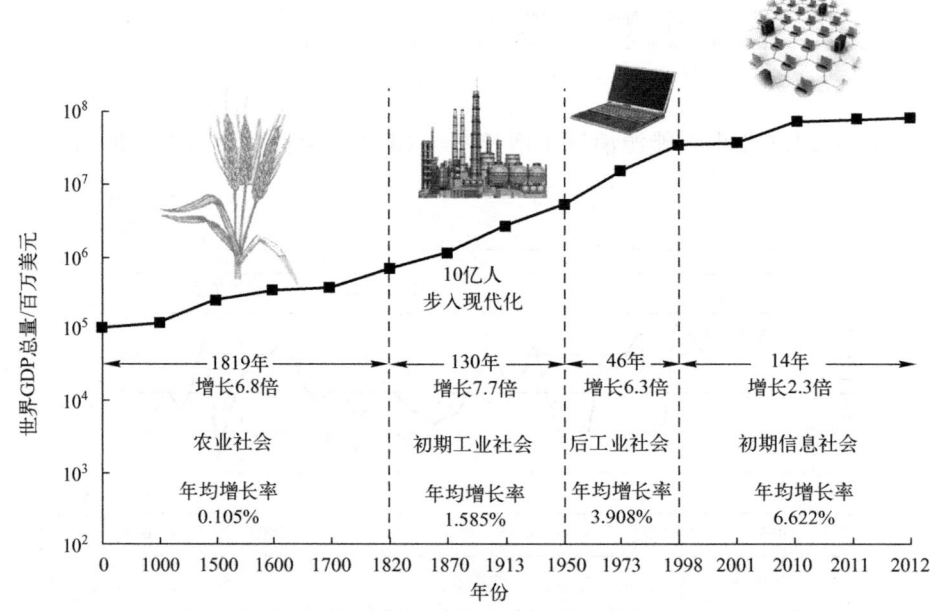

图 1-10 创新是价值之源泉:世界 GDP 总量的变化

参考文献

[1] 麦迪逊. 世界经济千年史[M]. 伍晓鹰，许宪春，叶燕斐，等，译. 北京：北京大学出版社，2003.

[2] Statistical review of world energy 2016 spencer dale presentation[EB/OL]. [2017-04-21]. http://www.bp.com/en/global/corporate/energy-economics/statistical-review-of-world-energy/downloads.html.

[3] 晶体管的生产规模已接近天文数字：看摩尔定律的实践[EB/OL]. [2017-04-21]. http://www.eeworld.com.cn/manufacture/2015/0507/article_11024.html.

[4] 王阳元，王永文. 战略：生存与发展之本[M]. 北京：科学出版社，2015.

撰稿人：北京大学　　　　王永文
审稿人：工业和信息化部　郑敏政

▷▷▷ 1.1.9 信息的市场需求与技术推动，資訊的市場需求與技術推動，Market Demand and Driving Force of Information Technology

语言是人类传递信息的第一载体。文字是最初记录语言（声音信息）的工具，成为人类记录信息的第二载体。

1877年，美国发明家爱迪生（Thomas A. Edison）发明了留声机。

1887年，德国发明家爱米尔·贝利纳（Emile Berliner）发明了可以大量复制的唱片。

1898年，丹麦科学家波尔森（Poulsen Valdemar）发明了钢丝录音机。

1936年，德国人弗劳伊玛发明了磁带录音机。

1963年，荷兰飞利浦公司发明了盒式磁带录音机。

1980年，索尼公司和飞利浦公司共同开发了CD（Compact Disk）技术规范，存储声音的介质由"磁畴"转为载体（塑料）的物理形变（凹陷），存取声音信息由电磁转换变为光电转换，所记录的不再是模拟声音，而是转换成数码的音频。

1995年，德国人Karlheinz Brandenburg开发了MP3格式，以Flash为存储器的数码音乐录放逐渐成为便携式录音机的主流。

人类最早记录的信息是图像信息。广义的图像信息包括文字、绘画、器物、服饰、雕塑、建筑等。

1826年，法国人尼埃普斯（Joseph Nicéphore Nièpce）第一次把光线留在了物体（铅锡合金涂覆于沥青）之上，"化学反应"第一次被加入信息处理方式之中。

1895年，法国人卢米埃尔（Louis Lumière）兄弟发明了电影机，第一次将静止图像变成活动影像。

1960年，美国安培公司研制成功第一台摄像机，影像通过磁场的变化记录，载体为塑料，信息处理方式由化学反应变为电磁转换。

1975年，美国柯达公司发明了"数码相机"，使得图像可以转换为数码。

1993年，中国企业万燕公司生产出世界上第一台VCD（Video Compact Disc），光盘记录的信息表现为载体形变（凹陷），信息处理方式为光电转换。

1995年，索尼、东芝两大集团分别推出不同格式的DVD（Digital Versatile Disc）产品。

进入21世纪，集成电路产业飞速发展，半导体存储器的容量急剧扩大，处理器的工作速度飞速提高，使得实时拍摄和回放照片或包括音频在内的视频成为可能。

除声音和图像信息外，抽象的数据也是信息的重要表达方式。人类记录和处理数据信息的工具经历了结绳记事、算筹、算盘、机械计算机、计算尺、穿孔纸带等漫长过程的演变。

1945年，美籍匈牙利科学家冯·诺依曼提出了存储程序原理，形成了延续至今的计算机冯·诺依曼体系结构。

1946年，美国宾夕法尼亚大学研发团队研发了世界上第一台电子计算机ENIAC（Electronic Numerical Integrator and Computer）。

1948年，美籍华人王安发明了用铁氧体材料制成的磁芯存储器。

1950年，IBM公司采用盘式磁带作为计算机数据存储器。同年，日本东京大学的中松义郎（Yoshiro Nakamats）发明了"软式磁盘"。

1953年，第一台磁鼓应用于IBM 701计算机。

1956年，IBM 305 RAMAC计算机第一次采用磁盘作为外存。

1970年，Intel公司生产的半导体存储器迅速取代了磁芯存储器。

1971年，Intel公司的霍夫（Hoff）发明了CPU。集成电路作为最重要的角色登上了数据存储和信息处理的历史舞台。

1976年，乔布斯（Steven Paul Jobs）组装了第一台微型计算机并成立了苹果公司。

1981年，IBM公司正式生产出了个人计算机（Personal Computer，PC）。从此，包括文字、声音、图像、数据在内的各种信息的存储与处理真正跨入了电子计算机时代。

信息交流活动是人类文明的组成部分，信息在共享和交换中产生价值。

最早的信息传输活动通过烽火台、信鸽、漂流瓶等实现；其后，通过人和交通工具的组合来传递信息的方式一直沿用至今。

1837年，美国人莫尔斯发明了莫尔斯电码，解决了文字即时传输的问题。

1876年，美国人贝尔发明了电话，解决了声音的即时（有线）传递问题。

1906年，美国物理学家费辛登（Reginald A. Fessenden）用无线电广播电台实现了声音的无线传播。

1923年，俄裔美国物理学家兹沃雷金（Zworykin Vladimir Kosma）发明了光电摄像管，第一次将图像转换成了电信号，为图像传输揭开了崭新的一页。

1931年，兹沃雷金制造出了电视显像管并进行了完整的电视传送图像试验，完成了电视摄像与显像完全电子化的过程。

进入21世纪，由于微电子技术的进步，液晶和等离子平板显示器逐渐取代了阴极射线管（Cathode Ray Tube，CRT）显示器，图像感知、传输和显示均在"固体"中进行，这使得移动设备传输信息成为可能。

微电子技术为人类创造了全新的信息世界，在人类社会发展的进程中创立了不可磨灭的历史功绩。表1-1总结了信息技术的演变进程。

表1-1 信息技术的演变进程

起始年代	远古	17—18世纪	19世纪	20世纪	21世纪
信息记录形式	文字、绘画雕塑、建筑	模拟信息	模拟信息	模拟信息数码信息	数码信息
信息记录介质	颜料、痕迹造型、结构	载体形变（算盘、计算尺、穿孔纸带、机械计算机）	载体形变（手摇留声机）磁场变化（钢丝、磁带录音机）化学变化（照片、电影）	载体形变（光盘）磁场变化（录音、录像、磁芯、磁带、磁盘、磁鼓）电荷变化（半导体存储器、录音、录像、文字图像处理）	电荷（实时获取信息、实时存储信息、实时处理信息、实时传输信息）
信息记录载体	骨头、贝壳、石、竹、木、泥、布、纸、金属等	纸、木、金属	金属、塑料	金属、塑料半导体	半导体
信息传输媒介	语言、文字	文字、实物	导线、电码	电磁波	电磁波
信息传输方式	口耳、人递	驿站、邮政	电话、电报	广播、电视	网络、卫星
信息处理主体	人	人、机械	机械、化学	电子管、晶体管、集成电路、软件	集成电路、软件

撰稿人：北京大学　　　王永文
审稿人：工业和信息化部　郑敏政

1.2 集成电路产业的特点与战略意义

1.2.1 集成电路的战略性与市场性，積體電路的戰略性與市場性，Strategy and Marketability of IC

谁拥有并控制了战略资源，谁就在斗争中掌握了主导权，谁就在博弈中掌握了话语权。

人力、土地和信息是大国竞争中永恒的战略资源。从工业时代起，能源加入了战略资源的行列，热兵器的工业文明战胜了"弓马定天下"的农耕文明，开启了以争夺能源为标志的社会发展进程。

质量为 1kg 的铀全部裂变释放的能量约 8×10^{13} J，约为 1kg TNT 炸药爆炸释放能量（4.19×10^6 J）的 1900 万倍。第二次世界大战末期，核武器成为热兵器的终极代表，成为最具威慑力和杀伤力的战略武器。

1951 年下半年，法国科学院院长、诺贝尔奖获得者 F. 约里奥·居里（Frederic Joliot-Curie）请从法国回国的中国科学家传话给毛泽东："请转告毛泽东，你们要反对核武器，自己就应该先拥有核武器。" 1956 年 4 月 25 日，毛泽东在中央政治局扩大会议上说："我们还要有原子弹。在今天的世界上，我们要不受人欺负，就不能没有这个东西。"

核武器和重型轰炸机、核潜艇、弹道导弹、预警机、卫星、航天器同样成为了战略武器。

战略性武器有两个特点：一是集中各行各业顶级技术形成综合国力，制造数量基本在 10^1 数量级的有限系统，系统本身是"收敛"型的终端；二是不具备市场性，既不可能通过市场交换获取，也不可能通过市场向外输出。

集成电路兼具战略性和市场性的双重特征。其战略性表现在：在信息社会中维护国家信息安全，包括政治、经济、军事各方面的信息安全；在武器装备、航天器、卫星中，电子含量越来越高；集成电路是绿色经济的技术支撑；集成电路是互联网、物联网的核心。

一个国家要在国际政治和外交的博弈中取得话语权，"离不开"核武器的威慑力；一个国家要在信息市场的占领中取得主导权，"离不开"集成电路的创新力；这"离不开"就是战略性的集中表现。

但是，集成电路与战略武器不同，它虽然也是单一或组合的系统，但并非"终端"系统，而是一个"中间系统"。这一系统还需要通过市场"发散"到各种应用中去，才能起到"神经中枢"的作用。简言之，战略武器面对的是集中的、单一的、不能交换的"市场",而集成电路则面对的几乎是无限增长的、碎片化的、多样的、通过商品交易形成的市场。

集成电路的战略性与市场性的体现如图 1-11 所示。

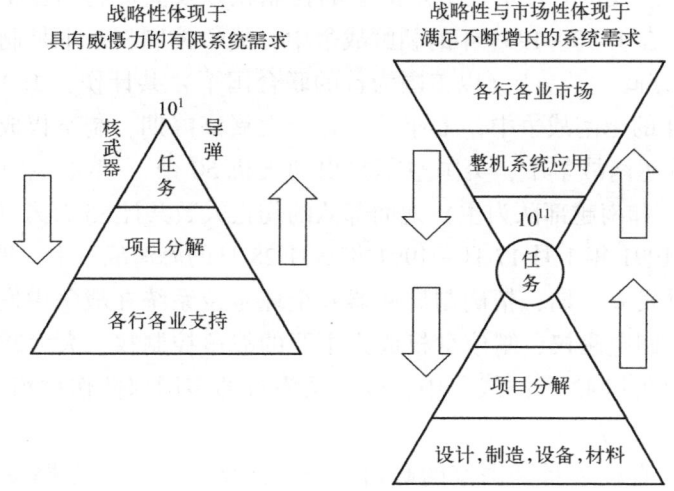

图 1-11 集成电路的战略性与市场性的体现

集成电路市场性的另一面是集成电路的生产规模。当前,集成电路生产所用的硅圆片直径以 200mm 和 300mm 为主流,在 300mm 的硅片上大约可以加工 700~10 000 个芯片。一条月产 30 000 片圆片的生产线,年加工芯片数量为 2.5 亿~36 亿个（10^8~10^9）。据国家统计局统计,2016 年中国共生产集成电路 1318 亿块;据海关统计,2016 年中国进口集成电路 3424.55 亿块,达到 10^{11} 数量级。如果没有庞大的市场来消化这些产品,集成电路生产线就不能正常运转;而庞大的市场来源于人们对信息的种种需求,来源于不断被创造出来的应用系统。从这个观点看,集成电路的战略性也是通过市场性来表现的,占领不了市场,其战略性也就无从体现。一张遍布世界的信息"网"可能由无数的"目"编织而成,但作为基础的"纲"只有一个,它就是集成电路。

撰稿人：北京大学　　　　王永文
审稿人：工业和信息化部　郑敏政

▷▷▷ 1.2.2 集成电路与国家安全,積體電路與國家安全,IC and National Security

战争是政治的继续,武器是战争胜负的重要因素,是国防安全的基本保障。

在现代武器系统中，以微电子产品为基础的信息设备费用占整个武器系统费用的50%~90%，如隐形飞机为60%，现代火炮和主战坦克为70%，军事指挥和控制系统则高达88%[1]。

武器中信息设备的含量在决定战争的控制权以及兵员的伤亡中起到越来越重大的作用。在1950—1953年的朝鲜战争中，战争控制权基本是制陆权（攻守阵地），战争期间"攻方"（以美国为首的联合国军）共计伤亡109万人[2]。在1955—1975年的越南战争中，工业社会处于发展高峰期，制空权成为战争的主要控制权。在越南战争中，美国空军共出动飞机50余万架次，投弹750万吨，"攻方"（美军和南越部队为主）地面部队的伤亡人数共计35万人（为朝鲜战争的1/3）。在1991年1月17日—1991年2月28日的海湾战争中，世界微电子产业已进入蓬勃发展时期，精确制导武器和全球定位系统在战争中发挥了巨大作用，制天权、制电磁权、制信息权成为主要的战争控制权，大大减少了地面部队的伤亡。而在其42天的战争中，以美国为首的多国部队伤亡约1400人（为越南战争的1/250）。

信息安全直接关系到国家的政治安全和经济安全。当今爆发的国际冲突表明，通过在芯片中设置人为缺陷或植入"木马"程序等手段，不仅可以先期掌控或摧毁敌方的指挥系统，甚至可以直接使敌方的侦测系统、武器系统失常乃至瘫痪。因此，如果在国防建设中不能够立足于独立自主的微电子产业，则始终存在着被他人胁迫乃至致命的安全隐患。

在网络中，以芯片和操作系统为核心的路由器是构建网络的关键设备。中国电信163和中国联通169是中国最重要的两个骨干网络，承担着中国互联网80%以上的流量。但是，163网70%以上、169网80%以上的路由器份额被美国思科（CISCO）公司占有。思科公司的产品还广泛用于我国政府、金融、铁路、民航、医疗、军警等要害部门，把持着所有的超级核心节点、国际交换节点、国际汇聚节点和互联互通节点。我们必须迅速扭转这种信息安全控制权基本掌握在他人手中的现状。

如果集成电路存在"后门"或可启动的缺陷，则所有信息均有泄露的可能，这对国家安全构成极大的威胁。国家互联网应急中心2013年1月1日—2月28日的抽样监测数据表明，中国128.7万台主机被位于美国的2194台服务器控制。根据斯诺登透露的"棱镜计划"（PRISM），美国国家安全局（NSA）和联邦调查局（FBI）从2007年开始对使用谷歌、雅虎、Facebook、微软等产品的客户实施监听，监听涵盖了电子邮件、聊天日志、电话记录、搜索记录、数据存储、文件传输、影像、网络社交、语音通信等所有内容。

参考文献

[1] 王阳元，王永文. 我国集成电路产业发展之路 [M]. 北京：科学出版社，2008.
[2] 中朝联合司令部发表战绩公报 [Z]. (1953-07-27).

撰稿人：北京大学　　　王永文
审稿人：工业和信息化部　郑敏政

▷▷▷ 1.2.3　集成电路与绿色经济，積體電路與綠色經濟，IC and Green Economy

工业社会的进步将人的体力劳动逐步向机械运作延伸，但是人们也为此付出了巨大的能源代价，千百万年深藏于地下的煤炭、石油和天然气维持着工业经济的高速运转。

在享受着工业产品给人们带来方便、快捷、舒适和愉悦的同时，人们也开始饱尝着工业污染带来的苦果。为了不再呼吸饱含雾霾的空气，不再饮用浑浊污秽的河水，不再面对风沙侵蚀的良田，不再对消失的雨林发出叹息，人类开始了拯救地球的自我救赎，各国政府将环境保护和绿色经济提上了议事日程。

在节约能源和生态文明的建设中，微电子技术正在发挥着巨大的作用。仅以灯为例，普通60W的白炽灯17h耗电1kW·h，普通10W节能灯100h耗电1kW·h，而同等照度的LED灯1000h耗电1kW·h。也就是说LED灯的能耗仅有白炽灯的1/60。2012年10月17日，国家发展改革委、商务部、海关总署、国家工商总局、国家质检总局、国务院机关事务管理局，在中国工程院举行"告别白炽灯·点亮绿色生活"政府在行动主题宣传活动，宣布正式实施《中国逐步淘汰白炽灯路线图》。国家发展改革委副主任解振华介绍说，全球照明用电占总用电量的19%，我国照明用电占全社会用电量的13%左右。如果把我国在用的14亿个白炽灯全部替换为节能灯，每年可节电480×10^8kW·h（约为2012年三峡电站发电量的1/2），相当于每年减少二氧化碳排放4800万吨。

图1-12为基于"半导体技术应用的节能前景模型（SEES）"对美国电力消耗进行的预测结果。如果技术性能保持不变，到2030年，美国经济发展所耗电量可增加至6.502×10^{12}kW·h；而根据美国能源情报署的案例，半导体技术和器件的广泛应用可将耗电量减少到4.606×10^{12}kW·h；如果出台一些鼓励半导体技术研发与应用的政策，还可降低1.242×10^{12}kW·h的电力需求量。

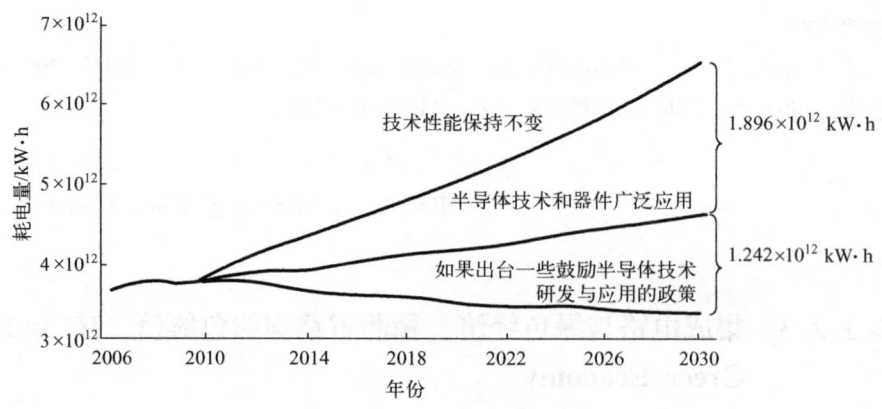

图 1-12 基于"半导体技术应用的节能前景模型（SEES）"
对美国电力消耗进行的预测结果[1]

此外，在监测与治理大气污染、水体污染和土壤污染等改善环境方面，也是微电子技术大有作为的广阔天地。相对于传统产业而言，微电子产业本身也是一项能耗与水耗较低的产业。

从图 1-13 可以看出，能耗最高的行业是炼焦，每万元产值能耗达 3.407t 标准煤。作为微电子制造业的代表，中芯国际的每万元产值能耗仅为 0.115t 标准煤。从图 1-14 可以看出，微电子器件制造业水耗较高，为 4.413m³。因使用中水，中芯国际的万元产值水耗实际值为 0.387m³（中芯国际 90% 的用水为可循环中水，实耗 10%），仅为棉、化纤纺织印染业的 3%。

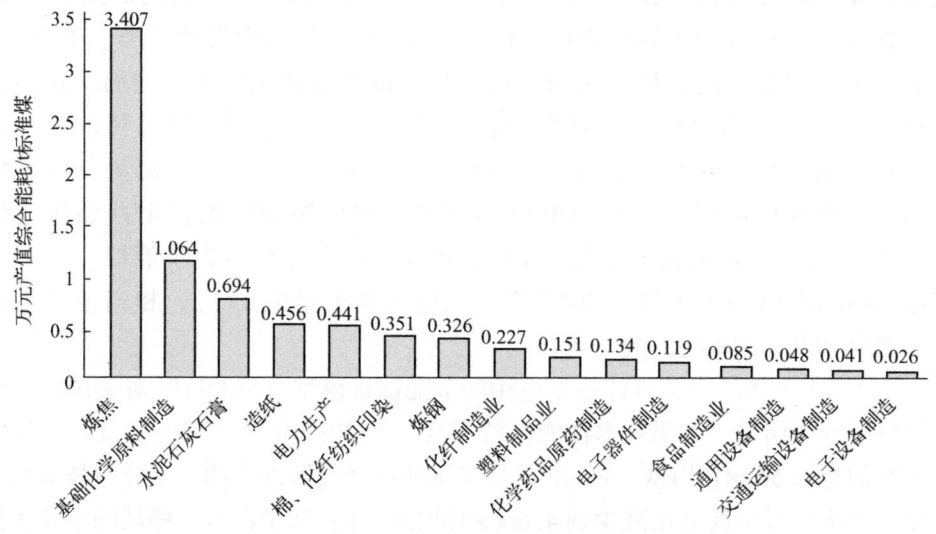

图 1-13 不同行业的万元产值综合能耗比较[2]

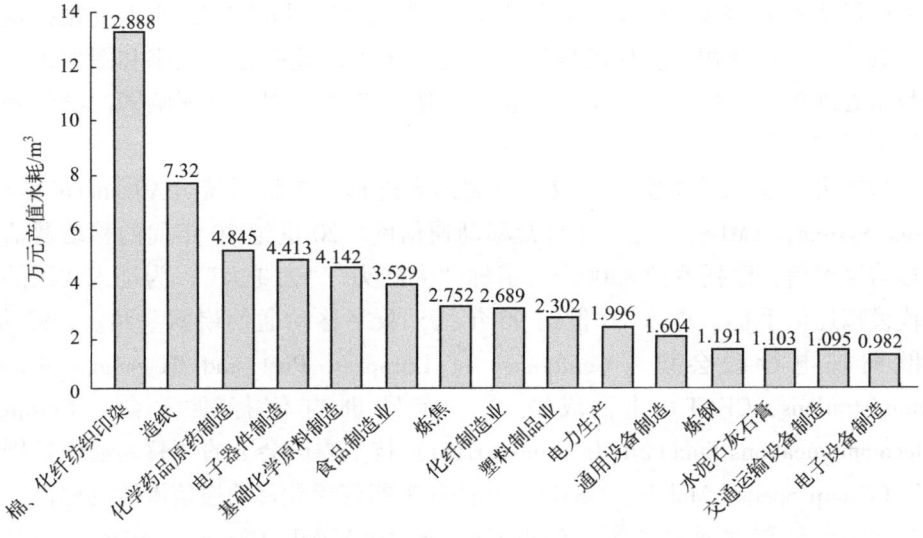

图 1-14　不同行业的万元产值水耗比较[2]

参考文献

[1] John A. "Skip" Laitner, Chris Poland Knight, Vanessa L. McKinney, et al. Semiconductor technologies：the potential to revolutionize U. S. energy productivity：Report Number E094［R］. Washington：ACEEE, 2009.

[2] 上海市经济和信息化委员会，上海市统计局. 上海产业能效指南 2011 版［R/OL］.（2011-11-26）［2017-04-02］. http://sheitc. gov. cn/cynxzn/65384. htm.

撰稿人：北京大学　　　　王永文
审稿人：工业和信息化部　郑敏政

▷▷▷ 1.2.4　集成电路与社会生活和社会文化，積體電路與社會生活和社會文化，IC and Social Life and Culture

集成电路最初借助于视听设备进入了人们的生活，包括收音机、录音机、录像机、DVD 和电视机。

1976 年，斯蒂夫·沃兹尼亚克（Steve Wozniak）和斯蒂夫·乔布斯（Steve Jobs）开发出微型计算机 Apple Ⅰ。1981 年，IBM 成功地将采用 8088 微处理器和微软操作系统 MS-DOS 的个人计算机推向市场，并将这一新型计算机命名为"Personal Computer"，开创了 PC 时代。

1990 年，全球 PC 普及率为 0.53 台/百人，开始成为驱动电子产品市场的主要产品。其后，笔记本式计算机、平板电脑陆续投放市场。2006 年，全球 PC 普及率已经达到15.4台/百人，发达国家PC普及率达到67.5台/百人（根据世界银行数据）。PC和相关软件的应用大大提高了工作效率，其文字和图形编辑以及数据处理功能替代了人工书写、铅字排版、油墨印刷、画图晒图、绘制表格等烦琐低效的手工操作。

1978年，美国贝尔实验室成功研制出先进移动电话系统（Advanced Mobile Phone System，AMPS），建成了蜂窝移动通信网。20世纪80年代的移动通信为模拟信号通信，摩托罗拉8900[1]（俗称"大砖头""大哥大"）为进入我国的第一代模拟通信手机。进入20世纪90年代，数字移动通信崭露头角。1982年，在欧洲邮电行政会议（Conference of European Post and Telecommunication Administrations，CEPT）上，成立了一个欧洲电信标准学会（European Telecommunications Standards Institute，ETSI）技术委员会下的"移动通信特别小组"（Group Special Mobile，GSM），其任务是制订泛欧移动通信漫游的标准，这一标准为全球移动通信系统（Global System for Mobile Communications，GSM）。据工业和信息化部2015年通信运营业统计公报数据，2015年中国移动用户总数达到13亿，普及率为94.5%，几乎人手一部手机。

互联网的诞生进一步改变了人们的生活方式。Internet最早起源于美国国防部高级研究计划局（Defense Advanced Research Projects Agency，DARPA）主持研制的ARPANET（阿帕网），该网于1969年投入使用。1974年，传输控制协议（Transmission Control Protocol，TCP）和网际协议（Internet Protocol，IP）问世，合称TCP/IP协议。TCP/IP协议核心技术的公开最终导致了Internet的飞速发展。1991年，欧洲量子物理试验室的前身CERN（Conseil Européen pour la Recherche Nucléaire）发布了万维网（World Wide Web，WWW；开发者为Tim Berners-Lee），提供基于Internet的一种界面友好的信息服务，用于检索和阅读连接到Internet上的服务器的有关内容。1991年，Internet正式运行。

1992年，全球上网的计算机约72万台。1995年后，PC市场进入成熟阶段，开始逐步进入城市平民家庭，联网计算机增长到664万台。2004年，全球PC保有量达到5.8亿台，联网计算机超过1亿台。2005年，联网计算机超过了8亿台。中国互联网络信息中心（CNNIC）发布的《中国互联网络发展状况统计报告》显示，截至2015年6月，中国网民规模达6.68亿（其中手机网民规模达5.94亿），互联网普及率为48.8%。

商务部数据显示，2015年中国社会消费品零售总额达到300 931亿元；其中网上零售额为38 773亿元，占社会消费品零售总额的比重达12.88%。

集成电路成就了计算机和智能手机的普及，计算机和智能手机的普及创造了全新的网络文化。各种应用及应用软件（Application，APP），如收发邮件、浏览新闻、微信、微博、游戏、音频、视频、健康数据传感与记录、远程医疗、网络直播、购物、缴费、旅游预订、教育、交友、餐饮等软件,几乎涵盖了人们对信息的所有需求。网络使文化的传播突破了时空局限,为人类文化发展带来了一场深刻的革命。

当然,任何新生事物都具有两面性,网络的虚拟性也会被别有用心的人用来勒索、诈骗、盗取信息,传播病毒,使人们的竞争力和创新力受到新的威胁。我们需要不断清理互联网中的污浊,不断呵护互联网的健康成长,正如黑格尔所言:"给婴儿洗澡后,不能把婴儿连同脏水一起倒掉。"

参考文献

[1] 王永文,王阳元. 十年磨一剑:集成电路产业历史回顾和发展规律探讨 [J]. 中国集成电路, 2007, 16 (3): 9-14.

撰稿人:北京大学　　　王永文
审稿人:工业和信息化部　郑敏政

▷▷▷ 1.2.5　价值流向知识聚集的地方, 價值流向知識聚集的地方,"The value goes to where the knowledge is"

微电子技术的发展将人类带进了信息社会。2016年,世界半导体市场规模为3389.31亿美元,电子系统整机市场规模为14570亿美元(IC Insights数据统计)。而中国作为全球电子信息产品制造大国,在手机、电视机、计算机等产品领域的年产量长期保持在世界第一的位置。但是,产量第一并不意味着劳动价值的第一。国际经济竞争表明,没有先进的微电子技术就不可能有先进的电子产品制造业,不掌握微电子技术的核心产品就只能在国际分工中处于产业链的低端,在国际市场的利益分配中充当被人蚕食、被人盘剥的"打工者"角色。目前,虽然中国电子信息产品的出口额较高,但主要都以来料加工产品为主。

目前,大量不掌握微电子核心技术的整机公司,由于依赖进口集成电路和相关技术,导致产品利润率非常低,其净利率仅为1%左右。一部售价600美元的iPhone,苹果公司的利润为360美元,占60%;而富士康公司的组装收入仅为6.54美元,仅占1.1%。一个售价40美元的鼠标,罗技公司的利润占其中的22.5%,而组装公司仅占7.5%。

联想、海尔、华为三个公司2010年的净利率比较见表1-2,可以看出,华为公司因有自主知识产权的集成电路产品(海思公司设计)作为后盾,其净利率较高,而以纯组装代工为主要生产模式的公司,其净利率仅为华为的1/10。

表 1-2 联想、海尔、华为三个公司 2010 年的净利率比较

比较项目	联 想	海 尔	华 为
营业额/亿元	1262	1357	1852
净利润/亿元	15.9	62	238
毛利率	12%	24%	42%
净利率	1.3%	4.6%	12.8%

以上利润分配均表明："The value goes to where the knowledge is."（价值总是流向知识聚集的地方。）[1]

2016 年，我国半导体市场需求额为 11 985.9 亿元，占全球市场 3389.31 亿美元的一半左右。但是，国产集成电路的销售额约占国内市场的 20%，其余 80% 的集成电路产品都依赖进口。近年来，我国集成电路进口额已经多次超过石油进口额，成为位列第一的进口产品。因此，这种"空芯化"的状态亟须改变，只有大力发展微电子学科及产业，立足电子产品制造业的最上游，才能真正实现建设世界强国、实现中华民族复兴的梦想。

参考文献

[1] Pietra Rivoli. The travels of a T-shirt in the global economy [M]. Wiley, 2005.

撰稿人：北京大学　　　　王永文
审稿人：工业和信息化部　郑敏政

1.3 集成电路产业的发展规律

1.3.1 摩尔定律和贝尔定律，摩爾定律和貝爾定律，Moore's Law and Bell's Law

1965 年 4 月 19 日，时任仙童半导体公司（Fairchild Semiconductor）研究开发实验室主任的戈登·摩尔（Gordon E. Moore）应邀为《Electronics》杂志 35 周年专刊写了一篇观察评论报告，题目是"Cramming more components onto integrated circuits"（向集成电路填充更多的元件）。报告的首页如图 1-15 所示。在该报告第二页右侧的中间部分，对该报告的摘要做了进一步阐述："The complexity for minimum component costs has increased at a rate of roughly a factor of two per year. Certainly over the short term this rate can be expected to continue, if not to increase. Over the longer term, the rate of increase is a bit more uncertain, although there is no reason to believe it will not remain nearly constant for at least 10 years. That means by 1975, the number of components per integrated circuit for minimum cost will be 65,000. I believe that such a large circuit can be built on a single wafer."

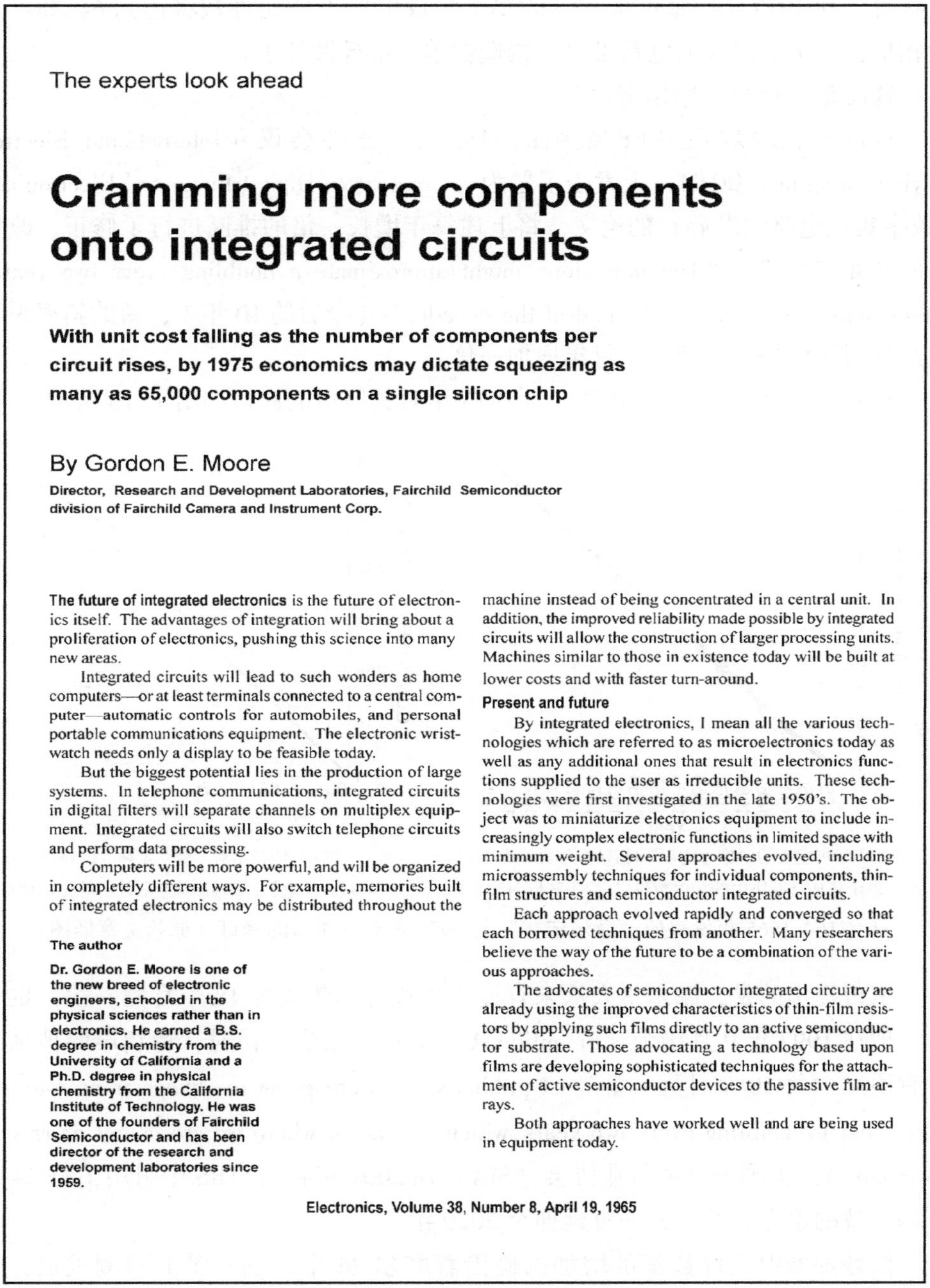

> The experts look ahead
>
> # Cramming more components onto integrated circuits
>
> With unit cost falling as the number of components per circuit rises, by 1975 economics may dictate squeezing as many as 65,000 components on a single silicon chip
>
> By Gordon E. Moore
> Director, Research and Development Laboratories, Fairchild Semiconductor division of Fairchild Camera and Instrument Corp.
>
> **The future of integrated electronics** is the future of electronics itself. The advantages of integration will bring about a proliferation of electronics, pushing this science into many new areas.
>
> Integrated circuits will lead to such wonders as home computers—or at least terminals connected to a central computer—automatic controls for automobiles, and personal portable communications equipment. The electronic wristwatch needs only a display to be feasible today.
>
> But the biggest potential lies in the production of large systems. In telephone communications, integrated circuits in digital filters will separate channels on multiplex equipment. Integrated circuits will also switch telephone circuits and perform data processing.
>
> Computers will be more powerful, and will be organized in completely different ways. For example, memories built of integrated electronics may be distributed throughout the machine instead of being concentrated in a central unit. In addition, the improved reliability made possible by integrated circuits will allow the construction of larger processing units. Machines similar to those in existence today will be built at lower costs and with faster turn-around.
>
> **Present and future**
>
> By integrated electronics, I mean all the various technologies which are referred to as microelectronics today as well as any additional ones that result in electronics functions supplied to the user as irreducible units. These technologies were first investigated in the late 1950's. The object was to miniaturize electronics equipment to include increasingly complex electronic functions in limited space with minimum weight. Several approaches evolved, including microassembly techniques for individual components, thin-film structures and semiconductor integrated circuits.
>
> Each approach evolved rapidly and converged so that each borrowed techniques from another. Many researchers believe the way of the future to be a combination of the various approaches.
>
> The advocates of semiconductor integrated circuitry are already using the improved characteristics of thin-film resistors by applying such films directly to an active semiconductor substrate. Those advocating a technology based upon films are developing sophisticated techniques for the attachment of active semiconductor devices to the passive film arrays.
>
> Both approaches have worked well and are being used in equipment today.
>
> **The author**
> Dr. Gordon E. Moore is one of the new breed of electronic engineers, schooled in the physical sciences rather than in electronics. He earned a B.S. degree in chemistry from the University of California and a Ph.D. degree in physical chemistry from the California Institute of Technology. He was one of the founders of Fairchild Semiconductor and has been director of the research and development laboratories since 1959.
>
> Electronics, Volume 38, Number 8, April 19, 1965

图 1-15　戈登·摩尔 1965 年在《Electronics》杂志上发表的报告的首页

译文："最低元件成本下的复杂度大约每年增加一倍。可以确信，从短期来看，即便这一增长率不再提高，也会继续保持；从长期来看，不好说这一增长率会如何变化，不过，也没有理由不认为，这一增长率至少会维持10年。这就意味着，到1975年，最低成本下的单个集成电路上的元件数将达到65 000个。我相信，一个如此大的电路可以被构造在单一的硅圆片上。"

这就是最初的"摩尔定律"。

1975年，摩尔在IEEE组织的国际电子器件会议（International Electron Devices Meeting，IEDM）上发表了题为"Progress In Digital Integrated Electronics"（数字集成电路的发展）的论文，将上述每年增长一倍的推断进行了修正，改为每两年增长一倍："The new slope might approximate a doubling every two years, rather than every year, by the end of the decade."（今后的10年中，新的斜率说明大约每两年增加一倍而不是每年增加一倍。）

1965年发表的"摩尔定律"与1975年对其所做的修订如图1-16所示。

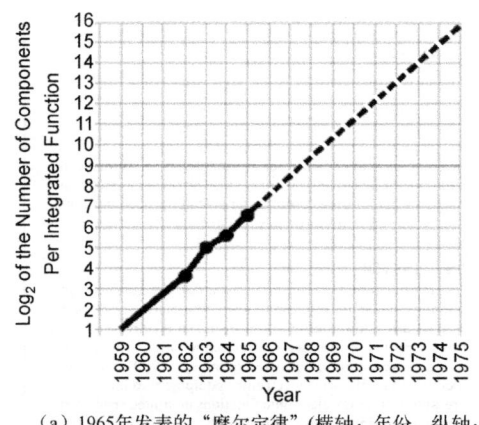
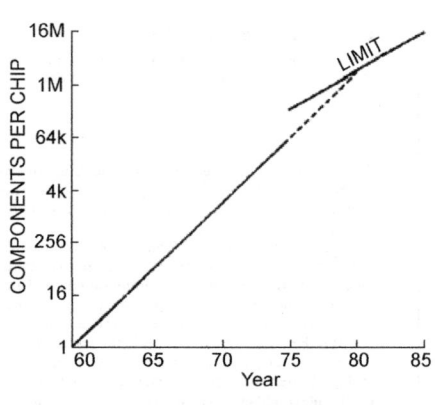

(a) 1965年发表的"摩尔定律"（横轴：年份。纵轴：单个集成功能块中的元件数目（以2为底取对数））
(b) 1975年对"摩尔定律"的修订（横轴：年份。纵轴：单个芯片中的元件数目）

图1-16　1965年发表的"摩尔定律"与1975年对其所做的修订（原始文章插图）

值得提出的是，摩尔本人从未有过"集成电路集成度18个月翻一番"的表述。他在1997年9月接受《Scientific American》杂志采访时，特别声明他从来没有说过"每18个月翻一番"（I predicted we were going to change from doubling every year to doubling every two years, which is kind of where we are now. *I never said 18 months*）。美国半导体行业协会（SIA）在2001年版的ITRS中引用了每24个月翻一番的论点，并将其一直延伸至2020年。

微处理器中元件数量的增加的确沿着摩尔24个月翻一番的预测发展，但DRAM中元件数量的增加速度却比微处理器略快，达到了18个月翻一番的程度，如图 1-17 所示。因此可以笼统地说，集成电路中的元件数每 18~24 个月翻一番，但这不是定律，只是集成电路生产实践中的统计结果，它确实反映了事物在一定条件下发展变化的客观规律。从这个意义上讲，将"Moore's Law"译成"摩尔定律"并不为过，但它并不是数学、物理学等科学学科上具有严格意义的定律。

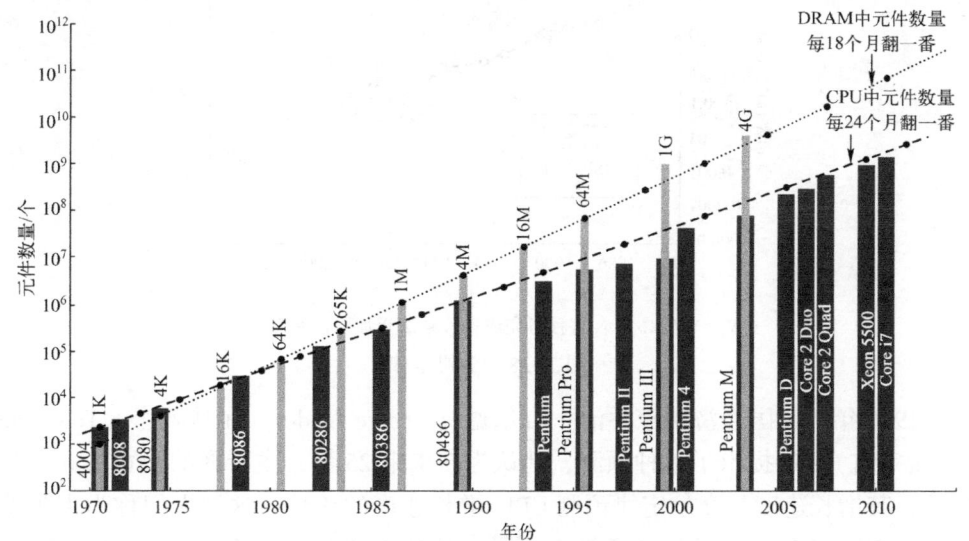

图 1-17 CPU 和 DRAM 中元件数量的增长

1972 年，供职于 DEC（Digital Equipment Corporation）公司的戈登·贝尔（Gordon Bell），对小型机（VAX，PDP）所使用的微处理器技术发展做出如下预测：如果保持计算机能力不变，每 18 个月微处理器的价格降低一半和体积缩小一半。作为对摩尔定律的补充，贝尔的预测被称为贝尔定律。

撰稿人：北京大学　　　　王永文
审稿人：工业和信息化部　郑敏政

▷▷▷ 1.3.2 金帆定律、吉尔德定律和梅特卡夫定律，金帆定律、吉爾德定律和梅特卡夫定律，Gene's Law, Gilder's Law and Metcalfe's Law

2006 年，TI 首席科学家弗朗茨（Gene Frantz）在 TI 开发商大会（TI Developer Conference）上接受《电子工程专辑》记者采访时说："许多 DSP 专家都同意每秒可完成百万乘法累加操作（MMAC/s）是个简单、公平的测试指标，我仔细研究了 DSP 的每 MMAC/s 的功耗问题，即每 18 个月每 MMAC/s 的功耗会减半。"这也可表述为"DSP 功耗/性能比每隔 10 年将降低 2 个数量级（10 年前的 DSP 功耗/性能比为当前的 100 倍）"，这就是著名的"Gene's Law"（中译"方进定律"或"金帆定律"）。金帆定律如图 1-18 所示[1]。

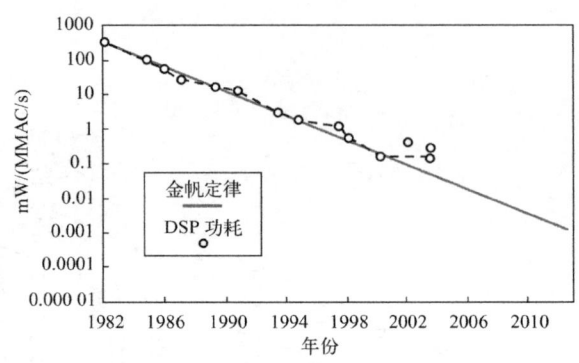

mW/(MMAC/s)：每秒可完成百万乘法累加操作所需功耗。

图 1-18　金帆定律

1996 年，美国经济学家乔治·吉尔德（George Gilder）在其著作《Telecosm（遥观宇宙）》中提出了一种预测，他认为在未来 25 年，主干网的带宽每 6 个月翻倍，其增长速度是摩尔定律预测 CPU 增长速度的 4 倍，这被人们称为吉尔德定律（Gilder's Law）。吉尔德断言，每比特传输价格将朝着免费的方向下跌，费用的走势呈现出"渐进曲线"（Asympototic Curve）的规律，价格点无限接近于零，即将来会实现免费上网。

梅特卡夫定律（Metcalfe's Law）由 3Com 公司创始人、计算机网络先驱罗伯特·梅特卡夫（Robert M. Metcalfe）提出，由《吉尔德科技月报》出版人乔治·吉尔德在 1993 年定名。该定律描述为：网络的价值同网络用户数量的平方成正比，也就是说，N 个联结可创造出 N^2 的效益。即如果一个网络对网络中每个人价值是 1 元，那么规模为 10 倍的网络的总价值等于 100 元；规模为 100 倍的网络的总价值就等于 10 000 元。网络规模增长 10 倍，其价值就增长 100 倍。在网络经济时代，共享程度越高，拥有的用户群体越大，其价值越能得到最大程度的体现。简言之，上网的人数越多，产生的效益越多。但是，该描述目前存在着争议或者说有缺陷，即它为所有连接或群组赋予了同样的"价值"。这就导致了 20 世纪末只追求增长而忽视盈利的网络泡沫出现。

与摩尔定律相同，吉尔德定律和梅特卡夫定律均是一种凭借经验的、有待验证的预测和大致描述，并非物理学意义上的定律。

参考文献

[1] Gene A. Frantz. Power: the final frontier for technology breakthroughs [Z]. Unpublished

lecture PPT in school of electronics and information engineering, Soochow University, 2009-11-09: 1-13.

撰稿人：北京大学　　　王永文
审稿人：工业和信息化部　郑敏政

▷▷▷ 1.3.3 微电子技术与产业的发展规律，微電子技術與產業的發展規律，Development Law of Microelectronic Technology and Industry

纵观微电子学科 50 余年来的发展，微电子技术、产业和市场的进步表现出如下规律。

（1）在微电子设计、制造、封装、材料和设备等技术不断进步的推动下，微电子产业规模迅速扩大，半导体市场销售额呈上升趋势，如图 1-19 所示。

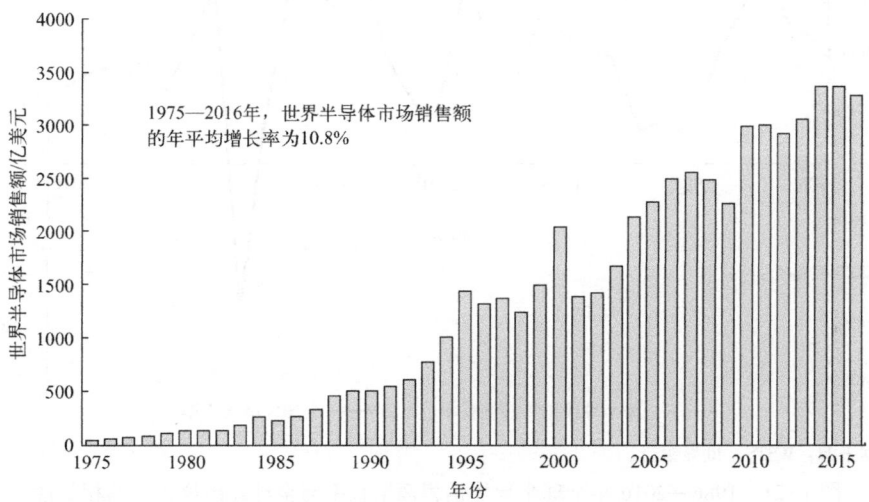

数据来源：WSTS。

图 1-19　世界半导体市场销售额的变化

（2）半导体市场表现的另一个特点是增长率有规律地波动，即约每 10 年呈现一次 "M" 形的变化，如图 1-20 所示。

出现半导体市场增长率的波动原因很复杂，但主要原因是市场牵引和投资带动的技术驱动。世界 GDP 增长率的变化与半导体市场增长率变化的关系如图 1-21 所示。

（3）半导体产品制造技术约 10 年跨上一个新的台阶，见表 1-3。

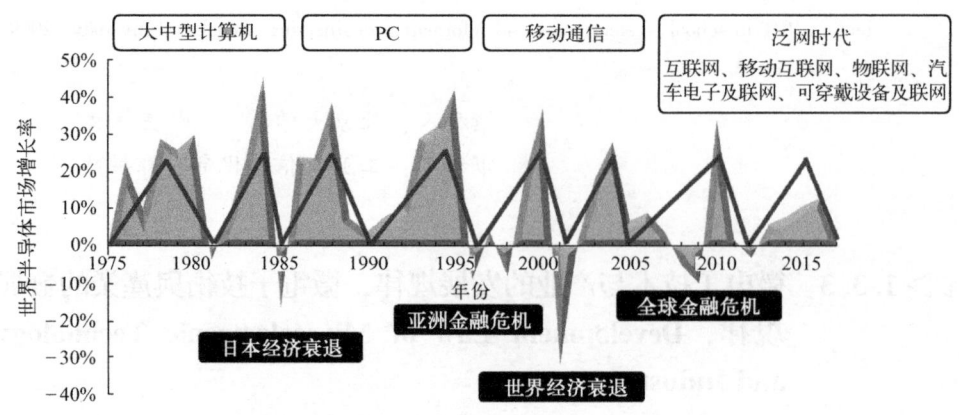

图 1-20 世界半导体市场增长率的变化

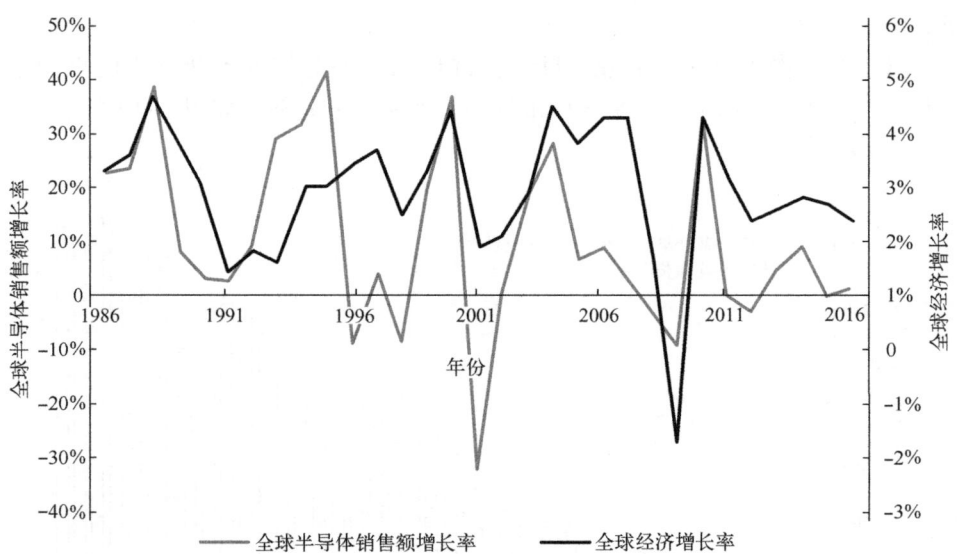

数据来源：WSTS、世界银行。

图 1-21 1986—2016 年全球半导体销售额增长率与全球经济增长率的相关性

表 1-3 半导体产品制造技术约 10 年一代的技术进步

阶段	第一代	第二代	第三代	第四代	第五代	第六代
技术产生的年份	1965—1975	1975—1985	1985—1995	1995—2005	2005—2015	2015—2025
主流光刻技术光源	汞灯	g 线	i 线	KrF	ArF	EUV，EPL
代表性光源波长	多波长	436nm	365nm	248nm	193nm（浸没式 DPT）	13.5nm
特征尺寸	12~3μm	3~1μm	1~0.35μm	0.35μm~65nm	65~22nm	22~7nm

续表

阶段	第一代	第二代	第三代	第四代	第五代	第六代
存储器	小于1KB 到16KB	16KB~1MB	1~64MB	64MB~1GB	1~16GB（芯片组）	16GB到1TB以上（芯片组）
CPU 产品（以 Intel 为例）	从4004到8080	从8086到286	从386到486	Pentium（奔腾）	Core（酷睿）	
CPU 字长/bit	4, 8	8, 16	16, 32	32, 64	64	
CPU 晶体管数*	10^3	$10^4 \sim 10^5$	$10^5 \sim 10^6$	$10^6 \sim 10^7$	$10^8 \sim 10^9$ 多核架构	多核架构
CPU 时钟频率/MHz*	$10^{-1} \sim 10^0$	$10^0 \sim 10^1$	$10^1 \sim 10^2$	$10^2 \sim 10^3$	非主频标准	非主频标准
主流圆片直径	2~4in	4in~150mm	150mm, 200mm	200mm, 300mm	200mm, 300mm	200mm, 300mm, 450mm
主流设计工具	手工	从逻辑编辑到布局布线	从布局布线到综合	从综合到DFM	SoC、IP	SoC、IP、SiP
主要封装形式	从TO到DIP	DIP	从DIP到QFP	DIP、QFP、BGA	多种封装、SiP	SiP、3D封装

* CPU 时钟频率上升会导致功耗急剧上升，主频提升不再是设计追求的主要因素。在保持主频不变的情况下，通过简化流水线的结构，降低设计复杂度，提升单位性能和处理器能效，以及采用多核架构，成为了 CPU 设计的主流。

（4）微电子典型产品从研发到量产大约需要10年的时间，如图1-22所示。集成电路从研发到量产约需10年的典型案例如图1-23所示。

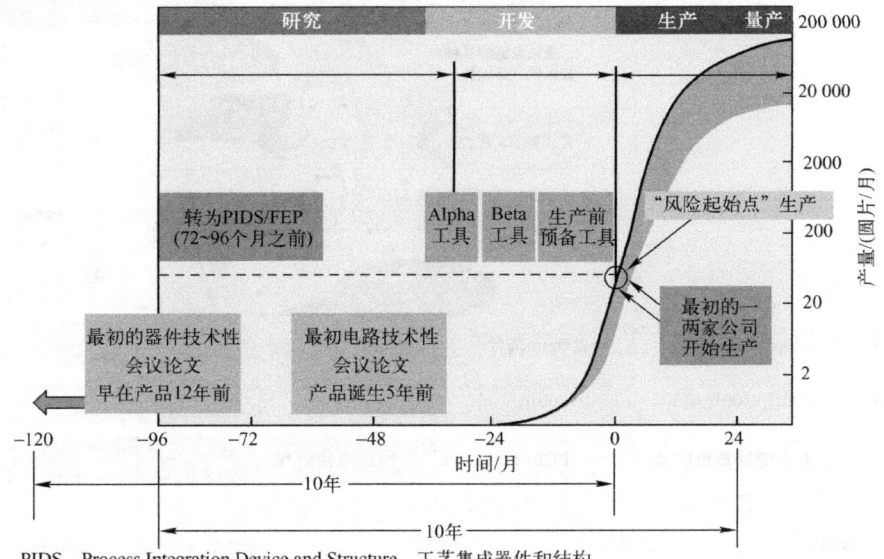

PIDS：Process Integration Device and Structure，工艺集成器件和结构
FEP：Front-end Process，前沿工艺
资料来源：ITRS, 2012。

图1-22 微电子典型产品从研发到量产约需10年

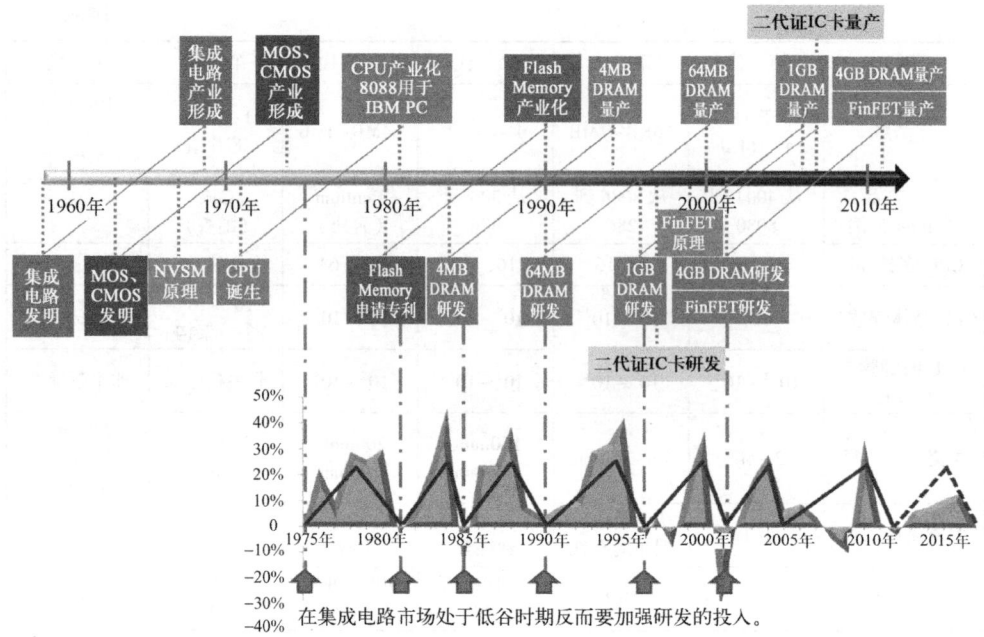

图 1-23　集成电路从研发到批量生产约需 10 年的典型案例

（5）驱动信息市场的引擎 10 年左右产生一次新的变化，如图 1-24 所示。

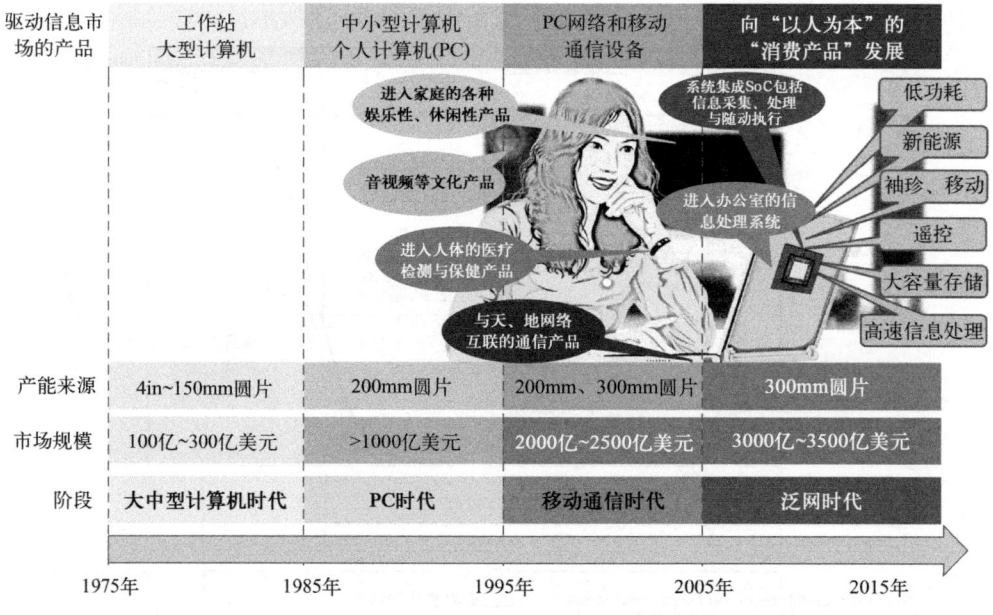

图 1-24　信息市场驱动引擎的变化

（6）集成电路中的晶体管价格每 10 年下降 2 个数量级（10 年前的价格是当前的 100 倍），如图 1-25 所示。

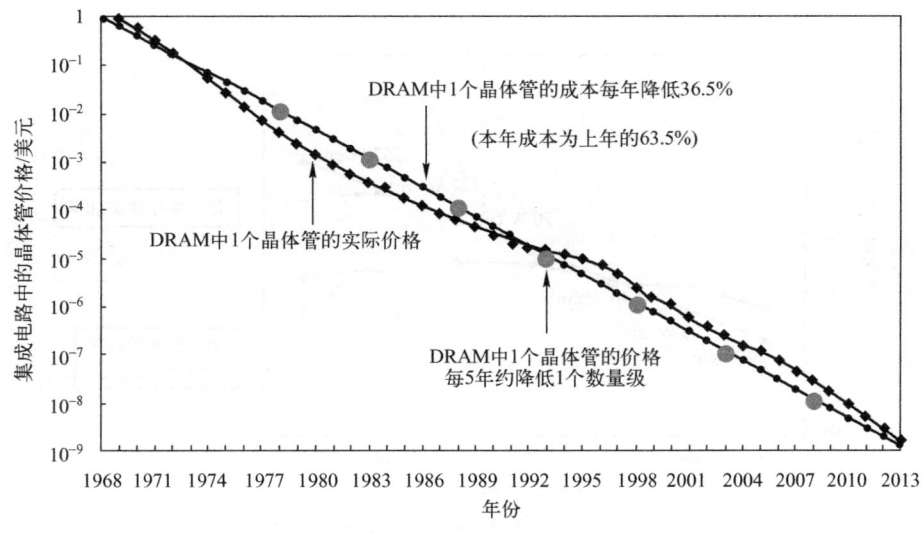

图 1-25　集成电路中的晶体管价格下降规律

撰稿人：北京大学　　　　　王永文
审稿人：工业和信息化部　郑敏政

▷▷▷ 1.3.4　摩尔定律的终结与软件的创新，摩爾定律的終結與軟體的創新，Ending of Moore's Law and Innovation of Software

沿着摩尔预测的集成电路发展路径，集成电路加工线宽逐渐减小，2015 年最小线宽已经达到 7nm，进入介观物理学的范畴。继续单纯缩小沟道宽度将受到三方面的制约。

1. 物理制约

介观（Mesoscopic）尺度的材料，一方面，含有一定量粒子，无法仅仅用薛定谔方程求解；另一方面，其粒子数又没有多到可以忽略统计涨落（Statistical Fluctuation）的程度。这就使得集成电路技术的进一步发展遇到很多物理障碍，如费米钉扎（Fermi Pinning）、库伦阻塞（Coulomb Blockade）、量子隧穿（Quantum Tunnelling）、杂质涨落（Impurity Fluctuation）、自旋输运（Spin Transport）等，需用介观物理和基于量子化的处理方法来解决。

2. 功耗制约

提高器件性能（以时钟频率为代表参数）与降低功耗之间的矛盾如图1-26所示。

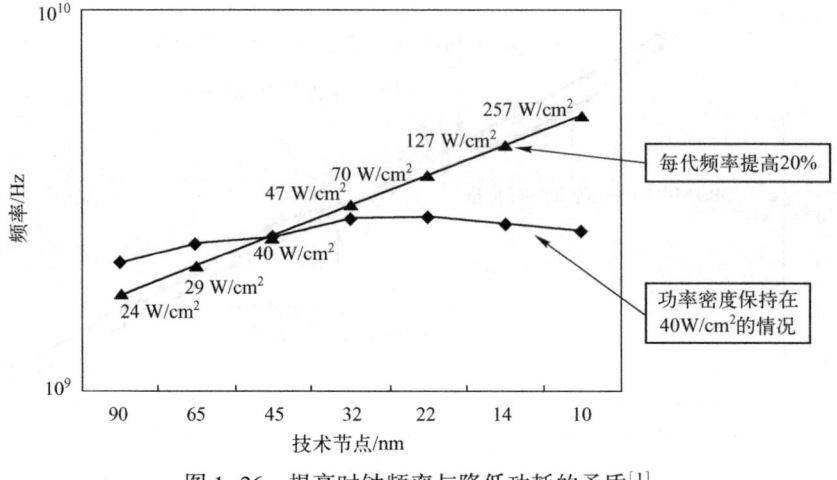

图1-26 提高时钟频率与降低功耗的矛盾[1]

随着技术节点的推进，器件的时钟频率以20%的幅度提高，但器件的功率密度也大幅度增加。如果将功率密度保持在40W/cm^2，则最高时钟频率又无法提高，甚至采用14nm技术节点之后，其时钟频率反而有所下降。

3. 经济制约

图1-27表明，90nm技术节点的每百万门成本为0.0636美元，其后，65nm、40nm至28nm的成本一直呈下降趋势；但是，在进入20nm技术节点后，每百万门的成本将不再按摩尔定律下降，反而有所上升。

也就是说，今后在更高速度、更低功耗和更低成本这三者中，如果以成本作为主要指标，则性能与功耗再难有大的改善；反之，芯片厂商和用户若以性能和功耗为主要诉求，则必须付出相应的代价，而不再享受摩尔定律带来的成本降低的"福利"。

但是，如果采用新材料和新器件模型，集成电路集成度是否还能继续沿摩尔定律增长，还有待今后的实践检验。

集成电路对生态体系依赖度增大，需要软硬件协同发展。例如，CPU的竞争绝不仅是CPU芯片本身的竞争，而更多体现在生态系统的竞争。如Intel的CPU与Microsoft的操作系统构建了稳固的Wintel产业发展环境，ARM公司也与Google公司在移动终端领域构建了ARM-Android体系。

信息产业最开始是硬件（集成电路）技术驱动，随着集成电路加工技术的

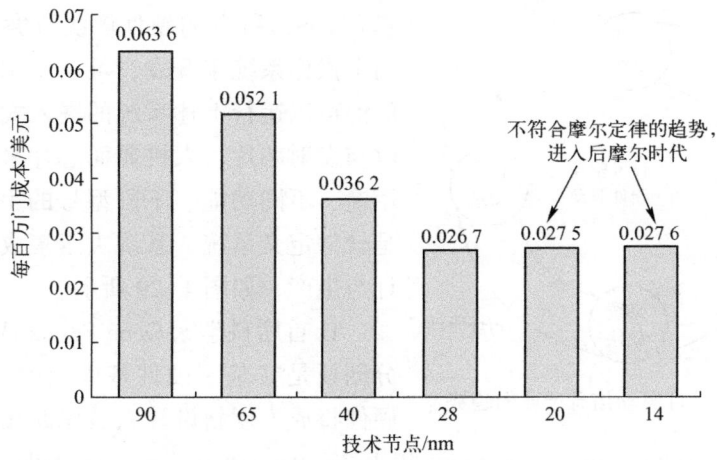

数据来源：EETimes-Taiwan，2012-03-23。

图 1-27　集成电路技术节点与加工成本[2]

进步，单一芯片的集成度越来越高，集成电路的工作速度越来越快，存储器容量越来越大，承载在集成电路上的软件就可以越来越丰富，软件的功能也就越来越强大，应用软件的种类也就越来越多。Windows 操作系统所占空间、Intel CPU 主频与同期 DRAM 典型产品存储容量的正相关关系如图 1-28 所示。

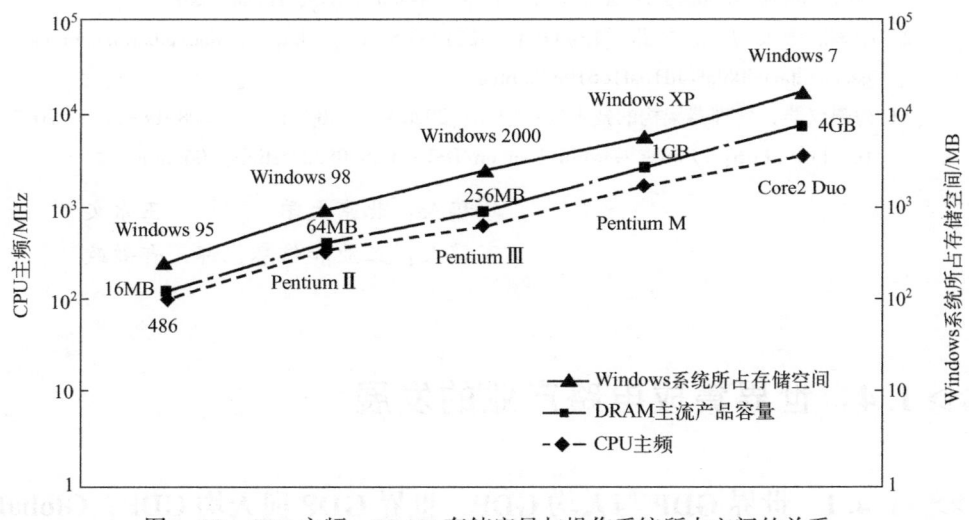

图 1-28　CPU 主频、DRAM 存储容量与操作系统所占空间的关系

当前，集成电路的容量和速度已经能够满足几乎任何软件的需要，在这种情况下，信息产业由软件驱动的趋势开始显现，即根据不同操作系统开发适用该软件的硬件。移动通信是最好的例证。目前在市场中占主流的操作系统是安

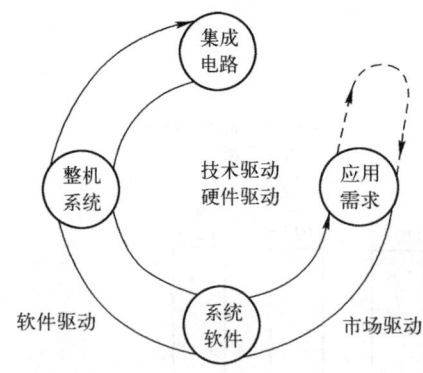

图 1-29 软件驱动信息产业的趋势

卓和 iOS，所有的硬件解决方案要依据这两个操作系统来开发，可以使用不同厂家的但可以运行上述系统的嵌入式 CPU、接收与发射芯片、人机界面芯片来制造不同用途、不同功能、不同型号的手机。这就是软件定义系统，系统决定集成电路的设计与生产，如图 1-29 所示。

TI 首席科学家 Gene Frantz 认为：大部分创新是在基于硬件基础上的软件创新。硬件将成为创新设计人员思路拓展平台的一部分 (The bulk of the innovation will be in the software on top of the hardware. Hardware will become part of the platform on which innovative designers will develop their ideas)[3]。

因此，在软件驱动信息产业发展的趋势下，作为战略布局的重要组成部分，应对相应的软件学科研究做出符合市场需求的协同部署。

参考文献

［1］L. Chang, D. J. Frank. Technology optimization for high energy‐efficiency computation, Short course on emerging technologies for post 14nm CMOS, IEDM, 2012.

［2］中国芯做大与做强之路［EB/OL］.［2017-05-11］. http：//doc. mbalib. com/view/ceeea52faccd06faf14d1daf16619e76. html.

［3］德州仪器. 处理器架构的技术发展愿景：2020 年［EB/OL］.（2008-08-22）［2017-05-11］. http：//www. eeworld. com. cn/DSP/2008/0822/article_706. html.

撰稿人：北京大学　　　　王永文
审稿人：工业和信息化部　郑敏政

1.4　世界集成电路产业的发展

1.4.1　世界 GDP 与人均 GDP，世界 GDP 與人均 GDP，Global GDP and GDP per Capita

国内生产总值（Gross Domestic Product，GDP）是指一个国家（国界范围内）所有常驻单位在一定时期内生产的所有最终产品和劳务的市场价值。GDP 是国民经济核算的核心指标，也是衡量一个国家或地区总体经济状况的重要指标。

公元元年至 1973 年世界 GDP 总量的变化如图 1-30 所示。从图中可以明显地看出，1820 年以前农业社会的 GDP 增长极为缓慢，近 2000 年的时间，世界 GDP 总量从公元元年的 1025.36 亿 1990 国际元增长到 1820 年的 6944.42 亿 1990 国际元，仅增长了 6.8 倍。1820 年以后，第一次工业革命和第二次工业革命极大地提升了世界 GDP 的增长速度，从 1820 年的 6944.42 亿 1990 国际元增长到 1973 年的 160 591.80 亿 1990 国际元，153 年的时间，世界 GDP 总量增长了 22 倍。

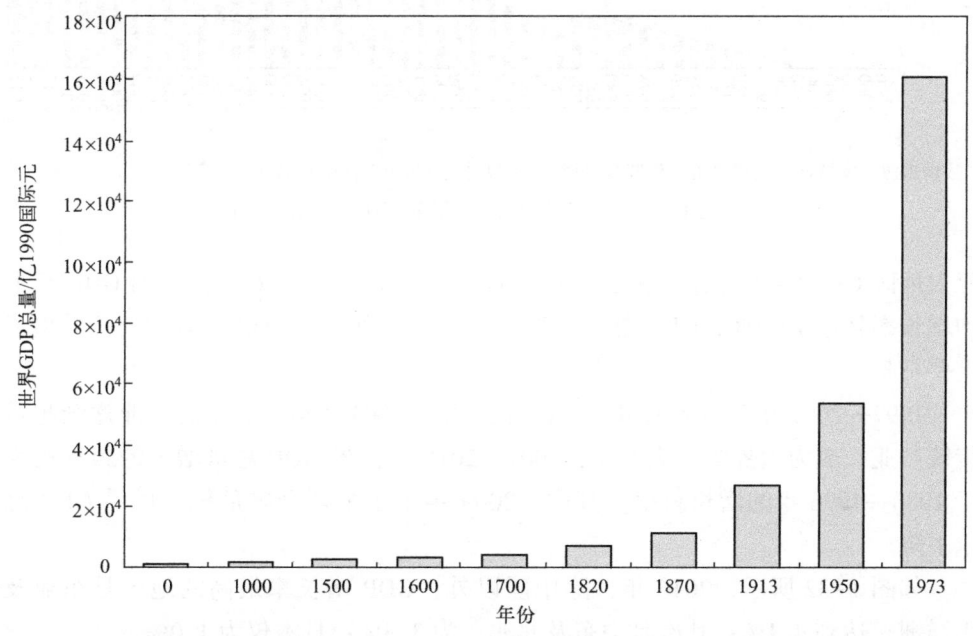

1990 国际元：直译为吉尔瑞-开米斯元 Geary-Khamis Dollar，是多边购买力平价比较中将不同国家货币换成统一货币或国际元的方法。最初由爱尔兰经济统计学家 R. G. Geary 创立，随后由 S. H. Khamis 发展。
数据来源：安格斯·麦迪森著，伍晓鹰等译，《世界经济千年史》。

图 1-30　公元元年至 1973 年世界 GDP 总量的变化

公元元年至 2015 年世界 GDP 的总量变化如图 1-31 所示。

1820—1980 年，世界 GDP 平稳增长；1980—1985 年，世界经济滞胀，主因是美国经济萧条和欧洲经济增长缓慢。1980 年和 1982 年，美国 GDP 增长率分别为 -0.2% 和 -1.9%。1981 年和 1982 年，欧盟 GDP 增长率分别为 0.3% 和 1.0%。

1986—1996 年，世界 GDP 总量增长提速，其斜率超过了 1820—1980 年的增长斜率。在此期间，世界 GDP 年平均增长率为 2.9%，GDP 总量增长了 2 倍；

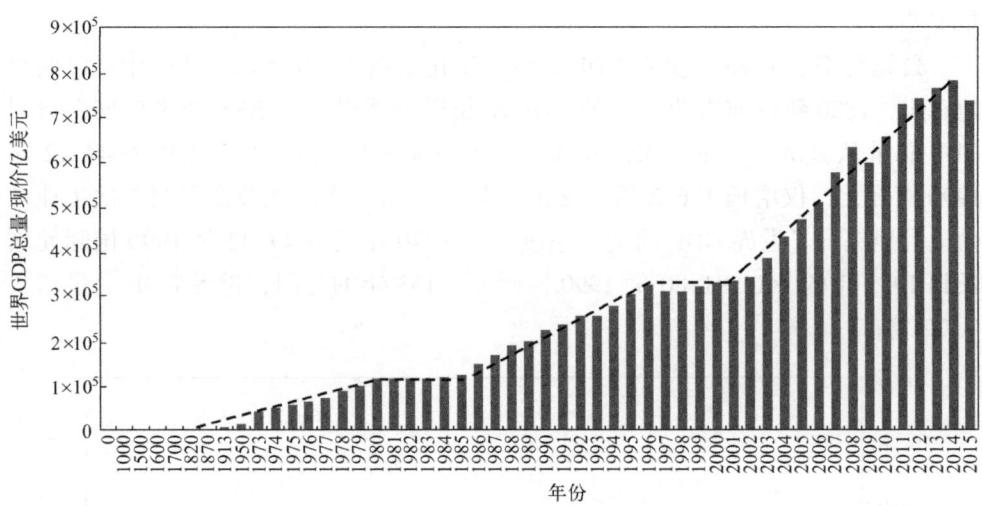

数据来源:安格斯·麦迪森著,伍晓鹰等译,《世界经济千年史》;世界银行。

图 1-31 公元元年至 2015 年世界 GDP 总量的变化

亚太地区 GDP 年平均增长率为 4.9%,GDP 总量增长了 2.6 倍;中国 GDP 年平均增长率高达 10.1%,GDP 总量增长了 2.9 倍,为世界 GDP 总量的增长做出了重要贡献。

1997—2001 年,世界 GDP 总量变化甚微。2001 年以后,信息产业逐渐超过传统产业,成为世界第一大产业,2001—2015 年世界 GDP 总量增长的斜率远大于 1986—1996 年的增长斜率。其中,2009 年由于全球金融危机,世界 GDP 总量下降。

如图 1-32 所示,2016 年,除中国以外,GDP 增长率最高的地区是东亚及大洋洲,达到 4.1%;其次是中东及北非,为 3.3%;日本仅为 1.0%。

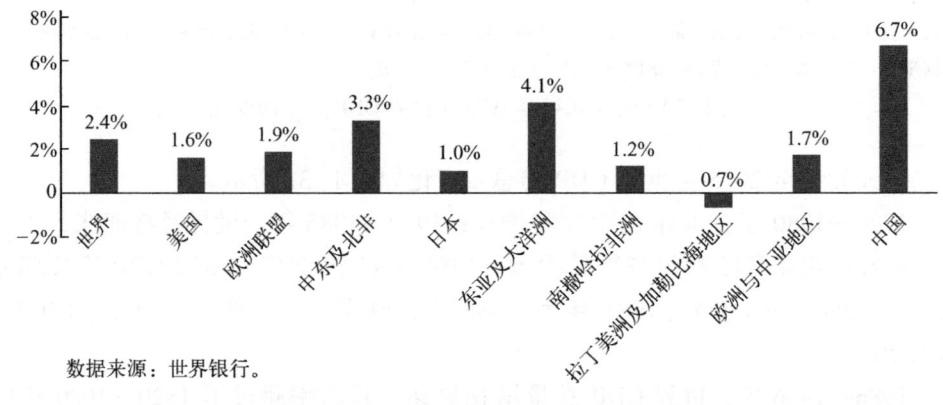

数据来源:世界银行。

图 1-32 2016 年世界各地区 GDP 增长率

公元元年至 2015 年，中国 GDP、美国 GDP 和日本 GDP 占世界 GDP 总量的比例变化如图 1-33 所示。在农业时代，中国作为世界农业大国，其 GDP 占世界 GDP 总量的比例一直在 22% 以上，1820 年（清嘉庆末年）达到 32.9%，1840 年鸦片战争后，国力日衰。1913 年，中国 GDP 占世界 GDP 总量的比例降至 8.9%，美国 GDP 占 19.1%，超过了中国。

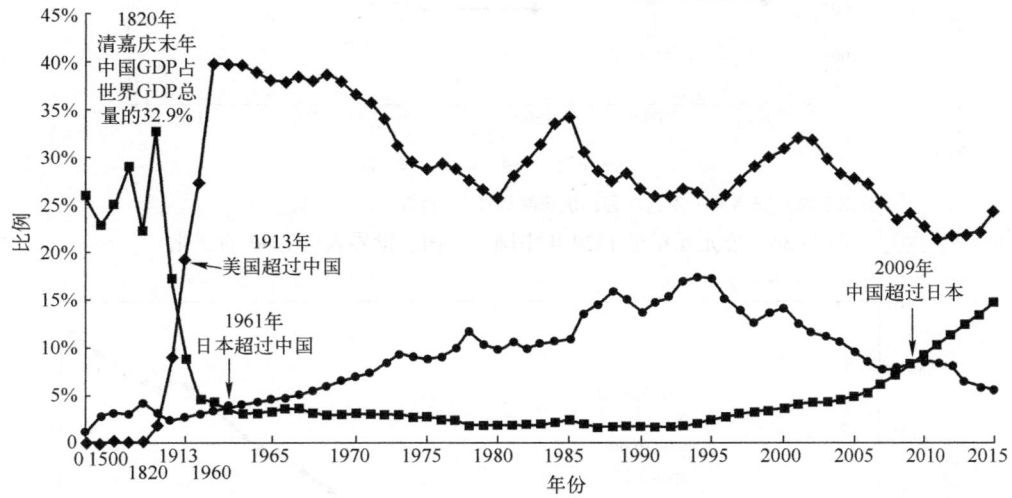

图 1-33 公元元年至 2015 年，中国 GDP、美国 GDP、日本 GDP 占世界 GDP 总量的比例变化

1961 年，中国 GDP 占世界 GDP 总量的比例为 3.49%，日本超过中国，为 3.77%。2009 年，中国 GDP 占世界 GDP 总量的比例达到 8.46%，超过了日本。

公元元年至 1820 年，中国、美国、世界人均 GDP 的变化如图 1-34 所示。公元元年至 1700 年，中国是第一农业大国，中国的人均 GDP 等于或略高于世界人均 GDP。1700 年以后，中国未能赶上工业革命的步伐，人均 GDP 开始逐渐低于世界人均 GDP，而欧洲和美国借助于工业革命的力量，人均 GDP 迅速增长。

1960—2015 年，中国、美国、世界人均 GDP 的变化如图 1-35 所示。1960 年至 20 世纪末，中国的人均 GDP 一直增长缓慢；进入 21 世纪后，中国 GDP 总量迅速增长，人均 GDP 也开始逐年增加，2015 年达到 7925 美元，但仍低于世界人均 GDP 10 005 美元的水平。

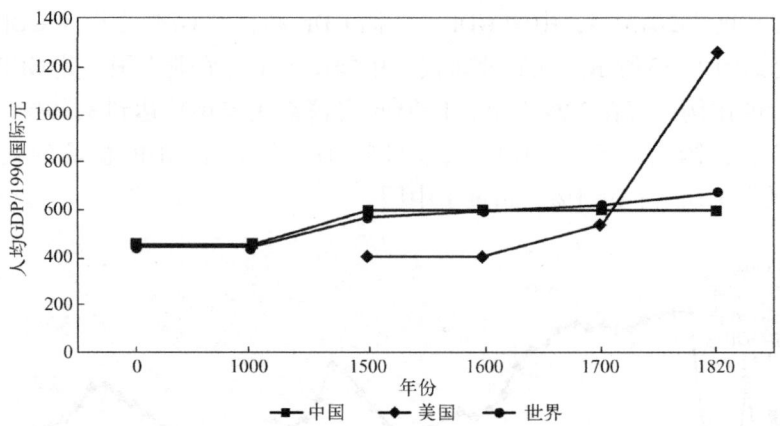

数据来源：安格斯·麦迪森著，伍晓鹰等译，《世界经济千年史》。

图1-34 公元元年至1820年中国、美国、世界人均GDP的变化

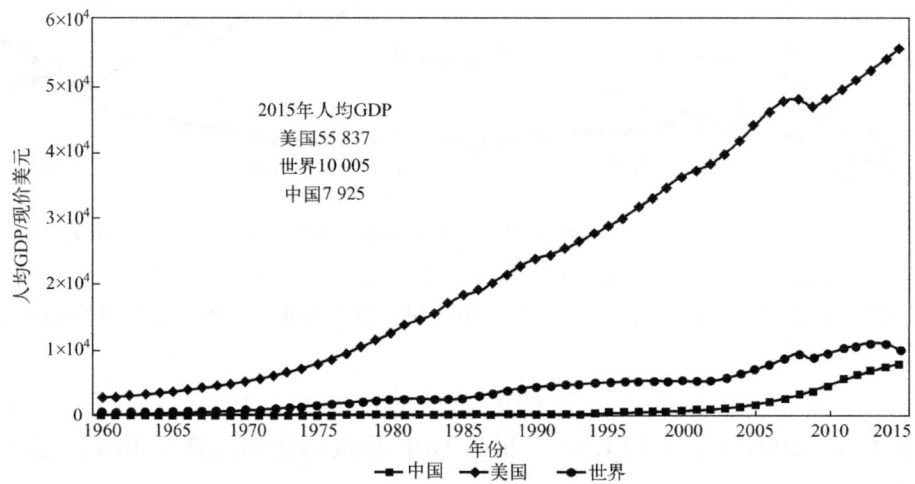

数据来源：世界银行。

图1-35 1960—2015年中国、美国、世界人均GDP的变化

撰稿人：北京大学　　　　王永文

审稿人：工业和信息化部　郑敏政

▷▷▷ 1.4.2 集成电路产业链，積體電路產業鏈，IC Supply Chain

半导体产业链（以集成电路为主，含分立器件）的构成如图1-36所示。

直接面对市场的企业主要是Fabless（无生产线设计企业）、IDM（Integrated Device Manufacturer，集成器件制造商）和知识产权（Intellectual Property，IP）

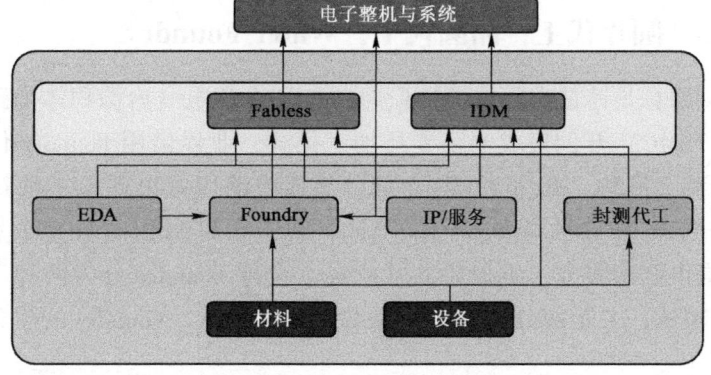

图 1-36 半导体产业链的构成

电路模块厂商。EDA 企业主要提供设计工具。Foundry（圆片代工厂）提供芯片制造代工服务，企业本身没有自己的产品。IP 是一种经过工艺验证的、可嵌入芯片中的、设计成熟的模块，分为软核（Soft Core）、固核（Firm Core）和硬核（Hard Core）三类；IP 的来源包括芯片设计公司、Foundry、EDA 厂商（如 Synopsys）、专业 IP 公司（如 ARM）和设计服务公司。封测代工公司主要为 Fabless 和 IDM 服务，企业本身亦无自己的产品。材料和专用设备公司主要为芯片制造企业提供所需要的材料和设备。

更广义的产业链还应包括行业协会、中介服务、风险投资、市场研究机构、人才培训中心等。集成电路技术的进步源于集成电路产业链每一个环节的进步。每一个产业环节所创造的价值构成了集成电路产业对社会的整体贡献。作为人才培养和基础研究的基地，大学和研究所进行的基础性、原理性研究也是构成集成电路产业链的重要环节，其技术创新的思想往往会对技术进步产生革命性的影响，如鳍式场效应晶体管（FinFET）的发明。

利用半导体技术生产的主要产品是集成电路（约占半导体市场总额的82%~87%）和半导体分立器件。集成电路的主要产品包括专用标准产品（Application Specific Standard Product，ASSP）、微处理器（Microprocessor Unit，MPU）、存储器（Memory）、专用集成电路（Application Specific Integrated Circuit，ASIC）、模拟电路（Analog Circuit）和通用逻辑电路（Logical Circuit）。半导体分立器件的主要产品包括二极管（Diode）、三极管（Transistor）、功率器件（Power Device）、高压器件（High-Voltage Device）、微波器件（Microwave Device）、光电器件（Optoelectronics）和传感器件（Sensor）。

撰稿人：北京大学　　　　王永文
审稿人：工业和信息化部　郑敏政

1.4.3 圆片代工,晶圆代工,Wafer Foundry

Foundry 原意是铸造车间或铸造厂。1987 年台积电(台湾积体电路制造股份有限公司,TSMC)开创集成电路委托加工模式,业界借用 Foundry 代指集成电路代工厂的英文简称。20 世纪 80 年代,集成电路行业出现了一种新的业务模式,由过去传统的 IDM 模式向 IC 设计、制造、封测相对分立的模式转化,Foundry 仅提供制造服务,不提供芯片产品。全球 Foundry 分为两种形式:一是纯代工厂的模式;二是部分 IDM 厂商兼做代工的模式。Foundry 的服务对象主要是设计公司。

台湾地区是半导体业代工的发源地,台积电是全球最重要的代工企业。在之后相当长的一段时间内,代工模式并未得到全球其他厂商的青睐,主要有两个方面原因:一是当时代工厂的工艺水平至少要落后 IDM 工艺 1~2 代,所以那时的代工只能作为 IDM 厂在产能紧缺时的补缺;二是那时全球半导体业主要为计算机提供产品,Fabless 尚未大量涌现。

全球代工业的高潮迭起开始于 21 世纪。一方面,互联网的应用推动了终端电子产品更新换代周期的加快;另一方面,由于工艺技术的快速提升和建厂费用的大幅增加,为降低产品开发成本,客观上对代工产生迫切需求。同时,不可否认起着关键作用的是台积电等代工厂技术能力已大幅提升,能够满足先进工艺的需求,再加上第三方 IP(Intellectual Property)公司逐渐成熟等的共同推动,导致了全球代工业的迅速成长。

目前,智能手机及计算机市场逐渐饱和,能推动半导体产业快速成长的新应用市场产品还未显现,以及先进工艺发展到 10nm 及以下,因此全球半导体产业的增长可能开始减缓。在新的形势下,Foundry 如何应对才能保持相对高于全行业的增长速度,将成为 Fabless 和 Foundry 面临的共同课题。

2016 年全球主要圆片厂销售额见表 1-4。

表 1-4 2016 年全球主要圆片厂销售额

2016 年排名	2015 年排名	公司	圆片厂类型	总部所在地	2014 年销售额/百万美元	2015 年销售额/百万美元	2015 年年度增长率	2016 年销售额/百万美元	2016 年年度增长率
1	1	TSMC	纯圆片代工厂	中国台湾	25 137	26 574	6%	29 488	11%
2	2	GF	纯圆片代工厂	美国	4355	5019	15%	5545	10%
3	3	UMC	纯圆片代工厂	中国台湾	4331	4464	3%	4582	3%

续表

2016年排名	2015年排名	公司	圆片厂类型	总部所在地	2014年销售额/百万美元	2015年销售额/百万美元	2015年年度增长率	2016年销售额/百万美元	2016年年度增长率
4	5	SMIC	纯圆片代工厂	中国	1970	2236	14%	2921	31%
5	4	三星	IDM	韩国	2590	2670	3%	2810	5%
6	6	PowerChip	纯圆片代工厂	中国台湾	1291	1268	-2%	1275	1%
7	7	TowerJazz	纯圆片代工厂	以色列	828	961	16%	1249	30%
8	8	Fujitsu	IDM	日本	645	870	35%	880	1%
9	9	Vanguard	纯圆片代工厂	中国台湾	790	736	-7%	800	9%
10	10	华虹半导体	纯圆片代工厂	中国	665	650	-2%	712	10%
11	11	Dongbu	纯圆片代工厂	韩国	541	593	10%	672	13%
12	15	X-Fab	纯圆片代工厂	德国	330	331	0%	510	54%
13	12	SSMC	纯圆片代工厂	新加坡	480	474	-1%	470	-1%
14	14	上海华力	纯圆片代工厂	中国	295	370	25%	460	25%
		前14位之和			44 249	47 216	7%	52 374	11%
		前14位合计市场份额			93%	93%	—	94%	—
		其他圆片厂之和			3518	3434	-2%	3241	-6%
		总圆片厂之和			47 767	50 650	6%	55 615	10%

数据来源：IC Insights。

全球圆片代工厂产能预测见表1-5。

表1-5 全球圆片代工厂产能预测（等效200mm圆片）

2015年排名	公司	2013年/百万片	2014年/百万片	2014年度增长率	2015年/百万片	2015年度增长率	2016年/百万片	2016年度增长率	2017年/百万片（预计）	2017年度增长率	2018年/百万片（预计）	2018年度增长率（预计）	2019年/百万片（预计）	2019年度增长率（预计）	2020年/百万片（预计）	2020年度增长率（预计）	2021年/百万片（预计）	2021年度增长率（预计）
1	TSMC	16.84	18.59	13%	20.82	12%	22.86	10%	24.8	8%	27.4	10%	30.4	11%	32.6	7%	35.2	8%
2	UMC	5.20	5.80	12%	6.60	14%	7.30	11%	7.7	5%	7.9	3%	8.2	4%	8.5	4%	8.9	5%
3	GF	6.11	6.32	4%	6.62	5%	6.98	5%	7.4	6%	7.7	4%	8.1	5%	8.4	4%	8.8	5%
4	SMIC	2.73	2.96	8%	3.16	7%	4.30	36%	5.1	19%	6.6	29%	7.5	14%	8.1	8%	8.8	9%
主要纯圆片代工厂合计		30.52	33.67	10%	37.20	10%	41.44	11%	45.0	9%	49.6	10%	54.2	9%	57.6	6%	61.7	7%
其他纯圆片代工厂合计		9.60	10.10	5%	10.60	5%	11.20	6%	11.7	4%	12.3	5%	12.9	5%	13.3	3%	13.9	5%
全部纯圆片代工厂合计		40.12	43.77	9%	47.80	9%	52.64	10%	56.7	8%	61.9	9%	67.1	8%	70.9	6%	75.6	7%
IDM圆片合计			7.90	7%	8.10	3%	8.60	6%	9.0	5%	9.5	6%	10.1	6%	10.5	4%	11.0	5%
总圆片厂合计		47.52	51.67	9%	55.90	8%	61.24	10%	65.7	7%	71.4	9%	77.2	8%	81.4	5%	86.6	6%

数据来源：IC Insights 企业报告。

撰稿人：应用材料（中国）有限公司 莫大康

审稿人：中国半导体行业协会 陈贤

▷▷▷ **1.4.4 集成电路产业结构的变迁，積體電路產業結構的變遷，Evolution of IC Industrial Structure**

1960—1967 年，生产和应用集成电路的厂商全部为电子系统厂商（如 TI、仙童、惠普等），集成电路尚未真正形成独立的产业。这一时期，系统厂商不但将自行生产的集成电路作为内部配套使用，同时也向集成电路市场供应部分产品，并在集成电路市场上采购部分产品。

1968 年和 1969 年，Intel 公司和 AMD 公司相继成立，开创了世界集成电路产业建设的新纪元，开辟了独立于电子系统公司、仅向市场供应通用集成电路产品的先河（既不生产系统，也不从市场上采购集成电路产品）。这种自行设计，用自己的生产线加工、封装、测试，成品芯片自行销售的集成电路制造商被称为集成器件制造商（Integrated Device Manufacturer，IDM）。至 1990 年，IDM 的销售额约占世界集成电路市场的 80%。

在集成电路的集成度尚处于中小规模时期，集成电路封装的技术含量小于工艺和设计的技术含量，封装设备的投资也小于工艺设备的投资。从效率和效益两方面考虑，一些制造集成电路的系统厂商开始将封装、测试等后工序的工作实行外包，或将从事封装、测试工作的工厂向发展中国家转移。1961 年，美国仙童半导体公司就在中国香港投资建立了封装厂。到 1978 年，美国已有 80% 的集成电路转移到海外进行封装[1]。

由于计算机技术的进步和普及，集成电路设计已经由手工设计进入到计算机辅助设计的历史阶段；而 CAD 工具的出现使集成电路设计的效率和成功率大大提高，具备了快速应对市场需求的初步能力。20 世纪 70 年代，以 CV（Computer Vision）、Applicant、ECAD、Daisy、Valid 为代表的一批 EDA 工具厂商相继出现。Mentor 和 Cadence 分别于 1981 年和 1983 年成立。

1983 年，就在 Intel 以 286 为基础推出 386 微处理器的时候，Intel 的高层管理者发现 386 的芯片总成本为 1 亿美元，而 286 的为 5000 万美元，也就是说，"设计所增加的价值已经大于制造所创造的价值"。当其他人也认识到这一点的时候，设计从 IDM 中分离出来也就成为一种水到渠成的必然。

从 1983 年起，Altera、Syntek、Cirrus Logic、Xilinx、Qualcomm、ATI 等无生产线新型企业诞生，集成电路业界称为 Fabless。完全不生产产品的 IP 供应商称为 Chipless。最早提供 IP 的 Chipless 厂商是 ARM（Advanced RISC Machines）。ARM 成立于 1990 年，1991 年推出第一个可嵌入的 RISC 核 ARM6。

1987年1月，TSMC（台湾积体电路制造股份有限公司，简称台积电）成立，开创了专注集成电路制造服务的新生产模式（又称"圆片代工"，英文为Foundry），即公司没有自己的产品，仅提供圆片代工服务。

根据IC Insights的统计数据，2016年，世界排名前10位的IDM企业的销售总额为1808.1亿美元，仍在市场中占主导地位，Fabless企业销售总额为889.2亿美元，Foundry企业销售总额为556.2亿美元。

世界集成电路产业变迁过程如图1-37所示。

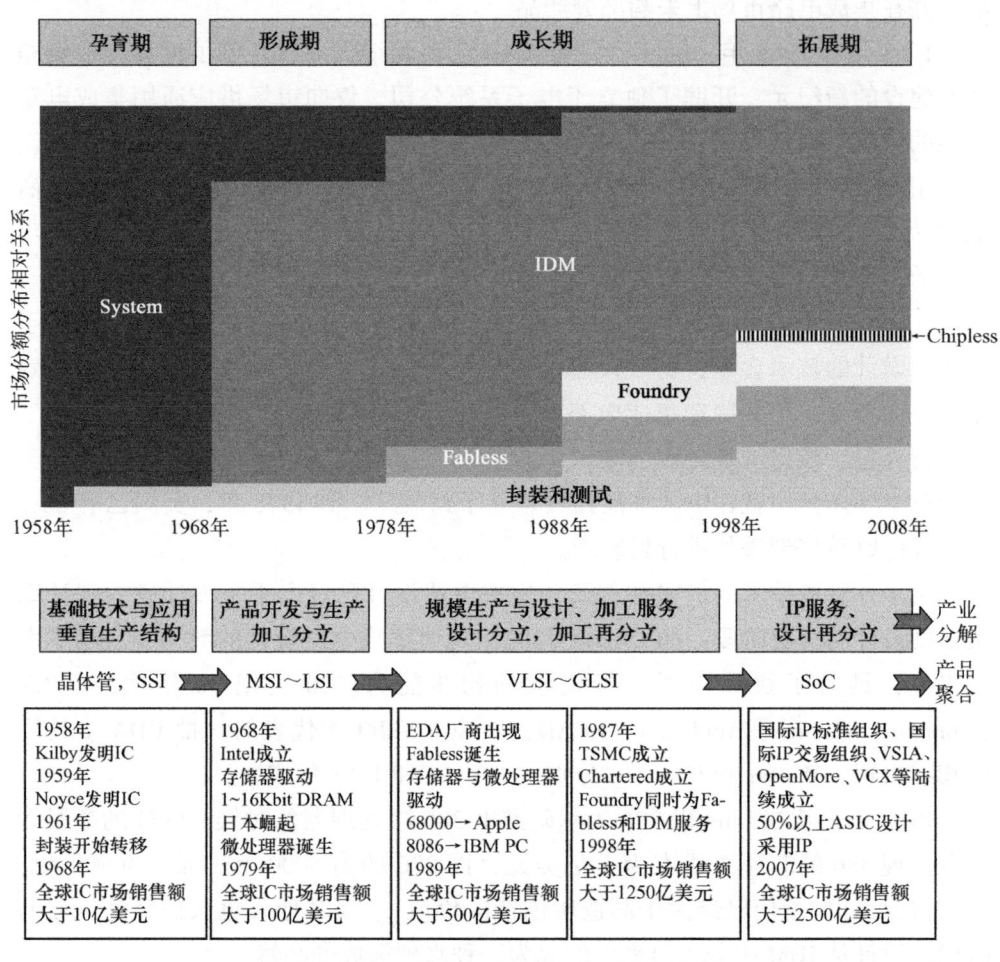

图1-37　世界集成电路产业变迁过程

世界集成电路各行业销售额和市场总额的变化如图1-38所示。

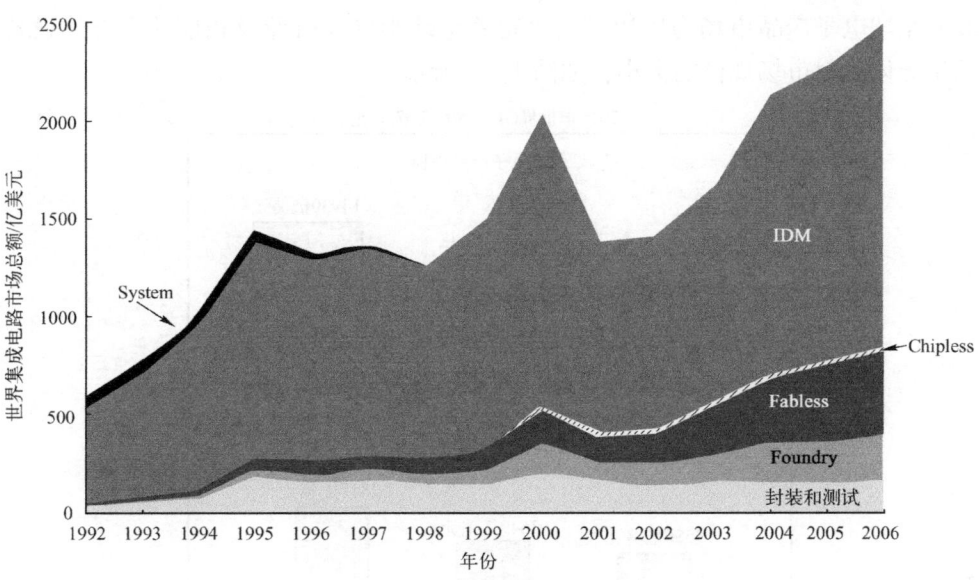

图1-38 世界集成电路各行业销售额和市场总额的变化

参考文献

[1] 王阳元,王永文. 我国集成电路产业发展之路 [M]. 北京：科学出版社, 2008.

撰稿人：北京大学　　　　王永文
审稿人：工业和信息化部　郑敏政

▷▷▷ 1.4.5　世界半导体企业销售额排名前10位的变化（1985—2015年），世界半導體企業銷售額排名前10位的變化（1985—2015年），Revenue Change of the Top 10 World's Semiconductor Companies（1985-2015）

全球半导体产业的进步，主要依靠两个"轮子"。一个是加工工艺尺寸的缩小，每两年前进一个工艺台阶，后一个工艺台阶的尺寸为前一工艺台阶尺寸的0.7，一直到2013年的14nm、2015年的10nm和2017年试生产的7nm。2019年可望达到的5nm，3.5nm及以下尚没有定论。另一个是硅片直径的增大，从4in、150mm、200mm，再到2002年的300mm，至今集成电路生产线仍旧是300mm硅片唱主角。下一波的450mm硅片技术的研发和量产处于止步不前的状态，其主要原因不是技术问题，而是经济因素。显然两个"轮子"中以尺寸缩小优先。

终端电子产品市场是推动产业进步的根本，之前形象地比喻为倒三角形，其中全球电子产品市场为底边，它决定着全球半导体行业及相应的半导体设备及半导体材料市场规模的大小，如图1-39所示。

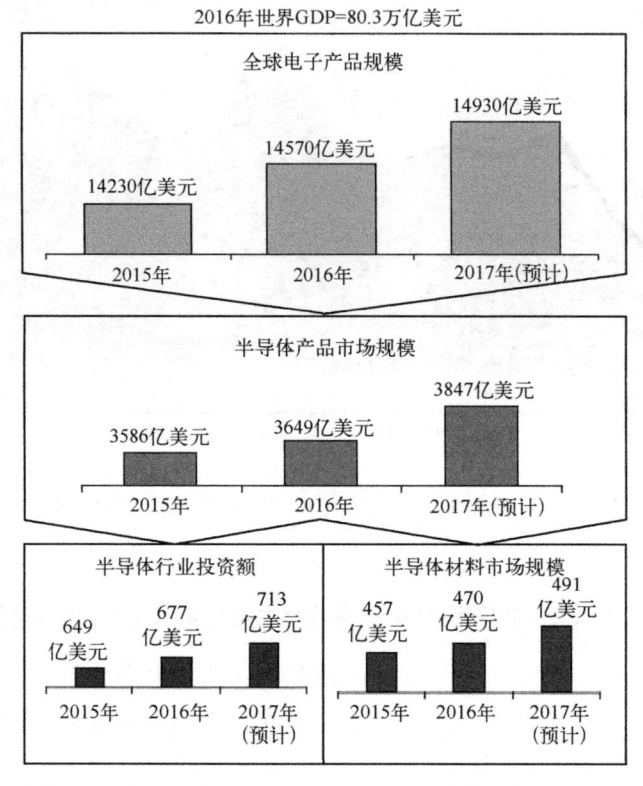

注：半导体行业投资额中约80%用于采购设备，即半导体设备的市场规模。
数据来源：IC Insights。

图1-39 电子产业关联性

在技术与应用终端电子产品的推动下，全球半导体行业的增长呈现不同态势，导致前10位排名不断地更迭。其中较为明显的是20世纪80年代随着日本依靠存储器产品的成功，导致以NEC为代表的日本半导体公司占全球市场份额达50%。21世纪初韩国三星和海力士也依靠存储器的大规模量产而超越了日本企业。1992年Intel依靠CPU的成功而跃居全球首位至今。

全球排名前10位的变化反映出市场份额是决定半导体企业排序的主要因素。目前，Intel已经连续25年保持全球第一（统计到2016年），然而也面临三星等的追赶。

全球半导体制造商前10位排名30年的变化见表1-6。1990年日企占6席，反映日企达到顶峰；1992年Intel开始跃居首位，其后一直延续至今；2005年三星紧跟Intel之后，占据第2位，延续至今；2010年TSMC在张忠谋于2009年第

· 54 ·

二次复出后，持续保持良好的发展态势；2015 年日企只有东芝进入前 10 位。

表 1-6　全球半导体制造商前 10 位排名 30 年的变化

排名	1985 年	1990 年	1995 年	2000 年	2005 年	2010 年	2015 年
1	NEC	NEC	Intel	Intel	Intel	Intel	Intel
2	TI	东芝	NEC	东芝	三星	三星	三星
3	Motorola	日立	东芝	NEC	TI	TSMC	TSMC
4	日立	Intel	日立	三星	东芝	TI	SK Hynix
5	东芝	Motorola	Motorola	TI	STMicron	东芝	高通
6	Fujitsu	Fujitsu	三星	Motorola	Renesas	Renesas	Micron
7	Philips	三菱	TI	ST	Hynix	Hynix	TI
8	Intel	TI	IBM	日立	Freescale	ST	东芝
9	National	Philips	三菱	Infineon	NXP	Micron	博通
10	Panasonic	Panasonic	HY	Philips	NEC	高通	Avago

数据来源：IC Insights。
注：因篇幅有限，本表仅给出每 5 年的排名。

　　　　　撰稿人：应用材料（中国）有限公司　　莫大康
　　　　　　　　　赛迪顾问股份有限公司　　　　李珂
　　　　　审稿人：中国半导体行业协会　　　　　陈贤

1.4.6　全球半导体市场规模、区域分布及产品结构（1985—2016 年），全球半導體市場規模、區域分佈及產品結構（1985—2016 年），Revenue, Distribution and Product Category of Global Semiconductor Market (1985–2016)

据 WSTS 统计，全球半导体市场规模 1986 年为 263.5 亿美元，1990 年为 505 亿美元，1995 年为 1444 亿美元，2000 年为 2044 亿美元，2005 年为 2275 亿美元，2010 年为 2983 亿美元，2015 年为 3352 亿美元，2016 年为 3389 亿美元，近 30 年的年均复合增长率达到 8.9%，如图 1-40 所示。

各种终端电子产品的改变与进步有力地推动了半导体业的不断进步，如 20 世纪 70 年代的大型计算机，80 年代初的个人计算机，90 年代的笔记本式计算机，21 世纪初的智能手机和平板电脑等，一直到如今正在兴起的可穿戴设备、智能家居产品、汽车电子等。

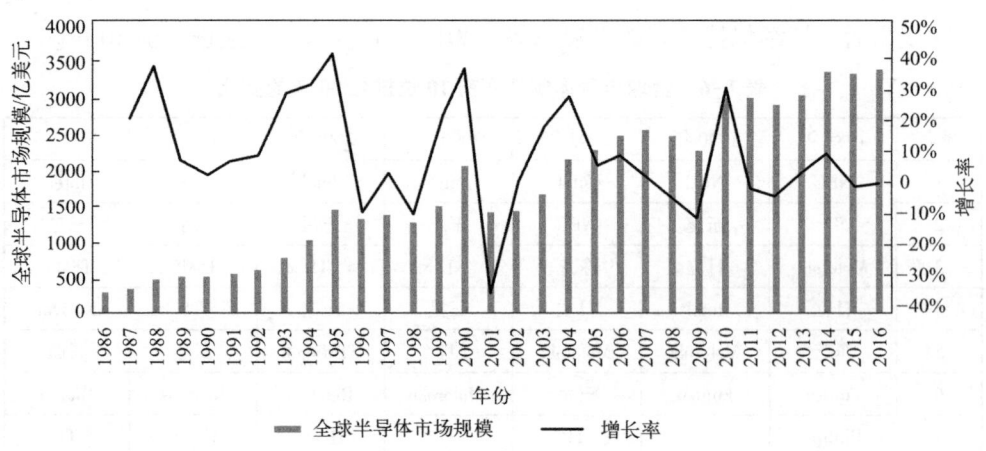

数据来源：WSTS。

图1-40　1986—2016年全球半导体市场规模

1986—2016年全球半导体市场按区域分布的市场占比如图1-41所示，图中列述了美洲、欧洲、日本和亚太（除日本外）地区的市场占比。1986年日本市场占全球半导体市场的39.7%，是最大的区域市场；美洲和欧洲地区市场分别占全球市场的32.3%和20.3%，亚太（除日本外）市场仅占全球市场的7.8%。1986—2000年，日本市场占比呈现显著下降趋势。2000年，日本市场占全球市场的比例下降至22.9%，较1986年下降了16.8%。与此同时，美洲和欧洲地区市场占比相对平稳。2000年，美洲和欧洲地区市场分别占全球市场的31.3%和20.7%，基本与1986年持平。亚太（除日本外）地区市场则保持了快速的发展，2000年亚太区市场已占全球市场的25.1%，成为仅次于美洲地区的全球第

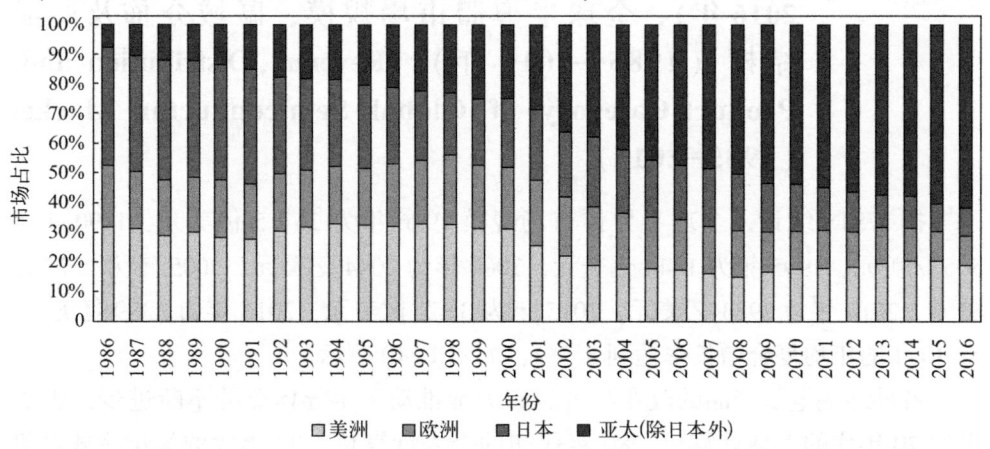

数据来源：WSTS。

图1-41　1986—2016年全球半导体市场按区域分布的市场占比

二大区域市场。进入21世纪以后，亚太（除日本外）市场持续保持快速增长，美洲、欧洲、日本市场占比则呈现下滑趋势。到2016年，亚太（除日本外）市场已占全球市场的61.5%，美洲市场占全球市场的比例为19.3%，欧洲和日本市场占全球市场的比例降到10%以内。

2004—2016年全球半导体市场产品结构占比如图1-42所示。2004年，分立半导体器件市场规模约为157.6亿美元，约占半导体市场的8.0%；到2016年，分立半导体器件市场规模增长至194.2亿美元，占半导体市场的比例下降到5.7%。2004年，光电子器件市场规模约为137.3亿美元，约占半导体市场的5.7%；到2016年，光电子器件市场规模达到319.9亿美元，占半导体市场的比例提升至9.4%。2004年，传感器市场规模约为47.7亿美元，占半导体市场的比例约为2.1%；到2016年，传感器市场规模达到108.2亿美元，占半导体市场的比例提升至3.2%。2004年，集成电路市场规模约为1787.7亿美元，占半导体市场规模的83.9%；到2016年，集成电路市场规模达到2767.0亿美元，占半导体市场的比例下降至81.6%。

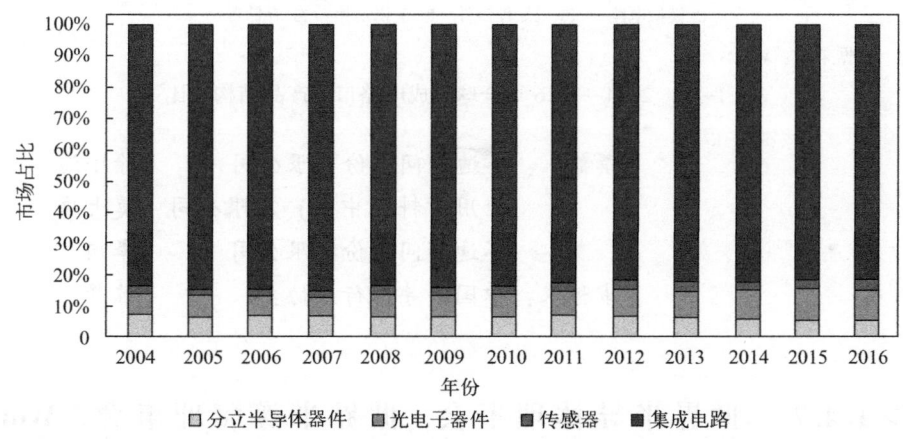

数据来源：WSTS。

图1-42 2004—2016年全球半导体市场产品结构占比

2004—2016年全球集成电路市场按产品结构占比如图1-43所示。2004年，模拟电路市场规模约为313.7亿美元，占集成电路市场的17.5%；到2016年，模拟电路市场规模达到478.5亿美元，占集成电路市场的17.3%。2004年，微处理器件市场规模约为507.3亿美元，占集成电路市场的28.4%；到2016年，微处理器件市场规模为605.9亿美元，占集成电路市场的21.9%。2004年，逻辑器件市场规模约为495.4亿美元，占集成电路市场的27.7%；到2016年，逻辑器件市场规模为916.0亿美元，占集成电路市场的33.1%。2004年，存储器市场规模为471.4亿美元，约占集成电路市场的26.4%；到2016年，存储器市场规模达到767.7亿美元，约占集成电路市场的27.7%。值得一提的是，随着CMOS工艺的快速发展，双极型工艺产品的市场份额快速下降，目前已不到全球半导体市场规模的1%。2004年以后，WSTS不再单列双极型工艺产品，相关产品分别计入以上四个产品大类中。

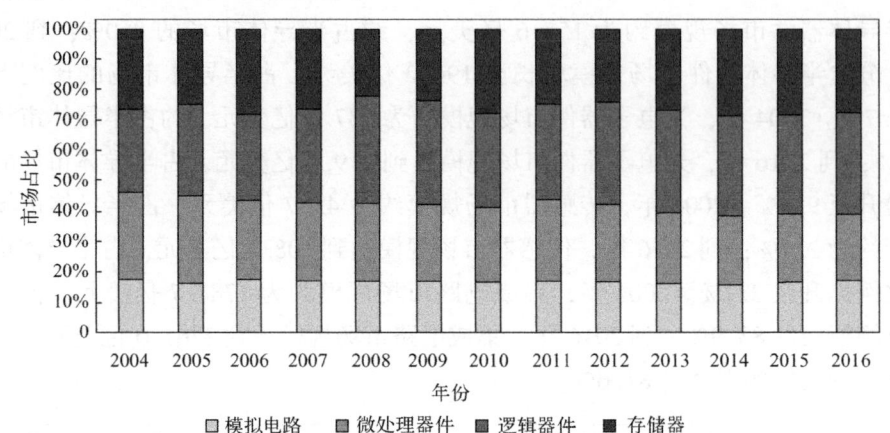

数据来源：WSTS。

图1-43　2004—2016年全球集成电路市场产品结构占比

撰稿人：	赛迪顾问股份有限公司	徐小海
	应用材料（中国）有限公司	莫大康
	赛迪顾问股份有限公司	李珂
审稿人：	中国半导体行业协会	陈贤

▷▷▷ 1.4.7　世界半导体理事会，世界半導體理事會，World Semiconductor Council（WSC）

世界半导体理事会（World Semiconductor Council，WSC）是全球半导体产业界的非政府间国际组织，成立于1996年8月2日。由于当时美国、日本两国在半导体领域的贸易纠纷不断，美国半导体行业协会和日本电子产业协会在各自政府的支持下发起成立WSC，致力于在贸易纠纷、知识产权、电子交易、环境安全等问题诉诸世界贸易组织（WTO）和世界海关组织（World Customs Organization，WCO）前，建立协商平台，供半导体产业界及主管政府先行讨论，并为WTO提供半导体业界的专业意见。1997年4月，欧洲电子元件协会和韩国半导体协会加入WSC。美国、日本、欧洲和韩国成为创始成员国和地区。

在坚持"一个中国"原则的基础上，经过 5 年的反复磋商讨论，2006 年 6 月 15 日，俞忠钰理事长代表中国半导体行业协会（CSIA）与 WSC 2006 年轮值主席——美国半导体行业协会（SIA）主席贺百恩（Brian Halla）先生共同签署了《中国半导体行业协会加入世界半导体理事会备忘录》，CSIA 正式加入 WSC。中华台北半导体协会 1999 年加入 WSC。

目前，WSC 成员是 Semiconductor Industry Association in China（CSIA）、Semiconductor Industry Association in Chinese Taipei（TSIA）、Semiconductor Industry Association in Europe（ESIA）、Semiconductor Industry Association in Japan（JSIA）、Semiconductor Industry Association in Korea（KSIA）和 Semiconductor Industry Association in United States（SIA）。

这 6 个 WSC 的成员国和地区的产业，代表了全球半导体产业的经济规模与发展水平，占有全球 90%以上的半导体产业的份额。WSC 平台就全球半导体产业的市场数据、产业政策、知识产权、全球贸易等有关议题达成的一致条款，在全球业界具有权威性，为 WTO 和 WCO 提供半导体业界的专业意见。

WSC 每年三次会议：秘书处工作会议（Joint Steering Technology Committee，JSTC），主要参加人为各半导体协会秘书处工作人员；WSC 理事会，主要参加人为各半导体公司的 CEO 和董事长；政府/当局会议（Government/Authorities Meeting on Semiconductors，GAMS），主要参加人为各国/地区的政府/当局主管半导体事务官员。JSTC 一般在每年 2 月召开，WSC 理事会每年 5 月举行，GAMS 每年 10 月定期会晤。

GAMS 会议主要讨论影响半导体产业的问题，就这些问题达成协议，并讨论和接受业界提出的政策问题报告和建议。GAMS 在其联合声明中提出"各方彼此之间在半导体方面几乎已经实现无障碍贸易，包括取消关税。他们共同寻求无障碍的全球贸易和投资环境，并为此支持和协调世界贸易组织（WTO）的各项倡议——包括信息技术协定（ITA）。各方采纳的政策——包括知识产权保护、基础科研的积极方法、全球环保的积极方法等，均将帮助经济良好和持续地增长，并不断使更多的人受益于信息时代。这些政策将会增加全球对于半导体的需求。"

GAMS 主席由各创始成员轮流担任，任期 12 个月。主席将参考 WSC 的建议和之前的 GAMS 决议，起草会议决议，并达成每年的会议总结。另外，在各成员同意的情况下，主席国也可以组织专题研讨会，就某一影响半导体产业的具体问题进行讨论。近几年，GAMS 已经接连举办了相关的专题研讨会，包括加密产品的政策研讨、各地区半导体刺激政策的讨论等。

近年来，几届 GAMS 会议在多个关键贸易政策措施方面取得重大进展。例如，对下一代半导体（指多元件集成电路，MCO）在更广的信息技术协定中应用免税条款达成共识，以及采用禁止限制加密技术的政策、对地方政府支持项目建立公平开放的规则、批准 WTO 的贸易便捷化协定以简化半导体贸易流程、保护知识产权、禁止假冒半导体产品流入市场、保护环境等。

CSIA 自 2006 年参加 WSC 以来，组织业界领袖人物、专业人士、律师等参加 WSC 秘书处工作会议（JSTC）、WSC 理事会和政府/当局会议（GAMS）的各项活动，参加各工作组的讨论，提出有关议题，在原产地规则、知识产权、环境安全健康（ESH）、多芯片集成电路（MCP）、多元件集成电路（MCO）、换能器（Transdusor）产品范围等问题上明确表明意见，为中方产业发展争取话语权，有力地促进了我国半导体产业的发展。

    撰稿人：中国半导体行业协会   陈贤
        工业和信息化部电子信息司 任爱光
    审稿人：赛迪顾问股份有限公司   李珂

▷▷▷ 1.4.8 国际半导体设备与材料协会，國際半導體設備與材料協會，Semiconductor Equipment and Materials International（SEMI）

国际半导体设备与材料协会（Semiconductor Equipment and Materials International，SEMI）是全球性的行业协会组织，它致力于促进微电子、平面显示器及太阳能光电等产业供应链的整体发展，会员包括上述产业供应链中的制造、设备、材料与服务公司。自 1970 年至今，SEMI 不断致力于协助会员公司快速取得市场信息、提高获利率、创造新市场、克服技术挑战等。

SEMI 在全球有 14 个办公室，它们分布在中国（上海、北京、新竹）、日本（东京）、韩国（首尔）、新加坡、印度（邦加罗尔）、比利时（布鲁塞尔）、德国（柏林）、法国（格勒诺布尔）、俄罗斯（莫斯科）和美国（圣荷西、奥斯汀、华盛顿）。其主要活动包含举办会议与展览、推动国际标准、制定公共政策、开展市场研究，以及倡导产业环境、健康与安全等议题。

在 1970 年之前，半导体产业已累积了至少 10 年的发展动能。半导体产业的全球收益当时虽仅有几百万美元，但这一产业却汇聚了许多有远见的领导者，他们共同开创了一个半导体设备及材料供货商的聚焦论坛，这个组织正是 SEMI。

SEMI 对于半导体行业最大的贡献是每年在美国、日本、韩国、中国等地举办 Semicon 设备与材料展览会。它把全球半导体设备与材料的最新产品，包括技术介绍给大家，同时还举办各类 SEMI 的标准会议。

SEMI 能提供给客户的资料，包括半导体设备每月的定单额/销售额（B/B）、每月或三个月设备销售额的移动平均值，以及每年半导体设备供应商全球前 10 位的排序、半导体前道材料的营收、半导体后道材料的营收和全球集成电路代工厂生产线的数量统计等。

SEMI 将展览所得之收益，再投资至其业务，并发表 SEMI 标准计划。SEMI 从最早成功地将硅圆片标准化，致力于工厂自动化与软件，到推进市场竞争与降低半导体制造成本，计有超过 30 年的时间。SEMI 标准亦促进了新产业的发展，包括现今的圆片代工制造模式。

随着产业的发展，SEMI 开发出了更多会员们所需要的产品与服务，例如技术研讨会、教育训练活动以及市场资料的收集和分析。SEMI 为产业发声，它代表成员们的共同利益，关注公共政策、环境、健康、安全、人力资源及投资者关系等领域，为半导体产业的发展做出了贡献。

撰稿人：应用材料（中国）有限公司　　莫大康
审稿人：中国半导体行业协会　　　　　陈贤

▷▷▷ 1.4.9　全球半导体联盟，全球半導體聯盟，Global Semiconductor Association（GSA）

全球半导体联盟（Global Semiconductor Association，GSA）由无生产线半导体协会（Fabless Semiconductor Association，FSA）于 2007 年更名而来。FSA 成立于 1994 年。20 世纪 90 年代，全球半导体产业由之前的 IDM 模式开始向设计、制造、封测分化模式发展。FSA 成立的目的是在 IC 设计厂商与其合作伙伴如芯片代工厂和封测厂等之间提供一个平台，创造一个更利于产业创新的环境。随着产业的发展，FSA 于 2007 年更名为 GSA。

目前 GSA 的会员为来自全球 30 个国家及地区覆盖整个供应链的 350 多家相关企业。

GSA 为产业及其合作伙伴提供支持。GSA 可应对供应链内出现的各种挑战，包括 IP、电子设计自动化（EDA）设计、圆片制造、测试和封装，并提出解决方案。GSA 积极推动全球半导体企业与合作伙伴的合作，并提供全球化的交流平台。同时 GSA 不断分析和研究半导体市场机会，鼓励支持创业，为企业提供全面的市场调查报告。

近几年来，GSA 积极推进全球半导体产业的发展，举办各种研讨会。例如，2017 年 6 月，GSA 成功在上海举办了"2017 年 GSA Memory+论坛"，讨论了如何将当前的存储技术和系统架构推向下一代，满足未来云计算、移动和新应用的需求。会议传递了关于全球存储器产业的现状、发展趋势、合作前景等真知灼见，取得了成功，推动了全球半导体产业与中国企业之间的合作。而近年来多起半导体行业的大型并购也均由 GSA 促成。

2011 年 3 月，中芯国际总裁兼 CEO 王宁国博士当选 GSA 董事；2016 年 5 月 9 日，中国半导体企业展讯通信的董事长兼 CEO 李力游博士出任 GSA 新一任董事会主席。

撰稿人：应用材料（中国）有限公司　　莫大康
　　　　紫光展锐科技有限公司　　　　周伟芳
审稿人：中国半导体行业协会　　　　　陈贤

▷▷▷ 1.4.10　国际半导体技术路线图，國際半導體技術路綫圖，International Technology Roadmap for Semiconductors (ITRS)

国际半导体技术路线图（International Technology Roadmap for Semiconductors，ITRS）是由美国半导体行业协会（SIA）、欧洲半导体行业协会（ESIA）、日本半导体行业协会（JSIA）、韩国半导体行业协会（KSIA）、中华台北半导体行业协会（TSIA）组织的专家们共同完成的一套文件。这套文件仅用于技术评估，不带有对任何独立产品与设备的商业倾向。ITRS 的目的是确保集成电路产品性能提升的同时，采用集成电路的产品与应用实现更高的成本效率，从而使整体产业保持持续的健康和成功发展[1]。

制造集成电路或任何半导体器件需要光刻、刻蚀、沉积等一系列工艺步骤。在产业发展初期，IDM 公司用各自研发制造的工艺设备进行生产。随着技术的不断发展和产业规模的不断扩大，IDM 公司为自用生产线投入大量设备与材料研发费用的商业模式难以持续，制造设备和材料供应部门逐步从 IDM 厂商剥离形成独立的外部供应商，产业界迫切需要包括产品、市场与技术在内的清晰的发展路线图来指导各厂商的产品与研发计划。最早 SIA 承担起了这样的工作，它领导和协调各大厂商最早制定了美国版的技术路线图，即国家半导体技术路线图（National Technology Roadmap for Semiconductors，NTRS）。

1998 年，SIA 通过与 ESIA、JSIA、KSIA 和 TSIA 紧密合作，发布了第一个国际路线图，即为首个版本的国际半导体技术路线图，并按照在几年内不断更新，在奇数年发布完整版本的惯例不断推出新版本[2]。

国际半导体技术路线图委员会（International Roadmap Committee，IRC）负责对 ITRS 进行总体协调，主持和召开 ITRS 研讨会，编辑和发布 ITRS。欧洲、日本、韩国、中国台湾地区、美国各有 2~4 名成员入选 IRC，代表各自地区汇集信息。

ITRS 中的技术章节由国际技术工作组（International Technical Working Groups，ITWG）完成编写。国际技术工作组分为焦点工作组和横向工作组[3]。2013 年的 ITRS 由 17 个 ITWG 组成，包括系统驱动，设计，测试和测试设备，工艺集成、器件和结构，用于无线通信的射频和模拟/混合信号技术，新兴器件研究，前端工艺，光刻，互连，工厂集成，封装和装配，微机电系统（MEMS），新兴材料研究，环境、安全与健康，产量提高，计量，建模和模拟[3]。

随着互联网普及万物互联的发展，IRC 于 2012 年启动并于 2014 年完成了 ITRS 对 ITWG 的重组。在 2015 年，原先的 17 个工作组重组为 7 个方向的工作组，具体是系统集成、异构集成、异构元器件、外部系统互连、延续摩尔（More Moore）、超越 CMOS（Beyond CMOS）和工厂集成（Factory Integration）[1]。新路线图被称为 ITRS 2.0。

随着业界普遍认为摩尔定律已接近极限，在 2016 年发布了最后一版 ITRS。一项名为国际器件与系统路线图（International Roadmap for Devices and Systems，IRDS）的更广义的路线图，通过 IEEE "重启计算"的初始计划创立，将作为 ITRS 的延续[2]。

参考文献

[1] ITRS 2.0 [EB/OL]. [2018-07-01]. http://www.itrs2.net/itrs-news.html.

[2] International technology roadmap for semiconductors. [2018-07-01]. https://en.wikipedia.org/wiki/International_Technology_Roadmap_for_Semiconductors.

[3] 黄庆红. 国际半导体技术发展路线图（ITRS）2013 版综述（1）[J]. 中国集成电路，2014，23（9）：13-26.

撰稿人：应用材料（中国）有限公司　　莫大康
　　　　赛迪顾问股份有限公司　　　　徐小海
审稿人：中国半导体行业协会　　　　　陈贤

▷▷▷ 1.4.11 世界主要集成电路研发机构，世界主要積體電路研發機構，Worldwide Major Institutions of IC Research and Development

集成电路产业是典型的知识密集型、技术密集型、资本密集和人才密集型的高科技产业，它不仅要求企业具有很强的经济实力，还要求具备深厚的技术及人才基础。为了能够推动产业的整体健康发展，各国不断通过建设研发机构和公共服务平台的形式，开展产业共性技术和关键技术的研究，帮助集成电路企业解决在发展过程中遇到的技术瓶颈，并持续为产业培育具有理论和实践基础的科技人才。

1. 比利时微电子研究中心

比利时微电子研究中心，也称大学校际微电子研究中心（Interuniversity Microelectronics Center，IMEC），成立于1984年。IMEC是一个非营利性的微电子研究中心，主要解决高校及科研院所与工业生产连接的问题，其董事会由来自高校、政府和产业界人士组成。经过30余年的发展，IMEC已经成为全球最大也是最活跃的非营利性微电子研发中心，不断地为产业输送新技术、新人才和新公司。

目前，IMEC具有包括EUV光刻设备在内的半导体高科技研发基础设施，汇聚了来自74个国家超过2500名的顶级行业专家，同时与Fabless、IDM、Foundry、半导体设备商和终端设备商等产业链上下游环节建立了合作伙伴网络。IMEC构建了产业创新研发生态，将高校超前市场10~15年的技术与产业界超前市场2~3年的技术进行了有效的连接，同时支持从基础研究、产品开发、原型验证、小批量生产、量产的各个阶段、各种形式的创新。IMEC还在全球范围内构建了创新生态，目前已在除比利时总部以外的荷兰、美国、中国、印度、尼泊尔和日本建立了办公地点。在中国，IMEC建立了人才计划、研发中心和IMEC基金。

2015年，IMEC研发经费投入达到4.15亿欧元，逐步成为全球"半导体+"的技术源头和创新枢纽。

2. 超大规模集成电路技术研发合作产业联盟

超大规模集成电路技术研发合作产业联盟（Very Large Scale Integration Consortium，VLSI Consortium，简称VLSI联盟）成立于1976年，是日本政府为与美国竞争，研发超大规模集成电路而推动成立的联合技术研发组织，成员包括日本电气、东芝、日立、富士通、三菱电机等日本大型半导体企业。该联盟实施共性技术联合攻关、产品研发相对独立的管理机制，政府主要对共性、基础性技术研发予以支持，且研发补助在总研发费的50%以内。参加企业均可无偿使用该联盟的专利。该联盟启动之前，日本半导体生产设备80%以上从美国进口，到20世纪80年代中期，全部半导体生产设备即实现国产化。该联盟成功研发出半导体加工关键设备——投影光刻机，为日本在整个半导体设备领域确立优势地位奠定了基础。

3. 半导体制造工艺研究合作组织

半导体制造工艺研究合作组织（Semiconductor Manufacturing Technology Research Consortium，SEMATECH）成立于1987年，是美国政府为整合各企业的资金与资源，分担研发技术和财务风险，提升美国半导体制造技术，以重新夺回美国在全球半导体市场份额为目的而成立的产业联盟。SEMATECH的成功运作为成员企业减少研究投入59%，效益成本比为2.8。SEMATECH自1987年启动到1995年，促进了美国半导体产业重新回到世界第一的竞争地位，同时对美国的贸易政策、工业政策、产业机构、国家创新体系以及技术创新理论和合作战略管理等产生了重大影响。

4. 半导体尖端技术公司

半导体尖端技术公司（Semiconductor Leading Edge Technologies Inc，SELETE）于2006年启动，是继美国成立SEMATECH致使日本失去行业第一地位后，日本产业界重新冲刺全球第一的新尝试。SELETE采用分层组织结构，在11个成员中，以富士通（Fujitsu）、NEC电子（NEC Electronics）、瑞萨（Renesas）、东芝（Toshiba）四家公司为核心，依靠它们的技术领头作用，加速推动整个研发进展，并引领三大前沿技术研发：前端工艺，着重于实用化的高k金属栅（HKMG）材料；后端工艺，着重于多孔低k材料；以及用于45nm和32nm节点的光刻技术和掩模工艺。日本半导体产业界通过这种方式，更好地综合了产业界、学术界和国家的力量。

    撰稿人：中国半导体行业协会   陈贤
        应用材料（中国）有限公司 莫大康
    审稿人：赛迪顾问股份有限公司   李珂

▷▷▷ 1.4.12 半导体市场分析，半導體市場分析，Semiconductor Market Analysis

进行市场分析与预测离不开数据的支持，半导体行业的数据大多出自市场分析公司。

由于各个市场分析公司的数据不尽相同，加之各家半导体市场分析公司的数据，如半导体销售额、代工销售额及 Fabless 销售额等，它们各自的定义范围本就存在差别，以及数据的来源也不尽相同，因此对于市场分析公司数据的使用，关键是要注重它们的连续性。

全球著名的市场分析公司与机构有 WSTS、SEMI、IC Insights、Gartner、集邦电子、IHS、iSuppli 等。一般来讲，市场分析公司每年都会在年初或者年末发布预测值，而在年中期间根据市场实际情况进行多次修正。

对于半导体产业的发展趋势，不可能依据某一个数据获得对产业的全盘认识，因此经常需要将多个数据综合起来观察，但不能多家公司混用，以免造成错误判断。值得注意的是，半导体产业的发展离不开地域政治与经济的大势，如 2009 年全球金融危机等的影响。

市场预测有一定的规范，三个月的季度预测一定要非常精确，年度的预测一定要有价值，未来三年的预测要有参考价值。

以下列出一些常用的市场数据。

1. 存货周转天数

存货周转天数（Days Sales of Inventory）是指企业从取得存货开始，至消耗、销售为止所经历的天数。周转天数越少，说明存货变现的速度越快。

2. 半导体行业的年增长率

半导体行业的年增长率(%) = Unit 增长率(%) + ASP 增长率(%)

举个例子，2014 年全球半导体行业销售额达 3358 亿美元，与 2013 年相比增长 9.8%。

用以上公式计算时，由于 2014 年半导体行业中的 Unit（出货量）达 7664 亿颗，增长 8.6%，及它的 ASP（平均售价）增加 1.2%，所以 2014 年全球半导体业的增长率为 8.6% + 1.2% = 9.8%。

3. 订单额/销售额比率

订单额/销售额比率（Book to Bill Ratio, B/B Ratio, B/B），主要用于衡量半导体设备业的景气度。通常，当 B/B 比率小于 1 时，表明半导体设备业低迷；大于 1.0 时，表明半导体设备业的景气度好。

这样分析的原因在于半导体设备的订单是根据客户的需求定制的，每台设备的规格都不尽相同，因此不可能先制造好设备，放在库中等待出售。而一台设备的制造加工周期通常需要 6 个月。Book（订单）值大表明生产线急需扩充产能，或者增加新的工艺，因此 Book 值是越大越好，表明未来的 6 个月中该生产线的负荷加重。同样在产业态势下行时，Book 值会减小；甚至在设备未发货之前客户会要求推迟交货，或者直接取消订单。所以，行业称 B/B 比率为产业景气度的"晴雨表"。

实际上 B/B 比率不但可用在半导体业中，也可用在其他领域。目前 SEMI 是发布 B/B 比率的权威机构，它每月统计美国半导体设备的 B/B 比率，从中可以反映出美国半导体行业的景气度，以及全球半导体业的景气度。

4. 半导体含量

在半导体业中半导体含量（Semiconductor Content）可以用简单的定义来描述，即电子设备中它的半导体元器件总价值占设备价值的百分比，所以它是一个平均值概念，可用来衡量未来半导体业的进步。1997—2021 年电子设备中的半导体含量变化如图 1-44 所示。

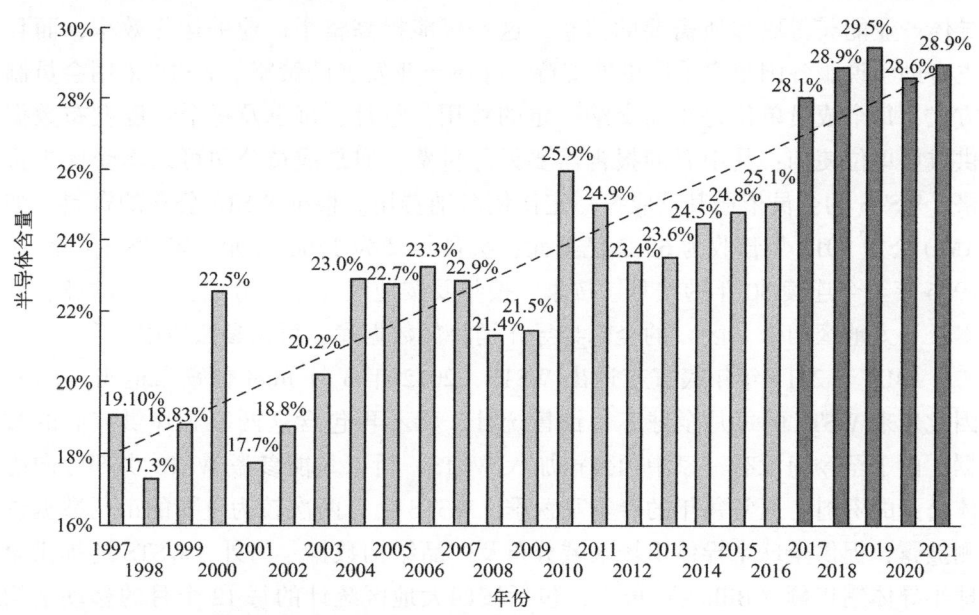

注：2017—2021 年数据为预计数据。
数据来源：ST、TI、IC Insights。

图 1-44　1997—2021 年电子设备中的半导体含量变化

撰稿人：应用材料（中国）有限公司　　莫大康
　　　　赛迪顾问股份有限公司　　　　李珂
审稿人：中国半导体行业协会　　　　　陈贤

▷▷▷ 1.4.13　世界半导体贸易统计公司，世界半導體貿易統計公司，World Semiconductor Trade Statistics（WSTS）

世界半导体贸易统计（World Semiconductor Trade Statistics，WSTS）公司是

一家半导体业的数据统计公司，成员包括全球主要的半导体制造企业。

WSTS 的每月芯片销售额（Billing）报告一直广泛为业界采用。WSTS 是目前全球公认的半导体市场数据重要的统计机构之一，包括美国半导体行业协会（SIA）和市场分析机构等，都采用 WSTS 的数据作为判断芯片产业的基础数据，并用此来预测产业的景气度。

WSTS 的办公室位于德国 Bruckmühl。根据 WSTS 官网，WSTS 曾经拥有 62 家会员公司，它们的销售额占全球半导体市场的 75% 以上。WSTS 提供的市场数据涵盖范围宽，精确度高，内容详细。WSTS 收集并分析会员公司的资料，让半导体产业能获得更多所需要的信息。这不仅能提高整个产业的运作效率，而且也有助于说服各国政府采取更加支持半导体产业发展的策略。WSTS 采用会员制方式，每个成员单位每年需交纳一定的费用，每月、每季及每个年度发布数据供成员单位使用；其中有的报告需要另外付费，但是成员公司可以享受优惠价格。WSTS 的会员依照其营收按一定比例缴纳费用。根据 WSTS 公布的资料，如 AMD 公司 2011 年营收为 65.7 亿美元，会员年费为 1700 美元。WSTS 有一个从 1986 年至今连续 30 年的按月、按季、按年及按地区（全球分成美国、欧洲、日本及亚太地区四个大区）的全球半导体销售额数据库，可供参照使用。

AMD 于 2011 年年底宣布退出 WSTS，2012 年 3 月 Intel 也宣布退出 WSTS，因此未来 WSTS 的每月全球芯片销售统计，将不再包含这两家芯片供应商的数据。由于至今尚没有一家中国公司加入 WSTS，所以只能参考 WSTS 少部分向媒体公开的资料。通常每年的春季及秋季，WSTS 会有两次较为重要的市场数据预测披露，提供全球半导体市场区域分布及产品结构数据。另外，WSTS 还提供全球半导体销售额（Billing）报告，包括按四大地区统计的每 12 个月的移动平均值，以及全球半导体销售额统计及预测值的数据。

撰稿人：应用材料（中国）有限公司　　莫大康
赛迪顾问股份有限公司　　李珂
审稿人：中国半导体行业协会　　陈贤

▷▷▷ 1.4.14　全球主要集成电路市场研究公司，全球主要積體電路市場研究公司，World Wide Major IC Market Research and Consulting Companies

1. IC Insights

IC Insights 成立于 1997 年，总部位于美国亚利桑那州斯科茨代尔，是一家专注半导体行业的市场研究机构，其分析师团队的平均从业经验超过30年。该公司提供的分析报告和信息服务涵盖了集成电路、光电器件、传感器和分立器件领域，其中以自1998年开始发布的针对集成电路产业的McClean报告最为著名。该报告从多个层次详细阐述产业现状，如全球宏观经济状况对产业的影响、企业的资本支出计划、圆片代工厂的产能问题、各产品市场的详情等；同时，报告还会对产业在全球和区域性市场未来5年的趋势做出预测，如集成电路制造和封装工艺的发展、产品的市场占有率、出货量及价格走势等。IC Insights以其专业性及预测数据的准确性为自己赢得了良好的声誉，其发布的数据常常作为业内进行市场分析的参考标准。

2. Gartner

Gartner成立于1975年，总部位于美国康涅狄格州斯坦福，是全球第一家IT领域的研究与顾问咨询公司，也是该领域的权威。公司主营业务为研究与咨询、评测以及Gartner社区，2015年收入达21.6亿美元。其研究范围覆盖从最上游的硬件设计、制造到最下游终端应用的IT产业全环节，由超过1100名专业分析师对1304个主题进行研究，关注那些推动经济发展的商业及技术问题，为全球90多个国家的客户提供服务。由于Gartner采用了独创的发展规律周期（Hype Cycle）模型等研究方法，并有强大的业界基准数据库作为支持，使其能够准确判断一项技术的发展周期或者对某一IT企业进行横向或纵向比较。Gartner每年还会在各地举办许多专家会议，其中Gartner研讨会是IT业界备受瞩目的盛会，会议的议题以及Gartner对未来战略性技术的预测等都会成为塑造IT产业发展趋势的前瞻性指标。

3. 集邦电子（TrendForce）

集邦电子是一家提供市场深入分析和产业咨询服务的专业研究机构，同时也是产业信息媒介平台。现今全球注册会员已超过500 000名，聚集着来自各大新兴产业、科技产业圈的各种专业人士。集邦电子包含五大主要研究部门——DRAMeXchange、WitsView、LEDinside、EnergyTrend及拓墣，研究领域涵盖DRAM、闪存、个人计算机、智能手机、笔记本式计算机、平板电脑、液晶电视、面板及触控技术等显示器相关产业、LED、照明市场、太阳能、电动车与锂电池等绿色能源相关产业、半导体、通信、IA，以及区域市场等大中华地区高科技产业的结构性趋势研究。旗下拥有熟悉各大产业的专业分析师团队，能有效运用多样化研究方法，结合买卖双方信息与最新技术发展趋势，提供专业化的咨询服务。集邦电子每年在上海、广州、深圳及台北等地举办至少五场以上的国际研讨会[1]。

4. Yole

Yole 发展集团成立于 1998 年，是一家"超越摩尔定律"市场研究和战略咨询公司。公司关注 MEMS 和传感器、医疗影像技术、化合物半导体、射频电子、LED 显示、光电子、功率电子、电池及能源管理、先进封装、半导体制造等领域，提供市场、技术、战略咨询、媒体服务和财务运营服务[2]。

参考文献

[1] 关于集邦 TrendForce [EB/OL]. [2017-04-28]. http://www.trendforce.cn/about.

[2] About yole developpement [EB/OL]. [2017-04-28]. http://www.yole.fr.

撰稿人：应用材料（中国）有限公司　　莫大康
　　　　赛迪顾问股份有限公司　　　　李珂　徐小海
审稿人：中国半导体行业协会　　　　　陈贤

▷▷▷ 1.4.15 后摩尔时代集成电路科学技术展望，後摩爾時代積體電路科學技術展望，Perspectives of IC Science and Technology in Post-Moore Era

在后摩尔时代，集成电路科学技术将向四个方向发展：其一是"More Moore"（延续摩尔），经典 CMOS 将走向非经典 CMOS，半节距继续按比例缩小，并采用薄栅、多栅和围栅等非经典器件结构；其二是"More than Moore"（扩展摩尔），将不同工艺、不同用途的元器件，如数字电路、模拟器件、射频器件、无源元件、高压器件、功率器件、传感器件、MEMS/NEMS 乃至生物芯片等采用封装工艺集成，与非经典 CMOS 器件结合形成新的微纳系统 SoC 或 SiP；其三是"Beyond Moore"（超越摩尔），即组成集成电路的基本单元是采用自组装（Bottom Up）方式构成的量子器件、自旋器件、磁通量器件、碳纳米管或纳米线器件；其四是"Much Moore"（丰富摩尔），随着微纳电子学、物理学、数学、化学、生物学、计算机技术等学科和技术的高度交叉、融合，从而有新的发现，形成新的科学技术突破，有可能建立全新形态的信息技术学科及其产业，如图 1-45 所示。

后摩尔时代电路系统的主要标识是性能/功耗比。2005 年，Intel 的 CEO 保罗·欧德宁提出了"每瓦性能比"的概念："They are trying to meet broader set of user needs. It is not just performance that matters most right now, but performance per watt."（译文：它们尝试满足更多的用户需求。当前，人们不仅仅比较重要的性能，还要比较每瓦功耗的性能。）

王阳元院士在其著作《绿色微纳电子学》中指出了今后微纳电子学科的努

力方向:"未来集成电路产业和科学技术发展的驱动力是降低功耗,不再仅以提高集成度即减小特征尺寸为技术节点,而以提高器件、电路与系统的性能/功耗比作为标尺。"

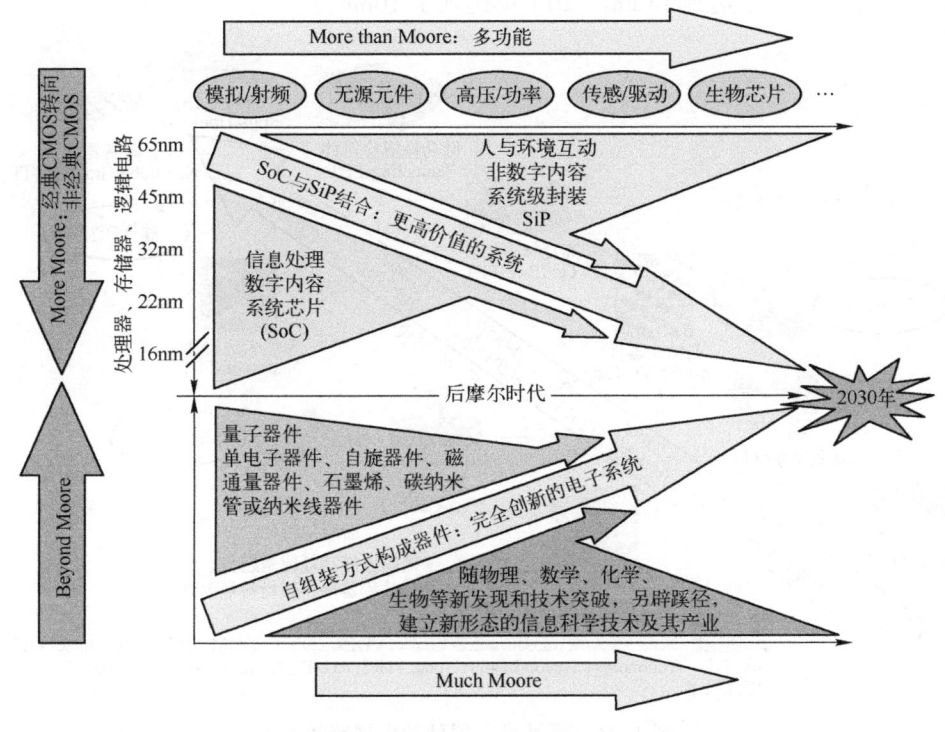

图 1-45 微纳电子学科发展前瞻

新器件结构有超薄体(Ultra Thin Body,UTB)SOI(Silicon on Insulator)MOS 器件,FinFET、FD-SOI 器件,平面双栅、垂直双栅、三栅、Ω 栅以及围栅器件等。

纳电子器件有碳纳米管器件、纳米线器件、量子器件、单电子器件、自旋器件和共振隧穿器件等。石墨烯(Graphene)器件也是正在研究的碳基器件之一。

当前存储器的研究正向非电荷存储器的方向发展,主要研发的热点有铁电存储器(Ferroelectric Random Access Memory,FeRAM)、磁阻存储器(Magnetorresistive Random Access Memory,MRAM)、相变存储器(Phase Change Memory,PCM)、金属氧化物阻变存储器(MO_x-Resistive Random Access Memory,MO_x-RRAM)、聚合物阻变存储器(Polymer RRAM)、聚合物铁电存储器(Polymer FeRAM)、碳纳米管(Carbon Nanotube,CNT)存储器和分子

（Molecular）存储器等。

ITRS 在 2012 年给出的微纳电子器件的发展线路图如图 1-46 所示。图 1-46 中的问号表示预测。现在可以确定的技术发展是，在集成电路制造技术的工艺节点方面，2014 年达到 14nm，2017 年达到了 10nm。

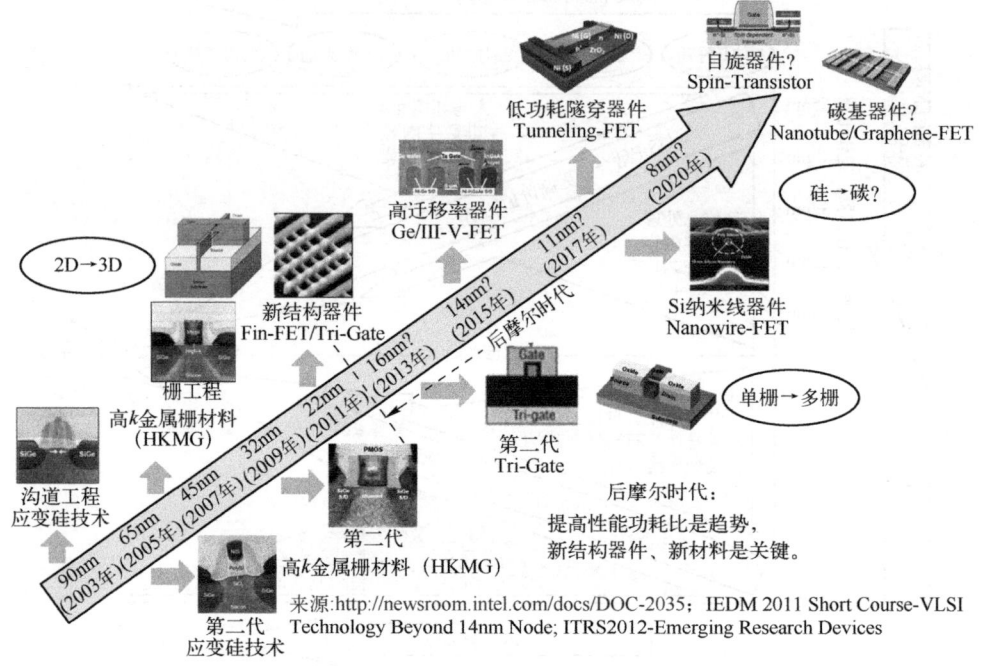

图 1-46　微纳电子器件的发展路线图

在新器件的设计方面，主要研究方向是低功耗设计技术、系统级设计技术以及新型通用处理器平台技术。

在制造工艺方面，主要研究方向有 EUV 光刻、计算光刻（Computational Lithography）、多电子束直写（Multi-e-Beam Direct Write）和纳米压印光刻（Nano-Imprint Lithography，NIL）。

封装技术的发展方向是多功能集成的系统级封装（SiP），主要技术方向是 3D 封装，包括封装堆叠、芯片堆叠、硅通孔技术与硅基板技术。

主要应用领域的研究方向有人工智能大脑、深度神经网络处理器、复合生物信号处理器、量子通信技术、全息眼镜、辅助驾驶、大规模分布式电子商务处理平台和工控安全平台等。

撰稿人：北京大学　　　　王永文
审稿人：工业和信息化部　郑敏政

1.4.16 美国集成电路产业发展，美國積體電路產業發展，IC Industry Development in the United States

美国是集成电路产业的发源地。1958年德州仪器的基尔比（Jack S. Kilby）采用锗材料制作了第一块集成电路概念样品，并提出了专利申请。1959年仙童公司的诺伊斯（Robert Noyce）采用硅材料提出了"半导体器件-连线结构"，并很快获得了专利，该项专利正式标志着集成电路的诞生。从集成电路诞生至今，无论从技术、规模还是产业结构，美国几乎一直处于全球集成电路产业的领导地位[1]。

美国集成电路产业发展初期主要依赖政府订单，仙童公司、德州仪器公司和摩托罗拉公司是美国集成电路产业发展初期的重要企业，它们负责研发和生产美国"民兵导弹""阿波罗导航计算机"和W2F飞机数据处理器的集成电路产品。在政府订单的支持下，美国集成电路企业获得了最初的快速成长[2]。

与此同时，美国集成电路产业也在风险投资的帮助下迅速扩大规模。8位从肖克利半导体实验室辞职的年轻人创立了仙童半导体公司。这8位常被称为"八叛逆"，分别是罗伯特·诺伊斯（Roexistrt Noyce）、戈登·摩尔（Gordon Moore）、朱利亚斯·布兰克（Julius Blank）、尤金·克莱尔（Eugene Kleiner）、金·赫尔尼（Jean Hoerni）、杰·拉斯特（Jay Last）、谢尔顿·罗伯茨（Sheldon Roberts）和维克多·格里尼克（Victor Grinich）。1968年诺伊斯、摩尔和安迪·葛洛夫（Andy Grove）创立Intel公司。1969年杰里·桑德斯（Jerry Sanders）、杰克·吉福德（Jack Gifford）等人创立超威（AMD）。杰克·吉福德后来进入通用电气旗下的Intersil，然后又创立美信（Maxim）。

从产业结构上来看，美国集成电路企业结构随着市场竞争不断变化。一方面，从产业初期的IDM模式，逐步向按产业链环节分立的方式转变。例如，AMD将Foundry剥离后彻底成为集成电路设计企业，高通是全球最大的集成电路设计企业。另一方面，部分半导体企业也成为终端制造企业的子公司，或向整机系统的终端产品方向拓展。另外，苹果公司iPhone中的处理器芯片由苹果公司自己研发，由TSMC等Foundry制造，由ASE等公司进行封装测试服务，创造了一种虚拟IDM的新模式。

美国半导体产业规模在20世纪80年代末期一度被日本超越，主要原因是由于当时DRAM的市场需求量大，美国公司退出相关市场，而日本公司在该领域拥有绝对市场竞争地位。1989年11月，以伊恩·M.罗斯为首的美国半导体咨询委员会以《危机中的战略工业》为题上书美国时任总统乔治·布什，并对美国半导体产业发展战略提出建议。乔治·布什采纳了这些建议，并采取了一系列措施，最终使美国在1993年又重新夺回了领先地位[1]。

2016年，美国半导体产业规模占全球半导体产业规模的50%左右，根据IC Insights数据，全球前50位半导体供应商中有22家美国公司，其中Intel、高通、美光、德州仪器位列全球前10名；在全球前50位Fabless供应商中，有21家美国公司，其中高通、苹果、英伟达、AMD、马威尔、赛灵思等6家公司位列前10位；在全球前10位Foundry中，格芯位列第2位；在全球前10位OSAT中，安靠位列第2位。

参考文献

[1] 王龙兴. 集成电路的过去、现在和将来（一）：世界集成电路的发展历史 [J]. 集成电路应用，2014（1）：36-40.

[2] 方圆. 美国日本集成电路产业发展路径 [J]. 高科技与产业化，2013，9（4）：96-99.

撰稿人：赛迪顾问股份有限公司　　徐小海
审稿人：中国半导体行业协会　　　陈贤

1.4.17 欧洲集成电路产业发展，歐洲積體電路產業發展，IC Industry Development in Europe

欧洲是全球集成电路产业的重要组成部分，其处理器、模拟电路、功率器件等产品，在工业控制、汽车电子、智能卡等领域具有极强的竞争力。与美国、韩国、日本、中国台湾地区比较，欧洲集成电路产业的特点是相对分散。尽管德国、法国、意大利、英国、荷兰、比利时、西班牙都拥有一定的集成电路实力，但由于没有形成统一调动资源和发展的能力，因此整体的产业竞争力相对较弱。

欧洲知名的集成电路企业在20世纪末期和21世纪初期，从整机厂商中独立出来，它们依托整机厂商在相关行业的底蕴和客户，在细分的集成电路产品市场拥有极强的竞争力。例如，1999年从西门子公司独立出来的英飞凌，继承和延续了西门子公司的业务和产品线，在工业、汽车、智能卡领域处于领先地位。再如，2006年从飞利浦公司独立出来的恩智浦公司，继承和延续了飞利浦公司的业务和产品线，在消费电子、通信、网络、智能卡等领域保持领先。ST半导体是欧洲联合建立跨国公司的案例：1987年，意大利SGS Microelettronica和法国Thomson Semiconducteurs公司宣布合并，总部设立于日内瓦[1]。

欧洲在基础科学研究领域和人才培养方面的优势为其集成电路产业发展奠定了良好的基础。比利时的IMEC为全球产业的技术输出做出了很大的贡献。目前全球最大的无芯片集成电路设计公司（Chipless Design House，CDH）ARM位于英国。该公司拥有的ARM处理器知识产权几乎应用到了所有的移动终端处理器中。Imagination Technology 公司的图形处理器为苹果手机的优秀表现提供了支持。德国的 Dialog 公司是全球领先的模拟器件 Fabless 企业。

另外，欧洲在光刻机领域极具竞争力。ASML 的高端光刻机在全球市场独具优势。特别是在特征尺寸继续减小的趋势下，ASML 推进了 EUV 光刻设备的研发，是光刻机领域的领先厂商。

2016 年，欧洲集成电路产业规模占全球市场规模的比例约为 10%。根据 IC Insights 数据，2016 年全球前 50 位半导体企业中，有 5 家欧洲企业，其中英飞凌、恩智浦、意法半导体进入前 20 位；全球前 50 位 Fabless 厂商中，Dialog 排名第 14 位；全球前 10 位 Foundry 和 OSAT 厂商中，没有欧洲企业。

参考文献

[1] 张立恒，刘莲芹. 芯跳不止：身边的集成电路江湖 [M]. 北京：电子工业出版社，2015.

撰稿人：赛迪顾问股份有限公司　　徐小海
审稿人：中国半导体行业协会　　　　陈贤

▷▷▷ 1.4.18　日本集成电路产业发展，日本積體電路產業發展，IC Industry Development in Japan

日本是全球集成电路产业强国，其产业发展起源于 20 世纪 60 年代末期美国半导体产业的技术转移。1963 年，日本 NEC 公司获得了仙童公司的平面技术授权，在日本政府的要求下，该项技术授权被共享给了其他日本公司，从而三菱、京都电器等企业开始进入半导体产业，拉开了日本集成电路产业发展序幕[1]。

随后，日本集成电路产业走上了一条"引进赶超"的低风险发展道路[2]。在这个阶段，日本集成电路产业不断从美国引进技术、专利，并提升自身产能。1976—1979 年，日本开始实施 VLSI 联盟，该联盟的实施缩小了与美国的技术差距，奠定了日本在 20 世纪 80 年代全球集成电路产业的地位。VLSI 联盟共取得了 1000 多项专利，64Kbit DRAM 研发成功比美国早了半年，256Kbit DRAM 研发成功超前美国 1 年左右。与此同时，日本业界采用民用电子产品驱动集成电路产业发展的模式。借助该模式，日本利用自身和美国的集成电路产品制造的终端产品占领了全球市场，为自身集成电路产业的发展创造了空间。

到 20 世纪 80 年代，日本公司在 DRAM 产品领域已经全面领先，NEC、东芝和日立在很长一段时间内占据全球前三大半导体供应商的位置，Intel 只能屈居第四。最终在 1985—1992 年，日本超越美国成为全球最大的半导体生产国。1989

年，日本集成电路产品的市场占有率一度达到全球市场的 53%，大幅领先于美国的 37%，开启了属于日本集成电路产业的黄金年代[1]。1990 年全球前 10 位半导体企业中有 6 家日本企业，它们是 NEC、东芝、日立、富士通、三菱和松下。

随着 20 世纪 90 年代中期美国开始重新重视集成电路产业，而日本集成电路产品主要依靠 DRAM，以及个人计算机、移动通信等新兴应用的发展和韩国、中国台湾地区 DRAM 快速崛起，日本集成电路产业规模占全球的比例开始下降。到 2012 年，仅存的一家日本 DRAM 企业尔必达（Elpida）在技术领先的情况下，被美光公司收购。

尽管日本集成电路产值占全球的比例不断下降，但日本集成电路产业的技术仍然很强，影响力仍然很大。从产品来看，2015 年，瑞萨是全球最大的 MCU 供应商，东芝是全球第二大 NAND Flash 供应商，索尼是全球最大的 CMOS 图像传感器（CMOS Image Sensor，CIS）供应商，日立、瑞萨、东芝、三菱和富士等公司是全球最大的功率器件供应商。从半导体材料来看，日本生产了全球超过 50%以上的半导体材料。信越化学是全球重要的硅片供应商。凸版印刷株式会社是全球最大的光掩模供应商。从半导体设备来看，全球前 10 位半导体设备厂商中，日本占据 5 家，它们是东京电子（Tokyo Electron）、迪恩仕（DNS）、爱德万（Advantest）、日立和尼康。

2016 年，日本集成电路产业规模占全球市场规模的比例约为 11%。根据 IC Insights 数据，2016 年全球前 50 位半导体企业中，日本企业有 8 家；但全球前 10 位半导体企业中，仅剩东芝一家日本企业；全球前 50 位 Fabless 厂商中，日本企业 MegaChips 排名 25；全球前 10 位 Foundry 和 OSAT 中，没有日本企业。

参考文献

[1] 方圆. 美国日本集成电路产业发展路径 [J]. 高科技与产业化，2013，9（4）：96-99.
[2] 日本集成电路发展史年表 [EB/OL].（2014-02-24）[2017-03-12]. https://wenku.baidu.com/view/91070f7a33687e21af45a983.html.

撰稿人：赛迪顾问股份有限公司　徐小海
审稿人：中国半导体行业协会　　陈贤

▷▷▷ 1.4.19　韩国集成电路产业发展，韓國積體電路產業發展，IC Industry Development in South Korea

韩国是全球集成电路产业大国，其半导体产业规模占全国 GDP 的 5%，目前拥有两万多家企业支撑着其半导体产业。韩国集成电路产业起源于 20 世纪 60 年代，当时美国半导体企业将封装产能转移到了韩国。从 1966 年开始，以仙童公司、摩托罗拉公司、Signetics公司为代表的美国公司开始利用韩国的成本优势，在韩国投资设立封装或组装厂，转移相关产能。随后，以南亚、LG、现代为代表的韩国本土企业也开始进入半导体封测环节。与此同时，在日韩实现邦交正常化的基础上，以东芝为代表的日本半导体厂商也开始在韩国投资建设工厂。以上奠定了韩国集成电路产业的发展基础[1]。

1973年，韩国成立了国家科学技术委员会。1975年，韩国政府制定了推动半导体产业发展的六年计划，建立了韩国高级科学技术研究院（KAIST）。1976年韩国又建立了韩国电子技术研究所（KIST），进行超大规模集成电路的研究。1974年，韩裔美籍专家姜基东创立了第一家韩国本土半导体企业韩国半导体公司（后被三星公司收购），标志着韩国拥有了自己控制的半导体制造企业。到20世纪70年代末，韩国已经通过美国和日本获得了集成电路产业生产的技术，达到了生产超大规模集成电路的技术水平[1]。

1981年韩国政府通过《半导体工业综合发展计划》以支持4Mbit、256Mbit DRAM的开发[1]。同时，在政府的支持下，三星、现代和LG开始进军集成电路制造领域。1982年三星建立了一个半导体研发实验室，专注于双极型和金属-氧化物-半导体的逆向工程和技术吸收。1983年韩国几大半导体公司开始为IBM、德州仪器、Intel代工DRAM芯片。1986年，韩国开始自主研发存储器芯片，将4Mbit DRAM列为国家项目，同时将三星、LG和现代组成联盟，由韩国电子技术研究所作为厂商、大学和政府的协调者。在1986—1989年这三年进行的4Mbit DRAM研发中，韩国总共投入1.1亿美元，其中政府承担了其中的57%，远超其他国家项目。4Mbit DRAM的成功研发，不仅缩短了韩国DRAM技术与美日之间的差距，更使得三星、现代、LG等大型企业建立起了独立研发的能力。1992年与美国和日本同期研发制造出64Mbit DRAM芯片，1995年韩国率先制造出256Mbit DRAM产品，技术水平超越美国和日本。

除了存储器领域在全球处于领先地位，韩国在应用处理器、ASIC等领域也具有很强的竞争力。三星公司是全球能够进行14nm代工的三家企业之一。另外，韩国在半导体设备和材料领域也具有较强的竞争力，SEMES、圆益IPS、KC Tech、Nepes、SK Material等公司为韩国半导体国产化做出了很大贡献。与此同时，韩国目前的存储器产能也在向海外转移，中国西安和无锡分别承接了三星和SK海力士的存储器生产产能。

2016年，韩国产业规模占全球市场的17%，排名全球第2位。根据IC Insights数据，2016年全球前10位半导体企业中，三星和SK海力士分列第2和第6位；全球前50位Fabless厂商中，Silicon Works排名第22；全球前10位Foundry中，东部电子（DongBu Hitech）排名第9位。

参考文献

[1] 韩国集成电路技术发展史 [EB/OL]. [2017-03-28]. http://3y.uu456.com/bp_1tf4d0vp7j507xn0vyq2_1.html.

撰稿人：赛迪顾问股份有限公司　徐小海

审稿人：中国半导体行业协会　　陈贤

▷▷▷ 1.4.20 中国台湾地区集成电路产业发展，中國臺灣地區積體電路產業發展，IC Industry Development in Chinese Taiwan

台湾地区集成电路产业始于半导体产业向东南亚地区的转移。1966 年，美国 GI 公司率先在高雄设立集成电路封装厂。1969 年，TI、飞利浦公司开始实施封装产业的转移，在台湾地区设立封装厂。同期，岛内建立了第一家半导体厂商 Fine Product Electronic Corporation，奠定了最初的发展基础[1]。

1974 年，"台湾工研院"成立了电子研究所，全称电子研究与服务组织，简称 ERSO，集中人力、物力、财力开始发展自主的集成电路技术，并于 1976 年与 RCA 签订技术转让协议，引入了 RCA 5μm 集成电路制造技术和设计技术，电子研究所选派 37 名工程师到 RCA 公司进行为期一年的实地培训。1978 年，电子研究所成功掌握了 CMOS 技术，具备了自己的设计与掩模制造能力，建成 CMOS 集成电路示范工厂。1979 年，电子研究所开始向企业界转移生产技术和设计技术[1]。

在台湾当局和产业界的共同参与下，20 世纪 80 年代岛内相继成立了联华电子（UMC）、台积电（TSMC）、华邦（Winbond）等生产工厂。这些举措还吸引了众多海外的华人集成电路专家学者到台湾地区创业。在这个过程中，台湾地区建立了一批半导体工厂，同时开启了岛内资源与美国硅谷技术的对接和交流，使台湾地区集成电路产业快速发展并形成良性循环。

目前，台湾地区半导体产业已经成为美国、日本、韩国、欧洲以外的第五大产业力量，2016 产业规模约占全球产业规模的 7%。根据 IC Insights 数据，2016 年，全球前 50 位半导体供应商中，台湾地区有 8 家公司上榜，其中台积电排名第三，联发科进入前 20 名；全球前 50 位 IC 设计企业中，台湾地区有 15 家公司上榜，其中联发科排名第三；全球前 10 位圆片代工公司中，台积电、联华电子、力晶、世界先进 4 家上榜；全球前 10 位封装测试公司中，日月光、矽品、力成、ChipMOS 4 家上榜。

同时，台湾地区企业为了加大在大陆的市场份额，又开始了新一轮在大陆的设厂布局，也在不断加快两岸半导体产业的合作进程。例如，近期台积电在南京建立 300mm 圆片代工厂；力晶与合肥市政府合资设立合肥晶合集成电路公司（简称"晶合集成"），兴建 300mm 圆片代工厂；联华电子与厦门合资建设 300mm 圆片代工生产线，并和晋江合作建设 300mm 集成电路生产线。

参考文献

[1] 许居衍. 我国台湾地区集成电路工业发展特点分析 [J]. 微电子学, 1993 (2): 1-7.

撰稿人：赛迪顾问股份有限公司　　徐小海
审稿人：中国半导体行业协会　　　陈贤

1.5　中国集成电路产业的发展

1.5.1　中国 GDP 与人均 GDP，中國 GDP 與人均 GDP，China's GDP and GDP per Capita

中华人民共和国成立以来，我国产业结构、所有制结构、分配结构以及城乡和区域结构在不断调整中实现了一系列重大突破，产业结构中存在的以农为主、所有制结构单一、分配平均主义、城乡分割等不合理状况得到了根本性调整。同时，我国国民经济也实现了平稳快速发展，综合国力显著增强，人民物质文化生活水平大幅提高。我国不断对世界经济的发展做出了积极贡献，国际地位大幅提高，国际影响显著增强。

在中华人民共和国成立的 60 多年里，我国的社会主义建设事业经历了不同的发展时期。中华人民共和国成立后，党中央、国务院大力推进经济恢复和建设，国民经济获得长足发展。1978 年，随着党的十一届三中全会隆重召开，实现了新中国成立以来具有深远意义的伟大转折，开启了我国改革开放的历史新时期。1979 年至今，经过 30 多年的艰苦奋斗，我国经济总量迅猛增长，年平均增长率接近 10%，比同期世界经济平均发展水平快了近 7%。目前，我国正以更加开放的心态、更加自信的步伐融入世界经济的大潮之中。

1950—2015 年中国国内生产总值及增长率如图 1-47 所示。1952 年我国 GDP 为 679.1 亿元。之后，每年的 GDP 总量保持着稳步小幅上升态势。而 1978 年改革开放以来，我国 GDP 总量逐年实现大幅增加，分别在 1986 年、2000 年及 2012 年突破了万亿元、十万亿元、五十万亿元大关。同时，我国 GDP 占世界的比重也在大幅上升，经济总量与主要发达国家之间的差距不断缩小。1978 年，我国 GDP 总量排名世界第 11 位；而随着我国国民经济的不断增长，如今我国已经稳居世界 GDP 第二的位置。

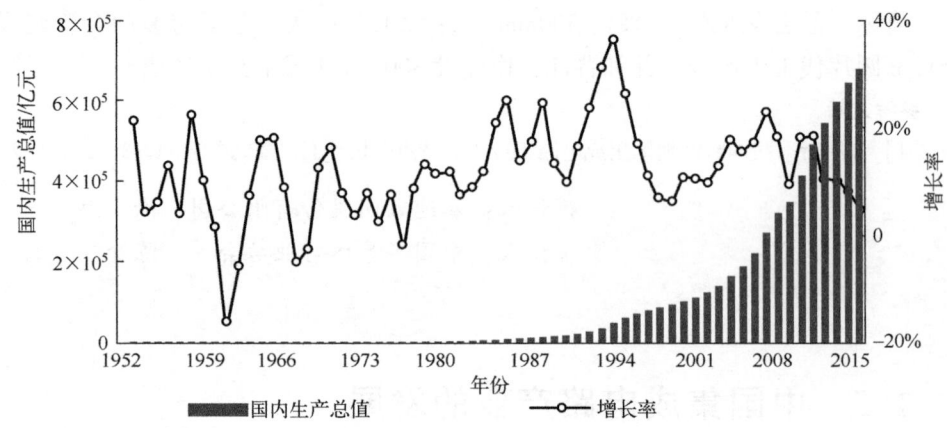

数据来源：国家统计局。

图 1-47　1952—2015 年中国国内生产总值及增长率

中华人民共和国成立 60 多年来，随着我国经济总量的大幅提高，人均 GDP 水平也在持续提升，如图 1-48 所示。据国家统计局统计，1952 年，我国人均 GDP 仅为 119 元，到 1978 年也只达到 385 元。改革开放后，我国人均 GDP 水平实现高速增长，2003 年突破万元；2015 年更是达到了 49 351 元，比中华人民共和国成立初期增长了近 400 倍。

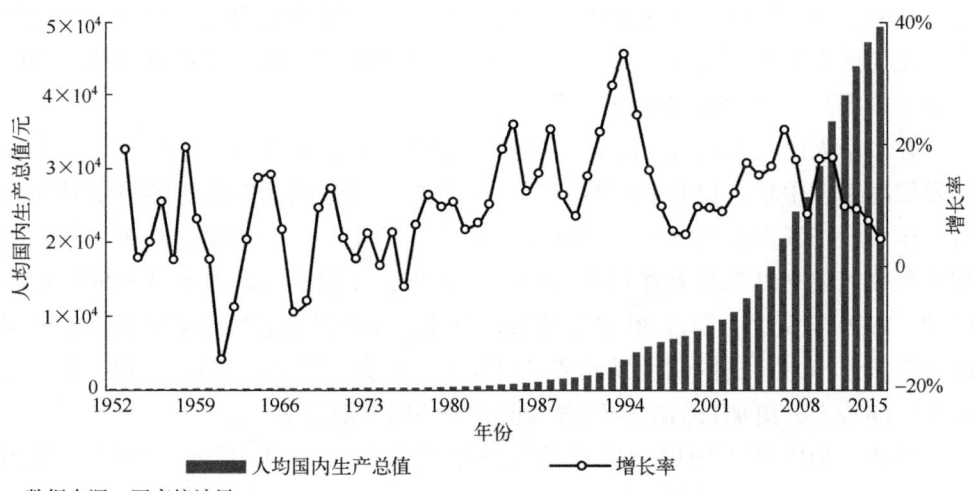

数据来源：国家统计局。

图 1-48　1952—2015 年中国人均国内生产总值及增长率

撰稿人：赛迪顾问股份有限公司　　李珂　刘堃
审稿人：中国半导体行业协会　　　陈贤

1.5.2 避免中等收入陷阱和修昔底德陷阱,避免中等收入陷阱和修昔底德陷阱,Avoiding Middle Income Trap and Thucydides's Trap

世界银行《东亚经济发展报告(2006)》提出了"中等收入陷阱"(Middle Income Trap)的概念,基本含义是:当一个国家的国民总收入,Gross National Income,GNI 达到中等水平后,由于不能顺利实现经济发展方式的转变,在低端产品市场难以与低收入国家竞争,在中高端产品市场因研发能力和人力资本条件制约,又难以与高收入国家抗衡,导致经济增长动力不足,最终出现经济停滞的一种状态。

按世界银行公布的数据,2016 年的最新收入分组标准为:人均国民总收入低于 1045 美元为低收入国家,在 1045~4125 美元为中等偏下收入国家,在 4126~12 735 美元为中等偏上收入国家,高于 12 736 美元为高收入国家。

拉美地区和东南亚一些国家是陷入"中等收入陷阱"的典型代表,如图 1-49 所示。墨西哥、阿根廷、巴西、马来西亚等国家 20 世纪 90 年代中期先后进入了中等偏上收入国家行列。直到 2016 年,这些国家仍然处在人均 GNI 8000~12 000 美元的发展阶段,见不到增长的动力和希望。

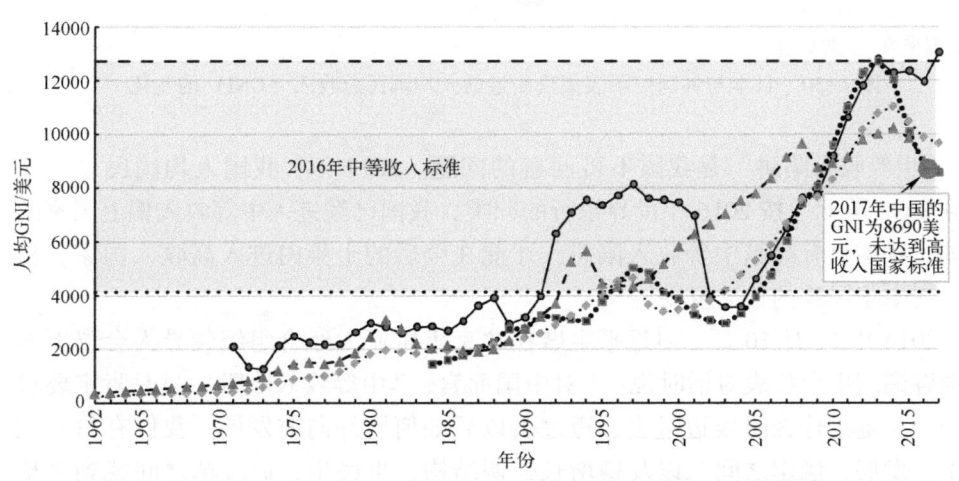

数据来源:世界银行。

图 1-49 进入中等收入、尚未达到高收入的国家的人均国民总收入(GNI)的变化

对于中等收入国家来说,要摆脱中等收入的陷阱,一个关键的挑战就是以可持续的方式保持经济的高速增长,最现实、最直接的动力是经济结构调整,

特别是产业结构升级（Upgrading Industrial Structure）。这需要在自主创新和人力资本方面持续增加投入，培育新的竞争优势。

国际上公认的成功跨越"中等收入陷阱"的国家和地区有日本和"亚洲四小龙"。按照世界银行2016年的标准，日本从中等偏上收入国家跨入高收入国家经历了12年，韩国则经历了15年，如图1-50所示。

数据来源：世界银行。

图1-50　日本与韩国按图表集法衡量的人均国民总收入（GNI）的变化

"中等收入陷阱"是我国不可回避的问题。2017年，我国人均国民总收入达到8690美元。按2016年世界银行的归类，我国已经进入中等收入偏上国家的行列。我国只有跨越中等收入陷阱，才能在今后的十年内进入高收入国家，从而实现中华民族的伟大复兴。

2014年11月10日，习近平主席在北京出席亚太经合组织领导人会议上同工商咨询理事会代表对话时说："对中国而言，'中等收入陷阱'过是肯定要过去的，关键是什么时候迈过去、迈过去以后如何更好向前发展。我们有信心在改革、发展、稳定之间，以及稳增长、调结构、惠民生、促改革之间找到平衡点，使中国经济行稳致远。"

集成电路不仅在计算机、移动通信、网络的信息产品应用中开辟了广阔的市场，以集成电路为基础的信息产业还将在"中国制造"向"中国创造"的产业结构升级中发挥巨大作用，成为我国跨过"中等收入陷阱"的强大动力。

古希腊历史学家修昔底德（Θουκυδίδης, Thucydides）认为，当一个崛起的大国与既有的统治霸主竞争时，双方面临的危险多数以战争告终，这称之为"修昔底德陷阱"（Thucydides's Trap）。自 1500 年以来，一个新崛起的大国挑战现存大国的案例一共有 16 例，其中发生战争的就有 12 例。

2014 年 1 月 22 日，美国《赫芬顿邮报》子报《世界邮报》创刊号在达沃斯世界经济论坛会议上发布。创刊号刊登了对中国国家主席习近平的专访。针对中国迅速崛起后，必将与美国、日本等旧霸权国家发生冲突的担忧，习近平主席在专访中指出，我们都应该努力避免陷入"修昔底德陷阱"，强国只能追求霸权的主张不适用于中国，中国没有实施这种行动的基因。

撰稿人：北京大学　　　王永文
审稿人：工业和信息化部　郑敏政

▷▷▷ 1.5.3 巴黎统筹委员会与瓦森纳协定，巴黎統籌委員會與瓦森納協定，Coordinating Committee for Multilateral Export Controls and Wassenaar Arrangement

1. 巴黎统筹委员会

巴黎统筹委员会的正式名称是"输出管制统筹委员会"（Coordinating Committee for Multilateral Export Controls），是美国和西欧一些国家（后来日本也加入了该组织）于 1949 年 11 月联合成立的一个多边出口控制协调委员会，因其总部设在巴黎，通常被称为"巴黎统筹委员会"，简称"巴统组织"。

巴统组织成立的宗旨就是通过对成员国相关战略物资和高新技术的出口限制，从而实现对社会主义国家的技术封锁。其中，被列入禁运清单的包括军事武器装备、尖端技术产品和稀有物资等三大类上万种产品。集成电路是巴统组织禁运的重要产品类型，对集成电路设计工具技术出口进行严格限制是其中主要内容之一，妄图将中国等社会主义国家的集成电路产业扼杀在摇篮之中。

随着国际政治经济形势的变化，以及以中国为代表的发展中国家科技水平的持续提升，西方国家为了自身的经济利益，突破巴统组织禁运限制的案例时有发生，巴统组织不得不逐步缩小其管制范围，直至各成员国家最终一致认为巴统组织"已经失去继续存在的理由"，1994 年 4 月宣告巴统组织正式解散。巴统组织的解散，意味着中国等发展中国家凭借着自身技术水平的提升与创新，逐步突破了发达国家的技术壁垒，实现了集成电路等高新技术产业的自主可控发展。

2. 瓦森纳协定

《瓦森纳协定》又称为瓦森纳安排机制，全称为《关于常规武器和两用物品及技术出口控制的瓦森纳安排》(*The Wassenaar Arrangement on Export Controls for Conventional Arms and Dual-Use Good and Technologies*)。1996年7月12日，33个国家在奥地利维也纳签署了《瓦森纳协定》，协定基本上继承了巴统组织的主要管制项目，目前已有40个成员国。

《瓦森纳协定》主要是美国、日本、英国、俄罗斯等国家为防止高技术扩散而设定的管控措施。与巴统组织相似，《瓦森纳协定》同样包含两份控制清单：一份是军民两用商品和技术清单，涵盖了先进材料、材料处理、电子器件、计算机、电信与信息安全、传感与激光、导航与航空电子仪器、船舶与海事设备、推进系统等9大类；另一份是军品清单，涵盖了各类武器弹药、设备及作战平台等共22类。

在军民两用商品和技术清单中，《瓦森纳协定》有9个品类，其中和半导体、集成电路相关的主要是第三部分"Electronics"、第四部分"Computer"、第五部分"Telecom & Info Security"和第六部分"Sensors and Lasers"。

中国同样被列入《瓦森纳协定》的禁运国家名单，这就意味着如果相关成员国要对中国出口高新技术或产品，美方将会对交易反复审查，确认符合美国产业安全利益后才会放行。此外，中国还必须按美方要求做出一些使用上的承诺，这就在很大程度上限制了我国集成电路产业的发展进程和自主可控能力。例如，在20世纪90年代中后期，我国投入巨资发展的908工程和909工程，就受到美国、日本等发达国家在设备、技术出口方面的管制，华晶、华虹等国内半导体企业到国际市场采购设备时先后被《瓦森纳协定》的相关条款所限制。

撰稿人：赛迪顾问股份有限公司　　　李珂
　　　　工业和信息化部电子信息司　　任爱光
审稿人：工业和信息化部　　　　　　郑敏政

▷▷▷ 1.5.4 中国集成电路产业的发展（1965—1999年），中國積體電路產業的發展（1965—1999年），Development of China's IC Industry（1965–1999）

我国集成电路产业的发展，始于1965年研制成功第一块硅基数字集成电路。1965—1978年，是我国集成电路产业从无到有的创业时期。这个时期我国集成电路产业是在封闭的环境下,依靠自己的力量发展起来的,分布于上海、北京、江苏等省市。这些集成电路研究所和工厂主要有北京 774 厂、北京 878 厂、无锡 742 厂、甘肃 749 厂、甘肃 871 厂、贵州 873 厂、贵州 4433 厂、长沙 4435 厂、成都 970 厂、电子 13 所、电子 24 所、电子 45 所、电子 47 所、电子 48 所、电子 55 所,航天部 771 所、延河半导体厂、中科院半导体所、中科院 109 厂,北京器件二厂、北京器件三厂、北京器件五厂、北京器件六厂、上海元件五厂、上海无线电十四厂、上海无线电十九厂和常州半导体厂等。当时主要以计算机和军工配套为目标,以开发逻辑电路为主要产品,并着手建立集成电路产业基础,以及相关的设备、仪器、材料的配套条件。经过十多年的努力,尤其是 1974—1977 年,随着国际上大规模集成电路(Large Scale Integrated Circuit, LSI)的迅速发展,为了促进我国集成电路技术的进步和赶上世界先进水平,在国家大力支持下,先后组织了三次全国规模的 LSI 及其基础材料的大会战,成功研制出了高速 ECL 逻辑电路、1Kbit DRAM、p 沟道 1Kbit MOS 移位寄存器,并成功开发出 MOCVD 生长 GaAs 技术和 GaAs 微波场效应晶体管,为随后的集成电路产业发展起到了重要作用。

1978—1990 年,是我国集成电路产业引进技术,探索前进的阶段。这个时期,由于改革开放政策的实施,我国集成电路行业引进技术的势头迅速形成并快速发展。仅在"六五"和"七五"期间,国内就有 33 个单位不同程度引进了部分生产设备或生产线。通过技术引进,不仅使我国集成电路产业摆脱了封闭发展的状态,且大大改善了我国集成电路设备水平,对改变我国集成电路技术的落后面貌起到了积极作用。但由于缺乏统筹规划和企业急于改善其装备水平,导致出现了投资分散和低水平重复建设的严重问题。不少生产线也由于设备不配套,国内又缺乏相应的生产技术,使之未能发挥应有的作用。针对这些问题,国务院和政府主管部门加强了宏观调控,并实施了一系列重大政策和措施。

1982 年,国务院成立电子计算机和大规模集成电路领导小组(简称"大办")。

1983 年,针对当时多头引进、重复布点的情况,大办提出"治散治乱"、"建立南北两个基地和一个点"的发展战略:南方基地主要指上海、江苏和浙江;北方基地主要指北京、天津和沈阳;一个点指西安,主要为航天配套。为加强集成电路的研发能力,大办还会同国家计委启动了集成电路"六五"科技攻关计划。

1986 年,国务院制定对集成电路等四种产品实行减免税的四项优惠政策,同时组织实施"七五"科技攻关计划。

1986 年,电子工业部在厦门召开集成电路发展战略研讨会,提出"七五"期间集成电路"531"发展战略,即普及推广 5μm 技术,开发 3μm 技术,进行

1μm 技术科技攻关。

1989年，机械电子工业部在无锡召开"八五"集成电路发展战略研讨会，提出了"加快基地建设，形成规模生产，注重发展专用电路，加强科研和支持条件，振兴集成电路产业"的发展战略。

1990年10月，国家计委和机械电子工业部在北京联合召开了有关部委领导和专家参加的集成电路发展战略座谈会，并向党中央和国务院做了汇报，国务院决定实施"908"工程。

这些措施的实施，不仅引导和推进了我国集成电路产业建设走上健康有序发展轨道，并促进我国集成电路技术不断迈上新的台阶。

20世纪的最后十年，是我国集成电路产业进入重点建设的时期。20世纪90年代前半期是"908"工程的实施阶段，包括建设华晶电子集团公司 0.8μm/1μm 的 150mm 圆片生产线、上海阿法泰克公司集成电路封装生产线、19个产品设计开发项目和6个设备仪器项目。

1994年11月，在北京召开集成电路产业"九五"发展战略研讨会，提出以市场为导向，以 CAD 为突破口，产、学、研、用相结合，以我为主，开展国际合作，强化投资，加强重点工程和技术创新能力的建设，促进集成电路产业进入良性发展。

1995年11月，经国务院办公会议决定，"九五"期间继续实施集成电路专项工程，即"909"工程，集中资金建设我国第一条 200mm 集成电路生产线。

1998年2月，北京有色金属研究总院建成我国第一条 200mm 硅单晶抛光片生产线。

1999年2月，上海华虹 NEC 电子有限公司的第一条 200mm 集成电路生产线正式建成投产。

撰稿人：赛迪顾问股份有限公司　李珂　刘堃
审稿人：中国半导体行业协会　陈贤

▷▷▷ 1.5.5 中国集成电路产业的发展与展望（2000—2030年），中國積體電路產業的發展與展望（2000—2030年），Development and Prospect of China's IC Industry（2000-2030）

进入21世纪，我国集成电路产业迎来了发展的高峰期。2000—2014年，国家陆续出台了多项优惠和扶持政策，从2000年颁布的《鼓励软件产业和集成电路产业发展的若干政策》到2006年发布的《国家中长期科学和技术发展规划纲要（2006—2020年）》，再到2014年颁布的《国家集成电路产业发展推进纲要》（简称《推进纲要》），在国家政策的大力支持下，我国集成电路产业产值由2000年的186.2亿元，增长到2015年的3609.8亿元，年均增长率高达21.9%。

在市场拉动和政策支持下，特别是国家科技重大专项的实施，我国集成电路产业实现了快速发展，整体实力显著提升，集成电路设计、圆片制造与国际先进水平差距不断缩小，封装测试技术逐步接近国际先进水平，部分关键设备和材料被国内外生产线采用，涌现出一批具备一定国际竞争力的骨干企业，产业集聚效应日趋明显。国内集成电路设计、圆片制造和封装测试三业的格局也不断优化，总体来看，集成电路设计业所占比重呈逐年上升的趋势。海思、紫光展锐作为行业重点企业，均已进入全球Fabless企业前10名，其产品已经成功导入先进制程工艺，相关产品市场应用广泛；中芯国际等制造企业在28nm工艺领域取得突破，逐步拉近与国际制造巨头的技术差距；长电科技、天水华天、通富微电等封测厂商在通过收购扩充实力之后保持了良好的上升势头，技术水平以及市场份额均有显著提升；北方华创、上海中微等集成电路关键设备企业已加快研发布局，显著改善了集成电路设备本地化配套能力；上海安集的CMP抛光液、江丰电子的靶材、上海新阳的电镀硫酸铜等国内集成电路材料均已在200mm平台上实现批量应用。

目前我国集成电路产业呈现集中分布在几大区域的发展趋势，中西部地区在国内集成电路产业中的地位不断上升，所占份额不断增加；尤其是合肥、武汉、南京、成都、重庆、西安等中西部城市，纷纷将集成电路产业作为"十三五"期间产业发展重点，布局了一批集成电路制造项目，这将成为未来我国集成电路产业增长的重要动力。

但是，国内集成电路产业仍然存在高端人才缺乏、持续创新能力薄弱、产业发展与市场需求脱节、产业链各环节缺乏协同、适应产业特点的政策环境不完善等突出问题，产业发展水平与先进国家（地区）相比依然存在较大差距，集成电路产品大量依赖进口，难以对构建国家产业核心竞争力、保障信息安全等形成有力支撑。

"十三五"是我国集成电路产业发展的重要关键时期。在设计业方面，围绕产业链展开布局，近期重点聚焦移动智能和网络通信核心技术与产品，提升信息技术产业核心竞争力；加紧部署云计算、物联网、大数据用关键芯片和软件，创新商业模式，抢占未来产业发展制高点；分领域、分门类，逐步突破智能电网、智能交通、金融电子、汽车电子等行业应用核心芯片与软件。在制造业方面,抓住技术变革的有利时机,加强高端人才的引进和培养,加快先进生产线建设,提升综合能力,建立可持续的盈利模式,同时兼顾特色工艺发展。在封装测试业方面,提升芯片级封装、圆片级封装、硅通孔、三维封装等先进封装和测试技术层次,扩大规模。在设备和材料业方面,加强设备、材料与工艺的结合,研发光刻机、刻蚀机、离子注入机等关键设备,开发大尺寸硅片、光刻胶等关键材料,快速形成配套能力。

展望未来发展,按照《推进纲要》的要求,"十三五"期间,我国集成电路产业与国际先进水平的差距逐步缩小,全行业销售收入年均增速超过20%,企业可持续发展能力大幅增强。到2020年,移动智能终端、网络通信、云计算、物联网、大数据等重点领域集成电路设计技术达到国际先进水平,产业生态体系初步形成,16nm/14nm制造工艺实现规模量产,封装测试技术部分达到国际领先水平,关键设备和材料进入国际采购体系,基本建成技术先进、安全可靠的集成电路产业体系。

到2030年,集成电路产业链主要环节达到国际先进水平,一批企业进入国际第一梯队,实现跨越发展。

> 撰稿人:赛迪顾问股份有限公司　李珂　刘堃
> 审稿人:中国半导体行业协会　　陈贤

▷▷▷ 1.5.6　1956—1967年科学技术发展远景规划纲要,1956—1967年科學技術發展遠景規劃綱要,Long-Term Plan of Science and Technology Development from 1956 to 1967

1956年制定实施的《1956—1967年科学技术发展远景规划纲要》(简称《规划纲要》),是新中国的第一个科学技术发展规划,是国家发展科学技术事业的一次成功管理实践。通过《规划纲要》的实施,我国初步建立了一支具有较高素质的科学技术研究工作队伍,科学技术水平从十分落后的状况大体达到了国际上20世纪40年代的水平,资源勘探、工业和农业科技、新兴技术、医学科学技术和基础科学研究等方面都发生了相当显著的变化。同时,《规划纲要》的实施对我国科研机构的设置和布局、高等院校学科及专业的调整、科技队伍的培养方向和使用方式、科技管理的体系和方法,以及我国科技体制的形成起了决定性的作用。总之,《规划纲要》对我国各项科技事业的发展产生了极其深远的影响。

为贯彻落实《规划纲要》，半导体领域采取了两项战略措施：一是培养人才；二是建立半导体科研机构。当时，北京大学物理系黄昆教授参与了制定《规划纲要》的工作，并建议国家要尽快培养半导体的专门人才。为此，高等教育部决定将北京大学、复旦大学、南京大学、厦门大学和东北人民大学（吉林大学前身）物理系的部分教师和四年级本科生及研究生，从1956年暑假起集中到北京大学物理系，创办中国第一个五校联合（包括部分南开大学本科生及清华大学进修生）的半导体专业，由北京大学的黄昆教授担任该专业的教研室主任，复旦大学的谢希德教授担任副主任，加快培养半导体领域的专门人才。

1956年，在当时的中国科学院物理所内成立了半导体研究室，任命王守武为研究室主任；在第二机械工业部第11研究所内组建了第四研究室（半导体研究室，即13所前身），武尔帧（又名乌拉）由天津广播器材厂调至11所任副所长并兼任第四研究室主任。这两个研究室的成立和人才队伍的建设，有力地推动了我国半导体事业的发展。在科研人员的共同努力下，中国科学院物理所半导体研究室于1957年底研制成功了我国第一只锗合金晶体管，实现了我国自行制造晶体管的愿望。

撰稿人：北京邮电大学　　　　　刘雯
审稿人：赛迪顾问股份有限公司　李珂

▷▷▷ 1.5.7　国家高技术研究发展计划（863计划），國家高技術研究發展計劃（863計劃），National High Technology Research and Development Program of China

1986年3月，面对世界高技术蓬勃发展、国际竞争日趋激烈的严峻挑战，邓小平同志在王大珩、王淦昌、杨嘉墀和陈芳允四位科学家提出的"关于跟踪研究外国战略性高技术发展的建议"上，做出"此事宜速作决断，不可拖延"的重要批示。在充分论证的基础上，党中央、国务院果断决策，于1986年11月启动实施了高技术研究发展计划，简称863计划。863计划是在世界高技术蓬勃发展、国际竞争日趋激烈的关键时期，我国政府组织实施的一项对国家的长远发展具有重要战略意义的国家高技术研究发展计划，在我国科技事业发展中占有极其重要的位置，肩负着发展高科技、实现产业化的重要历史使命。

国科发计字〔2002〕249号文件对"十五"863计划超大规模集成电路设计重大专项（以下简称重大专项）提出的总体目标是：通过专项的实施，以突破关键技术为核心，以建设环境和服务体系为重点，形成超大规模集成电路产品的设计开发能力,开发出包括 CPU 在内的上百种具有自主知识产权的关键集成电路产品,培养一支上万人的集成电路设计技术的专业人才队伍,培育一批具有自主产品开发能力和国际市场开拓能力的集成电路设计企业。

重大专项提出的重点任务可以简要地归纳如下。①抓好一批基地:国家集成电路设计产业化/人才培养基地。②围绕两大中心:系统芯片(SoC)与中央处理器(CPU)。③针对三个方向:信息安全、网络通信、信息家电。④做好四项服务:多项目圆片(Multi-Project Wafer,MPW)、IP 核应用、EDA 工具、国际合作。⑤形成五类成果:人才、标准、专利、产品、企业。

重大专项先后启动了 CPU 和 SoC 的研制工作,实现了国内高性能处理器方向的跨越式发展;同时紧紧扣住面向市场这一关键点来推进重大专项的实施,抓住了行业的主要发展重点,如 3G 通信、高清电视、无线接入、第二代居民身份证等对国民经济具有深远影响的应用方向,开发关键芯片,支持重要自主标准;通过建立集成电路设计产业化基地,辐射支持了大批集成电路设计企业的顺利发展。

重大专项重视顶层部署,从指导思想、工作重点、实施步骤与过程管理方面强调了循序渐进、突出重点、面向产业的方针,兼顾了近、中、远发展目标,适应了点和面的需要。重大专项着力掌握与 CPU 和 SoC 设计相关的战略性、前沿性和前瞻性的关键技术,在 CPU/SoC 核心芯片设计及平台开发、集成电路 IP 核设计开发、VLSI 设计自动化工具开发和 90nm/65nm CMOS 生产关键技术等方面形成战略突破。

重大专项致力把建设我国集成电路设计业发展环境摆到突出的位置。在重大专项的实施中,科技部批准了上海、北京、深圳、西安、杭州、无锡和成都 7 个国家集成电路设计产业化基地的建设。这 7 个基地的建设起到了积聚资源、积聚人才、开发产品和培育企业的作用。基地培育和支持的企业达两百多家,吸引海归人员五百余人,我国集成电路设计企业近 3/4 接受了基地的支持。我国集成电路设计业产值从 2000 年的 5 亿元迅速增长到 2005 年的 150 亿元。通过孵化小企业、支持大企业、引进外部企业,产业化基地真正成为我国集成电路设计自主创新的公共平台。重大专项投入了近 1/3 的经费支持基地建设,吸引了 10 倍左右的地方政府和社会资金投入。集成电路设计产业化基地在设计自主创新方面起到了很好的基础作用。

科技部与教育部于 2003 年 7 月联合批准了清华大学、北京大学等 9 个国家集成电路人才培养基地,获得重大专项支持的集成电路人才培养基地形成了在校硕士研究生 2760 人、工程硕士 1070 人的培养规模,2006 年工程硕士年招生人数超过千人。2006 年初,人才培养基地正式向国务院学位委员会办公室申报的集成电路工程硕士领域培养目录获得批准，这是我国首次设立集成电路专业方向的学位。

重大专项安排的"0.09微米CMOS集成电路大生产工艺与可制造性"课题，发挥中芯国际集成电路制造有限公司良好的技术条件，充分利用国内高等院校研究所的研究积累，针对90nm CMOS集成电路大生产技术中的关键问题开展研究，在解决微细加工、超薄栅介质、高k金属栅介质、超浅结工艺和新型金属硅化物、Cu/低k介质互连等关键工艺模块以及90nm器件建模及单元库建模、适用于90nm CMOS大生产工艺的可制造性设计方法、90nm器件可靠性技术等关键问题取得重大突破，其成果获得国家科技进步二等奖。

重大专项通过"十五"期间的努力，以CPU/DSP和SoC平台为突破口，自主开发可复用的IP核，开展对超深亚微米IC-CAD工具和大生产工艺模块的研发，以便全面形成我国自主开发系统芯片SoC的核心能力，在国家集成电路设计产业化基地和MPW服务的支撑下，全面推进我国集成电路设计业的跨越发展。重大专项根据中国集成电路设计业的发展现状和特点，及时地提出面向大企业、大行业、大市场的指导方针，吸引了一批国内知名的IT企业开展集成电路的自主研发。几年来，华为、中兴、海尔、海信、联想等一批骨干电子整机制造企业成立了集成电路设计公司或部门，由此初步形成了以掌握集成电路设计核心技术的企业为主体、以国家集成电路IP核应用和MPW服务为支撑的国家集成电路设计创新链。

重大专项注重建设我国自主知识产权集成电路产品和集成电路设计企业发展的良好环境，推动建设了一批国家集成电路设计产业化基地和人才培养基地，为我国集成电路设计产业发展打下了良好的基础。实践证明，这些集成电路的核心技术创新、关键IP核创建、重点产品开发、平台环境建设和人才团队培养的发展战略对中国集成电路设计和产业的发展起到了重要的支撑作用。

撰稿人：浙江大学　　　　　　严晓浪
　　　　北京邮电大学　　　　刘雯
审稿人：赛迪顾问股份有限公司　李珂

▷▷▷ 1.5.8　国家重点基础研究发展计划（973计划），國家重點基礎研究發展計劃（973計劃），National Basic Research Program

1997年6月4日，当时的国家科技领导小组第三次会议决定制定和实施《国家重点基础研究发展计划》，随后由科技部组织实施了国家重点基础研究发展计划（亦称973计划）。制定和实施973计划是党中央、国务院为实施"科教兴国"和"可持续发展战略"，加强基础研究和科技工作做出的重要决策；是实现2010年以至21世纪中叶我国经济、科技和社会发展的宏伟目标，提高科技持续创新能力，迎接新世纪挑战的重要举措。

973计划围绕"加强原始性创新，在更深的层面和更广泛的领域解决国民经济与社会发展中的重大科学问题，以提高我国自主创新能力和解决重大问题的能力，为国家未来发展提供科学支撑"的战略目标，完成以下主要任务：一是紧紧围绕农业、能源、信息、资源环境、人口与健康、材料等领域国民经济、社会发展和科技自身发展的重大科学问题，开展多学科综合性研究，提供解决问题的理论依据和科学基础；二是部署相关的、重要的、探索性强的前沿基础研究；三是培养和造就适应21世纪发展需要的高科学素质、有创新能力的优秀人才；四是重点建设一批高水平、能承担国家重点科技任务的科学研究基地，并形成若干跨学科的综合科学研究中心。

973计划由科技部负责，会同国家自然科学基金委员会及各有关主管部门共同组织实施。科技部成立专家顾问组，对国家重点基础研究规划的发展战略、政策以及973计划项目的立项、评审及组织实施中的重大决策性问题进行咨询、顾问、监督、评议。973计划项目实行首席科学家领导下的项目专家组负责制，首席科学家对项目的执行全面负责。项目依托单位负责项目的日常管理，提供项目执行的相关条件保障。项目实行课题制管理，实行分项目的全额预算、过程控制和全成本核算，预算管理、过程控制、成本核算与决算有机结合，形成科学的经费管理模式[1]。

作为基础科学领域的重大科研计划，973计划实施近20年来成效显著。973计划围绕农业、能源、信息、资源环境、人口与健康、材料等重要领域，进行了较为全面的部署；启动实施了纳米研究、蛋白质研究、量子调控研究、发育与生殖研究、全球变化研究和干细胞研究等重大科学研究计划，在推动重点领域的跨越上发挥了重要作用。973计划在非线性光学晶体、数学机械化、超导、干细胞、量子通信等方面取得了举世瞩目的成果，并在种质资源、急性早幼粒细胞白血病、提高石油采收率、提高传统材料性能、节能减排、全球变化研究等方面取得重大突破，显著提升了中国基础研究的创新能力和服务于国家需求的能力，一批原始性创新成果在国际学术界产生重要影响，许多研究成果已在国家其他科技计划和行业发展规划中发挥重要作用，部分研究成果已取得重大成效，彰显科技对我国经济、社会发展的引领作用。973计划已经成为提升我国基础研究创新能力的重要计划[2]。

在973计划的持续支持下，我国微电子技术领域的基础研究日益活跃。据初步统计，自 973 计划实施以来，支持微电子及其相关领域的 973 项目多达 20 余项，其中代表性的有北京大学牵头承担的"系统芯片（System on a Chip）中新器件新工艺的基础研究""纳米尺度硅集成电路器件与工艺基础研究""超低功耗高性能集成电路器件与工艺基础研究"，中国科学院微电子所牵头承担的"新一代化合物半导体电子器件与电路研究""超高频、大功率化合物半导体器件与集成技术基础研究"等。

正是由于 973 计划的持续支持，近十几年来我国在纳米尺度集成电路领域的科研水平得到了大幅提高，在围栅纳米线器件、新型 TFET（如 Tunnel FET）、高迁移率沟道材料器件等新结构逻辑器件，RRAM、忆阻器（Memristor）等新型存储器件，可制造性及模型仿真技术，化合物半导体器件与工艺等方面的系列成果已经逐渐进入国际前沿水平，部分创新成果已经在国家重大科技专项等计划的支持下进行了产业化技术的研发，并进入国际半导体技术路线图（ITRS），为我国进一步发展后摩尔时代新型低功耗高性能微纳电子器件与集成技术奠定了良好的基础，提升了我国集成电路科学技术的整体水平，为后来实施的国家重大科技专项等奠定了基础。

参考文献

[1] 张霞. 论重大原始创新的取得与科学基金资助的关系 [D]. 杭州：浙江大学理学院，2006.

[2] 佚名. 973 计划实施十余年成效显著 [J]. 大众科技，2011（1）：1.

撰稿人：北京邮电大学　　　　刘雯
北京大学　　　　　　张兴
审稿人：赛迪顾问股份有限公司　李珂

▷▷▷ 1.5.9　厦门集成电路战略研讨会，厦門積體電路戰略研討會，Semiconductor Industry Strategy Conference at Xiamen

20 世纪 80 年代是中国集成电路产业发展的起步阶段，业界对产业的发展道路正在摸索中。当时，国家很多部委、地方多个省市的规模不同的科研单位和生产厂家都有发展集成电路的积极性，但没有统一的思想、统一的发展战略，而是各自为战。"六五"期间的"散""乱"局面，正是各家分散投资、多头引进的直接表现。俞忠钰就任中国电子器件工业总公司总经理后，首先就把制定"七五"发展战略和近期的措施，作为一项重要的工作。厦门集成电路战略研讨会，就是在这样的产业发展形势下召开的。

厦门集成电路战略研讨会，是指1986年11月9日，电子工业部在厦门召开的"七五"集成电路发展战略专家研讨会。出席会议的有时任李铁映部长、刘剑锋副部长、童志鹏副总工程师、国务院电子振兴办李兆吉副主任，以及国家科委，国防科工委，航天部，中科院微电子中心，中科院半导体所，电子工业部电子科学研究院，上海仪表局，北京电子办，清华大学，北京大学，复旦大学，上海冶金所，机械部自动化所，电子工业部24所、47所、55所、746厂、878厂、774厂、742厂、871厂的代表共50余人。

与会代表研讨的主要文件是由时任中国电子器件工业总公司总经理，后任电子工业部微电子器件局的俞忠钰局长根据当时产业情况与"七五"发展目标，在取得全国有关企业单位、科研院所意见和建议的基础上，组织编写的《"七五"集成电路发展战略（讨论稿）》。它主要包括"七五"发展战略与目标、发展方针、产品结构、行业结构、技术改造和重点项目建设、科研和攻关、政策和管理等内容。

1987年5月12日，微电子器件局认真总结了会议代表讨论的内容，在"厦门会议"文件的基础上，起草了《集成电路"七五"发展要点》。它对集成电路产业特点、发展趋势和我国现状进行了更为详尽的分析，确定了"七五"的发展战略、目标和发展方针，对产业结构、产业建设、产品结构、技术改造、组织攻关、实施政策进行了更加明晰的确认，成为我国"七五"期间集成电路产业工作的指南。

"七五"发展战略和目标有多项内容，包括技术水平上尽快普及 $5\mu m$ 工艺技术，重点企业形成 $3\mu m$ 工艺技术的生产能力，研究开发 $1\mu m$ 的工艺技术，业界称为"厦门会议531战略"。

撰稿人：中国半导体行业协会　　陈贤
审稿人：赛迪顾问股份有限公司　　李珂

▷▷▷ 1.5.10　四项优惠政策与电子工业发展基金，四項優惠政策與電子工業發展基金，Four Policies and Electronics Industry Development Fund

1986年国务院第122次常务会议决定：对集成电路、电子计算机、程控交换机、软件四种产品实行优惠政策；为加快电子信息产业的发展，每年由国家财政拨给电子工业生产发展专用资金，特定用于支持集成电路、电子计算机及软件的产品开发和生产发展。

四项优惠政策内容为：①允许从集成电路销售收入中提取集成电路研究开发费，最高限额不超过10%，并以提取不产生亏损为原则；②重大技术改造项目，经海关总署批准后，进口设备、仪器及附带的备品备件，免征进口税；③对集成电路、电子计算机、程控交换机免征增值税，对软件免征营业税；④对集成电路等四种产品减半征收所得税。政策还规定，减免税（进口税除外）和提取的研究开发费，不得用于职工福利和奖励基金，只能用于四种产品的发展、研究开发，所提取研究开发费按规定上交"能源交通基金"和"国家预算调节基金"。四项优惠政策的实施，增强了企业发展新兴产业的信心，促进了四种产品的发展，并在"八五"期间继续执行。1994年国家进行税制改革时，取消了这四项优惠政策。

同时，为落实国务院第122次常务会议"电子工业生产发展专用资金"的优惠政策，财政部于1986年5月12日以财工字第114号文函告电子工业部：从1986年起至1990年，财政每年补助电子工业生产发展资金1亿元。

1987年3月30日电子工业部以〔1987〕电财字0271号文印发了《电子工业生产发展专用基金管理办法》，并于1987年开始安排项目。从1987年开始，一直延续至2015年，基金的支持力度逐年加大，额度逐年提高，管理办法不断完善，有力地支持了集成电路等新兴产业的发展。就"十一五"期间执行情况而言，按照中央关于建设创新型国家、推进经济结构调整的总体要求，电子发展基金围绕产业稳定发展、加快结构调整和加强自主创新，安排了一批事关产业核心竞争力的关键项目，以及能快速形成生产力、应对危机效果明显的项目。五年累计投入34.71亿元，支持项目1825个，取得了一批技术创新成果，为战略性新兴产业发展奠定了基础。

撰稿人：中国半导体行业协会　　陈贤
审稿人：赛迪顾问股份有限公司　　李珂

▷▷▷ 1.5.11　电子计算机和大规模集成电路领导小组，電子計算機和大規模集成電路領導小組，Leadership Group of Computers and Large Scale IC

改革开放初期，国内电子产业出现了快速发展势头，尤其对计算机、集成电路的投资热情十分高涨，但同时也出现多头引进、重复布点的"散、乱"现象。为加强集中统一领导,进一步搞好组织协调,引导计算机和集成电路产业尽快步上健康、快速的发展轨道,国务院决定成立电子计算机和大规模集成电路领导小组。

为此,国务院于1982年10月4日,以国发〔1982〕124号文决定成立电子计算机和大规模集成电路领导小组,人员组成名单如下:

组长:万里(时任国务院副总理)

副组长:方毅(时任国家科学技术委员会主任)

吕东(时任国家经济委员会副主任)

张震寰(时任国防科学技术工业委员会主任)

成员:黄毅诚(时任国家计划委员会副主任)、赵东宛(时任国家科委副主任)、杨浚(时任国家科委副主任)、江泽民(时任电子工业部副部长)、严东生(时任中国科学院副院长)、黄辛白(时任国家教育部副部长)、聂力(时任国防科工委副主任)、李瑞(时任国家计算机工业管理局局长)。

领导小组下设办公室,作为领导小组的办事机构。办公室主任由时任电子工业部副部长李兆吉担任。办公室设综合组、计算机组、集成电路组和应用组,集成电路组成员有华光盈、吴征明、郑敏政。

作为领导小组的咨询机构,领导小组还成立了计算机专家组和集成电路专家组,其中集成电路专家组成员有王守武、林兰英、李志坚、俞忠钰、王阳元、黄敞、许居衍、唐璞山、董大为、万群、刘鸿儒、王民瑞等。

电子计算机和大规模集成电路领导小组的成立,以及之后的电子振兴领导小组、电子信息技术推广应用领导小组、国家信息化领导小组都把集成电路产业纳入国家层面予以重点支持,2014年成立的国家集成电路产业发展领导小组以及《国家集成电路产业发展推进纲要》的实施和"产业投资基金"的设立,更是把集成电路产业的跨越式发展提高到前所未有的高度。

撰稿人:原中国电子器件工业总公司　吴征明

工业和信息化部　　　　　　郑敏政

审稿人:赛迪顾问股份有限公司　　李珂

▷▷▷ 1.5.12 "六五""七五""八五"科技攻关,"六五""七五""八五"科技攻關,Task Force of Science and Technology for the Sixth, Seventh and Eighth 5-Year Plans

1982年,中共中央和国务院制定了"经济建设依靠科学技术,科学技术面向经济建设"的战略方针。国家计委会同国家科委及国务院有关部门开始编制国家重点科技攻关计划。

"六五"科技攻关计划从1982年开始实施。其中"大规模集成电路工业化生产技术"和"电子元器件高可靠性技术开发"是"六五"科技攻关计划的38个项目中的两项,经费总计8000万元。

"七五"科技攻关自1986年开始,至1990年结束。"大规模集成电路技术"是电子行业科技攻关的第66项。参与"大规模集成电路技术"项目的科技人员近5000名,经费总计2亿元,共安排5个课题、111个专题,涉及集成电路计算机辅助设计(CAD)、集成电路计算机辅助测试(CAT)、集成电路生产过程计算机辅助管理(Computer Aided Management, CAM)、微细加工技术、微细加工设备、集成电路产品开发、基础研究等各个方面。

"七五"科技攻关取得的主要成果如下。

为打破巴黎统筹委员会的封锁,扫除部门与地方利益分割的障碍,当时的机械电子工业部成立了王阳元任主任的全国ICCAD专家委员会,引进了国外专家连永君,调集了全国企业、院校、研究所等17个单位的117名学者、技术人员、优秀学生和管理人员齐聚北京集成电路设计中心,全力进行ICCAD系统攻关,研制成功了中国第一个采用软件工程方法自行开发集成的、功能齐全的、被命名为"熊猫系统"的大型ICCAD系统,该系统荣获国家科技进步一等奖。

在清华大学初步建成了国内第一条$1\mu m$级的CMOS VLSI芯片工艺研制线,自主开发了$1.5\mu m$设计规则的CMOS VLSI成套工艺技术,研制成功了1MB汉字ROM电路。

开发了各类集成电路487种,研制了适用于4in硅片加工的30台工艺设备和16台检测专用设备。

进行了多方面的基础研究,例如:进行$0.35\mu m$线条的曝光实验;制作宽$2\sim 3\mu m$、深$7\mu m$、垂直度为$90°$的硅槽;在多晶硅氧化方面提出了新的应力增强氧化模型;利用MBE方法制备了高质量的GaAs/Si异质外延材料;利用固相外延生长(SPE)法,获得了二氧化硅上横向固相外延生长(Lateral Solid Phase Epitaxial Growth)$20\mu m$的SOI结构;首次在我国返回式卫星上生长了掺Te的GaAs单晶,在微重力条件下生长了掺Si的GaAs和半绝缘GaAs单晶。

"八五"科技攻关自1991年开始,至1995年结束,在电子行业中共安排了17个项目、447个专题,涉及集成电路微细加工技术、$1\sim 1.5\mu m$集成电路大生产技术、CAD、CAT、集成电路产品开发、微细加工关键设备、微电子材料、微分析技术、高档微机及工作站研究开发、高性能超级小型机系列研究、计算机软件研究开发、电力电子器件研制及应用、高清晰度电视关键技术研究、空中交通管制系统装备等多方面的内容。5年中，国家共拨款5.5亿元用于资助电子行业的科技攻关工作，参与"八五"科技攻关的人员超过8000名。

"八五"科技攻关取得的主要成果如下。

进行了0.5μm基础工艺、亚微米多晶硅发射极双极型工艺技术、0.8μm CMOS集成电路芯片工艺技术研究，开发了1.5μm双层金属双阱高速CMOS标准制造技术和1.5μm EEPROM成套工艺技术。

在理论研究方面，建立了多晶硅发射极晶体管新的解析模型和Si-GaAs多能级补偿的新模型，进行了弛豫谱技术的研究和应用，建立了AlGaAs和InGaAs体成分的定量俄歇分析方法等。

"熊猫"ICCAD系统全定制、半定制实用化完成；建立了含有1156个规范化、标准化测试程序的集成电路测试程序库；开发了大型复杂数字电路的测试产生系统，能处理5000门左右的数字电路。

研发了刻蚀线条宽度小于1μm、刻蚀速率500nm/min的反应离子刻蚀（RIE）设备，工作分辨率0.8~1μm的分步重复光刻机，注入能量200keV、束流10mA的强流氧离子注入机，5in单片两室PECVD设备，立式热壁型LPCVD设备和扩散炉系统设备，以及4in电子束蒸发设备等。

撰稿人：北京大学　　　　王永文
审稿人：工业和信息化部　郑敏政

▷▷▷ 1.5.13　国家科技重大专项，國家科技重大專項，Key Programs of National Science and Technology

1. "核心电子器件、高端通用芯片及基础软件产品"国家科技重大专项

"核心电子器件、高端通用芯片及基础软件产品"国家科技重大专项（简称"核高基重大专项"）是《国家中长期科学和技术发展规划纲要（2006—2020年)》所确定的国家十六个科技重大专项之一（01专项）。科技部是"核高基重大专项"的领导小组组长单位；工业和信息化部是"核高基重大专项"的牵头组织单位，是实施"核高基重大专项"的责任主体。"核高基重大专项"实施方案经专家委员会论证，于2008年经国务院常务会议审议并原则通过。

"核高基重大专项"的主要目标：在芯片、软件和电子器件领域，追赶国际技术和产业的迅速发展；通过持续创新，攻克一批关键技术、研发一批战略核心产品；到2020年，我国在高端通用芯片、基础软件和核心电子器件领域基本形成具有国际竞争力的高新技术研发与创新体系,并在全球电子信息技术与产业发展中发挥重要作用;我国信息技术创新与发展环境得到大幅优化,拥有一支国际化的、高层次的人才队伍,形成比较完善的自主创新体系,为我国进入创新型国家行列做出重大贡献。

"十二五"期间,"核高基重大专项"以满足国家信息产业发展重大需求的战略性基础产品为重点,突破高端通用芯片和基础软件关键技术,研发自主可控的国产中央处理器(CPU)、操作系统和软件平台、新型移动智能终端、高效能嵌入式中央处理器、系统芯片(SoC)和网络化软件,实现产业化和批量应用,初步形成自主核心电子器件产品保障体系。

2. "极大规模集成电路制造装备及成套工艺"国家科技重大专项

"极大规模集成电路制造装备及成套工艺"国家科技重大专项是《国家中长期科学和技术发展规划纲要(2006—2020年)》所确定的国家十六个科技重大专项之一(02专项)。科技部是该专项的领导小组组长单位;北京市人民政府和上海市人民政府是该专项的牵头组织单位,是实施本专项的责任主体。"极大规模集成电路制造装备及成套工艺"重大专项实施方案经专家委员会论证,于2008年经国务院常务会议审议并原则通过。

"极大规模集成电路制造装备及成套工艺"重大专项的主要目标:掌握制约产业发展的集成电路制造装备、成套工艺及材料核心技术,开发关键产品,在国际竞争中培育一批世界级企业,提高我国集成电路制造产业核心竞争力,带动高端装备制造、材料与精细化工等产业发展,促进产业结构调整,提升国家的综合国力和核心竞争力。

"十二五"期间重点实施的内容和目标:重点进行45nm/22nm关键制造装备攻关,开发32nm/22nm互补金属-氧化物-半导体(CMOS)工艺、90nm/65nm特色工艺,开展22nm/14nm前瞻性研究;形成65nm/45nm装备、材料、工艺配套能力及集成电路制造产业链,进一步缩小与世界先进水平差距,装备和材料占国内市场的份额分别达到10%和20%,开拓国际市场。

3. "新一代宽带无线移动通信网"国家科技重大专项

"新一代宽带无线移动通信网"国家科技重大专项是《国家中长期科学和技术发展规划纲要(2006—2020年)》所确定的国家十六个科技重大专项之一(03专项)。工业和信息化部是该专项的领导小组组长单位和牵头组织单位,是实施宽带移动通信重大专项的责任主体。该专项实施方案经专家委员会论证,于2008年经国务院常务会议审议并原则通过。

"新一代宽带无线移动通信网"重大专项的主要目标:通过核心专利技术和芯片技术的重点突破,带动产业规模和综合竞争能力的显著提升,到2020年,使我国成为以自主技术支撑为主的无线移动通信产业强国；支撑"两链一网"，即支持从技术、标准、研发、试验到应用的创新链，支持从芯片、终端、系统、网络到服务的产业链，实现多种无线技术无缝衔接的异构泛在网络。

"十二五"期间重点实施的内容和目标：以时分同步码分多址（Time Division-Synchronous Code Division Multiple Access，TD-SCDMA）后续演进为主线，完成时分同步码分多址长期演进技术（Time Division-Long Term Evolution，TD-LTE）研发和产业化，开展LTE演进（LTE-Advanced）和后第四代移动通信（4G）关键技术研究，提升我国在国际标准制定中的地位；加快突破移动互联网、宽带集群系统、新一代无线局域网和物联网等核心技术，推动产业应用，促进运营服务创新和知识产权创造，增强产业核心竞争力。

撰稿人：赛迪顾问股份有限公司　　李珂
审稿人：中国半导体行业协会　　　陈贤

▷▷▷ 1.5.14 深化科技体制改革实施方案，深化科技體制改革實施方案，Implementation Plan to Deepen the Reform of Scientific and Technological Systems

2015年9月24日，中共中央、国务院正式印发《深化科技体制改革实施方案》（以下简称《方案》）。深化科技体制改革是全面深化改革的重要内容，是实施创新驱动发展战略、建设创新型国家的根本要求。党的十八大特别是十八届二中、三中、四中全会以来，中央对科技体制改革和创新驱动发展做出了全面部署，出台了一系列重大改革举措，如2012年的《中共中央国务院关于深化科技体制改革加快国家创新体系建设的意见》、2015年的《中共中央国务院关于深化体制机制改革加快实施创新驱动发展战略的若干意见》等。这一系列改革文件，构成了之后一个时期科技体制改革的整体安排。

为了更好地贯彻落实中央的改革决策，形成系统、全面、可持续的改革部署和工作格局，打通科技创新与经济社会发展通道，最大限度地激发科技第一生产力、创新第一动力的巨大潜能，特制定了该项《方案》。

《方案》以问题为导向，针对科技创新和驱动发展存在的体制机制和政策制度障碍，从建立技术创新市场导向机制，构建更加高效的科研体系，改革人才培养、评价和激励机制，健全促进科技成果转化机制，建立健全科技和金融结合机制等多个方面，提出了10个方面、32项改革举措、143项政策点和具体成果。

在建立技术创新市场导向机制方面，出台了重点实施建立企业主导的产业技术创新机制、完善对中小微企业创新的支持方式、健全产学研用协同创新机制三项改革举措，促进企业成为技术创新主体，使创新转化为实实在在的产业活动；在构建更加高效的科研体系方面，推出加快科研院所分类改革、完善高等学校科研体系、推动新型研发机构发展三项改革举措，进一步提高科研院所和高校源头创新及服务经济社会发展的能力；在改革人才培养、评价和激励机制方面，重点实施改进创新型人才培养模式、实行科技人员分类评价、深化科技奖励制度改革、改进完善院士制度四项改革举措，充分调动科技人员的积极性和创造性；在健全促进科技成果转化机制方面，主要实施深入推进科技成果使用、处置收益管理改革和完善技术转移机制两项改革举措，有效打通科技成果转化的通道；在建立健全科技和金融结合机制方面，重点实施壮大创业投资规模、强化资本市场对技术创新的支持、拓宽技术创新间接融资渠道三项改革举措，加快构建支持创新的多层次投融资体系。

此外，在创新治理机制、开放创新、区域创新和营造激励创新的良好生态方面，《方案》也推出了针对性很强的改革举措。

《方案》定位于整体性、系统性贯彻落实中共中央、国务院已出台的各项改革举措，突出内容的涵盖性、制度的可持续性、措施的针对性和实施的时序性，画出一张措施有力、脉络清晰、操作有序的"施工图"，形成系统、全面的改革部署和工作格局。

撰稿人：工业和信息化部　　　　郑敏政
审稿人：赛迪顾问股份有限公司　李珂

▷▷▷ 1.5.15　无锡微电子工程，無錫微電子工程，Wuxi Microelectronics Project

无锡微电子工程是我国电子工业"七五"期间的重要工程，重点是建设国内第一条5in集成电路生产线。

1983年国务院成立电子计算机和大规模集成电路领导小组，由万里同志任组长。为克服改革开放初期集成电路多头重复引进集成电路生产线的"散""乱"问题，国务院大办提出建设南北两个基地（长江三角洲和北京天津地区）和一个点（西安地区）的规划设想。

电子工业部为解决集成电路科研生产"两张皮"互相脱节的问题，决定把永川电子24所的部分力量调集到无锡成立24所分所，与华晶公司组成科研生产联合体，同时也为南方基地的建设奠定基础。科研生产联合体于1989年正式注册为"中国华晶电子集团公司"，24所分所也更名为"华晶公司中央研究所"。

国家为支持华晶公司的发展，"七五"期间实施了"无锡微电子工程"，包括华晶5μm双极型生产线扩产，引进建设5in技术节点3μm技术MOS生产线（含2μm引导线，Pilot Line），引进ICCAD工具（软件），以及相应配套设施。工程总投资104 300万元，引进工艺设备658台/套，国内配套工艺设备1225台/套，工程建筑总面积为86 900m^2。

集成电路属于"巴黎统筹委员会"限制向中国出口的范围，为便于引进工作的开展，采用了以程控交换机换取集成电路的"捆绑"引进方式，通过历时多年的艰苦谈判，并考虑到当时的国际环境，最终同时选择与日本NEC和德国西门子合作，并获得国家有关部委的批准。与西门子合作的集成电路项目放在无锡，程控交换机项目落在北京738厂，与NEC合作的集成电路项目放在首钢，程控项目落在天津中环公司。至此，无锡微电子工程项目派生出来的首钢NEC项目，也为北方基地的建设做出了贡献。

无锡微电子工程自1983年4月经国家计委批准立项，1987年研发中心开工建设，1990年MOS生产线开工建设，1994年6月通过国家验收，前后历经12年。12年期间，历经前期立项工作、对外谈判、工程建设和项目考核验收，最终形成4in技术节点5μm双极型集成电路生产能力为4.3万块/年，5in技术节点2~3μm MOS集成电路生产能力为5000万块/年，并具备相应的技术与产品开发能力。

撰稿人：工业和信息化部　　　郑敏政
审稿人：赛迪顾问股份有限公司　李珂

▷▷▷ 1.5.16 "908"工程，"908"工程，908 Program

"908"工程包括了中国第一条150mm生产线，是中国集成电路产业发展史上的重要里程碑之一。

1989年2月，机械电子工业部在无锡召开了集成电路产业发展战略研讨会，提出"八五"期间"加速基地建设，形成规模经济，注重发展专用电路，加强科研生产结合，安排好设备、仪器和材料的发展，振兴我国集成电路产业"的发展战略。

1990年8月，机械电子工业部提出集成电路的"908"工程建设计划，12

月15日中央政治局听取了机械电子工业部关于"908"工程的汇报,同意实施"908"工程。1992年3月机械电子工业部正式上报了《集成电路908工程项目建议书》,其主要建设内容如下:

(1) 建设一条150mm、特征尺寸 $1\mu m/0.8\mu m$、月产能2万片、年产3000万块大规模集成电路的生产线;

(2) 建设一批集成电路设计中心,为生产线开发产品,满足整机对集成电路的急需;

(3) 建立一个集成电路封装厂和一个掩模版制作中心,为全行业服务;

(4) 对6个专用设备、仪器厂所进行技术改造,形成设备仪器的配套能力;

(5) 建立150mm硅片及多晶硅的供应能力,其他材料由相关主管部门在"八五"技改计划中予以安排。

建设150mm生产线是"908"工程的核心项目,其选点工作在选址专家组实地考察上海、无锡、绍兴三地的基础上,李鹏总理批示:"项目放在无锡,发挥上海作用",生产线项目最终确定在无锡建设。1992年9月14日国家计委以计机电〔1992〕1536号文正式批准立项。在对外技术引进中,经过多次选择论证,最后选择AT&T作为合作对象。

"908"工程的设计中心共选择十家单位承担,它们是北京集成电路设计中心、杭州东方微电子开发联合中心、深圳先科机电IC设计中心、上海IC设计中心、机械电子工业部自动化所IC设计中心、机械电子工业部54所IC设计中心、广东IC设计中心、兵器工业总公司214所IC设计中心、太极公司IC设计中心和航天771所IC设计中心。

集成电路封装项目由上海无线电第十九厂承担,并与松下公司合资。掩模版项目由中科院上海冶金研究所承担,并与杜邦公司合资。

专用设备仪器项目由6个单位承担:机械电子工业部45所(分布重复投影光刻机)、机械电子工业部48所(离子注入机)、700厂(干法刻蚀机)、708厂(磁控溅射台)、709厂(硅片处理系统)、767厂(测试仪器)。

150mm硅片及多晶硅由有色金属工业总公司下属四家公司承担。

"908"工程是一个涉及多部门、多地方、多领域的系统工程,为加强协调领导,成立了以邹家华副总理为组长,郝建秀和曾培炎为副组长,各有关部委、上海市、江苏省领导为成员的"908"工程领导小组。领导小组办公室设在机械电子工业部。"908"工程共安排基本建设投资预算27亿元(含外汇3.12亿美元),其中中央资金20亿元(拨款占三分之一),地方资金7亿元。在总投资中,"八五"期间安排16.8亿元,"九五"初期安排10.2亿元,所需外汇由中央外汇解决。"908"工程作为国家的重点工程，享受国家给予集成电路的有关优惠政策，包括相关税收优惠和免征设备材料进口关税，减半征收所得税和从销售收入中提取不超过10%的技术研发费在税前列支。

在广大建设者的努力下，华晶150mm生产线项目于2001年4月18日通过国家验收，此前其余项目均完成建设任务。至此，"908"工程完成了预定的建设目标。

撰稿人：工业和信息化部　　　郑敏政
审稿人：赛迪顾问股份有限公司　李珂

▷▷▷ 1.5.17 "909"工程，"909"工程，909 Program

"909"工程是继"908"工程之后于"九五"期间我国投资建设的集成电路专项工程，它的主体内容是建设国内第一条200mm集成电路生产线。

1995年11月，电子工业部以电子基〔1995〕826号文向国务院报送了《关于报请国务院召开会议研究设立"九五"集成电路专项的请示》。其主要内容有：建设我国第一条集成电路200mm 0.5μm生产线、3~4个集成电路产品设计开发中心和一条200mm硅单晶生产线，总投资为110亿元。该项目于1995年12月得到了国务院总理办公会议的批准。"909"工程是国家在集成电路产业方面的重大举措与战略决策，"909"工程的建设极大地促进了国内半导体和电子等产业的发展。

200mm生产线的业主是上海华虹微电子公司，注册资本为48.3亿元，其中中央资金29.3亿元（由中国电子信息产业集团公司代表），占60.66%，上海市资金19亿元（由上海仪电控股公司代表），占39.34%。

为保障"909"工程顺利实施，电子工业部和上海市共同成立了"909工程项目推进委员会"，胡启立和徐匡迪任主任，委员有张今强、俞忠钰、华建敏、蒋以任、吴小龙、郑敏政、欧阳忠谋、韩正、徐志毅、张林俭、夏忠瑞和陆德纯。

上海华虹微电子公司董事长为胡启立，副董事长为华建敏，董事有欧阳忠谋、张林俭、陈兴信、陆德纯，陆德纯任总经理，蒋守雷任副总经理。

1996年2月14日，电子工业部成立了"909工程专项领导小组"，胡启立任组长，刘剑锋、张今强、张文义、俞忠钰任副组长；领导小组下设办公室，郑敏政任主任，徐小田、彭怀生、陈贤任副主任。

1996年3月29日，国家计委以计机轻〔1996〕617号文印发了《国家计委关于审批909工程8英寸0.5微米集成电路生产线项目建议书的通知》，传达"909"工程已经国务院批准正式立项。

1996年11月27日，上海华虹生产线在上海浦东金桥开发区奠基，时任总理李鹏、时任副总理吴邦国出席奠基仪式。

200mm圆片生产线采取与国外半导体公司合资的方案，最后选定NEC作为合资对象。

1997年4月11日，上海华虹与日本NEC签订关于成立合资公司的协议书，5月28日华虹NEC合资合同及章程在人民大会堂签署。合资公司总投资12亿美元，注册资本金7亿美元；其中中方出资5亿美元，占71.4%，日方出资2亿美元，占28.6%。

合资公司享受的优惠政策有，项目建设中进口物资免征关税和进口环节增值税，项目建成后继续享受关税优惠政策、浦东新区的优惠政策、中外合资企业和高新技术企业的有关政策。

1997年7月17日合资公司正式成立，董事长为张文义，副董事长为佐佐木元、邹世昌，董事为王琴芳、柳学宏、夏忠瑞、小尾浩平、国吉敏彦（兼总经理）、王国光（兼副总经理）、付文彪（兼副总经理）。

1999年2月23日上海华虹NEC电子有限公司200mm生产线正式建成投产，工艺技术为$0.5\mu m/0.35\mu m$，主导产品为64Mbit同步动态存储器。生产线投产后的前五年由NEC公司负责管理，NEC公司承诺5年内完成设备折旧并实现累计盈利。

2001年9月25日生产线项目通过国家验收。

"909"工程还同时投资建设了五家设计公司：①中国华大，总投资19 810万元，其中国家资本金10 000万元；②深圳国微，总投资6400万元，其中国家资本金3200万元；③成都华微，总投资8000万元，其中国家资本金4000万元；④上海华虹，总投资4000万元，全部为国家投资；⑤深圳华为，总投资13 550万元，全部为企业自筹。

200mm硅材料项目由于资金等原因，未正式启动建设。

上海华虹NEC和上海宏力于2013年1月合并成立上海华虹宏力半导体制造有限公司。

撰稿人：工业和信息化部　　　郑敏政
审稿人：赛迪顾问股份有限公司　李珂

1.5.18 中芯国际集成电路制造有限公司，中芯國際集成電路製造有限公司，Semiconductor Manufacturing International Corporation（SMIC）

中芯国际集成电路制造有限公司（简称"中芯国际"）是由王阳元院士和张汝京博士两位集成电路知名专家发起并创建的一家集成电路代工企业。中芯国际充分利用国际国内两方面资源，面向国际国内两个市场，筹集资金，集聚人才，以先进的技术为广大客户提供良好的服务。中芯国际的最高决策机构是股东会，公司在股东会的领导下自主决策，并且具有显著的国际性。独立性和国际性是中芯国际的突出特色，这一市场经济机制的运作，使中芯国际的创建在我国集成电路产业发展中具有里程碑意义。中芯国际在北京建设的圆片代工厂是中国第一条300mm圆片生产线。

中芯国际于2000年4月在开曼群岛注册成立，总部设在中国上海，主要业务是在中国大陆投资芯片设计与生产，提供集成电路制造等相关服务。中芯国际先在上海建设200mm圆片厂，2001年9月成功投产，之后的发展目标就是建设300mm圆片厂。2002年，中芯国际董事会一致通过在北京亦庄建设300mm圆片厂（简称"北京项目"）的决议，技术水平定位为$0.13\mu m/90nm$。2002年8月，北京项目上报相关国家主管部门，很快得到国务院、国家发展和改革委员会的批准，批文是发改高技〔2003〕604号。

北京项目初始规划和批复内容为：项目总投资12.5亿美元；工程总建筑面积14.08万平方米；月产能是300mm圆片3000片、200mm圆片3万片；200mm技术节点$0.35\mu m/0.18\mu m$，300mm技术节点$0.13\mu m/90nm$；主要代工产品有存储器、CPU（如MCU、MPU、DSP）和SoC等，满足计算机、通信和数字音视频等市场对$0.13\mu m/90nm$ CMOS技术的需求；技术来源一是技术合作方及客户，例如英飞凌、尔必达、TI，二是自主开发90nm技术、65nm技术；项目规划采购180多种600~700台（套）生产设备。

2002年9月，北京厂房的土建工程启动；2004年5月，厂房完成建设，投入使用。在厂房建设期间，产业情势发生了一些变化：①电子终端应用市场的快速成长增大了对300mm圆片产品的需求，中芯国际300mm圆片产品的意向订单达到了1.5万片/月；②300mm圆片的单片产值已是200mm的3~4倍，并逐步成为国际主流产品；③中芯国际于2003年收购了摩托罗拉的天津MOS17厂，将其改造为月产2.5万片的200mm圆片厂，基本可替代北京项目中原计划的200mm生产线。

根据应用市场、产业技术和企业自身的情况变化，2004年6月，中芯国际根据发改高技〔2004〕333号文件调整了项目规划，在保持总投资和厂房建设不变的情况下，取消200mm生产线建设，将300mm产能扩大至月产1.5万片，技术节点为0.13μm/90nm。2004年9月25日正式投产，2005年年底月产达2万片。此后，技术节点提高至65nm/55nm、45nm/40nm，中芯国际北京厂产品全面转为通信类SoC、MCU、嵌入式闪存等芯片代工。至2016年年底，北京厂产能已达到每月5万片。

    撰稿人：中芯国际集成电路制造有限公司 郑凯
    审稿人：赛迪顾问股份有限公司 李珂

▷▷▷ 1.5.19 第二代居民身份证与金融IC卡，第二代居民身份證與金融IC卡，Second Generation Resident ID Card and Financial IC Card

1984年以前，中华人民共和国公民没有居民身份证，证明身份需用学生证、工作证、户口簿和介绍信。1984年4月6日，国务院发布《中华人民共和国居民身份证试行条例》。

1985年9月6日，中华人民共和国全国人民代表大会常务委员会第12次会议批准发布《中华人民共和国居民身份证条例》，公安部开始统一印制、颁发和管理第一代居民身份证。第一代身份证不具备机读功能，证件质量和安全防伪性能有待改进。

1993年7月2日，电子工业部召开全国电子工业电视电话会议，胡启立部长提出在全国组织实施涉及国民经济信息化的"金桥""金卡""金关"工程，即"三金工程"。

1997年4月，李鹏总理主持召开国务院办公会议，做出了"组织机构代码证、居民身份证采用IC卡和'909工程'芯片"的决定。

1997年10月24日，电子工业部在人民大会堂举行了"金卡工程自主版权智能卡CPU产品发布会"，宣布我国"909"工程项目中的第一块24KB的IC卡芯片在中国华大集成电路设计中心开发成功，同时随芯片一起推出了自行开发的智能卡芯片操作系统。智能卡的开发成功为第二代身份证的发放奠定了技术基础。

2001年起，在公安部、国家商用密码管理办公室及信息产业部等有关部门的协调指导和组织下，第二代身份证芯片由北京中电华大电子设计有限责任公司、上海华虹集成电路有限责任公司、北京清华同方微电子有限公司和大唐微电子技术有限公司进行设计，由上海华虹 NEC 电子有限公司代工生产。

2003 年 6 月 28 日，第十届全国人大常委会第三次会议通过了《中华人民共和国居民身份证法》，于 2004 年 1 月 1 日起施行。

2004 年 1 月，公安部开始发行全部采用国产芯片和国产安全算法的第二代居民身份证。至 2015 年年底，公安部门累计制发第二代居民身份证近 13 亿张。

最初在中国发行的借记卡和贷记卡（信用卡）均为磁条卡，包括 1985 年 3 月中国银行珠海市分行发行的第一张信用卡，以及 2002 年 3 月中国银联开始发行的银联卡。

磁条卡的优点是卡的价格低、系统投资低；其缺点是抗机械损伤、抗电磁干扰、抗静电和抗辐射性能差，存储容量小，数据保存期限和使用寿命短，而磁条卡的容易复制与伪造则成为威胁金融安全交易最致命的缺陷。

1998 年，中国人民银行颁布《中国金融 IC 卡规范》（PBOC 1.0 规范），我国的金融安全 IC 卡迁移工作开始启动。

2011 年 3 月 15 日，中国人民银行以银发〔2011〕64 号文发布了《关于推进金融 IC 卡应用工作的意见》，决定在全国范围内正式启动银行卡芯片迁移工作，在"十二五"期间全面推进金融 IC 卡应用。

2011 年 6 月 6 日，中国科学院院士王阳元、杨芙清、侯朝焕，中国工程院院士李国杰、倪光南、蔡吉人、沈昌祥、邓中翰联名致函温家宝总理，提出了"关于实施'金融 IC 卡应用工程'的建议"。

2011 年 6 月 28 日，中国工程院沈昌祥等 43 名院士致函胡锦涛主席，提出了"关于金融 IC 卡采用国产芯片和密码算法的建议"，建议"国家应确立我国对金融 IC 卡进行权威认证和检测的安全体系，明确要求我国金融 IC 卡采用国产芯片和密码算法"。

为推进金融 IC 卡迁移工作顺利实施，2013 年 9 月 11 日，"中国半导体行业协会金融 IC 卡迁移产业促进联盟"成立大会在北京召开，选举王芹生为联盟执行委员会主席。

至 2015 年年底，已基本建成由标准制定、芯片开发、算法开发、芯片检测、模块制造、卡片封装、卡片发行等各环节构成的金融 IC 卡产业链。联盟中 6 家 IC 设计企业已开发出 23 种符合 PBOC 2.0/3.0 规范的金融 IC 卡芯片。采用 9 款芯片的金融 IC 卡已开始在工、农、中、建、交、邮储等 45 家银行投入使用。

根据中国银行业协会发布的《中国银行卡产业发展蓝皮书（2016）》，截至 2015 年年底，中国银行卡累计发卡量达 56.1 亿张（含早期发行的磁条卡和后期发行的 IC 卡），人均持卡数为 4.09 张，2015 年全国的银行卡交易金额为 1420.8 万亿元。

撰稿人：北京大学　　　王永文
审稿人：工业和信息化部　郑敏政

▷▷▷ 1.5.20　国发〔2000〕18 号文，國發〔2000〕18 號文，State Council Document No. 18（2000）

为加快我国集成电路产业的发展，国务院于 2000 年 6 月 24 日印发了《国务院关于印发鼓励软件产业和集成电路产业发展若干政策的通知》，即国发〔2000〕18 号文件（简称"18 号文"）。文件共 13 章 53 条，其中，关于集成电路产业的政策主要涉及以下几方面。

1. 税收政策

（1）对增值税一般纳税人销售其自产的集成电路产品（含单晶硅片），2010 年前按 17% 的法定税率征收增值税，对实际税负超过 6% 的部分即征即退，由企业用于研究开发新的集成电路和扩大再生产。

（2）符合下列条件之一的集成电路生产企业，按鼓励外商对能源、交通投资的税收优惠政策执行：①投资额超过 80 亿元；②集成电路线宽小于 $0.25\mu m$。

（3）符合第四十二条（即"1. 税收收策"中（2））规定的生产企业进口自用生产性原材料、消耗品，免征关税和进口环节增值税。由信息产业部会同国家计委、外经贸部、海关总署等有关部门负责，拟定集成电路免税商品目录，报经国务院批准后执行。

（4）集成电路生产企业的生产性设备的折旧年限最短可为 3 年。

（5）集成电路生产企业引进集成电路技术和成套生产设备，单项进口的集成电路专用设备与仪器，按《外商投资产业指导目录》和《当前国家重点鼓励发展的产业、产品和技术目录》的有关规定办理，免征进口关税和进口环节增值税。

（6）境内集成电路设计企业设计的集成电路，如在境内确实无法生产，可在国外生产芯片，其加工合同（包括规格、数量）经行业主管部门认定后，进口时按优惠暂定税率征收关税。

2. 行业管理与知识产权保护

（1）为规避汇率风险，允许符合第四十二条（即"1. 税收政策"中（2））规定的企业将准备用于在中国境内再投资的税后利润以外币方式存入专用账户，由外汇管理部门监管。

（2）集成电路企业的认定，由集成电路项目审批部门征求同级税务部门意见后确定。

（3）集成电路设计产品视同软件产品，受知识产权方面的法律保护。国家鼓励对集成电路设计产品进行评测和登记。

（4）集成电路设计业视同软件产业，适用软件产业有关政策。

国务院颁布18号文后，国家相关部委先后出台了相配套的政策措施，有效贯彻落实了18号文中有关投融资、税收、技术、出口、分配、人才、采购等方面的政策，为我国集成电路产业发展创造了良好的政策环境。

18号文和随后2011年颁布的4号文以及相关配套政策措施的制定和实施，为我国集成电路产业进入新世纪的快速发展吹响了进军号。中芯国际集成电路制造有限公司、英特尔半导体（大连）有限公司、三星（中国）半导体有限公司等一批重大项目相继落地并快速成长，上海华虹集成电路有限责任公司、华润微电子有限公司、江苏长电科技股份有限公司、南通富士通微电子股份有限公司、天水华天科技股份有限公司、深圳市海思半导体有限公司、华大半导体有限公司等一批骨干企业迅速发展，集成电路产业开始迈上快速发展之路。

撰稿人：工业和信息化部电子信息司　　任爱光
中国电子信息产业发展研究院　　夏岩
审稿人：赛迪顾问股份有限公司　　李珂

▷▷▷ 1.5.21　国发〔2011〕4号文，國發〔2011〕4號文，State Council Document No. 4（2011）

2011年1月28日，国务院印发了《关于印发进一步鼓励软件产业和集成电路产业发展若干政策的通知》，即国发〔2011〕4号文件（简称"4号文"）。文件从财税、投融资、研究开发、进出口、人才、知识产权及市场七大方面提出31条具体政策措施，进一步完善了各项政策，加大了扶持力度，标志着集成电路产业发展环境进一步成熟和完善。4号文共8章34条，在延续18号文大部分政策内容的基础上，又在把握产业发展趋势、发展方向和发展需求的基础上有所创新。

财税政策方面，加大了对集成电路产业的财税优惠支持，对符合条件的集成电路设计企业从事集成电路设计业务，免征营业税；对国家规划布局内的集成电路设计企业予以享受国家规划布局内重点软件企业所得税优惠政策，对集成电路企业及其产业链中的重点环节和薄弱环节，予以企业所得税优惠，并且实施方式更加灵活，即根据产业技术状况进行动态调整。同时，对国家批准的集成电路重大项目，因集中采购产生短期内难以抵扣的增值税进项税额占用资金问题，采取专项措施予以解决。

投融资政策方面，政策更加丰富和完善，强调多层次、多渠道、多种方式地提供支持企业发展所需资金。提出利用中央预算内投资支持符合条件的重大项目，支持企业技术进步、技术改造项目。鼓励、支持企业加强产业资源整合，进行跨区域重组并购。要求政策性金融机构对符合条件的集成电路项目予以重点支持，商业性金融机构进一步改善金融服务。同时，国家鼓励地方政府在有条件的情况下，既可以采取设立专项产业资金，又可以采用市场化的方式，设立股权投资基金或创业投资基金，更好地支持产业发展。此外，知识产权质押和风险补偿机制的进一步完善将有利于缓解企业融资难的困境。

研究开发政策方面，加大了对科技创新的资金支持力度。提出国家科技重大专项重点支持对产业发展具有战略性带动作用的技术领域，如高端芯片、集成电路设备和工艺技术、集成电路关键材料、关键应用系统的研发以及重要技术标准的制定等，提升我国集成电路产业的科技创新能力，带动企业实现关键技术的整体突破。4号文提出要在重点领域推动国家重点实验室、国家工程实验室、国家工程中心和企业技术中心建设，鼓励建立产学研用结合的产业技术创新战略联盟，实现关键技术的共享和产业链的协调发展。同时，鼓励企业提升标准制定、研究开发、产品质量和品牌建设等方面的能力。

进出口政策方面，4号文保留了原18号文中关键设备、材料和仪器等方面的税收优惠政策，提出了对企业临时进口自用设备，海关应提供提前预约通关服务等便利措施。

人才政策方面，4号文提出的激励措施比18号文更丰富、更完善。一方面，通过市场机制鼓励运用多种激励机制发挥人才的积极性和创造性；另一方面，允许各级地方政府重奖做出贡献的高级人才，并出台相关人才配套政策措施。在人才培养方面，提出要加快深化高校教育改革，加强师资队伍、教学实验室和实习实训基地建设，鼓励有条件的高校与企业联合建立微电子学院，培养更多的集成电路人才。此外，4号文要求对引进的高层次人才落实好相关政策，办好国家软件和集成电路人才国际培训基地，积极开辟国外培训渠道。

撰稿人：工业和信息化部电子信息司　　任爱光
　　　　中国电子信息产业发展研究院　　夏岩
审稿人：赛迪顾问股份有限公司　　　　　李珂

▷▷▷ 1.5.22 国家集成电路产业发展推进纲要，國家集成電路產業發展推進綱要，Guidelines for National IC Industry Development

2014年6月，经国务院同意，工业和信息化部会同有关部门联合印发了《国家集成电路产业发展推进纲要》（简称《推进纲要》），作为新的历史时期指导我国集成电路产业发展的行动纲领。其主要内容解读如下。

（1）一条主线。《推进纲要》确立了"使市场在资源配置中起决定性作用，更好发挥政府作用"的一条主线。

（2）两个突出。一是突出企业的市场主体地位，使其成为创新的主体、产业发展的主动力。二是突出"芯片设计—圆片制造—封装测试—装备与材料"全产业链布局，协同发展，进而构建"芯片—软件—整机—系统—信息服务"生态链。

（3）三个阶段发展目标。以全球产业发展趋势和国内产业基础为出发点，提出了2015年、2020年和2030年三个阶段的产业发展目标。到2015年，机制体制创新取得成效，建立与集成电路产业规律相适应的管理决策体系、融资平台和政策环境。到2020年，逐步缩小与国际先进水平的差距，基本建成技术先进、安全可靠的集成电路产业体系。到2030年，产业总体达到国际先进水平，实现跨越发展。明确了"需求牵引、创新驱动、软硬结合、重点突破、开放发展"五项基本原则。

（4）四项主要任务。《推进纲要》凝练了推进产业发展的四项主要任务，更加突出企业的主体地位，以需求为导向，以技术创新、模式创新和体制机制创新为动力，破解产业发展瓶颈，着力发展集成电路设计业，加速发展集成电路制造业，提升先进封装测试业发展水平，突破集成电路关键装备和材料，推动集成电路产业重点突破和整体提升，实现跨越发展。

（5）五个细分行业。在设计业方面，围绕产业链开展布局，近期重点聚焦移动智能和网络通信核心技术和产品，提升信息技术产业核心竞争力；加紧部署云计算、物联网、大数据用关键芯片和软件，创新商业模式，抢占未来产业发展制高点；分领域、分门类，逐步突破智能电网、智能交通、金融电子等行业应用核心芯片与软件。在制造业方面，抓住技术变革的有利时机，突破投融资瓶颈，加快先进生产线建设，提升综合能力，建立可持续的盈利模式，同时兼顾特色工艺发展。在封装测试业方面，提升芯片级封装、圆片级封装、硅通孔、三维封装等先进封装和测试技术层次，扩大规模。在装备业方面，加强装备与工艺的结合，研发光刻机、刻蚀机、离子注入机等关键设备。在材料业方面，开发光刻胶、大尺寸硅片等关键材料，快速形成配套能力。

（6）八项保障措施。针对目前产业发展存在的突出问题和瓶颈，特别是融资难、机制障碍等问题，《推进纲要》提出了八项保障措施。一要加强组织领导，成立国家集成电路产业发展领导小组，负责统筹协调，强化顶层设计，整合调动资源，解决重大问题。二要设立国家产业投资基金，主要吸引大型企业、金融机构以及社会资金，采取市场化运作，重点支持集成电路等产业发展，促进工业转型升级。三要加大金融支持力度，在创新信贷产品和金融服务、支持企业上市和发行融资工具、开发保险产品和服务等方面对产业给予扶持。四要推动落实税收支持政策，保持政策的稳定性，落实国发〔2000〕18号文件、国发〔2011〕4号文件等政策，加快出台相关实施细则。五要加强安全可靠软硬件的应用，推广使用技术先进、安全可靠的集成电路、基础软件及整机系统。六要强化企业创新能力建设，鼓励企业成立集成电路技术研究机构，支持产业联盟发展，加强知识产权和标准工作。七要加强人才培养和引进力度，加快建设示范性微电子学院，培养高层次、急需紧缺和骨干专业技术人才，加大对引进优秀人才的支持力度。八要继续扩大对外开放，大力吸引境外资金、技术和人才，鼓励境内企业扩大国际合作，整合国际资源，鼓励两岸企业加强技术和产业合作。

撰稿人：工业和信息化部电子信息司　　任爱光
中国电子信息产业发展研究院　　夏岩
审稿人：赛迪顾问股份有限公司　　李珂

▷▷▷ 1.5.23 从"六五"计划到"推进纲要"，從"六五"計劃到"推進綱要"，From "Sixth Five-Year Plan" to "Guidelines"

1981年国家开始执行第六个五年计划。国家计委会同国家科委及国务院有关部门开始编制国家重点科技攻关计划。"六五"科技攻关计划从1982年开始实施，共确定了38个项目，总投入25亿元。其中，"大规模集成电路工业化生产技术及电子元器件高可靠性技术开发"项目共占经费8000万元。1982年10月，国务院为了加强电子计算机和大规模集成电路的领导，成立了以万里副总理为组长的"电子计算机和大规模集成电路领导小组"，制定了中国IC发展规划，提出"六五"期间要"治散、治乱"，加快集成电路产业发展。

1986年国家开始执行"七五"计划，明确要建设南北两个IC基地和一个点。南方基地在江苏、上海、浙江长江三角洲地带，北方基地在北京、天津地区，一个点在西安地区。1986年11月在厦门召开了IC产业发展战略研讨会，提出了中国IC产业"七五"发展要点及"531"发展战略。"七五"期间，普及推广5μm技术，重点企业掌握3μm技术，开展1μm技术的科技攻关，并制定了促进IC发展的有关政策方针。

1991年国家开始执行"八五"计划，其中，在"八五"科技规划中信息技术部分重点强调发展专用集成电路，同时抓好配套仪表与装备的研制与开发。1992年，国务院批准实施"908"工程，总投资27亿元，目标是通过国际合作，建设一条月产能2万片集成电路，技术节点为0.8μm/1μm的150mm生产线；以北京集成电路设计中心为重点，建立若干集成电路设计中心；建立一个封装厂和一个掩模版制作中心，满足国内电子束制版的需求并开拓国际市场。

1996年国家开始执行"九五"计划。在电子工业方面，明确重点发展集成电路、新型元器件、计算机和通信设备。其中，对集成电路的发展实行优惠政策，继续实施集成电路专项工程，即"909"工程。建成200mm、0.5μm集成电路生产线的专项工程，投入工业性生产。并安排3~4个设计中心的建设，为生产线开发产品。

《集成电路"十五"专项规划》提出：到2005年，全国集成电路产量要达到200亿块，销售额达到600亿~800亿元，约占当时世界市场份额的2%~3%，满足国内市场30%的需求，涉及国防重点工程和国民经济安全的关键专用集成电路基本立足国内。

信息产业部印发的《集成电路产业"十一五"专项规划》提出：到2010年，我国集成电路产业产量达到800亿块，实现销售收入约3000亿元，年均增长率达到30%，约占世界集成电路市场份额的10%，满足国内30%的市场需求；集成电路产业结构进一步得到优化，芯片设计业在行业中的占比提高到23%，芯片制造业占比为29%，封装测试业占比为48%，形成基本合理的产业结构；芯片设计能力大幅提升，开发一批具有自主知识产权的核心芯片，主流设计技术节点达到0.13μm/90nm，国内重点整机应用自主开发集成电路产品的比例达到30%左右；芯片制造业的大生产技术达到200mm、90nm/65nm；封装测试业进入国际主流领域，重点实现系统级封装（SiP）、芯片倒装焊（Flip Chip）、球栅阵列（BGA）封装、芯片级封装（CSP）、多芯片组件（Multi-Chip Module，MCM）等新型封装形式的规模生产能力；300mm部分关键技术装备、材料取得突破并进入生产线应用。

工业和信息化部印发的《集成电路产业"十二五"发展规划》提出：到"十二五"末，产业规模再翻一番以上，集成电路产量超过1500亿块，销售收入达到3300亿元，年均增长18%；培育5~10家销售收入超过20亿元的骨干设计企业，1家进入全球设计企业前10位；1~2家销售收入超过200亿元的骨干芯片制造企业；2~3家销售收入超过70亿元的骨干封测企业，进入全球封测业前10位；形成一批创新活力强的中小企业[1]。

2014年，国务院印发的《国家集成电路产业发展推进纲要》提出：到2020年，集成电路产业与国际先进水平的差距逐步缩小，全行业销售收入年均增速超过20%，企业可持续发展能力大幅增强；重点领域集成电路设计技术达到国际领先水平，产业生态体系初步形成；16nm/14nm制造工艺实现规模量产，封装测试技术达到国际领先水平，关键装备和材料进入国际采购体系，基本建成技术先进、安全可靠的集成电路产业体系。

参考文献

[1] 俞忠钰，王永文．亲历中国半导体产业的发展［M］．北京：电子工业出版社，2013．

撰稿人：工业和信息化部电子信息司　　任爱光
中国电子信息产业发展研究院　　夏岩
审稿人：赛迪顾问股份有限公司　　李珂

▷▷▷ 1.5.24　国家集成电路产业投资基金，國家集成電路產業投資基金，National IC Industry Investment Fund

为贯彻落实国务院的《国家集成电路产业发展推进纲要》关于设立国家产业投资基金的精神，在工业和信息化部、财政部等指导下，2014年9月，国开金融有限责任公司、北京亦庄国际投资发展有限公司等共同出资设立了国家集成电路产业投资基金（以下简称"集成电路基金"）。

集成电路基金是贯彻国家战略与市场机制有机结合的积极探索。集成电路产业是国民经济战略性、基础性和先导性产业，采取基金方式支持其跨越发展，是在市场机制基础上加强政府引导，发挥多种所有制资本相互促进作用的现实选择。基金所有权与经营权分开，出资多元化，存续期10年，通过市场化运作、专业化管理，以股权投资方式重点投资集成电路芯片制造业，兼顾芯片设计、封装测试和设备材料等产业，努力为投资人创造良好回报，推动集成电路产业重点突破和整体提升。

集成电路基金是集成电路产业发展的投融资体制创新。集成电路产业投资大、风险高，产业发展面临投融资瓶颈。基金设立以来，通过各方努力，已成功吸引了金融机构、民营企业等各方出资，首期募资规模超过1300亿元，为集成电路产业发展提供了重要的资金来源。截至2016年9月，基金投资进展顺利，已投资37个项目、28家企业，承诺投资额为683亿元，约达到一期基金规模的一半。37个已投项目带动的社会融资超过了1500亿元，基本完成以芯片制造为主的集成电路全产业链的初步布局。在基金投资及投后管理支持下，被投资企业发展加快，行业整合力度加大，芯片制造、关键装备等集成电路产业薄弱环节有了明显提升，对产业发展起到重要推动作用。

集成电路基金也是以股权投资基金方式支持产业发展的较好示范。采取股权投资基金方式投资支持产业当前和长远发展的关键领域，并拉动社会资本共同投资，是我国在新形势下转变政府职能、创新政策手段的重要措施。集成电路基金投资运营实践表明，由专业团队负责投资管理，在注重战略投资价值的前提下追求合理回报，可较好地兼顾政府引导产业发展和社会投资人商业利益，有效吸引了社会资金，有力推动了产业发展，为运用股权投资基金等市场化方式支持产业发展做出了较好示范。

撰稿人：工业和信息化部电子信息司　　任爱光
中国电子信息产业发展研究院　　夏岩
审稿人：赛迪顾问股份有限公司　　李珂

▷▷▷ 1.5.25 中国集成电路产业销售额（2000—2016年），中國積體電路產業銷售額（2000—2016年），Sales Revenue of China IC Industry（2000-2016）

自2000年中国半导体行业协会开始对国内集成电路产业销售进行统计以来，随着国家集成电路产业扶持政策的贯彻实施，我国集成电路产业规模迅速扩大。按照中国半导体行业协会对中国集成电路设计、制造、封装测试等领域的统计结果，全产业2000—2016年的年均复合增长率为21.7%，销售额已由2000年的186.2亿元扩大到2016年的4335.5亿元，占全球半导体产业总额的17%，如图1-51所示。

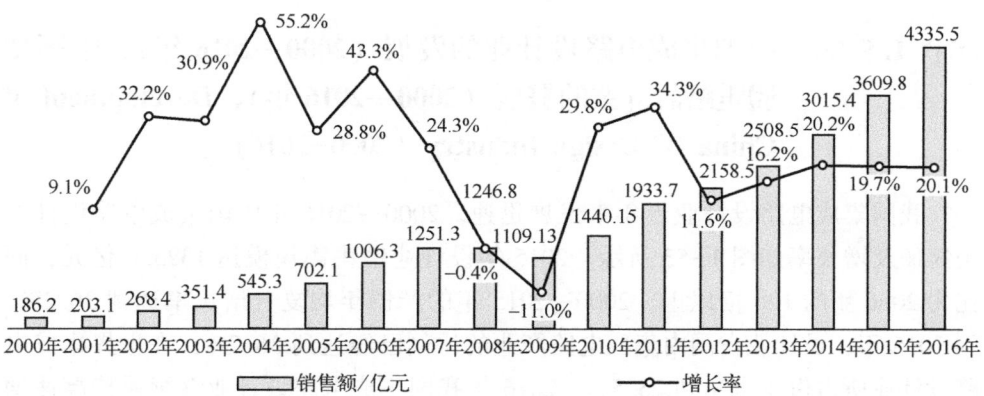

数据来源：CSIA，2017.03。

图 1-51　2000—2016 年中国集成电路产业销售额及增长率

2011—2016 年中国集成电路产业各价值链结构如图 1-52 所示。从设计、制造和封装测试三业发展情况来看，设计业销售规模持续快速增长，2016 年集成电路设计业实现增速 24.1%，销售额达到 1644.3 亿元，占产业的份额从 2011 年的 27.2%，提升至 37.9%；制造业实现了 25.1% 的增长，规模达到 1126.9 亿元，占产业的份额从 2011 年的 22.3% 提升至 26.0%；封装测试业保持稳定增长，2016 年实现了 13.0% 的增长，产业规模达到 1564.3 亿元，占产业的份额进一步调整至 36.1%。

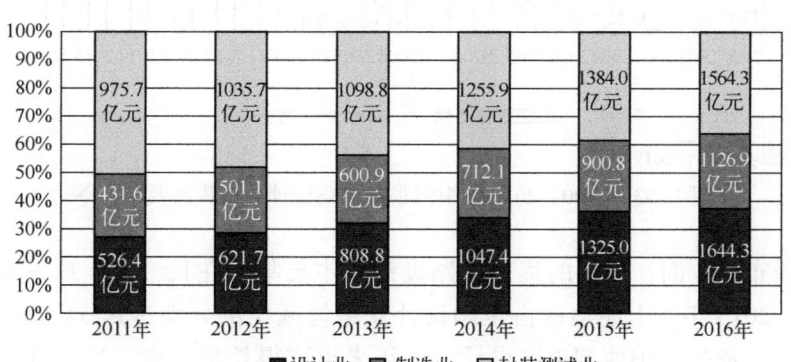

数据来源：CSIA，2017.03。

图 1-52　2011—2016 年中国集成电路产业各价值链结构

撰稿人：赛迪顾问股份有限公司　李珂
审稿人：中国半导体行业协会　　　陈贤

▷▷▷ 1.5.26 中国集成电路设计业的发展（2000—2016 年），中國積體電路設計業的發展（2000—2016 年），Development of China IC Design Industry（2000-2016）

我国集成电路设计业近年来发展迅速。2000—2016 年中国集成电路设计业销售额及增长率如图 1-53 所示。2015 年设计业销售额规模达 1325.0 亿元，同比为 2000 年的 100 倍以上，2000—2015 年的产值年均复合增长率达到 36.2%。到 2015 年，设计业占国内集成电路产业的比例已经达到 36.7%，在世界集成电路设计业所占份额也达到 25.5%。2016 年我国集成电路设计业继续保持高速增长，销售额达到 1644.3 亿元，较 2015 年增长了 24.1%。

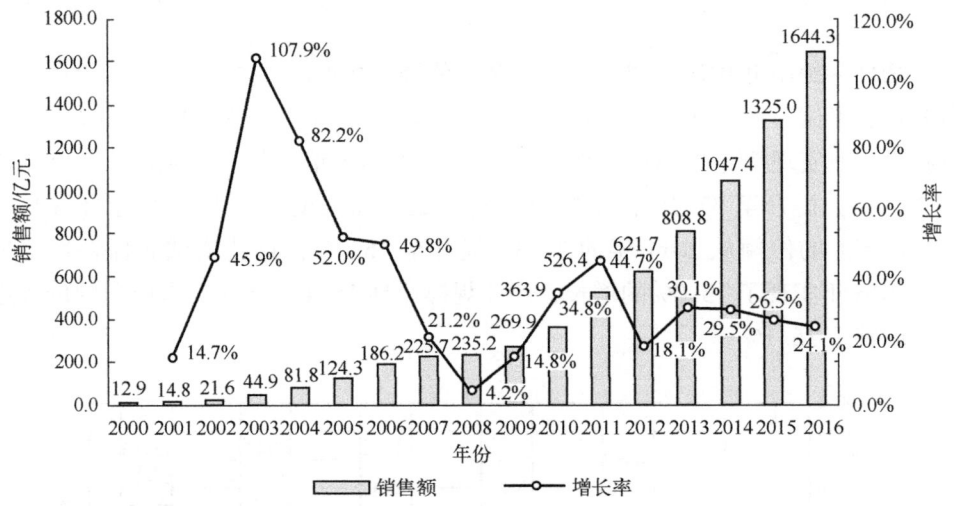

数据来源：CSIA，2017.04。

图 1-53　2000—2016 年中国集成电路设计业销售额及增长率

区域布局方面，我国的集成电路设计业主要集中在长三角、珠三角及环渤海地区。2015 年，上述地区占全国设计业销售额比例分别达到 34.5%、35.6% 和 23.9%。此外，中西部地区设计业近年来也取得长足进步，2015 年的销售收入占比达到 5.9%。就设计业规模而言，深圳、上海和北京位居前三位，合计占比超过 75%；就发展增速而言，北京、深圳、厦门、西安和苏州是设计业发展速度最快的城市。2015 年，北京的设计业增速达到 59.8%，深圳以 56.1% 的增速紧随其后，排名第五的苏州增速也达到 17.2%。

企业数量方面，2015 年，我国设计企业有 736 家，同比 2014 年增加了 55 家。按经营规模来看，销售额超过 1 亿元的企业 143 家，销售额小于 0.1 亿元的企业220家；按人员规模看，超过500人以上的设计企业22家，占比为3.0%；100~500人的设计企业113家，占比为15.3%；100人以下的企业数601家，占比为81.7%。按工艺看，具备90nm及以下技术节点设计能力的企业共计92家，占比为12.5%；具备1~0.25μm技术节点设计能力的企业达306家，占比41.6%；设计能力在1μm技术节点以上的企业共计88家，占比为12.0%。

产品结构方面，2015年，我国从事网络通信、计算机、多媒体和IC智能卡4个领域的企业数从2014年的300家增长至339家，合计销售额从683亿元增长至869亿元。而从事卫星导航、模拟芯片、功率器件和消费电子类芯片研发销售的企业数从387家增至397家，合计销售额从300亿元增至365亿元。

撰稿人：赛迪顾问股份有限公司　李珂　刘堃
审稿人：中国半导体行业协会　　　陈贤

▷▷▷ 1.5.27 中国集成电路制造业的发展（2000—2016年），中國積體電路製造業的發展（2000—2016年），Development of China IC Manufacturing Industry（2000−2016）

自2000年以来，国内集成电路制造业产业规模迅速扩大。2000—2016年中国集成电路制造业的销售额及增长率如图1-54所示。2015年，集成电路制造业销售额达900.8亿元，相比2000年扩大了35倍。2000—2015年产值的年均复合增长率达到27%。2015年，集成电路制造业占国内集成电路产业的比例达到25.0%。

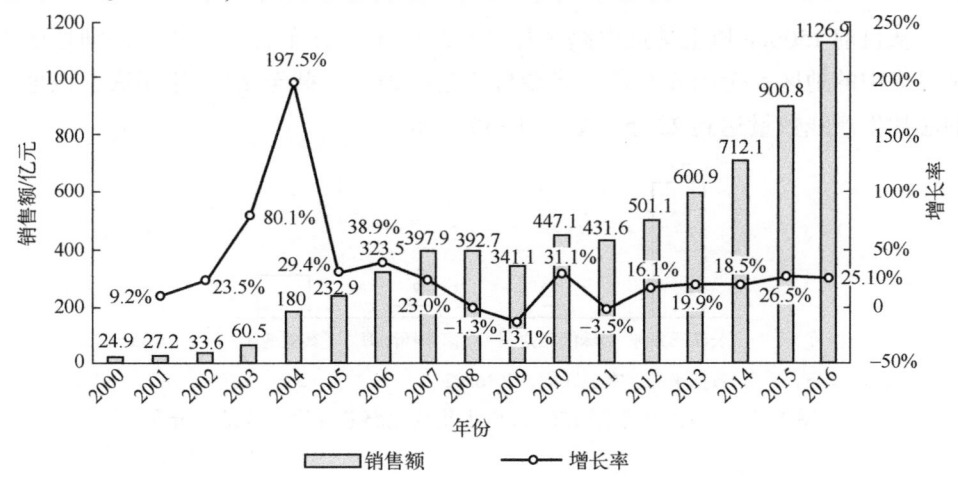

数据来源：CSIA，2017.04。

图1-54　2000—2016年中国集成电路制造业销售额及增长率

2016年，集成电路制造业销售额进一步增长25.1%，达到1126.9亿元。

目前，我国集成电路制造业主要集中在长三角、珠三角、环渤海地区，尤其以长三角和环渤海地区为制造业重地，是200mm、300mm圆片制造业的主要集中地。截至2015年年底，我国集成电路150mm以上圆片生产线数量为33条，其中，300mm圆片生产线为8条，200mm生产线为15条，150mm生产线为10条，见表1-7。

表1-7　2015年中国150mm以上集成电路芯片生产线分布情况

圆片尺寸	生产线工艺	2015年生产线数量/条
300mm	MOS	8
	小计	8
200mm	MOS	15
	小计	15
150mm	MOS	7
	Bipolar	2
	BiCMOS	1
	小计	10
总计	MOS	30
	Bipolar	2
	BiCMOS	1
	小计	33

数据来源：赛迪顾问，2016.02。

从目前150mm以上集成电路芯片生产线的地区分布看，长江三角洲地区仍是最集中的地区，全国67%的生产线位于这一地区；截至2015年年底，该地区的芯片生产线数量达到22条，如图1-55所示。

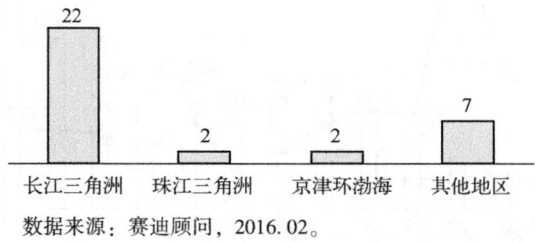

数据来源：赛迪顾问，2016.02。

图1-55　2015年中国150mm以上集成电路芯片生产线地区分布

撰稿人：赛迪顾问股份有限公司　李珂　刘堃
审稿人：中国半导体行业协会　陈贤

1.5.28 中国集成电路封装测试业的发展（2000—2016 年），中國積體電路封裝測試業的發展（2000—2016 年），Development of China IC Packaging and Testing Industry (2000–2016)

在集成电路产业中，封装测试领域的技术壁垒相对较低，但对人力成本要求较高。在我国集成电路产业链中，封装测试业一直占据主导地位，占比始终保持在40%左右。自2000年以来，国内集成电路封装测试业发展形势喜人。2000—2016年中国集成电路封装测试业销售额及增长率如图1-56所示。封装测试业销售额由2000年的148.4亿元增至2015年的1384亿元，2000—2015年产业规模的年均复合增长率达到16.1%。2015年，封装测试业占国内集成电路产业的比例为38.3%。2016年，中国集成电路封装测试业销售额达到1564.3亿元，同比增长13.0%。

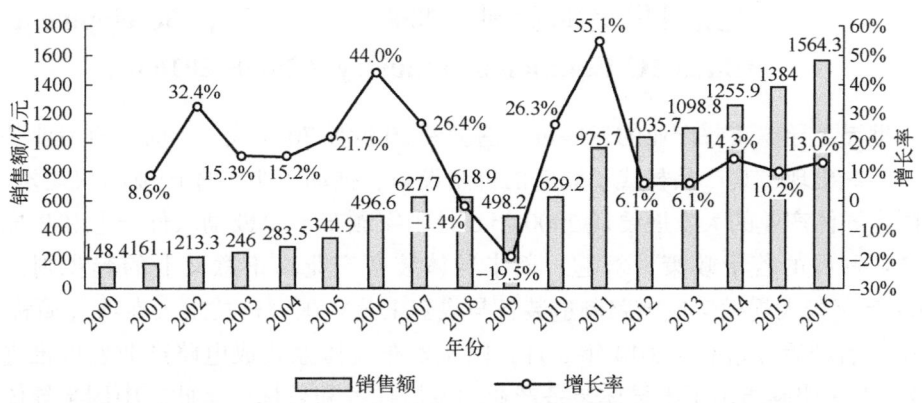

数据来源：CSIA，2016.12。

图1-56 2000—2016年中国集成电路封装测试业销售额及增长率

封装测试业规模的强劲发展对国内集成电路产业整体规模的扩大起到了显著的带动作用，同时，封装测试业也为国内集成电路设计和圆片制造业的迅猛发展提供了有力支撑。随着物联网、智能终端等新兴领域的迅猛发展，圆片级封装（Wafer Level Package，WLP）、多芯片封装（Multi-Chip Package，MCP）和系统级封装（System in Package，SiP）等先进封装产品的市场需求明显增强。

据CSIA封装分会统计，国内封装测试企业主要集中在长三角、珠三角和环渤海地区，占比分别为55.2%、12.6%和14.9%；中西部地区，特别是西安、成都等地的区位优势正在不断凸显，2015年，中西部地区封测产业占比提升至12.6%。

产品方面，目前国内封装测试业先进封装产品占总收入的比例已达到30%，重点封装测试企业的先进封装产品占比更是高达40%~50%。以长电科技、通富微电和华天科技为代表的封装测试厂商在某些技术上已经具备了相当的国际竞争力；然而，在超高速、超高频、超多核、高并发、大功率等关键测试技术，以及大尺寸圆片、存储器、MEMS、高压大电流功率器件等产品类别上，封装测试企业还有很大的进步空间。未来，只有显著提升自身在高端封装测试领域的技术服务能力，厂商才有可能在占据主流市场的同时，支持国产服务器芯片、存储器芯片、IGBT、基站处理器等战略性芯片的研发和量产。

撰稿人：赛迪顾问股份有限公司　李珂　刘堃
审稿人：中国半导体行业协会　　　陈贤

▷▷▷ 1.5.29 中国集成电路设备业的发展（2000—2016年），中國積體電路設備業的發展（2000—2016年），Development of China IC Equipment Industry（2000–2016）

世界半导体装备产业的发展可以追溯到20世界70年代。当时一批专业装备公司相继出现，其产品替代了原有的自制设备，推动了半导体产业的快速发展。中国半导体产业的大发展要从2000年6月国家颁布了《鼓励软件产业和集成电路产业发展的若干政策》算起，而半导体装备产业真正意义上的起步则是从2008年《极大规模集成电路制造装备与成套工艺》国家科技重大专项（简称02专项）启动后开始的。2014年6月，国家发布《国家集成电路产业发展推进纲要》，首次明确指出了半导体装备产业的发展任务和目标。至此，中国半导体装备产业步入快速发展期。

02专项实施前，我国集成电路高端装备基本处于空白状态，完全依赖进口，产业链严重缺失。经过9年的艰苦攻关，国产刻蚀机、磁控溅射、离子注入机、等离子化学气相沉积设备、低压化学气相沉积设备等30多种关键设备研制成功并通过了大生产线考核，实现了海内外批量销售，总体技术水平达到28nm，部分14nm关键设备开始进入客户生产线验证。集成电路产业中的大部分关键设备种类可实现国内配套，主要零部件配套体系初步形成。另外，利用集成电路装备核心技术，还实现了LED、传感器、光伏等泛半导体制造关键装备成套国产化，使国产装备成为市场主流。我国半导体装备实现了从无到有、由弱到强的巨大转变，填补了产业链空白，使我国半导体制造体系和产业生态得以建立和完善。

中国半导体装备的发展，坚持了政府引导、市场主导、企业主体、产学研用协同的体制机制，在相对较短时间内实现了从样机到产品的质变，产业化成果突出。据不完全统计，02专项研制的集成电路高端装备实现销售306台，国产零部件销售3556台（套），国产装备在泛半导体领域累计销售6590台。中国电子专用设备工业协会对国产半导体装备产业销售额的统计数据表明，国产半导体装备销售规模从2010年以前的不足20亿元，增加到2016年的80亿元以上，其中集成电路、光伏等高端装备销售规模近30亿元。国产装备产业销售额稳步增长，产品结构逐步优化，表明国产半导体装备产业技术创新能力进一步增强，技术成果转化速度进一步加快。半导体装备的国产化显著降低了相关领域的投资成本，持续推动着我国半导体产业整体竞争力的大幅提升。

SEMI、SEAJ、ICMtia等多家权威机构对全球及中国的半导体市场规模进行了统计，研究表明，中国半导体装备市场及国产装备市场份额呈现增长态势。2016年全球半导体设备市场规模达到412亿美元，预计2017年增长19.8%，至494亿美元；2018年全球半导体设备销售额预计将增长7.7%，至532亿美元。2016年中国大陆半导体设备销售额64.6亿美元，全球市场占比15.7%；预计2017年中国大陆半导体市场规模将接近70亿美元，2018年将突破110亿美元大关，市场容量继续扩大，全球市场占比进一步提高。未来3~5年，是中国半导体装备技术跨越和实现产业化的战略黄金期。

2008—2016年国产半导体设备销售额见表1-8。

表1-8　2008—2016年国产半导体设备销售额　　　　　单位：亿元

年　份	2008	2009	2010	2011	2012	2013	2014	2015	2016
IC制造设备	1.1	2.5	3.5	5.0	4.5	6.5	11.2	11.5	23.12
IC封装设备	1.3	1.1	1.8	1.7	2.3	3.7	5.2	6.4	8.84
分立器件制造设备	0.2	0.2	0.2	0.2	0.3	0.2	0.5	0.3	3.28
LED行业相关设备	0.6	0.5	0.7	1.4	1.9	1.2	2.3	3.3	3.00
平板显示相关设备	0.0	0.0	0.0	0.0	0.0	0.0	0.0	1.1	0.49
太阳能行业相关设备	4.6	4.2	5.6	9.4	6.2	3.7	4.1	3.6	27.65
其他产品相关设备	10.1	9.4	11.4	13.1	14.6	14.5	18.4	22.9	13.75
合　计	17.9	17.8	23.2	30.8	29.8	29.8	41.7	49.3	80.13

数据来源：ICMtia，2017.07。

撰稿人：北方华创科技集团股份有限公司　　张国铭
　　　　中芯国际集成电路制造有限公司　　　郑凯
审稿人：赛迪顾问股份有限公司　　　　　　　李珂

1.5.30 中国集成电路材料业的发展（2000—2016），中國積體電路材料業的發展（2000—2016），Development of China IC Material Industry（2000-2016）

据集成电路材料产业技术创新战略联盟（ICMtia）统计，2016年，我国半导体材料的市场规模达到638亿元，包括集成电路和分立器件。制造类的材料市场规模约为343亿元，其中硅材料占36%，光刻掩模和电子级气体各占14%，光刻胶及配套试剂占12%，抛光材料、工艺化学品和溅射靶材分别占7%、4%和2%；封装类的材料市场规模约为295亿元，其中引线框架、封装基板、键合丝和包封材料等四大类材料占市场份额分别为25%、23%、21%和20%，陶瓷封装材料和芯片黏结材料分别占6%和3%。

2010年之前，国内材料业发展较慢，销售规模不大。2008年的科技重大专项开始实施，极大地促进了材料行业的快速发展，尤其2010年以来，国内半导体材料行业的销售规模实现飞跃性增长。据ICMtia统计，2008—2016年国内材料企业的销售额变化见表1-9。

表1-9 2008—2016年国产半导体材料销售额　　　　单位：亿元

年份	2008	2009	2010	2011	2012	2013	2014	2015	2016	2017（预计）
衬底材料	31.1	22.1	41.8	52.5	43.3	51.1	56.4	53.3	63.4	69.9
掩模	0.0	0.0	0.0	0.0	0.0	0.2	0.2	0.3	0.6	0.6
光刻胶	0.8	0.8	1.3	1.9	2.2	2.8	2.9	2.9	4.6	5.6
电子级气体	5.4	5.4	11.3	15.8	14.2	16.1	18.2	21.5	41.8	47.7
工艺化学品	7.1	9.2	15.4	20.4	19.1	21.5	25.2	24.5	24.3	26.5
抛光材料	0.1	0.4	0.6	0.6	0.9	1.4	1.6	2.1	2.9	4.2
靶材	0.9	1.0	1.8	2.5	3.1	4.2	5.1	5.1	9.1	10.8
封装材料	22.3	23.8	55.1	71.4	79.1	90.1	104.8	102.0	108.3	116.4
合计	67.7	62.7	127.3	165.1	161.9	187.4	214.4	211.7	255	281.7

数据来源：ICMtia，2017.07。

国内材料企业2016年提供的用于集成电路和分立器件制造的材料的销售额为69.5亿元，占市场需求总量的20.3%；用于半导体的封装材料的销售额为51.7亿元，占市场需求总量的17.7%。

2008—2016年，国内半导体材料行业发展明显加快：①技术研发费用逐年增长，年复合增长率为25%，累计为108亿元；②行业注重知识产权积累，专利数量逐年增长，累计获得授权发明专利1593项。

在材料技术的开发和产业化方面，CMP抛光液、超高纯金属靶材、超高纯特种电子级气体、超高纯工艺化学品、高性能光刻胶等系列产品实现规模化生产，产品正在进入300mm生产线使用。

由于300mm圆片厂的增设，2014年以来，300mm单晶硅片的产业化采取技改与攻关相结合的新模式，厂房建设、设备采购和技术开发等正在加快推进，预计"十三五"期间，300mm硅片有望实现突破。

撰稿人：集成电路材料与零部件产业技术创新联盟　石瑛
　　　　中芯国际集成电路制造有限公司　　　　　郑凯
审稿人：赛迪顾问股份有限公司　　　　　　　　　李珂

1.5.31 中国集成电路设计业重点企业，中國積體電路設計業重點企業，Major Design Companies of China IC Industry

根据CSIA集成电路设计分会对国内集成电路设计企业的统计（见表1-10），截至2016年年底，我国集成电路设计业企业总数达到1362家。其中，销售额超过1亿元的企业达到161家；销售额超过5000万元小于1亿元的企业达到201家；销售额超过1000万元小于5000万元的企业达到256家；小于1000万元的企业为742家。

表1-10　中国集成电路设计企业按销售额分布状况

企业销售额	2014年		2015年		2016年	
	企业数	占比	企业数	占比	企业数	占比
>1亿元	118	19.4%	143	17.3%	161	11.9%
0.5亿~1亿元	158	22.96%	169	23.3%	201	14.8%
0.1亿~0.5亿元	198	27.7%	204	29.1%	256	18.8%
<0.1亿元	191	29.9%	220	28.0%	742	54.5%
企业数总计	681		736		1362	

数据来源：CSIA，2017.06。

2014—2015年中国前10位集成电路设计企业销售额排名见表1-11。

表1-11　2014—2016年中国前10位集成电路设计企业销售额排名　　单位：亿元

排名	2014年	销售额	2015年	销售额	2016年	销售额
1	海思半导体	146	海思半导体	221.0	海思半导体	303
2	展讯通信	72.0	清华紫光展锐	109.9	清华紫光展锐	125

续表

排名	2014年	销售额	2015年	销售额	2016年	销售额
3	华大半导体	32.1	深圳市中兴微电子	51.0	深圳市中兴微电子	56
4	大唐半导体	31.3	华大半导体	33.8	华大半导体	47.6
5	深圳市中兴微电子	30.6	大唐半导体	31.0	北京智芯微电子	35.6
6	南瑞智芯微电子	24.8	北京智芯微电子	29.2	格科微电子	30
7	锐迪科微电子	22.0	敦泰科技	22.0	汇顶科技	27.6
8	格科微电子	20.4	士兰微电子	20.1	士兰微电子	24.3
9	士兰微电子	19.6	中星微电子	18.5	大唐半导体	23.5
10	北京中星微电子	17.5	格科微电子	17.9	敦泰科技	20.5

数据来源：CSIA，2017.05。

下面对2016年排名前5位的集成电路设计企业进行简单介绍。

海思半导体有限公司成立于2004年10月，前身是创建于1991年的华为集成电路设计中心。海思公司总部位于深圳，在北京、上海、美国硅谷和瑞典设有设计分部。海思可为客户提供通信网络、无线终端、数字媒体等芯片及解决方案。目前海思的通信网络和无线终端业务仍以服务华为为主。

清华紫光展锐是紫光集团通过连续三次国际并购和一次外资入股，斥资27.77亿美元组建而成的。整合后的紫光展锐致力于移动通信和物联网领域的2G/3G/4G移动通信基带芯片、射频芯片、物联网芯片、电视芯片、图像传感器芯片等核心技术的自主研发，产品覆盖手机、平板电脑、物联网、智能可穿戴、导航定位、摄影成像、数字电视等领域的海量终端市场，为客户提供一站式解决方案。

深圳市中兴微电子技术有限公司成立于2003年，是中兴通讯的全资子公司，其前身是中兴通讯于1996年成立的IC设计部。中兴微电子专注于通信IC和多媒体信息及消费类终端等IC的研发和销售，芯片应用覆盖光传送设备、宽带接入设备、数据通信设备、移动通信局端设备和移动通信终端等各个领域。

华大半导体有限公司成立于2014年5月，是中国电子信息产业集团有限公司（CEC）的全资子公司，其旗下企业包括原华大集团下属企业，以及北京华虹、上海华虹两家集成电路设计企业，公司总部位于上海。华大半导体在智能卡、信息安全芯片、电源管理芯片等领域具备较强的市场竞争力。

北京智芯微电子科技有限公司是国网信息通信产业集团的全资子公司，公司于2013年1月注册成立（其前身通信与用电技术分公司成立于2010年1月），注册资本5000万元，业务范围覆盖电力、金融、市政、节能环保、信息通信和现代服务业等领域，形成芯片传感、通信控制、用配电三大业务方向，能够为客户提供以智能芯片为核心的高端产品、技术、服务和整体解决方案。

撰稿人：赛迪顾问股份有限公司　李珂
审稿人：中国半导体行业协会　　陈贤

▷▷▷ 1.5.32 中国集成电路制造业重点企业，中國積體電路製造業重點企業，Major Manufacturing Companies of China IC Industry

目前中国集成电路制造产业分布呈现内外资企业同步发展的格局。三星、SK 海力士、Intel 等全球主要半导体企业都在国内设立了制造企业；同时，以中芯国际、上海华虹宏力、华润微电子等为代表的制造企业也正在快速发展。

2014—2016 年中国半导体制造前 10 位企业销售额排名见表 1-12。

表 1-12　2014—2016 年中国半导体制造前 10 位企业销售额排名　　单位：亿元

排名	2014 年	销售额	2015 年	销售额	2016 年	销售额
1	中芯国际	120.2	中芯国际	145.2	三星（中国）半导体	237.5
2	SK 海力士半导体（中国）	112.3	三星（中国）半导体	144.7	中芯国际	202.2
3	三星（中国）半导体	50.5	SK 海力士半导体（中国）	127	SK 海力士半导体（中国）	122.7
4	华润微电子	50.4	华润微电子	47.8	华润微电子	56.7
5	上海华虹宏力	40.3	台积电（中国）	43.6	上海华虹宏力	50.2
6	台积电（中国）	39.3	上海华虹宏力	42.7	Intel 半导体（大连）	45.8
7	Intel 半导体（大连）	33.8	Intel 半导体（大连）	22.1	台积电（中国）	39.6
8	西安微电子技术研究所	19.0	西安微电子技术研究所	22	华力微电子	30.3
9	和舰科技	16.2	华力微电子	20	西安微电子技术研究所	25
10	吉林华微电子	12.6	和舰科技	18.1	和舰科技	17.5

注：以上企业不以集团为排名主体；以上数据为企业总销售额，包含集成电路及半导体分立器件产品。

数据来源：CSIA，2017.05。

下面对中芯国际、华润微电子、华虹宏力等企业进行简单介绍。

中芯国际是世界领先的集成电路圆片代工企业之一，主要提供 $0.35\mu m \sim$ 28nm 圆片代工与技术服务，以一站式服务满足客户的不同需求：从掩模版制造、IP 研发及后段辅助设计服务到外包服务（包含凸块服务、圆片探测，以及最终的封装、终测等），能有效缩短产品上市时间，同时降低成本。目前，中芯国际在上海、北京、天津和深圳共建有 3 条 300mm 线和 3 条 200mm 线。

华润微电子有限公司是华润集团旗下的微电子业务投资、发展和经营管理的高科技企业，自 2004 年起连续被国家工业和信息化部评为中国电子信息百强企业。公司业务包括集成电路设计、掩模制造、圆片制造、封装测试及分立器件制造，目前拥有 150mm 和 200mm 圆片生产线 4 条、封装生产线 2 条、掩模生产线 1 条、设计公司 4 家，为国内唯一拥有齐全半导体产业链的企业。

上海华虹宏力半导体制造有限公司，是一家 200mm 圆片代工企业，主要专注于 200mm 圆片工艺的研发与制造，尤其是嵌入式非易失性存储器及功率器件，目前的技术节点为 $1.0\mu m \sim 90nm$。公司的技术组合包括 RFCMOS、模拟及混合信号电路、电源管理及 MEMS。公司生产的产品广泛应用于消费电子、网络通信、计算机、工业控制和汽车电子中。

    撰稿人：中芯国际集成电路制造有限公司 郑凯
         赛迪顾问股份有限公司   李珂
    审稿人：中国半导体行业协会   陈贤

▷▷▷ 1.5.33 中国集成电路封装测试业重点企业，中國積體電路封裝測試業重點企業，Major Packaging and Testing Companies of China IC Industry

中国封装测试企业（数量）的地域分布情况见表 1-13。截至 2015 年年底，中国主要集成电路封装测试企业为 87 家。从地域分布来看，主要集中在长江三角洲、珠江三角洲以及京津环渤海地区，占比分别为 55.2%、12.6% 和 14.9%。与此同时，随着中西部地区封测业的崛起，封测企业的数量不断增加，2015 年的占比已经提升到 12.6%。

2014—2016 年中国前 10 位封装测试企业销售额排名见表 1-14。

目前，国内集成电路封装测试业呈现外资企业占据多数的态势。87 家主要封测企业中，本土企业 29 家，外资企业 58 家。从 2016 年国内前 10 位集成电路封测企业来看，本土有 3 家，分别为江苏新潮科技集团有限公司、南通华达微电子集团有限公司和天水华天电子集团。

表 1-13 中国封装测试企业（数量）地域分布情况

年份	长三角	环渤海	珠三角	中西部	其他	合计
2011	45	12	10	8	4	79
2012	46	13	10	8	4	81
2013	48	13	10	8	4	83
2014	48	13	10	10	4	85
2015	48	13	11	11	4	87

数据来源：CSIA，2016.12。

表 1-14 2014—2016 年中国前 10 位封装测试企业销售额排名　　　　单位：亿元

排名	2014 年	销售额	2015 年	销售额	2016 年	销售额
1	江苏新潮科技	69.1	江苏新潮科技	92.2	江苏新潮科技	193*
2	威讯联合半导体（北京）	63.0	威讯联合半导体（北京）	62	南通华达微电子	135.7**
3	飞思卡尔半导体（中国）	53.9	南通华达微电子	56.4	威讯联合半导体（北京）	83
4	南通华达微电子	52.1	恩智浦（中国）	54.2	天水华天	66.6
5	英特尔产品（成都）	42.6	天水华天	47.8	恩智浦半导体	58.9
6	天水华天	40.3	英特尔产品（成都）	40.5	英特尔产品（成都）	39.7
7	海太半导体	35.5	海太半导体	37.2	海太半导体	32.4
8	三星电子（苏州）半导体	25.9	上海凯虹科技	30.1	上海凯虹科技	30.4
9	上海松下半导体	25.5	安靠封装测试（上海）	29.5	安靠封装测试（上海）	30.1
10	星科金朋（上海）	23.3	晟碟半导体（上海）	27.6	晟碟半导体（上海）	27.6

* 包括星科金朋销售数据。
** 包括 AMD 苏州、马来西亚工厂销售数据。
注：以上数据为企业总销售收入，包含集成电路及半导体分立器件产品。
数据来源：CSIA，2016.12。

下面对江苏新潮科技集团、南通华达微电子集团、天水华天电子集团进行简单介绍。

江苏新潮科技集团有限公司成立于 2000 年 9 月，旗下长电科技公司的主营业务为集成电路、分立器件的封装与测试以及分立器件的芯片设计、制造；目前公司封测类型有 DIP/SDIP、QFN/DFN、FCBGA/LGA、SiP、WLCSP、TSV、Copper Pillar Bumping、3D 封装、MEMS、eWLB、POP、PiP 等多个系列，产品主要应用于计算机、网络通信、消费电子及智能移动终端、工业自动化控制、电源管理、汽车电子等电子整机和智能化领域。

南通华达微电子集团下属的通富微电子股份有限公司（简称通富微电）成立于 1997 年，专业从事集成电路封装、测试，现有员工 7000 多人。公司目前的封装技术包括 Bumping、WLCSP、FC、BGA、SiP 等先进封测技术，QFN、QFP、SOP 等传统封装技术以及汽车电子产品、MEMS 等封装技术；测试技术包括圆片测试、系统测试等。通富微电在中国国内封测企业中第一个实现 300mm 圆片 28nm 手机处理器芯片后工序全工艺大规模生产，包括 Bumping、CP、FC、FT、SLT 等。

天水华天电子集团下属的天水华天科技股份有限公司成立于 2003 年 12 月 25 日，主要从事半导体集成电路封装测试业务。目前公司集成电路封装产品主要有 DIP/SDIP、SOT、SOP、SSOP、TSSOP/ETSSOP、QFP/LQFP/TQFP、QFN/DFN、BGA/LGA、FC、MCM（MCP）、SiP、WLCSP、TSV、Bumping、MEMS 等多个系列，主要应用于计算机、网络通信、消费电子及智能移动终端、工业自动化控制、汽车电子等电子整机和智能化领域，集成电路年封装能力达到 100 亿块。

撰稿人：中芯国际集成电路制造有限公司　郑凯
赛迪顾问股份有限公司　李珂
审稿人：中国半导体行业协会　陈贤

▷▷▷ 1.5.34　中国集成电路专用设备重点企业，中國積體電路專用設備重點企業，Major Equipment Companies of China IC Industry

全球范围内，集成电路专用设备业集中度高，产品和市场主要掌握在美、日、荷兰等西方国家的企业手中。中国半导体专用设备产业经过近些年的发展，有了很大进步。中国电子专用设备工业协会会员单位共计 129 家，其中专门从事集成电路专用设备及零部件研发生产的企业有 30 余家，主要分布在北京、上海、沈阳三地。

北京是中国半导体专用设备企业的重要集聚区，聚集了北方华创科技集团股份有限公司、中国电子科技集团公司第四十五研究所、北京中科信电子设备有限公司、北京华卓精科科技股份有限公司、北京京运通科技股份有限公司等骨干企业。北方华创科技集团股份有限公司成立于 2016 年，由北京七星华创电子股份有限公司（简称七星电子）和北京北方微电子基地设备工艺研究中心有限责任公司（简称北方微电子）战略重组而成，主营产品为氧化炉、扩散炉、LPCVD设备、PECVD设备、退火炉、清洗机、刻蚀机、PVD设备等。中国电子科技集团公司第四十五研究所是中国电子科技集团公司电子装备有限公司旗下的骨干企业，与中国电子科技集团公司第二研究所和第四十八研究所强强联合，组建电科装备集团，主营产品为离子注入机、光刻机、CMP设备等。

上海是中国半导体设备产业的另一个重要基地，聚集了中微、上海微电子、上海睿励、盛美半导体等一批骨干企业。中微的主要产品包括介质刻蚀（D-RIE）设备、硅通孔（TSV）刻蚀设备和MOCVD等，在国内300mm生产线28nm工艺节点成功应用，20nm/16nm刻蚀机在台积电、SK海力士、东芝、Intel等国际一流生产线上通过验证并实现销售。上海微电子主要从事投影光刻机的研发、生产、销售与服务，产品广泛应用于IC制造与先进封装、MEMS、3D-TSV、TFT-OLED、LED、功率器件等制造领域。上海睿励的主营产品为光学测量设备、光学缺陷检测设备和电子光学分析检测设备。盛美半导体主要产品为电镀、抛光及清洗设备。

沈阳地区的代表企业有沈阳芯源、沈阳拓荆等，其主营产品包括匀胶/清洗/去胶设备、PECVD设备等。

我国集成电路专用设备领域的核心零部件企业相对分散。沈阳富创的主要产品包括铝合金、不锈钢、钛合金精密零件及其组装件，开始小批量供应国内外客户。北方华创的气体质量流量计在泛半导体领域实现大批量销售，并成功进入海外市场，在集成电路领域小批量销售。苏州珂玛、上海卡贝尼的高端陶瓷部件已开始进入海内外半导体领域。靖江先锋的刻蚀机腔室加工开始批量供货。沈阳科仪的干泵、阀门等产品开始在半导体领域批量销售。北京科仪的磁悬浮分子泵完成研发，开始试用。川北真空的阀门等在太阳电池领域得到批量应用。

集成电路设备重点企业见表1-15。

表1-15 集成电路设备重点企业

企业分类	企 业 名 称	主营产品种类	地域
工艺设备整机企业	北方华创科技集团股份有限公司	硅刻蚀机、PVD设备、外延设备、氧化炉、LPCVD设备、清洗机、ALD设备	北京
	北京中科信电子装备有限公司	离子注入机	
	中国电子科技集团公司第四十五研究所	切片机、磨抛机、CMP设备、键合机	
	北京华卓精科科技股份有限公司	快速退火设备	
	北京京运通科技股份有限公司	区熔硅单晶炉	

续表

企业分类	企业名称	主营产品种类	地域
工艺设备整机企业	睿励科学仪器（上海）有限公司	膜厚测量设备、颗粒测量设备	上海
	上海微电子设备有限公司	光刻机	
	中微半导体设备（上海）有限公司	介质刻蚀机	
	上海盛美半导体设备有限公司	清洗机	
	沈阳芯源微电子设备有限公司	匀胶设备、清洗设备、去胶设备	沈阳
	沈阳拓荆科技有限公司	PECVD 设备	
	天津华海精科机电有限公司	CMP 设备	天津
关键零部件企业	沈阳富创精密设备有限公司	金属零部件	沈阳
	中国科学院沈阳科学仪器有限责任公司	干泵、阀门	
	北方华创科技集团股份有限公司	气体质量流量计	北京
	中国科学院北京科学仪器有限责任公司	磁悬浮分子泵	
	北京自动化研究院	倒片机、温度控制器	
	川北真空科技有限公司	真空阀门、管道	
	北京华卓精科科技股份有限公司	工件台、自动化部件	
	靖江先锋半导体科技有限公司	刻蚀机腔室	江苏
	苏州珂玛材料有限公司	陶瓷部件	
	中国科学院长春光学精密机械与物理研究所	光刻机镜头	吉林
	中国科学院光电技术研究所	光刻机镜头	四川

撰稿人：北方华创科技集团股份有限公司　张国铭
　　　　中芯国际集成电路制造有限公司　郑凯
审稿人：赛迪顾问股份有限公司　　　　　李珂

▷▷▷ 1.5.35 中国集成电路专用材料重点企业，中國積體電路專用材料重點企業，Major Material Companies of China IC Industry

集成电路专用材料品种繁多，分别为硅及硅基材料、掩模版、光刻胶、高纯电子级气体、抛光材料、工艺化学品和溅射靶材等，相关企业介绍如下。

1. 硅及硅基材料

开展硅片材料业务的企业主要有北京有色金属研究总院（有研总院）、上海市新昇半导体科技有限公司、浙江金瑞泓科技股份有限公司、上海新傲科技股份有限公司、南京国盛电子有限公司、河北普兴电子科技股份有限公司、天津市环欧半导体材料技术有限公司。300mm 硅片技术的开发和产业化集中在上海新昇和有研总院。上海新傲开发了200mm SOI晶片关键技术，并建成生产线。200mm硅片产业化正在由有研总院、金瑞泓、上海新傲、南京国盛、河北普兴等公司推进。天津环欧联合浙江晶盛和北京京运通等企业，推进200mm区熔硅硅片的产业化。

2. 掩模版

目前国内掩模版生产企业共有4家，分别是上海凸版光掩模有限公司、中芯国际掩模制造厂、华润掩模工厂和无锡中微掩模电子有限公司。中芯国际掩模制造厂主要为公司自身圆片生产配套，技术水平为0.35μm~28nm。华润掩模工厂为华润微电子生产配套，技术水平为2~0.35μm。无锡中微掩模电子有限公司的当前技术水平为0.25μm。上海凸版光掩模有限公司打开了国内外市场，技术水平达到0.25μm。

3. 光刻胶

目前从事光刻胶研制、生产的企业主要有北京科华微电子材料有限公司、苏州瑞红电子化学品有限公司和潍坊星泰克微电子材料有限公司。北京科华微电子材料有限公司的产品主要包括248nm光刻胶及配套试剂、紫外正性光刻胶（g、i线）及配套试剂、紫外负性光刻胶及配套试剂等。苏州瑞红电子化学品有限公司的主要产品为紫外负性光刻胶及配套试剂、g线光刻胶及配套试剂、TN-STN光刻胶等。潍坊星泰克微电子材料有限公司的主要产品包括g线光刻胶、Lift-off负胶和LED专用PSS正胶及相关的配套试剂。

4. 高纯电子级气体

提供特种电子级气体的公司主要有十几家企业。中船718所、南大光电、中昊光明化工研究院、洛阳市黎明化工研究院、大连科利德化工科技开发有限公司等在集成电路工艺用的上百种气体中，选择用量大且技术难度高的20多种气体开展关键技术开发和产业化推进。

5. 抛光材料

目前，已有多家能够制备高档抛光液的企业。上海安集微电子的铜和铜阻挡层抛光液、SiO_2抛光液、3D-TSV抛光液等产品已成功进入集成电路生产线。安集微电子已成为国际五大芯片制造公司的合格供应商。在化学机械抛光垫和金刚石修整盘技术方面，成都时代立夫科技有限公司、宁波江丰精密机电科技有限公司的研发产品已在国内200mm和300mm生产线进行工艺验证。

6. 工艺化学品

能够提供满足集成电路制造要求的工艺化学品企业主要有浙江凯圣氟化学有限公司、湖北兴福电子材料有限公司、上海新阳半导体材料股份有限公司、江阴江化微电子材料股份有限公司、苏州晶瑞化学有限公司、江阴润玛电子材料股份有限公司、杭州格林达化学有限公司、贵州威顿晶磷电子材料有限公司。上海新阳开发的电镀硫酸铜及添加剂在 200mm 和 300mm 集成电路铜工艺中获得量产应用。湖北兴福的磷酸、浙江凯圣氟的氢氟酸等都已在 200mm 和 300mm 工艺上进行认证。

7. 溅射靶材

能够生产半导体制造用靶材的企业主要有宁波江丰电子材料股份有限公司和有研亿金新材料股份有限公司。江丰电子的部分靶材指标接近国际水平，产品已全面进入国内 200mm 和 300mm 集成电路制造厂，并批量进入国际主流企业。有研亿金的主要产品为 200mm 以下的半导体制造和先进封装用靶材。

撰稿人： 集成电路材料与零部件产业技术创新联盟　　石瑛
　　　　 中芯国际集成电路制造有限公司　　　　　　　郑凯
审稿人： 赛迪顾问股份有限公司　　　　　　　　　　　李珂

▷▷▷ 1.5.36　中国集成电路市场规模与产品结构（2000—2016 年），中國積體電路市場規模與產品結構（2000—2016 年），Market Scale and Product Category of IC in China (2000–2016)

随着电子信息制造业的快速发展，我国对集成电路的需求也在不断提升。2000—2016 年中国集成电路市场销售额与增长率如图 1-57 所示。2000 年，我国集成电路市场销售额为 975.3 亿元；到 2014 年，突破万亿元大关，达到 10 393.1 亿元，在全球市场中所占份额已超过 50%，从而成为全球最重要的市场。2016 年，中国集成电路市场销售额达到 11 985.9 亿元，较 2015 年增长了 8.7%，保持了良好的增长势头。

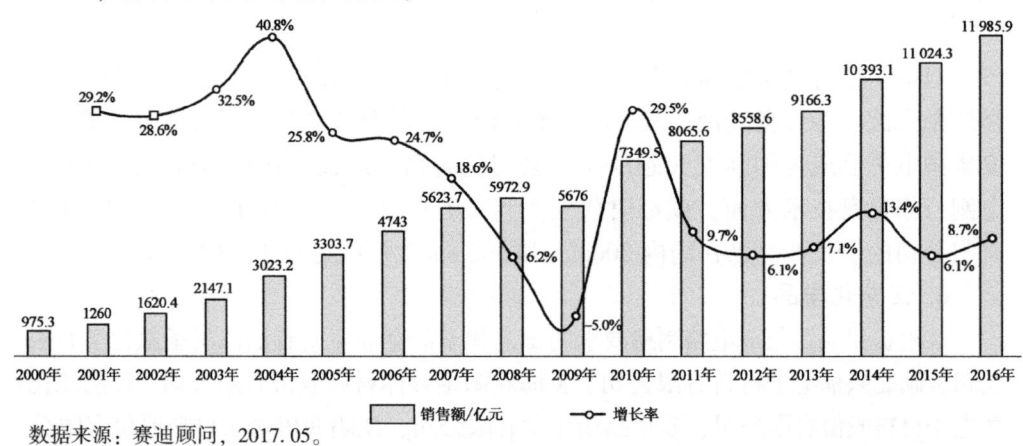

数据来源：赛迪顾问，2017.05。

图 1-57　2000—2016 年中国集成电路市场销售额与增长率

2016 年中国集成电路市场产品结构如图 1-58 所示。2016 年存储器（Memory）、专用标准产品（ASSP）、模拟集成电路（Analog IC）、中央处理器（CPU）是中国排名前四的集成电路产品，销售额分别达到 2930.2 亿元、2710.7 亿元、1994.9 亿元、1251.1 亿元，市场份额分别为 24.4%、22.6%、16.6%、10.4%，其他产品市场份额不超过 10%。

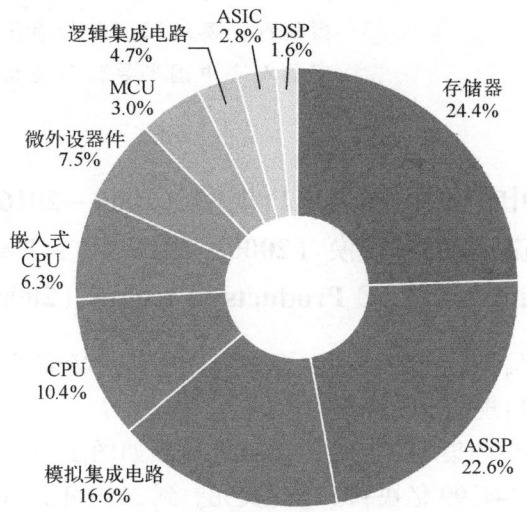

数据来源：赛迪顾问，2016.12。

图 1-58 2016 年中国集成电路市场产品结构

2010—2016 年中国集成电路市场产品结构见表 1-16。

表 1-16 2010—2016 年中国集成电路市场产品结构

产品类型	年度市场销售额							年均复合增长率
	2010年/亿元	2011年/亿元	2012年/亿元	2013年/亿元	2014年/亿元	2015年/亿元	2016年/亿元	
模拟集成电路（Analog IC）	1135.0	1257.8	1368.5	1466.6	1682.2	1900.9	1994.9	9.9%
专用集成电路（ASIC）	223.8	245.4	240.6	247.5	279.4	309.2	339.2	7.2%
专用标准产品（ASSP）	1156.5	1383.2	1563.0	1805.8	2067.6	2288.5	2710.7	15.2%
中央处理器（CPU）	1238.3	1464.9	1482.5	1420.2	1417.4	1297.1	1251.1	0.9%
数字信号处理器（DSP）	128.7	146.3	152.9	161.3	188.1	198.1	189.5	9.0%
嵌入式处理器（Embedded CPU）	330.4	371.1	413.4	494.3	575.9	632.7	751.7	13.9%
逻辑集成电路（Logic IC）	319.0	350.9	381.8	407.9	469.9	493.7	557.7	9.1%
存储器（Memory）	1768.8	1714.0	1728.9	1941.3	2465.5	2649.7	2930.2	8.4%
微控制器（MCU）	218.5	232.0	242.2	260.1	295.2	325.1	361.5	8.3%
微外设器件（Microperipherals）	830.5	910.1	984.9	961.3	951.7	929.2	899.4	2.3%
合计	7349.5	8065.7	8558.7	9166.3	10393.1	11024.3	11985.9	8.4%

数据来源：赛迪顾问，2017.05。

近年来，专用标准产品（ASSP）受智能手机普及带动，是增长最快的产品类型，近6年的年均复合增长率达到15.2%，大幅高于集成电路整体市场8.4%的复合年均增长率水平；而中央处理器（CPU）产品受整个计算机市场衰退影响，市场规模自2012年起开始连年萎缩，近6年的年均复合增长率仅为0.9%，远低于集成电路整体市场的增长水平。

撰稿人：赛迪顾问股份有限公司　李珂
审稿人：中国半导体行业协会　　陈贤

1.5.37　中国集成电路进出口规模（2000—2016年），中國積體電路進出口規模（2000—2016年），Import and Export Amount of IC Products in China（2000-2016）

随着我国电子信息产业的迅速发展和集成电路市场需求的不断增长，中国集成电路产品进出口规模也在快速扩大。

2000—2016年中国集成电路进口量与进口额如图1-59所示。2000年进口量和进口额分别为244.99亿块和133亿美元。到2016年，进口量和进口额已经增长到3424.55亿块和2277.67亿美元。16年间进口量和进口额分别增长到13.98倍和17.13倍，年均复合增长率分别达到17.92%和19.43%。

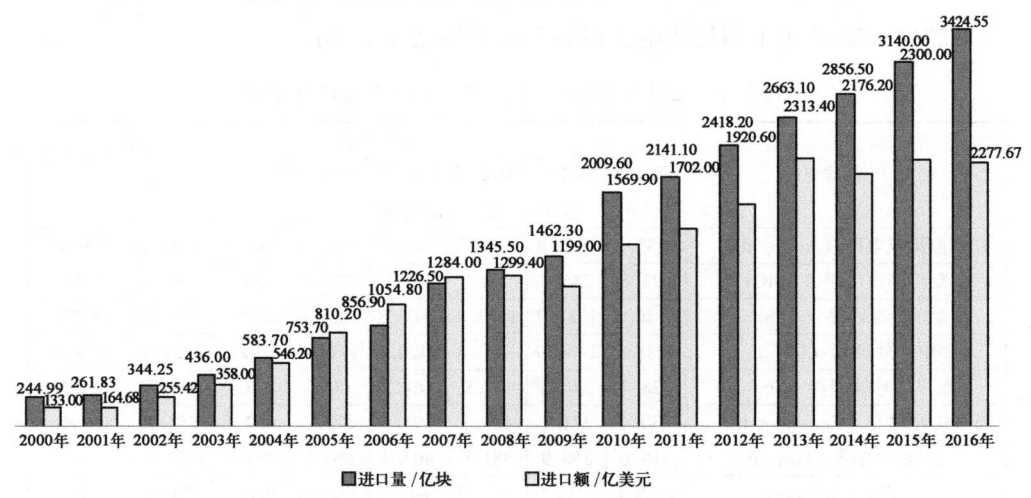

数据来源：中国海关，2017.05。

图1-59　2000—2016年中国集成电路进口量与进口额

2000—2016年中国集成电路出口量与出口额如图1-60所示。2000年我国集成电路出口量和出口额分别为 63.84 亿块和 27.72 亿美元。到 2016 年，集成电路出口量和出口额已经增长到 1808.9 亿块和 612.9 亿美元。16 年间出口量和出口额分别增长到 28.33 倍和 22.11 倍，年均复合增长率高达 23.24% 和 21.35%。

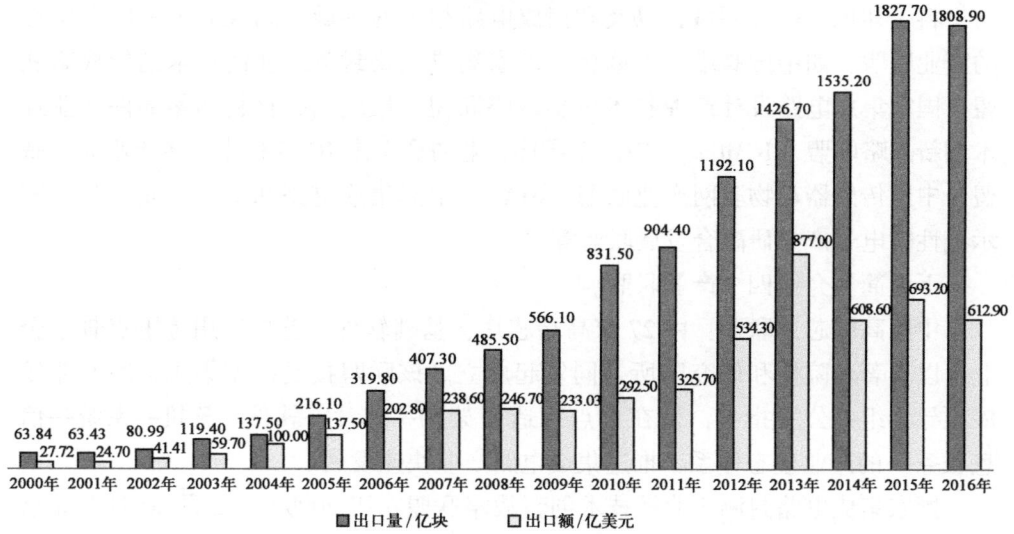

数据来源：中国海关，2017.05。

图 1-60　2000—2016 年中国集成电路出口量与出口额

我国集成电路出口与进口保持了同步增长的势头，其中出口增速略高，但集成电路领域的贸易逆差绝对值仍在持续快速扩大。2000 年，我国集成电路进出口的贸易逆差额为 105.28 亿美元，到 2016 年，贸易逆差已经扩大到 1664.77 亿美元，15 年间增加到 15.81 倍，贸易逆差额的年均复合增长率高达 18.83%。目前，国内集成电路市场需求严重依赖进口的局面仍未得到改善。

撰稿人：赛迪顾问股份有限公司　李珂
审稿人：中国半导体行业协会　　　陈贤

▷▷▷ 1.5.38　中国的集成电路产业联盟，中國的積體電路產業聯盟，China's IC Industry Alliances

自 20 世纪 70 年代末起，产业联盟（Industry Alliance）就开始在美国、欧洲、日本及中国等国家和地区蓬勃发展。产业联盟是企事业单位之间结成的互相协作和资源整合的一种合作模式。联盟成员可以限于某一行业内的企业或者同一产业链各个组成部分的跨行业企业。联盟成员间一般没有资本关联，各企业地位平等，独立运作。

近些年，为了加快集成电路产业的发展，经有关部委批准，在集成电路产业领域，包括高端产品开发、集成电路设计、圆片制造、封装测试、专用设备与材料、知识产权等领域，以及和集成电路相关的领域之间成立了一些全国性的产业联盟，如中国高端芯片联盟、国家集成电路封测产业链技术创新战略联盟、国家集成电路设计产业技术创新战略联盟、集成电路材料和零部件产业技术创新战略联盟（ICMtia）、中国半导体行业协会金融IC卡芯片迁移产业促进联盟、中国传感器与物联网产业联盟（SIA）、中国集成电路知识产权联盟和国家示范性微电子产学研融合发展联盟等。

下面简要介绍四个产业联盟。

中国高端芯片联盟：由27家高端芯片、基础软件、整机应用等重点骨干企业，以及著名院校和研究院所共同发起成立。该联盟接受国家集成电路产业发展领导小组办公室指导，旨在重点打造"架构—芯片—软件—整机—系统—信息服务"的产业生态体系，推进集成电路产业快速发展。

国家集成电路封测产业链技术创新战略联盟：于2009年12月30日在北京成立，由我国从事集成电路封测产业链的制造、科研、教学等单位及其他相关的产学研企事业单位在自愿的基础上组成，并设立华进半导体封装先导技术研发中心作为国家封测联盟的共性技术平台。国家集成电路封测产业链技术创新战略联盟是国家科技重大专项实施中产学研结合组织创新模式的第一家，它的成立更好地推进了重大专项的组织实施。

国家集成电路设计产业技术创新战略联盟：该联盟以国家集成电路设计产业化基地为主体，以科研院所和高校为依托，以国产自主知识产权核心技术为基础，产学研用相结合，软硬件技术相结合，形成以国家集成电路设计产业创新战略联盟为主体框架的服务支撑体系，营造以自主创新为核心的产业生态环境。

集成电路材料和零部件产业技术创新战略联盟：集成电路材料产业技术创新战略联盟成立于2013年1月8日，是在国家实施创新驱动发展战略、加快建设国家创新体系精神指引下，业界同仁在集成电路材料这一关乎电子信息产业自主可控发展能力的关键性、基础性领域组建的产业技术创新战略联盟。2016年，集成电路材料产业技术创新战略联盟扩展了零部件业务，更名为集成电路材料和零部件产业技术创新战略联盟。

撰稿人：中国半导体行业协会　　　　陈贤
　　　　工业和信息化部电子信息司　任爱光
审稿人：赛迪顾问股份有限公司　　　李珂

1.5.39 中国半导体行业协会，中國半導體行業協會，China Semiconductor Industry Association（CSIA）

中国半导体行业协会（China Semiconductor Industry Association，CSIA）是由全国半导体界从事集成电路、半导体分立器件、半导体材料和设备的生产、设计、科研、开发、经营、应用、教学的单位及其他相关的企事业单位自愿参加的、非营利性的、行业自律的全国性社会团体，不受地区、部门和所有制的限制，具有社会团体法人资格。目前有会员单位近700家。

CSIA于1990年11月17日成立，当时的742厂（无锡华润微电子有限公司前身）厂长王洪金任第一届理事会理事长，副理事长为时任中电科13所所长毕克允和742厂副厂长蒋守雷，秘书长为陈文华，副秘书长为周绪文和于燮康。

1994年9月，楼洁年任第二届理事会理事长，副理事长为毕克允、蒋守雷，秘书长为陈文华，副秘书长为郝福申、肖俊良。

2001年5月16日，俞忠钰任第三届理事会理事长，常务副理事长为时任中国电子信息产业发展研究院科技委主任许金寿，秘书长为徐小田。

2005年11月30日，俞忠钰理事长代表第三届理事会向会员大会做了"第三届理事会工作报告"，对第三届理事会的工作进行了总结。同日，经选举，第三届理事会领导班子获得连任。

2009年10月21日，CSIA第五届会员代表大会在苏州召开，时任中芯国际集成电路制造有限公司董事长江上舟担任第五届理事会理事长，俞忠钰为名誉理事长和科技顾问，许金寿、徐小田和陈贤分别被选为常务副理事长、执行副理事长和秘书长。

2013年11月12日，CSIA第六届会员代表大会在上海召开，时任中芯国际集成电路制造有限公司董事长张文义、周子学先后担任第六届理事会理事长，徐小田任秘书长。

CSIA下设6个分会：集成电路设计分会，集成电路分会，半导体封装与测试分会，半导体分立器件分会，半导体支撑业分会，以及MEMS分会。

协会自成立以来，不断地加强自身的组织建设，完善各项规章制度，积极为会员单位服务，为全行业服务，为政府部门服务，在工作中认真贯彻党和政府的各项方针政策，及时向政府部门反映企业的诉求，在政府部门和行业之间发挥桥梁和纽带作用。

协会在产业发展规划、产业调研、产业政策研究、产业信息交流、企业享受优惠政策资质确认等方面积极开展工作，不定期地编写产业状况报告与政策研究信息，每年举办中国国际集成电路博览会暨高峰论坛（IC China）、半导体市场年会，开展中国半导体创新产品与技术评选活动。协会的各个分会每年还举办形式多样的专题研讨会。在信息咨询服务和行业统计方面，协会按季度统计和分析中国半导体行业数据，按年度编写《中国半导体产业发展状态报告》等。同时，协会与各地协会每年举办一次协会秘书长联谊会，加强工作与经验交流，以利于协会更好地开展工作。

中国半导体行业协会是世界半导体理事会（WSC）成员。协会认真组织企业界CEO和行业专家参加有关的各项活动，代表中国产业界发声，表达中方的意见，为中方产业争取利益，赢得发展机遇。多年来，中国半导体协会的工作赢得了政府有关部门、产业、教育、科技界等相关单位的好评，在全球半导体产业界赢得了赞誉。

撰稿人：中国半导体行业协会　　陈贤
审稿人：赛迪顾问股份有限公司　　李珂

▷▷▷ 1.5.40 国家工业信息安全发展研究中心，國家工業信息安全發展研究中心，Electronic Technology Information Research Institute of MIIT（ETIRI）

国家工业信息安全发展研究中心（Electronic Technology Information Research Institute of MIIT，ETIRI）是由工业和信息化部电子科学技术情报研究所（简称"电子一所"）于2017年2月更名而来。电子一所是工业和信息化部直属的事业单位，成立于1959年，是新中国第一批成立的中央级专业科技情报研究机构之一，也是国防科技工业技术基础六大领域（核、航天、航空、船舶、兵器、电子）情报研究所的重要组成部分。50多年来，伴随着中国电子信息产业、国防科技工业的发展，以及中国工业化和信息化的融合进程，国家工业信息安全发展研究中心始终不渝地立足科技情报研究，不断推进两化深度融合、军民融合，不断优化管理和创新业务，现已成为我国工业和信息化、国防军事电子领域知名的情报研究咨询与决策支撑机构。

国家工业信息安全发展研究中心现有科研办公面积4万多平方米，在职职工800多人，其中硕博人员约占40%、中高级职称人员约占40%；主要从事情报研究和信息咨询服务工作，服务对象遍及工业和信息化部、国务院信息化工作办公室、国家国防科技工业局、军委装备发展部等政府和军队领导机关及相关科研院所、生产企业、高等院校，在电子信息行业内颇具实力和影响力。国家工业信息安全发展研究中心拥有信息安全风险评估服务、司法鉴定、工程咨询、检测服务、计量认证等资质。

受工业和信息化部委托，国家工业信息安全发展研究中心代部行使情报、成果、期刊、知识产权、电子工业档案等行业管理职能，并提供媒体出版、声像制作、文献检索、软件开发、系统集成、数据库建设等多元化服务。国家工业信息安全发展研究中心同时还是中国电子学会情报分会以及国防科技声像服务中心、中国信息产业商会等社团组织的挂靠单位。此外，国家工业信息安全发展研究中心还曾重点承担了部科技情报、科技成果、声像资源、科技期刊、年鉴编辑、电子工业档案、知识产权、工程建设等行业管理职能，并开展了大量创新性工作。其编辑出版的《世界军事电子装备与技术发展年度报告》《世界电子信息产业发展年度报告》等系列研究报告和《世界军事电子装备与技术发展研究》《信息技术与产业发展研究》等内部刊物，以及《中国信息产业年鉴》（电子卷）等公开出版物多次获得各级领导和专家的好评。

近年来，国家工业信息安全发展研究中心的信息资源建设取得了丰硕成果，现建有26TB的存储系统，有效地保障了信息资源存储的安全性和可靠性。以"世界信息技术与产品水平数据库""中国电子元器件产品数据库""电子科技期刊全文数据库""信息技术领域专利数据库""中国信息产业图片数据库"为代表的数值型、事实型、文献型、图片型信息资源受到广泛关注。

    撰稿人：工业和信息化部电子信息司 任爱光
          中国电子信息产业发展研究院 夏岩
    审稿人：赛迪顾问股份有限公司   李珂

▷▷▷ 1.5.41 中国电子技术标准化研究院，中國電子技術標準化研究院，China Electronics Standardization Institute（CESI）

中国电子技术标准化研究院（China Electronics Standardization Institute，CESI）即工业和信息化部电子第四研究院，简称"电子标准院""电子四院"，是工业和信息化部直属事业单位，专业从事电子信息技术领域标准化研究，负责我国电子信息技术国家标准、行业标准、国家军用标准和行业军用标准的研制与管理，是我国电子信息行业相关的11个标准化技术委员会和6个标准化分技术委员会的秘书处单位以及军用电子元器件、测试仪器、计算机和信息处理3个军标委的副主任委员单位。自1963年建院以来，电子标准院已从初期的单一标准制定，发展成集标准研制、试验检测、计量校准、认证评估、培训咨询和信息服务为一体的基础性、公益性、综合性科研机构；业务领域涵盖材料、元器件、软件与集成电路、设备与系统、行业管理、信息技术与信息安全、安全与电磁兼容等全产业链。电子标准院现有员工 600 多人，其中学科带头人 26 人、高级工程师 179 人、博士 43 人；现有资产总额近 12.4 亿元，其中固定资产 5.98 亿元，仪器设备 6200 余台套。

电子标准院主要业务包括对部（工业和信息化部）支撑、标准科研、实验检测、认证评估等几个方面。

在标准科研工作方面："十二五"期间，电子标准院承担了来自工业和信息化部、发改委、科技部、国家标准化管理委员会、中国人民解放军总装备部、国防科工局等 34 个渠道的科研项目 879 项；通过重大专项、产业化等项目，建立了宇航和高可靠器件、国产基础软件、高性能处理器、云计算、物联网、地面数字电视和数字音视频、新能源和环保型电子材料、锂离子电池、电子政务安全等领域的标准验证和测试平台；研究制定了基础软硬件测评指标、锂离子电池安全、云计算和物联网架构等一批关键技术标准。

在实验检测工作方面：2008 年，电子标准院整合标准化实验检测业务能力，成立了"赛西实验室"，下设电子元器件检测中心、集成电路测试验证实验室、数字音视频及多媒体产品检测中心、信息处理产品标准符合性检测中心、安全实验室、电磁兼容实验室、有害物质检测实验室、计量与检测中心、物联网检测中心、信息安全检测中心等 10 个专业实验室；主要开展电子产品、信息技术产品的认证检测、委托检测和试验评价，电子信息产品、软件产品质量控制和技术评价工作，微电子、元器件、无线电电子学等专业领域的量值传递、溯源和校准服务，试验方法和检测方法的研究、试验验证、试验比对等技术活动，提供解决方案、实验设备和工装夹具的设计等服务。

在认证评估工作方面：电子标准院是全国首批认证机构授权单位之一，业务涉及强制性和自愿性产品认证、管理体系认证、服务认证和核查业务等；近年来，着力从新技术、新产品、新业务的认证评估能力上进行突破，获得 CCC 强制性产品认证、污染控制认证、信息安全管理认证、信息技术服务管理体系认证、能源管理体系认证、软件能力评估、碳交易核查、美国 EPEAT 评估等资质，在信息技术、音视频、节能减排等领域形成了较强的市场服务能力。

此外，电子标准院还承担对工业和信息化部支撑工作，主要包括：支撑开展电子信息、软件服务业、信息安全、工程建设、节能减排、安全生产等领域的技术标准体系建设和维护，以及智能制造等近 10 个领域的综合标准化工作；支撑部工业电子和信息技术领域标准化管理，开展云计算、物联网、智慧城市、大数据、智能终端、锂离子电池、半导体照明等综合标准化方案研究；积极推进射频连接器、平板显示、太阳能光伏、物联网等我国提案的国际标准化进程，不断提高国际标准化工作的参与度和影响力；加强工业行业标准数据库、工业和信息化标准服务平台的建设和维护，升级改造电子信息行业标准化工作平台等。

撰稿人： 工业和信息化部电子信息司　　任爱光

中国电子信息产业发展研究院　　夏岩

中国电子技术标准化研究院　　李博

审稿人： 赛迪顾问股份有限公司　　李珂

▷▷▷ 1.5.42 中国电子产品可靠性与环境试验研究所，中國電子產品可靠性與環境試驗研究所，China Electronic Product Reliability and Environment Test Research Institute（CEPREI）

中国电子产品可靠性与环境试验研究所（China Electronic Product Reliability and Environment Test Research Institute，CEPREI）即工业和信息化部电子第五研究所（中国赛宝实验室），简称"电子五所"，始建于1955年，是工业和信息化部直属的行业支撑服务单位，也是中国最早从事可靠性研究的机构之一，具有专业的质量可靠性共性技术服务平台。电子五所总部位于广州市天河区，占地面积22万平方米，拥有各类试验、分析测试和计量等仪器设备7000多台套，现有职工2000多人。

电子五所可提供从材料到整机设备、从硬件到软件直至复杂大系统的认证计量、试验检测、分析评价、数据服务、软件评测、信息安全、技术培训、标准信息、工程监理、节能环保、专用设备和专用软件研发等技术服务。作为工业和信息化部的直属单位，电子五所还承担了对部的行业管理和地方政府提供技术支撑，以及为电子信息企业提供技术支持与服务等工作。同时，电子五所具有多项认证、检测资质和授权，建立了良好的国际合作互认关系，可在世界范围内开展认证、检测业务，代表中国进行国际技术交流、标准和法规的制订。目前，电子五所在广州、苏州、重庆、宁波、佛山、香港、南京、孝感、芜湖、泰州、威海建有实验室；在广州、海南（万宁、三沙）、拉萨建有不同条件特点的试验站，建成了完善的城市、乡村、海洋亚热带气候环境试验体系。

电子五所电子元器件可靠性物理及其应用技术重点实验室，是国内唯一从事电子元器件可靠性基础研究的国家级重点实验室。实验室紧密围绕电子元器件可靠性技术需求，开展探索性、创新性的应用基础和关键技术研究，在失效机理及其数理模型、失效分析新技术、可靠性试验与评估、可靠性设计等研究领域均处于国内领先地位，在产品故障预测与健康管理、集成电路失效分析新技术、集成电路电磁环境可靠性、空间辐射试验技术及机理、微小结构机械可靠性研究及模态试验技术、热特性分析及解决方案、封装互连可靠性评价等领域取得了一系列创新性成果并得到良好应用，已成为国内电子元器件可靠性研究和人才培养的重要基地。

此外，电子五所还是国家通用电子元器件及集成电路质量监督检验授权机构，拥有各类集成电路测试、试验、分析评价等大型仪器设备及软件400余台套，覆盖集成电路功能验证、性能测试、可靠性试验、失效分析、可靠性评价、嵌入式软件评测等不同技术方向。其中，针对集成电路产品检测、试验过程中遇到的实际问题，着重开展测试技术、试验方法以及评价技术研究，承担完成集成电路相关863、"核高基"等国家级课题，为我国北斗导航芯片产品质量可靠性提供技术支撑，推进产业化进程。

撰稿人：工业和信息化部电子信息司　　　　任爱光
中国电子信息产业发展研究院　　　夏岩
工业和信息化部电子第五研究所　　郝立超
审稿人：赛迪顾问股份有限公司　　　　　　李珂

▷▷▷ 1.5.43　中国电子信息产业发展研究院，中國電子信息產業發展研究院，China Center for Information Industry Development（CCID）

中国电子信息产业发展研究院（China Center for Information Industry Development，CCID）简称"赛迪研究院"，是直属于工业和信息化部的科研事业单位。成立二十多年来，一直致力于面向政府、面向企业、面向社会提供研究咨询、评测认证、媒体传播与技术研发等专业服务，形成了政府决策与软科学研究、传媒与网络服务、咨询与外包服务、评测与认证服务、软件开发与信息技术服务五业并举发展的业务格局。

赛迪研究院下属的赛迪顾问股份有限公司（赛迪顾问）是中国首家在香港创业板上市（股票代码：HK08235），并在业内率先通过ISO 9001标准认证的现代咨询企业。公司拥有500余名专业咨询人员，业务网络覆盖全国200多个大中型城市。公司凭借强大的国家部委资源支撑、丰富的行业资源和高端专业化人才等竞争优势，面向政府、园区和企业，提供发展战略与规划、政策研究、转型升级规划、招商引资策略研究、信息化咨询、智慧城市规划、市场投资机会与策略分析、投资可行性研究、运营模式研究、企业兼并重组、企业战略咨询、人力资源管理等现代咨询服务。

半导体产业是赛迪顾问的重点研究及业务方向，主要聚焦集成电路、光电子及行业电子三大领域开展行业研究及咨询业务，成果涉及产业市场趋势、企业投资决策、政府园区规划、政策解读辅导、企业兼并重组等多个方面。在集成电路领域，纵向围绕集成电路设计、制造、封测、设备及材料等产业链各环节，横向聚焦存储器、MCU、MEMS、功率器件、电源管理 IC 等重点产品，并不断向智能终端芯片、智能卡、工控芯片、传感器等应用环节拓展，积极开展多领域、多层次的行业研究和咨询；在光电子领域，瞄准 LED 及半导体照明、新型平板显示、太阳能光伏、激光、光通信等光电器件，积极拓展光电器件在新工业、新能源、新消费等下游领域的应用研究，包括智能照明、智能家居、能源互联网、智能工业等；在行业电子领域，研究范围涵盖汽车电子、健康电子、安全电子、金融电子、电力电子、能源电子、教育电子、通信电子、装备电子等多个领域，同时紧跟新一代信息技术发展趋势，不断强化互联网+、物联网等新兴领域研究，并在智能工业、智慧城市等领域有较深入的研究积累。

撰稿人：赛迪顾问股份有限公司　　李珂
审稿人：中国半导体行业协会　　　陈贤

▷▷▷ 1.5.44　中国电子科技集团公司集成电路研发机构，中國電子科技集團公司積體電路研發機構，IC R&D Institutions of CETC

中国电子科技集团公司（China Electronics Technology Group Corporation，CETC）简称"中国电科"，是经国务院批准，在原电子工业部直属研究院所和高科技企业基础上组建而成的由中央直接管理的国有重要骨干企业，2002 年 3 月 1 日正式挂牌运营。

中国电科主要从事国家重要军民用大型电子信息系统的工程建设、重大装备、通信与电子设备、软件和关键元器件的研制生产，以及电子信息及相关领域的国际经济技术交流与合作、进出口贸易、国内外投融资业务、电子商务等信息服务及其他相关业务。

中国电科2015年2月开始建立董事会制度，现有二级单位66家，三级及以下单位543家，上市公司8家，分布在全国26个省、市、区；拥有国家级重点实验室18个，国家级研究中心和创新中心10个，省部级和集团公司重点实验室14个，博士后科研工作站20个；现有在职职工15万人，其中专业技术人员占56%，45岁以下中青年科技人员占专业技术人员85%；现有中国工程院院士11人，有突出贡献的中青年技术专家36人，享受国务院特殊津贴574人。自成立以来，中国电科共申请专利18 619项（其中发明专利12 972项），授权专利9010项，年均增长率35%以上。"空警2000"预警机获得2010年国家科技进步特等奖，王小谟院士获得2012年国家最高科学技术奖。

2015年，中国电科实现主营业务收入1651亿元，利润总额163亿元，经济增加值129亿元；自成立以来连续保持双20%增长，在国资委考核中连续12年获得A级，连续4个任期A级，连续2次获得科技创新优秀企业。2016年7月，中国电科进入财富世界500强，排名第408位。

中国电科拥有集成电路相关单位13家，其中集成电路及相关半导体器件研究所8家、专用设备研究所4家、半导体材料1家，拥有齐全的集成电路产业链，产品覆盖数字集成电路、模拟集成电路、SoC、混合集成电路、功率器件、分立器件等各领域；专业集成电路研究单位9家。中国电科还拥有若干系统整机单位。中国电科产业门类完整，整体研发能力处于国内领先地位。

中国电子科技集团公司第十三研究所，产品涉及微电子、光电子、MEMS及专用设备材料支撑四大领域，主要产品为微波毫米波半导体器件、微波毫米波模拟集成电路、微波混合集成电路、微波毫米波集成模块和组件、光电子器件和光集成电路、MEMS、高功率脉冲器件及其组件、量子器件及其集成电路、特种高可靠半导体器件与电路等。

重庆声光电有限公司（原中国电子科技集团公司第二十四研究所、第二十六研究所、第四十四研究所），产品以模拟集成电路、微声器件、光电器件为主，在A/D转换器、D/A转换器及RF射频电路、声表面波器件、振动惯性CCD器件等方面国内领先。

中国电子科技集团公司第四十三研究所，主要从事厚膜/薄膜混合集成技术、多芯片组件（MCM）组装技术及其相关电路、金属封装外壳、电子材料、专用设备的研制，主要产品涉及DC/DC电源、轴角转换器、脉宽调制放大器、电流/电压基准源、金属封装外壳等。

中国电子科技集团公司第四十七研究所,主要从事数字集成电路和功率器件的研制,主要产品有微机系列电路、标准系列数字集成电路、ASIC、存储器及多芯片组件电路等。

中国电子科技集团公司第五十五研究所,主要从事微电子、光电子、真空电子和MEMS等的研制,主要产品有微波、毫米波单片集成电路及多芯片组件,微波、毫米波器件、电路和组件,微机电系统(MEMS),半导体外延材料,声表面波器件及模块,电子信息系统等。

中科芯集成电路股份有限公司(原中国电子科技集团公司第五十八研究所),拥有集成电路设计、掩模制版、工艺制造、测试、封装、可靠性和应用等完整的产业链,主要产品有DSP、FPGA、存储器、电源管理、ASIC和接口等,以自主的核心集成电路为基础,大力发展模块、微系统和物联网等集成产品,为客户提供整体解决方案。

中电科电子装备集团有限公司(原中国电子科技集团公司第二研究所、第四十五研究所、第四十八研究所),以集成电路制造设备、新型平板显示设备、光伏新能源设备以及太阳能光伏产业为主,产品有以光刻机、平坦化设备、离子注入机、电化学沉积设备等为代表的微电子工艺设备,涵盖材料加工、芯片制造、先进封装和测试检测等领域。

中国电子科技集团公司第四十一研究所是专业的电子测量仪器研究所,主要从事微波/毫米波、光电通信、数字通信、基础通用类测量仪器以及自动测试系统、微波毫米波部件等产品的研制、开发和批量生产,并为军用电子元器件、民用电子元器件、整机和系统的研制、生产提供检测手段。

中国电子科技集团公司第四十六研究所是主要从事半导体材料和光纤研究与生产的单位之一,目前业务涉及半导体材料、特种光纤及器件、电子专用材料质量监督检测理化分析、电子工业仪表及电子专用设备等领域。

  撰稿人:中国电子科技集团公司第五十八研究所 黄安君
      中国电子信息产业发展研究院 夏岩
  审稿人:赛迪顾问股份有限公司 李珂

▷▷▷ 1.5.45 中国电子信息产业集团有限公司集成电路研发机构,中國電子信息產業集團有限公司積體電路研發機構,IC R&D Institutions of CEC

中国电子信息产业集团有限公司(China Electronics Corporation,CEC)简称

"中国电子",成立于1989年5月,是中央管理的国有重要骨干企业,经过多年的资产重组、业务整合、结构优化,目前中国电子拥有二级企业23家、控股上市公司15家,员工总数13万人。

2015年,中国电子实现营业收入1981.9亿元,资产总额达2477.8亿元,位列电子百强三甲。中国电子连续6年入选《财富》世界500强,2016年排名第329位。

在集成电路领域,中国电子拥有完整产业链和配套设计、生产、封装及测试能力。"十二五"期间,中国电子采取超前布局、联合创新、军民融合、系统推进的发展策略,通过重组集团公司相关集成电路企业,收购澜起科技、沛顿科技,集成电路业务保持快速发展态势,自主创新能力明显增强;开发完成了16核FT-1500A和64核FT-2000两款基于64位ARM架构的CPU芯片产品、万兆位以太网交换芯片CTC8096、千万门级FPGA、双界面金融IC卡芯片、超低功耗工控MCU、55nm北斗导航SoC芯片、有源矩阵有机发光二极管(Active Matrix Organic Light Emitting Diode,AMOLED)显示驱动器芯片、144KB/228KB电信卡闪存芯片和低功耗DDR4内存缓冲控制器。

目前,中国电子拥有多家集成电路板块重要企业,现介绍如下。

在集成电路设计方面:成员企业中国华大集成电路设计集团有限公司和上海华虹集成电路有限责任公司,是国内智能IC卡综合实力强、产业链完善、应用领域广泛的产品及解决方案提供商;上海贝岭股份有限公司是中国微电子行业第一家上市公司,在通信、电能计量、电源管理、音频功放等模拟集成电路领域处于国内领先水平;北京中电华大电子设计有限责任公司是专业从事智能卡和WLAN(Wireless Local Area Network)芯片设计的公司;国民技术股份有限公司以信息安全、SoC、射频芯片为核心技术发展方向,是国内安全存储和移动支付解决方案的主要提供商;晶门科技股份有限公司在移动显示、OLED显示、新型显示以及显示系统方案等领域具有国际领先的竞争实力;北京华大九天软件有限公司是国内唯一自主开发EDA工具的集成电路企业。

在集成电路制造方面:中国电子拥有4in、150mm、200mm生产线共5条,加工能力为月产圆片9万片,工艺涵盖CMOS、Bipolar、BiCMOS等。

在集成电路封装与测试业务方面:作为国内最大的IC卡模块和IC卡生产企业,中电智能卡有限责任公司的IC卡、IC卡模块、射频识别(Radio Frequency Identification,RFID)卡片封装制造及测试处于国内领先水平。

2015年,中国电子的集成电路板块整体销售收入达230亿元(含集成电路相关产品、关键器件与组件),其中,集成电路设计业务收入36.8亿元,集成电路制造业务收入64.2亿元,集成电路封装测试业务收入6.6亿元。

中国电子所属企业注重科技基础条件平台的建设工作，通过外联内协，构建了"国家级、区域级、企业级"三级科技创新平台。各级科技创新平台灵活运用"联合创新、自主创新、大众创新"三类模式，打造了形式多样、充满活力的中国电子科技创新生态。国家级科技创新平台主要包括大规模集成电路CAD国家工程研究中心、上海贝岭股份有限公司技术中心、中国振华电子集团有限公司技术中心、国家技术创新示范企业（上海华虹集成电路有限责任公司）。区域科技创新平台主要包括合肥彩虹蓝光-北京大学宽禁带半导体协同创新中心、集成电路测试技术北京市重点实验室、射频识别芯片检测技术北京市重点实验室、贵州振华红云电子有限公司技术中心、中国振华集团云科电子有限公司技术中心、贵州振华风光半导体有限公司技术中心、中国振华集团永光电子有限公司技术中心、贵州振华群英电器有限公司技术中心、贵州省片式电子元件工程技术研究中心等。

撰稿人：中国电子信息产业集团　　　　仇春光
　　　　中国电子信息产业发展研究院　　夏岩
审稿人：赛迪顾问股份有限公司　　　　李珂

▷▷▷ 1.5.46　中国航天科技集团公司集成电路研发机构，中國航天科技集團公司積體電路研發機構，IC R&D Institutions of CASTC

中国航天科技集团公司（China Aerospace Science and Technology Corporation, CASTC）的集成电路研发机构主要有771所和772所，重点开展宇航集成电路的研发工作。宇航集成电路主要用于航天系统和空间飞行器，具有长寿命、低功耗、高可靠性、抗辐射能力强等特点，须经过严格的鉴定检验甚至逐批筛选，再经过应用验证等一系列评估工作后方可装机使用。

航天科技集团771所、772所作为我国宇航集成电路研发的主体单位，承担着绝大部分宇航集成电路的研发工作，国内相关企业、高校和研究机构也承担部分宇航集成电路的研发任务并开展宇航集成电路辐射效应、辐射损伤和可靠性的研究工作。

我国宇航集成电路的研究工作从20世纪80年代开始，以实现航天工程型号的自主可控为目标，逐步深入研制，不断创新抗辐射加固设计理论，目前已全面掌握了深亚微米、超深亚微米和纳米级集成电路的抗辐射加固设计理论和方法，已经具备亚微米级加固工艺制造能力和深亚微米级加固设计能力。我国宇航集成电路的抗辐射加固设计水平已达到国际先进水平,单粒子加固能力达到国际领先水平,并且实现了国产宇航集成电路的大规模应用。

在集成电路抗辐射加固设计方面,以航天科技集团771所和772所为代表的宇航级集成电路研发机构取得了一系列丰硕成果:成功研制出我国首款上星应用的抗辐射加固CPU——中国的卫星用中国的CPU,几代航天人的CPU国产梦终于实现,2011年随卫星发射升空后,均在轨运行良好,目前已被多个重大工程的十余个型号选型;FPGA抗辐射加固ASIC电路使宇航工程型号的抗单粒子能力提高了6个数量级,解决了众多型号采用进口FPGA出现单粒子翻转现象的瓶颈问题,为北斗工程的稳定运行发挥了重要作用;抗辐射加固总线模块成功打破了外国禁运,在宇航型号中已得到广泛应用;基于国内抗辐射加固平台,研制了涵盖存储器、转换器、接口在内的230余款抗辐射加固集成电路产品,构建了我国宇航集成电路产品体系,2015年7月首次在星箭上实现了成体系、大批量应用,同时实现了我国宇航集成电路出口额零的突破。

撰稿人:中国航天科技集团公司第九研究院第七七二研究所　赵元闯
审稿人:赛迪顾问股份有限公司　　　　　　　　　　　　　　李珂

▷▷▷ 1.5.47　中国科学院集成电路科研机构,中國科學院積體電路科研機構,IC R&D Institutes of CAS

中国科学院(Chinese Academy of Sciences,CAS)成立于1949年11月,为中国自然科学最高学术机构、科学技术最高咨询机构、自然科学与高技术综合研究发展中心。中国科学院全院拥有12个分院、100多家科研院所、2所直属高校(中国科学院大学、中国科学技术大学)、1所共建高校(与上海市人民政府共建上海科技大学)、130多个国家级重点实验室和工程中心、210多个野外观测台站,承担20余项国家重大科技基础设施的建设与运行,建成了完整的自然科学学科体系。其物理学、化学、材料科学、数学、环境与生态学、地球科学等学科的整体水平已进入世界先进行列。

中国科学院从事集成电路相关领域科学研究的科研机构有微电子研究所、半导体研究所、上海高等研究院、上海微系统与信息技术研究所、电子学研究所、声学研究所、光电研究院、西安光学精密机械研究所、光电技术研究所、深圳先进技术研究院、国家纳米科学中心、苏州纳米技术与纳米仿生研究所、长春光学精密机械与物理研究所、计算技术研究所、新疆理化技术研究所、电工研究所、自动化研究所等10多家,研究领域涵盖集成电路材料技术、集成电路设计技术、集成电路制造工艺、集成电路封装工艺、集成电路测试技术、集成电路设备技术、可靠性技术及集成电路应用开发等。

上述科研机构拥有多个国家级、院级、院地、所企合作的科研平台，承担了多项国家科技重大专项、国家自然科学基金、国家重点研发计划、技术创新引导专项基金、中科院先导科技专项等国家级及省部级、院地级项目。自1993年以来，上述科研机构在集成电路相关研究领域内荣获国家最高科学技术奖1次，国家自然科学奖6次，国家技术发明奖10余次，国家科学技术进步奖20余次，国防科技进步奖、北京市科学技术奖及其他省部级以上奖项60余次。其中，中国科学院院士黄昆由于为中国半导体事业做出了突出贡献，在2001年获国家最高科学技术奖；2002年在中国科学院计算技术研究所诞生了具有自主知识产权的处理器"龙芯"；2010年我国成功发射的遥感卫星首次采用中国科学院微电子研究所自主研制的SOI抗辐射存储器；2015年由中国科学院微电子研究所牵头组织的20nm/14nm集成电路先导工艺关键技术取得突破，并向大型制造企业授予了专利许可。

撰稿人：中国科学院微电子研究所　周玉梅　邵花
审稿人：赛迪顾问股份有限公司　　　李珂

▷▷▷ 1.5.48 高等学校集成电路教学科研机构，高等學校積體電路教學科研機構，IC Scientific Research Institutions under Higher Education System

1956年，国家决定联合北京大学、复旦大学、南京大学、东北人民大学（吉林大学前身）、厦门大学，将五所大学的相关老师和学生集中到北京大学，在黄昆先生、谢希德先生的领导下创办我国的半导体专业。五校联办期间培养的毕业生成为我国集成电路教学、科学研究和产业发展的中坚力量，其中有些成为集成电路领域杰出的学术带头人。

从20世纪70年代末开始，我国高等学校在微电子领域的人才培养和科学研究工作进入了一个快速发展时期。20世纪80年代初，北京大学、清华大学等相继成立了微电子学研究所等专门研究机构。20世纪90年代，在国家和相关部委的支持下建立了复旦大学专用集成电路与系统、北京大学微纳加工技术等国家级重点实验室以及一大批省部级重点实验室。进入21世纪后，在国家科技重大专项、863计划、973计划、国家自然科学基金和重点科技攻关计划的支持下，我国高等学校在集成电路新材料、新结构器件、电子设计自动化（EDA）、制造工艺、芯片设计和系统集成等方面开展了系统深入的研究工作。其中，新结构器件、模型仿真和新型电路架构等领域的基础研究工作已经进入国际前沿，在集成电路设计与工艺开发等方面的部分科研成果已经进入市场或转让到制造或设计企业。这些研究推动了我国的集成电路人才培养、科学技术和产业的快速发展，高等学校成为了我国集成电路研究开发领域的一支重要力量，而且是我国众多集成电路领域原创成果的重要来源地。

经过数十年的发展，开展集成电路及微纳电子方向人才培养和科学研究工作的高等学校已达100多所，不少高校已经形成了自己的鲜明特色和优势研究方向。例如，北京大学在纳米尺度超低功耗新结构逻辑和存储器件、器件模型仿真、可靠性、微纳加工工艺和惯性MEMS器件，清华大学在新型半导体存储器、可重构计算芯片和超低功耗医疗电子芯片，复旦大学在模拟与数字电路设计、电子设计自动化技术、小尺寸器件与互连技术，浙江大学在嵌入式CPU设计、硅材料，西安电子科技大学在宽禁带半导体材料和器件、低功耗系统芯片设计，电子科技大学在功率半导体器件、功率集成电路和射频集成电路，南京大学在光电信息功能材料与器件，东南大学在SoC芯片设计和功率集成芯片设计，国防科技大学在DSP和CPU结构与设计，上海交通大学在低功耗集成电路设计、射频集成电路设计，华中科技大学在低功耗高功率密度电源芯片和安全加密芯片等领域取得了一系列具有重要国际影响力和实用价值的研究成果。

撰稿人：北京大学　张兴
浙江大学　严晓浪
审稿人：清华大学　魏少军

▷▷▷ 1.5.49　上海集成电路研发中心有限公司，上海集成電路研發中心有限公司，Shanghai Integrated Circuit Research and Development Center Ltd.（ICRD）

上海集成电路研发中心有限公司（Shanghai Integrated Circuit Research and Development Center Ltd.，ICRD）成立于2002年，由国家支持组建，旨在建设一个产学研合作的集成电路研发中心。中心由中国集成电路相关企业集团和高校联合投资组建而成，计划成为一个面向全行业集成电路企业、大学及研究所开放的公共研发机构。

上海集成电路研发中心位于上海市张江高科技园区，建有300mm开放式集成电路先进关键工艺研发和装备材料试验平台,净化面积超过3000m², 可实现硅片进出和工艺流程无缝衔接。ICRD 拥有硅刻蚀机、原子层薄膜生长(ALD)设备、高能离子注入机等先进工艺设备, 并于 2017 年购买了浸没式 193nm 光刻机, 用于开展先进工艺的研发。

上海集成电路研发中心拥有来自国际知名研发机构和跨国公司的研究人员, 通过国内外产业合作的持续培养和锻炼, 拥有了自主工艺技术的研发队伍; 掌握了多个技术代的模块工艺并拥有知识产权; 通过设立产业界共性技术研发项目, 进行 FinFET、FDSOI、纳米线晶体管等新器件和关键工艺的联合研发; 建立了 IP 核设计和工艺整合能力, 加快了芯片设计和制造的融合, 开展了产学研合作, 研发了 STT-MRAM、晶体管级 3D 堆叠、量子点传感器、类神经元晶体管等; 在研发中心的工艺线上, 为国产光刻机、刻蚀机、铜互连、光刻胶、大硅片等装备和材料提供工艺验证和评价意见。ICRD 通过不断完善设备设施条件, 加强国际合作和知识产权的管理, 逐步建设成为了集成电路人才实训基地, 对全行业和高校开放。

ICRD 正在积极探索国际化道路, 除了和 ASML 等跨国公司共建全球人才培训中心, 与 IMEC、ASML-Brion、Synopsys、应用材料、LAM 等跨国公司合作建立技术研发和人才培养实验室, 还与麻省理工学院、加州大学等大学设立了共同研究项目。

    撰稿人:上海集成电路研发中心有限公司 赵宇航
    审稿人:工业和信息化部   郑敏政

▷▷ 1.6 集成电路中的信息安全

▷▷▷ 1.6.1 集成电路与信息安全,積體電路與資訊安全,IC and Information Security

信息安全是信息系统的基石, 是信息社会永恒的主题。

伴随着计算机及其网络的应用与普及, 信息安全问题已经获得了广泛的关注和研究; 而随着智能手机、智能穿戴设备、智能家居、智能汽车、智能机器人等智能设备的快速兴起, 这些产品的信息安全问题也已成为人们关注和研究的热点。信息安全在物联网时代的作用越来越重要, 而集成电路芯片作为电子信息系统的基础元器件, 系统的任何操作和应用都离不开它们的参与, 因此它们和信息安全是息息相关的，是支撑信息安全的关键器件。随着制造工艺的不断进步，集成电路的功能越来越强大、内部构成越来越复杂，SoC 芯片作为相对独立的信息处理系统，正在得到越来越广泛的应用，而其中的敏感信息的安全性往往决定了上层系统及应用的安全性。

密码算法是保护信息安全的核心技术，主要分为对称密码算法和非对称密码算法两大类。用于数据加密解密操作的对称密码算法，加密和解密使用相同的密钥，密钥需由加密解密双方秘密存储和保护。典型的对称密码算法有 DES、AES、SM4。非对称密码算法，又称公钥密码算法，可以提供数字签名、加密解密和密钥协商等安全功能：用于数字签名和解密的密钥称为私钥，私钥需由使用者秘密存储和保护；用于验证数字签名和加密的密钥称为公钥，公钥可以公开。典型的非对称密码算法有 RSA、ECDSA、SM2。

将密码算法在集成电路中实现，不仅可以获得较高的密码运算性能，还能够为密钥及其他敏感信息提供较好的保护，包括对密钥存储、读/写以及密钥参与的密码运算过程的保护。实现了密码算法的安全控制，如智能卡芯片、USB Key 芯片、各种 SE（Secure Element）芯片，已经成为互联网、物联网安全应用系统中关键的信息安全器件。目前，主要有两大原因促进了安全控制器的广泛使用：其一，包括密钥在内的敏感数据必须以能免遭非法访问的方式储存，安全控制器能提供很好的存储保护；其二，安全控制器为这些敏感数据的处理提供安全的计算方法和环境。

讨论集成电路中的信息安全问题，首先需要了解针对集成电路中信息的各种攻击行为，然后才能了解和研究相应的防御措施，并评估、测试这些防御措施的有效性。针对集成电路中信息的攻击由来已久，对于没有密码算法的集成电路，攻击者的主要目标是克隆电路、获取或操控存储器中的敏感数据；而对于安全控制器，攻击者的目标还包括获取或操控其中的密钥。

对集成电路中信息的攻击与防御技术，不仅是信息安全领域内一项非常重要的研究方向，而且作为实用性技术已大规模应用于许多行业。典型应用如金融 IC 卡芯片，国内外都已建立了相应的安全性检测规范和检测认证体系，以提升和保障行业应用的整体信息安全水平。国际上主要依据 Common Criteria（简称 CC）Evaluation Assurance Level（简称 EAL）检测评估体系以及 EMVCo 的脆弱性评估方法开展评估检测工作。国内金融 IC 卡相关标准包括中国人民银行发布的《JR/T 0098.2—2012 中国金融移动支付　检测规范　第 2 部分：安全芯片》和中国银联发布的《Q/CUP 040.1—2016 银联卡芯片安全规范　第 1 部分：集成电路安全规范》。国家标准 GB/T 18336（等同采用 ISO/IEC 15408（CC））提出了通用的信息安全产品和系统的安全性评估准则，适用于集成电路中的信息安全等级评估。

撰稿人：中国半导体行业协会　王芹生
审稿人：银行卡检测中心　　　彭乾

▷▷▷ 1.6.2 对集成电路中信息安全性的攻击种类，對積體電路中資訊安全性的攻擊種類，Kinds of Attacks to Information Security in IC

攻击者的攻击对象是安全控制器，对其攻击行为进行分类的方法有多种。

（1）根据对攻击对象的侵入程度进行分类，可以分为非侵入式攻击（Non-invasive Attacks）、侵入式攻击（Invasive Attacks）和半侵入式攻击（Semi-invasive Attacks）。

① 非侵入式攻击不需要打开芯片的封装，不需要接触器件的内部电路，攻击时可以把芯片放在测试电路中分析，也可以监测与分析处于正常工作环境中的芯片。

② 侵入式攻击需要打开芯片的封装，用聚焦离子束（Focused Ion Beam，FIB）或激光除去钝化层，以便接触深埋在钝化层下的内部电路。

③ 半侵入攻击与侵入攻击一样，需要打开芯片的封装，但芯片的钝化层保持完整，不需要与集成电路表面进行电接触，也不会对集成电路造成机械损伤。

（2）根据攻击者是否与攻击对象进行交互，攻击方法可以分为主动攻击（Active Attacks）和被动攻击（Passive Attacks）。

① 主动攻击过程中，攻击者通过与攻击对象进行交互，使其处于有利于攻击的状态或发生故障，利用有利状态或故障信息达成攻击目标。

② 被动攻击过程中，攻击者不与攻击对象进行交互，只是监测攻击对象的运行结果和状态信息，利用运行结果和状态信息达成攻击目标。

（3）根据攻击者所使用的工具和手段，目前所知的攻击方法包括微探针技术、反向工程、软件攻击、窃听技术和故障注入攻击五类。

① 微探针用来直接访问芯片表面，可以用于观测、修改或干扰集成电路的工作。

② 反向工程是用来理解软件、硬件的结构和功能的技术，可以用于推导集成电路内部结构，并学习或仿效它的功能。

③ 软件攻击是指通过安全控制器的通信接口，从协议、密码算法或密码算

法执行模块来获得安全保护的缺陷。

④ 窃听技术是指攻击者精准监控安全控制器的接口通信协议、正常工作时的模拟特性以及任意电磁辐射，通过分析所获得的信息来推导安全控制器中的密钥数据。

⑤ 故障注入攻击（Fault Injection Attack，FIA）是指攻击者使安全控制器发生数据或操作故障，从而获得额外的有利于攻击的数据或读写安全控制器的能力。

撰稿人：北京华大信安科技有限公司　　汪朝晖
审稿人：银行卡检测中心　　　　　　　彭乾

▷▷▷ 1.6.3　非侵入式攻击，非侵入式攻擊，Non-invasive Attacks

非侵入式攻击很容易实施，并且重复攻击行为时不需要很大的开销，不会留下攻击痕迹，被认为是对安全控制器最大的安全威胁手段。

非侵入式攻击可以是被动的，也可以是主动的。被动的非侵入式攻击也称为侧信道攻击（Side Channel Attacks，SCA），攻击者不会与攻击对象进行任何交互，通常只是监控采集攻击对象的电气信号或电磁辐射信息。常见的 SCA 包括功耗分析（Power Analysis，PA）和计时攻击（Timing Attacks，TA）。主动的非侵入式攻击对安全控制器施加干扰，如电源脉冲攻击，将脉冲信号加到芯片电源线上，以使得芯片处于攻击者希望的状态或工作流程中。

1. 计时攻击（Timing Attacks）

一些与信息安全相关的操作会使用输入的数据和密钥，不同的输入数据和密钥会导致芯片内安全操作的执行时间不同，攻击者通过时钟测量和分析就能够恢复出密钥。很多密码算法的实现容易受到计时攻击，尤其是软件实现的密码算法，包括程序分支、操作条件、缓存的使用、非固定时间处理的操作等，会使得输入数据和密钥的不同导致在执行时间上出现差别，进而出现安全风险。

计时攻击还可以用于对安全控制器中个人识别密码（Personal Identification Number，PIN）的破解。一般情况下进行 PIN 校验的风险在于，针对正确和错误的 PIN，所执行的校验时间不同。为了防止计时攻击，PIN 校验时要确保正确和错误的 PIN 在校验时间上是一样的，通过在程序中增加额外的空操作可以做到这一点。

2. 暴力攻击（Brute Force Attacks）

暴力攻击对于密码算法和集成电路而言具有不同的意思。暴力攻击对于密码算法而言，就是尝试数量众多的密钥以寻找能正确匹配的密钥。暴力攻击对于集成电路而言，一种是尝试数量众多的逻辑组合，试图获得集成电路的功能，这对规模较小的逻辑器件尤其有效；还有一种是将外部高压信号（通常是两倍于电源电压）加到芯片引脚上，以试图使芯片进入测试模式或编程模式。

3. 功耗分析（Power Analysis）

一个运算电路的功耗取决于它当前的状态。依照 CMOS 晶体管的原理，各单元模块动态时的功耗比静态时要大。当输入电压加到反相器上，会引起一个晶体管短路，这个晶体管电流的增加比静态消耗的寄生泄漏电流要大很多。

对于密码算法电路而言，输入数据和密钥时其功耗状态存在较大差异，通过测量电源线上电流的波动，可以分析出密钥。功耗分析的方法有两种：简单功耗分析（Simple Power Analysis，SPA）和差分功耗分析（Differential Power Analysis，DPA）。SPA 是在密码运算时直接观测集成电路的功耗信息，从而分析运算时的密钥值，这种方法要求攻击者熟悉密码算法是如何执行的。DPA 是一种更有效的分析方法，攻击者不需要知道密码算法是如何执行的，通过分析大量的功耗曲线来获取隐藏的密钥值，即用统计方法来鉴别功耗的细微差别，从而获取密钥中的某一位或某一段的值。

4. 模板攻击（Template Attacks）

模板攻击是先对密码算法的密钥空间中所有的密钥分别构建一个具备泄露信息特征的模板，随后根据从安全控制器获取到的泄露信息来寻找最匹配的模板，进而推断最可能的正确密钥或者有效地缩小密钥搜索空间的一种攻击方式。模板攻击通常与 SCA 相结合，称为模板增强 SCA。

5. 脉冲攻击（Glitch Attacks）

脉冲攻击是非侵入式的故障注入攻击，通过快速改变输入到安全控制器的信号，以影响安全控制器的正常运行。脉冲信号通常施加在电源或时钟信号上，也可以是外加的短暂电场或电磁脉冲。

（1）时钟脉冲攻击（Clock Glitches）：通常针对安全控制器的指令流，对硬件执行的安全运算没有什么效果。安全控制器的内部时钟如果难与外部时钟同步，则攻击者很难估计准确的时间窗口以实施时钟脉冲攻击，另外在指令流中随机加入延迟，也会增加时钟脉冲攻击的难度。

（2）电源脉冲攻击（Power Glitches）：电源电压的波动会导致晶体管阈值电平的漂移，结果导致一些触发器在不同的时间采样，其输入或安全熔丝的状态被错误读出。电源脉冲可以施加在带有任何编程接口的安全控制器上，能影响其中 CPU 操作和硬件安全电路。

每个晶体管和与之相连的线路构成有时延特性的 RC 电路，处理器的最大可用时钟频率取决于该电路的最大延迟。同样，每个触发器在接收输入电压和由此引起的输出电压之间有个时间特征窗口，该窗口由给定的电压和温度来确定。如果时钟脉冲或电压脉冲影响芯片内的某些晶体管，导致一个或多个触发器进入错误状态，处理器会执行许多完全不同的错误指令，有些甚至不能被微代码支持。

6. 温度攻击（Temperature Attack）

温度攻击是非侵入式的故障注入攻击，攻击者通过改变外部的温度来干扰安全控制器的正常运行，使其发生数据或操作故障，从而获得希望的状态或数据。

7. 数据残留分析（Data Remanence）

安全控制器在执行密码算法时，通常需要把密钥暂存在静态 RAM 中，检测受到攻击时会执行掉电操作，使得 RAM 中的内容消失，以保护密钥不被窃取。众所周知，在低于-20℃的低温环境中，静态 RAM 中的内容能够被"冰冻"，因此许多安全控制器把温度低于这个阈值视为攻击事件。已有实验表明，在比-20℃高些的温度下，静态 RAM 的数据残留也会成为一个安全问题。静态 RAM 的数据残留与芯片功耗相关，功耗越低数据残留时间越长。数据残留的安全问题不但存在于静态 RAM 中，在动态 RAM、EPROM、EEPROM 和 Flash 中也存在，其结果是仍然可以从这些被擦除的存储器中获得数据的一些残留信息，这给安全控制器带来很大的威胁。

与静态 RAM 只有两种稳定的逻辑状态不一样，EPROM、EEPROM 和 Flash 单元实际是存储晶体管浮栅电荷形式的模拟量。浮栅电荷会改变静态管的阈值电压，在存储单元被读取时，这种现象可以通过敏感的放大器被检测到。已有实验表明，即使经过多次擦除，电子也没有完全从浮栅中离开，从而使得获取被擦除的内容变得切实可行。

撰稿人：北京华大信安科技有限公司　　汪朝晖
审稿人：银行卡检测中心　　　　　　　彭乾

▷▷▷ 1.6.4　侵入式攻击，侵入式攻擊，Invasive Attacks

侵入式攻击需要良好的装备和丰富的破解经验，并且随着集成电路特征尺寸的缩小及复杂度的提高，攻击的开销会越来越昂贵。

侵入式攻击一般包括如下过程。

（1）样品的准备。侵入式攻击首先需要局部去除或全部去除芯片的封装，一般采用化学方法或者激光方法。化学方法通常是将强酸滴于芯片封装的表面，以溶解包裹集成电路的环氧树脂，然后用丙酮/去离子水完成清洗。

（2）反向工程。通过反向工程可以了解集成电路的结构和功能。一般使用物理或者化学方式对打开封装的集成电路进行逐层剥离，然后用光学或电子显微镜进行拍照，通过分析光学图像重建集成电路的版图。

（3）ROM 信息提取。ROM 无论采用何种编码方式，在经过特定的处理后一般都可以识别其编码特征，并可获取其中存储的数据。ROM 的编程方法主要有引线孔掩模编程、有源区掩模编程和离子注入掩模编程三种。在采用引线孔掩模编程和有源区掩模编程的 ROM 中，存储的数据与线路的结构相关，结构特征可以被直接观察到。离子注入型 ROM 需要通过染色处理才能观察到其中 0 和 1 编码的不同特征。

（4）使用微探针技术。用激光切割器去除钝化层，使得微探针能可靠地接触顶层连线以捕获或注入信号。为了获得存储器中的密钥或其他敏感数据，微探针通常会放在数据总线上；如果需要还可以通过 FIB 工作站建立与集成电路内部的连接，并在集成电路中的任意位置引出测试点，以便微探针台直接观测集成电路的内部信号。

（5）修改芯片。存储器中的密钥或其他敏感数据，不一定只能通过微探针在数据总线上获得。对于某些安全控制器，可以用 FIB 切割掉内部金属互连线或破坏掉安全控制电路来屏蔽安全保护，然后读取失去安全保护的集成电路中的密钥或其他敏感数据。

> 撰稿人：北京华大信安科技有限公司　　汪朝晖
> 审稿人：银行卡检测中心　　　　　　　彭乾

▷▷▷ 1.6.5　半侵入式攻击，半侵入式攻擊，Semi-invasive Attacks

随着集成电路特征尺寸的缩小及复杂度的提高，实施侵入式攻击的要求会越来越高，开销也会越来越昂贵。半侵入式攻击适合小特征尺寸的集成电路，不需要昂贵的工具，且能在较短时间内得到结果，使得其对攻击者更有吸引力。半侵入式攻击通常用到紫外线、X 射线、激光、电磁场和热量，可以单独使用其中一种或几种组合使用。

1. 紫外线攻击（UV Attacks）

紫外线攻击对许多 OTP 和 UV EPROM 控制器有效，仅仅需要打开集成电路的封装，找到安全熔丝，用紫外线将安全熔丝复位到未保护状态。

2. 背面成像技术（Backside Imaging Techniques）

集成电路分析的首要步骤是在显微镜下观察。对于特征尺寸小的集成电路，自然光下很难看出什么，而使用红外线、近红外显微镜和红外敏感镜头，不论直射还是反射，都可从芯片背面观察。背面成像技术可以获取 ROM 中的内容，或使用聚焦离子束（FIB）后观察芯片的内部互连。

3. 主动光子探测技术（Active Photon Probing）

一束扫描激光束作用到集成电路上，当光子的能量大于硅的能缝带宽时，可以将集成电路的特定区域离子化。在分析集成电路时，主要有两种激光扫描技术：一种是光束引导电流（Optical Beam Induced Current，OBIC），用在没有偏压的芯片上；另一种是光引导电压变化（Light Induced Voltage Alteration，LIVA），用在运行中的芯片上。OBIC 可以直接用来产生集成电路的图像；对于 LIVA，则可以通过监控电压变化来产生集成电路的图像。如果光子到达 pn 结附近，因光电效应会产生光电流；当光子进入 p 或 n 区域，会注入自由载流子而降低通道的电阻，这使得人们可以根据扫描图像读出存储单元的状态。

4. 故障注入攻击

半侵入式故障注入攻击通常使用激光照射目标晶体管以影响其状态，从而产生一个短暂的故障，利用故障产生的输出或影响，获取安全控制器中的密钥等敏感信息。

撰稿人：北京华大信安科技有限公司　　汪朝晖
审稿人：银行卡检测中心　　　　　　　彭乾

▷▷▷ 1.6.6　存储器的信息安全防护，記憶體的資訊安全防護，Information Security Protection in Memory

安全控制器旨在为包括密钥在内的敏感数据提供存储和处理的安全环境，故需要在存储器、CPU 和密码运算等方面提供全方位的安全保护，以应对各种可能的安全攻击。下面介绍存储器的安全防护技术。

1. 防嗅探

保护安全控制器中的存储内容免遭微探针嗅探已成共识。人们最初采用的防护方法是将敏感信息植入 ROM，但是攻击者很快发现了获知 ROM 中内容的方法。因此，安全控制器的设计者开始采用更安全的措施，最初采取的应对措施之一是存储器地址加扰。但是，攻击者很快就克服了这个障碍，可以利用计算机程序从加扰存储信息转储中重组明文。因此，简单的地址加扰又普遍被存储器及内部总线加密取代，从而针对嗅探以及反向工程筑起了真正有效的防护篱笆。为防止攻击者利用测试端口进行攻击，在生产时一般还会将安全控制器的测试端口电路破坏。

采用屏蔽层也是一种普遍的防嗅探方法。在 20 世纪 90 年代，覆盖整个芯片表面的主动屏蔽措施开始普及，屏蔽层还可以对非法访问和物理攻击进行很好的防范。安全控制器设计者也可以考虑信号的重新布线，如隐藏关键的信号线或将关键的信号线布放在芯片底层，能增加微探针嗅探的难度，还可以为安全存储区提供 PIN 保护，以防止非法访问。

2. 防数据残留分析

为防止对安全控制器中存储器的数据残留进行分析，安全控制器设计者及其安全应用的开发者应遵循如下的设计准则。

（1）不在静态 RAM 中长时间存储密钥、PIN 以及其他敏感数据，经常变换它们的存储位置，并且将原位置的值清零。

（2）在安全控制器中设置温度传感器，检测到额定低温时启动保护状态，执行保护操作。

（3）往 EEPROM 和 Flash 中写入任何敏感信息前，先用随机数循环擦写 10~100 次，以消除使用新单元所引起的任何可检测到的影响。

（4）在擦除敏感数据之前对 EEPROM、Flash 的相应单元用随机数编程，以消除可检测到的剩余电荷的影响。

（5）注意有些非易失性存储器，在擦除敏感数据之后还会在特定的区域留下这些敏感数据的副本。

（6）使用最新的最高密度的存储器，因为最新的存储技术通常使得数据恢复更加困难。

（7）使用合适的加密方法，使得从被擦除存储单元中恢复数据变得更加困难。对于安全控制器中的安全应用程序，最理想的状态是控制器中的每个存储器都处于其保护之下。

3. 防故障注入攻击

安全控制器必须考虑防止攻击者针对其中存储器的故障注入攻击。有一种最初的防御措施直到今天仍在用于低端安全产品，这就是奇偶校验保护，即对于每部分存储器内容（比如：1 字节）都要额外加上 1 个校验位，用来检验位总和是奇还是偶。显而易见，奇偶校验保护的水平是非常低的，其成功率只有 50% 左右，也就是约有一半的攻击会获得成功，所以人们不会满足于这种安全保护方式。

硬件支持的安全抓取（Secured Fetching）机制是另一种保护存储器免遭故障注入攻击的方式。安全抓取通常是指存储器内容在提供给CPU的过程中，在被处理之前进行完整性校验。这些措施有许多种设计实施的可能性，譬如在高安全性的芯片中使用算术错误探测码，不仅能对一位或多位错误进行错误探测，而且还具有错误纠正功能。在设计并实施安全抓取机制时应注意安全控制器的运算性能和安全性的平衡，另外存储器内容在CPU中被处理的过程也应该得到保护，否则安全抓取机制对于防御某些攻击就毫无意义。

使用防篡改传感器及安全熔丝，可以防止某些针对存储器的故障注入攻击。使用多个熔丝比使用单个熔丝更有利于提高存储器的安全性，可以将多个熔丝间的距离设置得相对较大，使得故障注入攻击非常难以实施；还可以给安全熔丝设两个单元，只有当两个单元都处于熔断状态时才屏蔽掉熔丝，以进一步增强熔丝的安全性。

双轨逻辑设计也可以用于防止故障注入攻击。譬如：一种方法是在数据线上使用双轨逻辑，信号0或1不再是单根线上的高或低电压，而是一对线上信号的组合，如0可能是LH，1可能是HL；使用自同步双轨逻辑时LL表示静止，HH是多余的状态，故可以把HH用作错误信号。这个信号可以通过防篡改传感器获得，一旦出现HH信号将导致元器件锁定，阻止敏感信息的输出。为了获得成功，攻击者必须同时注入两个失效状态，才能使得传输线的状态从LH切换到HL，否则将导致传输线瞬间进入HH状态并立即触发报警。

撰稿人：北京华大信安科技有限公司　　汪朝晖
审稿人：银行卡检测中心　　　　　　彭乾

▷▷▷ 1.6.7　CPU的信息安全防护，CPU的資訊安全防護，Information Security Protection in CPU

安全控制器中的CPU与存储器一样，都是攻击者感兴趣的攻击点，在设计时需要采用多种安全防护措施。

1. 防故障注入攻击

攻击者可能在CPU处理过程中找到引入故障的机会，以获取密钥或操纵软件执行。早期保护CPU免受故障注入攻击的方式主要是设置探测环境条件的传感器，这些传感器可对时钟、电压、光线或温度等进行感测。但针对CPU的其他故障，注入攻击仍有可能，如通过激光、电磁辐射进行攻击，或直接通过物理方式实施攻击，如FIB操纵、微探针等技术。

如同存储器系统最初采用的保护方式一样，增强 CPU 安全性的最初解决方案也是使用奇偶校验位。CPU 寄存器中的奇偶校验位非常容易实现，无须从头开始设计安全控制器，但这种简便性是以牺牲安全性为巨大代价的；如同存储器奇偶校验保护一样，CPU 奇偶校验保护也存在很显著的缺陷，因此还需要更好的保护 CPU 的方式。

一种非常简单的 CPU 防御故障注入攻击的方式是依次进行两次相同的操作，将两次操作的结果进行比较，并在结果不匹配的情况下发出告警。但这种方式会降低 CPU 性能，攻击者可以通过实施两次故障注入来绕过。如今多故障注入攻击已经是攻击者经常采用的攻击手段，并较多地出现在集成电路的安全性评估和认证过程中。典型的多次操作的防御方法（在时间刻度上实现冗余）容易被多故障注入攻击彻底击垮，因为相应的攻击设备已经出现，而这些攻击设备能越过微控制器指令和时钟周期的时间刻度，瓦解通过时间刻度冗余进行的安全防范。更安全的应对措施包括使用紧密结合的双 CPU 内核，利用两个内核持续地互相检查对方的操作和状况。如果 CPU 能进行加密运算，甚至可让两个内核使用不同的动态密钥，以便大大增强对多时间、多区域的多故障注入攻击的防范。

2. 防嗅探

此外，还必须保护 CPU 免遭嗅探攻击。在近几十年的安全控制器发展历史中，CPU 基本采用明文方式工作，这意味着对 CPU 内部进行窃听的攻击者能够完全获取其中处理的明文数据。早期的嗅探攻击防范措施包括增加数个金属层，保护有价值的信号免遭窃取；后来出现了全面覆盖芯片的屏蔽措施，其中一些具有自检功能或动态任意数字反馈功能，以检查屏蔽的完整性。

如今面对 FIB、微探针、芯片微手术等攻击方式，这些措施的有效性非常有限。此外，还有不需要任何实际操纵就能窃取 CPU 中内容的攻击方式，如光辐射分析。这是因为硅晶体管在工作时将发射很少量的光，利用这种现象可读取寄存器中的内容。

安全控制器设计者已经认识到增强 CPU 安全性的必要性。如今所采用的先进方法是 CPU 采用动态加密的方式进行计算，这样攻击者只能获取被加密的数据。这种方法要求重新进行 CPU 设计，重新设计并非如对现有 CPU 进行修改一般简单，但这种努力会带来很大的安全性能优势。

撰稿人：北京华大信安科技有限公司　汪朝晖
审稿人：银行卡检测中心　　　　　　彭乾

▷▷▷ 1.6.8 密码算法实现的 SCA 防护，密碼算法實現的 SCA 防護，Defence Against SCA to Implementation of Cryptography

对于安全控制器而言，密码算法的实现与安全性紧密相关，密码算法实现模块应能有效抵御各种侧信道攻击（SCA）。密钥参与的运算所泄露的侧信道信息（如功耗曲线、电磁辐射曲线、时间等）与包括密钥在内的输入数据是相关的，密码算法的安全实现应掩盖或消除这种相关性。

无论对称密码算法还是非对称密码算法，其在安全控制器中的实现均以消除以下关系作为防御侧信道攻击的指导原则。

（1）密钥运算的数据与所泄露的侧信道信息的关系；

（2）密钥运算所使用的实际数据和输入数据之间的关系。

以非对称密码算法的功耗分析防护为例，可采用如下办法来消除上述关系：进行功耗补偿，使得私钥位为 0 或 1 产生相同的功耗；统一操作，使得私钥位为 0 或 1 执行相同的操作；对私钥运算的输入数据或中间值进行随机化，即用随机数掩盖真实数据之后再进行计算。

为防御针对对称密码算法实现的功耗分析，进行功耗补偿、对密钥运算中所使用的中间数据随机化（也称随机掩码 Masking），同样也是主要手段。掩码方法的核心思想是将对称密码运算的中间数据随机化，使功耗不依赖于真实的中间值，这破坏了差分功耗分析（DPA）实施的基本条件，攻击者无法根据中间值将大量明文正确地分组，也无法根据中间值计算预期的假设功耗。用随机数掩盖中间值的操作主要包括异或、加法和乘法三种，相应的掩码方法分别称为布尔掩码、加法掩码和乘法掩码。

人们最初应对侧信道攻击的方法是在芯片输出信号中施加各种噪声，但这些方法的效果并不好，尤其是 DPA 之类的分析方法具有很强的噪声过滤能力。

在电路层面，可以使用双轨逻辑来防御侧信道攻击。双轨逻辑的另一个优势是所有状态有相同的功耗权重，从而使得功耗分析难以实施。但双轨逻辑的实施成本较高，在芯片内设置随机数发生器，使用随机数对密码运算进行保护，是目前抵抗侧信道攻击的最有效、最经济的方式。

撰稿人：北京华大信安科技有限公司　　汪朝晖
审稿人：银行卡检测中心　　彭乾

▷▷▷ **1.6.9 密码算法实现的 FIA 防护，密碼算法實現的 FIA 防護，Defence Against FIA to Implementation of Cryptography**

安全控制器中的密码算法实现模块同样能有效抵御各种故障注入攻击（FIA），目前主要的防护手段包括检错技术和容错技术。

先以 ECC 算法为例，针对 ECC 的故障注入攻击可以分为三类：安全故障攻击、弱曲线攻击和差分故障分析（Differential Fault Analysis，DFA）。安全故障攻击基于那些不改变输出结果的故障进行分析。弱曲线攻击试图将点乘运算从强椭圆曲线迁移到弱椭圆曲线上，以利于通过求解椭圆曲线离散对数问题获得作为点乘倍数的私钥或随机数。DFA 通过分析正确输出和错误输出之间的差异，逐位地导出点乘的倍数。这些攻击的相应防御方法包括采用检错技术检测椭圆曲线参数是否正确、点乘基点是否在椭圆曲线上、点乘运算中的数据是否被插入故障，一旦故障被检测到，即中止执行点乘运算，并拒绝输出任何结果；采用容错技术，选择一条椭圆曲线使得即使将故障引入到点乘运算中，攻击者也不能从错误结果中导出点乘的倍数，譬如强扭曲线（Twist-Strong Curves）在扭曲线攻击（Twist-Curve Attack）下是容错的。

另外 ECC 的一些侧信道攻击防御方法也具有防御某些故障注入攻击的能力，如 Montgomery 阶梯、随机化点乘倍数都使得安全故障攻击更难以实施；点乘的基点盲化方法可以防御弱曲线攻击。

对于 RSA 算法而言，根据错误的签名结果和正确的签名结果可以分析出签名所使用的私钥，故需要在私钥运算过程中进行故障检测或对签名结果进行验证，一旦发现故障或签名结果错误则拒绝输出签名结果。

对于达到 IND-CCA2 安全级别的公钥加密算法，其算法机制本身内置了错误检测技术，天然具备一定的故障注入攻击防御能力。

在对称密码算法中，密钥运算主要是添加轮密钥和 S 盒，因此这也成为故障注入攻击者选择的主要攻击点。故障注入攻击可以分为暂时性故障注入攻击和永久性故障注入攻击。在暂时性故障注入攻击中，攻击者可以利用不规则时钟脉冲、辐射、瞬间高电压等技术改变缓存器或存储器内的某位。而在永久性故障注入攻击中，攻击者可以利用紫外线等清除 EEPROM 内的某位，或使用微探针设定或清除 EEPROM 内的某位。比特故障是指在加密的中间结果中仅引入 1 位的故障，而保证其他位不变，是一种有效的故障注入攻击。这种方法应用于对称密码算法，如果攻击者反复地向即将进入最后一轮加密的中间加密结果中引入比特故障，即每次加密引入的故障使得中间结果的某位改变，而保证其他位不变，则有可能得到最后一轮的轮密钥。DFA 是一种有效的密码分析技术，它的基本思想是在选择明文后，对加密过程进行故障诱导，分别获得该明文对应的正确密文和错误密文，然后对两种密文进行数据对比分析，从而获得密钥。

对称密码算法实现中防御故障注入攻击的主要原则是采用错误检测技术。错误检测技术可检测到对称密码运算中插入的故障，一旦故障被检测到，即中止执行密码运算，并拒绝输出任何结果。适用于对称密码算法的错误检测技术包括基于冗余的错误检测技术、基于错误检测码的技术，以及两者混合使用的技术。

基于冗余的错误检测技术分为硬件冗余和时间冗余两类。

基于硬件冗余的错误检测技术直接复制密码算法硬件作为自检方法，将复制电路的输出与原始电路的结果相比较，如果不匹配则说明有错误。

基于时间冗余的错误检测技术对同样的数据做第二次加密/解密运算，与第一次加密/解密的运算结果比较，该方法增加100%的额外时间开销，仅对单次故障注入有防御能力。

可以将硬件冗余和时间冗余技术相结合，从而在硬件和时间开销中寻找平衡，设计适合对称密码算法在安全控制器中安全实现的错误检测方案。

最简单的错误检测码是奇偶校验码，奇偶校验码可以根据需要设置一个到多个校验位，但奇偶校验码的错误检测覆盖率不够高，在对称密码算法实现中使用奇偶校验码时，应分析其错误检测覆盖率是否足够应对安全控制器可能面临的故障注入攻击情形。

为提高错误检测覆盖率，人们提出了分组密码算法的并发错误检测（Concurrent Error Detection，CED）方法，CED检测安全控制器的对称密码运算过程中的操作以保证输出的正确性。如果CED检测到错误计算的发生，安全控制器将在输出前丢弃错误的结果，因此芯片能够抵御FIA的威胁。CED的错误检测覆盖率通常远高于奇偶校验码，但也依赖于所采用的编码机制以及硬件实现细节。

> 撰稿人：北京华大信安科技有限公司　　汪朝晖
> 审稿人：银行卡检测中心　　　　　　　彭乾

▷▷▷ 1.6.10 鲁棒性与信息安全，韌性與資訊安全，Robustness and Information Security

鲁棒性（Robustness）原是统计学中的一个专门术语，20世纪70年代初开始在控制理论的研究中流行起来，用以表征控制系统对特性或参数扰动的不敏感性。在实际应用中，系统特性或参数的扰动常常是不可避免的，产生扰动的原因主要有两个方面：一个是由于测量的不精确使特性或参数的实际值会偏离它的设计值；

另一个是系统运行过程中受环境因素的影响而引起特性或参数的缓慢漂移。

鲁棒性已成为所有类型的控制系统设计中所必须考虑的一个基本问题。具体到集成电路，扰动主要来自三方面：工艺扰动；高电气噪声，如电压瞬变和静态放电（Electro-Static Discharge，ESD）；工作温度（如汽车行业要求$-40 \sim +125$℃）。鲁棒性设计需要使得集成电路在这三个参数的所有极端情况下都能可靠地工作。

鲁棒性与信息安全虽然是两个不同的概念，但在安全控制器中两者又有较强的关联性。攻击者可能通过改变芯片所处的环境因素对其实施故障注入攻击，应对故障注入攻击的一些措施如检错技术和容错技术，是在故障发生之后才发挥作用，而鲁棒性设计的目的是避免故障的发生。另外，安全控制器的鲁棒性还能保障其中的安全模块在多种环境因素扰动下正常发挥安全保护功能。

安全控制器中通过设置温度、时钟、光线和电压传感器可以检测到温度、时钟、光线和电压的异常波动，从而采取相应的安全保护措施，但这些安全传感器并不能屏蔽 ESD 对集成电路造成的故障或损伤。随着特征尺寸的不断缩小、氧化层厚度的降低，集成电路对 ESD 冲击更加敏感。轻掺杂漏极（Lightly Doped Drain，LDD）和硅化物技术的广泛应用，使得原先常用的 ESD 保护电路，如场氧器件、MOS 管和二极管的 ESD 保护性能大大降低。SCR（Silicon Controlled Rectifier）结构的 ESD 保护电路由于其低保持电压特性，具有单位面积下最高的 ESD 保护性能，因而成为了主流的 ESD 保护器件。

安全控制器的鲁棒性对其某些方面的安全性有显著的增益作用，鲁棒性已成为许多安全控制器的关键特征指标。例如，在智能卡应用量巨大的金融领域，由于金融 IC 卡的受理环境千差万别，鲁棒性和安全性都是金融 IC 卡芯片的关键指标，尤其是 ESD 防护能力。

撰稿人：中国半导体行业协会　　王芹生
审稿人：北京华大信安科技有限公司　　汪朝晖

1.7　集成电路知识产权

1.7.1　中国集成电路知识产权现状，中國積體電路智慧財產權現狀，Status of China's IC IP

中国硅知识产权 IP 核的供应基本来源境外，ARM 和 Synopsys 是主要的供应商。中国独立的硅知识产权IP核供应商约15家，其IP核如明波通信的地面电视信道传输DVB-T系列IP核、杭州中天的CK系列处理器IP核、芯原的ZSP系列DSP核、硅谷数模的HDMI IP核。

中国半导体行业协会知识产权工作部和上海硅知识产权交易中心，每年发布的《中国集成电路产业知识产权年度报告》，全面介绍了集成电路产业知识产权年度情况。

1985—2015年，公开的中国集成电路领域专利累计285 616件，其中发明专利公告222 936件，实用新型专利公开62 680件。国内专利权人公开/公告的集成电路领域专利数已经累计达到了169 694件，占所有集成电路中国专利的59.4%。

主要国家或地区的专利权人在2015年公开/公告的集成电路领域中国专利总计37 530件。其中，中国专利权人在2015年公开/公告的集成电路领域专利29 735件，其中发明专利19 828件，占公开/公告的66.7%。

自2001年10月至2015年年底，登记公告的中国集成电路布图设计专利总计10 861件。其中，中国专利权人及个人布图设计登记9678件，占总量的89.1%，中国香港、中国台湾地区专利权人布图设计登记173件，占总量的1.6%；国外专利权人布图设计登记980件，占总量的9.0%（美国809件、日本131件、韩国12件、南非8件、开曼群岛8件、法国2件、加拿大3件、新加坡2件、俄罗斯2件、几内亚1件、芬兰1件、维尔京群岛1件）。

撰稿人：上海硅知识产权交易中心有限公司　徐步陆
审稿人：中国半导体行业协会　陈贤

▷▷▷ 1.7.2　硅知识产权核，矽智慧財產權核，Silicon IP Core

在技术范畴上，硅知识产权核（Silicon IP Core）是集成电路知识产权中的重要一类，指有知识产权的集成电路（包括但不限于硅）设计中预先设计、验证好的功能模块，包括逻辑、电路和版图单元三个层次。由于性能高、功耗低、技术密集度高、知识产权集中、商业价值昂贵，硅知识产权核是集成电路设计业中最关键的产业要素和竞争力的体现。

标准单元库就是IP的一种早期形式。现在，基于IP复用的SoC设计平台几乎是所有主流集成电路设计公司所采用的方法。在实际应用中，IP包括了以下内涵：IP必须是为了易于复用而按一定标准专门设计且经过优化又符合应用接口协议的，从而强调IP代码的可读性、应用开放性、工艺适用性、调试可测性、端口规范性、数据保密性。

IP 的设计有别于 IC 设计。IP 的使用对象是第三方设计公司,要想使 IP 在第三方设计的 SoC 系统中运行起来,需要建立与之相配套的环境,包括文档的规范、评估环境及验证手段等,尤其是那些可配置的、大的 IP 尤为如此。对于商品化的 IP 核,更应配备良好的开发文档和参考手册,包括数据手册、用户使用指南、仿真和复用模型等,从而满足未来的 SoC 集成。为了解决 IP 适用性问题,国际上曾出现过 VSIA、SPIRIT、OCP-IP 等 IP 标准化组织,以及 D&R、VCX、SSIPEX 等 IP 交易机构。

IP 核所有方可以自用或许可给他人。从这个意义上讲,硅知识产权这个词由设计行业已存在的专利和/或原代码版权(许可模式)派生而来。Gartner 根据功能,将 IP 分为处理器 IP(如 MP、DSP)、物理 IP(如 PHY、SRAM、DRAM、Flash、I/O、GPS)、其他数字 IP(如图形 IP、CODEC、Embedded PLD)、无线接口 IP(如 BT、WLAN)、有线接口 IP(如 USB、DDR、PCI、HDMI、MIPI、SATA、Ethernet)以及模拟和混合信号 IP(如 AD、DA、AFE、PLL、PM、RF)等。

在法律范畴上,硅知识产权亦有特定的衍生含义,即与集成电路领域产业链各分支的相关的专利、版权、布图设计、工艺秘密等。1989 年,世界知识产权组织通过了《关于集成电路的知识产权条约》。此外,《知识产权协定》规定了集成电路布图设计问题。我国的集成电路布图设计保护相对较晚。2001 年 3 月 28 日国务院通过了《集成电路布图设计保护条例》,于 2001 年 10 月 1 日生效。根据《集成电路布图设计保护条例》,特制定《集成电路布图设计保护条例实施细则》,自 2001 年 10 月 1 日起施行。根据《中华人民共和国集成电路布图设计保护条例》,制定《集成电路布图设计行政执法办法》,自 2001 年 11 月 28 日起实行。

  撰稿人:上海硅知识产权交易中心有限公司 徐步陆
  审稿人:中国半导体行业协会 陈贤

▷▷▷ 1.7.3 集成电路 IP 核现状,積體電路 IP 核現狀,Status of IC IP Core

随着超大规模集成电路设计与制造技术的发展,以 IP 核复用、软硬件协同设计和超深亚微米/纳米级设计为技术支撑的 SoC 已成为当今超大规模集成电路的重要发展方向。符合一定标准的集成电路模块及配套文件的 IP 核复用与交易既缩短了系统设计周期，又提高了系统设计的成功率。当前产业界90%以上的SoC都是采用以IP核为主而进行设计的，大量重复使用IP核代码和专利等硅知识产权。

整体而言，作为集成电路产业上游的IP核领域，市场呈现出前所未有的垄断与集中态势。2013年，全球半导体IP市场规模达到24.5亿美元，较2012年增长了11.5%。ARM以43.2%的市场占有率遥遥领先，稳居龙头地位。Synopsys与Imagination Technologies分别以13.9%与9%的市场占有率占据第二、三位。而Cadence由于在IP业务策略上改弦更张，并收购了Tensilica与Cosmic Circuits等公司，以163.7%的年增长率跃居第四位[1]。

IP产业重视整个生态系统（Ecosystem）的建立。仅通过技术优势提供单一种类高性能IP核产品的公司，很难在市场上形成着力点。与之对应的是，除IP核外，还提供EDA工具、IC生产、设计方案、系统配套等服务的公司，即使IP核性能稍有劣势，也可以通过其综合优势，形成大生态系统获得客户的青睐。同时，IP供应商提供多种类型的IP，建立小生态系统，为客户节省综合成本也能够形成竞争优势。目前，行业领先的IP公司正通过不断的并购，一方面建立起全流程的综合竞争优势，另一方面也不断丰富自身的IP产品系列。

随着人工智能的兴起，算法IP正在成为新的活跃的IP种类，如手势识别算法、语义识别算法、表情识别算法、全景音频算法（Panoramic View of Audio Algorithm）、飞控算法（Flight Control Algorithm）、稳像算法（Image Stabilization Algorithm）等。这些算法在终端上逐步被集成到大的IP或芯片，形成智能芯片。

参考文献

[1] 盘点全球十大半导体IP供应商［EB/OL］. (2014-12-04) [2007-05-21]. http://ee.ofweek.com/2014-12/ART-8460-2801-28909322.html.

撰稿人：上海硅知识产权交易中心有限公司　　徐步陆
审稿人：中国半导体行业协会　　　　　　　　　陈贤

▶▶▶ 1.7.4 工业和信息化部软件与集成电路促进中心，工業和信息化部軟件與集成電路促進中心，MIIT Software and Integrated Circuit Industry Promotion Centre（CSIP）

工业和信息化部软件与集成电路促进中心（MIIT Software and Integrated Circuit Industry Promotion Centre，CSIP）成立于2013年，是工业和信息化部直属

事业单位，全面承担了国家软件与集成电路等公共服务平台的建设、维护、运营和管理工作。

CSIP 的主要业务：承担国家核心电子器件、高端通用芯片及基础软件产品科技重大专项的有关支撑保障工作，推进相关领域前瞻性技术和共性技术研发应用，开展科技成果的转化、推广以及国内外科技交流、技术咨询等工作；承担国家软件与集成电路等产业公共服务平台以及产业公共服务体系的相关建设工作，为我国软件与集成电路等产业和企业的发展提供公共、中立、开放的服务；开展工业和信息化相关领域战略研究、知识产权预警研究等软科学研究，为政府决策、行业发展提供支撑服务；承担工业和信息化相关领域高端、紧缺专业人才培养相关工作；承办工业和信息化部交办的其他事项。

CSIP 当前拥有丰富的设备和先进的软硬件环境，与国际国内企业围绕 Linux 系统、开放/开源技术、嵌入式软件、高性能计算、IP/SoC 集成设计验证、知识产权服务、企业信息化服务、国产平台软硬件兼容性和可用性测试与仿真部署体验、远程教育平台等方面先后共建起 10 个国家级实验室、23 个技术创新中心、7 个技术中心、5 个资源库，开展共性技术研究与服务，推动产业自主创新；积极推进国家 Linux 标准体系和 IP 核标准体系的建设；主导建设了 Linux 参考平台和国家 IP 核库；牵头成立了 10 个产业联盟，团结和吸引了国内一批优秀软件和集成电路企业，开展广泛的技术交流与协作，努力营造促进产业发展的和谐环境。

在软件与集成电路等产业领域，CSIP 初步具备了从共性基础技术、知识产权、人才培训、投融资咨询以及市场开拓与品牌推广等五个方面为广大软件与集成电路企业提供公共服务的能力。在相关的几个领域，形成了"中国芯"（集成电路领域）、"华夏擎"（软件领域）、"IP China"（知识产权领域）、"ChinaSourcing"（软件与信息服务外包领域）等行业公共品牌，对进一步引导产业发展，展示行业发展成果，以及树立中国软件和集成电路产业的国际形象将起到积极的推动作用。

撰稿人：工业和信息化部电子信息司　　　任爱光
　　　　中国电子信息产业发展研究院　　　夏岩
审稿人：中国半导体行业协会　　　　　　　陈贤

1.7.5 上海硅知识产权交易中心有限公司，上海硅知識產權交易中心有限公司，Shanghai Silicon Intellectual Property Exchange Inc.（SSIPEX）

上海硅知识产权交易中心有限公司（Shanghai Silicon Intellectual Property Exchange Inc.，SSIPEX）是工业和信息化部和上海市政府共同支持并于 2003 年建立的企业。SSIPEX 是国内最早的集成电路 IP 核中介机构，提供 IP 核供需信息匹配和开发服务供应商匹配服务。SSIPEX 目前主要业务包括集成电路 IP 核、人工智能 IP 核、集成电路 IC 专利交易与运营，同时提供 IC 设计环境、知识产权司法鉴定、设计人才培训等集成电路公共服务。

2006 年，SSIPEX 重点围绕 IP 保护、复用、交换与交易开展工作，举办了"知识产权保护对中国集成电路行业的影响"论坛、"合法使用 EDA 工具和 IP"座谈会、"第二届中国国际汽车电子产品与技术展览会暨汽车+电子行业高层论坛"等一系列活动，还与 Cadence、Mentor Graphics、宏力半导体、航盛集团等企业签署了战略合作协议或成立了联合实验室。

2007 年，SSIPEX 与上海市知识产权服务中心合作成立了国家（上海）信息技术专利交易中心。同年，共获得 4 项国家和地方科研项目，建成国内信息技术专利交易中心、数模 IP 硬核物理库、集成电路布图数据库，完成符合国家标准的数字电视传输标准的专利分析。

2008 年，SSIPEX 主要开展了数模混合 IP 核库建设、IP 复用公共服务平台搭建、IP 交换交易服务深化等工作，重点客户覆盖华东、华南的集成电路上下游各环节，集中推出需求较大的重点 IP，如 USB 2.0、GPS、多卡合一的解码 IP 等；结合 IP 交换交易服务，推广 IP 行业标准的应用，先后与世界 IP 接口标准组织 OCP-IP、世界半导体产业联盟和国家 IP 核标准工作组开展了标准制定与标准推广方面的合作。

2009 年，SSIPEX 获得了知识产权司法鉴定资质。同年，作为世界半导体理事会 IP-TF 组年度轮值方，SSIPEX 承担了会议组织工作；联合中国半导体行业协会在《中国电子报》开辟了知识产权专栏；主办了"第二届 IP 重用技术国际研讨会"；承办了"第五届中国国际汽车电子产品与技术展览会暨国际汽车电子行业高层论坛"；组织了世博会新一代车载智能导航终端高技术产业化示范工程。

2010 年，SSIPEX 承担了国家科技重大专项集成电路领域的知识产权第三方评估。同年，配合地方产业主管部门，SSIPEX 承担了国家科技重大专项的上海区域属地化管理服务支撑工作。

2011年，SSIPEX取得了中国合格评定国家认可委员会（CNAS）的认可证书。

2012年，SSIPEX入选了首批全国知识产权服务品牌培育机构并启动建立多视点编解码专利群工作。

2013年，SSIPEX获得了高技术服务业专项"新一代信息技术知识产权公共服务平台"项目，提升和完善了公司知识产权业务发展所需的软硬件工具、专利数据库、诉讼数据库等业务基础；启动了"集成电路司法鉴定与技术特征评估公共平台"建设。

2014年，SSIPEX入选成为首批全国知识产权服务品牌机构。

2015年，SSIPEX成为第二批国家知识产权运营试点企业，取得1000万元新增股权投资。

2016年，SSIPEX启动了建立半导体照明专利群、传感网络与集成电路专利群召集等相关工作。

撰稿人：上海硅知识产权交易中心有限公司　　徐步陆
审稿人：中国半导体行业协会　　　　　　　　陈贤

▷▷▷ 1.7.6 硅知识产权交易、合作与共享及集成电路知识产权诉讼典型案例，矽智慧財產權交易、合作與共享及積體電路智慧財產權訴訟典型案例，Silicon IP Transactions, Cooperation and Sharing & Litigation Cases in IC IP

由于IP供应商过度集中，硅知识产权IP核的交易基本上由IP供应商单独授权。此外，圆片代工厂（Foundry）和设计服务（Design Services）公司也分别可提供其自有工艺IP和相关IP。在IP合作与共享方面，台积电提出并建设了开放创新平台（Open Innovation Platform，OIP）设计生态系统，通过平台提供客户设计辅助工具、IP与工艺技术等，让客户可以缩短产品设计到量产的时间。

集成电路领域的专利交易有专利持有人自行授权和专利运营公司介入两种模式。后一种模式近年来在商业上取得了成功，典型案例如下。

2010年，Intel、美国联邦贸易委员会（FTC）联合宣布，双方已经就Intel非法压制处理器芯片市场竞争的问题达成了初步和解协议。Intel将修改与AMD、NVIDIA、VIA的知识产权协议，让这些厂商有更大的自由，以便可以考虑与其他公司合并或者合资，而不会受到Intel专利侵犯的诉讼威胁；同时将与VIA的

x86授权协议在当时协议的基础上延长5年,直至2018年。

2012年,隶属于专利运营公司AST的财团Bridge Crossing LLC收购了MIPS的580项既有专利和正在申请中的498项专利的拥有权,该集团将为此支付3.5亿美元,其中1.675亿美元由ARM支付。Imagination则以6000万美元的价格获得了MIPS的经营业务和剩下的82项专利的经营特许权,并且将永久保有免版税使用已售予AST所有专利的权利。

2015年年底,专利运营公司WiLAN获取Freescale公司的3300项专利[1]。

2016年年初,小米公司从Intel公司购得332件美国专利[2]。

集成电路是知识密集、资金密集的国际性行业,知识产权则是集成电路企业最核心的竞争力。根据SSIPEX统计,截至申请日2014年5月31日,Intel公司共计有38 392件美国专利和6866件中国专利。根据《Intel CPU设计技术专利数据库》可知,Intel在CPU设计领域就有5511件美国专利和926件中国专利。专利一直是国际上保护集成电路技术创新的有效的和主要的手段,同时专利授权也是企业重要的收入来源之一。例如,高通2013年财报显示,许可业务收入与基带芯片业务收入的比例大约是1:2,但贡献的税前利润比例却高达9:1。高通将标准专利许可业务和基带芯片设计制造业务进行了融合。

许可、诉讼等形式的专利运营是集成电路产业生态的有机组成部分。1997—2007年,美国各联邦地区法院受理的半导体专利诉讼案件共计900余宗。近些年,不少大的集成电路公司将专利委托给了专门的专利运营机构管理。

若干集成电路相关专利典型案例:半导体设计公司Marvell于2016年2月17日同意向卡耐基梅隆大学支付7.5亿美元了结专利诉讼;高通在北京知识产权法院和上海知识产权法院指控魅族侵犯了高通覆盖智能手机多种功能和技术的多项专利,包括与3G(WCDMA和CDMA2000)及4G(LTE)无线通信标准相关的专利;浙江杭州中院受理的(美国)安那络公司诉杭州士兰微电子股份有限公司侵犯集成电路布图设计专有权案;上海一中院受理的(美国)安那络公司诉上海贝岭股份有限公司侵犯集成电路布图设计专有权案;南京中院判决的华润矽威科技诉南京源之峰科技侵犯集成电路布图设计专有权案(2010年中国法院十大知识产权案件之一);上海高院判决的深圳市锐能微科技有限公司与上海雅创电子零件有限公司侵害集成电路布图设计专有权纠纷(2014年中国法院十大知识产权案件之一)。

著作权侵权典型案例有微芯科技公司与上海海尔集成电路有限公司间著作权侵权纠纷案。

参考文献

[1] WiLAN announces patent acquisition from freescale semiconductor [EB/OL]. (2015-11-

04）［2017－06－28］. http：//finance.yahoo.com/news/wilan-announces-patent-acquisition-freescale-113100144.html.

［2］小米从 Intel 买来 332 件美国专利［EB/OL］.（2016-02-26）［2017-06-28］. http：//cnipr.com/yysw/zscqjyytrz/201602/t20160226_195215.htm.

撰稿人：上海硅知识产权交易中心有限公司　徐步陆
审稿人：中国半导体行业协会　　　　　　　　陈贤

1.8 国际竞争与合作

1.8.1 客户自有技术和代工厂自有技术，客戶自有技術和代工廠自有技術，Customer-Owned Technology and Foundry-Owned Technology

在 20 世纪 50 年代的半导体产业发展初期，半导体芯片设计和半导体制造技术都处于摸索阶段，一个公司设计出某种芯片，同时该公司还要开发相应的工艺技术来配套生产，没有一家公司为其他公司提供制造服务；另外，一种工艺技术可能只适用于部分半导体芯片，而从事相似产品的芯片设计公司都会是竞争对手，因此从事半导体芯片研发的公司一般都同时具备芯片设计技术和芯片制造工艺技术，就是所谓的整合器件制造公司（IDM）；还有少数公司不但拥有设计团队和制造工厂，还拥有终端产品开发的团队，这种公司就是系统公司。

全球信息、通信和电信（Information，Communication，Telecom，ICT）产业经过几十年的发展与积累，到 1987 年，已经进入大规模商用阶段。个人计算机已经在全社会普及；电信产业成熟，程控交换机已经大规模使用；第一代无线通信技术全面商用，第二代无线通信技术开始研发。ICT 产业的大规模商用得益于当时成熟的半导体产业，其实质是半导体芯片类型非常齐全，相应的半导体技术种类齐全、技术成熟。这时期的半导体技术都是 IDM 公司或系统公司的技术，也就是客户自有技术（Customer-Owned Technology，COT）。在 IDM 与系统公司的时代，半导体芯片设计与制造技术相辅相成、密不可分。

这种状况一直持续到 20 世纪 80 年代后期，无生产线设计业（Fabless）诞生了。为进一步提升市场竞争力，部分无生产线设计公司开发了自有的差异化技术，成为客户自有技术的有机组成部分。

纯圆片代工企业的工艺研发有一个从购买授权到自主研发的过程。在代工业早期，纯圆片代工企业一般购买第三方的技术研究机构或IDM公司的技术，以建立自主技术研发基础。当工艺技术的积累与研发能力达到一个较高的水平时，纯圆片代工企业逐渐开展自主技术研发，逐渐建立自主的技术体系。这时的工艺技术就是纯圆片代工厂自有技术（Foundry-Owned Technology，FOT），而这些技术一般会向该企业的全部或部分客户（芯片设计公司）开放，包括现在的IDM公司。

纯圆片代工业的技术研发成果显著，其中典型代表企业是台积电公司，其主要表现为：一是形成了代工业的技术标准（T-like，类台积电技术），成为行业标杆；二是开创了系统芯片服务，为智能手机产业的爆发奠定了坚实的基础，有力地推动了半导体产业的发展。目前纯圆片代工企业自主研发的技术门类的应用已经涵盖绝大部分半导体芯片，只有高端存储器等芯片基本是IDM公司独占。未来纯圆片代工业自主研发的技术将向多方面拓展，有先进技术的研发，也有多种技术的融合，如无线射频技术与嵌入式非易失性存储器技术的融合。

撰稿人：上海华虹宏力半导体制造有限公司　李国强
审稿人：中芯国际集成电路制造有限公司　　季明华

▷▷▷ 1.8.2　技术授权，技術授權，Technology License

半导体行业的技术授权主要包括IP（Intellectual Property）授权和工艺授权两大类。

1. IP授权

IP在半导体行业有两层含义：①IP是通常意义的知识产权；②IP是具备一定功能的电路模块，即基于某个或某些专利的器件结构或电路拓扑设计出来的电路模块，是工艺平台的重要组成，被集成在某些芯片中。这里的IP主要是指第②种。

在21世纪初期，随着系统芯片（SoC）在手机产业中应用的兴起，IP行业进入高速发展阶段，其中最著名的IP公司是ARM公司。经过多年的发展，目前IP种类多而全，主要应用于各种通用或专用处理器、微处理器、微控制器与数字信号处理器（Digital Signal Processor，DSP）等产品中。从种类来分，IP主要包括库（Library）和IP两大类。库主要包括标准单元库（Standard Cell Library）、输入/输出库（Input/Output Library，I/O）、只读存储器（Read Only Memory，ROM）、随机存取存储器（Random Access Memory，RAM）。IP主要包括处理器与微控制器类IP、非易失性存储器类IP、电源类IP、信号转换类IP与接口类IP。

处理器类 IP 以 ARM 为例，该公司的 A 系列应用处理器核已经广泛应用于手机等应用处理器产品中，典型产品有苹果公司手机及平板电脑中的应用处理器、高通/联发科/华为的手机应用处理器、AMD 公司服务器处理器等；微处理器类同样以 ARM 公司为例，该公司的 Cortex-M 系列 32 位微控制器核已经成为当前市场上 32 位微控制器核的主流产品。

非易失性存储器 IP 主要包括嵌入式闪存（Embedded Flash）IP、一次可编程（One-Time Programmable，OTP）存储器 IP、多次可编程（Multi-Time Programmable，MTP）存储器 IP 和嵌入式电擦除可编程存储器（Embedded EEPROM）IP，等等。

电源类 IP 主要包括上电复位（Power on Reset，POR）IP、参考电压（Reference Voltage，Vref）IP、电压调整器（Voltage Regulator，VR）IP、低压差调整器（Low Drop Out Regulator，LDO）IP、电荷泵（Charge Pump）IP 和电压检测器（Voltage Detector，VD）IP 等。

信号转换类 IP 主要是模/数转换器（Analog-to-Digital Converter，ADC）IP 和数字模拟转换器（Digital-to-Analog Converter，DAC）IP 两大类。

接口类 IP 种类较多，常见的有 USB、CAN、LIN、RS-232、RS-485、UART、HDMI、SerDes、PCI、并口及网口等 IP。

IP 授权模式主要有两种，分别是购买使用权和一次性买断。购买使用权是指芯片设计公司或半导体制造企业向 IP 拥有人购买经过验证的、有限次数使用的 IP 的合作模式，购买方需要支付 IP 使用费和 IP 版税费（Royalty Fee），IP 使用费是一次性支付的，而 IP 版税费是按每片圆片或每个芯片来收取一定费用的。一次性买断是指购买方向 IP 拥有人购买经过验证的、无限次数使用的 IP 的合作模式，仅支付 IP 使用费。对于嵌入式非易失性存储器 IP，其中有些 IP 技术与工艺结合得非常紧密，购买 IP 就意味着同时还要购买工艺，甚至还需要向授权方购买专用配套设备。在这种情况下，购买方可以基于授权方的技术自行开发定制化 IP，满足客户的特殊需求。

2. 工艺授权

工艺授权可分为成套工艺授权和工艺模块授权两种。在成套工艺授权方面，较多见的是先进工艺授权和差异化工艺授权，如比利时 IMEC 向上海华力微电子授权 65nm 逻辑工艺等。工艺授权的收费模式和 IP 授权类似，购买方需要一次性支付工艺授权费（Upfront Fee）和/或工艺版税费（Royalty Fee）。

    撰稿人：上海华虹宏力半导体制造有限公司 李国强 许昭昭
    审稿人：中芯国际集成电路制造有限公司   季明华

1.8.3 半导体公司并购,半導體公司併購,Semiconductor Corporation Merge and Acquisition

根据 WSTS 公司 2017 年 3 月发布的数据,1987—2018 年(预计)全球半导体产业的增长率如图 1-61 所示。2007—2016 年的 10 年间,其中 2008 年、2009 年、2012 年和 2015 年,产业为负增长;除个别年以外,全球半导体产业的增长率近来年在 10%以下,可见半导体产业已进入成熟阶段。在这个阶段,为实现企业的某种战略意图,并购事件接连出现。目前全球半导体产业中的设计业、制造业和封装测试业还在整合中,未来几年,半导体产业中的并购案还将继续发生。

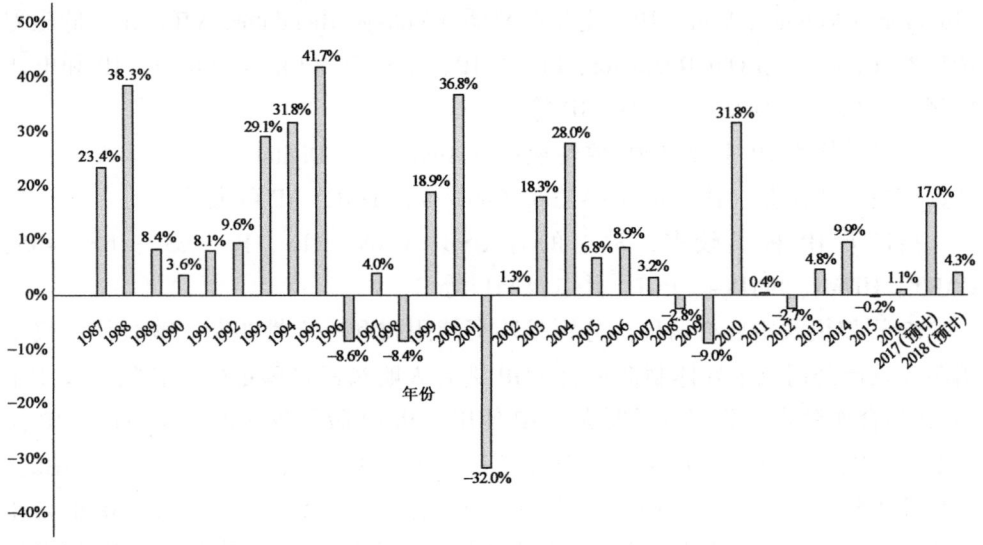

数据来源:WSTS。

图 1-61 1987—2018 年(预计)全球半导体产业的增长率

2014 年以来,半导体行业的合并与收购已有多起。据 IC Insights 统计,2015 年全球半导体产业的重大并购总金额(见图 1-62)高达 1033 亿美元。据统计,截至 2016 年 11 月,全球半导体产业 2016 年的并购(见表 1-17)达到新的高度,十大并购中案值较高的是高通(Qualcomm)收购 NXP 公司,案值高达 470 亿美元,创造了全球半导体产业并购历史新纪录;十大并购案中案值较低的中国建广资产收购 NXP 公司的标准产品业务,金额也达到了 27.5 亿美元。

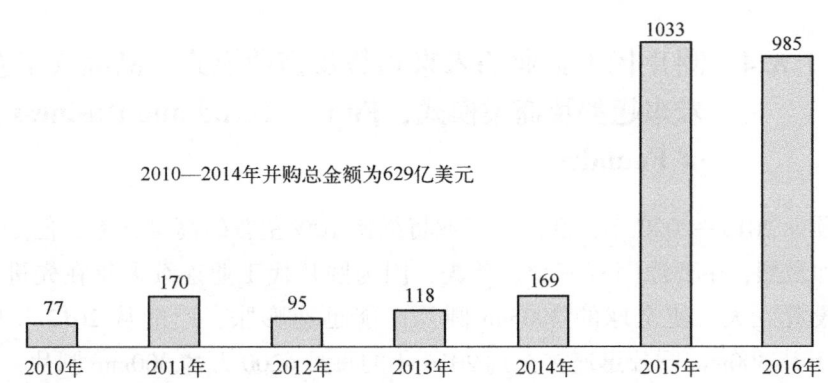

数据来源：IC Insights.

图1-62 2010—2016年每年全球半导体产业的重大并购总金额（单位：亿美元）

表1-17 2016年半导体行业重大并购案例

序 号	交 易 买 方	交 易 标 的	交易总价值/亿美元
1	高通	NXP	470.0
2	软银	ARM	320.0
3	ADI	Linear	148.0
4	三星	Harman	80.0
5	西门子	Mentor Graphics	45.0
6	Microchip	Atmel	35.6
7	Renesas	Intersil	32.0
8	ASML	Hermes	31.4
9	中国建广资产	NXP BP	27.5
10	Infineon	Wolfspeed	8.5
11	中国建广资产	IML	1.36
12	中芯国际	LFoundry	0.55

并购的类型一般分为纯财务投资和业务拓展两种。纯财务投资偏重资金的回报和退出，不谋求对被并购企业的业务控制和改变，如软银收购ARM公司、建广资产收购NXP公司标准产品业务等。业务拓展类型的并购一般会结合自身业务，期望并购对象能对现有业务带来帮助以实现"1+1>2"，如扩大规模、业务补充、垄断市场等。比较典型的案例如高通收购NXP、中芯国际收购LFoundry等，其挑战在于并购对象与现有业务的融合，包括技术、管理团队和企业文化等各个方面的融合。

撰稿人：上海华虹宏力半导体制造有限公司　李国强　许昭昭
审稿人：中芯国际集成电路制造有限公司　季明华

▷▷▷ 1.8.4　圆片代工企业的未来趋势及商业模式，晶圓代工企業的未來趨勢及商業模式，Future Trend and Business Model of Foundry

预计 2015—2020 年，圆片代工业将维持 10% 左右的高增长率，但是市场竞争愈加激烈，主要原因有三个。首先，因为圆片代工业连续多年在先进工艺生产线投资巨大，使全球的 300mm 圆片产能迅速膨胀，产能从 2012 年的每月 4800 万片 300mm 圆片迅速扩充到 2016 年的每月 6200 万片 300mm 圆片，预计到 2020 年全球产能将增长到 7700 万片 300mm 圆片，预计 2015—2020 年全球 300mm 圆片产能年复合增长率将高达 5.8%。其次，因为全球经济增长缓慢，到 2020 年，年增长率最高仅为 3.1%。全球半导体市场增速略高，预计 2015—2020 年复合增长率将仅为 4.6%。扩张的产能需要更多的半导体芯片需求来填充，但市场需求远低于产能的增长速度，竞争已成为事实。最后，因为当前市场上新兴半导体芯片需求高的终端产品或应用还没有出现，而现有的计算机市场已经走向衰退，智能手机市场日趋饱和，导致半导体市场增长速度偏慢。

为应对市场挑战，以及更好地支持与服务客户，圆片代工企业、芯片设计公司、封装测试企业、工具厂商、IP 供应商和终端产品设计公司等半导体产业链上下游企业，建立更密切的合作关系，实现多方共赢，这就是虚拟 IDM 模式（Virtual IDM）的战略联盟。虚拟 IDM 模式首先出现在高端系统芯片（System on Chip, SoC）项目中，如手机应用处理器（Application Processor, AP），芯片的晶体管数量超过 10 亿个，包括多个大/小处理器核、多个图像处理器核、嵌入式存储器 IP、降噪处理器核、多种高速接口等众多 IP。要完成这种规模的芯片设计，先进的设计工具支持是必不可少的。同时，为尽量减少芯片空间，常常把大容量闪存、内存和应用处理器芯片封装在一起，如苹果公司的 A 系列处理器，这时就需要封装测试厂商的大力支持，甚至在设计阶段就需要封装测试公司介入，选择合适的出脚位置以便于封装和测试。这就是典型的虚拟 IDM 合作模式。

国内半导体产业市场需求庞大。据中国半导体行业协会 2016 年发布的报告，2016 年集成电路进口规模约 2000 亿美元，高居国内进口商品第一位。虽然国内芯片设计公司数量众多，但在国内公司研发的芯片中，大部分是中低端或周边配套芯片，如各种家用电器、便携式产品、计算机配件和各种移动终端、手机的外围芯片等，只有少数是高端或核心芯片，总体产值较低。

究其原因，一方面是国内大部分芯片设计公司在很多领域的前期技术或应用知识积累不够，不能设计出高端、功能复杂、可靠性高的芯片。目前国内只有几家公司，如华为海思、紫光展锐等在手机核心芯片方面已有突破，能设计并量产手机应用处理器及基带处理器等高端芯片。另一方面是整机厂商采用国内公司设计的芯片意愿也不高。如何推进国内半导体芯片在国内制造业中的应用与普及，虚拟 IDM 合作模式是有效措施之一。国内终端厂商、芯片设计公司及相关企业共同定义所需芯片并应用芯片，可以促进国内制造业的转型升级，推动国内芯片的应用与半导体产业的发展，实现多方共赢。

撰稿人：上海华虹宏力半导体制造有限公司　李国强　许昭昭
审稿人：中芯国际集成电路制造有限公司　　季明华

▷▷▷ 1.8.5　450mm 圆片时代，450mm 晶圆世代，450mm Wafer Era

集成电路产业的工艺一直依循摩尔定律的经验节奏发展，每两年升级到下一阶段的技术节点时，复杂的工艺会增加更多的步骤，为了降低圆片的单位面积制造成本，采用大尺寸的硅圆片生产集成电路已成为芯片制造业降低成本的经验准则。产业的发展从 4in、5in、150mm、200mm 到目前的主流 300mm 时代生产线都沿着摩尔定律的轨道前进（在 150mm 生产线之前，硅圆片的直径采用单位 in）。从芯片生产的规模经济（Economies-of-Scale）角度来看，芯片制造厂商采用 450mm 生产线是必然的趋势。但是 450mm 圆片技术的研发费用以及设备开发的成本极为庞大，已非单一厂商可以独自承受。

2011 年 9 月 27 日，结合产学研的资源推动，全球 450mm 联盟（Global 450mm Consortium，G450C）在纽约州立大学（State University of New York，SUNY）阿伯尼（Albany）校区的纳米尺度科学与工程学院（College of Nanoscale Science and Engineering，CNSE）成立[1]，以期使 CNSE 成为开发 450mm 技术的领导者。G450C 的初期总投入资金为 4.8 亿美元，其中含美国纽约州政府提供的 4 亿美元研发补助经费。G450C 是一个官方及非官方（Public-Private）合伙的非营利项目，半导体业界的五家成员为 Intel、台积电、三星、格芯及 IBM。首期前五年的目标是建立及检验具有成本效益的 450mm 圆片生产基础条件，以及开发原型设备和量产型设备协助产业界顺利过渡到 450mm 时代。长期目标是在 CNSE 建立一条可开发先进半导体工艺模块的 450mm 生产线。IC Knowledge LLC[2]曾在全球硅圆片市场成长趋势的分析中，乐观地预测产业界第一条量产的 450mm 生产线会在 2018 年出现。

理论上圆片生产厂商采用 450mm 技术生产同一技术节点的芯片会比使用 300mm 技术的成本降低 30%，但建置一座 450mm 圆片厂的启动投资金额为 60

亿美元，到量产及技术升级时的总投资将达到 100 亿美元。除资金和技术之外，还要有足够数量的芯片产品需求来满足生产线的最低经济生产规模，如内存、CPU、部分逻辑 IC 和某些圆片代工产品等具备数量的需求。估计只有 Intel、台积电、三星、格芯、东芝等少数公司有进入 450mm 时代的实力。在研发 450mm 的工艺时，在硅圆片、设备、厂务设施以及洁净室方面已遇到许多挑战，致使芯片制造商过渡到 450mm 时代的时间延后到 2020—2025 年。

450mm 圆片的生产设备与 300mm 圆片的相比，其质量和设备体积更大。例如：设备底座面积增加 20%～40%，洁净室的地板承重能力必须增强 30% 以上，搬移设备的屋顶钢构吊架承重能力要加强，每平方米的水电气消耗会增加 20%，废水及废气排放要符合环境友善的环保规范，所以 450mm 时代的洁净室营运必须推行节能减排的绿色模式（Green Mode）。此外，450mm 圆片必须采用自动化传输系统运送，而全面自动化会增加集成电路工厂 6% 的建置成本。

300mm 时代的 CZ 直拉法单晶硅棒是采用 90cm 直径的石英坩埚装填电子级多晶硅晶块，每一批次装填 450kg 多晶硅晶块可生长 2m 长度的单晶硅棒，致使早期 300mm 硅圆片的单位成本约为 3 美元/in^2，经过多年大量扩产后的成本已降至约 1 美元/in^2。依照石英坩埚直径/晶棒直径等于 3 倍的经验法则，生长 450mm 单晶硅棒的石英坩埚直径应该为 135cm，且可装填 990kg 的多晶硅晶块。但大直径石英坩埚长时间在 1450℃ 高温下极易造成熔融硅液溢漏，引发安全生产问题。日本的超级硅单晶研究所（Super Silicon Crystal Research Institute）建议生长 450mm 单晶硅棒的石英坩埚直径应该为 90～102cm[3]，目前信越半导体（Shin-Etsu）能提供直径为 90～105cm 的石英坩埚。孟山都电子材料公司（Monsanto Electronic Materials Company，MEMC）采用 PVA TePla EKG-3000 直拉单晶炉及批次装填 450kg 多晶硅晶块的石英坩埚已成功生长出 1m 长度的 450mm 单晶硅棒及硅圆片[4]。由于单晶硅棒生长的长度受限，以及硅棒可被用来制作硅圆片的部分减少，450mm 硅圆片的单位成本已超过 4.2 美元/in^2。较高的硅圆片成本将抵消采用 450mm 硅圆片生产集成电路的一些经济效益。

圆片面积的增大，会使涂布光刻胶的使用量增多，曝光的时间也会增长，致使光刻（Lithography）工艺的成本会依圆片的面积变大而快速增加。光刻工艺成本占 150mm、200mm、300mm 圆片的制造成本比例分别为 25%、33%、50%。300mm 时代的纳米级器件已使用 DUV193i 浸没式光刻系统曝光，28nm 技术节点采用双重图形（Double Patterning）曝光技术，10nm 及 7nm 技术节点则会采用四重图形（Quad Patterning）曝光技术。单层多重曝光的工艺可以解决 28nm 以下的线宽问题，但光刻工艺成本却提高了 2～3 倍。如果 450mm 时代的光刻工艺仍旧使用 DUV193i 浸没式光刻系统，则光刻工艺的成本会更昂贵，导致 450mm 工艺又将丧失一些经济优势。理论上采用极紫外（Extreme Ultraviolet，EUV）光刻技术可以大幅降低光刻工艺成本，故芯片制造产业何时过渡到 450mm 时代取决于 450mm EUV 光刻设备的问世时间。但阿斯麦（ASML）公司在 2014 年 3 月宣布暂缓开发 450mm 时代的 EUV 光刻设备，使得 G450C 项目的首期目标无法在期限内达成，并中止了建立 450mm 生产线开发先进半导体工艺模块的规划，Intel 也立即暂停了在亚利桑那州建置 450mm 的研发工厂 Fab 42。Intel、三星、台积电已在 2015 年退出 SEMATECH，基本上 G450C 项目已经失败。预估芯片制造厂商过渡到 450mm 时代的时间已被推迟到 2020—2025 年。虽然开发 450mm EUV 光刻设备已暂缓，但是，2013 年 1 月，Intel 展示了采用 Molecular Imprints 公司 26nm 技术节点的纳米压印工艺已成功制造出 450mm 圆片所需的图形。Molecular Imprints 公司的 450mm 纳米压印设备成本远低于 ASML 的 EUV 光刻设备，而且光刻胶的使用量、圆片生产率和成品率，以及设备底座面积都具成本优势，使纳米压印光刻（Nano Imprint Lithography）技术也成为了 450mm 时代的设备选项之一。

  300mm 时代生产线首先在 2001 年问世，但相关的设备、IC 设计、工艺及封装技术仍在发展中，使得 300mm 时代的 IC 生产成本及性价比仍有优化空间。如果芯片制造厂商立即过渡到 450mm 时代生产相同技术节点的集成电路，太高的初期生产成本将使产品降低竞争力，甚至失去市场份额，特别是 3D IC 结构及芯片堆叠封装（Stacked Package）更延长了 300mm 时代的生命期。三星以 300mm 技术占有 60% 以上的存储器市场，通过持续发展先进技术节点的 3D 结构及芯片堆叠封装来维持产品的竞争力，可规避立刻过渡到 450mm 时代所产生的风险。AMD 公司声称小面积 FinFET 芯片的多层堆叠封装已有较高的成品率，芯片制造厂商采用 3D IC 结构及芯片堆叠封装技术持续优化 300mm 技术的策略也延缓 450mm 时代的来临。

  未来芯片设计的功能会更强大，复杂度会提高，增大芯片面积且/或增加芯片堆叠的层数是发展的趋势，但散热效率却限制了芯片堆叠层的数目。当微缩晶体管的节点技术发展接近极限而变慢时，增大芯片面积则是必要的选择，采用 DUV193i 浸没式光刻多重曝光的 450mm 圆片技术虽然可满足 10nm 及 7nm 的芯片生产要求，但获利空间有限。ASML 在 2017 年旧金山的 SEMICON West 展会上宣称已将 EUV 光源功率提升到 250W，300mm 圆片的生产速度可达到每小时 125 片，展现 300mm 的 EUV 光刻技术已符合工业量产的要求，成品率及性价比可超过 DUV193i 浸没式光刻多重曝光技术。台积电也宣布在 2019 年将 EUV 光刻技术导入量产 7nm 的 7 Plus 工艺中，为了降低成本，5nm 及 3nm 产品有一半以上的工艺步骤会使用 EUV 光刻技术。未来唯有 450mm 的 EUV 光刻技术正式推出才能大幅降低芯片生产成本，促使集成电路产业进入真正的 450mm 时代。

参考文献

[1] Michael Liehr. Global 450mm consortium at CNSE [R]. –CNSE overview. –G450C vision. –

G450C mission.[2017-07-03]. http://www.semi.org/eu/sites/semi.org/files/docs/G450C%20Minatech%20042412.pdf.

[2] IC Knowledge LLC. White paper – forecasting the 450mm ramp up [EB/OL]. [2017-06-23]. https://www.f450c.org/g450c/.

[3] H. Yamagishi, et. al. Large diameter silicon technology and epitaxy [J]. Microelectonic engineering 1999, 45: 101-111.

[4] Zheng Lu, Steven Kimbel. Growth of 450mm diameter semiconductor grade silicon crystals [J]. Journal of crystal growth, 2011, 318: 193-195.

撰稿人：北京大学　　　　　　　　　　　　　罗正忠
审稿人：中芯国际集成电路制造有限公司　　　季明华

1.9 集成电路企业管理

1.9.1 集成电路企业类型，積體電路企業類型，Type of IC Companies

从 1958 年集成电路诞生以来，经过近 60 年快速而充分的发展，集成电路产业从最初以"全能型"企业为主的结构模式转变为当前以集群和专业分工为特色的结构模式，即从垂直整合模式的整合器件制造商（Integrated Device Manufacturer, IDM）向专业分工模式演变。专业分工模式包括无生产线集成电路设计（Fabless）、集成电路制造代工（也称圆片代工，Foundry）、IP 设计和服务、开放式封装测试（Open Service Assmeble & Test, OSAT）等。

1. 产业链分工状态

目前，全球集成电路产业链中，IDM 的规模仍然占主导地位，2010—2015 年基本维持在 2000 亿美元规模，约为 2015 年全球 Fabless、Foundry 和 OSAT 规模加总的 1.2 倍。2010—2015 年，全球 Fabless 和 Foundry 的规模增长较为迅速，年均复合增长率分别为 6% 和 12%。

2. 半导体整体产业链各环节

按业务类型划分，位于产业链主要环节的集成电路企业可以分为整合器件制造商、模块制造商（Module Manufacturer, MM）、电子设计自动化工具商（Electronic Design Automation, EDA）、无芯片集成电路设计公司（Chipless Design House, CDH）、无生产线集成电路设计公司（Fabless Design House, FDH）、掩模制造厂（Photo Mask Manufacturer, PMM）、开放式圆片代工厂（Open Wafer Foundry,

OWF)、开放式封装测试厂(OSAT)等。

整合器件制造商是指企业组织内包含从电路设计、圆片制造到封装测试的全制造流程,并销售自有品牌产品的公司。代表性企业有 Intel、三星、SK 海力士、Micron、德州仪器、东芝、Infineon 等。部分 IDM 厂商还具备模块产品的设计开发和生产能力。

电子设计自动化工具商是指提供集成电路设计相关的以计算机为硬件平台工具,采用计算机辅助设计(CAD)技术为基础的电子自动化设计(EDA)工具企业。典型厂商包括 Cadence、Mentor Graphics、Synopsys、华大九天等。

无芯片集成电路设计公司是指利用圆片代工厂商的工艺数据,设计具有知识产权的集成电路 IP 核,并提供相应服务的企业。典型企业包括 ARM、Silicon Images、Rambus、Ceva、eMemory 等。

无生产线集成电路设计公司是指没有制造环节,只专注于产品设计的集成电路企业。典型企业有高通、博通、联发科技、华为海思、紫光展锐、华大半导体等。

圆片代工厂是同时服务于多个产品公司的专业圆片生产工厂。典型企业有台积电、格芯、联华电子、中芯国际、华虹宏力等。

开放式封装测试厂是为客户提供芯片封装、测试服务的,其典型企业有 ASE、Amkor、SPIL、长电科技、天水华天、富通微电等。

半导体产业链结构如图 1-63 所示。

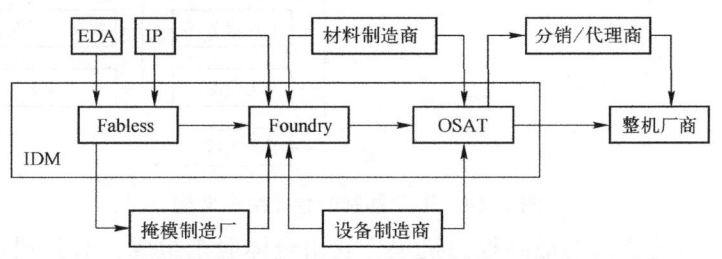

图 1-63 半导体产业链结构

值得注意的是,随着行业的不断发展,集成电路产业链上下游有出现业务融合的迹象。例如,电子设计自动化工具商、无生产线集成电路设计公司、圆片代工厂也开展 IP 研发和销售业务,部分圆片制造厂开始涉及先进封装的某些工艺环节。未来,集成电路产业链仍将随着经济、技术的发展不断演进。

撰稿人:	华润微电子有限公司	杨丹
审稿人:	赛迪顾问股份有限公司	李珂
	华润微电子有限公司	范成建
	中芯国际集成电路制造有限公司	卜伟海

▷▷▷ 1.9.2　集成电路企业组织结构，積體電路企業組織結構，Management Structure of IC Enterprises

组织结构是管理者有效实现计划、组织、指挥、协调和控制职能所建立的一种组织体系。通过这个体系，管理者对组织的资源进行合理配置，顺利完成企业目标。典型的企业组织结构可分为直线制、直线职能制、事业部制、矩阵制等结构。当前的大型集成电路企业通常采用事业部制的组织架构，如图1-64所示。

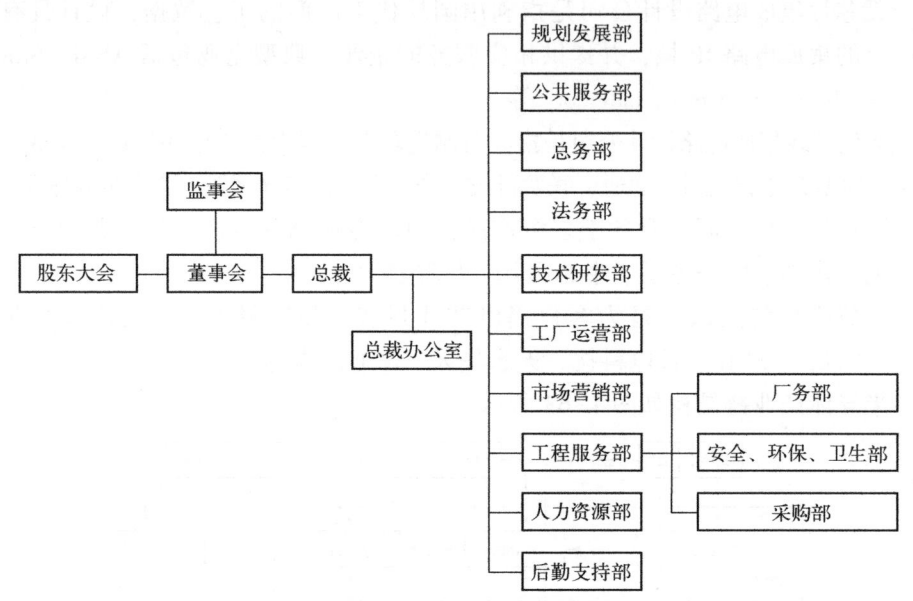

图1-64　事业部制的企业组织架构

股东大会是公司的最高权力机关，它由全体股东组成，对公司重大事项进行决策。股东大会有权选任和解除董事，并对公司的经营管理有广泛的决定权。

董事会由股东会选举产生，是股东大会的业务执行机关，负责公司或企业业务经营活动的指挥与管理，对公司股东大会负责并报告工作。股东会或职工股东大会所做的涉及公司或企业重大事项的决定，董事会必须执行。董事会是由董事组成的、对内掌管公司事务、对外代表公司的经营决策机构。

监事会由股东大会选举的监事以及由公司职工民主选举的监事组成，负责监督公司的日常经营活动以及对董事、经理等人员违反制度、章程的行为予以指正。

总裁是集成电路企业主要负责人或行政领导人，对公司的生产经营有计划权、建议权、否决权、调度权；对下属各职能部门完成任务的情况有考核权；对下属各职能部门经理的工作有指导权和考核权；对公司年度生产经营计划的完成负组织与协调责任；对公司中、长期发展规划负组织、推动责任；如因调研信息严重失真，影响公司重大决策给公司造成损失，应负相应的经济责任和行政责任。

规划发展部主要分析行业发展趋势和竞争对手情况，拟定公司的经营发展规划，为公司高层决策提供战略分析建议，为新业务制定经营策略。

公共服务部主要承担档案文件管理、保密和用章管理等工作。

总务部总体负责整个公司的行政及一般性事务。

法务部主要具有合同文书审查、定稿文件存管和公司设立存续三大职能。合同文书审查主要包括所有对外签订的合同、协议、备忘录、意向书等文书的审查、修改、版本确定，重大文书的谈判、协商等工作，所有需要盖章的对外发文的审核、修改等工作，与顾问律师协调合同的协同审查工作。

技术研发部主要负责制定公司的整体技术研发规划，同时负责新产品、新技术、新工艺的研究开发，负责技术改造项目的设计，负责生产过程的技术管理，组织新技术、新工艺应用和技术交流活动。

工厂运营部主要负责集成电路工厂的生产管理，包括组织生产线、设置生产管理系统；编制生产计划；控制生产进度、生产库存、生产质量和生产成本；根据生产计划安排，保证客户产品交付正常。

市场营销部主要负责对公司产品价值实现过程中的各销售环节实行管理、监督、协调和服务，其主要工作包括：市场调查工作；市场企划工作；编制和组织实施年度营销计划；负责具体的销售合同（订单）的评审与组织实施；客户管理和信用风险管理；售后服务管理；负责营销收入和销售费用的管理；品牌建设；营销人员队伍建设；参与企业年度工作报告的编制，负责向财务部提供相应资料；参与制定科技发展战略，向技术部门提供国内外市场状况及趋势分析报告；参与公司年度新产品研发，向技术部门提供相关的市场信息等。

工程服务部全面负责圆片制造厂或封装测试工厂的生产支撑性工作，一般下属厂务部，安全、环保、卫生部和采购部三个职能部门。

厂务部全面负责生产过程中的水、气、电、空调、洁净室环境，以及生产设备是否保持正常工作状态，符合生产要求，确保生产活动正常有序进行。除了确保生产过程的正常运转，厂务部还要制定降低生产成本的方案和计划。

安全、环保、卫生部主要负责工厂运行的安全，包括消防系统以及和环保、安全生产等相关的服务。

采购部主要负责对生产过程中所需要的设备和原材料采购制订计划并实施相应的管理工作。

人力资源部主要负责制定用工制度、人事管理制度、员工工资制度、人事档案管理制度，编制员工手册、培训大纲等；同时执行招聘、培训、绩效、薪酬和员工关系五大模块的管理工作，为公司提供和培养合格的人才。

后勤支持部为其他部门职能的顺利实现提供物质服务，包括食堂、住宿、清洁、安保、车辆调度与管理、绿化、办公用品、IT 支持等。

    撰稿人：中芯国际集成电路制造有限公司 郑凯
        赛迪顾问股份有限公司   徐小海
    审稿人：赛迪顾问股份有限公司   李珂

▷▷▷ 1.9.3 集成电路企业经营管理，積體電路企業經營管理，Operation Management of IC Enterprises

1. 集成电路企业经营管理的 4 个方面

集成电路企业的经营管理一般可以分为战略管理、营销管理、人力资源管理和财务管理 4 个方面。

（1）战略管理。

战略管理是指企业在激烈的市场竞争环境中，在总结历史经验、调查现状、预测未来的基础上，为谋求企业的生存发展所做出的长远的、全局性的谋划或方案。

最为经典的集成电路企业战略是 Intel 公司的"Tick-Tock"战略，也称为"钟摆"战略。该战略的核心是 Intel 以两年为一个周期，实施产品和工艺的研发。在第一年，即"Tick"年度，发布在新工艺上生产的 CPU 产品；而在第二年，即"Tock"年，发布在上一年工艺上生产的改进版 CPU 产品。"Tick-Tock"战略使 Intel 沿着摩尔定律的发展规律持续前进，逐步发展成为了全球最大的半导体公司。

（2）营销管理。

营销管理是连接市场需求与企业反映的中间环节，是战胜竞争对手、实现盈利的重要方法。企业营销活动是一项系统工作，其管理过程应该使用系统的方法发现、分析和选择市场机会，进而把市场机会变成有利可图的企业机会。营销管理主要包括通过调查发现市场机会，选择目标市场，确定市场营销组合，制订市场营销计划，执行和控制市场营销计划。

不同类型的集成电路企业提供的产品和服务类型不同，面对的客户情况也不同。Fabless 公司销售集成电路产品，主要面对的是产业链下游的应用厂商，除了通过直销渠道，还要协调分销商或代理商。IDM 企业不但销售产品，同时还有部分生产线产能开放给其他集成电路厂商，其客户类型更为复杂。而 Foundry 和 OSAT 则是为 IDM 或者 Fabless 提供制造服务，因此对接客户的工艺技术需求，获得稳定的订单，使自身的产能利用率维持在高位是这两类集成电路企业实施营销管理的重点。

（3）人力资源管理。

人力资源是指企业内具有的管理人员、技术人员、操作人员和辅助人员的总和。人力资源管理是指对人力资源的获得、培训、合理配置和充分利用等方面所进行的计划、组织、领导和控制等活动，具体涉及人力资源规划管理、工作分析与工作设计管理、企业招聘与录用管理、企业绩效管理、企业薪酬与福利管理、企业人力培训开发管理和企业劳动关系管理七个方面。

不同类型的集成电路企业在人力资源配置方面有较大不同，因此具体的管理内容也各有侧重。IDM 企业包含了集成电路产业链的三个主要环节，人力资源的构成最为复杂。而 Fabless 企业的人力资源则以智力劳动者为主。除了集成电路设计领域（包括系统、电路和软件）的人才，为了加快与应用需求的对接，Fabless 企业还大量招聘应用工程师（Application Engineer，AE）和现场应用工程师（Field Application Engineer，FAE）。尤其是近年来为了加快产品的上市时间，更好地与 Foundry 和 OSAT 对接，Fabless 企业越来越多地开始聘用有工艺和封装背景的技术人员。工艺成品率是 Foundry 的核心竞争力之一，因此除了生产线工人和工艺研发人员，Foundry 还需要大量的运营管理人才。另外，由于 Foundry 在提供制造服务的同时正在向设计服务延伸，因此，Foundry 也越来越多地招聘设计人员和 IP 管理人员。总而言之，尽管设计、制造和封测这三个产业链核心环节从企业运营层面看正在向独立方向发展，但三个环节的人力资源却在不断融合。

（4）财务管理。

财务管理是企业组织资金运作、处理财务关系的一系列经济管理活动的总称，是企业经营管理的一项重要内容，主要包括资金筹集、资金投入、资金营运、收益分配和财务分析。

2. 集成电路企业经营管理必须突破的领域

除了和传统企业有不少相同点，作为资本和技术密集型的高科技制造企业，集成电路企业的经营管理在以下领域中必须有所突破。

(1) 成本管理。

目前大部分集成电路企业只做到详细至加工层（Layer）的标准成本管理，但也有企业制定了特殊的标准成本核算流程，即根据固定资产预算、固定资产折旧、费用预算、主生产计划、标准工艺（Process Flow）、成本要素分摊方式，计算出详细到工艺菜单（Recipe）的标准成本；进而根据其数值，结合生产管理系统中产品实际走过的步数（Step），计算出当期实际制造成本。设备折旧带来的成本占集成电路企业成本的50%以上，经营管理系统中的标准成本可作为日常账务处理，其制定方法是关键。

(2) 供应链管理。

供给和需求、投入与产出，是每个制造企业都面临的问题。该类企业由于存在景气周期带来的波动，生产设备投资极为昂贵，又涉及许多化学品和气体的特殊采购限制，因此必须建立有关中长期战略计划、生产计划、订单交付管理、设备加工能力计算等的系列管理方法，以支持产能规划和分配、投片计划、接单交货等各种不同数据源的完整规划。

另外，因设备备件、原材料大部分为进口，数量计划、物流管控、库存资金必须进行全局性考虑，如按照生产计划展开不同产品的工艺流程，结合安全库存、固定用量、现场余量以及物料采购的其他属性，考虑替代料，整合为企业特有的物料需求规划。

(3) 企业到企业（Business to Business，B2B）数据交换。

自动化程度极高、按客户订单生产的行业特性，决定了客户关心的资料必须及时、准确地传达，因此必须建立企业同客户之间进行自动发送机制的B2B系统。通常的做法是提供在制品（Working In Process，WIP）和出货（SHIP）的即时B2B资料。WIP资料可以让客户对生产过程即时掌握。SHIP资料一方面可告知客户实际出货信息，另一方面与工程相关的资料可以经客户转给下游厂商。这样不仅可大幅提升传递速度，还可在一定程度上避免人为失误。

(4) 复杂业务流程无纸化。

企业实际工作中有很多与业务系统和生产系统相关的复杂流程，只有将复杂业务流程无纸化，才能提高工厂及各业务部门的效率，比如工艺变更审查管理、计量器管理、循环品管理、工单管理、工艺流程变更等。

(5) 质量体系建设。

集成电路的下游厂商及终端客户形态多样，要满足不同群体对产品质量的诉求，必须建立完整的质量管理体系并通过第三方认证，如ISO 9001、ISO 27001、TS 16949等；同时，还要充分重视企业自身专利、设计知识产权（IP）、自主开发软件等商业秘密的管理。

撰稿人：上海华力微电子有限公司　朱敏

赛迪顾问股份有限公司　徐小海

审稿人：赛迪顾问股份有限公司　李珂

▷▷▷ 1.9.4　集成电路企业生产管理，積體電路企業生產管理，Production Management of IC Enterprises

企业的生产管理一般包括生产过程管理、企业物流管理和企业质量管理三大部分。对于集成电路企业来说，IDM、Foundry 和 OSAT 是集成电路产品生产的主要企业种类。

集成电路生产管理是指针对公司既定目标，通过计划、组织、指挥、监督、调节相关资源形成的生产活动，其目标是在确保安全、品质的前提下，以最小化成本，达到最大化产出。集成电路生产管理包含洁净室安全管理、洁净室人员行为规范管理、生产设备运行管理、在线产品管理（按时交货、异常处置）、精益生产（Lean Production）、自动化生产调度等。

通常集成电路生产管理以部门为单位，一般称为制造部，管理内容基本分成三个大业务，即安全业务、现场生产业务和生产辅助业务。集成电路企业通常是全年全天 24h 运行，从工作时间来区分，生产管理部门分为倒班人员（4 班 2 运转）和日勤人员。

1. 安全业务

安全业务是指专职安全经理以及在线安全人员，通过与公司级安全部门的对接，确保生产线 24h 有专职在线安全人员进行安全运行管理。集成电路行业的最大投资都集中在洁净室内，因此洁净室的安全运行是最为重要的，每一次微小的安全隐患都有可能造成巨大的损失。由生产线一线组织的安全队伍，更熟悉现场，针对异常的响应时间更短，能及早将隐患消除，避免后续产生更大的损失。安全人员由一名日勤以及至少每班次一名安全员工组成。

2. 现场生产业务

现场生产业务的主要责任是针对现场全部机台以及产品的管理，采用 4 班 2 运转模式。洁净室区域比较大，通常为 10 000~30 000m^2，一般按工艺模块进行分组和管理区域，通常分为光刻、刻蚀、清洗、扩散、注入、化学气相沉积、金属化、平坦化、铜工艺和出入库检等。每班设 1~2 名值班经理，每区设定组长1名,员工通常按人机比来计算,全自动生产线人机比为1:10;半自动生产线人机比为1:3。通常员工负责班组区域内基本的6S工作,监控机台状态及产品加工状态,进行非产品硅片的管理及异常问题联络通知,接受工程部门指示的特殊处理;半自动生产线需要根据生产控制的需求进行跑货处理(Wafer Lot Handling),全自动生产线只需监督设备跑货处理顺序。

3. 生产辅助业务

生产辅助业务包括员工作业资质培训、考核认证,自动化生产控制,精益生产推进,生产计划以及准时交货率(On-time Delivery for Order,OTDO)控制。

(1)员工作业资质培训、考核认证:建立完整的操作员培训体系以及电子化考核流程,确保每一名操作员工上岗前经过完整的认证,同时每年进行再认证。

(2)自动化生产控制:集成电路企业普遍采用信息化生产管理系统,包括制造资源管理系统(Enterprise Resource Planning,ERP)、制造企业生产过程执行管理系统(Manufacturing Execution System,MES)、自动化物料搬运系统(Automatic Material Handling System,AMHS)、设备自动化系统(Equipment Automation Program,EAP)、在线工艺控制系统(APC/FDC/SPC)、生产实时派工系统(Real-Time Dispatcher,RTD)等。通过预先编制的标准工艺流程,将待加工产品信息、在线设备的状态及工艺参数 EAP/APC/FDC/SPC 实时反馈到 MES 系统,经过 RTD 系统运算,将生产任务分配到 AMHS 及设备的 EAP 系统,做到制造过程的自动化、标准化,寻求制造过程的最优解,为生产实时派工系统提供合理的产品排程算法。

(3)精益生产推进:通过大数据、系统、平台的整合,实现公司内部的数据共享;发现生产线热点(瓶颈设备);向公司设备部门、工艺部门、工程部门提出产能改善需求。

(4)生产计划以及OTDO控制:对口公司计划部及销售部,保证产品按客户订单及生产线平衡状况投入,按承诺给客户的订单交货日期及数量产出,及时处理客户的各类需求以及生产线的各类异常。

撰稿人: 上海华力微电子有限公司　周利民
审稿人: 赛迪顾问股份有限公司　李珂

▷▷▷ 1.9.5 集成电路企业资产管理,積體電路企業資產管理,Asset Management of IC Enterprises

资产管理是企业管理的重要组成部分,主要分为流动资产管理、固定资产管理、无形资产管理三部分内容。集成电路企业资产管理是指集成电路企业以提高资产利用率和降低企业运营成本为目标，以企业信息管理系统为依托，对企业所拥有的资产实施从申购、采购、验收、使用、维保到报废的全流程管理，包括资产实物管理和资产价值管理。资产实物管理通常由财务部门或单独设立的资产管理部门牵头，会同采购部门、生产计划部门、设备管理部门、仓库管理部门、制造部门共同实施；资产价值管理则由财务部门负责。

从资产类别来看，集成电路企业的资产管理主要可分为固定资产管理、无形资产管理、存货管理和货币资产管理等。

（1）固定资产管理：集成电路企业固定资产通常包括机器设备、动力系统、工具器具、办公设备等。集成电路设备通常价值很高，一条先进集成电路生产线的设备投资通常超过百亿元甚至达到数百亿元。因此，固定资产管理是集成电路企业资产管理的重要组成部分。从集成电路企业固定资产的管理实践来看，一是要合理界定固定资产划分标准。财政部发布的《企业会计准则》不再具体规定固定资产的价值标准，从而需要企业根据资产的价值、使用寿命、使用方式等因素，按照重要性原则，兼顾考虑资产管理目标和管理效率，合理界定固定资产的划分标准。二是要建立全覆盖的固定资产管理体系。为满足集成电路企业对资产管理的精细化要求，确保落实资产管理责任，企业需要结合自身组织架构，按照管理责任无盲点原则，借助企业管理信息系统（ERP），建立全覆盖的固定资产管理体系。

（2）无形资产管理：作为技术密集型行业，集成电路企业通常拥有较多的无形资产，主要包括专利权、非专利技术、特许权等，而一旦发生知识产权方面的纠纷，会给企业造成极大的损失。因此，集成电路企业需要高度重视对这些没有实物形态的资产的管理，特别要重点关注无形资产的权利维护及使用管理。企业可根据无形资产类别，明确具体的管理责任部门。对于自行研究开发的无形资产，要建立涵盖立项、实施跟踪、结果评估、专利评审等环节的全流程管理。对于外购的无形资产，要建立涵盖采购审批、验收、使用管理等环节的全流程管理。

（3）存货管理：存货是指企业在日常活动中持有的以备出售的产成品或商品、处在生产过程中的在产品、在生产过程或提供劳务过程中耗用的材料和物料等。集成电路企业生产过程中所需耗用的材料和物料种类繁多，部分材料和物料还需要进口；产成品和在产品的品种较多，每种产品的生产步骤多，一旦发生原料供应中断（俗称"断料"），将损失巨大；因此对存货管理的要求很高。存货管理的目标是在确保生产经营顺利进行的前提下，尽可能降低存货成本，减少资金占用。对生产过程中所需耗用的材料和物料，集成电路企业通常会设立专门的材料和物料管理部门，会同生产计划部门、采购部门、制造部门等，根据定期更新的生产计划，动态调整材料和物料的采购及到货计划。对于产成品和在产品，通常由生产计划部门动态管理监控。

(4) 货币资金管理：货币资金通常包括现金资产（现金、银行存款等）、准现金资产（有价证券、应收账款等）。集成电路企业的货币资金管理目标与其他企业基本一致，即在确保货币资金周转和安全的前提下，尽可能提高货币资金的效益。

撰稿人：上海华力微电子有限公司　熊承燕
审稿人：赛迪顾问股份有限公司　李珂

▷▷▷ 1.9.6 集成电路企业信息管理，積體電路企業資訊管理，Information Management of IC Enterprises

企业信息管理是指对信息进行收集、加工和输入、输出的总称。信息管理的最终目标是提高企业和社会活动资源的利用效率。企业信息管理的主要内容包括制定信息规划、收集信息、处理信息、存储信息、维护信息、输出信息六个方面。

集成电路企业信息化建设是指企业利用计算机技术、网络技术等一系列现代化技术，通过对信息资源的开发和利用，不断提高生产、经营、管理、决策的效率和水平，从而提高企业经济效益和企业竞争力的过程。芯片制造企业的信息化管理架构主要涵盖企业经营管理信息技术（Management Information Technology）、制造信息技术（Manufacturing Information Technology）、信息技术服务（Information Technology Service）和信息安全（Information Security）四大系统，如图 1-65 所示。

1. 企业经营管理信息技术系统

企业经营管理信息技术系统的功能主要包括行政管理、商业管理、客户关系管理、财会系统管理、计划系统管理、采购系统管理、数据应用集成。

2. 制造信息技术系统

制造信息技术系统主要是指生产环节的自动化管理系统，包括制造执行系统、设备自动化控制系统及工程数据分析系统。半导体芯片制造工序多、工艺精细复杂，每天同时有几十个甚至上百个产品在生产线上运行，在制造过程中会产生海量数据，其中包括反映生产机器状态的数据、反映产品各项性能的参数、反映成品率的数据等。同时，由于半导体芯片生产的特殊性，使得整个工厂的生产管理不但要负责整个生产流程的自动化控制，还要负责每一台设备的

第 1 章 集成电路技术与产业发展

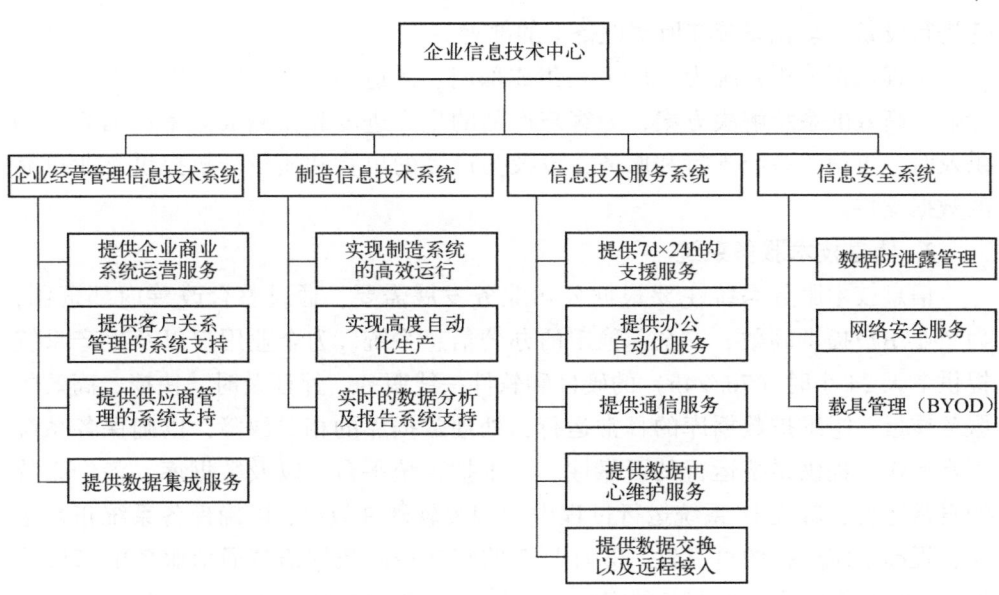

图 1-65 企业信息化管理架构

自动化控制及其与制造执行系统的连接；并且要定时产生大量报表，提供给管理层和工程师，用于监控生产线。这就使得整个工厂生产管理系统面临着实时性、准确性、稳定性、高度自动化等方面的要求。

制造执行系统（Manufacturing Execution System，MES）主要负责制造系统架构设计、项目管理以及开发和维护，以实现生产效率与品质的不断提升，并能协助生产成本的控制，支援生产目标（Key Performance Indicator，KPI）的达成。它主要涉及工作流程（Work Flow）、实时派工系统（Real-Time Dispatch，RTD）、基于模拟的计划（Simulation-Based Scheduling，SBS）、工艺统计控制（Statistical Process Control，SPC）、设备维护保养系统（Plant Management System，PMS）、设备约束系统（Equipment Constraint System，ECS）、报警管理系统（Alarm Management System，AMS）。

设备自动化控制系统主要涉及先进工艺控制（Advanced Process Control，APC）、故障诊断和分类（Fault Detection and Classification，FDC）、生产配方管理系统（Recipe Management System，RMS）、自动化物料传输系统（Automatic Material Handling System，AMHS）、设备自动化系统（Equipment Automation Program，EAP），以及与制造执行系统（Manufacturing Execution Systems，MES）的集成。基本的工作流程包括：①收集、分析和确认用户对设备自动化系统的需求；②分析、查验和核实设备的特性和功能；③进行设备自动化系统的程序开发、测试及用户界面的设计；④进行设备自动化系统与设备的联机测试；

· 195 ·

⑤进行设备自动化系统在所属设备上的部署。

工程数据分析系统为工厂工艺集成部门、制造部门、品管可靠性部门提供专业、高效的系统解决方案，为客户产品的生产进度和监测成品率数据需求提供及时、可信的系统支持和服务，以及为产品的出货和质量分析提供专业可靠的数据支持。

3. 信息技术服务系统

信息技术服务系统主要根据公司业务发展需要，通过整合改善内部资源，为企业用户提供高效、安全、稳定的办公信息系统。为企业用户以及生产系统提供7天24小时（7d/24h）的硬件和软件一线服务，保证及时、快捷、高效的服务质量。①维护数据库的日常运行，处理数据库的相关故障，以确保各系统正常运作，提供系统运行的可靠性。②维护系统平台，以及数据库、备份系统的日常运行，解决IT系统运行过程中的相关软硬件故障，以确保各系统正常运作，提高系统运行的可靠性。③计划、监督和控制数据语音通信服务的基础构架，确保数据语音通信服务的安全、高效和稳定。④监控、维护、排障、备份、恢复网络和通信系统，以保证网络系统的高可用性。⑤分析优化网络和通信系统，以确保系统的良好性能。

4. 信息安全系统

信息安全系统主要涉及信息安全系统架构的设计、开发和维护。关键有两点：一是防范外部入侵，例如病毒、黑客、恶意软件等，防止内部的通信系统以及生产管理系统瘫痪；二是防范内部泄密，半导体企业的生产流程、生产处方以及生产试验数据等需要进行安全处理，只有被授权者才能进行相关操作。

撰稿人：中芯国际集成电路制造有限公司　　闫丰琪
审稿人：赛迪顾问股份有限公司　　　　　　李珂

1.10 人才培养

1.10.1 近代科学教育的发展，近代科學教育的發展，Development of Education in Modern Science

综合国力竞争的本质是人才竞争。我国宋朝学者胡瑗在《松滋县学记》中写道："致天下之治者在人才，成天下之才者在教化，教化之所本者在学校。"

我国之所以未能跟上第一次和第二次工业革命的步伐，很大程度上归结于我们对科学教育的缺失。

从1776年瓦特制造出第一台有实用价值的蒸汽机到1906年实现无线电广播，这130年是自然科学和技术发明蓬勃发展的年代，是人类社会从农业社会跨入机器社会、进一步跨入电气社会的时代，同时也是中国清朝从强盛逐渐走向衰微的时代。在这130年中，中国在自然科学的进步与技术发明的涌现中乏善可陈，"四书五经"仍一直被视为"御人之术"的经典，奉为至高无上的圭臬，而对于增加社会财富、改进生产效率、改善民众生活的种种"格物之学"却不屑一顾。在这130年中，当准备赴京赶考的举子们还在秉烛夜读的时候，西方的电力已经为人们的生活点燃了电灯；当兵丁乡勇们还在为坐在绿呢大轿中的顶戴花翎鸣锣开道的时候，欧洲的汽车和飞机已经成为交通工具的新宠；当绫罗绸缎还是我国富人炫耀资本的时候，人造纤维、人造染料已经登上了历史舞台；当塞外军情还在通过一骑绝尘的"八百里加急"传递的时候，横跨大西洋的电报已经宣告通信成功。

大学教育为文艺复兴和工业革命培育了各个领域的开拓者。

1088年，意大利博洛尼亚大学（University of Bologna）成立。它被欧洲430个大学在"欧洲大学宪章"中宣布为欧洲"大学之母"（Alma Mater Studiorum）。文艺复兴三杰中的但丁、彼得拉克，科学家伽利略，天文学家哥白尼都曾就读于博洛尼亚大学。

1209年，剑桥大学（University of Cambridge）成立。知名校友有科学家牛顿、达尔文、弗朗西斯·培根、麦克斯韦、卢瑟福、斯蒂芬·霍金，经济学家凯恩斯，哲学家伯特兰·罗素等。

1257年，法国巴黎大学（Université de Paris）成立。知名校友有物理学家居里、居里夫人、德布罗意等。

1472年，德国慕尼黑大学（Ludwig-Maximilians-Universität München）成立。著名校友有物理学大师伦琴、维恩、泡利、普朗克、赫兹、海森堡，化学家拜耳、德拜等。

1724年，圣彼得堡大学（Saint-Petersburg State University）成立。知名校友有化学家门捷列夫，无线电发明人波波夫，生物学家巴甫洛夫，文学家果戈理、屠格涅夫和车尔尼雪夫斯基。列宁和普京均曾就读于圣彼得堡大学。

1734年，哥廷根大学（Georg-August-University of Göttingen）成立。知名校友有数学家高斯、黎曼，物理学家奥本海默、费米。著名的中国留学生有朱德、季羡林、王淦昌等。

1740年，宾夕法尼亚大学（University of Pennsylvania）成立。知名中国校友

有建筑学家林徽因、半导体材料专家林兰英等。

1754 年，哥伦比亚大学（Columbia University in the City of New York）成立。知名中国校友有物理学家李政道和吴健雄，诗人徐志摩，学者闻一多，教育家陶行知，哲学家冯友兰，北京大学原校长蒋梦麟、胡适，化学家侯德榜、唐敖庆等。

1810 年，柏林洪堡大学（Humboldt-Universität zu Berlin）成立。知名校友有物理学大师李普曼、劳恩、爱因斯坦、薛定谔、玻恩（黄昆的老师），数学大师冯·诺伊曼，哲学家黑格尔、费尔巴哈，诗人海涅。马克思和恩格斯曾在洪堡大学就读。洪堡大学的知名中国留学生有周恩来、物理学家王淦昌、地球物理学家赵九章、历史学家傅斯年等。

1826 年，伦敦大学学院（University College London，UCL）成立。知名校友有电话发明人贝尔、真空管发明人弗莱明、光纤发明人高锟、中国科学院前任院长卢嘉锡等。

1861 年，麻省理工学院（Massachusetts Institute of Technology，MIT）成立。知名校友有物理学家丁肇中、联合国前任秘书长安南、科学家钱学森、建筑学家贝聿铭、半导体物理学家谢希德、集成电路代工模式创始人张忠谋、电子学家葛守仁等。

1868 年，加州大学伯克利分校（University of California，Berkeley，UCB）成立。知名校友有历史学家翦伯赞、摩尔定律创始人戈登·摩尔、数学大师陈省身等。

1895 年，北洋大学（天津大学前身）成立。

1898 年，中国第一所国立综合性大学北京大学成立。

1911 年，由庚款兴学创立了清华大学。

从博洛尼亚大学到北洋大学，其间相差了 8 个世纪（807 年）；从实验物理学的先驱伽利略利用望远镜观测天体、否定"地心说"的 1609 年到清朝废除科举制度的 1905 年，中国在"科举"的道路上荒芜了"科学"近 300 年。科学落后导致经济衰微，经济衰微导致军事孱弱，则任人欺侮、任人宰割的命运也就在所难免了。

近代科学发现、技术发明与大学教育的发展历史如图 1-66 所示。

撰稿人：北京大学　　　　王永文
审稿人：工业和信息化部　郑敏政

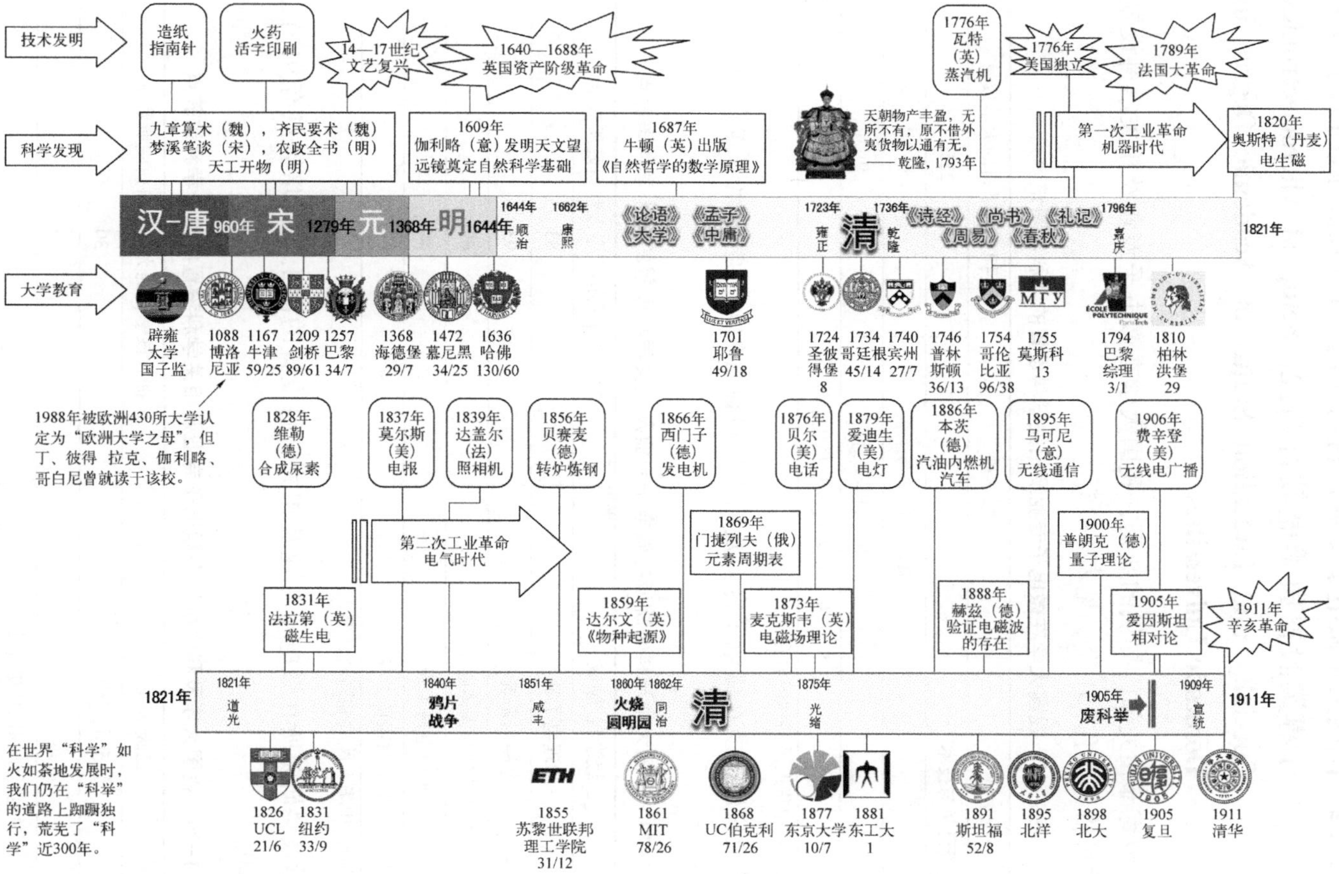

数据来源：http://zh.wikipedia.org/wiki。

注：大学校名用了简称。大学上方数字为成立年份；下方数字前为拥有诺贝尔奖获得者人数，包括毕业生、教师、研究员和访问学者，后为该校获诺贝尔奖毕业生人数。数据截止日期为2014年年底。

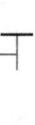

图1-66 近代科学发现、技术发明与大学教育的发展历史

1.10.2 国内大学微电子专业设置与学历教育情况，國內大學微電子專業設置與學歷教育情況，Setup of Microelectronics Specialty and Education Status of Academic Degree in Domestic Universities

根据教育部相关部门提供的数据，我国大学在微电子专业及相关学科设置的本科学科培养点有 351 个，见表 1-18。

表 1-18　我国大学在微电子专业及相关学科设置的本科学科培养点

一级学科	二级学科	拥有该学科的大学数量
电子科学与技术		225
	微电子科学与工程	89
	电子封装技术	9
	集成电路设计与集成系统	28

数据来源：中华人民共和国教育部。

大学及科研院所在微电子专业及相关学科设置的硕士学科培养点有 383 个，见表 1-19。

表 1-19　我国大学及科研院所在微电子专业及相关学科设置的硕士学科培养点

二级学科/领域	拥有该学科的大学及科研院所数量
物理电子学	83
电路与系统	93
微电子学与固体电子学	69
集成电路工程	40
电子与通信工程	98

数据来源：中华人民共和国教育部。

大学及科研院所在微电子专业及相关学科设置的博士学科培养点有 91 个，见表 1-20。

表 1-20　我国大学及科研院所在微电子专业及相关学科设置的博士学科培养点

二级学科	拥有该学科的大学及科研院所数量
物理电子学	30
电路与系统	28
微电子学与固体电子学	33

数据来源：中华人民共和国教育部。

2015 年度全国大学在上述学科领域招生培养人数见表 1-21。

表1-21　2015年度全国大学在上述学科领域招生培养人数

学　历	本　科	硕　士		博　士
		总　数	其中：工程硕士	
招生人数	19 532	8502	5743	797
毕业人数	19 192	8084	4642	679
在校人数	83 290	24 503	15 572	3518

目前，中国集成电路产业快速发展，急需大量专业人才，但本科阶段的与微电子专业最为相关的"微电子科学与工程""电子封装技术""集成电路设计与集成系统"学科2015年度仅招收了6310名学生，硕士研究生阶段的与微电子专业最为相关的"微电子学与固体电子学""集成电路工程"学科仅招收了1951名学生，博士研究生阶段的与微电子专业最为相关的"微电子学与固体电子学"学科仅招收了496名学生。

撰稿人：中国科学院微电子研究所　　周玉梅　邵花
审稿人：赛迪顾问股份有限公司　　　李珂

▷▷▷ 1.10.3 人才培养相关政策和示范性微电子学院，人才培養相關政策和示範性微電子學院，China's Policies on Education of IC Talents

自2000年以来，国家先后发布了一系列政策文件，要求加大集成电路领域人才培养力度，支持微电子学科发展，建立健全集成电路人才培养体系。

2000年6月24日，《鼓励软件产业和集成电路产业发展的若干政策》提出通过制定投融资、税收、产业技术、出口、收入分配、人才吸引与培养、采购、集成电路产业政策等一系列鼓励政策，加快软件产业和集成电路产业发展。为贯彻文件精神，国家教育部、科技部于2003年决定在国内具有相对优势的高等院校建立国家集成电路人才培养基地。清华大学、北京大学、复旦大学、浙江大学、西安电子科技大学、上海交通大学、东南大学、电子科技大学、华中科技大学等九所高校经教育部批准，各自设立了国家集成电路人才培养基地。

2011年1月28日，《进一步鼓励软件产业和集成电路产业发展的若干政策》指出"高校要进一步深化改革，加强软件工程和微电子专业建设，紧密结合产业发展需求及时调整课程设置、教学计划和教学方式，努力培养国际化、复合型、实用性人才。加强软件工程和微电子专业师资队伍、教学实验室和实习实训基地建设。""鼓励有条件的高校采取与集成电路企业联合办学等方式建立微电子学院,支持建立校企结合的人才综合培训和实践基地,支持示范性软件学院和微电子学院与国际知名大学、跨国公司合作,引进国外师资和优质资源,联合培养软件和集成电路人才。""按照引进海外高层次人才的有关要求,加快软件与集成电路海外高层次人才的引进,落实好相关政策。制定落实软件与集成电路人才引进和出国培训年度计划,办好国家软件和集成电路人才国际培训基地,积极开辟国外培训渠道。"

2012年7月,教育部成立了示范性微电子学院建设工作组和建设专家组,着力部署示范性微电子学院的建设工作,鼓励有条件的高校采取与集成电路企业联合办学等方式建立微电子学院。

2014年6月24日,国务院印发《国家集成电路产业发展推进纲要》,明确指出要"加大人才培养和引进力度,建立健全集成电路人才培养体系,支持微电子学科发展,通过高校与集成电路企业联合培养人才等方式,加快建设和发展示范性微电子学院和微电子职业培训机构。依托专业技术人才知识更新工程广泛开展继续教育活动,采取多种形式大力培养培训集成电路领域高层次、急需紧缺和骨干专业技术人才。有针对性地开展出国(境)培训项目,推动国家软件与集成电路人才国际培训基地建设。通过现有渠道加强对软件和集成电路人才引进的经费保障。在'千人计划'中进一步加大对引进集成电路领域优秀人才的支持力度,研究出台针对优秀企业家和高素质技术、管理团队的优先引进政策。"

2015年6月10日,教育部、国家发改委、科技部、工信部、财政部及国家外专局六部委联合发布《关于支持有关高校建设示范性微电子学院的通知》(教高函〔2015〕6号),批准全国9所高校成为建设示范性微电子学院的单位(北京大学、清华大学、中国科学院大学、复旦大学、上海交通大学、东南大学、浙江大学、电子科技大学、西安电子科技大学),17所高校成为筹备建设示范性微电子学院的单位(北京航空航天大学、北京理工大学、北京工业大学、天津大学、大连理工大学、同济大学、南京大学、中国科学技术大学、合肥工业大学、福州大学、山东大学、华中科技大学、国防科技大学、中山大学、华南理工大学、西安交通大学、西北工业大学)。文件同时要求各高校"加快培养集成电路产业急需的工程型人才,深入开展产学合作协同育人,完善示范性微电子学院内部组织管理体系,加强校内资源整合和条件保障",并给予一系列政策支持,包括示范性微电子学院实行示范性软件学院相关收费政策,支持集成电路相关学科专业开展国际合作交流,鼓励在职人员接受工程硕士、工程博士教育,鼓励企业开展校企合作育人。

2016年4月21日,教育部、国家发改委、科技部、工信部、财政部、人社部及国家外专局再次联合下发《关于加强集成电路人才培养的意见》(教高〔2016〕1号),进一步提出要扩大集成电路相关学科专业人才培养规模,加强集成电路相关学科专业和院系建设,创新集成电路人才培养机制,建设集成电路人才培养公共实践平台,建设产学合作育人服务平台,提升集成电路从业人员专业能力,优化集成电路人才引进与使用,加大对集成电路人才培养的政策支持,加强对集成电路产业人才工作的领导。

在国家政策引导下,中央组织部、教育部、中国科学院、国家自然科学基金委等部门的一系列人才计划,都加大了对集成电路人才的支持力度。

撰稿人:中国科学院微电子研究所　周玉梅　邵花
审稿人:赛迪顾问股份有限公司　李珂

▷▷▷ 1.10.4 海外高层次人才引进计划,海外高層次人才引進計劃,Recruitment Program for Foreign Experts (Thousand Talents Plan)

2008年12月,中央决定实施引进海外高层次人才的"千人计划",围绕国家发展战略目标,用5~10年时间,依托国家重点创新项目平台、重点学科和重点实验室平台、中央企业和国有商业金融机构平台、以高新技术产业开发区为主的各类园区平台以及外专千人计划平台,有重点地引进并支持一批海外高层次人才回国(来华)创新创业。"千人计划"的组织领导与统筹协调工作由海外高层次人才引进工作小组负责,工作小组则由中央组织部、人力资源和社会保障部会同教育部、科技部、中国人民银行、国资委、中国科学院、中央统战部、外交部、发改委、工业和信息化部、公安部、财政部、侨办、中国工程院、自然科学基金委、外专局、共青团中央、中国科协等单位组成。同时在中央组织部人才工作局设立了海外高层次人才引进工作专项办公室作为工作小组的日常办事机构,负责"千人计划"的具体实施。"千人计划"引进的人才一般应在海外取得博士学位,原则上不超过55岁,引进后每年在国内工作一般不少于6个月。目前,"千人计划"主要项目包括创新人才长期项目、创新人才短期项目、创业人才项目、青年千人计划项目、外专千人计划项目及其他千人计划项目。

截至2016年年底,"千人计划"分12批累计引进了6080名高层次创新创业人才，引进情况见表1-22。

表1-22 截至2016年年底，"千人计划"累计引进高层次创新创业人才情况

人才引进类型	引进人数	占比情况
创新人才	2556	42.04%
创业人才	799	13.14%
青年千人	2337	38.44%
外专千人	288	4.74%
其他千人	100	1.64%

引进单位包括清华大学、北京大学、复旦大学、浙江大学、上海交通大学等百余所高校，中国科学院、中国工程物理研究院、中国航天科技集团、国家电网等下设研究机构及数千家大中小企业。其中，依托国家科技重大专项01专项"核心电子器件、高端通用芯片及基础软件产品"、02专项"极大规模集成电路制造装备及成套工艺"及03专项"新一代宽带无线移动通信网"累计引进90名"千人计划"人才。他们在科技创新、技术突破、学科建设、人才培养和高新技术产业发展等方面发挥了积极的作用。

撰稿人：中国科学院微电子研究所　周玉梅　邵花
审稿人：赛迪顾问股份有限公司　李珂

▷▷▷ 1.10.5 长江学者奖励计划，長江學者獎勵計劃，Chang Jiang Scholars Program（Cheung Kong Scholars Programme）

为落实科教兴国战略，延揽海内外中青年学界精英，培养造就高水平学科带头人，带动国家重点建设学科赶超或保持国际先进水平，提高中国高等学校学术地位，在时任教育部部长陈至立同志的亲自主持下，1998年8月，教育部和李嘉诚基金会共同启动实施了"长江学者奖励计划"。"长江学者奖励计划"包括特聘教授、讲座教授岗位制度，每年聘任特聘教授150名，聘期5年；讲座教授50名，聘期3年。长江学者奖励计划实施经费由中央财政专项支持。在党和国家领导人的直接关怀和高度重视下，在中央有关部门和社会各界的大力支持下，经过高等学校和长江学者们的共同努力，"长江学者奖励计划"成效显著，硕果纷呈，在海内外引起了强烈反响和普遍好评，已经成为国家重要的高层次人才计划。

截至 2015 年年底,"长江学者奖励计划"共批准资助约 3047 名学者,其中特聘教授 1991 名、讲座教授 845 名、青年学者 211 名,并有 26 位优秀学者荣获"长江学者成就奖"。长江学者分布于清华大学、北京大学、复旦大学、南京大学等 197 所高校。获资助的长江学者涉足的学科大类涵盖了医学、经济学、法学、历史学、理学、工学、文学等。其中,获资助岗位名称与微电子专业领域相关的长江学者有 91 名,包括特聘教授 64 名、讲座教授 22 名、青年学者 5 名,主要分布于清华大学、北京大学、南京大学、电子科技大学、浙江大学、复旦大学、北京航空航天大学、南开大学、中山大学、西安交通大学、重庆大学、天津大学、同济大学、上海交通大学、北京工业大学、华中科技大学、四川大学、北京理工大学等 30 家高校。获资助岗位名称涵盖"微电子学与固体电子学""微电子与纳电子学""自旋电子学物理与器件""光电微纳集成芯片系统""物理电子学""光电子学""电路与系统"等微电子相关领域及交叉学科领域。

撰稿人:中国科学院微电子研究所　周玉梅　邵花
审稿人:赛迪顾问股份有限公司　　李珂

▷▷▷ 1.10.6 中国科学院百人计划,中國科學院百人計劃,CAS Pioneer Hundred Talents Program

1994 年,中国科学院启动"百人计划",这是一项高目标、高标准和高强度支持的人才引进与培养计划。本计划面向国内外公开招聘优秀人才,主要从国外吸引并培养优秀青年学术带头人。1994—1997 年是"百人计划"起步探索阶段。1998—2010 年,"百人计划"进入全面发展阶段,并得到了财政部的专项经费支持,引才力度和规模进一步扩大。这一阶段中国科学院进一步拓展"百人计划"的内涵和形式,不仅通过设立"引进国外杰出人才计划""海外知名学者计划"引进海外优秀人才,同时还设立了"国内百人计划""项目百人计划"。2011 年以来,"百人计划"得到了进一步深化和完善。作为我国最早启动的高目标、高标准和高强度支持的人才计划,"百人计划"开启了我国科技人才引进的先河,一系列政策举措和改革探索具有较强的示范带动作用。

自成立以来,"百人计划"为中国科学院凝聚了大批优秀人才。截至 2015 年年底,中国科学院"百人计划"共引进人才 3293 名,其中国外杰出人才 2275 名,海外知名学者 488 名,国内百人计划 394 名,项目百人计划 148 名。在集成电路及相关交叉领域开展科学研究的研究所引进"百人计划"人才约 300 余人次,这些研究所包括微电子研究所、半导体研究所、上海高等研究院、上海微系统与信息技术研究所、电子学研究所、声学研究所、光电研究院、西安光学精密机械研究所、光电技术研究所、深圳先进研究院、国家纳米科学中心、苏州纳米技术与纳米仿生研究所、长春光学精密机械与物理研究所、计算技术研究所、新疆理化技术研究所、电工研究所和自动化研究所。

撰稿人：中国科学院微电子研究所　周玉梅　邵花
审稿人：赛迪顾问股份有限公司　李珂

▷▷▷ 1.10.7 国家杰出青年科学基金，國家傑出青年科學基金，National Science Fund for Distinguished Young Scholars

国家杰出青年科学基金（以下简称"杰青基金"）是国务院于1994年批准设立的专项基金，意在促进青年科学技术人才的成长，鼓励海外学者回国工作，加速培养、造就一批进入世界科技前沿的跨世纪优秀学术带头人。该项计划由国家自然科学基金委员会负责组织实施，进行日常管理。国家杰出青年科学基金资助国内与尚在境外和即将回国定居工作的优秀青年学者，在国内进行自然科学的基础研究和应用基础研究，重点资助已取得突出成绩的45岁以下青年学者自主选择研究方向开展创新研究。该基金资助全职在国内工作的优秀华人青年学者从事自然科学基础研究工作，每年受理一次。20余年以来，资助规模从成立之初的每年49人增长到当前每年200人左右，资助范围涵盖了自然科学的所有学科。杰青基金获得者大多成为各自领域内的权威专家和学术带头人，并逐步发展成为我国科学事业发展的领军人物。此外，杰青基金获得者在国际学术组织或国际权威学术刊物担任重要职务者也日益增多，获得了一些有影响的世界级科学奖励，提升了我国科研在国际上的地位和影响。

自1994年该项计划实施起，截至2015年年底杰青基金共资助了3034名青年学者，资助金额约达58.5亿元；其中信息科学部资助达343名；信息科学部下属半导体科学与信息科学领域获批资助的青年学者63名。在集成电路相关领域内获资助的青年学者主要集中在清华大学（3人）、北京大学（5人）、复旦大学（7人）、南京大学（9人）、浙江大学（4人）、东南大学（1人）、武汉大学（1人）、吉林大学（1人）、山东大学（1人）、电子科技大学（1人）、西安电子科技大学（1人）、华东师范大学（3人）、南京工业大学（1人）、北京师范大学（1人）等高校和中国科学院下设相关研究所（24人）。

撰稿人：中国科学院微电子研究所　周玉梅　邵花
审稿人：赛迪顾问股份有限公司　李珂

1.10.8 集成电路人才培训，積體電路人才培訓，Trainings of IC Talents

围绕集成电路产业的战略发展和人才需求，集成电路行业内的人才培训呈现出国家政策引导与市场机制相结合的特点。

科技部自 2000 年开始，在国内具有一定科研、教育、产业、人才等优势条件的北京、上海、深圳、无锡、杭州、西安、成都、济南等地区，先后批准建立了 8 个国家集成电路设计产业化基地。通过多年的发展，各基地均已建立起具有一定基础的集成电路设计技术服务平台，除开展技术服务之外还开展人才培养和专业技术培训服务，辐射各基地区域内的集成电路企业。在国家政策引导下，为落实《进一步鼓励软件产业和集成电路产业发展的若干政策》中提出的"办好国家软件和集成电路人才国际培训基地"要求，国家外国专家局委托中国国际人才交流基金会先后在厦门、大连、北京、福州、上海等地设立了"国家集成电路人才国际培训基地"，并在杭州设立了"国家集成电路师资国际培训中心"；根据基地的需求，聘请外国专家来华工作，选派人员出国（境）培训，引进先进技术、科研成果和知识体系等国（境）外智力资源，开展国际化、复合型、实用性和创新性人才培训。为贯彻落实《国家集成电路产业发展推进纲要》，工业和信息化部也组织实施了"软件与集成电路人才培养计划"，并成立了国家 IC 人才培养平台，通过与比利时微电子研究中心（IMEC）等机构合作，在集成电路领域针对"高管培训""工程师培训""高校教师培训"和"博士生培养"全面开展技术培训。

与此同时，集成电路行业内对人才旺盛的市场需求也催生了一批市场化运营的集成电路培训机构，面向集成电路设计、制造、封装等领域开展高技能人才和社会培训。国内的制造工艺、封装工艺研发中心也开放平台，为集成电路企业、高校和科研院所提供实习实训条件并开展工艺技术培训、集成电路封装培训。随着互联网教育的兴起，集成电路行业内也陆续出现了在线培训的新业态。

撰稿人：中国科学院微电子研究所　周玉梅　邵花
审稿人：赛迪顾问股份有限公司　李珂

▷▷▷ **1.10.9 关于营造企业家健康成长环境弘扬优秀企业家精神更好发挥企业家作用的意见，關於營造企業家健康成長環境弘揚優秀企業家精神更好發揮企業家作用的意見，Opinions on Building a Healthy Growth Environment for Entrepreneurs and Promoting the Outstanding Entrepreneurship to Play a Better Role**

企业家是经济活动的重要主体。改革开放以来，一大批优秀企业家在市场竞争中迅速成长，一大批具有核心竞争力的企业不断涌现，为积累社会财富、创造就业岗位、促进经济社会发展、增强综合国力做出了重要贡献。营造企业家健康成长环境，弘扬优秀企业家精神，更好发挥企业家作用，对深化供给侧结构性改革、激发市场活力、实现经济社会持续健康发展具有重要意义。

因此，2017年9月8日，中共中央、国务院印发了《中共中央 国务院关于营造企业家健康成长环境弘扬优秀企业家精神更好发挥企业家作用的意见》（中发〔2017〕25号）（以下简称《意见》）。《意见》共提出"模范遵纪守法、强化责任担当""创新体制机制、激发生机活力""遵循发展规律、优化发展环境""注重示范带动、着力弘扬传承"四项原则，从营造依法保护企业家合法权益的法治环境、营造促进企业家公平竞争诚信经营的市场环境等9个方面提出了27条具体措施，营造企业家健康成长环境，弘扬优秀企业家精神，更好发挥企业家作用。

此外，为了能够让企业家勇敢创造财富、公平获得财富、安心享受财富、放心传承财富，《意见》从法治环境、市场环境、社会氛围等方面，提出了"三个营造"措施；通过结合时代特征和制度环境，从多个维度考察，《意见》对当前弘扬企业家精神，提出了"三个弘扬"的要求；为了加强党和政府对企业家队伍建设工作的服务和领导作用，向建设优秀企业家队伍提供根本保障，《意见》从政府服务、企业家队伍建设、党的领导方面，提出了"三个加强"的具体措施。

其中，在"三个营造"措施方面，提出了依法保护企业家财产权、依法保护企业家创新权益、依法保护企业家自主经营权、强化企业家公平竞争权益保障、健全企业家诚信经营激励约束机制、持续提高监管的公平性规范性简约性、构建"亲""清"新型政商关系、树立对企业家的正向激励导向、营造积极向上的舆论氛围等；在"三个弘扬"措施方面，提出了引导企业家树立崇高理想信念、强化企业家自觉遵纪守法意识、鼓励企业家保持艰苦奋斗精神风貌、支持企业家创新发展、引导企业家弘扬工匠精神、支持企业家追求卓越、引导企业家主动履行社会责任、鼓励企业家干事担当、引导企业家积极投身国家重大战略等；在"三个加强"措施方面，以市场主体需求为导向深化"放管服"改革、健全企业家参与涉企政策制定机制、完善涉企政策和信息公开机制、加大对企业家的帮扶力度、加强企业家队伍建设规划引领、发挥优秀企业家示范带动作用、加强企业家教育培训、加强党对企业家队伍的领导、发挥党员企业家先锋模范作用等。

总体而言，《意见》从精神引导到实际帮扶，从眼前困难到企业未来的传承，都做了全面部署和指导，为企业家专注品质、持续创新提供全方位的支持和保护。

撰稿人：赛迪顾问股份有限公司　刘堃

审稿人：赛迪顾问股份有限公司　李珂

第 2 章　集成电路产品门类与应用

集成电路产品发展日新月异，各种以集成电路产品为核心的应用层出不穷。从某种意义上来看，依赖集成电路的电子设施已经成为国家安全和企业运行的保障、提高生活品质和交流合作的重要手段，以及人们生产、生活不可须臾或缺的装备。

大千世界的集成电路产品包罗万象，缤纷复杂。从工艺制造进展来看，集成电路产品从分立器件发展为系统芯片；从产品发展与应用来看，集成电路产品从国防军用走进了千家万户。如何收集更新、整理编排、重点突出而不是面面俱到？怎样分类、归并介绍又不挂一漏万？我们虽然极力而为了，但心中总存在不踏实的感觉，只好留待并恳请读者批评指正。

本章内容包括三大部分：第一部分为 2.1 节和 2.2 节，介绍集成电路产品的发展与分类；第二部分为 2.3 节 ~ 2.8 节，讲述按设计方法分类的集成电路产品；第三部分为 2.9 节 ~ 2.11 节，介绍集成电路产品的各种应用。

感谢本章 117 名撰稿人、37 名审稿人和全体编委，感谢编委会的细致指导和耐心审核。虽然众人来自各行各业，学术背景不同，工作经历各异，但我们在较短时间内同心协力地完成了这章稿卷。

◎ 本章编委会

主　　编：周生明

副 主 编：陈春章　王新安

编　　委（按姓氏笔画排序）：

　　　　　王　红　王明江　邓　川

　　　　　刘　欢　张盛东　胡刚毅

　　　　　祝昌华　黄学良　董浩然

　　　　　霍雨涛

责任编委：陈春章（兼）

2.1 集成电路产品的发展与分类

2.1.1 集成电路产品发展概述，積體電路產品發展概述，Overview of IC Products

集成电路产品发展大致经历了大型机（Mainframe）时代、个人计算机（Personal Computer，PC）和互联网（Internet）时代、移动通信和移动互联网（Mobile Telephony & Mobile Internet）时代、智能终端（Intelligent Terminals）（包括智能手机（Smartphones））和物联网（Internet of Things，IoT）时代。

1. 大型机时代

集成电路技术和产品的发展，最初源于国防和军事方面的信息化需求，包括大量武器装备和航空航天等重要领域的应用需求。例如，美国早期集成电路产品主要用在大型机中。1946年，世界第一台通用计算机 ENIAC 制成，它使用了 17 468 个电子管，总质量 30t，占地 167m^2，用于美国国防部的弹道轨迹计算[1]。1954 年，采用 684 个晶体管、10 358 个二极管的计算机 TRADIC 诞生，体积缩小为衣橱般大小。晶体管解决了电子管可靠性差、耗电量大、体积大的缺点，将电子产品的应用范围从单纯的科学计算领域拓展到数据处理、过程控制等。1964 年，首款使用集成电路的大型机 IBM System/360 诞生，1965 年正式面世。这款大型机当时的研发费用超过 50 亿美元，售价高达 250 万美元，但仍在短时间内获得上千台订单，被广泛应用于美国的金融和国防系统中[2]。

2. 个人计算机和互联网时代

随着工艺和设计结构的改进，集成电路产品逐步向小型化、集成化、系统化方向发展。以仙童公司和德州仪器公司为代表，相继推出了商用集成电路，采用电阻-晶体管逻辑（Resistor-Transistor Logic，RTL），集成电路时代正式开启；随后二极管-晶体管逻辑（Diode-Transistor Logic，DTL）、发射极耦合逻辑（Emitter Coulped Logic，ECL）、晶体管-晶体管逻辑（Transistor-Transistor Logic，TTL）、MOS、CMOS 等工艺制造的中、小规模集成电路陆续问世[3]。互联网的发展来自 1969 年美国军方的 ARPANET，由美国国防部高级研究计划局（Defence Advanced Research Projects Agency，DARPA）开发。1990 年 6 月，美国国家科学基金会（National Science Foundation，NSF）建立的 NSFNET 取代了 ARPANET 而成为 Internet 的主干网，并将 Internet 向全社会开放。1971 年，Intel 发布了第一款商用计算机 4 位微处理器 4004（被称作第一代微处理器）。1974 年，Intel 发布 8 位微处理器 8080（被称作第二代微处理器）。20 世纪 80 年代初，Intel 与微软合作并成立了"Wintel"联盟，在微软的 Windows 操作系统下运行 Intel 的处理器。1981 年 8 月 12 日，IBM 推出使用 Intel 16 位 8088 微处理器（被称作第三代处理器）的商用 PC。这一历史事件标志基于微处理器的个人计算机时代的到来。PC 经历了台式机（Desktop）、笔记本式计算机（Notebook，Laptop）、掌上电脑（PDA）、平板电脑（Tablet）等产品阶段。相应地，Intel 陆续推出了 32 位处理器 80386/80486（被称作第四代处理器）、第五代处理器奔腾（Pentium，1995 年）和赛扬（Celeron，1998 年），以及第六代以酷睿（Intel Core，2006 年）为代表的多款处理器芯片。2007 年，Intel 采用钟摆模型（Tick-Tock Model）来进行工艺升级和架构改进，在桌面处理器领域处于领先地位。20 世纪 70 年代及其后的 30 年，各种服务器产品层出不穷，如 DEC 公司、IBM 公司、Sun 公司和 HP 公司等生产的服务器。

3. 移动通信和移动互联网时代

移动互联网是指使用功能手机和智能手机、基于浏览器的互联网服务。2010 年，国际电联（ITU）预告了未来移动互联网将急剧增长的趋势。2014 年，美国移动互联网用户首次超过了桌面互联网用户。ARM 公司发挥 ARM 架构芯片低功耗、低成本等优势，与拥有 Android 系统的 Google 形成联盟，开始迅速占领移动互联网市场。苹果的 iOS 系统，以及高通、联发科、紫光展讯等企业基于 ARM 架构开发的 Android 系统，使移动通信和移动互联网市场规模迅速扩大。从 2G 时代的 GSM 到 3G 时代的 WCDMA/CDMA/TD-SCDMA，再到 4G 时代的 FDD/TDD LTE，通信芯片的处理能力不断增强。随着 4G 进入规模化商用阶段，面向 2020 年及未来的第五代通信已经成为全球研发热点，对通信基础设施和芯片都提出了新的要求。

4. 智能终端和物联网时代

随着云计算、大数据、物联网等新兴应用领域的快速兴起，围绕智能终端和万物互联的物联网时代的到来，为了使得各种电子设备及其相关的服务通过移动互联网连接起来，低功耗广域网（Low-Power Wide-Area Network，LPWAN）成为迫切需求。第三代合作项目（Third Generation Partnership Project，3GPP）于 2016 年针对移动物联网（Mobile IoT，MIoT）在 LPWAN 的应用，基于 RF 技术标准，制定了窄带物联网（Narrowband IoT，NB-IoT）技术标准[4]。这些方案给集成电路产业，包括数字电路、模拟电路、数模混合电路、射频电路、光电器件和 MEMS 等产品的应用带来了新的发展空间。

根据国际半导体技术路线图（International Technology Roadmap for Semiconductors，ITRS）的分析和预测，未来集成电路产品将沿着三个方向发展：一是继续按照摩尔定律发展，集成电路芯片的特征尺寸仍持续缩小，CMOS 工艺将由经典 CMOS 工艺走向薄栅、多栅和围栅等非经典 CMOS 工艺；二是扩展摩尔定律发展，异质器件系统集成将作为发展新方向，将多种元器件（无源 RF 元器件、功率器件、生物传感器等）利用三维封装等技术集成在同一芯片中，拓展了芯片功能，从而实现更高的产品价值；三是按照超越摩尔定律发展，不追求器件线宽变窄，而是通过研究新原理、新工艺、新材料、新器件和新装备，利用脑认知与神经计算器件、量子通信器件、第三代半导体材料器件、二维材料等创新技术，拓展集成电路技术的发展[5]。

参考文献

［1］ENIAC［EB/OL］.［2017-12-12］. https://en.wikipedia.org/wiki/ENIAC.

［2］IBM System/360［EB/OL］.［2017-12-12］. https://en.wikipedia.org/wiki/IBM_System/360.

［3］王阳元，王永文. 我国集成电路产业发展之路：从消费大国走向产业强国［M］. 北京：科学出版社，2008.

［4］NB-IoT［EB/OL］.［2017-12-12］. https://en.wikipedia.org/wiki/NarrowBand_IOT.

［5］ITRS 2.0［EB/OL］.［2017-12-12］. http://www.itrs2.net/itrs-reports.html.

撰稿人：中国电子信息产业发展研究院　张松　葛婕
审稿人：中国电子信息产业发展研究院　霍雨涛
　　　　中国科学院大学　　　　　　　陈春章

▷▷▷ 2.1.2　集成电路产品的分类，積體電路產品的分類，Classification of IC Products

按照市场应用领域，集成电路产品可分为计算机类集成电路产品、消费类集成电路产品、通信类集成电路产品、物联网类集成电路产品、汽车电子类集成电路产品等。20 世纪末，计算机类集成电路产品在集成电路产业中的市场份额最大。2014 年后，计算机类产品市场规模明显下降，而智能手机、平板电脑等电子产品逐渐成为集成电路市场新的增长方向。进入 2016 年，物联网、云计算和汽车电子等成为未来集成电路市场的发展方向。根据市场研究机构 IDC 的预测，至 2021 年全球物联网的市场规模将达到 1.4 万亿美元[1]。

按照制造工艺，集成电路主要可划分为锗和硅基材料工艺、化合物材料工艺及其他工艺三大类，如图 2-1 所示。先进晶体管制造工艺主要包括 CMOS（互补金属-氧化物-半导体）、FinFET（鳍式场效应晶体管）和 SOI（例如 FD-SOI，全耗尽型绝缘体上硅）工艺。当半导体器件特征尺寸发展至 20nm 以下时，传统的 CMOS 技术遇到了多方面挑战，因此 Intel 最早采用的 FinFET 和 IBM 最先提出的 FD-SOI 这两种技术路线成为了新的解决方案。

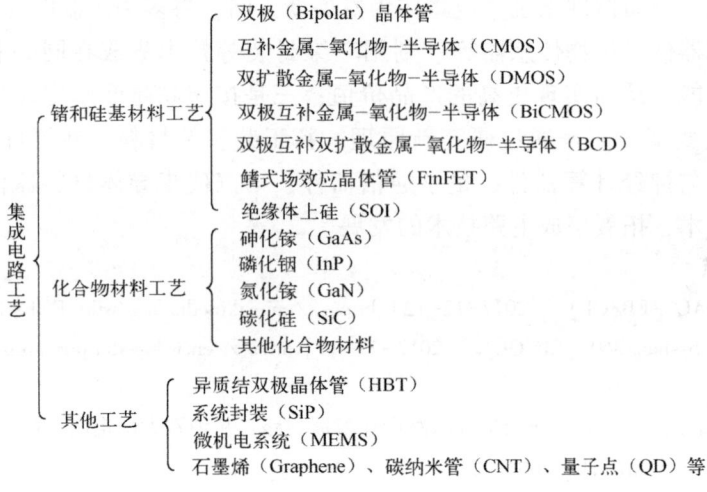

图 2-1 集成电路产品按工艺分类

按照产品功能，集成电路可分为数字集成电路、模拟与数模混合集成电路、射频集成电路、功率器件、光电器件，以及传感器与微机电系统集成电路等，如图 2-2 所示。

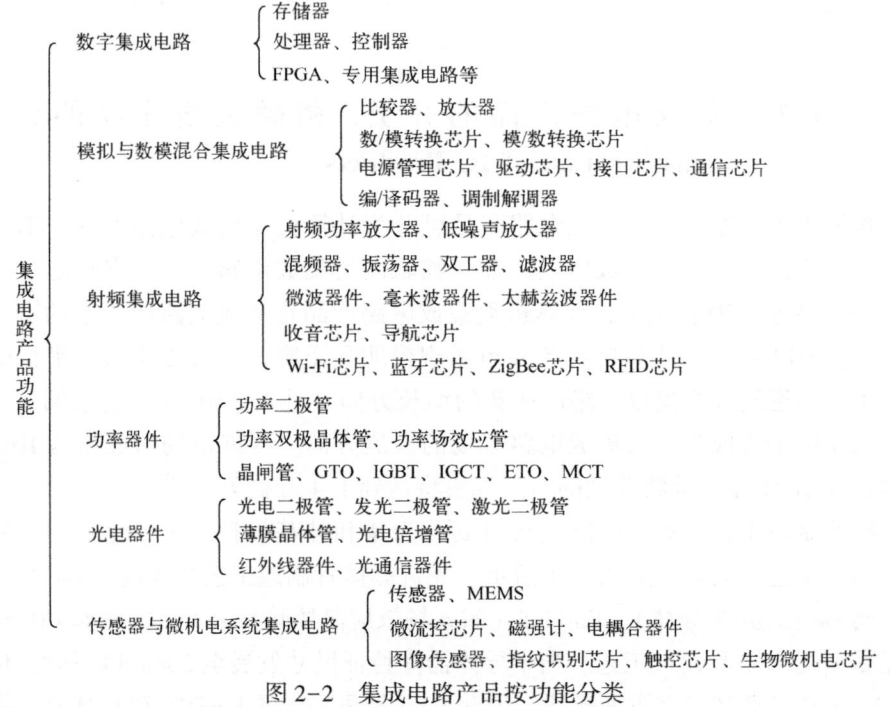

图 2-2 集成电路产品按功能分类

参考文献

[1] Internet of things ecosystem and trends [EB/OL]. [2017-12-12]. http://www.idc.com/getdoc.jsp？containerId=IDC_P24793.

撰稿人：中国电子信息产业发展研究院　　张松
审稿人：中国电子信息产业发展研究院　　霍雨涛
　　　　中国科学院大学　　　　　　　　陈春章

▷▷▷ 2.1.3　集成电路产品的功能与结构，積體電路產品的功能與結構，Function and Structure of IC Products

构成集成电路的基本单元包括有源（Active）的晶体管器件以及无源（Passive）的电阻器、电容器等元件[1]。模拟集成电路是利用晶体管的放大特性来实现信号幅度和功率的调整的，而数字集成电路则是利用晶体管的开关特性来实现信息的处理和传输。早期的集成电路大多数采用双极晶体管（Bipolar Transistor 或 Bipolar Junction Transistor，BJT，中文也常称为双极型晶体管或双极结型晶体管）结构。当互补金属-氧化物-半导体（Complementary Metal-Oxide-Semiconductor，CMOS）工艺成熟后，集成电路开始大量采用 CMOS 结构。根据集成电路模块的功能及结构特点，通过系统集成可以实现各种应用。

简化的可用于物联网的集成电路系统功能和结构如图 2-3 所示。该集成电路系统包括数字子系统与模拟和混合（Analog and Mixed Signal，AMS）子系统。

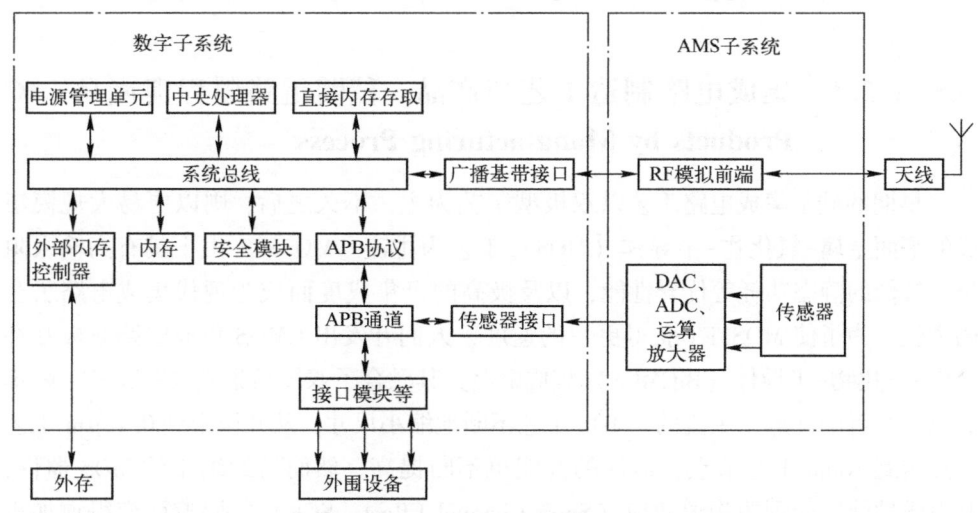

图 2-3　简化的可用于物联网的集成电路系统的功能和结构示意图

从功能与结构上看，数字子系统用于数字信号的计算、存取和控制，可以由中央处理器（CPU）、内存（如 SRAM）和外存（如 NAND Flash）、各种接口模块（如定时器、USB 等）实现。AMS 子系统用于射频和各种模拟信号的处理，可以由射频电路（如 RF 模拟前端）、模拟电路或数模混合电路（如 ADC、DAC、运算放大器）等实现。

集成电路产品形式多种多样，图 2-3 所示系统中的各种模块本身也可能是一种产品，各种模块相互之间的不同组合可以实现新的功能并形成新的产品。20 世纪末期，由于电子系统越来越大，为了实现小型化，各种应用需要更好的性能、更高的集成度，因此人们提出了基于单个芯片实现一体化的产品，即系统芯片（System on Chip 或者 System on a Chip，SoC）。SoC 产品可以非常复杂，它至少集成了 CPU、存储器、各种逻辑功能模块、模拟电路模块等。图 2-3 所示系统事实上已经是一种相对比较简单的 SoC 产品。

参考文献

[1] IC [EB/OL]. [2017-12-12]. https://en.wikipedia.org/wiki/Integrated_circuit.

撰稿人： 华大半导体有限公司　　张开伟
审稿人： 北京大学　　　　　　　罗正忠
　　　　 中国科学院大学　　　　陈春章

2.2　按制造工艺划分的集成电路产品门类

2.2.1　集成电路制造工艺与产品，積體電路製程與產品，IC Products by Manufacturing Process

早期的硅基集成电路工艺以双极型工艺为主，不久之后，则以更易大规模集成的平面金属-氧化物-半导体（MOS）工艺为主流。MOSFET 由于具有高输入阻抗、较低的静态功耗等优异性能，以及极高的可集成度而成为现代集成电路工艺的主流。为了使 MOSFET 获得更快的速度，人们开发出 CMOS 集成电路双极互补金属-氧化物-半导体（BiCMOS）集成电路，其融合了双极型集成电路和 CMOS 集成电路两者的优点。主流的 CMOS 工艺不断地缩小尺寸，从几微米到 0.18μm 工艺节点再到 10nm 工艺节点，器件的性能也不断提高。然而持续缩小的 MOS 器件，其电学性能因受到短沟道效应（Short Channel Effect，SCE）的影响而变得愈加难以控制，导致器件的亚阈值特性变差、泄漏电流变大等一系列问题。为了有效地抑制短沟道效应的影响，必须开发栅控能力更强的新型器件结构，提出了鳍式场效应晶体管（FinFET）[1]和绝缘体上硅（SOI）两项集成电路技术，相继发展出的多栅结构可进一步提高器件的栅控能力。目前鳍式场效应晶体管工艺已成为28nm以下技术节点的主要技术，并广泛地应用于CPU、微处理器、存储器、SoC等集成电路产品；此外，鳍式场效应晶体管正在更进一步地向7nm及5nm工艺节点迈进。

在高频器件领域，化合物半导体材料（如砷化镓、磷化铟）被看作第二代半导体材料。依靠其较宽的禁带及较高的载流子迁移率等优异特性，第二代半导体材料已被用于制备高性能的高频率器件。这些器件在高速电路以及通信等方面获得了广泛应用。

20世纪90年代，随着材料制造技术的不断成熟，人们开始研究第三代半导体材料，如氮化镓（GaN）和碳化硅（SiC）等禁带宽度超过3eV以上的宽带隙材料（Wide-Bandgap Materials）。第三代半导体材料具有较强的原子键、较高的热导率和较高的临界击穿电场强度，故非常适合制备耐高电压的大功率器件。

与此同时，以碳纳米管和石墨烯等新型二维材料作为沟道材料的新型集成电路技术不断发展，显示出优异的性能和竞争力，有希望成为下一代集成电路的主流技术。

目前，以CMOS等为主的工艺技术不断成熟，并扩展到GaAs、SiC等产品的集成上，未来将会扩展到以碳纳米管和以石墨烯（Graphene）、黑磷（Black Phosphorus）、硫系二维材料为基础材料的新型集成电路制造中，为微电子技术朝向更小器件尺寸以及更优异器件性能的发展找到可行的途径。随着技术的不断成熟，集成电路制造技术也已向其他研究领域扩展渗透，MEMS/NEMS技术应运而生。采用三维集成电路工艺技术再结合微传感器、微执行器、微机械结构、微电源，以及信号处理和控制电路等于一体，可以制备出各种微型器件和系统，能够整合各个领域的技术及应用市场。

参考文献

[1] Intel company overview [EB/OL]. [2017-06-20]. http://www.intel.com/content/www/us/en/company-overview/company-overview.html.

撰稿人：北京大学　林信南　肖颖
审稿人：北京大学　罗正忠

▷▷▷ 2.2.2　双极型集成电路，雙極接面型積體電路，Bipolar Junction Transistor IC

双极型集成电路（也称双极结型集成电路）是指以双极晶体管（Bipolar Junction

Transistor，BJT）为基本结构组成的集成电路，主要应用于多媒体终端、功率放大器、射频通信和工业控制等领域。贝尔实验室发明的第一个双极晶体管为点接触晶体三极管[1]。随着对材料的深入研究和工艺的改进，人们相继研制出合金结型晶体管、表面势垒晶体管、缓变基区晶体管、扩散型晶体管、薄膜晶体管等。

npn 型双极晶体管的基本结构和工作电流示意图如图 2-4 所示，其由两个 pn 结构成，电子和空穴同时参与导电，属于少子型器件。它具有 pnp 型和 npn 型两种基本结构。npn 型双极晶体管的中间为 p 基区（Base），左侧的 n^{++} 重掺杂区域主要用于产生电子，称为发射区（Emitter）；右侧 n 区域主要用于收集电子，称为集电区（Collector）。当在 p 基极施加一个小电流时，发射极和集电极之间就会形成大电流，也就是双极晶体管的放大效应。这种特性使得双极晶体管在信号放大、开关电路等领域得到了广泛应用。在集成电路制造中，应用 BiCMOS 工艺可以将双极场效应晶体管集成在高速 CMOS 数字逻辑电路中。利用其已知的基极和发射极在正偏压下温度和电流的关系，双极场效应晶体管还可以用来制作温度传感器[2]；同时，利用基极和发射极 pn 结的 I–U 特性，双极晶体管也可以被应用在对数逻辑运算电路中。

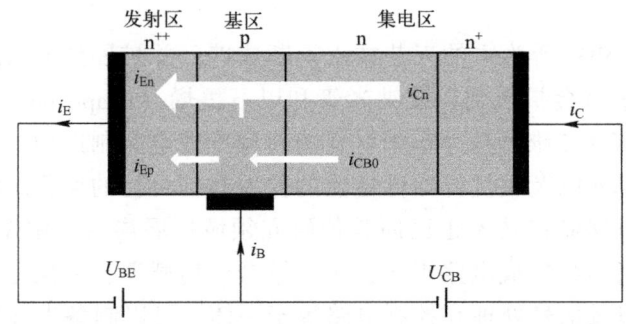

图 2-4　npn 型双极晶体管的基本结构和工作电流示意图

除了同质结双极晶体管，还有改良的异质结双极晶体管（Heterojunction Bipolar Transistor，HBT）。HBT 能够更好地处理高频信号（如几百 GHz），已被广泛地应用于超高速电路和射频电路系统中[3]。

双极晶体管作为现代电力电子器件的一个重要模块，既可以作为独立器件使用，也可以结合到其他结构中被复合使用，如晶闸管、绝缘栅双极晶体管（Insulated Gate Bipolar Transistor，IGBT）等。

参考文献

[1] Morris P R. A history of the world semiconductor industry [M]. London：Peter Peregrinus Ltd.，1990.

[2] Moore B D. IC temperature sensors find the hot spots [J]. EDN，1998，43（14）：205-215.

[3] Hafez W, Snodgrass W, Feng M. 12.5nm base pseudomorphic heterojunction bipolar transistors achieving f_T = 710GHz and f_{MAX} = 340GHz [J]. Applied physics letters, 2005, 87 (25): 252109.

撰稿人：南方科技大学　戚永乐
审稿人：北京大学　　　罗正忠

▷▷▷ 2.2.3　平面 CMOS 集成电路，平面 CMOS 積體電路，Planar CMOS IC

平面互补金属-氧化物-半导体（CMOS）场效应晶体管是由平面工艺的 p 型 MOS 场效应晶体管（pMOSFET）和 n 型 MOS 场效应晶体管（nMOSFET）共同构成的晶体管。当外界输入信号为低电压信号时，p 型 MOS 场效应晶体管开启，n 型 MOS 场效应晶体管关断，输出端输出高电压信号；当输入信号为高电压信号时，n 型 MOS 场效应晶体管开启，p 型 MOS 场效应晶体管关断，输出端输出低电压信号。在此工作原理下，p 型和 n 型 MOS 场效应晶体管除了在输入信号高低电压转换的情况下，绝大部分时间都处于相反的状态，并且平面 CMOS 场效应晶体管的相位输入端和输出端相反。通过这种工作方式可以极度降低 CMOS 器件的静态功耗。平面 CMOS 场效应晶体管是电压控制的一种放大器件，其主要特点是高抗噪声干扰能力和极低的静态功耗，输入阻抗高，温度稳定性好；但与双极晶体管相比，其扇出能力较弱，速度相对较慢。平面 CMOS 集成电路问世后，已成为设计及制造大规模集成电路的主流技术。

典型平面增强型 CMOS 集成电路的剖面结构示意图如图 2-5 所示。它用一块 p 型硅半导体材料为衬底，在其面上局部掺杂扩散制作出一个 n 阱；首先在 n 阱里制作出 pMOS 管，然后在 p 型衬底上制作出 nMOS 管，最后通过工艺制作出源区（S）、漏区（D）和栅区（G）。

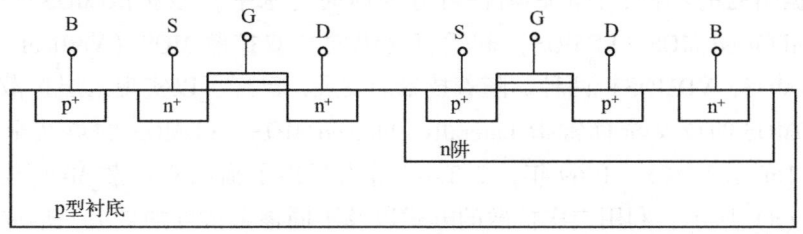

图 2-5　平面增强型 CMOS 集成电路的剖面结构示意图

1963年,仙童半导体(Fairchild Semiconductor)的弗朗克·万拉斯(Frank Wanlass)和萨支唐(C.T.Sha)发明了CMOS电路[1]。1968年,美国无线电公司(RCA)成功制备出世界上首个平面CMOS集成电路。此后,平面CMOS集成电路就遵从摩尔定律持续地缩小尺寸,从而持续地增大单位面积的晶体管集成度。1971年,Intel公司发布了第一个由平面场效应晶体管技术制作的微处理器芯片4004,该芯片包含了2250个晶体管。1985年Intel公司发布了基于1.5μm平面CMOS集成电路技术制作的386微处理器。2002年,Intel公司进而推出了90nm工艺节点的平面CMOS集成电路技术,该技术使得集成电路开始使用应变硅(Strained Silicon)技术和高速铜互连技术来提升电路整体性能。Intel公司于2007年发布了45nm工艺节点的平面CMOS集成电路工艺技术,该技术首次引入了高k金属栅(High-k Metal Gate,HKMG)结构,并推出了基于此项工艺技术的新型多核处理器。

参考文献

[1] History & heritage[EB/OL].[2017-06-20]. https://www.fairchildsemi.com/about/history-heritage/.

撰稿人:北京大学　林信南　肖颖
审稿人:北京大学　罗正忠

▷▷▷ 2.2.4 双扩散金属-氧化物-半导体集成电路,雙擴散金氧半積體電路,Double-diffused Metal-Oxide-Semiconductor IC

双扩散金属-氧化物-半导体(Double-diffused Metal-Oxide-Semiconductor,DMOS)器件是一种较典型且应用较为广泛的高压功率半导体器件。DMOS器件通过在源漏之间增加低掺杂的漂移区,使得电压绝大部分落在低掺杂漂移区上,从而提高了器件的耐压能力,使其可作为集成电路中的功率MOS器件[1]。

根据结构的不同,DMOS器件可分为横向(水平)双扩散MOS(Laterally Double-diffused MOS,LDMOS)和垂直(纵向)双扩散MOS(Vertical Double-diffused MOS,VDMOS)两种。随着技术的发展,已经可以实现三层扩散,所以现在LDMOS的英文全称常指Laterally Diffused MOS,VDMOS的英文全称常指Vertical Diffused MOS。1969年,Y.Tarui等人提出了横向双扩散MOS技术,如图2-6(a)所示,利用二次扩散的方式以及不同掺杂浓度的扩散,形成横向沟道,而低掺杂的漂移区能够保障器件的耐高压能力[2]。传统的LDMOS器件不同电极的扩散区域是相互隔开的,这样可以减少电容效应。同时横向双扩散

LDMOS 器件中的源（S）、漏（D）、栅（G）三个极可以均匀分布在芯片器件的表面，适合传统半导体光刻工艺的规模化生产，但是硅片的集成度会略低一些。1979 年 H. W. Collins 等人提出了垂直双扩散 MOS（VDMOS）结构，如图 2-6 (b) 所示[3]。VDMOS 器件同样是利用二次扩散形成不同的电极扩散区，但是低掺杂漂移区的通道为垂直方向，同时漏极（D）分布在器件的下表面，因此可以提升器件的耐高压能力及承受更为苛刻的高压环境。VDMOS 器件的漏极是从硅片下表面引出的，而源极（S）和栅极（G）则是分布在硅片的上表面，此种结构可提高系统的集成度并降低芯片成本。

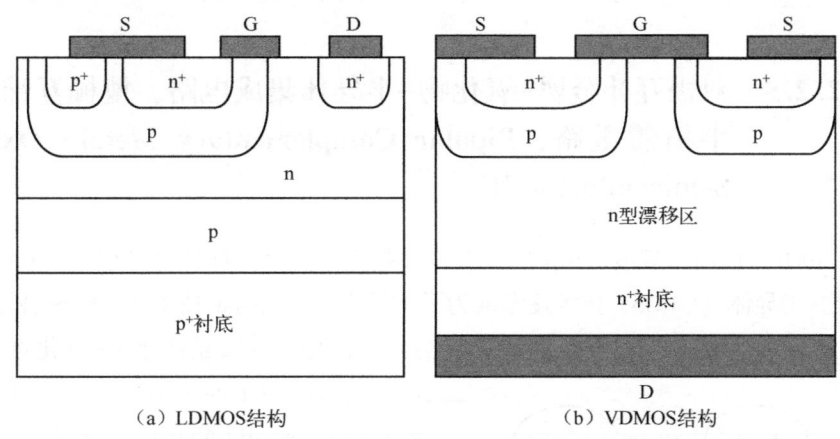

图 2-6 DMOS 器件结构示意图

与常见的传统 CMOS 器件相比，双扩散 DMOS 器件增加了一个低掺杂的漂移区，故提高了耐高压能力。由于 LDMOS 和 VDMOS 在漂移区通道方向上的明显不同，因而表现出不同的性能特点和不同的应用领域。LDMOS 工艺是较为成熟的工艺，与传统的 CMOS 工艺或其他半导体工艺兼容，通常应用在对开关速度要求不高的高压环境中。而 VDMOS 具有更快的开关速度、驱动功率小、频率特性好等特点，已被广泛应用于各种消费电子及工业控制领域。

目前，DMOS 工艺已经很成熟，应用越来越广泛，台积电、格芯（GlobalFoundries, GF）、三星和中芯国际等都已经规模量产 DMOS 工艺集成电路。DMOS 已大量应用在高压以及高频电子电路中：在 20V 以内的工作电压下，用于手机及数码相机等；在 20~100V 的工作电压下，用于计算机、机顶盒、汽车音响、电动机控制器以及显示器等；在 100~800V 的工作电压下，用于电视机、热水器、洗衣机、电机控制器、电源适配器等大家电及工业电器等；而在 800V 以上的工作电压下，更是 DMOS 应用的强项，如用于高压变频器、发电机组、变电设备等。

参考文献

[1] Donald A. Semiconductor physics and devices [M]. 3rd ed. New York: McGraw-Hill, 2003.

[2] Tarui Y, Hayashi Y, Sekigawa T. Diffusion self-aligned enhance depletion MOS IC [C]. Tokyo: Proceedings of the 2nd Conference Solid State Devices, 1970: 193-198.

[3] Lidow A, Herman T, Collins H W. Power MOSFET Technology [C]. USA: Proceedings of International Electron Devices Meeting, 1979: 79-85.

撰稿人：南方科技大学　孙晓宇
审稿人：北京大学　　　罗正忠

▷▷▷ 2.2.5 双极互补金属-氧化物-半导体集成电路，雙極互補金氧半積體電路，Bipolar Complementary Metal-Oxide-Semiconductor IC

在1980年以前，双极（Bipolar）技术还是主流技术。而1980年以后，互补金属-氧化物-半导体（CMOS）技术逐渐成为了市场主流。Bipolar技术和CMOS技术拥有各自的优势，双极互补金属-氧化物-半导体（Bipolar Complementary Metal-Oxide-Semiconductor，BiCMOS）技术结合了双极和CMOS各自的技术，在电路系统中拥有两者的优势，如图2-7所示。CMOS工艺发展已进入纳米尺度的技术节点，速度已大幅提升而使CMOS与Bipolar接近，使得BiCMOS的功耗与性能有了更好的提升。

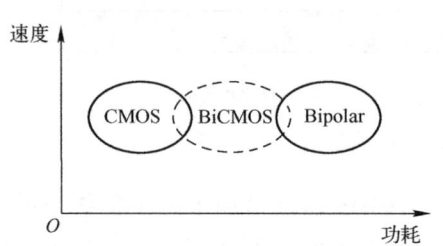

图2-7　Bipolar、CMOS、BiCMOS技术功耗与速度分布示意图

双极互补金属-氧化物-半导体集成电路（BiCMOS IC）是把双极的结构和CMOS的结构通过一系列的电路布局设计和优化结合在同一块集成电路上的技术。把这两种结构相结合的技术可以同时得到两者的优势，既能够拥有CMOS集成电路的高输入电阻、低功耗、高噪声容限和高集成度，也能得到双极结构的较快的开关速度、较高的电流驱动能力和较低的输出电阻。所以，BiCMOS集成电路可以得到比单一双极集成电路更低的功耗，在集成电路制造上拥有更高的集成度，比单一CMOS集成电路拥有更好的开关速度和模拟电路性能[1]。

BiCMOS集成电路制造工艺并不能单独直接从CMOS集成电路制造工艺中转移实现。大多数的BiCMOS集成电路是基于标准CMOS集成电路制造工艺再加上额外的双极器件制造工艺而实现的。相比标准CMOS集成电路制造工艺来说，制造 BiCMOS 集成电路需要额外添加双极器件的工艺流程，从而增加了工艺时间及工艺步骤等制造成本。

BiCMOS 集成电路结构示意图如图 2-8 所示。

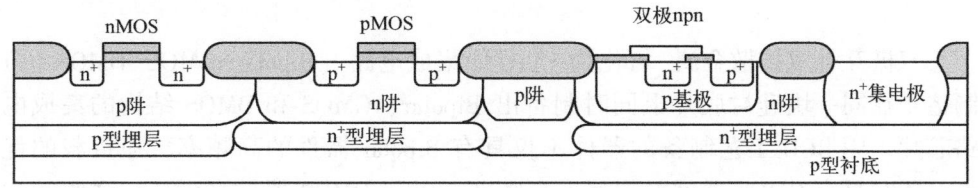

图 2-8　BiCMOS 集成电路结构示意图

BiCMOS 技术在微处理器和无线通信领域有广泛的应用。早期，BiCMOS 技术被用于制造静态随机存取存储器（Static Random Access Memory，SRAM）。1993 年，Intel 使用 BiCMOS 技术推出了第五代 x86 架构的奔腾（Pentium）处理器[2]。目前，BiCMOS 技术广泛地应用于制造放大器、无线电收发器和无线通信设备的振荡器[1]。在射频（RF）应用中，通过在标准的 CMOS 集成电路制造工艺上添加锗掺杂的异质结双极晶体管工艺可以制造拥有高特征频率的 BiCMOS 集成电路，从而实现高速模拟功能并应用在射频放大器和射频信号检测器上。由于无线通信要求在最广泛的空间内实现高质量的数据传输，BiCMOS 集成电路利用其较高的模拟电路集成能力已经从无线局域网的应用逐渐延伸到 4G 通信的各种应用上了[3]。

目前在无线通信领域生产 BiCMOS 集成电路的厂商主要有欧美的 IBM、TowerJazz、意法半导体（ST）、格芯（GlobalFoundries，GF），以及亚太地区的上海先进半导体（ASMC）、华虹 NEC、台积电（TSMC）等。随着技术的进步和工艺的提升，BiCMOS 集成电路在无线通信领域和相关领域的发展及应用将更加广泛。

参考文献

［1］May G S, Spanos C J. Fundamentals of semiconductor manufacturing and process control［M］. Wiley-Interscience，2006.

［2］Gwennap Linley. Pentium is first CPU to reach 0.35 Micron［J/OL］. Microprocessor Report（1995-03-27）［2017-06-20］. http://www.linleygroup.com/mpr/h/19950327/090402.html.

［3］Wu J M, Chou S, Hong Z C. A SiGe voltage-controlled oscillator for 4G LTE applications［C］. Moscow：Progress in Electromagnetics Research Symposium, 2012：923-926.

撰稿人：南方科技大学　王尧
审稿人：北京大学　　　罗正忠

▷▷▷ 2.2.6 双极互补双扩散金属-氧化物-半导体集成电路，雙極-互補-雙擴散金氧半積體電路，Bipolar-CMOS-DMOS IC

双极互补双扩散金属-氧化物-半导体集成电路（Bipolar-CMOS-DMOS IC）制造是在同一块硅衬底片上同时制备出 Bipolar、CMOS 和 DMOS 结构的集成电路芯片。用 BCD 工艺制备的器件不仅具有 Bipolar 器件的高频率、强负载的优点，同时具有 CMOS 器件低损耗、高密度，以及 DMOS 器件高耐压、强驱动和开关速度快等特性，已被广泛应用于电源管理器件、高压功率器件、显示驱动和汽车电子等芯片的制备[1]。

意法半导体（ST）在 1986 年将第一代 BCD 工艺技术用在驱动集成电路中。在 Bipolar 器件结隔离制备工艺的基础上，兼容了纵向 4μm 60V 的 DMOS 结构，BCD 工艺可以应用于驱动类集成电路的制备[2]。2014 年，一种高压交流 LED 驱动芯片被研制出来，再次验证了高压 BCD 工艺在该领域的应用[3]。

到 2016 年年底为止，BCD 工艺的技术节点已由第一代的 4μm 发展到第九代 0.11μm，其应用领域也在不断扩大。在高压器件的应用领域，一种 700V 的高压 BCD 兼容工艺平台已经成功搭建[4]。在 p 型单晶衬底上采用全注入技术，仅比 CMOS 工艺多用 10 张光掩模版就可实现 700V BCD 器件的单片集成。700V BCD 工艺集成电路剖面结构示意图如图 2-9 所示。700V BCD 工艺可应用于高压、高功率集成器件产品的制备。BCD 工艺还被应用于电源管理芯片的制备。2012 年 Dialog 公司采用台积电 0.13μm 的 BCD 技术开发了低功耗的电源管理芯片。

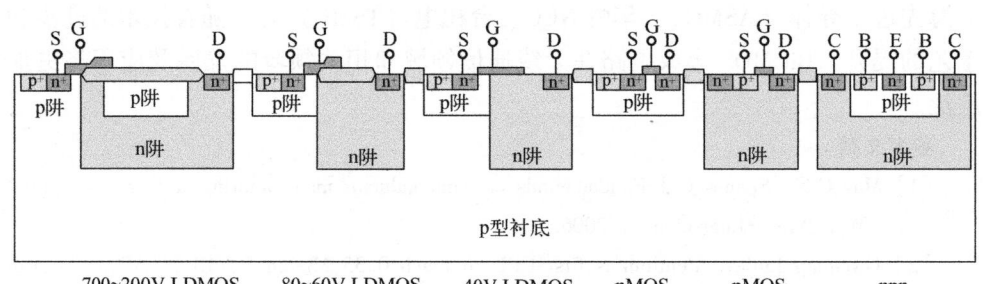

图 2-9　700V BCD 工艺集成电路剖面结构示意图

未来，随着先进的 CMOS、DMOS 成熟工艺平台的建立以及集成电路产业链的日臻完善，BCD 集成工艺在低功耗、高效率节能功率电子产品中的应用范围会更加广阔。

参考文献

[1] 宋洵奕, 李泽宏, 任敏, 等. 全国半导体器件技术、产业发展研讨会暨中国微纳电子技术交流与学术研讨会: BCD 集成器件与工艺之发展概述 [C]. 大连, 2013, 35-44.

[2] A Andreini, C Contiero, P Galbiati. A new integrated silicon gate technology combining bipolar linear, CMOS Logic, and DMOS power parts [J]. IEEE Transactions on Electron Device, 1986, 33 (12): 2025-2030.

[3] 詹建新. 基于 BCD 工艺的高压 AC LED 驱动芯片的研究与设计 [D]. 广州: 华南理工大学, 2014.

[4] M Qiao, L L Jiang, B Zhang, et al. A 700 V BCD technology platform for high voltage applications [J]. Journal of Semiconductors, 2012, 33 (4): 1-4.

撰稿人: 南方科技大学　仇明侠
审稿人: 北京大学　　　罗正忠

▷▷▷ 2.2.7　鳍式场效应晶体管集成电路，鰭式場效應電晶體積體電路，Fin Field Effect Transistor IC

鳍式场效应晶体管 (Fin Field Effect Transistor, FinFET) 是一种新型三维立体结构的 CMOS 晶体管。FinFET 的雏形结构最早基于 SOI MOSFET 技术，由 Hitachi 公司的 D. Hisamoto 等人于 1990 年提出，并简称为 DELTA[1]; 后来 Hisamoto 加入加州大学伯克利分校胡正明教授小组，该小组于 1998 年首先提出 n 沟道 FinFET[2], 1999 年再提出 p 沟道 FinFET[3]。因为晶体管栅极的形状与鱼鳍相似，加州大学伯克利分校胡正明教授小组等将其命名为鳍式场效应晶体管。Intel 公布的 FinFET 电子显微镜照片如图 2-10 所示。FinFET 的沟道

图 2-10　Intel 公布的 FinFET 电子显微镜照片[4]

从硅衬底表面竖起，形成垂直的沟道结构，然后在竖立的沟道上制造栅极，使凸出的沟道三个面都成为受控面而受到栅极的控制。这种三维结构相当于增加栅极对沟道的控制面积，能够极大程度地增强栅极对沟道的控制能力；同时能有效地抑制短沟道效应对器件电学性能造成的劣化不良影响，并降低亚阈值泄漏电流，保证 FinFET 在 22nm 及其以下的工艺节点能够正常工作。此外，FinFET 的沟道通常为轻掺杂甚至不掺杂，故能够有效降低离散掺杂原子的散射作用而提高载流子的迁移率，且能降低因掺杂浓度变化而造成的器件性能变化漂移。

现有的 FinFET 已经发展为多种结构类型，可分为双栅、三栅、环栅等结构，其中环栅结构对沟道的控制能力最强。

尽管 FinFET 对沟道拥有极强的控制能力，可以有效地抑制短沟道效应以及减小泄漏电流；但是，随着 FinFET 尺寸缩小至 10nm 节点时，鳍式沟道的表面光滑度会受到制造过程中光刻和刻蚀技术的影响，使得鳍式沟道的边缘整齐度变化较大，导致不同位置晶体管的性能波动性变大，降低了成品率。另外，鳍式沟道在不断缩小化的过程中变得更细，使得沟道的电阻增大，降低有效电流值。

FinFET 技术卓越的性能使得各大半导体公司都争先开发基于 FinFET 技术的新产品。2012 年，Intel 首先宣布将 FinFET 应用于产品中，从 Core i7-3770 之后的 22nm 处理器均开始使用 FinFET 技术[4]。2015 年三星和台积电采用 FinFET 结构分别推出 14nm 和 16nm 的 A9 芯片[5]，使得 A9 芯片性能大幅提升；相比于 20nm 工艺节点的产品，新产品速度提升 40%，功耗降低 50%。2016 年 1 月，AMD 发布了基于 14nm FinFET 技术的 GPU 芯片。2016 年 7 月，高通也基于三星 10nm FinFET 技术生产出了处理器。

参考文献

[1] Hisamoto D, Kaga T, Kawamoto Y, et al. A fully depleted lean-channel transistor (DELTA) -a novel vertical ultrathin SOI mOSFET [J]. IEEE Electron Device Letters, 1990, 11 (1): 36-38.

[2] Hisamoto D, Lee W-C, Kedzierski J, et al. A folded-channel MOSFET for deep-sub-tenth micron era [J]. Electron Devices Meeting, IEDM '98. Technical Digest., Int'l, 1998: 1032-1034.

[3] Xuejue Huang, Wen-Chin Lee, Charles Kuo, et al. Sub 50-nm FinFET: PMOS, Electron Devices Meeting, IEDM '99. Technical Digest. International, 1999: 67-70.

[4] Intel®'s 22 nm technology moves transistor into the 3rd dimension [EB/OL]. [2017-

06-20]. http://www.intel.com/content/www/us/en/silicon-innovations/standards-22-nanometers-technology-backgrounder.html.

[5] 16nm technology [EB/OL]. [2017-06-20]. http://www.tsmc.com/english/dedicatedFoundry/technology/16nm.html.

撰稿人：北京大学　林信南　肖颖
审稿人：北京大学　罗正忠

▷▷▷ 2.2.8 绝缘体上硅集成电路，絕緣體上矽積體電路，Silicon on Insulator IC

绝缘体上硅（Silicon on Insulator，SOI）工艺发展于 20 世纪 60 年代。军用集成电路为了获得更优良的抗辐射性能，J. Weimer 等人发展出一种蓝宝石上硅（Silicon on Sapphire，SOS）材料工艺。SOS 工艺即为 SOI 工艺的一种。然而，由于蓝宝石/硅界面的晶格失配所产生的高位错密度会造成较严重的泄漏电流，故 SOS 工艺未获得持续的发展[1]。

1966 年，M. Watanabe 和 A. Tooi 将氧离子注入 Si 材料，获得了与热生长方法具有相同击穿电压和介电常数等参数的 SiO_2 埋层[2]。1978 年，K. Izumi 等人向 Si 材料注入氧之后，获得了具有优良电学特性的连续 SiO_2 埋层，该技术即为注氧隔离（Separation by Implanted Oxygen，SIMOX）技术[3]。SIMOX 技术推动了 SOI 在集成电路方面的发展。1995 年，M. Bruel 等人发展了智能剥离（Smart Cut）技术，后续兴起的小线宽下的 FD-SOI 工艺，其衬底就使用了此种技术。相关 SOI 衬底的生产厂商包括法国的 Soitec、美国的 SunEdison 以及日本的 SHE 等[4]。SOI MOSFET 结构示意图如图 2-11 所示。

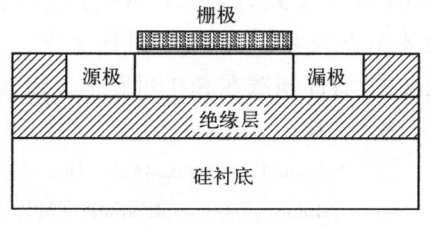

图 2-11　SOI MOSFET 结构示意图

与常规硅衬底集成电路不同，SOI 工艺可减小结电容和连线电容。这可使薄膜 SOI 结构中的纵向电场强度较低，从而表面散射作用降低而提高器件载流子迁移率，并获得更优良的速度特性。此外，SOI 工艺可消除纵向寄生器件，实现较佳的元器件介质隔离，消除包括闩锁（Latch-Up）在内的寄生效应，降低元器件之间的串扰。因此，采用此工艺制造的集成电路可实现极高的集成密度，且具有优良的抗辐射、抗单粒子扰动效应和抗误触发能力。

SOI 工艺根据其顶层硅的不同厚度，可应用于不同的集成电路中，主要包括全耗尽型 SOI CMOS（FD-SOI CMOS）、部分耗尽型 SOI CMOS（PD-SOI CMOS）、BiCMOS、功率/高压 IC（Power/High Voltage IC）、微机电系统/传感器（MEMS/Sensor）等，如图 2-12 所示[1]。

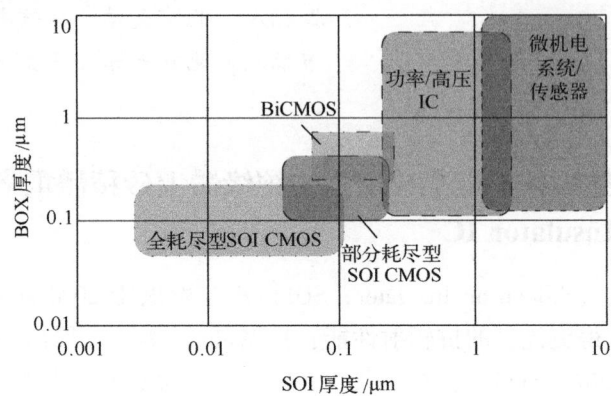

图 2-12　SOI 根据其顶层硅的不同厚度而应用于不同的集成电路中[1]

在小线宽的先进半导体工艺领域，FD-SOI 与 FinFET 技术同样受到业界瞩目。在这两种技术路线中，FD-SOI 使用 SOI 衬底进行生产，其工艺可以沿用原有的 CMOS 工艺；FinFET 虽然采用的是传统硅衬底，但其工艺则是不同于传统 CMOS 工艺的全新工艺。从制造工艺本身而言，FD-SOI 更易于实现，但其衬底技术要求极高。至 2016 年年底，以 Intel 为代表的厂商推动 FinFET 发展，而 ST 和 GF 则主要致力于 FD-SOI 工艺的发展。目前，三星和台积电等厂商在不同的技术节点为客户提供这两种工艺。飞思卡尔（Freescale）等厂商正在尝试把 FinFET 器件制造在 SOI 衬底上，以实现技术突破。

参考文献

[1] Sakurai T, Matsuzawa A, Douseki T. Fully-depleted SOI CMOS circuits and technology for ultrolow-power applications [M]. Netherlands: Springer, 2006.

[2] Watanabe M, Tooi A. Formation of SiO_2 films by oxygen-ion bombardment [J]. Japanese Journal of Applied Physics, 1966, 5 (8): 737-738.

[3] Izumi K, Doken M, Ariyoshi H. CMOS devices fabricated on buried SiO_2 layers formed by oxygen implantation into silicon [J]. Electronics Letters, 1978, 14 (18): 593-594.

[4] Bruel M. Silicon-on-insulator material technology [J]. Electronics Letters, 1995, 31 (14): 1201-1202.

撰稿人：南方科技大学　蒋苓利
审稿人：北京大学　　　罗正忠

▷▷▷ 2.2.9 砷化镓器件，砷化镓元件，Gallium Arsenide Devices

砷化镓（Gallium Arsenide, GaAs）属于Ⅲ-Ⅴ族化合物半导体材料，为闪锌矿型晶格结构，晶格常数为0.565nm，熔点为1238℃，禁带宽度为1.424eV，是继硅、锗之后最主要的半导体之一。GaAs器件具有高频、高速、耐高温、低噪声、抗辐射能力强等优点，但由于GaAs材料的缺陷较多，集成规模受到限制，成本较高。

GaAs器件在微波领域的应用非常广泛，器件分类齐全，包括微波分立器件、微波混合集成电路、微波模拟和数字单芯片集成电路等。1967年，Turner等人制备出首个扩散栅极结构的GaAs-FET[1]，开启了新一代微波半导体器件研究的热潮。1974年，日本富士通公司制备出在X波段（8～12GHz）突破瓦级的GaAs MESFET功率器件[2]。1980年富士通等公司采用调制掺杂的超晶格技术研制出第一只以GaAs为沟道的高电子迁移率场效应晶体管（High Electron Mobility Transistor，HEMT）[3]。20世纪80年代初发展的GaAs异质结双极晶体管（GaAs HBT）在频率、速度等特性上更为出色，与GaAs FET相比，GaAs HBT的跨导高、输出电导较低、电流处理能力更强。

由于材料化学配比、缺陷、杂质可控性不断提高，热稳定性、均匀性不断改进，目前已能得到高质量的单晶衬底，使砷化镓集成电路的批量生产与扩大应用成为可能。砷化镓数字电路和模拟电路都已投入批量生产，主要用于军事领域，如雷达、激光制导导弹和卫星通信等。在民用领域，砷化镓集成电路主要用于无线通信、汽车电子等。除集成电路产品应用以外，砷化镓材料具有一种直接跃迁型能带结构，在制备太阳电池时具有较高的光电转换效率。在体效应器件和量子效应器件方面，砷化镓材料也有较大的应用潜力。

目前砷化镓集成电路用的圆片为4in/6in。砷化镓材料主要来自费里伯格（Freiberger Compound Materials）、日立电线（Hitachi Cable）、日本住友电工（Sumitomo Electric）和美国AXT等四家大公司。近年，中国砷化镓产业发展速度有所加快。2016年，四川通利能光伏科技、中科镓英半导体、立昂东芯微电子等公司正在建设多条6in砷化镓集成电路生产线。

参考文献

[1] Turner J A, Waller A J. An S-band gallium arsenide field effect transistor [C]//

[2] M Fukuta, H Ishikawa, K Suyama, et al. GaAs 8 GHz-band high power FET [J]. 1974, International Electron Devices Meeting (IEDM), Washington, DC: 285-287.

[3] Mimura T, Hiyamizu S, Fujii T, et al. A new field-effect transistor with selectively doped GaAs/n-AlxGa1-xAs heterojunctions [J]. Japanese Journal of Applied Physics, 1980, 19 (5): L225.

撰稿人：北京大学　林信南　董云鹏
审稿人：北京大学　罗正忠

2.2.10　磷化铟器件，磷化铟元件，Indium Phosphide Devices

磷化铟（Indium Phosphide，InP）属于Ⅲ-Ⅴ族化合物半导体，为闪锌矿型晶格结构，晶格常数为 0.5869nm，常温下禁带宽度为 1.344eV，熔点温度为 1062℃。InP 的物理性质与 GaAs 很相似，电子迁移率很高，适合制作高频微波器件和电路。以 InP 制备的太阳电池具有很高的光电转换效率。

在 1975 年，Barrera 等人首次制备了以 InP 为衬底的 MESFET[1]。1987 年，第一个 InP 高电子迁移率场效应晶体管（InP HEMT）问世[2]，InP HEMT 被认为是微波毫米波器件和电路领域中最具潜力的三端器件。由于 InP 材料具有电流峰谷高、电子漂移速度快及热导率高的特性，使 InP HEMT 器件可展现较高的工作频率与输出功率。随着外延材料工艺和光刻技术的发展，InP HEMT 器件性能已不断提升，根据已报道的研究成果，InP HEMT 晶体管频率已达到 f_T = 610GHz，f_{max} = 1.5THz，以及很低的室温噪声系数[3,4]。相比 GaAs 器件，InP HBT 具备截止频率更高、转换效率高、可靠性好的性能，十分适用于毫米波段的应用。2016 年，Urteaga 在国际电子器件会议（IEDM）报道了 f_T >500GHz，f_{max}>1THz，电流密度大于 25mA/μm^2 的 InP HBT[5]。目前，国外磷化铟电路的工作频率已达到 W 波段（75~110GHz），并已经实际应用到武器装备中。磷化铟器件在微波通信、图像传感器、人造卫星等领域已经得到广泛应用。

InP 器件及电路性能优异，但高成本、低成品率成为制约磷化铟器件和集成电路被广泛应用的关键因素。InP 研究的重点主要在：简化多晶合成工艺、增大圆片尺寸、降低缺陷密度、改善材料表面质量等方面。目前工业化生长 InP 单晶主要采用垂直梯度凝固法（VGF）、气压可控直拉法（VCZ）、高压水平布里奇曼法（High Pressure Horizontal Bridgeman，HPHB）等方法。国际上，在4in InP芯片上制作器件的工艺已成熟并商品化。CRYSTACOMM公司早在1997年就已发布了4in InP芯片。AXT公司采用VGF方法制备InP。日本住友电工在InP研究方面拥有大量的专利，并已成功制备6in InP单晶。此外，法国Inpact公司、英国MCP公司、德国CGC晶体生长公司等也取得了较多成果。在国内，中国河北半导体所的InP材料研究工作已取得较多研究成果，中国电子科技集团第十三研究所及中科院微电子所在InP HEMT器件研究方面也取得一定进展，但在相关InP电路的设计及应用研究方面仍需深入。

参考文献

［1］Barrera J S, Archer R J. InP schottky-gate field-effect transistors［J］. IEEE Transactions on Electron Devices, 1975, 22（11）: 1023-1030.

［2］Chan W K, Cox H M, Abeles J H, et. al. Langmuir-blodgett deposited cadmium gate inverted InP-GaInAs modulation-doped field-effect transistors［J］. Electronics Letters, 1987, 23（25）: 1346-1348.

［3］X Mei, et al. First demonstration of amplification at 1 THz using 25-nm InP high electron mobility transistor process［J］. IEEE Electron Device Letters, 2015, 336（4）: 327-329.

［4］Duh K H G, Chao P C, Liu S M J, et al. A super low-noise 0.1μm T-Gate InAlAs-InGaAs-InP HEMT［J］. IEEE Microwave and Guided Wave Letters, 1991, 1（5）: 114-116.

［5］Urteaga M, et al. A 130nm InP HBT integrated circuit technology for THz electronics［J］. IEEE International Electron Devices Meeting（IEDM）, San Francisco, 2016: 29.2.1-29.2.4.

撰稿人：北京大学　林信南　董云鹏
审稿人：北京大学　罗正忠

▷▷▷ 2.2.11　氮化镓器件，氮化鎵元件，Gallium Nitride Devices

硅材料的功率半导体器件已被广泛应用于大功率开关中，如电源、电机控制、工厂自动化以及部分汽车电子器件。这些硅材料功率半导体器件都着重于减少功率损耗。在这些应用中，更高的击穿电压和更低的导通电阻是使功率半导体器件功率损耗最小化的关键。然而，硅功率半导体器件的性能已接近理论的极限。此外，很多电力电子系统都需要非常高的阻断电压和开关频率，现有的硅功率器件已无法满足这么高的要求。因此，宽禁带半导体吸引了很多关注，由宽禁带半导体所制备的功率器件可作为具有低导通电阻的高压开关，可以取代硅功率器件。此外，宽禁带异质结场效应晶体管具有较高的载流子密度和二维电子气通道，以及较大的临界电场强度等物理特性，其中的氮化镓（Gallium Nitride，GaN）已被认为可制备极佳的功率开关。

GaN HEMT 器件结构示意图如图 2-13 所示。GaN HEMT 中有一层由于极化效应而产生的二维电子气，它可作为器件的导通沟道，栅极通过耗尽二维电子气来实现器件的开关。像其他场效应晶体管一样，氮化镓晶体管具有较高的工作频率，在集成电路中可用作高频数字开关，可用于高频产品，如手机、卫星电视接收机、电压转换器、雷达设备和微波通信等。

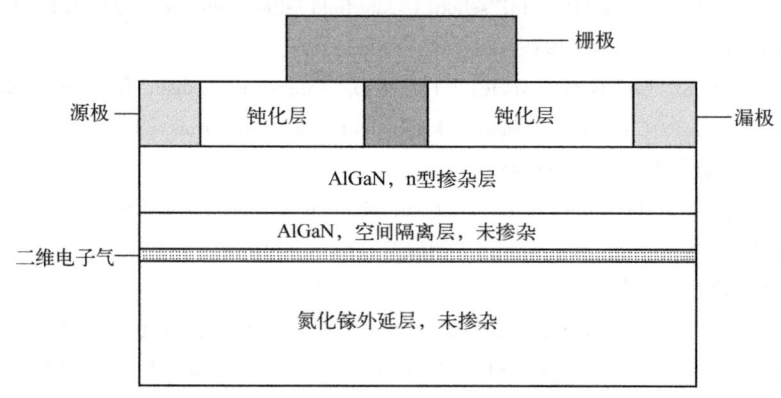

图 2-13　GaN HEMT 器件结构示意图[1]

参考文献

[1] 郝跃，张金风，张进成．氮化镓宽禁带半导体材料与电子器件 [M]．北京：科学出版社，2013．

撰稿人：深圳大学　刘新科
北京大学　刘美华
审稿人：北京大学　林信南　罗正忠

▷▷▷ 2.2.12　碳化硅器件，碳化矽元件，Silicon Carbide Devices

碳化硅（Silicon Carbide，SiC）具有很好的电学特性，其中禁带宽度（$2.3 \sim 3.3 \text{eV}$）约是 Si 的 3 倍，击穿电场强度（$0.8 \times 10^6 \sim 3 \times 10^6 \text{V/cm}$）约是 Si 的 10 倍，饱和漂移速度（$2.7 \times 10^7 \text{cm/s}$）则是 Si 的 2.7 倍，热导率（$4.9 \text{W/(cm·K)}$）约是

Si 的 3.2 倍。Si、GaAs、4H-SiC 三种半导体材料的物理参数见表 2-1。读者可以参考附录 B 获得更完整的参数信息[1]。

表 2-1　Si、GaAs、4H-SiC 三种半导体材料的物理参数

材　料	Si	GaAs	4H-SiC
禁带宽度/eV	1.12	1.43	3.26
电子迁移率/(cm^2/(V·s))	1400	8500	900
击穿电场强度/(V/cm)	0.3×10^6	0.4×10^6	2.2×10^6
热导率/(W/(cm·K))	1.5	0.54	4.9
饱和速度/(cm/s)	1.0×10^7	2.0×10^7	2.7×10^7
介电常数	11.8	12.8	10.0

碳化硅材料主要应用于高压功率器件，许多 SiC 器件已经投入应用。碳化硅产业链包括碳化硅材料制备、芯片制造、器件销售和设备供应。目前美国在碳化硅的芯片制造和器件销售方面处于领先地位，而日本主要是在碳化硅的设备供应领域处于领先地位。

SiC 是新一代的宽禁带半导体材料，在半导体应用中有极大的发展潜力。SiC 在军事方面的应用有导弹芯片、相控阵雷达、航空母舰等，在新能源方面的应用有 LED 绿色照明。在节能环保方面，SiC 芯片可用于发电/输电逆变器开关，在输送电过程中能够节省 50%~70% 的传输损耗电力。在电动汽车方面，SiC 芯片作为车载半导体器件能够实现节能减耗，而且在体积上能够节省 80% 左右的空间，为电动汽车产业的发展提供了巨大帮助。在高端装备制造方面，新能源汽车、船舶、航空、航天飞机和宇航开发所需通信系统都需要大量的 SiC 芯片。

全球在 SiC 材料的研究及商用化 SiC 功率器件的开发方面尚处于起步阶段，中国的企业亟待对整个产业链进行技术整合，应该及早发展 SiC 原材料的纯化技术、SiC 晶体生长设备的制造技术、SiC 晶体生长技术、SiC 芯片生产技术，以及相关 SiC 器件设计和制造的技术。

参考文献

[1] SiC [EB/OL]. [2017-06-20]. https://en.wikipedia.org/wiki/SiC.

撰稿人：北京大学　林信南　刘美华
审稿人：北京大学　罗正忠

2.2.13 异质结双极晶体管，異質接面雙極電晶體，Heterojunction Bipolar Transistor (HBT)

与一般双极晶体管不同，异质结双极晶体管（Heterojunction Bipolar Transistor，HBT）发射区和基区使用不同的材料。它的结构如图 2-14 所示，HBT 的发射区采用具有较大带隙的半导体材料，在发射区和基区之间形成一个 pn 异质结。与普通的双极晶体管相比，HBT 可以在更高的频率工作（通常可以达到数百 GHz），具有较高的转换效率和高效的基区发射率。基于这些优点，HBT 主要应用在射频、大功率高速电路和手机等领域[1]。

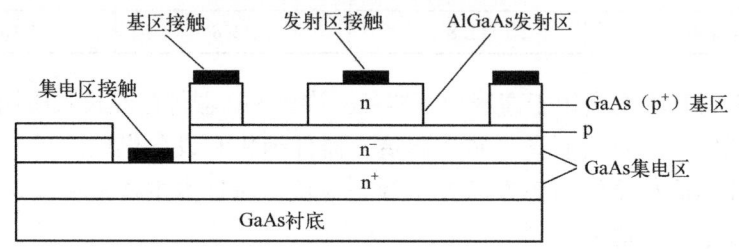

图 2-14　异质结双极晶体管结构示意图

因为异质结的发射区采用宽带隙的半导体材料，导致在异质结能带处会产生不连续性。对于一个 npn 的异质结双极晶体管来说，较大的价带能量突变会阻止空穴从 p 型基区注入 n 型发射区，异质结的发射效率基本相等（也就是说电子单向移动穿过发射区进入基区），并且发射效率与发射区和基区的掺杂浓度无关。因此 HBT 发射结的发射效率（也称为放大系数）和发射结两边的浓度无关，故可将基区的掺杂浓度做得比发射区的掺杂浓度更高，再通过系数放大来优化频率波段，使得 HBT 能进入毫米波范围工作。HBT 的最大电流增益（不考虑基区复合）公式如下：

$$\beta_{\max} = I_{En}/I_{Ep} \propto \exp[\Delta E_g/kT]$$

所以带隙的能差 ΔE_g 就可以决定 HBT 和传统 BJT 的 $\beta_{\max}$ 之比：

$$\beta_{\max(HBT)}/\beta_{\max(BJT)} = \exp[\Delta E_g/kT]$$

一般 $\Delta E_g > 250\text{meV}$，故使得 HBT 的增益是传统 BJT 的 10^4 倍[2]。

异质结双极晶体管的主要应用如下。

（1）低噪声放大器（Low Noise Amplifier，LNA）。对于移动通信设备中的接收器/发射器而言，噪声系数和相关增益是很重要的参数，而处于前级的低噪声放大器对这些参数有着很大的影响。HBT 的优异噪声特性可提高低噪声放大器的性能。

（2）多路复用器。1993 年，德国科学家 H. U. Schreiber 等人利用双台面自对准 SiGe-HBT（$T_f = 40\text{GHz}$）研制出一种 16Gbit/s 的 2∶1 多路复用器；1999 年采

用同一种类型的 SiGe-HBT 研制出了一种 30Gbit/s 多路输出的选择性芯片，且总功耗为 1.1mW。

（3）功率放大器（Power Amplifier，PA）。SiGe-HBT 单片集成电路和 SiGe-BiCMOS 都已得到很大的发展，并为混合信号系统的集成奠定了基础。SiGe-HBT 具有优异的温度、抗辐射、频率特性，并可以与现存的 CMOS 工艺相兼容，已经在集成电路领域得到快速的发展。

参考文献

［1］虞丽生. 半导体异质结物理［M］. 北京：科学出版社，1990：79-123.

［2］张世理，汉斯·诺斯特罗姆，沃尔夫·斯密思，等. 异质结双极型晶体管及其制作方法：中国，CN103474457A［P］. 2013-12-25.

撰稿人：南方科技大学　王宁
审稿人：北京大学　　　罗正忠

▷▷▷ 2.2.14 系统级封装集成电路，系統級封裝積體電路，System in Package IC

佐治亚理工学院封装研究中心在 20 世纪 90 年代中期提出了一个新兴的系统技术概念——系统级封装（System in Package 或 System in a Package，SiP）。它将器件封装与系统主板缩小到一个具备所有功能需求的单系统封装里面[1]。如今 SiP 已经成为重要的先进封装和系统集成技术，而且是未来电子产品小型化和多功能化的重要技术路线[2]。

与 SoC 相对应，SiP 是一种采用不同芯片进行并排或叠加的封装方式，而 SoC 则是高度集成的单一芯片产品[3]。MEMS 封装与传统的微电子封装的不同点主要在于，MEMS 封装要求封装盖帽不能与微机器件相接触[4]。SoC-SiP 封装如图 2-15（a）所示，MEMS-SiP 封装的霍尔组件如图 2-15（b）所示。

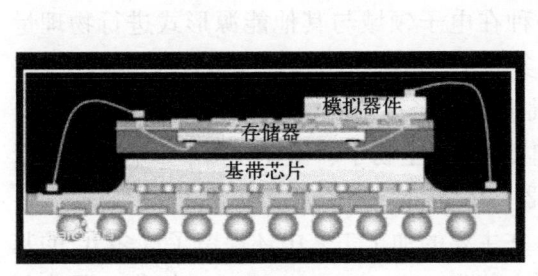

(a) SoC-SiP　　　　　　　　　　(b) MEMS-SiP封装的霍尔组件

图 2-15　SoC-SiP 和 MEMS-SiP 封装示意图

随着高速无线通信应用市场的成长，对高频封装材料的需求更加严格，同时也要求下一代封装技术能够降低尺寸和成本。Apple公司iWatch智能手表的技术亮点就是SiP模块。这个模块包括了NFC、蓝牙、MEMS和闪存等部分。iWatch的SiP模块使得这款手表具备大多数的流行功能，同时还兼顾了美观的外形设计，使得iWatch能够节约空间从而更加轻薄。

参考文献

[1] Tummala R R. 系统级封装导论：整体系统微型化 [M]. 中国电子学会电子制造与封装技术分会，《电子封装技术丛书》编辑委员会，译. 北京：化学工业出版社，2014.

[2] 胡杨，蔡坚，曹立强，等. 系统级封装（SiP）技术研究现状与发展趋势 [J]. 电子工业专用设备，2012，41（11）：1-6.

[3] SiP封装 [EB/OL]. [2017-06-20]. http://baike.baidu.com/item/SIP%E5%B0%81%E8%A3%85.

[4] Why Packaging Matters [EB/OL]. [2017-06-20]. http://semiengineering.com/why-packaging-matters/.

撰稿人：南方科技大学　　林新鹏

审稿人：北京大学　　罗正忠

▷▷▷ 2.2.15 微/纳机电系统，微/奈機電系統，Micro/Nano-Electro-Mechanical System（MEMS/NEMS）

自20世纪中期以来，微电子技术及其加工工艺得到迅速的发展。在此基础上，微机械加工技术（Micromachining Technology），特别是针对微型传感器与微型执行器的研究也取得显著的进步。微机电系统（Micro-Electro-Mechanical System，MEMS）是指将微电子器件、微结构与微机械组件（微传感器、微执行器）集于一体的集成系统，它代表一种在电子领域与其他能源形式进行物理量或化学量交换的系统，是一个横跨众多研究领域的交叉学科。近年来，MEMS在以往微电子组件与微机械组件的基础上，已经逐渐容纳交汇其他的学科领域，包括微热学、微光学、微磁学、微流体学、微生物学、微化学等，如图2-16所示。微传感器与微执行器也称为换能器（Transducer）。

MEMS加工工艺沿袭自IC产业，在主要的加工工艺中还保留了许多IC的基本工艺，如光刻、注入、掺杂、溅射、蒸发、PECVD、LPCVD、氧化、湿法刻蚀等。但是MEMS在其发展的过程中也逐渐加入了许多具有特色的加工工艺，

第 2 章 集成电路产品门类与应用

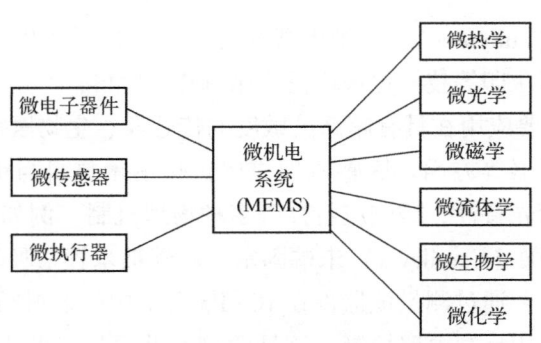

图 2-16 MEMS 的学科发展示意图

如表面微机械加工工艺、体硅加工工艺、硅片键合工艺、制作高深宽比结构的 LIGA 工艺和非硅工艺等。

MEMS 技术目前主要应用在消费电子领域，特别是在汽车与手机中已得到广泛的应用。例如，其在智能手机中的应用包括陀螺仪、温度传感器、湿度传感器、麦克风、显示传感器、距离传感器、光强传感器等。

此外，MEMS 通常需要集成多种传感器组件、驱动单元及相关集成电路处理器，且在理想情况下还需要集成微型能源（如能量采集器件[1-3]）与通信元器件。采用 MEMS 能量采集器件与集成电路、无线通信模块组合而成的自供能无线传感网络系统如图 2-17 所示。

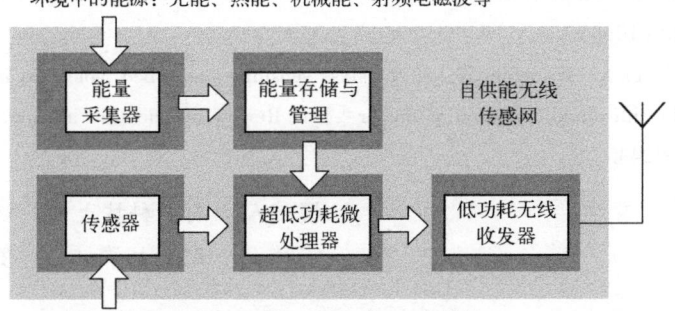

图 2-17 自供能无线传感网络系统

纳机电系统（Nano-Electro-Mechanical System，NEMS）是在微机电系统基础上发展起来的，其典型特征是器件与系统的尺寸为纳米量级。在纳米尺度以下，材料表面效应、尺度效应等一些有别于宏观尺寸的特性将会被凸显出来，从而主导器件与系统的性能。在材料与工艺方面，纳机电器件不只是微机电器件的简单缩小，在器件上还会增置一些新型纳米材料来扩展 NEMS 的功能，如

· 239 ·

石墨烯、富勒烯（Fullerene）、碳纳米管及其他二维材料和生物材料等。先进的电子束曝光及纳米压印等技术也被广泛用来制作NEMS。

NEMS目前主要应用在具有超高灵敏度的传感器、生物医疗器件、高密度数据存储、高频谐振器等方面。敏感机理主要包括纳米材料与纳米结构的电阻响应、频率响应、荧光特性、磁响应特性等多种物理机制。例如，在$50\mu m \times 6\mu m \times 0.17\mu m$的硅悬臂梁（Cantilever）末端固定一簇碳纳米管来吸附氢气。该悬臂梁采用静电激励谐振，通过测量该器件在10^{-7}Pa真空中的谐振频率变化[4,5]可进行微小质量检测。采用反馈电路控制，该悬臂梁的谐振频率可达1MHz，器件在真空中的品质因数高达50 000，分辨率为5×10^{-18}g。如此高的质量检测分辨率，相当于可以检测到150万个氢气分子。

参考文献

［1］汪飞．集成电路芯片圆片级测试用MEMS探卡技术研究［D］．深圳：南方科技大学，2008.

［2］Mitcheson P D, Yeatman E M, Rao G K, et al. Energy harvesting from human and machine motion for wireless electronic devices［J］. Proceedings of the IEEE, 2008, 96（9）：1457-1486.

［3］Wang F, Hansen O. Electrostatic energy harvesting device with out-of-the-plane gap closing scheme［J］. Sensors and Actuators A-Physical, 2014, 211：131-137.

［4］Crovetto A, Wang F, Hansen O. An electret-based energy harvesting device with a wafer-level fabrication process［J］. Journal of micromechanics and microengineering, 2013, 23：114010（10pp）.

［5］Ono T, Li X, Miyashita H, et al. Mass sensing of adsorbed molecules in sub-picogram sample with ultrathin silicon resonator［J］. Review of scientific instrument, 2003, 74：1240-1243.

撰稿人：南方科技大学　汪飞
审稿人：北京大学　　　罗正忠

▷▷▷ 2.2.16 其他先进工艺产品，其他先進製程産品，Products of Other Advanced Processes

针对集成电路性能不断提升的要求，工艺技术的主要发展方向有三个：①依靠三维技术把系统集成在一起，包括三维封装、多有源层三维工艺等；②采用物理特性更佳的材料及工艺制作器件；③利用新的物理机理和器件结构，众多高性能的新工艺产品由此而生。

在最近几十年的研究中已涌现出许多新的半导体材料,基于这些新材料及其相关工艺已制作出许多新的器件。例如,SiGe材料异质结双极晶体管(SiGe HBT)、SiC高能量密度、耐高温器件、GaN蓝光器件,以及各种纳米电子结构产品。以应变硅工艺为例,应变硅材料因其具有较高的迁移率而受到重视[1]。应变硅的制备方法可分为两类:全局应变硅工艺和局部应变硅工艺。

随着集成电路技术快速发展,器件尺寸急剧缩小,器件的物理和工艺集成技术问题变得越来越复杂,载流子传输将呈现显著的量子力学特性,因此基于量子效应(Quantum Effect)的低维半导体器件脱颖而出。一般把维数低于三维的半导体材料称为低维半导体材料。石墨烯是一种典型的二维材料,是碳原子以sp^2杂化方式形成的蜂窝状平面薄膜。石墨烯的电子迁移率很高、电阻率很低,同时具有良好的导热性及机械性能,使得石墨烯器件有望成为未来集成电路的电子组件[2]。1991年,S. Iijima从电弧法生产的碳纤维中发现了碳纳米管(Carbon Nano Tube,CNT)[3]。CNT是一种管状碳分子结构的一维纳米材料,具有高模量、高强度特性,导热性好,并拥有特殊的电学性质,在未来的分子电子学器件或纳米电子学器件中会有广泛的应用前景。斯坦福大学已经开发出以碳纳米管组成的计算机基础原型机,未来有望发展成为比硅晶计算机更快速且高效的计算设备[4]。量子点(Quantum Dots,QD)是零维材料,独特的电子态密度可使其更适合制作激光器。

参考文献

[1] Welser J, Hoyt J L, Takagi S, et al. Strain dependence of the performance enhancement in strained-Si n-MOSFETs: Proc. of 1994 IEEE International Electron Devices Meeting, San Francisco, CA, USA, 1994: 373-376.

[2] Lee C, Wei X, Kysar J W, et al. Measurement of the elastic properties and intrinsic strength of monolayer grapheme [J]. Science, 2008, 321 (5887): 385-388.

[3] Iijima S. synthetic nano-scale fibrous matrix [J]. Nature, 1991, 56: 354-358.

[4] Franz . Electronics: The carbon-nanotube computer has arrived [J]. Nature, 2013, 501 (7468): 495-496.

撰稿人:北京大学　　　　林信南　董云鹏
审稿人:北京大学　　　　罗正忠
　　　　中国科学院大学　陈春章

2.3 数字集成电路产品

2.3.1 数字集成电路，數位積體電路，Digital IC

数字集成电路（Digital IC）具有集成度极高、体积很小、功耗超低、系统可靠性高及便于电子系统（如计算机）处理等特点。数字集成电路（如CPU芯片、DSP芯片、SoC芯片、各种存储芯片或专门功能模组芯片等）被广泛用于通信、军事、医疗、工业数控、消费电子、航空航天、物联网、机器人与人工智能等各个领域。

第一块商业化基于CMOS技术的数字集成电路4000系列于1968年由美国RCA公司推出。Intel公司1970年发布了采用10μm pMOS工艺的1103芯片，并于1971年量产[1]，产品为1Kbit容量的动态随机存取存储器（Dynamic Random Access Memory，DRAM），标志了大规模集成电路（LSI，一块芯片上的晶体管数大于500）的出现；1971年，Intel推出了全球第一个微处理器4004，其上集成了2300个晶体管；1980年，超大规模集成电路（VLSI，一块芯片上的晶体管数大于10^4）问世；1989年，特大规模集成电路（ULSI，一块芯片上的晶体管数大于10^6）[2]时代到来；2005年，一块数字集成电路的规模超过了10亿个元器件（一块芯片上的晶体管数大于10^9），即进入了巨大规模的SoC产品时代。

数字集成电路通常是由各种功能模块组成的。例如，数字存储器（ROM或RAM）是由若干存储单元集成的；SoC是由CPU、若干标准单元（Standard Cell）、数字存储器、输入/输出接口单元（I/O Cell）和其他IP模块等构成的。

数字集成电路产品类型多种多样，它们的功能性能及其适用范围也不尽相同。20世纪90年代产品以CPU/DSP、存储器、微控制器（Microcontroller Unit，MCU）/微处理器（Microprocessor Unit，MPU）和ASIC等设计为主，应用范围侧重于"3C"，即计算机、通信和消费（Computer，Communication，Consumer）市场。早期的ASIC芯片设计则以专用目的为主，例如大量用于计算机显示器、电视机的CGA、VGA芯片等。同时，随着各种家电和消费电子产品对芯片需求的日益增长，而各种家电和消费电子产品对操作系统的要求简单，MCU和MPU设计从而得到发展。21世纪初期，SoC概念得到重视和大力推广，人们热衷将PCB上的多个独立芯片，如CPU、存储器集成到一块芯片上，大大推动了智能电子产品的进展。近5年来，更加复杂的系统设计不断呈现，基于GPU、异构系统架构和卷积神经网络等的数字产品已经出现。

参考文献

[1] Intel 1103 DRAM chip [EB/OL]. [2017-12-12]. https://en.wikipedia.org/wiki/Intel_1103.

[2] Meindl J D. Ultra-large scale integration [J]. IEEE Transactions on Electron Devices, 1984, ED31 (11): 1555-1561.

[3] Shanefield, Daniel. Wafer scale integration: US 4, 866, 501 [P/OL]. (1985-12-16) [1989-09-12]. www.google.com/patents/US4866501.

撰稿人：深圳市半导体行业协会		刘欢
国家集成电路设计深圳产业化基地		邓川
审稿人：中国科学院大学		陈春章

▷▷▷ 2.3.2 静态随机存取存储器，靜態隨機存取記憶體，Static Random Access Memory (SRAM)

半导体存储器用于数据存储。按照电源在关断后数据是否依旧被保存的方式区分，存储器可分为非易失性存储器（Non-volatile Memory，NVM）和易失性存储器（Volatile Memory，VM）两大类。例如，人们熟知的闪速存储器（Flash Memory，简称 Flash）就属于 NVM，静态随机存取存储器（Static Random Access Memory，SRAM）和动态随机存取存储器（Dynamic Random Access Memory，DRAM）则属于 VM。

第一颗 1Kbit 的 6T-SRAM 由 Intel 在 1976 年研发成功[1]。1980 年 T. Iizuka 等人成功研发了第一个真正基于 CMOS 的 16Kbit 容量的 SRAM[2]。用于集成的 SRAM 单芯片容量通常为 32B~128KB。通常，电子产品系统（例如电子玩具、数码相机、各类手机、音响合成器等）中都嵌入了几千字节至几兆字节的 SRAM 独立芯片。信号处理电路（例如 DSP，对内存的访问没有限制）则往往使用双口（Dual-Ported）的 SRAM[3]。SRAM 芯片由存储单元阵列（Core Cells Array）、行/列地址译码器（Decoder）、读出放大器（Sense Amplifier）和控制电路（Control Circuit）等组成。SRAM 全部是根据晶体管的导通和截止原理来工作的，速度极快，可达到纳秒级。SRAM 的存储单元通常由 2 个 pMOS 和 4 个 nMOS 组成(6T-SRAM)，或者由 4 个晶体管（4T-SRAM）加两个电阻组成。另外，还有 8T-SRAM 和 10T-SRAM，但面积很大，都不如 6T-SRAM 的应用范围广泛；而少于 4T 的设计则用于 DRAM，例如 1T-DRAM、3T-DRAM。

在使用时是否需要刷新（Refresh）是区分 SRAM 和 DRAM 的依据。SRAM

不需要刷新，电路能保存以前存储的数据；但是 DRAM 如果不能每隔一段时间刷新充电一次，数据就会消失。和 DRAM 相比，SRAM 价格高，但速度快、功耗相对低（特别是在空闲状态），因此 SRAM 常被用于带宽要求高，或者功耗要求低，或者二者兼而需要的情况。SRAM 比 DRAM 更容易控制，可以随机访问，读/写速度快，但是容量小，相同存储容量的 SRAM 的裸片面积比 DRAM 大很多，因而不适合用于存储密度要求高的场合。SRAM 常常用作 CPU 芯片的一级缓存（L1 Cache）和二级缓存（L2 Cache）单元。从 Intel 的 80486 开始，CPU 内部加入了高速缓存单元，其实质就是将 SARM 嵌入 CPU 中，因此在 Pentium CPU 的芯片中就有了 L1 Cache 和 L2 Cache 的概念。正常 L1 Cache 是设计在 CPU 单元的内部，L2 Cache 建立在 CPU 单元的外部，所以 CPU 的芯片面积相对较大。在当今流行的 ARM 应用处理器核中，也增加了 Cache 来解决应用处理器与主存（DRAM）之间的速度匹配问题。因为 DRAM 只需一个晶体管和一个电容器（1T1C）就可组成一个存储单元（RAM Cell），所以可以达到很高的密度和容量，常被用作计算机的内存。

Intel、三星和台积电都已经生产了 45nm、32nm/28nm、16nm/14nm 的 6T-SRAM，目前竞相在 10nm 技术节点采用 FinFET 工艺生产面积小、性能优越的 128Mbit SRAM 产品[4]。随着新型高速动态音像展示技术，例如虚拟现实（Virtual Reality，VR）、增强现实（Augmented Reality，AR）和人工智能（Artifical Intelligence，AI）相关技术的不断发展，对 SRAM 的读/写速度要求越来越高，新型 SRAM 器件的研发也越来越得到重视。

参考文献

[1] SRAM 1Kb nMOS 2102［EB/OL］.［2017-12-12］. https://en.wikipedia.org/wiki/Depletion-load_NMOS_logic.

[2] T Iizuka, K Ochii, T Ohtani, et al. Fully static 16Kb bulk CMOS RAM［C］. IEEE Xplore Conference: Solid-State Circuits Conference Digest of Technical Papers. 1980 IEEE International, XXIII: 226-227.

[3] Static random-access memory［EB/OL］.［2017-12-12］. https://en.wikipedia.org/wiki/Static_random-access_memory.

[4] Song T, Rim W, Park S. A 10 nm FinFET 128 Mb SRAM with assist adjustment system for power, performance, and area optimization［J］. IEEE J. of Solid-State Circuits, 2017, 52(1): 240-249.

撰稿人：苏州芯美微电子科技有限公司　　胡煜
审稿人：中国科学院大学　　　　　　　　陈春章

▷▷▷ 2.3.3 动态随机存取存储器，動態隨機存取記憶體，Dynamic Random Access Memory（DRAM）

20 世纪 70 年代到 90 年代中期，动态随机存取存储器（Dynamic Random Access Memory，DRAM）采用的是异步接口，这样它可以随时响应控制输入信号的变化从而直接影响内部功能，这种产品也被称作异步 DRAM[1]。DRAM 的存储单元的长宽比接近 1:1，为阵列（Array）形状，存储器的地址线则被分为行（Row）（地）址线和列（Column）（地）址线。行址线用来选择（等待）执行读操作或写操作的行；列址线用来从被选中的相应行中选出一个用于真正执行读操作或写操作的存储单元。

同步 DRAM（Synchronous DRAM，SDRAM）的概念至少从 20 世纪 70 年代就已经被人们所熟悉，在早期 Intel 的处理器上已被采用，但从 1993 年才开始被电子产业广泛接受。1993 年，三星展示了其型号为 KM48SL2000 的新产品 SDRAM[2]。但是直到 2000 年，SDRAM 才实际上取代了其他类型 DRAM 在计算机中的地位。

SDRAM 与异步 DRAM 相比具有以下特点：可以并行多管线操作；数据传输速率可以随 MCU 的速度不断提高；可减少因输入信号的失真而数据出错的概率；低功耗与高带宽；所有指令信号都和系统时钟同步，因而更为快速和易于管理；结构设计更为复杂。SDRAM 在结构上由许多板块（Bank，简称块）组成。每一个板块由行址线和列址线以及行址缓冲器组成，每一个板块都可以认为是一个独立的存储器，只是各个板块之间共用输入/输出接口（I/O）。SDRAM 地址线要分两次送出：先送行地址线，再送列地址线。这种方式被称作分时复用方式。由于每个板块的数据位宽与整个存储器的位宽相同，这样，板块内的字线（Word-Line）和位线（Bit-Line）的长度就可被限制在合适的范围内，从而加快存储器单元的访问速度。SDRAM 的容量是由地址数（Number of Addresses）、位宽（Number of Bits）和存储块数（Number of Banks）决定的：SDRAM 容量＝地址数×位宽×存储块数。

DRAM 的结构比 SRAM 简单，它只需一个晶体管和一个电容（1T1C）就可组成一个存储器单元（RAM Cell），所以可以达到很高的密度和容量。DRAM 为易失型存储器（Volatile Memory），广泛用作主机内存，因此，它的发展是和 CPU 中央处理器的发展紧密相关的。随着高性能计算（High Performance Computing，HPC）和 3D 图形处理对内存要求的提高，老一代 DRAM 架构不再适用。简单来说，如果以读取方式来区分，有同步 DRAM（SDRAM）和异步 DRAM。如果以数据读取速率来区分，有单倍数据速率（Single Data Rate，

SDR)、双倍数据速率（Double Data Rate，DDR）和四倍数据速率（Quad Data Rate，QDR）的SDRAM。如果单看应用，还有专为图像处理器服务的GDDR。根据电平大小，又分为普通DDR和低功耗LPDDR。当DRAM和其他功能模块（例如CPU等）集成在同一块芯片上时，这种产品被称作嵌入式（Embedded）DRAM，简称为eDRAM[3]。

参考文献

[1] DRAM［EB/OL］.［2017-12-12］. https://en.wikipedia.org/wiki/Dynamic_random-access_memory.

[2] Synchronous dynamic random-access memory［EB/OL］.［2017-12-12］. https://en.wikipedia.org/wiki/Synchronous_dynamic_random-access_memory.

[3] eDRAM［EB/OL］.［2017-12-12］. https://en.wikipedia.org/wiki/EDRAM.

撰稿人：苏州芯美微电子科技有限公司　　胡煜

审稿人：中国科学院大学　　陈春章

▷▷▷ 2.3.4　双倍速率同步动态随机存取存储器，雙倍速率同步動態隨機存取記憶體，Double Data Rate SDRAM

在同步动态随机存取存储器（SDRAM）的工作模式中，以数据读取速率来分类，有单倍数据速率（Single Data Rate，SDR）SDRAM、双倍数据速率（Double Data Rate，DDR）SDRAM和四倍数据速率（Quad Data Rate，QDR）SDRAM[1]，如图2-18所示。

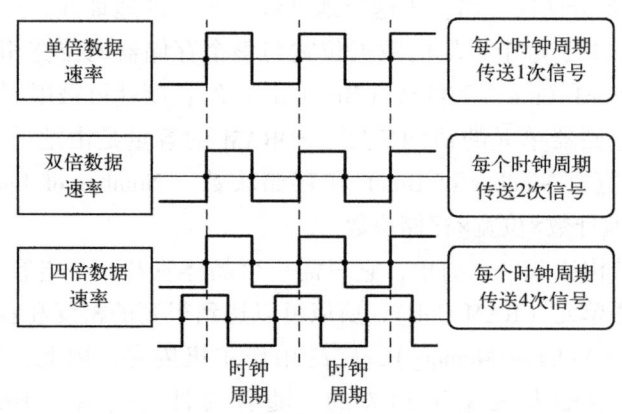

图2-18　SDRAM的数据读取速率示意图

双倍数据速率同步动态随机存取存储器（DDR SDRAM），习惯上简称为

第 2 章 集成电路产品门类与应用

DDR，是在 SDRAM 内存基础上发展而来的一种新的内存规格。对于生产厂商而言，DDR 和 SDRAM 采用相同的生产体系，DDR 厂商仅需对 SDRAM 的设备稍加改进即可生产 DDR 内存，有效地降低了生产成本。SDRAM 从发展到现在已经经历了五代，它们分别是：第一代 SDR（单倍数据速率）SDRAM，第二代双倍数据速率 DDR SDRAM，即 DDR；第三代 DDR2；第四代 DDR3；第五代 DDR4。2017 年 3 月 30 日，固态技术协会（Joint Electron Device Engineering Council，JEDEC）公布了 DDR5 的规格，它基本上是在 DDR4 的基础上提高两倍的数据带宽和阵列密度，同时提高读取效率，特别是降低了功耗。未来可以期盼见到使用 DDR5 的高端电子产品，而这一发展主要是为了适应虚拟现实（Virtual Reality，VR）等技术的应用。

JEDEC 于 1993 年正式推出第一个 SDRAM 的标准后，相继推出了 DDR（DDR1）、DDR2、DDR3 和 DDR4 标准，现在即将推出 DDR5 标准。DDR2 标准是 JEDEC 在 2004 年制定完成的，提供了相较于 DDR SDRAM 更高的运行性能与更低的电压，是 DDR SDRAM 的后继者。DDR3 标准（JESD79-3C）是 JEDEC 在 2008 年制定完成的，提供相较于 DDR2 SDRAM 更高的运行性能（增加至 8 倍）与更低的电压。DDR4 标准（JESD79-4A）是 JEDEC 在 2013 年制定完成的，2015 年 DDR4 开始进入消费市场，也是现在流行的内存产品。各种 DDR 之间的性能指标对比见表 2-2。

表 2-2 各种 DDR 之间的性能指标对比

性 能 指 标	DDR	DDR2	DDR3	DDR4	备 注
内部时钟频率/MHz	133~200	133~200	133~200	133~200	内部速率
总线时钟频率/MHz	133~200	266~400	533~800	1066~1600	
数据传输速率/(Mbit/s)	200, 266, 333, 400	400, 533, 667, 800, 1066	800, 1066, 1333/1600, 1866, 2133	1600, 1866, 2133, 2400, 2667, 3200	
电压	2.5V	1.8V	1.5V (1.35V/DD3L)	1.2V	更低功耗，更好的散热特性
数据 I/O 接口	SSTL2	SSTL18	SSTL15	POD12	
预取（Prefetch）	2n	4n	8n	8n	（缓存大小）
突发长度/bit	2/4/8	4/8	8	8	Burst Length
存储块（Bank）数	2, 4, 8	4, 8	8		Bank Number
颗粒容量	128Mbit~1Gbit	256Mbit~4Gbit	512Mbit~8Gbit	4~16Gbit	

续表

性能指标	DDR	DDR2	DDR3	DDR4	备注
片上终结器（On-Die Termination，ODT）	无	中等，动态	中等，动态	中等，动态，Park	改进高速信号传输，尽量降低功耗
封装	TSOP 或 BGA	FBGA	FBGA	FBGA	更高速，改进了电磁特性和热特性

注：预取（Prefetch）代表缓存大小（Buffer Size）。例如，表中 DDR3，其 Prefetch 预取为 8n，代表每个预取的"缓冲深度（Buffer Depth）"为 8。

目前 DDR 内存有两种形态，一是早期的 168 脚的 SDRAM 双线内存模组（168 Pin DIMM），但从 2012 年开始已不再生产，取而代之的是 184 脚 DDR 内存。目前 DDR DIMM、DDR2 DIMM、DDR3 DIMM 和 DDR4 DIMM 的设计都不兼容，不能混用。

参考文献

[1] DDR [EB/OL]. [2017-12-12]. https://en.wikipedia.org/wiki/Double_data_rate.

撰稿人：苏州芯美微电子科技有限公司　　胡煜
审稿人：中国科学院大学　　陈春章

2.3.5 低功耗双倍速率同步动态随机存取存储器，低功耗雙倍速率同步動態隨機存取記憶體，Low Power Double Data Rate SDRAM

低功耗双倍速率同步动态随机存取存储器（Low Power Double Data Rate SDRAM，LPDDR SDRAM）简称为 LPDDR，是 DDR SDRAM 的一种，由于广泛用于移动通信产品，故又简称为 mDDR（Mobile DDR）。产品系列包括 LPDDR/2/3/4，是 JEDEC（固态技术协会）面向低功耗内存而制定的。LPDDR 因体积小，专门用于移动式电子产品[1]。

LPDDR 采用了多项改进技术，最显著的改进是将电压从 2.5V 降到 1.8V，再由于温度补偿更新（Temperature Compensated Refresh）技术而进一步降低功耗，因此 LPDDR 具有低功耗、高可靠性的特征。LPDDR2 的部分阵列更新了一些技术，低功耗状态与 LPDDR 基本相似，但与 DDR1 或 DDR2 SDRAM 不兼容。

2012 年 5 月 JEDEC 正式发布了 LPDDR3 的标准规范，它支持叠层封装

(Package on Package，PoP）和独立封装，以满足不同类型移动设备的需要[2]。LPDDR2 的能效特性和信号界面也都在 LPDDR3 中得以延续。此外，LPDDR3 重点加入了"写入均衡与指令地址调驯"（Write-Leveling and CA Training）和片内终结器（On-Die Termination，ODT）等新技术。

LPDDR2、LPDDR3 和 LPDDR4 的主要性能指标见表 2-3。

表 2-3　LPDDR2、LPDDR3 和 LPDDR4 的主要性能指标

性能指标	LPDDR2	LPDDR3	LPDDR4
内部时钟频率/MHz	200	200	200
总线时钟频率/MHz	400	800	1600
数据传输速率/(Mbit/s)	800	1600	3200
带宽/(GB/s)	6.4	12.8	25.6
预取（Prefetch）	4n	8n	16n
VDD2/VDDQ/VDD1 电压	1.2V/1.2V/1.8V	1.2V/1.2V/1.8V	1.1V/1.1V/1.8V
指令/地址总线	10bit, DDR	10bit, DDR	6bit, SDR
存储块（Bank）数	4/8	8	每通道为 8，共 16
颗粒容量	64Mbit~8Gbit	4~32Gbit	8~32Gbit
接口	HSUL_12	HSUL_12（可选 ODT）	LVSTL
I/O 宽度	16bit/32bit	16bit/32bit	每通道 16bit，共 32bit
封装	MCP/PoP	MCP/PoP	MCP/PoP

注：预取（Prefetch）代表缓存大小（Buffer Size）。例如，LPDDR3，其预取为 8n，代表每个预取的"缓冲深度（Buffer Depth）"为 8。

参考文献

[1] Mobile DDR [EB/OL]. [2017-12-12]. https://en.wikipedia.org/wiki/Mobile_DDR.

[2] JEDEC LPDDR4 [EB/OL]. [2017-12-12]. https://www.jedec.org/news/pressreleases/jedec-releases-lpddr4-standard-low-power-memory-devices.

撰稿人：苏州芯美微电子科技有限公司　　胡煜

审稿人：中国科学院大学　　陈春章

▷▷▷ 2.3.6　图形双倍速率同步动态随机存取存储器，圖形雙倍速率同步動態隨機存取記憶體，Graphics Double Data Rate SDRAM

图形双倍速率同步动态随机存取存储器（Graphics Double Data Rate

SDRAM）简称图形存储器，英文简称为 GDDR，是为高端显卡而专门设计的高性能专用显存，有专属的工作频率、时钟频率和电压，比主内存中使用的 DDR 存储器有更高的时钟频率和更小的功耗。GDDR 搭配高端显示芯片设计的显卡，与市面上的标准 DDR 内存不兼容。

因为越来越多的 3D 图形及演算需要频繁地读取显卡数据，旧式显存的速度已不能满足需求，所以开发研制 GDDR 来代替旧式显存。第一代 GDDR 由 NVIDIA 公司基于 DDR 与 DDR2 做了微小的改进，产品名为 GeForce FX 5800，性能已有很大的提升[1]。GDDR3 是一款第三代显卡专用内存，由 ATI 公司（2006 年被 AMD 公司收购）及 JEDEC 合作完成。GDDR3 与 DDR3 并无任何关系。GDDR3 的不少技术都是基于 DDR2 的，但耗电及发热较少，同时效能较高。GDDR3 芯片接口在 1 个周期内传送两组 32 位数据。GDDR4 是第四代显卡专用内存。GDDR4 标准由 JEDEC 制定。GDDR4 是基于 DDR3 的，用来取代基于 DDR2 的 GDDR3。GDDR4 推出一年便被 GDDR5 取代了。只有 ATI 推出了采用 GDDR4 的显卡，因而应用很少，其他厂商均由 GDDR3 直接跳到了 GDDR5。

GDDR5 是第五代显卡专用内存[2]。GDDR5 标准是由 JEDEC 联合数家公司制定的。GDDR5 和 GDDR4 都是基于 DDR3 SDRAM 改造而来的，基本内存架构和 DDR3 相似。GDDR5 需搭配 PCIe 以上规格的显卡使用。Sony PlayStation 4（PS4）家庭游戏机中首先使用了 GDDR5，其 APU 是 AMD 定制的，支持 HSA，可以直接访问 GDDR5 中的数据。

2016 年 JEDEC 还推出了 GDDR5X 标准，其数据传输速率是 GDDR5 的 2 倍。GDDR3 和 GDDR5 的性能指标见表 2-4。

表 2-4　GDDR3 和 GDDR5 的性能指标

性 能 指 标	GDDR3	GDDR5
VDD 电压，VDDQ 电压	1.5V，1.35V	1.5V，1.35V
时钟频率/MHz	800/900	1750
数据倍率	2	4
数据传输速率/(Gbit/s)	1.6/1.8	6，7，8
I/O 宽度/bit	4，8，16	32/16
存储块（Bank）数	8	16
预取	8n	8n
突发长度（Burst Length，BL）	4（Burst Chop，BC），8	8
典型颗粒容量/Gbit	1~2	2~8
循环冗余检验（Cyclic Redundancy Check，CRC）	不适用	适用
封装	BGA-78/96	BGA170

参考文献

[1] NVIDIA GDDR2 [EB/OL]. [2017-12-12]. https://en.wikipedia.org/wiki/GeForce_FX_series.

[2] GDDR5 [EB/OL]. [2017-12-12]. https://en.wikipedia.org/wiki/GDDR5_SDRAM.

撰稿人：Cadence 公司　　　　　　　贾琳

审稿人：苏州芯美微电子科技有限公司　胡煜

中国科学院大学　　　　　　　　　陈春章

▷▷▷ 2.3.7 一次可编程和多次可编程存储器，一次可程式和多次可程式記憶體，One-Time Programmable/Multi-Time Programmable Memory

1. 一次可编程存储器

一次可编程（One-Time Programmable，OTP）存储器是指程序一次性烧录后不可更改和删除的存储器产品。

可编程只读存储器（Programmable Read Only Memory，PROM）即为典型的 OTP 产品[1]。美国科学家周文俊（Wen Tsing Chow）于 1956 年根据美国空军的计算机存储参数应用需求发明了 PROM。它可分为使用双极性熔丝和使用肖特基二极管两种类型。前者是通过使用大电流熔断双极性熔丝对 PROM 进行一次烧录，如图 2-19 所示；后者则是通过将肖特基二极管永久击穿完成对 PROM 的一次烧录。

Intel 公司的 Dov Frohman 于 1971 年发明了 EPROM，它主要应用于单片机程序代码的存储。因其存储的内容需借助 EPROM 擦除器才能擦除，EPROM 的封装上开有一个玻璃窗口（见图 2-20），数据写入后需将芯片上的窗口封上进行保护[2]。用紫外线透过该窗口照射内部芯片就可以擦除数据。制造 OTP 类的 EPROM 厂商有 Atmel、ST、NEC 等。

自 2012 年以来受到重视并仍旧处于发展阶段的电阻性存储器（Resistive RAM，RRAM 或 ReRAM）也属于 OTP 存储器，技术上已经达到 KB 容量。

2. 多次可编程存储器

多次可编程（Multi-Time Programmable，MTP）存储器是可以进行多次编程烧录的存储器产品。

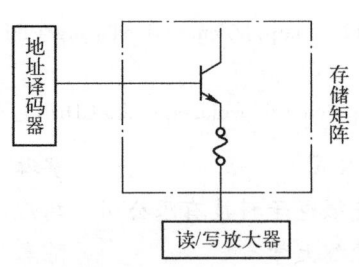

图 2-19 双极性熔丝结构 PROM 工作原理示意图　　图 2-20 EPROM 产品实物图

可擦可编程只读存储器[2]（Erasable Programmable Read Only Memory，EPROM）和电可擦可编程只读存储器（Electrically Erasable Programmable Read Only Memory，EEPROM，也写作 E^{2}PROM）都是常用的多次可编程存储器产品。

EEPROM 使用电擦除，可使用烧录工具直接写入、修改或删除代码，常被用于存储需要多次修改的数据[3]。

EEPROM 由浮栅晶体管（Floating Gate Transistors）（见图 2-21）构成。浮栅 MOSFET 技术由贝尔实验室施敏（Simon M. Sze）和美籍韩国同事姜大元（Dawon Kahng）于 1967 年发明并报道[4]。EEPROM 技术由工作于 Hughes 航天飞机公司（1985 年被通用汽车公司合并）的 Eliyahou Harari 于 1977 年发明。EEPROM 可用于存储小量信息，早期技术只容许单个字节地擦除，现代技术可以对 EEPROM 的多个字节进行上百万次的擦除，做到了与 MTP 词义相符。EEPROM 根据字节擦除的限制也导致后来闪速存储器（Flash Memory）的出现。闪速存储器的优点是可以根据字区（Block）进行擦除。

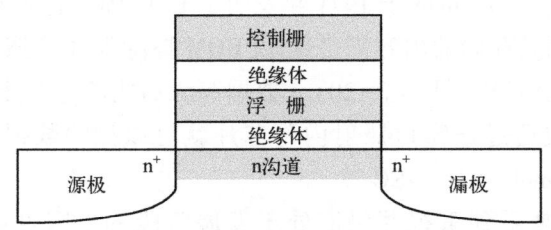

图 2-21 浮栅晶体管截面图

新的非易失性存储器技术，例如，铁电随机存取存储器（Ferroelectric RAM，FRAM 或 FeRAM）和磁性随机存取存储器（Magnetic RAM，MRAM）在某些应用场合正在缓慢地取代 EEPROM。

参考文献

［1］ PROM/OTP［EB/OL］.［2017-12-12］. https://en.wikipedia.org/wiki/Programmable_read-only_memory.

［2］ EPROM［EB/OL］.［2017-12-12］. https://en.wikipedia.org/wiki/EPROM.

［3］ EEPROM［EB/OL］.［2017-12-12］. https://en.wikipedia.org/wiki/EEPROM.

［4］ D Kahng, S M Sze. A floating-gate and its application to memory devices［J］. The Bell System Technical Journal, 1967, 46（4）: 1288-1295.

撰稿人：深圳市半导体行业协会　　　刘欢

审稿人：合肥恒烁半导体有限公司　　吕向东
　　　　中国科学院大学　　　　　　陈春章

▷▷▷ 2.3.8　闪速存储器，快閃記憶體，Flash Memory

闪速存储器（Flash Memory）简称闪存器或闪存，是一种非易失性存储器（Non-volatile Memory，NVM）。目前常用的两种闪存器是或非闪存器（NOR Flash）和与非闪存器（NAND Flash）。闪存器于1980年由在东芝工作的日本工程师 Fujio Masuoka 发明并获得1997年IEEE的奖励。1988年Intel发布了最早的或非闪存器产品 NOR Flash。全球 NOR Flash 厂商主要有美光科技、飞索半导体（Spansion）、旺宏、华邦等IDM企业。全球 NAND Flash 厂商主要有三星电子、东芝、SK海力士、美光科技四家IDM企业。

NOR Flash 最大的技术特点是"在芯片内执行"（eXecute In Place，XIP），即无须把代码先放入 RAM 中再执行，而是可以直接在闪存器内运行。在 NOR Flash 技术的基础上，三菱和日立发明了 Divided Bit-Line NOR（DINOR）架构技术[1]。DINOR Flash 按字节随机编程的速度略低于 NOR Flash，但其块（Block）擦/写速度更快。1989年东芝发布了 NAND Flash 结构，其擦/写速度比 NOR Flash 更快，且其内部的擦除电路更为简单。在 NAND Flash 的基础上，AMD 与富士通联合研发了 Ultra NAND 技术[2]。Ultra NADA Flash 兼容原 NAND Flash 的特性，可靠性更高，能更有效地利用存储器容量，适合于要求较高可靠性的场合，例如固态硬盘等。各类闪存器的特点及应用见表2-5。

其中 NAND Flash 作为高数据存储密度闪存器，被广泛应用于各种数字终端设备。NAND Flash 的数据被以位的方式存储在其存储单元（Memory Cell）中，而其存储单元可分为三种类型：单层单元（Single-Level Cell，SLC）、多层单元（Multi-Level Cell，MLC）和使用 X3 架构的 TLC（Trinary-Level Cell）单元。

Numonyx 公司（2010 年被美光公司合并）采用浮删技术制造的 NOR Flash 有 SLC、MLC 类型，擦/写达到 10 万~100 万次。SLC、MLC、TLC NAND Flash 的性能特点对比见表 2-6。

表 2-5　各类闪存器的特点及应用

类　型	特　点	主　要　应　用
NOR Flash	芯片内执行、可靠性高、随机读取速度快，但块读/写速度慢，可单字节编程但不能单字节擦除，可直接使用，无须驱动	适合存储内容较少的执行代码的应用，如用作 PC 的 BIOS 固件存储器等
NAND Flash	块擦/写速度快，失效块不影响有效块的性能，成本低；但随机读取速度慢且不能按字节随机编程，使用时需要驱动	适合存储高数据存储密度的纯数据和文件的应用，如用作固态盘的存储介质等
AND Flash	尺寸小、功耗低、内部有 RAM 缓冲区，写入性能较好	适合存储容量较大的数据和文件的应用，如制成多媒体卡、PC-ATA 卡等
EEPROM Flash	整合了 EPROM 和 NOR Flash 的特性，比 NOR Flash 具有快速随机读取、快速读/写优势，比 EPROM 具有明显的成本优势	适合存储小量数据和代码，广泛地用于替代 EPROM，如用作单片机程序代码的存储等

表 2-6　SLC、MLC、TLC NAND Flash 的性能特点对比

类型	单元存储量	单元擦/写寿命	特　　点
SLC	1bit/cell	10 万次	速度快、使用寿命长，但成本高
MLC	2bit/cell	3000~10000 次	速度、使用寿命、成本均适中
TLC	3bit/cell	500 次	速度慢、使用寿命短，但成本低

先进工艺节点尺寸的等比例缩小，使 NAND Flash 中晶体管栅极氧化层也会随之变薄，从而导致可靠性变差。在不改变工艺的情况下，三维与非闪存器（3D NAND Flash Memory，3D NAND）通过将原本平铺的存储单元进行多层堆叠以扩充 NAND Flash 的容量。各闪存厂商采用不同的技术推出了多种三维与非闪存器，例如三星研发的垂直栅极结构的 V-NAND，东芝与内迪（SanDisk）联合研发的 BiCS 类型的 3D NAND，以及 Intel 与 Micron 联合研发使用 3D XPoint 技术的 3D NAND[3]。2017 年是 3D NAND 技术快速成长的一年，三星、东芝、西部数据、美光、SK 海力士等都加大力度投入 64 层、72 层 3D NAND 的研发。2017 年 6 月西部数据报道了业界第一个 96 层的 3D NAND。

参考文献

[1] Wiley online library [EB/OL]. [2017-12-12]. http://onlinelibrary.wiley.com/doi/10.1002/9780470181355.ch7/summary.

[2] NAND Flash eyes mass storage mart [EB/OL]. [2017-12-12]. http://www.electronicdesign.com/memory/nand-flash-eyes-mass-storage-mart.

[3] 3D XPoint [EB/OL]. [2017-12-12]. https://en.wikipedia.org/wiki/3D_XPoint.

撰稿人： 深圳市半导体行业协会　　刘欢

审稿人： 合肥恒烁半导体有限公司　　吕向东

中国科学院大学　　　　　　　陈春章

▷▷▷ 2.3.9　固态硬盘，固態硬碟，Solid State Drive（SSD）

固态硬盘（Solid State Drive，SSD）主要由主控芯片、非易失性存储芯片及相应的电路板等零部件组成。固态硬盘所采用的非易失性存储芯片主要是 NAND 闪存。与普通机械硬盘相比，SSD 具有抗振动、低功耗、无噪声、速度快等优势。目前 SSD 在容量上已超过机械硬盘，但价格比同等容量的机械硬盘高。

SSD 产品主要面向四大应用领域：①笔记本式计算机、台式机、一体机等消费类电子市场；②车载机、工控机、广告机等嵌入式市场；③服务器、存储阵列等数据中心和企业应用领域；④军事、航空、医疗等应用领域。

SSD 有几种接口类型，包括光纤通道（Fibre Channel，128Gbit/s，用于服务器）、PCI Express（PCIe Gen3X4，31.5Gbit/s）、SAS（Serial Attached SCSI，12.0Gbit/s，常见于服务器）、USB（10Gbit/s）、Serial ATA（SATA 3.0，6.0Gbit/s）类型等[1]。在消费类电子市场，SSD 以 SATA 接口类型为主，并正向 PCIe 接口发展。在数据中心、企业市场，SSD 以 PCIe 和 SAS 接口类型为主流。随着 PCIe Gen3 X4 接口的普及应用，PCIe 以其更快的传输速度逐步成为服务器 SSD 接口的主要类型。每个 SSD 都包括一个由嵌入式处理器构成的控制器（Controller），它将存储器与接口电路集成在一起。

随着闪存、控制芯片、封装等技术的不断进步，以及平板电脑、超级本等消费类移动设备向轻薄化趋势发展，SSD 正在向小尺寸的 BGA SSD（焊球阵列封装固态硬盘）发展，并逐步成为消费类市场的主流。PCIe BGA SSD 通常采用 PCI-SCG 标准的 BGA 封装，尺寸主要有 11.5mm×13mm、16mm×20mm、20mm×24mm、22mm×28mm 和 28mm×28mm 五种。BGA SSD 将主控芯片、闪速存储器等集成在一起，简化了 PCB 的电路设计，节约了成本，简化了生产。BGA SSD

的面积较传统 2.5in SSD 更小，可以节省更多空间，提高移动设备的续航能力，满足平板电脑、超级本、服务器等设备的存储需求。

2017 年，三星、东芝、美光等开始量产 64 层 3D NAND，推动 SSD 向更高容量级提升。面向企业级的 SSD 设计于 2016 年已经达到 20PB（Petabyte）的容量，并具有独立冗余磁盘阵列（Redundant Array of Independent Disks，RAID）保护功能。

参考文献

[1] SSD [EB/OL]. [2017-12-12]. https://en.wikipedia.org/wiki/Solid-state_drive.

撰稿人：深圳市江波龙电子有限公司　　蔡华波

审稿人：国家集成电路设计深圳产业化基地　　周生明

▷▷▷ 2.3.10　嵌入式多媒体卡，嵌入式多媒體卡，Embedded Multi-Media Card（eMMC）

多媒体卡（Multi-Media Card，MMC）于 1997 年由闪迪和西门子公司推出。1998 年 14 家公司联合成立了 MMC 协会（Multi-Media Card Association，MMCA），目前由 JEDEC 管理[1]。MMC 的应用目标主要是数码影像、音乐、手机、PDA、电子书、玩具等产品。

MMC 和 SD 卡相似，可兼容于同一个卡槽内。MMC 有多种形式，例如，一种较小尺寸的 RS（Reduced Size）-MMC，体积约为 MMC 的一半，类似于 Mini SD 卡。早期的 MMC 使用可插拔的设计技术，容量、性能和可靠性均较低[2]。

嵌入式多媒体卡（Embedded Multi-Media Card，eMMC）采用 MMC 的封装形式，如图 2-22 所示，是专门为嵌入式设备而设计的存储器，主要用于平板电脑、智能手机、智能机顶盒、教育类电子产品等[3]。由于 eMMC 采用表面贴装技术（Surface Mount Technology，SMT）贴到设备电路板上，因此它是一种高可靠性的存储器件。

图 2-22　eMMC 封装形式[4]

在 eMMC 的内部是一个逻辑控制芯片和若干闪存（NAND Flash）芯片，它们集成在一个 JEDEC 标准的 BGA 封装中[4]，如图 2-23 所示。逻辑控制芯片的功能包括提供标准的 eMMC 接口，负责管理闪存芯片：从 eMMC 接口接收外部数据，写入闪存芯片；或者从闪存芯片读取数据，通过 eMMC 接口传输给外部设备[5]。

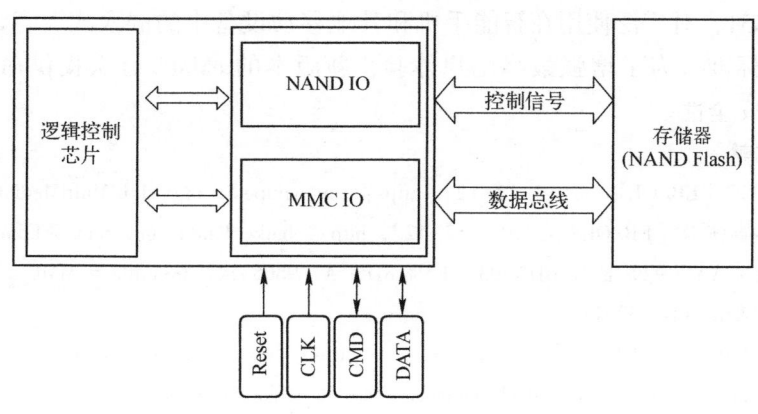

图 2-23　eMMC 逻辑结构

MMC 与 eMMC 特征的对比见表 2-7。

表 2-7　MMC 与 eMMC 特征的对比

特征	MMC	eMMC
组成方式	MMC 控制芯片和闪存芯片	eMMC 控制芯片和闪存芯片
尺寸	MMC：32mm×24mm×1.4mm RS-MMC：24mm×18mm×1.4mm	11.5mm×13mm×1.0mm（153 球） 12mm×16mm×1.2mm（169 球） 12mm×18mm×1.2mm（169 球） 14mm×18mm×1.4mm（169 球）
常见配置	128MB、256MB、512MB、1GB、2GB	4GB、8GB、16GB、32GB、64GB、128GB
使用范围	早期的数码相机、功能手机或类智能手机	Android 智能手机

NAND Flash 主要厂商有三星、东芝、SK 海力士、美光（Micron）等，但它们的芯片互不通用。因此，存储器驱动程序需要根据各家公司的 NAND Flash 特点和其技术特性重新设计。使用 eMMC 产品只要通过它的标准接口来管理闪存就可以了，大大降低了产品开发难度，加快了产品上市时间。

eMMC 可以很好地对 MLC NAND Flash 和 TLC NAND Flash 进行管理，其控制器中的固件程序可以实现诸如 ECC 纠错编码（Error Correcting Code）、区块管理（Block Management）、均衡擦/写（Wear Leveling）、命令管理（Command

Management)、掉电保护、低功耗管理等动作。设备厂商只需要采购 eMMC 芯片，贴片到设备电路板上并加载标准的 eMMC 驱动程序，不需要处理其他繁杂的 NAND Flash 兼容性和管理问题。所以，目前 eMMC 已逐渐替代 NAND Flash 封装片，成为了手机、平板电脑等智能电子产品的主流存储器。

2015 年 2 月，JEDEC 发布嵌入式多媒体卡产品标准 5.1 版（eMMC v5.1）JESD84-B51，对广泛使用在智能手机和其他移动设备中的嵌入式大容量闪存器定义了新标准。为了增强最终用户体验，新版本的 eMMC 首次提供命令队列，并提高了安全性。

参考文献

［1］ MMC［EB/OL］.［2017-12-12］. https：//en. wikipedia. org/wiki/MultiMediaCard.

［2］ 多媒体卡［EB/OL］.［2017-12-12］. http：//baike. baidu. com/item/%E5%A4%9A%E5%AA%92%E4%BD%93%E5%8D%A1/9865314?fromtitle = MMC%E5%8D%A1&fromid=232017.

［3］ eMMC［EB/OL］.［2017-12-12］. https：//www. jedec. org/standards-documents/technology-focus-areas/flash-memory-ssds-ufs-emmc/e-mmc.

［4］ eMMC［EB/OL］.［2017-12-12］. http：//www. longsys. com/portfolio/emmc/.

［5］ eMMC［EB/OL］.［2017-12-12］. https：//www. datalight. com/solutions/technologies/emmc/what-is-emmc.

撰稿人：	Cadence 公司	戴维
审稿人：	国家集成电路设计深圳产业化基地	周生明
	中国科学院大学	陈春章

▷▷▷ 2.3.11 嵌入式多芯片封装存储器，嵌入式多晶片封裝記憶體，Embedded Multi-Chip Package Memory

多芯片封装（Multi-Chip Package, MCP）存储器是指在一个封装中含有多种存储芯片的存储器件[1]。嵌入式多芯片封装（Embedded Multi-Chip Package, eMCP）存储器是一种整合了 MCP 和 eMMC 特性的混合存储器件。

MCP 存储器所包含的芯片类型可以为 NOR Flash、NAND Flash、低功耗 DRAM 和伪静态（Pseudo）SRAM 等，采用这种器件的主要目的是节约 PCB 的空间。智能手持、可穿戴设备的小型化发展，带动了 MCP 技术的进步与发展。在这种 BGA 封装芯片里，含有两种存储芯片，为并排结构。根据内部存储芯片的大小和数量不同，有的 MCP 内部还可能是上下堆叠结构，或者并排与上下堆叠混合的结构。

MCP 存储器的特点：提高密度和性能，减小板或系统级别的尺寸和质量，增强功能，降低布线复杂性，改善需要传输高速信号的存储器性能，增强信号完整性；支持各种封装工艺（倒装芯片、引线键合等）及表面贴装技术；支持 PoP（Package on Package）工艺。MCP 存储器的应用对象主要是智能手机等便携式及可穿戴电子产品，这类产品不仅对尺寸要求高，而且对信号完整性要求也高。MCP 将不同规格的芯片利用系统封装方式，整合成单一封装芯片后，具有生产周期短、制造成本低，以及低功耗、高速传输速率等优势，已经是便携式电子产品内置存储器最主要的规格。另外，数字电视、机顶盒、网络通信产品等也已经广泛采用各式 MCP 存储产品。MCP 存储芯片主要的封装形式有 WFBGA、VFBGA、LFBGA、PoP 等。由于内部包含多种存储芯片，每种存储芯片的用途不同，所以其容量不能简单相加，而要按不同种类分别列出存储容量。通常，行业内默认把 Flash（NAND 或 NOR）容量放在前面，把 DRAM 容量放在后面来表示。例如，某款 MCP 内部由一颗 8GB 的 NAND Flash 及两颗 2GB 的 LPDDR2 组成，则其容量会标称为 8GB+4GB。

MCP 技术发展的关键在于厚度和成品率的控制。MCP 堆叠的芯片越多，厚度也越厚，然而手机等便携式电子产品（特别是超薄电子产品）等又要求厚度越薄越好。所以堆叠的芯片越多，对生产技术的要求也越高。MCP 芯片诞生时定义的厚度为 1.4mm 左右（当前一般为 0.8mm）。若内部一颗芯片失效，则会导致整个模块失效。随着技术的发展，MCP 的尺寸已不能满足部分设备的要求，于是出现了穿透硅通孔技术，简称硅通孔（Through Silicon Via，TSV）技术。TSV 是三维集成电路中堆叠芯片实现互连的一种新的垂直封装技术[2]，它能够在三维方向实现芯片堆叠的密度、芯片之间的互连线、外形尺寸等达到最优化，并且改善芯片速度和低功耗的性能。TSV 技术的优势是更进一步缩小了封装尺寸，有效增加了产品设计的空间；高频特性出色，可以减小传输延时、降低噪声，能够满足更高速的设计需求；可将硅锗芯片的功耗降低到大约 40%；具有热膨胀系数低、可靠性高等优势。

eMCP 存储器是一种整合了 MCP 和 eMMC 特性的混合存储器件，如图 2-24 所示。目前主流的 eMCP 是在 eMMC 的架构上增加了 mobile DRAM（LPDDR1/LPDDR2/LPDDR3/LPDDR4），并且符合 JEDEC 的标准，采用 MCP 封装形式[3]。与传统 MCP 相比较，eMCP 多了 eMMC 控制芯片，用

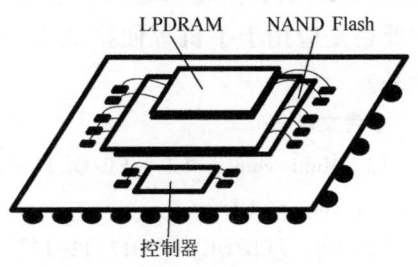

图 2-24　eMCP 的结构和封装形式[4]

以管理它的大容量 NAND Flash 存储器，减小主机芯片运算负担；由于体积更小，又减少更多的电路连接设计，便于兼容性调试及测试，因而有利于智能手机厂商的设计和生产。

eMCP 在规格上和 eMMC 同样有 11.5mm×13mm×1.0mm（部分超薄尺寸为 11.5mm×13mm×0.8mm）尺寸限制。将 eMMC 与 DRAM 组装在一起，虽然容量大，但难度也大，因为容易产生信号串扰，增加了性能的不确定性。一般容量越大，芯片数目越多，成品率会越低，成本越高。这些都成为 eMCP 向高端市场发展的难点。主流 MCP、eMCP 在手机中的应用范围和区别见表 2-8[4]。

表 2-8 主流 MCP、eMCP 在手机中的应用范围和区别

类型	MCP	eMCP
组成方式	NOR Flash+LPDDR2 或 NAND Flash+LPDDR2	NAND Flash+eMMC 控制芯片+LPDDR3
封装	8.0mm×9.0mm×1.0mm（130 焊球） 10.5mm×13.0mm×1.0mm（137 焊球） 10.5mm×8mm×1.0mm（162 焊球）等	11.5mm×13mm×1.0mm（162 焊球） 11.5mm×13mm×1.0mm（221 焊球）
存储容量	2GB+2GB 4GB+2GB 4GB+4GB	8GB+4GB 8GB+8GB 16GB+16GB 32GB+24GB 64GB+32GB 128GB+32GB
应用范围	功能手机、低端智能手机	中、低端智能手机

eMCP 存储器的典型特点是能够通过芯片的集成实现更强大的功能：提高了密度和性能，减小了板或系统级别的尺寸和质量；减小了 PCB 面积，降低了布线复杂性；降低了板级使用其他芯片的额外成本；缩短了产品的上市周期；降低了产品的设计难度。随着 3D NAND Flash 的推出及 LPDDR4 标准的演进，eMCP 的容量越来越大，速度越来越快。未来 eMCP 存储器的发展领域，主要还是应用于手机等便携式电子产品，并扩展至其他需要数据存储的电子产品。

参考文献

［1］Multi-chip module［EB/OL］.［2017-12-12］. https://en.wikipedia.org/wiki/Multi-chip_module.

［2］TSV［EB/OL］.［2017-12-12］. https://en.wikipedia.org/wiki/Through-silicon_via.

［3］Samsung eMCP［EB/OL］.［2017-12-12］. http://www.samsung.com/semiconductor/global/file/media/Samsung_eMCP_Brochure-0.pdf.

[4] Sebastian Pop. Samsung eMCP memory is Part NAND flash and part DRAM eMCP [EB/OL]. [2017-12-12]. http://news.softpedia.com/news/Samsung-eMCP-Memory-Is-Part-NAND-Flash-and-Part-DRAM-247687.shtml.

撰稿人：Cadence 公司　　　　　　　　　　　　　戴维
审稿人：国家集成电路设计深圳产业化基地　周生明

2.3.12　x86 架构处理器，x86 架構處理器，x86 Processors

x86 架构首次出现于 Intel 在 1978 年推出的 16 位处理器 8086 CPU 中，而 8086 CPU 是从最早的 Intel 8008 CPU 演变发展而来的。由于 IBM 公司开始与 Intel 合作，推出了基于 8086 CPU 的 PC，在市场上取得了巨大的成功，这也使 x86 架构发展成了 PC 标准平台，被公认为最成功的 CPU 架构。除 Intel 外，最初也有其他公司制造 x86 架构的处理器，但后来大部分公司在与 Intel 的市场竞争中失利并逐步放弃。Intel 在 x86 架构处理器方面的竞争对手目前只有 AMD 公司。

1985 年 Intel 推出了基于 32 位的 80386 CPU，扩展了 x86 架构的数位，提升并改进了 CPU 的性能。x86 架构是可变指令长度的复杂指令集计算机（Complex Instruction Set Computer，CISC）架构。CISC 字组（Word，4 字节）是以低位字节在前、高位字节在后的顺序存储在相应存储器中，存储器在调用访问时允许不对齐存储器地址[1]。与精简指令集计算机（Reduced Instruction Set Computer，RISC）架构、显式并行指令运算（Explicitly Parallel Instruction Computing，EPIC）架构等其他常见的指令集架构相比，CISC 并不具备明显的优势，甚至很多计算专家认为，CISC 的执行效率不高。

向前兼容既是推动 x86 架构发展的一股主要驱动力量，也是困扰 x86 架构性能提升的一个主要历史包袱。Intel 后续推出的 x86 的新架构，把 x86 指令转换为了类似 RISC 的微指令，然后再执行，以此方式来获得与 RISC 可比的性能，而且同时仍然支持前向兼容。

到 2002 年，由于 32 位的数位长度限制，x86 的架构开始到达设计的理论极限，处理大于 4GB 的信息存储时就会出现困难，效率较低；特别是对于数据库及视频处理编辑方面的应用，更加明显地暴露出了这种局限性。

Intel 原本已经决定新推出的 Itanium 处理器采用全新的 x86 64 位架构（IA-64），并且放弃向前兼容的特性。但是 IA-64 与 x86 的软件天生不兼容，它只能通过各种模拟或者虚拟的方式来运行 x86 的软件。显然，这种支持方式会占用处理器相应的计算资源，导致运行的效率十分低下，并且会影响其他并行程序的运行。AMD 则采用了完全不同的策略，继承和发展了 x86 架构，在 32 位 x86 架构（或称为 IA-32）的基础上将 x86 架构扩充为 64 位（命名为 AMD-64），并以 AMD-64 架构为核心推出了第一个 64 位 x86 CPU 产品，包括单核的 Opteron 和 2003 年推出的 Athlon 64 处理器家族[2]。AMD-64 满足了用户对计算数位及计算能力的要求。

由于 AMD 先于 Intel 在市场上推出了 64 位 x86 架构的中央处理器，迫于 Microsoft 在操作系统方面的兼容性压力，Intel 也被迫采纳 AMD64 指令集且以此为基础增加某些新的指令扩充到自己的 64 位架构，Intel 将此架构命名为 EM64T 架构。EM64T 后来由于市场推广的原因被正式更名为 Intel 64（也曾称为 x86-64、x64、x86_64）[1]。

x86 架构由 32 位扩展升级到 64 位，是首次由非 Intel 制造商 AMD 所推动和发起的。这项重大改进和升级使得 AMD 在当时市场上取得了很不错的成功，一度可以与 Intel 进行势均力敌的竞争和抗衡。历年所推出的基于 x86 架构的处理器主要产品见表 2-9。

表 2-9　历年所推出的基于 x86 架构的处理器主要产品

时间	CPU 产品型号	线性地址/位
1978 年	Intel 8086, Intel 8088（1979 年）及其衍生产品	16
1982 年	Intel 80186, Intel 80188 及其衍生产品，NEC V20/V30	16
1982 年	Intel 80286 与其兼容产品及其衍生产品	16
1985 年	Intel 80386 与其兼容产品，AMD Am386（1991 年）	32
1989 年	Intel 80486 与其兼容产品，AMD Am486（1993 年）	32
1992 年	Cyrix Cx486SLC, Cyrix Cx486DLC	32
1993 年	Pentium, Rise mP6（1998 年），Nx586（1994 年）	32
1995 年	Pentium Pro, Am5x86/Cyrix 5x86	32
1996 年	Pentium MMX, AMD K5, Cyrix 6x86/MII, Centaur IDT-C6, VIA Cyrix Ⅲ（Samuel 2）	32
1997 年	Pentium OverDrive, Pentium Ⅱ, AMD K6	32
1998 年	Celeron, Xeon, AMD K6-2	32
1999 年	Athlon, Athlon XP（2001 年），Pentium Ⅲ, AMD K6-Ⅲ	32
2000 年	Pentium 4, Cyrix Ⅲ-Samuel, Transmeta Crusoe	32
2001 年	Itanium IA-32, VIA C3 "Ezra"（C5C），Transmeta Efficeon	32
2003 年	Pentium M, AMD Athlon 64, Opteron	64

续表

时间	CPU 产品型号	线性地址/位
2004 年	AMD Sempron，Prescott	64
2005 年	Prescott 2M，Pentium D，VIA C7	64
2006 年	Intel Core Solo/Duo	64
2007 年	DM&P Vortex86，Athlon 64 X2，AMD Phenom	32
2008 年	Intel Core i7（Nehalem/Westmere），AMD Phenom II，VIA Nano，Intel Atom	64
2009 年	Intel Core i5	64
2010 年	Intel Core i3	64
2011 年	AMD FX，AMD APU C、E 和 Z 系列（Bobcat）	64
2011 年	AMD APU A 和 E 系列（Llano）	64
2011 年	AMD APU A 系列（Bulldozer、Trinity 和后续产品）	64
2011 年	Intel Core i3，Core i5 and Core i7（Sandy Bridge/Ivy Bridge）	64
2012 年	Intel Xeon Phi（Larrabee）	64
2013 年	Intel Core i3、Core i5 和 Core i7（Haswell/Broadwell）	64
2015/2016 年	Intel Core i3、Core i5 和 Core i7（Skylake/Kaby Lake/Cannonlake）	64

x86 架构处理器非常成功，它广泛应用于 PC、服务器、工作站等领域。目前，占据市场主流的 PC（包括苹果的 MacBook）都在使用 x86 架构处理器，但 Google 推出的 Chromebook 部分使用 ARM 架构处理器。因为 Intel 基于 CISC 的 x86 指令集理论上限制了 CPU 性能的进一步提升，为了保持自己在市场的领导地位，Intel 不仅通过先进的工艺提升 x86 架构的性能，同时也在 x86 架构上面做了很多的优化及改进。

参考文献

[1] x86［EB/OL］.［2017-12-12］. https://en.wikipedia.org/wiki/X86.

[2] x86 40 years［EB/OL］.［2017-12-12］. https://newsroom.intel.com/editorials/x86-approaching-40-still-going-strong/.

撰稿人：Cadence 公司　　陈雄
审稿人：中国科学院大学　　陈春章

2.3.13　IA-64 架构处理器，IA-64 架構處理器，IA-64 Processors

IA-64 架构处理器（IA-64 Processors）最早为安腾架构（Itanium Architecture）处理器的缩写，支持 64 位处理技术。但由于安腾架构处理器未能获得市场的认可，因此 Intel 公司后来推出了全新的兼容 x86-64 指令集的 Intel 架构（Intel Architecture）处理器。目前 IA 缩写通常指 Intel 架构处理器。

IA-64 架构由惠普公司于 1989 年始创[1]。惠普认为复杂指令集计算机（CISC）架构和精简指令集计算机（RISC）架构都有缺陷。RISC 架构每周期只能运行一个指令；而 CISC 架构为了实现同一时钟下执行多个指令的目的，需要配备高性能的解码器将指令分解成 RISC 风格的微指令。惠普提出了显式并行指令运算（EPIC）的新架构，利用超长指令字（Very Long Instruction Word，VLIW）将三个指令整合成一个指令包，每个指令包包含了一系列能同时并发执行的 RISC 指令，使 EPIC 具有替代其他两种架构的巨大潜力。但惠普作为系统公司，不具备独立研发处理器的能力，因此 1994 年惠普与 Intel 合作开发以 EPIC 为基础的处理器[2]。1999 年 10 月 Intel 将该处理器命名为安腾处理器。

开发初期，Intel 和惠普认为 IA-64 架构将会成为未来服务器、工作站及高性能计算机市场的主流。虽然 EPIC 指令集与 x86 架构处理器不兼容，但基于 IA-64 架构的处理器具有 64 位数据通路、64 位存储空间、64 位并行运算能力，突破了传统 32 位架构的许多限制。这些改进，期望让用户在数据的处理效率，系统的稳定性、安全性、可用性、可管理性等方面能够获得大幅提升[3]。IA-64 的潜力吸引了业内众多企业加入 EPIC 架构阵营，Compaq 公司（2001 年被惠普收购）和 Silicon Graphics 公司（2016 年被惠普收购）决定放弃 Alpha 与 MIPS 架构，转而开发 IA-64 架构。同时基于 IA-64 架构的操作系统也被相继开发出来，包括 HP-UX、Solaris、Tru64 UNIX 和 Project Monterey 等。

但是 IA-64 架构处理器的超长指令字与大量缓存需要使用大量晶体管，严重影响了处理器的整体性能。因此，2001 年第一代安腾处理器推出时，性能不及同时代的 RISC 与 CISC 处理器。另外 IA-64 架构处理器依赖的编译器，在研发过程中问题较多，导致开发进度不断拖延。然而导致 IA-64 架构失败最重要的原因是与 x86 指令集不兼容，需要开发人员重新开发程序和创建新的生态环境。与此同时，Intel 的竞争对手 AMD 在 x86-32 位架构的基础上新增了 64 位寄存器，研发出了 AMD-64 架构处理器，可向前兼容 16 位和 32 位软件，使得早期 x86 编译器很容易应用在 AMD-64 架构处理器上[4]。AMD-64 架构良好的兼容性使操作系统厂商逐渐放弃了对 IA-64 架构的支持，甲骨文（Oracle）、微软分别于 2011 年和 2013 年退出了 IA-64 阵营。

面对 AMD-64 架构发展势头以及软件行业带来的压力，Intel 采用与 AMD 交叉授权的方式，获得了 AMD X86-64 拓展指令集授权，并在此基础上衍生出 Intel 64 架构，即 x86-64 架构[4]。

参考文献

[1] IA64 [EB/OL]. [2017-12-12]. http://baike.baidu.com/view/506201.htm?fromtitle=IA64%E6%9E%B6%E6%9E%84&fromid=8951918&type=syn.

[2] IA64 [EB/OL]. [2017-12-12]. https://en.wikipedia.org/wiki/IA-64.

[3] 英特尔安腾处理器 [EB/OL]. [2017-12-12]. http://www.intel.cn/content/www/cn/zh/processors/itanium/itanium-processor.html.

[4] 我们的发展历程 [EB/OL]. [2017-12-12]. http://www.amd.com/zh-cn/who-we-are/corporate-information/history.

撰稿人： 中国电子信息产业发展研究院　　张松
　　　　Cadence 公司　　　　　　　　　陈雄
审稿人： 中国电子信息产业发展研究院　　霍雨涛
　　　　中国科学院大学　　　　　　　　陈春章

▷▷▷ 2.3.14　POWER 系列架构处理器，POWER 系列架構處理器，POWER Family Processors

1974 年，IBM 提出了精简指令集（RISC）概念，使计算机在单个机器运行周期或者电子脉冲中完成一个任务，极大地提升了计算机的运行效率。而后 IBM 于 1980 年推出了基于 RISC 指令集的 POWER（Performance Optimization With Enhanced RISC）架构的原型机[1]。1990 年 IBM 推出了第一代的 POWER1 架构处理器[2]，随后 1993 年发布了 POWER2 架构处理器，并成为当时性能最高的处理器。1998 年，IBM 发布了实现 64 位 POWER 指令集的 POWER3 架构处理器，此后的处理器全部实现了完整的 64 位指令集。目前 POWER 架构最新的处理器是 2017 年发布的 POWER9，采用 14nm 工艺制造，性能远超 x86 架构处理器[2]。POWER 系列架构历代产品的简单说明见表 2-10。

表 2-10　POWER 系列架构历代产品简单说明

年　代	产　品	CPU 时钟频率	工　艺
1990	POWER1	25~62.5MHz	1.0μm
1993	POWER2	55~71.5MHz	0.25μm
1998	POWER3	200MHz	0.22μm
2001	POWER4	1.1~1.9GHz	0.18μm/0.13μm
2004	POWER5	1.5~2.3GHz	0.13μm/90nm

续表

年 代	产 品	CPU时钟频率	工 艺
2007	POWER6	3.6~5.0GHz	65nm
2010	POWER7	2.4~4.25GHz	45nm
2013	POWER8	2.5~5.0GHz	22nm
2017	POWER9	4GHz	14nm

目前，IBM POWER架构处理器主要面向高端服务器市场。相较于利用CISC指令集的x86架构处理器，POWER架构处理器在高性能领域优势明显。从硬件方面看，POWER架构采用了对称多处理器技术（Symmetric Multiprocessing，SMP），可以保障内存在访问任意一个CPU时的速度是一致的。而x86架构采用非一致存储访问结构（Non-uniform Memory Access，NUMA），CPU和内存分区，导致每个CPU访问自己部分的内存时速度很快，但访问其他部分内存时速度较慢。随着CPU数量的增多，POWER架构的性能优势进一步体现。而在软件方面，IBM专用的AIX系统在软件方案集成度、厂商技术支持能力和稳定性等方面都更强。性能稍弱的x86架构处理器目前占据超过90%的服务器市场，主要原因有三点。一是POWER架构在稳定性和运行维护等方面相对更优，但价格过于高昂。二是新型计算模式的兴起。在谷歌推出云计算模式后，分布式计算系统逐渐受到业界重视，系统开始降低对小型机的依赖。三是IBM自身与其他整机企业的竞争。IBM提供的是从芯片到服务器到系统，与其他服务器厂商形成了竞争。Intel作为纯粹的处理器芯片厂商，与全球大多数设备生产商合作，由此产生了完善的x86服务器生态系统；同时巨大的出货量使Intel的产品成本持续降低，进一步提升了x86架构的市场占有率。

面对来自Intel和AMD在服务器处理器市场的压力，2013年IBM联合谷歌、NVIDIA等企业建立了OpenPOWER基金会，向开发者公开了部分POWER芯片架构固件代码，并允许第三方企业对这一产品进行改进，从而打造一个开放的POWER生态圈。目前，中晟宏芯、华胜天成、浪潮、中兴通讯等企业均已加入OpenPOWER联盟[3]。

除服务器处理器外，基于POWER架构平台还衍生出了PowerPC处理器。该系列产品始于1991年IBM、苹果和摩托罗拉建立的AIM联盟，研发面向PC和低成本工作站的RISC架构POWER处理器，以打破Intel在个人计算机市场上的垄断地位[4]。1993年，IBM推出了PowerPC处理器，兼容大部分POWER指令集，但加入了单精度浮点运算指令以及对64位的延伸和SMP结构的扩展等。另外，PowerPC处理器最大的优点是开放性，允许外部开发者设计和制造与

PowerPC 兼容的处理器。目前 PowerPC 系列三个主要产品为 32 位的 PowerPC 700 系列、64 位的 PowerPC 系列和嵌入式产品 PowerPC 400 系列[5]。

摩托罗拉、苹果和 IBM 最初希望借助于 PowerPC 处理器，与垄断 PC 市场的 Intel 竞争。但由于 PowerPC 处理器能耗过高，产业生态不完善，新产品的推出远远落后于 Intel，导致 PowerPC 处理器在 PC 市场中的竞争力逐渐丧失。2005 年，苹果宣布采用 Intel x86 架构处理器，标志着 PowerPC 处理器最终退出了 PC 市场。不过，目前 PowerPC 处理器在汽车电子、航空和网络通信设备等领域仍然被广泛应用。

参考文献

［1］Power Architecture［EB/OL］.［2017-12-12］. https：//en. wikipedia. org/wiki/Power_Architecture.

［2］IBM Power microprocessors［EB/OL］.［2017-12-12］. https：//en. wikipedia. org/wiki/IBM_POWER_microprocessors.

［3］Open Power 开放架构［EB/OL］.［2017-12-12］. https：//openpowerfoundation. org/.

［4］PowerPC［EB/OL］.［2017-12-12］. https：//en. wikipedia. org/wiki/PowerPC.

［5］PowerPC［EB/OL］.［2017-12-12］. http：//baike. baidu. com/item/POWER%20PC/5963071? fr=Aladdin.

撰稿人：中国电子信息产业发展研究院　　张松
　　　　Cadence 公司　　　　　　　　　陈雄
审稿人：中国电子信息产业发展研究院　　霍雨涛
　　　　中国科学院大学　　　　　　　　陈春章

▷▷▷ 2.3.15　MIPS 架构处理器，MIPS 架構處理器，MIPS

无互锁流水级微处理器（Microprocessors without Interlocked Pipeline Stages，MIPS）是流行的 RISC 架构处理器之一。其原理是尽量利用软件方法避免流水线竞争问题。1981 年，美国斯坦福大学的 John L. Hennessy 科研小组研发了 MIPS 架构处理器。1984 年 MIPS 公司成立。MIPS 公司在 MIPS 架构处理器基础上于 1985 年发布了第一个 32 位的微处理器 R2000，于 1991 年发布了第一个 64 位的微处理器 R4000。这些 R 系列产品在 20 世纪 90 年代被广泛应用于 SGI 公司的工作站、DEC 工作站和服务器等计算机系统领域[1,2]。

MIPS 架构有 32 位和 64 位两种，如图 2-25 所示。其指令集也存在 MIPS Ⅰ、MIPS Ⅱ、MIPS Ⅲ、MIPS Ⅳ、MIPS Ⅴ、MIPS 32、MIPS 64 多个版本。其中 MIPS 32（32 位）和 MIPS 64（64 位）除各定义一组控制寄存器和指令集外，

还有一些可扩展指令选项可供选择，如 MIPS-3D[3-5]。

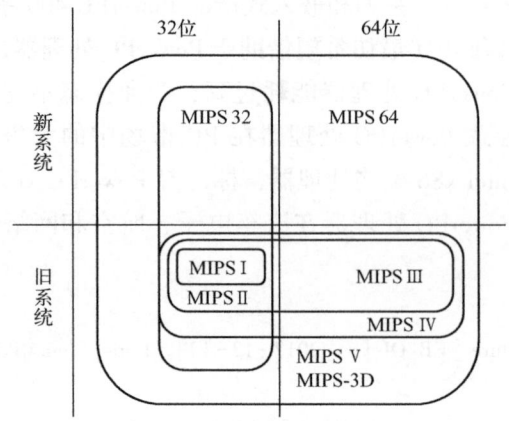

图 2-25　MIPS 架构分类

MIPS 采用模块化架构，支持 4 个协处理器（COP0/1/2/3）。通常 COP0 是系统控制协处理器，COP1 是可选浮点运算单元（Floating-Point Unit，FPU），COP2/COP3 是未定义的可选协处理器。例如，在索尼公司最早期的 PS 游戏机中，COP0 是系统控制协处理器，COP2 是几何转换引擎（Geometry Transfer Engine，GTE）。在 PS2 中，COP0 采用的是东芝 R5900 芯片，COP1 采用的是 FPU，COP2 采用的是 VPU0。

MIPS 处理器是 20 世纪 80 年代中期 RISC CPU 设计的一大热点，并得到了市场认可和广泛应用。20 世纪 90 年代中后期，约有三分之一的 RISC 微处理器是基于 MIPS 架构的，是当时最有市场竞争力的 RISC CPU 架构。目前 ARM RISC 架构、MIPS RISC 架构、x86 CISC 架构之间依然竞争激烈。MIPS 架构处理器主要应用于嵌入式系统、路由器、互联网网关、视频游戏控制台等领域。MIPS 公司 2013 年被 Imagination 合并，其 MIPS 架构得到延续，如采用 MIPS 架构的龙芯（Loongson）处理器应用在曙光 6000 超级计算机中。

参考文献

[1] MIPS 处理器［EB/OL］.［2017-12-12］. http://baike.baidu.com/item/MIPS/2173143? fr=aladdin.

[2] MIPS architecture processors［EB/OL］.［2017-12-12］. https://en.wikipedia.org/wiki/MIPS_architecture_processors.

[3] MIPS ISA［EB/OL］.［2017-12-12］. https://www.linux-mips.org/wiki/Instruction_Set_Architecture.

[4] MIPS-3D［EB/OL］.［2017-12-12］. https://en.wikipedia.org/wiki/MIPS-3D.

[5] List of MIPS. [EB/OL]. [2017-12-12]. https://en.wikipedia.org/wiki/List_of_MIPS_architecture_processors.

撰稿人：Cadence 公司　　艾霞
审稿人：中国科学院大学　　陈春章

▷▷▷ 2.3.16　ARM 架构处理器，ARM 架構處理器，ARM Processors

Acorn RISC Machine 处理器是英国剑桥 Acorn 公司设计的第一款 RISC 微处理器，简称为 ARM 处理器。ARM 公司正式成立时间是 1990 年，ARM 的全文为 Advanced RISC Machines[1,2]。ARM 体系架构具有 RISC 体系架构的一般特点，例如：指令格式长度固定；使用单周期指令流水线操作执行；使用大量寄存器，数据处理指令只对寄存器进行操作；只有加载/存储指令访问存储器，以提高指令的执行效率等。

早期的 ARM 处理器所支持的指令集较简单，低功耗、低成本，适合用于移动设备等，因而被广泛应用于嵌入式领域。ARM 从最初的 ARMv4（ARM7 系列）到 ARMv7 之前，由于其性能的局限性只能专注于功耗比较敏感的移动设备；但从 ARMv7 开始，市场拓展到移动设备之外的其他领域。在 Cortex-A9 之后，ARM 的处理性能得到了很大的提升，被逐渐应用于企业设备、服务器等领域。针对大内存（Large Memory）、虚拟化（Virtualization）和安全（Security）等要求，ARM 开发了新一代的 ARMv8 架构，即 ARM64[3]。ARM 发布的 CPU 架构 ARMv7 和 ARMv8 系列的技术特征、应用场合与处理器案例见表 2-11。ARM 的各种版本 AMBA 总线架构的发布时间、英文全称与应用举例见表 2-12。

表 2-11　ARM 发布的 CPU 架构 ARMv7 和 ARMv8 系列的
技术特征、应用场合与处理器案例

架构名称	技术特征	应用场合	处理器案例
ARMv7-A	A32（32 位），T32（32 位、16 位混合）	单核设计	Cortex-A8
		1~4 核设计	Cortex-A5/A7/A9/A15/A17
ARMv7-R	32 位	高性能应用	Cortex-R4/R5/R7
ARMv7-M	32 位	低功耗场合	Cortex-M0/M0+/M3/M4/M7
ARMv8-A	32 位，64 位	智能手机	Cortex-A53/A57/A72
ARMv8-R	32 位	MMU，MPU	Cortex-R 系列
ARMv8-M	16 位，32 位	MCU/IoT	Cortex-M23/M33/M35

表2-12 ARM的各版本AMBA总线架构的发布时间、英文全称与应用举例

发布时间	版本	新增总线/接口	英文全称	应用举例
1996年	AMBA	ASB，APB	Advanced System Bus，Advanced Peripheral Bus	
1999年	AMBA2	AHB	Advanced High Performance Bus	A7，A9，Cortex-M系列
2003年	AMBA3	AXI，ATB	Advanced Extensible Interface，Advanced Trace Bus	Cortex-A系列，包括Cortex-A9
2010/2011年	AMBA4	AXI4，ACE	Advanced Extensible Interface 4，AXI Coherency Extensions	Cortex-A系列，包括Cortex-A7/15
2013年	AMBA5	CHI	Coherent Hub Interface	支持（验证）VIP、SystemVerilog语言等

从应用领域划分，ARM的产品主要有三个系列：Cortex-A系列，被广泛应用于移动设备、网络基础设施、家庭和消费设备、车载信息娱乐和自动化系统，以及嵌入式设计等领域；Cortex-R系列，具有高可靠性、高安全性的特点，可用于医疗，航空航天等领域；Cortex-M系列是为物联网应用而开发的可扩展、高效率、易于使用的智能嵌入式应用处理器系列，可以帮助开发人员在较短的时间内，以较低的成本，通过代码复用、标准安全机制和高效率的开放平台开发出各种满足市场要求的产品。

参考文献

[1] ARM［EB/OL］.［2017-12-12］. http://baike.baidu.com/item/ARM/7518299? fr=aladdin.

[2] ARM［EB/OL］.［2017-12-12］. https://zh.wikipedia.org/wiki/ARM.

[3] Architecture［EB/OL］.［2017-12-12］. https://developer.arm.com/products/architecture.

撰稿人：Cadence公司　　艾霞
审稿人：中国科学院大学　　陈春章

▷▷▷ 2.3.17 UltraSPARC架构处理器，UltraSPARC架構處理器，UltraSPARC Processors

UltraSPARC是一种基于RISC指令集的处理器架构，最早由Sun公司开发完成。UltraSPARC架构处理器是Sun公司针对高端应用市场而开发的基于超标量

RISC 指令集的代表之一[1]。可扩充处理器架构（Scalable Processor ARChitecture，SPARC）是非专属架构，为了开拓 SPARC 的生态系统，Sun 公司授权多家厂商采用，包括 TI、Cypress、富士通等；后来则完全对外开放，任何公司、组织或个人都可以通过授权使用此架构来开发微处理器或者其他半导体产品。

SPARC 架构处理器的设计目标是为了提升编译器效率，便于实现硬件流水指令，提供更高的运算执行速率，从而帮助客户缩短开发时间和周期。由于它提供了可以基于性价比进行调整的可扩展性，SPARC 的技术规格可以满足小到嵌入式 CPU，大到服务器 CPU 的需求。SPARC 架构规格历史上有 3 个重要的更新修正版本，即 1986 年的 32 位 SPARC-V7、1990 年的 32 位 SPARC-V8[2]、1993 年的 64 位 SPARC-V9。这 3 个更新版本均是前向兼容的。

超级可扩充处理器架构（UltraSPARC）芯片 UltraSPARC Ⅲ[3] 于 1999 年 6 月首次亮相。它采用 VIS 指令集，支持 64 位架构，主频高达 600MHz，基于当时很先进的 0.18μm 工艺制造。而且尤为突出的是它支持高达 1000 个同类型处理器协同处理，这种高扩展性适用于要求高计算能力的大型服务器、工作站。2006 年，Sun 公司发布了 UltraSPARC 架构的新规格，称为 UltraSPARC 2005 架构。

基于此架构的处理器主要供工作站使用，如 Sun、富士通生产的大型 SMP 服务器。Sun 公司也特意为 SPARC 架构开发了 Solaris 操作系统。除 Solaris 外，NeXTSTEP、Linux、FreeBSD、OpenBSD 及 NetBSD 系统也提供 SPARC 版本的操作系统。

Sun 公司推出了多个系列的 64 位基于 UltraSPARC Ⅲ 的处理器。首先是可扩充的 S 系列，主要用于高性能和易扩展的多处理器系统。UltraSPARC Ⅲ+的工作频率为 750MHz，还有 UltraSPARC Ⅳ+和 UltraSPARC Ⅴ+等型号[4]。UltraSPARC Ⅳ+工作频率为 1GHz，UltraSPARC Ⅴ+达到 1.5GHz。其次是集成式 i 系列，可提供更高的效率。UltraSPARC Ⅲi 的频率达到 700MHz。

2009 年甲骨文（Oracle）公司收购了 Sun 公司，并继续进行适用于高性能计算（High Performance Computing，HPC）的处理器的开发。甲骨文公司于 2017 年发布了 SPARC 及其操作系统 Solaris 相关的未来技术路线图。

参考文献

[1] The SPARC architecture manual, version 9, 1994 [EB/OL]. [2017-12-12]. https://cr.yp.to/2005-590/sparcv9.pdf.

[2] SuperSPARC [EB/OL]. [2017-12-12]. https://en.wikipedia.org/wiki/SuperSPARC.

[3] UltraSPARC [EB/OL]. [2017-12-12]. https://en.wikipedia.org/wiki/UltraSPARC.

[4] SPARC V [EB/OL]. [2017-12-12]. https://en.wikipedia.org/wiki/SPARC64_V.

撰稿人：Cadence 公司　　陈雄
审稿人：中国科学院大学　　陈春章

▷▷▷ 2.3.18　C-SKY 架构处理器，C-SKY 架構處理器，C-SKY Architecture Processors

中天架构处理器（C-SKY Architecture Processors）是由成立于 2001 年的杭州中天微系统有限公司研发的、具有自主知识产权的国产 32 位 C-SKY 系列嵌入式 CPU 核。用户可以基于 C-SKY V2 自主指令架构，通过可灵活配置的不同硬件单元，辅以体现差异化的可裁剪的硬件功能模块，形成自有的 C-SKY 架构处理器。中天微公司的 CPU 处理器的发展大约经历了两个阶段：第一个阶段，采用"引进消化吸收再创新"过程，运用 Simcode 指令集开发出了 CK510 和 CK610 两款嵌入式 CPU；第二个阶段，从 2004 年开始，中天微开始研发有自主知识产权的中天微指令集。

根据目标产品应用市场的不同，C-SKY 架构处理器分为追求低成本、低功耗、中低运算能力的 CK801、CK802、CK803 等类型，以及追求高能效、高性能计算、超高性能计算的 CK610（C-SKYV1 指令架构）、CK807、CK810、CK860 等类型。CK-CPU 系列处理器技术特性的对比见表 2-13。

表 2-13　CK-CPU 系列处理器技术特性的对比

特　性	CK610	CK810	CK807	CK803	CK802	CK801
指令长度/bit	16	32/16	32/16	32/16	32/16	32/16
流水线	8 级	8 级	8 级	3 级	2 级	2 级
发射宽度	双发	双发	双发	单发	单发	单发
内存管理	MMU	MMU	MMU	MPU	MPU	MPU
通用寄存器/bit	16+16	32+16	32+16	16	16	8
性能/(DMIPS/MHz)	1.78	2.5	2.0	1.5	1.0	0.7

注：DMIPS 为每秒执行多少百万条指令。

CK-CPU 系列处理器同时支持面向特定领域的专用技术（表现为可裁剪的硬件功能模块），主要表现为以下四个方面[1]。

（1）安全：CK-CPU 具备可应用于高密级的金融卡安全 CPU 技术，以及对敏感信息及代码进行隔离的可信执行环境（Trusted Executed Environment）技术、程序签名和密码算法加速。CK-CPU 的安全技术覆盖了抗时间攻击、抗差分功耗分析、抗错误注入、抗缓冲区溢出等领域。

（2）高能效计算：CK-CPU 可以通过矢量多媒体计算引擎、数字信号处理（DSP）引擎和浮点运算单元（Floating-Point Unit，FPU）等硬件单元的配置，具备高能效的计算能力；能够赋予 CPU 架构本身额外的计算能力，使得一些常用的运算如傅里叶变换、三角函数、各类滤波器的实现变得更为便捷和高效。

（3）存储子系统：支持 Cache、"便笺存储器"（Scratch-Pad Memory，SPM）及存储增强等技术，使软件运行效率得到极大的提高。

（4）多核：支持对称多核和非对称多核，使 CK-CPU 系列处理器在更为复杂和高端的 SoC 架构设计中，能够作为中央处理器而最大化地发挥自身的能效。

CK-CPU 系列处理器配有处理器设计与验证平台、编译器与调试器、嵌入式操作系统、软件集成开发环境 CDS（C-SKY Development Suite）与 CDK（C-SKY Development Kit），并支持主流的嵌入式操作系统（如阿里巴巴 YunOS、FreeRTOS、μCos、eCos 等），使得基于 CK-CPU 系列处理器的 SoC 设计变得更为快速，软件开发变得更为便捷。

CK-CPU 系列处理器当前在中国正逐渐被广泛使用，产品形态呈现出多样化、规模化的特征，可在 SoC 安全和云服务基础建设等领域中进一步拓展应用。

参考文献

[1] CPU IP 授权［EB/OL］.［2017-12-12］. http://www.c-sky.com/solution/CPU-IP-shou-quan.htm.

撰稿人：杭州中天微系统有限公司　　陈昊

审稿人：中国科学院大学　　陈春章

2.3.19　图形处理器，圖形處理器，Graphics Processing Unit（GPU）

图形处理器（Graphics Processing Unit，GPU）[1]是用于 2D/3D 图形图像相关运算和显示输出的专用集成电路产品。在图形处理器这个术语诞生之前，产生了很多具有 2D 图形图像加速功能或者有限 3D 图形图像加速功能的集成电路产品。1999 年，英伟达（NVIDIA）针对个人计算机应用发布了 GeForce 256 图形芯片，并将其命名为图形处理器，其技术定义是"具有集成转换、照明、三角形设置/剪切、渲染引擎并且每秒至少可处理一千万个多边形的单芯片处理器"[2]。2002 年 ATI 公司将其发布的 Radeon R300 图形芯片命名为视觉处理器（Visual Processing Unit，VPU）[3]，然而其本质上也是一种图形处理器。

图形处理器在计算机领域通常是独立芯片产品，或者以电路模块的形式集成在中央处理器内部；而在移动设备领域，通常以知识产权核（Intellectual Property Core，IP Core）集成在 SoC 内部。图形处理器产品广泛装备于游戏机、个人电脑、移动设备等侧重图形处理和显示的设备，以及服务器、数据中心、超级计算机等侧重高性能计算的设备。

典型的 3D 图形处理器的数据处理基本步骤如图 2-26 所示。第一步，根据图形程序接口指令处理 3D 模型顶点的变换（Transform）、光照运算（Lighting），通常利用顶点着色器（Vertex Shader）完成；第二步，进行三角形设置/剪切（Triangle Setup），将 3D 模型的顶点按视角映射到 2D 显示平面，将多边形分解为多个三角形的组合，并剔除多余部分；第三步，利用光栅生成器（Rasterizer）将前一步保留的三角形由矢量图像转化为点阵图像；第四步，利用像素着色器（Pixel Shader）对点阵图像的像素进行逐一处理，并利用纹理映射单元（Texture Mapping Unit，TMU）查找像素的纹理值，确定像素最终的颜色值和透明度；第五步，利用光栅操作（Raster Operation，ROP）对像素进行最终处理，然后合成为完整的图像并予以显示。

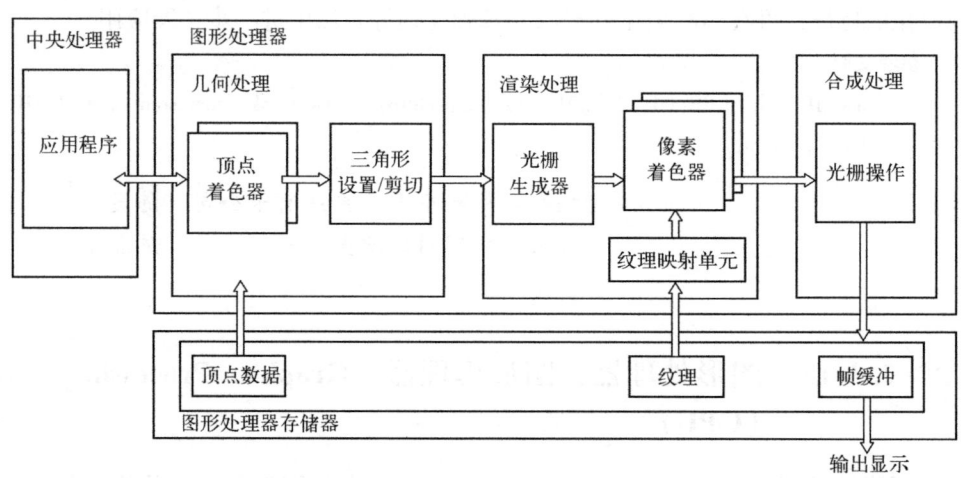

图 2-26　图形处理器工作流程示例

在图形图像处理过程中，需要计算大量的顶点数据和像素数据，并要满足实时、高速、并行、大数量的计算要求。随着图形处理器并行化体系结构的发展，以及软件编程环境和工艺的改进（见表 2-14），图形处理器不但能高速有效地执行图形图像相关的运算和操作，而且也适用于大规模的通用数据计算任务；由此发展出了通用图形处理器（General-Purpose Computing on Graphics Processing

Units，GPGPU)[4]，甚至专业的计算卡产品。很多的高性能计算系统、超级计算机系统都配备了此类 GPU 作为加速器与 CPU 搭建异构计算（Heterogeneous Computing）节点，以加强并行数据处理能力。由于 CPU 的体系结构适合指令流执行，而 GPU 的体系结构适合数据流计算；因此将两者结合成单芯片，在系统架构上协同工作，根据任务性质自适应选择执行部件，成为一种更高效的处理器架构，即 CPU + GPU 异构系统架构（Heterogeneous System Architecture，HSA)[5]。图形处理器将在游戏、影视、高性能计算、人工智能、深度学习、图像识别、云计算、虚拟现实、数据可视化等诸多领域得到广泛应用。

表 2-14 图形处理器并行化体系结构的发展和软件编程环境

起始时间	代表产品	结构特点	图形应用接口	工艺节点	可编程性	通用计算
1999 年	GeForce 256 Radeon	固定功能的流水线	DirectX 7/ OpenGL 1.2	0.22μm/ 0.18μm	无	无
2001 年	GeForce 3 系列 Radeon R200 系列	分离的顶点/像素渲染器	DirectX 8/ OpenGL 1.3	0.15μm	有限	无
2003 年	Radeon R300 系列 GeForce FX 系列	分离的顶点/像素渲染器 FP16/24/32 位浮点	DirectX9/ OpenGL 2.0	0.15μm/ 90nm	有	有限
2007 年	GeForce 8 系列 Radeon R600 系列	统一渲染架构/ IEEE754 浮点	DirectX 10/ OpenGL 3.3	80nm/ 55nm	有	有
2009 年	Radeon HD5000 系列 GeForce400 系列	统一渲染架构/通用计算/多线程/IEEE754 双精度浮点	DirectX 11/ OpenGL 4.x/ OpenCL 1.1	40nm/ 28nm	有	有
2015 年	GeForce 900 系列 Radeon Rx 200 系列	统一渲染架构/异步计算/多线程	DirectX 12/ OpenGL4.x/ OpenCL1.2	28nm/ 12nm	有	有

在 20 世纪，矽统科技（SiS）、威盛电子（VIA/S3 Graphics）、3dfx、Matrox 等公司也推出过个人计算机领域的图形芯片。当前很多厂商生产 GPU，在个人计算机领域占有市场主流份额的有 Intel、英伟达、AMD，在智能手机和平板电脑领域的有 Imagination、高通、ARM 等。

参考文献

[1] Graphics processing unit［EB/OL］.［2017-12-12］. https://en.wikipedia.org/wiki/Graphics_processing_unit.

[2] GeForce 256［EB/OL］.［2017-12-12］. http://www.nvidia.cn/page/GeForce256.html.

[3] ATI radeon R300［EB/OL］.［2017-12-12］. https://en.wikipedia.org/wiki/ATi_Radeon_R300_Series.

[4] 加速计算 [EB/OL]. [2017-12-12]. http://www.nvidia.cn/object/what-is-gpu-computing-cn.html.

[5] What is heterogeneous system architecture (HSA)? [EB/OL]. [2017-12-12]. http://developer.amd.com/resources/heterogeneous-computing/what-is-heterogeneous-system-architecture-hsa/.

撰稿人：Cadence 公司　　贾琳
审稿人：中国科学院大学　　陈春章

2.3.20 微控制器，微控制器，Microcontroller Unit (MCU)

微控制器单元（Microcontroller Unit，MCU）又称为单片微型计算机（Single Chip Microcomputer），简称"微控制器""单片机"。通常认为 TI 公司的 Gary Boone 和 Michael Cochran 于 1971 年开发了世界上第一颗微控制器 TMS1000[1]。在此基础上，TI 公司于 1974 年推出了 TMS1000 系列 MCU 产品，并在消费电子市场取得了成功[2,3]。

MCU 的架构示意图如图 2-27 所示。CPU 是 MCU 的核心部件，负责核心的算法处理和调度控制。存储器包括芯片内的指令存储空间和数据存储空间。根据存储介质特性不同，存储器包括 ROM、OTP 存储器、MTP 存储器、eFlash、SRAM。各种存储器通过总线（Bus）与 CPU 处理器或接口（Interface）互连互通、传输指令/数据。存储空间直接访问（Direct Memory Access，DMA）控制器用于控制数据存储空间及接口部件间的高速数据传输。根据应用，MCU 可集成不同的接口控制器，常见的有内部集成电路总线（Inter-Integrated Circuit Bus，I^2C）接口、集成电路间音频总线（Integrated Interchip Sound，I^2S）接口、通用异步收发器（Universal Asynchronous Receiver/Transmitter，UART）接口、串行外设总线（Serial Peripheral Interface，SPI）接口、控制器区域网络（Controller Area Network，CAN）接口、通用串行总线接口（Universal Serial Bus，USB）、串行数字接口（Serial Digital Interface，SDI）等。定时器也是 MCU 中常见的组成部件，包含通用定时器、实时时钟定时器（Real Time Clock，RTC）、根据应用集成专用的电动机控制定时器、脉冲宽度调制（Pulse Width Modulation，PWM）定时器。作为片上集成系统，MCU 需要集成电源、时钟、复位管理部件：低压降电压调整器（Low Dropout Regulator，LDO）负责上电、掉电复位（Power On/Off Reset）；时钟振荡器/锁相环（Oscillator/PLL）保证上/下电过程稳定、可靠，同时提供丰富的片内工作时钟源，优化性能/功耗。此外，根据应用需求的不同，MCU 片内可以集成模/数转换器、数/模转换器、运算放大器等各种模拟部件。

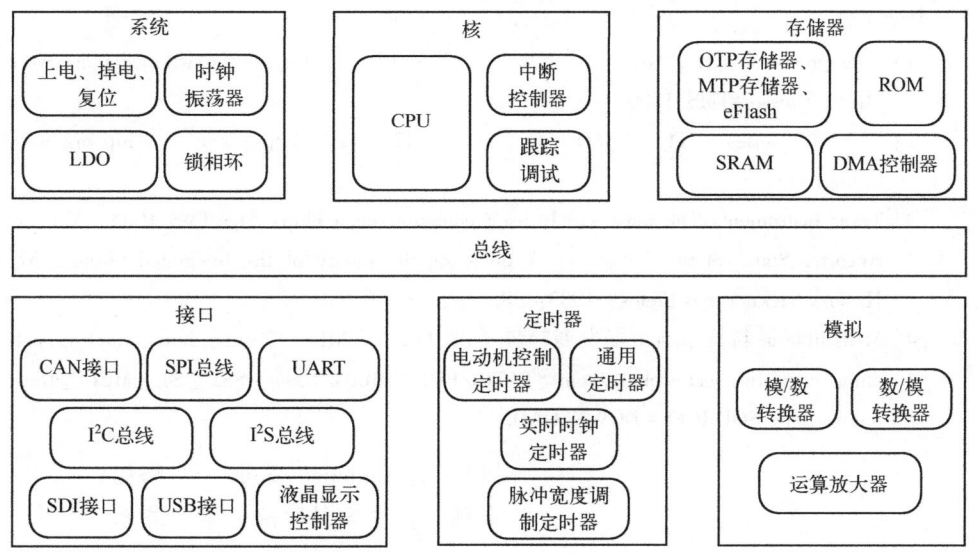

图 2-27　MCU 架构示意图

MCU 按照采用的 CPU 不同，可分为 8 位、16 位、32 位、64 位不同系列，其中常见的有以 8051 为代表的 8 位处理器 MCU，以及以 ARM Cortex-M 系列为代表的 32 位处理器。处理能力不同的 CPU，提供不同的计算处理性能和运算频率。8 位、16 位 CPU 相比 32 位、64 位 CPU，在功耗、面积上占有优势，但处理性能较弱。按照存储器类型的不同，MCU 可分为 ROM 型、OTP/MTP 型、eFlash 型等。集成 ROM 的 MCU，成本低廉，但程序/数据出厂时已固化；集成 eFlash 的 MCU，支持程序/数据多次变更和擦/写，应用灵活性高，但成本较高；集成 OTP/MTP 的 MCU 价格趋中，支持一次或多次擦/写，适合于要求一定灵活性但对成本又较敏感的产品应用。

MCU 产品的应用市场广阔、种类繁多。4 位、8 位 MCU 主要应用在无线电话、呼叫器、液晶显示控制器、计算器、车载仪器与仪表、儿童玩具、胎压及温湿度计、磅秤、遥控器、电表、呼叫器、传真机、电动机控制器等家电产品和工控产品中。16 位、32 位 MCU 主要应用于移动电话、数码相机、数码摄录机、调制解调器、全球定位系统（GPS）终端、个人数字助理系统（PDA）、机顶盒、路由器、激光打印机、物联网（IoT）终端等产品上。64 位 MCU 大部分应用在多媒体互动和工作站等系统中。伴随着 8 位 MCU 在性能技术上的不断提升，同时功耗和面积的不断降低，以及 32 位 MCU 高性能、价格不断下降的冲击，以上产品应用类型正在逐渐融合、交叉，8 位和 32 位 MCU 市场于 2010 年出现深 V 形增长[4]。

参考文献

[1] Microprocessor [EB/OL]. [2017-12-12]. https://en.wikipedia.org/wiki/Microprocessor#TMS_1000.

[2] TMS1000 series - TI [EB/OL]. [2017-12-12]. https://en.wikichip.org/wiki/ti/tms1000.

[3] Texas Instruments. The most widely used computer on a chip: The TMS 1000 [M].//Augarten Stan. State of the art: A photographic history of the integrated circuit. New Haven: Ticknor and Fields, 1983: 38.

[4] MCU 市场最新技术与市场发展趋势 [EB/OL]. [2017-12-12]. http://archive.eet-china.com/www.eet-china.com/STATIC/PDF/201004/1004_SS2_S1_MCU_Ray_online.pdf? SOURCES=DOWNLOAD.

撰稿人：Cadence 公司　　陈旭
审稿人：中国科学院大学　　陈春章

▷▷▷ 2.3.21　数字信号处理器，數位信號處理器，Digital Signal Processor（DSP）

数字信号处理器（Digital Signal Processor，DSP）是一种专用微处理器，它在架构上对数字信号处理（Digital Signal Processing）做了优化。第一款单芯片 DSP 是 1979 年贝尔实验室研发的 MAC4 型微处理器。第一批完整的 DSP 出现在 1980 年 IEEE 国际固态电路会议上，它们是 NEC 的 μPD7720 处理器和 AT&T 的 DSP1 处理器。最终开启 DSP 市场的一款芯片是 1983 年 TI 生产的 TMS32010[1]。

DSP 可以对真实世界连续变化的模拟信号进行测量、过滤和压缩处理。典型的数字信号处理系统示意图如图 2-28 所示。数字信号处理系统的原理是将信号（例如来自音频视频传感器的信号）从模拟信号转换成为数字信号，并进行有效数字信号的运算处理，然后再将其转换成模拟信号形式。其中的 DSP 模块一般将运用大量的数学算法以达到快速、重复地对连续数据进行采样并对数据进行有目的性的运算处理[2]。

DSP 模块的运算往往需要联合微处理器芯片完成。大部分微处理器可以完成数字信号处理算法的运算，但并不都能应用于对功耗要求较高的移动设备和物联网设备中。为了满足低功耗要求，同时保证良好性能以及快速处理速度，人们开发出了应用于移动设备的专门数字信号处理芯片、语音信号处理芯片、图像信号处理芯片和视觉信号处理芯片等[3]。

图 2-28　数字信号处理系统示意图

TI 公司的 C6000 系列，时钟频率为 1.2GHz，最快执行速率为 8000MIPS。Freescale 公司（2015 年被 NXP 合并）的多核 DSP，每个核的时钟频率达到 1GHz。XMOS 公司的多线程 DSP 执行速率为 400~1600MIPS[4]。CEVA 公司的 DSP 为 16 位或 32 位字宽、单个或两个 MAC 的 DSP，可以采用超长指令字（Very Long Instruction Word，VLIW）和单指令多数据（Single-Instruction Multiple-Data，SIMD）两种架构。ADI 公司的基于超级哈佛结构（Super Harvard Architecture，SHARC）具有浮点与定点功能的 DSP，每秒百万次浮点运算数（Million Floating-Point Operations Per Second，MFLOPS）范围为 198~2400MFLOPS（对应频率为 66~400MHz）。Cadence 公司的 Tensilica Vision P6 是一款用于计算机视觉应用，同时支持 OpenVX、矢量单精度浮点加速运算的图像信号处理芯片[5]。

参考文献

[1] 杨毅明. 数字信号处理 [M]. 北京：机械工业出版社，2012.
[2] DSP [EB/OL]. [2017-12-12]. https://en.wikipedia.org/wiki/Digital_signal_processor.
[3] DSP starter kits [EB/OL]. [2017-12-12]. http://www.kanecomputing.co.uk/dsk.htm.
[4] XMOS DSP [EB/OL]. [2017-12-12]. http://xmos.com/.
[5] Cadence Tensilica 用户手册 [Z/OL]. [2017-12-12]. https://ip.cadence.com/ipportfolio/tensilica-ip.

撰稿人：Cadence 公司　　刘宇峥
审稿人：中国科学院大学　　陈春章

▷▷▷ 2.3.22　现场可编程门阵列，现场可程式闸阵列，Field Programmable Gate Array（FPGA）

现场可编程门阵列（Field Programmable Gate Array，FPGA）也称为现场可编程器件，是在 PROM（Programmable Read Only Memory）、PLD（Programmable Logic Device）、PLA（Programmable Logic Array）、GAL（Gate Array Logic）、CPLD（Complex Programmable Logic Device）等可编程器件的基础上，发展成的一种半定制化集成电路芯片，它具有硬件可编程的特点。

1985年Xilinx公司推出全球第一款FPGA产品XC2064，使用了2μm制造工艺，包含64个逻辑块（合1200个逻辑门）[1]。2003年Xilinx公司推出了90nm制造工艺的Spartan-3系列产品，随后又推出了65nm制造工艺的Virtex-5系列产品和45nm制造工艺的Virtex-6系列产品。2011年Xilinx公司和Altera公司相继推出了28nm制造工艺的FPGA产品，这些产品具有高效的逻辑集成功能和更低功耗。2016年Xilinx公司和Altera公司推出了16nm制造工艺的FPGA产品。

FPGA主要由可编程输入/输出单元（I/O Blocks）、可编程逻辑块（Configurable Logic Block，CLB，简称逻辑单元）、嵌入式RAM、可编程布线、底层嵌入功能单元和内嵌专用硬核六大部分组成。可编程逻辑块是FPGA的基本逻辑单元，它由触发器（Trigger）和查找表（Look-Up Table，LUT）两部分组成。

FPGA芯片包含数以百万计的逻辑单元，配置它们实现特定的逻辑功能十分复杂，需要使用专用EDA开发工具编译出对应的配置文件或二进制码流。主流的FPGA厂商的EDA开发工具主要有Altera（2015年被Intel并购）的Quartus Ⅱ、Xilinx的ISE和Vivado、Lattice的ispLEVER、Atmel（2016年被Microchip并购）的pASSP和Actel（2010年被Microsemi并购）的Libero。

FPGA设计方法的发展可划分为三个时代，即硬件描述时代、嵌入式软核时代和异构系统时代。

硬件描述时代是FPGA设计的第一个时代。设计人员根据待设计的电路功能使用硬件描述语言（Hardware Description Language，HDL）完成开发。由于模块化数字电路可被封装为IP（Intellectual Property）核的形式，使用IP核完成FPGA的最终设计，可大大提高效率。

嵌入式软核时代是FPGA设计的第二个时代。它以Altera公司的微处理器软核Nios Ⅱ和Xilinx公司的微处理器软核Microblaze为代表。设计人员利用FPGA内部的逻辑资源搭建微处理器软核，再将I/O接口等IP软核连接至微处理器软核总线，从而构成可编程系统芯片（Programmable System on Chip，PSoC）。设计人员可使用C、C++等高级语言控制可编程片上系统工作，实现软硬件协同设计。

在功耗、性能和开发周期等因素的驱动下，FPGA设计进入了异构系统时代。以CPU为核心的哈佛结构（或冯氏结构）和可编程逻辑电路同时存在于FPGA中，使异构系统更具综合优势。例如，Altera的Cyclone Ⅴ系列和Xilinx的Zynq系列均包含ARM硬核。同时，随着高层次综合（High-Level Synthesis，HLS）的推出，FPGA的EDA工具得到了进一步的发展，可直接使用C、C++等语言对FPGA进行硬件编程，更大程度地提高了FPGA的设计效率。

2010年后，神经网络技术在人工智能领域得到了广泛的应用。FPGA因具有高度并行、高吞吐量、低功耗和可重构等特点而备受关注，成为在实现深度学习算法的系统中提高性能功耗比的重要器件。

参考文献

[1] FPGA invention by Xilinx [EB/OL]. [2017-12-12]. https://www.xilinx.com/about/company-overview.html.

撰稿人：北京大学　　　　曹健
审稿人：中国科学院大学　　陈春章

▷▷▷ 2.3.23 专用集成电路，專用積體電路，Application Specific Integrated Circuit（ASIC）

专用集成电路（Application Specific Integrated Circuit，ASIC）是针对特定用途定制的集成电路。它与通用集成电路如 CPU、存储器、FPGA 等相比，更能按照应用需求设计并实现特定功能。现代 ASIC 通常包括微处理器、存储器（包括 ROM、RAM、闪存）和其他 IP 功能模块（如 PLL、LVDS、ADC、LDO 等），这样的 ASIC 也通常被称为 SoC[1]。ASIC 中常见的 IP 模块包括客户自有工具（Customer-Owned Tooling，COT）模块。ASIC 大量应用于智能手机、计算机、通信设备、汽车电子等。常见的 ASIC 产品有高通的骁龙（Snapdragon 800/600/400/200）系列，海思半导体的麒麟（Kirin）系列，AMD 基于皓龙（Opteron）处理器的 A 系列 APU（CPU 融合 GPU），NVIDIA 的 GeForce 显卡系列等。

ASIC 与专用标准产品（Application Specific Standard Product，ASSP）本质是一致的，ASSP 是 ASIC 的一种更加通用的特例。ASSP 可作为现成的组件使用，例如独立的 USB 接口芯片，而 ASIC 则是根据特定功能而开发的，通常专用在特定系统中。

ASIC 的主流设计流程是根据系统设计和规范（System Design and Specification）进行架构设计，用硬件描述语言编写 RTL 代码并进行功能仿真（Functional Simulation）和测试，通过综合（Synthesis）优化并进行逻辑验证与可测性设计产生门级网表（Gate Level Netlist），交付物理设计团队进行布局布线（Place and Route）并满足时序（Timing）等要求，通过物理验证和可制造性设计满足设计要求，进行签核（Sign-Off）[2,3]后最终交付圆片厂生产。一个典型的 ASIC 设计流程如图 2-29 所示。ASIC 的主流设计方式有全定制（Full Custom）和半定制

(Semi-Custom)两种,全定制是按照设计流程依次进行各个阶段的实现,半定制则是利用成熟的IP设计实现特定功能。从存储器、标准单元库(Standard Cells)到复杂的IP都已经有厂商提供多种解决方案。与COT模式需要客户完全设计整个后端的流程相比,ASIC利用已有平台节约了开发时间和研发成本。另外,结构化的ASIC(Structured ASIC)能够提高设计性能,降低一次性开支(Non-recuurence Expense,NRE)成本,同时具备ASIC和FPGA的特性,例如eASIC公司的产品模式。

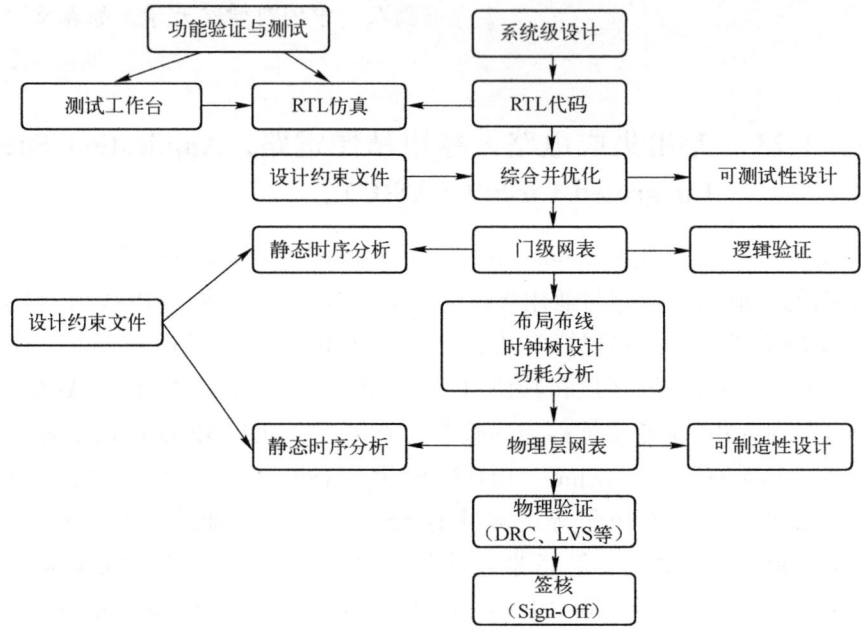

图2-29 典型的ASIC设计流程图[2]

随着半导体工艺线宽的缩小,在同样芯片面积上,ASIC产品的晶体管数目增加、成本降低、性能提高。2012—2018年全球半导体制造商可用于ASIC产品生产的先进技术节点和相关工艺如图2-30所示。

ASIC的发展离不开电子设计自动化(Electronic Design Automation,EDA)软件的开发。这些软件工具包括系统设计与验证工具(如Incisive、VCS等)、数字综合与物理设计工具(如Innovus、Calibre等)、电路设计与仿真工具(如HSpice、Spectre等)、PCB设计软件(如Sigrity、Xpedition等)。目前主要有Cadence、Mentor Graphics(2017年被西门子合并)和Synopsys三家EDA公司提供ASIC设计的各种工具方法和设计流程。

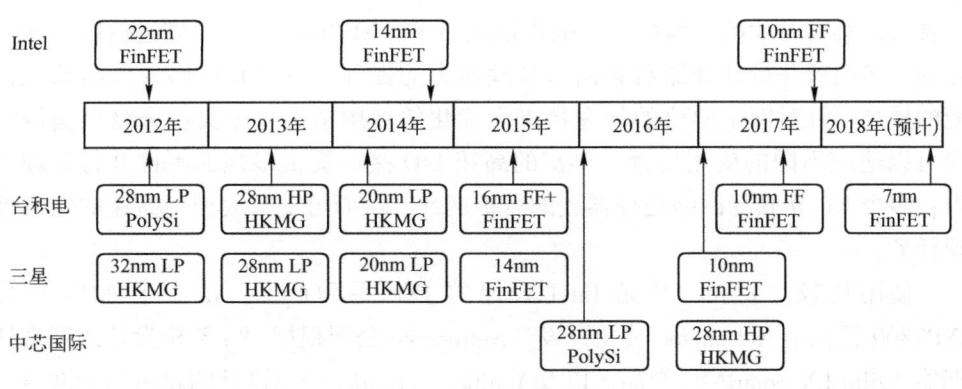

图 2-30 2012—2018 年全球半导体制造商可用于 ASIC 产品生产的先进技术节点和相关工艺

参考文献

[1] ASIC [EB/OL]. [2017-12-12]. https://en.wikipedia.org/wiki/Application-specific_integrated_circuit.

[2] 陈春章, 艾霞, 王国雄. 数字集成电路物理设计 [M]. 北京: 科学出版社, 2008.

[3] M. J. S. Smith. Application-specific integrated circuits [J]. Menlo Park, California: Addison-Wesley Longman, Inc., 1997.

撰稿人: Cadence 公司　　王宏莎
审稿人: 中国科学院大学　　陈春章

2.3.24 网络处理器, 網路處理器, Network Processor (NP)

网络处理器 (Network Processor, NP) 或者网络处理器单元 (NP Unit, NPU) 可以处理各种网络通信任务, 包括数据包的处理、协议分析、路由查找、声音和数据的汇聚、当作互联网防火墙、保证服务质量 (Quality of Service, QoS) 等[1]。NP 集成电路产品广泛应用于互联网路由器 (Routers)、互联网交换机 (Switches)、网络监控与防护等多种设备中。这些设备位于互联网交换点 (Internet Exchange Point, IXP), 用于处理数据通信, 故有时也将 NP 称作 IXP 网络处理器。

由于网络数据处理的特殊需求, 例如复杂的拥塞管理、队列调度、数据流分类和 QoS 功能, 需要实现极高的查找和转发性能等, 通常的 CPU (例如 x86) 处理能力明显不足而且还受到 PCI 总线速度的制约。而专门设计的 NP, 并通过软件算法与硬件结合可以解决上述问题, 并在应用中可以跟随防火墙功能的快速发展，具有灵活的可编程性，编程模式简单。NP 的特点和优势包括以下几个方面：多内核并行处理器对数据包处理能力的提升；专用硬件协处理器系统性能的提高；针对网络协议的处理特点而优化的专用精简指令集；分级存储器结构可以适应不同的应用场景；丰富的高速 I/O 接口提供很强的硬件并行处理能力；多个 NP 互联的网络处理器簇的可扩展性，从而可支持大型、高速的网络处理任务。

使用比较广泛的 NP 是 Intel 公司的 IXP 系列产品。Intel 于 2011 年将 IXP2800 授权给 Netronome 公司开发。Netronome 公司根据 x86 架构设计的网络处理器 Agilio LX SmartNIC 产品，以及 Juniper Networks 公司设计的路由器和网络交换机等，可以提供 10Gbit/s、40Gbit/s、100Gbit/s 的数据速率。Broadcom 公司的网络交换机芯片"战斧（Tomhawk）"可以控制 32×100Gbit/s 的数据速率[2]。Marvell 公司的网络交换机产品 Prestera 系列可以支持 1.2Tbit/s 数据包等。Nokia 公司于 2015 年收购了 Alcatel-Lucent，其 7450 ESS 系统提供 10Gbit/s、40Gbit/s、100Gbit/s 的数据速率，交换机总能力为 2~4Tbit/s[3]。

根据云数据中心（Data Center）的数据吞吐量（Throughput）要求，当代 NP 设计需要具有软件定义网络（Software Defined Networking，SDN），即计算机网络功能。Cisco 公司的 Nexux 9500 网络交换平台可以构建多种组合网络网口，包括 512×100Gbit/s 的网口，该平台的背板带宽（BackPlane Bandwidth）达到 172.8Tbit/s[4]。华为公司的 CE12800 系列交换机的背板带宽达到 178Tbit/s。EZchip 公司（2016 年被 Mellanox 公司收购）的 Indigo NPS 产品系列可以支持开放式系统互联（Open System Interconnect，OSI）的 7 层技术协议。EZchip 改用 ARMv8 架构，用 100 颗 A53 众核（Many Cores）在 28nm 工艺上制造，实现 200Gbit/s 的数据速率[5]。

网络处理器芯片类型包括开关芯片、控制芯片等。与通用处理器（CPU/MPU 等）相比，NP 通常要求高性能、高数据速率、结合软件技术、提供加密处理和云数据服务等，其研发周期长，架构设计复杂。

参考文献

[1] Network processor [EB/OL]. [2017-12-12]. https://en.wikipedia.org/wiki/Network_processor.

[2] Embedded and networking processors [EB/OL]. [2017-12-12]. http://www.broadcom.com/products/enterprise-and-network-processors.

[3] 网络产品 [EB/OL]. [2017-12-12]. https://www.al-enterprise.com/.

[4] Cisco digital netwrok archite cture [EB/OL]. [2017-12-12]. https://www.cisco.com/c/en/us/products/index.html.

[5] EZchip 200Gbps NPU [EB/OL]. [2017-12-12]. http://www.ezchip.com/files/drim_
_NP-5_Product_Brief_short_Jan2015_7599.pdf.

撰稿人：中国科学院大学　陈春章
审稿人：中国科学院大学　孙翼

▷▷▷ 2.3.25　安全加密处理器，安全加密處理器，Secure Cryptoprocessor

安全加密处理器（Secure Cryptoprocessor）[1]是一种本身不产生加密数据或程序指令，但产生密钥（Key）的处理器，其应用产品有智能卡、ATM、电视机机顶盒、军事系统等。而加密型（Cryptographic）处理器在安全环境下由安全加密处理器和数据加密方案配合实现数据加密及其存取，并通过总线输出加密数据。

根据设计技术与方法的不同，安全加密处理器设计方法有采用非易失性（NVM）存储器设计技术加密和采用物理功能不可克隆函数（Physical/Physically Unclonable Function，PUF）技术设计加密两大类[2]。

采用 NVM 加密机制的产品技术成熟，应用广泛。设计这种加密芯片时，将密钥和/或代码数据存放在芯片内部自带的 CPU 中运行，再加上硬件保护逻辑电路、内置加密算法、可编程操作将需要加密的数据部分通过口令（Password）或其他认证方式实现方案保护。认证方法可以采用国际标准可信平台模块（Trusted Platform Module，TPM）来实现，并且要在符合可信执行环境（Trusted Execution Environment，TEE）的条件下使用，要求上载的口令和数据具有机密性与完整性。用 NVM 方法设计的安全加密处理器产品可以直接安装在硬件安全模块（Hardware Security Module，HSM）中使用。在传统应用中，HSM 往往被做成一块插卡或者外部器件，使用时接入计算机服务器。这种 HSM 带有一块或多块安全加密处理器，分别用以防止恶意篡改和对总线的窥探。

PUF 设计技术于 2002 年由 Gassend 等人首先报道[3]，于 2010 年后开始受到重视，可能成为"硅指纹（Silicon Finger Print）"并且可以用于智能卡；其特点是 PUF 将密钥与认证相结合的系统协议（System Protocol）不可复制、新型加密协议与原有系统架构融合等。

市场上现有的加密芯片有传统逻辑加密芯片和智能卡内核加密芯片两大类。传统逻辑加密芯片以 I^2C 接口协议通信，内部采用硬件保护电路，外接 EEPROM，内置加密算法。智能卡内核加密芯片提供 I^2C 或 GPIO 的接口，通过内部或者外部晶振工作。智能卡内核加密芯片通常通过 MCU 进行编程，将主芯片的部分算法、代码以及数据放入 MCU 加密芯片去执行,而且需要通过 5 级以上的评估保证级(EAL5)。

在应用中,首先要选定安全有效的加密芯片,再采用安全、合理、有效的数据加密方案,才能真正做到对数据的有效保护。安全加密处理与集成电路设计在未来将带来新的革新技术。例如,IBM 公司的班奈特(Charles Bennett)等人于 1989 年,将密码学与量子力学相结合产生了量子密码学的量子密钥分配(Quantum Key Distribution,QKD)[4],包括量子隐形传态和两个非正交量子态的方案。与安全人工传输网络(Secure Human Courier Network)相比,这些方案具有自动化、高可靠性和低成本的优点。

参考文献

[1] Secure cryptoprocessor [EB/OL]. [2017-12-12]. https://en.wikipedia.org/wiki/Secure_cryptoprocessor.

[2] PUF [EB/OL]. [2017-12-12]. https://en.wikipedia.org/wiki/Physical_unclonable_function.

[3] B. Gassend, D. Clarke, MV. Dijk, et al. ABSTRACT silicon physical random functions [J]. In: Proceedings of 9th ACM Conference on Computer and Communications Security, 2002, 11: 148-180.

[4] QKD 1993[P/OL]. [2017-12-12]. https://www.google.com/patents/US5515438.

撰稿人:中国科学院大学　陈春章
审稿人:中国科学院大学　孙翼

▷▷▷ 2.3.26　高级处理器,高級處理器,Advanced Processors

除了传统的处理器(CPU、MPU/MCU、DSP 和 GPU),面向当代各种应用的高级处理器(Advanced Processors)层出不穷,例如加速处理单元(Accelerated Processing Unit,APU)[1]、采用异构系统架构(Heterogeneous System Architecture,HSA)特征设计的集成电路[2]、基于人工神经网络(Artificial Neural Networks,ANN)深度学习(Deep Learning)[3]的高级处理器等。

1. 加速处理单元

AMD 公司于 2006 年收购了 ATI 公司,从设计传统的串行计算处理器 CPU 过渡到并行图形处理器 GPU;经过研发升级,再将 CPU 和 GPU 合为一体成为 APU,集成为单个芯片,使得微处理器的性能得到改进,处理能力得以提高。APU 为随后被扩展为 HSA 走出了一条新路。AMD 公司的三代 APU 架构开发项目见表 2-15[1]。

表 2-15　AMD 公司的三代 APU 架构开发项目

时　间	APU 项目	特征与用途
2011 年 1 月（第一代）	Llano APU，"Fusion"项目，K10 CPU 与 Radeon HD 6000 系列 CPU；2012 年改名为 HSA。SOI 32nm，2~4 个 CPU 核	第一个 APU 多核设计
2012 年 10 月（第二代）	"Trinity"项目，Piledriver 8 个 CPU 核与 Radeon HD 7000 系列 GPU 核，SOI GF32nm	Hondu APU，1.4~4.2GHz，4.5W，用于台式与便携式计算机及索尼 PS4
2014 年 1 月（第三代）	Kevari APU，CPU 与 GPU 的巨大集成。192~512 个 CPU 核，T28nm	3.9~4.1GHz，用于索尼 PS4 和微软 Xbox One

2. 采用异构系统架构特征设计的集成电路

HSA 最早是由 AMD 公司开发的 APU 概念扩展而来的。HSA 定义了一套计算机硬件规范，其核心为 CPU 标量处理和 GPU（或者 DSP）并行处理的结合。与此相应的有开源软件的开发与应用，包括系统级 C/C++高级语言、用于异构系统的开放计算语言（Open Computing Language，OpenCL）结构、针对三维图形（例如 GPU）的开放图形库（Open Graphics Library，OpenGL）、开放多进程（Open Multi-Processing，OpenMP）应用程序接口、NVIDIA 公司开发的平行计算与应用接口（Compute Unified Device Architecture，CUDA）的模型、支持多种操作系统的 Python 等语言。2012 年 6 月由 AMD、ARM、Imagination、联发科（MediaTek）、高通和三星成立了非营利组织 HSA 协会。HSA 协会着重于开发和定义各种处理器（包括 CPU、GPU、DSP）以及存储器的特点和接口；之后，该协会又添加了 ASIC 设计公司成员，从而建立起新型的并行计算异构系统架构[2]，如图 2-31 所示。HSA 包括软件和硬件两大部分。软件包括 OpenCL、OpenMP、CUDA 模型等。图 2-31 中 CPU 和其专用存储器 DDR，以及 GPU 和其专用存储器 GDDR，使用指针（Pointer）功能传递，在 HSA 系统中形成了共享的系统虚拟存储器（System Virtual Memory，SVM）。

3. 基于人工神经网络深度学习的高级处理量

约翰·麦卡锡（John McCarthy）在 1956 年最早使用了人工智能（Artificial Intelligence，AI）这个词，他也因此被称为"人工智能之父"。AI 通过使用机器学习（Machine Learning）而设计的产品应用广泛，发展迅速。1986 年 Geffrey Hinton 等人发表了神经网络中反向传播算法（Back-Propagation Algorithm）的文章。2006 年 Hinton 的这一研究有了新的突破，并提出了深度学习（Deep Learning）的概念[3]。近年来，深度神经网络（Deep Neural Network，DNN）、卷积神经网络（Convolutional Neural Network，CNN）、循环神经网络（Recurrent Neural Network，RNN，例如时间递归神经网络，即 Long Short-Term Memory，

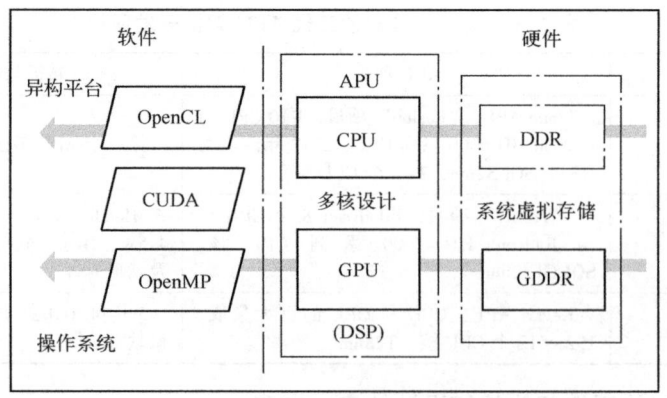

图 2-31 异构系统架构示意图

LSTM）等深度学习方法大大推动了各种芯片的设计进程。

Intel 公司 2017 年推出了 Nervana 平台，利用其 APU 产品 LakeCrest，采用 CPU 与 FPGA 重组架构设计，用在深度学习的分析算法领域中。另外，Intel 于 2016—2017 年发布的高级 CPU 都可以用在深度学习的相关领域。例如，2016 年第一季度发布了 14nm 工艺制造的 Atom® x5-Z8330 处理器，含有 4 核 4 线程，L2 缓存（Cache）为 2MB，最高工作频率为 1.92GHz。Intel 于 2016 年第四季度发布了至强（Xeon Phi）系列处理器 7290，含 72 核，采用 14nm 工艺，集成 16GB 缓存，工作频率为 1.5GHz。Intel 于 2017 年发布了第七代 4 核处理器 Intel Core-i7 系列，工作频率为 3.5~4.5GHz。

IBM 公司承担美国 DARPA 的 SyNAPSE 项目，基于 CNN 设计了认知计算机（Cognitive Computer），从而于 2014 年设计出备受关注的具有 4096 个 CPU 众核的真北（TrueNorth）神经网络芯片，它有 54 亿个晶体管，功耗只有 70mW。它模拟 2.68 亿个神经轴突（Synapse），每个 CPU 核可以模仿 256 个可编程的神经元（Neuron），总共等效于 100 万个神经元[4]。

中国科学院计算所 2016 年报道了结合 GPU 和 CPU 的深度学习专用处理器寒武纪（Cambrian）芯片，计算速度大为提高，为其虚拟现实研究建立了基础[5]。寒武纪 1 号（DianNao）芯片采用 65nm 工艺，芯片面积为 3.02mm²，主频为 0.98GHz，功耗为 0.485W，峰值性能达每秒 4520 亿次神经网络基本运算。寒武纪 2 号（DaDianNao）芯片包含 16 个处理器核，采用 28nm 工艺，面积为 67.7mm²，主频为 606MHz，功耗约为 16W。据称与主流 GPU 相比，寒武纪 2 号单芯片性能超过若干倍，能耗极低，高效能计算系统性能提升数百倍。寒武纪 3 号（PuDianNao）芯片采用 65nm 工艺，面积为 3.51mm²，主频为 1GHz，功耗为 0.596W，峰值性能达每秒 10 560 亿次基本操作。PuDianNao 运行机器学习算法时的平均性能与主流 GPGPU（通用 GPU）相当，但面积和功耗仅为主流 GPGPU 百分之一量级[5]。

谷歌公司于 2013 年 9 月从惠普实验室聘请了计算机体系结构领域专家 Norm Jouppi，参与开发被称作张量处理器（Tensor Processing Unit，TPU）的集成电路设计，使用时通过 PCIe 插口去优化 CPU 和 GPU 芯片组的运行。该 TPU 专为深度学习平台 TensorFlow 打造，运用高层次机器深度学习与计算，可以将复杂的数据结构传输至人工智能神经网络中进行分析和处理，可以用于语音识别或图像识别等多项机器深度学习。谷歌于 2014 年合并了英国 DeepMind 公司，其具有神经智能学习功能的阿尔法围棋（AlphaGo）于 2016 年 5 月打败了世界顶级围棋棋手李世石。AlphaGo 2.0 于 2017 年 6 月打败个人围棋大赛四冠王柯洁。阿尔法围棋是在 TPU 之上运行的，在人机比赛时最多使用了 1920 个 CPU 和 280 个 GPU。谷歌公司于 2017 年 4 月 5 日公开发表官方博客，介绍 TPU 的架构，其处理 AI 事务速度比其他 GPU 与 CPU 结合模式快 15~30 倍，计算能效高 50~80 倍。这些进展为未来各种新型的高级处理器产品设计带来新的激励。

参考文献

［1］ AMD accelerated processing unit［EB/OL］.［2017-12-12］. https：//en. wikipedia. org/wiki/AMD_Accelerated_Processing_Unit.

［2］ HSA［EB/OL］.［2017-12-12］. https：//en. wikipedia. org/wiki/Heterogeneous_System_Architecture.

［3］ Deep learning［EB/OL］.［2017-12-12］. https：//en. wikipedia. org/wiki/Deep_learning.

［4］ Brain chip［EB/OL］.［2017-12-12］. http：//www. research. ibm. com/articles/brain-chip. shtml.

［5］ Liu S., Du Z. D., Chen T., et al. Cambricon：An instruction set architecture for neural networks，In Proc. of the 43rd ACM/IEEE，Int. Symp. on Comp. Arch.（ISCA'16.），2016：393-405.

撰稿人：中国科学院大学　陈春章
审稿人：中国科学院大学　孙翼

2.4　模拟与模数混合集成电路产品

2.4.1　模拟集成电路产品，類比積體電路產品，Analog IC

模拟集成电路是指处理模拟信号的集成电路，模拟和混合信号（Analog and

Mixed Signal, AMS) 集成电路 (简称模数混合集成电路或混合集成电路) 是将处理模拟和数字两种信号的电子器件集成在单个半导体芯片上的集成电路, 以下将模拟集成电路和数模混合集成电路统称模拟集成电路。在电子系统中, 模拟集成电路主要用于信号生成、信号转换、信号处理和系统供电, 主要功能包括模拟信号的采集、放大、传输、驱动以及电源管理等。信号处理链路中的模拟集成电路应用情况如图 2-32 所示。模拟集成电路工艺、设计与应用的关系如图 2-33 所示。

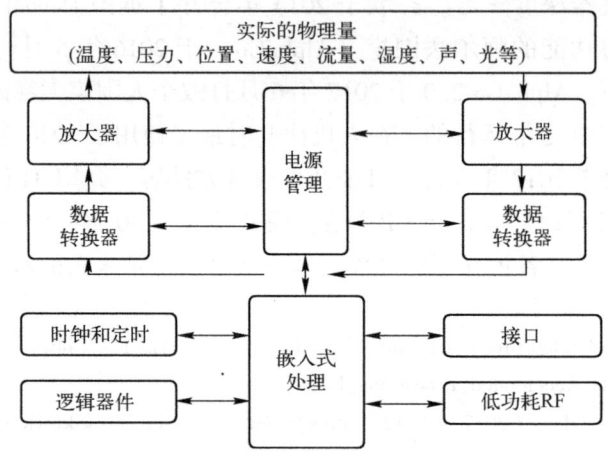

图 2-32 信号处理链路中的模拟集成电路应用情况

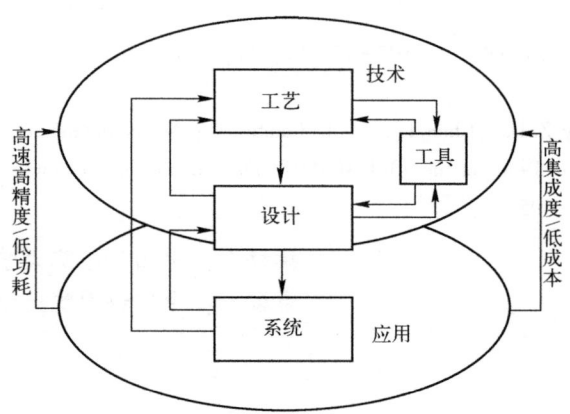

图 2-33 模拟集成电路工艺、设计与应用的关系

模拟集成电路按输入/输出响应关系可分为线性电路和非线性电路, 前者如运算放大器, 后者如模拟乘法器等; 按功能可分为放大器、比较器、电源及电源管理电路、模拟开关、数据转换器、射频 (RF) 电路等; 按应用可分为通用

电路和专用电路，通用电路如运算放大器、电压调整器、锁相环电路、有源滤波器、模/数转换电路与数/模转换电路等，专用电路如音响电路、电视接收机电路等。

世界上第一块模拟集成电路是1958年由杰克·基尔比（Jack S. Kilby）在锗材料上制作的一个振荡器电路，有5个组件。早期模拟集成电路通常采用双极工艺，功能单一。1965年仙童半导体公司设计推出了μA709运算放大器产品。1968年戴维·富嘉（David Fullagar）开发的μA741是有史以来应用最广的运算放大器。其后ADI公司OP系列运算放大器、12位ADC AD565、8位DAC DAC08以及Motorola MC78/79系列电压调整器等经典产品流行于市30年。

随着应用市场的牵引和技术进步的推动，模拟集成电路工艺不断拓展，目前涵盖了双极、CMOS、BiCMOS、BCD等工艺，材料有Si、SiGe及SOI等，开发的模拟集成电路产品包括吉赫兹（GHz）高速电路、超过24位分辨率的ADC、兆赫兹（MHz）开关频率及效率超过95%的开关稳压器、亚微伏（sub-μV）失调放大器等，产品门类已达数十种，并且不断有新的产品门类出现。

客户个性化需求与技术进步的协同是模拟集成电路发展推动力。单一功能的模拟集成电路向追求更高精度、超宽带、超高速、低噪声、高线性度、高功率密度的方向发展；同时随着制造技术的进步、辅助和增强算法的引入，针对一些新的应用，更多地将数字功能和模拟功能集成在同一芯片中，推动着AMS集成电路的迅速发展，其典型产品有模/数转换器（ADC）、数/模转换器（DAC）、直接数字频率合成器（DDS）、频/压转换器（Frequency-to-Voltage Converter）、锁相环（PLL）、模拟和混合信号前端（AFE）等电路。2017年2月Xilinx发布了采用16nm CMOS工艺的可编程射频SoC，将FPGA和12位精度、采样速率4GSPS的RF-ADC，以及14位精度、转换速率6.6GHz的RF-DAC集成在单颗芯片上，可实现近2GHz带宽的射频信号直接采样和发送式软件定义无线电（Software Defined Radio，SDR）。模拟和模数混合电路与MEMS传感器的异质异构集成成为智能传感器发展的新方向。

撰稿人：中国电子科技集团公司第二十四研究所　胡刚毅
审稿人：北京大学　程玉华

▷▷▷ 2.4.2　模/数转换器，類比/數位轉換器，Analog-to-Digital Converter（ADC）

模/数转换器（Analog-to-Digital Converter，ADC，也简写成A/D、AD或

A-to-D）是将模拟信号转换为数字信号的集成电路。ADC 按转换方法可分为并行结构 ADC（Flash ADC）、多步转换结构 ADC（Multi-Step ADC）、逐次逼近型 ADC（Successive Approximation Register，SAR ADC）、流水线型 ADC（Pipelined ADC）、积分-微分型 ADC（Sigma-Delta ADC，$\Sigma-\Delta$ ADC）、混合结构型 ADC（Hybrid ADC）、时间交织型 ADC（Time-Interleaved ADC）。并行 ADC 结构主要适用于 1~8 位 ADC。SAR ADC 结构主要适用于 5~10 位 ADC。流水线型 ADC 结构主要适用于 8~16 位 ADC。积分-微分型 ADC 结构主要适用于 16~32 位 ADC。混合结构型 ADC 主要适用于功率和速度折中优化场合。时间交织型 ADC 是由多个单通道 ADC 构成的，按照分时采样、并行转换实现采样速率的倍频，主要适用于高速场合。

ADC 主要性能包括分辨率（单位为位，即 bit）、采样速率（单位为 Sampling Per Second，SPS）和功耗（Power）。分辨率越高、采样速度越快，其功耗一般也会越大。目前 4~6 位 ADC 可以实现上百 GSPS 的采样速率，而最高分辨率的 32 位 ADC 仅能实现 38kSPS 的采样速率。

从 ADC 的发展历史来看，早期的 ADC 采用 SAR 型架构，工艺有双极工艺和 CMOS 工艺，工艺特征尺寸较大，分辨率一般为 6~12 位，采样速率为 kSPS 数量级。1978 年 ADI 公司（模拟器件公司）的 Paul Brokaw 基于双极工艺、采用薄膜电阻设计制造了第一块单片集成电路 ADC 产品 AD571，转换精度为 10 位、采样速率为 25kSPS、功耗为 180mW。随着工艺进入亚微米、深亚微米时代，ADC 采样速率进入百 MSPS，结构上多采用流水线型，如 2001 年前后 ADI 公司采用 0.35μm CMOS 工艺研制的 AD9235 产品，分辨率为 12 位，采样速率为 65MSPS，功耗为 300mW。LT 公司 2009 年前后用 0.35μm CMOS 工艺研制 LTC2204、LTC2207、LTC2208、LTC2209 系列产品，采样率最高为 160MSPS，分辨率为 16 位，功耗为 1.45W。

ADC 技术在 2012 年后发展速度加快，出现众多高性能 ADC 产品，这些产品的特点是采用先进 CMOS 工艺，采样速率成倍上升，单位采样功耗成倍下降。例如，ADI 公司的 AD9625 型 12 位 2.5GSPS ADC 和 AD9680 型 14 位 1.25GSPS ADC，以及美国德州仪器公司（TI）的 ADC54J60 型 16 位 1GSPS ADC，均采用 65nm CMOS 工艺，在不增加功耗的情况下，速度较之前的产品有 5 倍以上的提升。2016 年文献报道的美国博通公司 ADC IP（Intellectual Property）功耗显著低于单芯片形态的 ADC[1]。ADI 公司在 2017 年的国际固态电路会议（ISSCC）上发布了 12 位 10GSPS ADC，由此中等精度 ADC 进入 10GSPS 时代，为下一代高速移动通信提供了器件支撑。

ADC 技术朝着高精度、高转换速率、低功耗、单电源、低电压等方向发展，主要措施是采用先进的 CMOS 工艺、时间交织采样和越来越多的数字辅助校正技术来提升性能。随着集成电路技术的发展，低功耗、高采样速率的 ADC IP 将越来越多。目前 ADC 产品广泛应用于工业控制、仪器仪表、通信、汽车电子、航空航天、医疗电子、消费电子等领域。

参考文献

[1] Jiangfeng Wu. A 4GS/s 13b pipelined ADC with capacitor and amplifier sharing in 16nm CMOS [C]. ISSCC, 2016.

撰稿人：中国电子科技集团公司第二十四研究所　　王育新
审稿人：北京大学　　　　　　　　　　　　　　　程玉华

▷▷▷ 2.4.3　数/模转换器，數位/類比轉換器，Digital‑to‑Analog Converter（DAC）

数/模转换器（Digital‑to‑Analog Converter，DAC，也简写成 D/A 或 D‑to‑A）是将数字信号转换为模拟信号的集成电路。DAC 的性能指标主要有转换速度和转换精度。从转换原理或转换方法上来讲，按有无过采样（Oversampling）的运算过程，DAC 可分为奈奎斯特速率（Nyquist‑Rate）DAC 和过采样 DAC。奈奎斯特速率 DAC 又可分为电阻梯式 DAC、电阻网络式 DAC、电容电荷再分布式 DAC、电流舵式 DAC 和混合式/分段式 DAC。按应用区分，DAC 可分为通用型 DAC 和专用型 DAC。专用型 DAC 主要应用于宽带通信基带/中频/射频信号产生、视频/音频输出、工业控制驱动等专用领域。

20 世纪 70 年代，基于当时的双极工艺、CMOS 工艺推出了一系列 DAC 产品。例如：1970 年的 μDAC 组件四开关 AD550，1974 年的 10 位/500ns 乘法型 AD7520，1976 年的 8 位/80ns 的 DAC08、10 位/250ns 带基准电流输出的 AD561，1978 年的 12 位/1μs 乘法型 AD565、8 位/150ns 带 DAC 缓存和 μP 接口的 AD7524 等。

从事 DAC 产品研制的主要厂商有 ADI 公司、TI 公司、Maxim 公司和 E2V 公司等。目前国际上比较典型的 DAC 产品有采用 65nm CMOS 工艺 16 位 12GSPS 的 AD9162/AD9164（ADI 公司）、采用 28nm CMOS 工艺双 16 位 12GSPS 的 AD9172（ADI 公司）、采用 40nm CMOS 工艺 14 位 9GSPS 的 DAC38RF8x 系列（TI 公司）、采用 0.35μm SiGe 双极工艺 12 位 6GSPS 的 EV12DS460（E2V 公司）。

DAC 广泛应用于工业控制、高端测量仪器仪表、通信、汽车电子、医疗电子、消费电子等领域。除基带信号产生和中频合成应用外，高速 DAC 开始应用在宽带射频直接合成和输出场合，数字上变频、数字预失真和均衡等数字信号处理功能都集成到数/模转换器中。采用 SerDes 高速串行接口的 2~4 通道产品已出现，将高速 DAC 与高速 ADC 集成为一体化收发前端，以及将高速 DAC 与射频上变频器集成为一个射频前端发射机的产品也已出现。在制造工艺和设计技术进步的推动下，DAC 向高精度、高动态、低功耗、多信道、多功能集成方向发展。高速 ADC 技术和 DAC 技术支撑着电子系统向"软件定义化"和"认知自适应化"发展。

撰稿人：中国电子科技集团公司第二十四研究所　　付东兵
审稿人：北京大学　　　　　　　　　　　　　　　　程玉华

▷▷▷ 2.4.4　比较器，比较器，Comparator

比较器（Comparator）是通过比较两个输入端的电流或电压值的大小，在输出端以数字电平呈现比较结果的电子器件，如图 2-34 所示。比较器被认为是一个 1 位模/数转换器，通常被用作高位模/数转换器的基础部件。

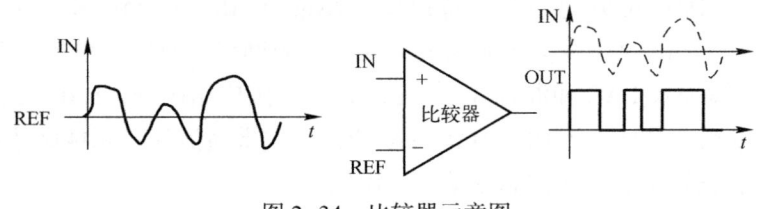

图 2-34　比较器示意图

早期比较器直接采用集成运算放大器来实现，存在输入范围窄、速度慢、输出与标准数字电平兼容性差、没有锁存功能等缺点。代表产品有 BG307、LM111、LM119 等，它们都不带数据锁存功能，延迟时间在 μs 量级，并且大多采用双极工艺制造。1985 年 LT 公司发布的 LT1016 型 TTL 比较器的延迟时间为 10ns。ADI 公司的 AD9696、AD8561，以及 Maxim 公司的 MAX903 等比较器产品也达到了相同的速度级别。

比较器的主要性能指标包含输出数字电平、响应延迟时间、精度和功耗。根据输出数字电平不同，比较器可分为 TTL/CMOS 比较器和 ECL/CML 比较器；根据速度、精度和功耗不同，比较器可分为高速比较器、高精度比较器和低功耗比较器等。ECL/CML 比较器具有比 TTL/CMOS 比较器更快的响应时间。常用的 TTL/CMOS 比较器，如 ADI 公司的 AD8611/8612，其响应延迟时间约 4ns。高速比较器大多采用 ECL/CML 电平输出，如 AD96685/AD96687，其响应延迟时间低于 2.5ns。

比较器是与运算放大器地位相当的基础模拟 IC 器件，被广泛应用于高速模/数转换、高速采样保持、晶体振荡、时钟恢复、过零检测、相位检测、电压监测等应用场合。未来比较器产品和技术将朝着更快的响应速度、更高的灵敏度和适应高数模干扰环境的方向发展。

撰稿人：中国电子科技集团公司第二十四研究所　黄文刚
审稿人：北京大学　　　　　　　　　　　　　　　程玉华

▷▷▷ 2.4.5　运算放大器，運算放大器，Operational Amplifier (Op-Amp)

运算放大器（Operational Amplifier，Op-Amp）是一种能够对微弱信号进行放大的电路。运算放大器的信号输入通常采用直流耦合、交流耦合、单端输入或差分输入等形式，信号输出通常为单端或差分形式。运算放大器的主要性能指标包括输入失调、噪声、低频增益、带宽、功耗、输出摆幅和共模抑制比等。

仙童半导体公司于 1960 年研制出第一个硅集成单芯片运算放大器电路，1965 年推出了 μA709，1968 年推出了 μA741。1975 年 ADI 公司推出了 OP07，它具有 30μV 的失调电压、0.3μV/℃ 的温漂和 0.3μV/月 的时漂。μA741 和 OP07 是运算放大器经典产品，至今仍被广泛使用。

20 世纪 70 年代通过将结型场效应晶体管（JFET）和金属-氧化物-半导体场效晶体管（MOSFET）应用于运算放大器的输入级中，极大地提高了输入阻抗，降低了输入电流，实现了微弱信号的放大和处理。

运算放大器可分为通用型、高速型（带宽大于 50MHz）、高精度型（失调电压小于 1mV）、低电压/低功耗型（通常供电电流低于 1mA）等。通用运算放大器主要用于放大信号。高速运算放大器具有压摆率高、宽带特点，主要用于通信设备、视频系统和测试仪器等，典型产品如 ADI 的 AD8003，带宽 1.65GHz，压摆率高达 4300V/μs。低功耗运算放大器具有工作电压低、静态电流小的特点，主要用于便携式、可穿戴的电子产品。随着手机、平板电脑等便携式电子产品的发展，低功耗运算放大器发展较快。高精度运算放大器则更多地应用于仪器仪表、传感器、医疗器材等的测试测量模块。高精度运算放大器 ICL7650 的失调电压仅为 ±0.7μV，单位增益带宽为 2MHz。

目前运算放大器采用的工艺包括双极、JFET、CMOS 等，运算放大器产品的趋势是低噪声、宽带、高压摆率等。

撰稿人：中国电子科技集团公司第二十四研究所　赖凡
审稿人：北京大学　　　　　　　　　　　　　　程玉华

▷▷▷ 2.4.6　仪表放大器，儀表放大器，Instrumentation Amplifier

仪表放大器（Instrumentation Amplifier）是一种具有高输入阻抗（>$10^9\Omega$）、高共模抑制比（>70dB）、低噪声（≤$10\text{nV}/\sqrt{\text{Hz}}$）、低线性误差（典型值 0.01%，最低可低于 0.0001%）、增益设置灵活的差分输入、单端输出的闭环增益的放大器[1]。

仪表放大器的典型结构如图 2-35 所示。运算放大器 A_1、A_2 实现信号缓冲和放大，保证仪表放大器的高输入阻抗，减小仪表放大器对微弱信号的负载效应；运算放大器 A_3 放大缓冲信号之间的差值，同时抑制两个输入端的共模信号，提高共模抑制比。在 $R_1=R_2$，$R_3=R_4$ 的情况下，电路的增益 $G=(1+2R_1/R_G)R_F/R_3$，因此电路增益可以通过改变 R_G 来调节。

仪表放大器的典型产品有 ADI 公司的 AD627、AD620、AD8420、AD8229/8429 和 TI 公司的 INA188、INA333 等[1]，其中 AD8229/8429 可提供 $1\text{nV}/\sqrt{\text{Hz}}$ 的超低输入噪声性能，擅长测量微小信号。

仪表放大器应用简单，仅需设置增益电阻 R_G 即可实现所需增益。仪表放大器处理电桥信号的应用如图 2-36 所示。从图中可以看到，所需要的外围器件数量少，调试工作简单，设计效率高。仪表放大器广泛应用于传感器微弱信号放大、精密电压电流转换等场合，如采用桥式电路的信号（压力、温度等）采集设备、工业过程控制设备、心电图监测等医疗仪器、高档音响等。

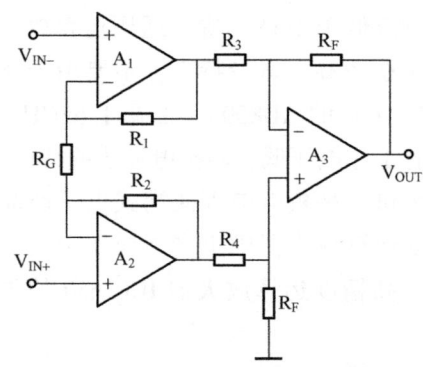

图 2-35　仪表放大器的典型结构

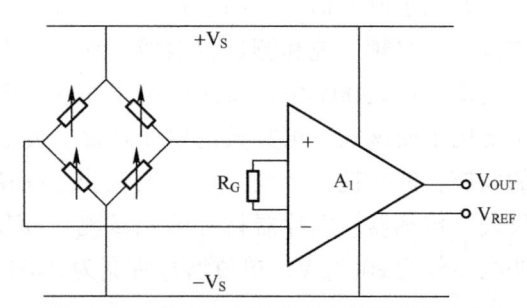

图 2-36　仪表放大器处理电桥信号的应用

参考文献

[1] Instrumentation amplifiers—the next level of precision signal conditioning [EB/OL]. [2018-02-04]. http://www.ti.com/amplifier-circuit/instrumentation/overview.html.

撰稿人：中国电子科技集团公司第二十四研究所　黄晓宗

审稿人：浙江大学　　　　　　　　　　　　　　何乐年

▷▷▷ 2.4.7　专用放大器，專用放大器，Specialty Amplifier

专用放大器（Specialty Amplifier）是针对特定功能和应用提供信号放大的集成电路，它以运算放大器为核心，集成外围电路，实现特定功能，方便用户使用。专用放大器有可变增益放大器、差分驱动放大器、线性隔离放大器、视频放大器等。典型专用放大器产品简介见表 2-16。

表 2-16　典型专用放大器产品简介

专用放大器	型　号	公　司	简　介
可变增益放大器	AD8331	ADI	片上包含了前置 LNA、48dB 线性增益调整和一个具有可调输出限制功能的可选增益后置放大器，提供宽动态范围上的连续增益控制
	PGA281	TI	总体构架采用三运放仪表放大器结构，具有信号衰减和放大功能，可实现离散增益控制
差分驱动放大器	AD8137 ADA4940	ADI	具有低噪声、低失真和超低功耗的特点，可满足高精度 ADC 信号调理、单端至差分转换、差分缓冲和信号驱动等要求
线性隔离放大器	ADuM3190	ADI	ADI 采用 iCoupler 磁隔离技术，TI 采用增强电容隔离的方式，具有极好的隔离性能和共模瞬态抑制能力。相对于光耦隔离，使用线性隔离放大器具有更高的稳定性和使用寿命
	AMC1301	TI	
视频放大器	THS7319	TI	包含电平位移、低通滤波和固定增益放大等功能，可以满足三通道高清或者 RGB 视频信号传输，具有功耗低、封装尺寸小的特点

在信号处理链路上，利用可变增益放大器（Variable Gain Amplifier）将接收到的强度不固定的输入信号转变为相对固定强度的输出信号，以增强动态性能，满足系统信号处理的要求[1]。根据控制方式，可变增益放大器可以分为模拟的和数字的两种，广泛应用于无线通信系统、仪器仪表、高性能信号采集、ADC 信号调理等。

差分驱动放大器（Differential Driver Amplifier）是一种用于 ADC 前端的宽带信号缓冲及驱动放大器，起到阻抗隔离和驱动的作用，可分为全差分放大器和单端至差分放大器两类。差分驱动放大器可以分别设置差分和共模输出电压，灵活配置共模电压以便满足 ADC 信号调理的要求，可广泛应用于医疗成像、工业过程控制和便携式设备等领域[2]。

线性隔离放大器是用于非直接电气连接情况下实现信号放大和传输的电子器件，以增强系统的安全性和抗干扰能力。线性隔离放大器主要应用于医疗电子设备、工业过程控制中的安全保障系统等。目前有先进的 iCoupler 磁隔离、增强电容隔离等技术可以替代基于光耦合器和分流调节器的传统隔离技术，为线性反馈电源、传感器信号传输等应用提供隔离方案。

视频放大器是专门针对视频信号的一类放大器，可以有效增强视频的亮度、色度和同步信号，保证图像信号的远距离传输质量。随着视频分辨率的提高，视频放大器的带宽、失真、速度和功耗等要求也将随之提高，以满足高分辨率视频信号处理的要求。

另外，专用放大器还有跨导/跨阻放大器、电荷积分放大器、限幅放大器、对数放大器、电流检测放大器、线性可变差动变压器（Linear Variable Differential Transformer，LVDT）、传感器放大器和采样/保持放大器等。

专用放大器在便携式设备、测试与测量仪器、医疗系统及特殊信号处理等场合具有广泛应用，其发展趋势是更高的带宽、更低的失真度、更低的功耗。随着应用需求的发展，还会产生新的专用放大器类别。

参考文献

[1] 王自强，池保勇，王志华. CMOS 可变增益放大器设计概述［J］. 微电子学，2005，35（6）.

[2] 差分放大器［EB/OL］.［2018-02-04］. http://www.analog.com/cn/products/amplifiers/differential-amplifiers.html.

撰稿人：中国电子科技集团公司第二十四研究所　黄晓宗
审稿人：浙江大学　　　　　　　　　　　　　　何乐年

▷▷▷ 2.4.8　电源管理集成电路，電源管理積體電路，Power Management IC（PMIC）

电源管理集成电路（Power Management IC，PMIC）是指实现电压转换、时序控制、充放电管理、能量分配、检测等管理功能，并能够为负载提供稳定供电的集成电路，主要目的是实现电源系统的高效能、低功耗、智能化。电源管理集成电路主要类别有线性电源、开关电源控制器、μmodule、数字电源以及保护功能芯片等。

随着手机等便携式智能设备的发展，电源管理电路向功能更复杂、更多信道、更低功耗、更高集成度等方向发展，产生了电源管理单元（Power Management Unit，PMU）。例如，手机中的PMU集成了多路DC/DC、低压差线性稳压器（LDO）、通信接口以及管理单元，以实现更高的电源转换效率，同时功耗更低、组件数更少、板级空间更小。

线性电源的调整管工作在线性放大区，其主要优点为纹波小、外围器件少，缺点为效率低。78xx、79xx系列三端稳压器和LDO均属于线性电源范畴。开关电源的功率管工作在开关状态，开关控制器根据输出电压变化负反馈调节MOSFET等功率器件的开通和关断比，以保持输出电压的稳定。开关电源分为隔离型和非隔离型，传统DC/DC采用变压器方式的开关电源属于隔离型，非隔离型一般采用电感器等外围器件。开关电源具有小型、轻量和高效率的特点，是广泛应用的电源技术。

μmodule是近10年才出现的产品，它将开关电源控制芯片、功率管、电感器、电容器等通过封装整合为微模块，具有输出电流大、效率高、体积小等优点。LTM46xx是LT公司于2007年10月推出的第一代μmodule产品，引领了该类产品的发展。随后TI公司于2011年推出了使用更为方便的"easy to use"产品LMZ13608系列，广泛用于各种电源管理系统中。

小功率电源的电源管理系统，主要以单芯片形式提供过压、过温、短路保护，以及供电和驱动等多种功能，在线路供电、电池供电切换、USB管理等众多应用中广泛使用。

电源管理芯片实现了电源系统的高效能、低功耗、智能化。随着移动终端等产品对无线充电电源技术需求的增加，电源管理芯片发展速度加快，产能迅速提升。

撰稿人：中国电子科技集团公司第二十四研究所　赖凡
审稿人：浙江大学　　　　　　　　　　　　　　　何乐年

▷▷▷ 2.4.9　交流/直流转换器，交流/直流轉換器，AC/DC Converter

交流/直流转换器（AC/DC Converter）是将交流电转换成直流电的装置[1]。AC/DC转换电路按整流方式可分为半波整流转换电路和全波整流转换电路，其输入可接入单相、三相交流电。

AC/DC转换器模块可以直接安装在PCB上，因此广泛应用于交换设备、接入设备、移动通信、微波通信、光传输、路由器等通信领域的各种应用场合中，同时在汽车电子、航空航天等其他领域也有较多应用。

单片 AC/DC 转换器适用于小功率驱动场合，该类芯片需解决磁性组件片上集成问题，同时需要不断提高 AC/DC 转换控制器的集成度。1994 年，美国电源集成（Power Integrations）公司在世界上率先研制成功三端隔离式脉宽调制型 AC/DC 单片开关电源；2000 年又推出 TOPSwitch-GX 输出 290W 的单片 AC/DC 转换芯片 TOPSwitxh-GX 系列的 TOP250，该芯片将高压功率 MOSFET、PWM 控制、保护电路及其他控制电路集成在一块 CMOS 芯片上。罗姆（ROHM）公司开发出 AC/DC 转换器控制 IC BD7682FJ-LB，通过融合 IC 的模拟设计技术和 SiC 功率半导体，片上集成了 SiC-MOSFET 驱动的栅极驱动电路，实现了小型化和更高的功率转换效率。该芯片适用于大功率（高电压×大电流）逆变器和伺服等工业设备。为了提升能源效率与降低待机功耗，新的反激式拓扑等电源设计方案得到快速发展。TI 公司在推出的 5~100W AC/DC 电源中采用反激式方案，可实现 5~10W 的低待机功耗，支持 5% 的最低恒定电流输出容差，有超过 88% 的平均效率[2]。

在计算机等低压电源应用领域，AC/DC 转换器在 20 世纪 80 年代已全面采用了开关电源。当前集成开关型的 AC/DC 开关电源在便携式产品和数字消费电子领域的市场增长更为显著。刀片服务器（Blade Server）、以太网供电和数据存储中应用的 500W 以上嵌入式 AC/DC 开关电源的增长率同样很高。提高 AC/DC 开关电源性能的首要途径是开关频率高频化（ZVS、ZCS 软开关技术大幅提高了 AC/DC 开关电源的工作效率，降低了 AC/DC 开关电源的尺寸）；其次是采用新型智能控制元器件，可以降低二次整流器件的损耗；再次是提高功率铁氧体（Mn-Zn）等材料性能和使用新材料。另外，电容器等无源组件的小型化、采用表面贴装技术（SMT）对提升开关电源性能也具有很大作用。

未来微电网需要发展分布式 AC/DC 电源。微电网 AC/DC 技术将更好地解决电能质量和功率流平衡、电压和频率控制、功率管理、优化、稳定性、可靠性和保护、动态模型、经济运转等有关问题。

参考文献

[1] 张占松，蔡宣三. 开关电源的原理与设计 [M]. 北京：电子工业出版社，1998.
[2] 德州仪器电源管理 IC 为 AC/DC 电源实现业界最高效率与最低待机功耗 [EB/OL]. [2018-02-01]. http://www.eepw.com.cn/article/234966.htm.

撰稿人：中国电子科技集团公司第二十四研究所　　赖凡
审稿人：浙江大学　　　　　　　　　　　　　　　何乐年

2.4.10 直流/直流转换器，直流/直流轉換器，DC/DC Converter

直流/直流转换器（DC/DC Converter）可实现电压转换，能够输出固定电压，属于开关电源的一个分支。

DC/DC 转换器广泛应用于远程通信设备、便携式数字设备、计算机、办公自动化设备等产品，以及工业、军事、航天器、电动交通等领域。

1980 年，ST 公司开发的 L4960 系列单片开关式稳压器是单片 DC/DC 转换器的早期产品。美国 VICOR 公司在多种软开关 DC/DC 转换器方面处于全球领先地位，其最大输出功率为 300W、600W、800W 等，相应的功率密度分别为 6.2W/cm^3、10W/cm^3、17W/cm^3，效率为 80%～95%。目前软开关技术仍在向高频、高功率密度拓展，软开关电源模块开关频率已达到数兆赫。随着半导体工艺、封装技术和高频软开关的进步，电源的功率密度可超过 50W/cm^3，效率可超过 90%。

受到直流测试设备、计算机显示系统、计算机和军事通信系统应用的拉动，低功率 DC/DC 转换器的市场规模大幅增长，尤其是功率范围为 6～25W 的 DC/DC 转换器。医疗设备、工业控制、远程通信等领域微处理器处理速度的提高，使得 DC/DC 转换器由低功率向中高功率（251～750W）发展。

DC/DC 转换器将会是未来很多电源管理系统不可或缺的部分，其服务的对象不仅仅是计算机系统，也扩展到了其他应用，例如用于驱动手机和其他便携装置的有源矩阵有机发光二极管（AMOLED）显示面板。

随着 DC/DC 转换器技术的发展，数字 DC/DC 转换器产品开始出现。数字控制技术将带来多种智能功率模块直流电源。在航天器、空天网络等应用的分布式电源系统中，将会有越来越多形式的智能 DC/DC 转换器出现。

> 撰稿人：中国电子科技集团公司第二十四研究所　赖凡
> 审稿人：浙江大学　　　　　　　　　　　　　　何乐年

2.4.11 开关电源控制器，開關電源控制器，Switching Power Supply Controller

开关电源控制器（Switching Power Supply Controller）用于实现开关电源的闭环控制和各种保护功能，内部集成了基准源、误差放大器、振荡器、PWM 比较器、锁存器、输出级等功能单元，是开关电源控制回路的最核心组件。开关电源控制器具有集成度高、一致性好的特点，降低了外围电路的复杂度。

开关电源控制器按工作原理可以分为脉冲宽度调制（Pulse Width Modulation，PWM）控制器、脉冲频率调制（Pulse Frequency Modulation，PFM）控制器、移相谐振控制器、同步整流控制器等。PWM 控制器在宽负载工作条件下效率较高，是开关电源目前应用最为广泛、技术最为成熟的一类产品。

PWM 控制器可在保持输出信号频率不变的情况下，通过调整功率开关控制信号的脉冲宽度（占空比），进而改变电感器的充放电时间，从而维持输出电压的稳定。该类控制器应用于单端式、推挽式、半桥式、降压型、升压型、隔离式、非隔离式等拓扑结构，典型产品有 Microsemi 公司的 SG1525A，TI 公司的 UC1843、UC1825，Analog 公司的 LT3845 等。PWM 反馈控制原理如图 2-37 所示。

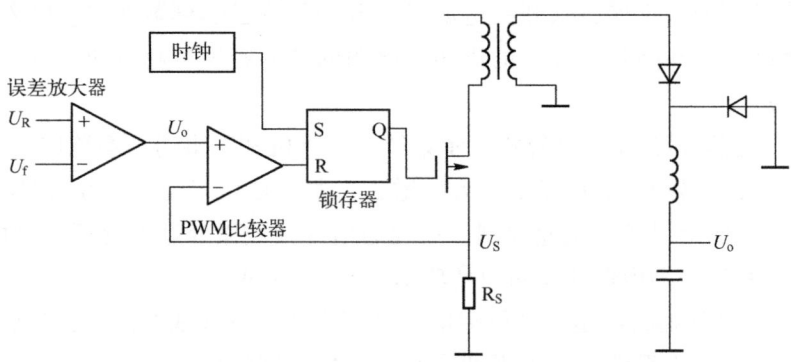

图 2-37　PWM 反馈控制原理

PFM 控制器是在功率开关控制信号的脉冲宽度不变的情况下，通过反馈控制环路调整输出信号的频率，进而改变电感器的充放电时间，从而维持输出电压的稳定。它利用正弦波替代方波，大大降低了开关电源的高频噪声。PFM 控制器可实现开关管的零电压通断（Zero Voltage Switching，ZVS）或者零电流通断（Zero Current Switching，ZCS）。由于开关管通断发生在零电压或者零电流状态，有效地降低了电压电流的交叉损耗，提高了电源效率，同时通过提高开关频率可减小电源的体积和质量。该类产品的工作频率可到 1MHz 以上，驱动电流大于 200mA，主要产品为 UC1860、UC1864、UC1868 等。

移相谐振控制器广泛应用于全桥式拓扑结构，每路输出信号的频率及占空比均不变，通过调节桥臂上功率开关管驱动信号的相位来调节变压器的实际工作脉冲宽度，达到稳定输出电压的目的。它综合了 PFM 控制器和 PWM 控制器的优点，在开关瞬间保持零电压（零电流）状态，调制方式仍采用 PWM 方式，主要应用于大功率开关电源，主要产品为 UC1875、UC1876、UC1879 等。

同步整流控制器是为克服整流肖特基二极管正向电压高而开发的开关控制器。肖特基二极管正向压降为 0.3V 以上，同步整流技术采用功率 MOS 器件替代肖特基二极管，导通阻抗低至几毫欧量级，显著降低了导通损耗，提高了开关电源转换效率。同步整流控制器主要用于非隔离 DC/DC 转换器，主要产品有 LT3844、LT3845A 等。

数字控制器是新型的开关电源控制器，主要由模/数转换器（ADC）、离散补偿器（COMP）、数字脉宽调制器（DPWM）等组成，主要产品有 TI 公司的 TMS320LF2407A 等。

高功率密度、高可靠、低噪声是开关电源技术和产品的追求目标，高转换效率、小型化是提高功率密度和可靠性的主要途径，因此开关电源控制器将向工作频率高频化、控制方式数字化发展。工作频率提高不仅能够有效地减小电容器、电感器和变压器的尺寸，还可以减小噪声，改善电源系统的动态特性。数字化可满足可编程控制、数据通信、智能化控制等要求。

撰稿人：中国电子科技集团公司第二十四研究所　　江军　黄晓宗
审稿人：浙江大学　　　　　　　　　　　　　　　何乐年

▷▷▷ 2.4.12　低压差线性稳压器，低壓差綫性穩壓器，Low Dropout Regulator（LDO）

低压差线性稳压器（Low Dropout Regulator，LDO）是一种输入/输出压差低的线性调整器，在限定电源和供电能力下，可提供稳定的输出电压。Robert Dobkin 于 1977 年首次提出了低压差线性稳压器，其输入电压和输出电压差值为 0.7V。目前采用 BCD 工艺在 3A 输出电流下，压差低至 115mV，可以有效地减小 LDO 的功耗和面积。

由于板级电源或者供电电池存在较大的电压波动，因此在输入电源后端通常采用电压调节器来改善某些电子元器件的供电质量。LDO 作为电压线性调整器，同 DC/DC 型开关调整器相比，优点是自身噪声低、电源抑制比（Power Supply Rejection Ratio，PSRR）较高，可以有效改善前级电源质量。同时 LDO 具有静态功耗低、体积小、成本低、外围应用简单等特点，与 DC/DC 转换器相比的缺点是转换功耗高、效率低。

低压差线性稳压器结构框图如图 2-38 所示。LDO 利用负反馈控制使输出电压稳定，核心电路包括基准电路、误差放大器、调整管和反馈电阻。其中调整管工作在线性区，可等效为可调节电阻，当输入电压或者负载瞬变时，通过采样、误差放大、负反馈调节调整管可保持输出电压不变。

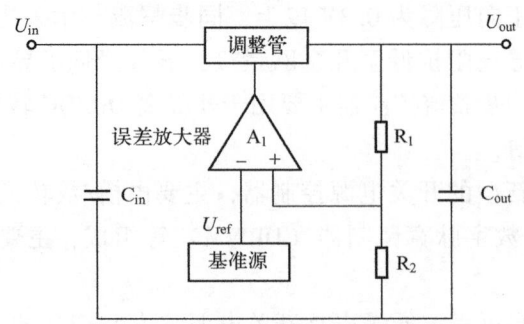

图 2-38　低压差线性稳压器结构框图

LDO 按调整管类型可分为 npn 准 LDO（Quasi-LDO）、pnp 型 LDO（pnp LDO）、pMOS 管 LDO（p-FET LDO）和 nMOS 管 LDO（n-FET LDO），其传输晶体管分别采用 npn 晶体管、pnp 晶体管、pMOS 和 nMOS，压差依次降低。按调整的电源类型可分为正压型 LDO 和负压型 LDO 两种，前者调整正压，后者调整负压。

为适应片上系统和一些高性能器件对电源的多样化需求，LDO 的研究热点从之前的低功耗、大电流转移到提高电源抑制比（PSRR）和单芯片集成[1]。减小电源杂波，扩大电源抑制噪声频段，满足射频、高端的 ADC 和 DAC 等的供电需求，以及采用新型的频率补偿方案实现无片外电容设计，方便 SoC 集成多个 LDO 是目前技术的主要发展趋势。同时，优化 LDO 负载瞬态响应，提高耐过冲能力，减小恢复时间也都是 LDO 技术的研究重点。

TI 公司针对不同的应用场合，开发了相应的 LDO 产品。例如，新推出的用于射频和模拟电路的低噪声产品 TPS7A88，噪声的方均根值（Root Mean Square，RMS）为 3.8μV；用于电池供电的低静态电流 LDO 产品 TPS782，静态电流为 500nA；适应瞬态电压的宽输入范围的 LDO 产品 TPS7A4001 可将输入电压扩展至 100V；用于 FPGA 和 DSP 消除开关噪声的 LDO 产品 TPS7A84，输出电流高达 3A，噪声的方均根值为 4.4μV，精度为 1%。

参考文献

[1] 王忆，何乐年. CMOS 低压差线性稳压器 [M]. 北京：科学出版社，2012.

撰稿人：中国电子科技集团公司第二十四研究所　孙毛毛
审稿人：浙江大学　　　　　　　　　　　　　　　何乐年

2.4.13 发光二极管驱动器，發光二極體驅動電路，Light Emitting Diode Driver

发光二极管（Light Emitting Diode，LED）驱动器是指驱动 LED 发光或 LED 模块组件正常工作的电源调整电子器件。早期的 LED 只有红、绿、黄等单一颜色，仅作为信号指示等应用，驱动方式是简单的开关限流驱动。随着 LED 开始向照明和显示应用等领域发展，也出现了多种驱动方式。2005 年研制出不需要驱动器，直接用交流市电驱动的新型 AC LED。

LED 驱动器的主要作用是通过给 LED 施加恒定电压或者恒定电流，从而延长 LED 器件的寿命、保持 LED 发光的稳定性、控制 LED 的发光亮度，以及提升驱动器自身的效率。LED 驱动器按驱动方式分为恒定电压电阻限流型驱动器、恒定电流型驱动器两种形式。恒定电压电阻限流型 LED 驱动器原理如图 2-39 所示。恒定电压电阻限流型 LED 驱动器通过施加脉冲电压，可以调节 LED 视觉亮度。恒定电流驱动型 LED 驱动器通常是通过改变内部基准电压源的电压值来改变 LED 的亮度。在三元色系统中，通过分别控制红灯、绿灯和蓝灯的亮度，能够实现全彩色的显示效果。恒定电流驱动型 LED 驱动器又可以划分为线性恒流型 LED 驱动器和开关恒流驱动型 LED 驱动器，其原理图分别如图 2-40 和图 2-41 所示。

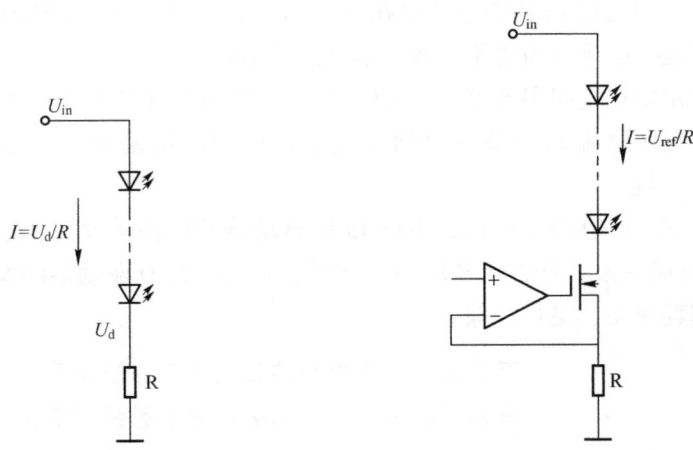

图 2-39 恒定电压电阻限流型 LED 驱动器原理　　图 2-40 线性恒流型 LED 驱动器原理

恒定电压电阻限流型 LED 驱动器，电流由 LED 压降以及与 LED 串联的限流电阻上的压降决定，驱动器仅控制电压信号的通断。由于 LED 的伏安特性为负温度特性，使得该电路结构所产生的驱动电流易受环境因素的影响，稳定性差；

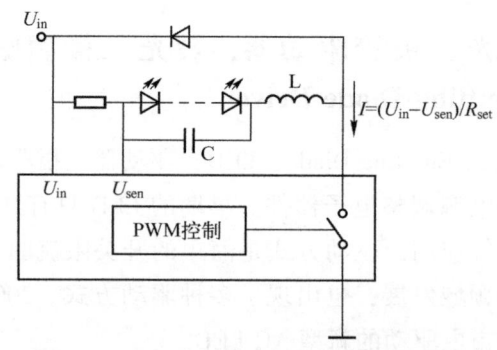

图 2-41 开关恒流驱动型 LED 驱动器原理

而 LED 寿命与驱动电流直接相关，因此这类驱动器常用于对 LED 寿命要求不高的低端产品中，如单、双色显示屏 LED 驱动。

线性恒流型 LED 驱动器，采用线性稳压器（Linear Regulator）的原理，将基准源、误差放大器和功率管集成为一体。其通过控制与 LED 串联的电流采样电阻上的电压，从而使流过 LED 的电流恒定。该类型驱动器恒流效果好，但功率器件工作在放大状态，当输入电压和 LED 电压相差较大时，驱动器需要承受较大的压降，因此驱动器效率较低。

开关恒流型 LED 驱动器，采用开关电源控制器的原理，通过控制采样电阻上的电压，达到稳定 LED 电流的目的。功率器件工作在开关状态，损耗小，效率较高，但流过 LED 的电流存在微小的纹波电流。开关型驱动器需要特别关注 EMI 问题，必要时需要添加滤波电路滤除 EMI。

恒定电压电阻限流型 LED 驱动器，通过施加脉冲电压，可以调节 LED 视觉亮度。恒定电流 LED 驱动型通常是通过改变内部基准电压源的电压值来改变 LED 的亮度。

目前，LED 应用广泛，生产 LED 驱动器的厂商主要有 TI、Maxim 等，其中仅 TI 公司一家就有 300 多种 LED 驱动器产品。LED 驱动器的发展方向是效率更高、损耗更小、更加环保。

撰稿人：重庆中科芯亿达电子有限公司　　李梅
审稿人：深圳市质能达微电子科技有限公司　林丰成

▷▷▷ 2.4.14　液晶显示器驱动器，液晶顯示器驅動電路，Liquid Crystal Display Driver

液晶显示器（Liquid Crystal Display，LCD）驱动器是一种实时调整 LCD 两

端电极上电位信号的相位、峰值、频率等,以便通过液晶实现显示的电子器件。

与 CRT 相比,LCD 的优势有工作电压更低、功耗更小、易于彩色化、分辨率高、没有电磁辐射、使用寿命更长等。早期计时器、计算器上的液晶只能区分有色(常为黑色)和无色(扭曲向列 Twisted Nematic,TN)。随后出现了具有更宽视角、字符更加细腻的超扭曲向列(Super Twisted Nematic,STN)LCD。现在的薄膜晶体管(Thin Film Transistor,TFT)LCD 具有更快的显像反应速度,适用于动态画面以及实时显像,被广泛应用于从数码相机取景窗到大尺寸平面电视屏幕显示器等各类产品中。LCD 的驱动方式根据控制电极与每个像素之间的关系,可以分为静态驱动方式和动态驱动方式[1]。

静态驱动方式是每一个用以显示的段有各自独立的驱动电路,需要改变某一段显示时,直接调节对应段电极与公共电极之间的相对电压和相位。静态驱动方式具有结构简单,显示质量良好,常用于笔段型液晶显示器等的简单显示,如数字、西文字母和某些特殊图形。

当 LCD 上的显示像素过多时,为每一个像素配上单独的驱动电极显然是极其困难的,由此产生了动态驱动方式。在这种驱动方式下,电极组成矩阵结构,而对该矩阵结构的控制分为逻辑电路侧和液晶驱动电路侧。逻辑电路侧,根据所需达到的显示效果完成显示数据的传送和锁存功能。液晶驱动电路侧,从逻辑电路侧得到数据后,分别控制对应的行驱动器和列驱动器,更新顺序按照一次一列,在新一行的所有列数据就位并锁存后,再进行行间的切换。LCD 驱动器可分为栅极驱动电路和源极驱动电路,扫描时前者控制一列晶体管的开启,而后者逐行控制亮度、灰阶、色彩。驱动侧的驱动输出通常不止一路,而驱动器的驱动能力便是由驱动侧的输出决定的。

LCD 驱动器的主要生产厂家有瑞萨、三星、Magnachip 等。目前市场上常见的 LCD 驱动器有字符型 LCD 驱动控制器、图形点阵型 LCD 驱动控制器,广泛用于 MSTN、CSTN、TN、TFT、OLED 显示器件上。LCD 驱动器的控制信号来自 LCD 控制器,后者将保存在系统存储器中的 LCD 图像数据送到外部 LCD 驱动器。

未来 LCD 显示器朝大尺寸发展,LCD 显示驱动器将提供更大的轨到轨输出摆幅,以满足在视频运算放大器的应用中对动态范围要求更大的需求。

参考文献

[1] 张涛. 液晶显示驱动控制电路的设计与研究 [D]. 上海:复旦大学,2001.

撰稿人:重庆中科芯亿达电子有限公司　　潘军　王骋
审稿人:深圳市质能达微电子科技有限公司　　林丰成

▷▷▷ 2.4.15 电动机控制器，馬達控制器，Motor Controller

电动机控制器（Motor Controller），也可以称作电动机驱动器（Motor Driver），是包含速度控制、力矩控制、位置控制以及过载保护等功能的电路。电动机控制器根据输入信号指令以及各种类型传感器信号状态，按照内置的算法控制电动机绕组电流流动方向，从而控制电动机的启动、停止、正向转动、反向转动；电动机控制器能够设置和稳定电动机的运转速度，稳定和限制电动机的转矩，在电动机过载和堵转时保护电动机。通用电动机控制器主要用于控制电动机保持良好的运行状态，而专用电动机控制器，例如伺服电动机控制器（Servo Controller），其主要控制目的是保证整个伺服系统（包含电动机、减速装置和传感装置）正常工作。

电动机控制器集成逻辑运算电路与功率驱动电路，在复杂的电磁干扰下处理各种信号，对电路设计水平和半导体工艺水平要求较高，通常采用BCD（Bipolar CMOS DMOS）工艺设计电动机控制器。其驱动电动机的主要技术指标有工作电压范围、持续电流输出能力、峰值电流输出能力、保护电路等。

单片集成功率开关的电动机控制器适用于微小功率的应用场合，例如打印机等办公自动化机器、电风扇等家用电器、照相机等。大功率电动机控制，例如家用洗衣机、吸尘器等数百、数千瓦功率的电动机控制，通常采用可编程处理器编写电动机控制软件，采用功率电子开关器件实现大电流控制。

电动机种类繁多，每种电动机都需要独特的控制方式，因此电动机控制方式有直流有刷电动机驱动电路、直流无刷电动机控制电路和步进电动机驱动电路三种。

利用半导体工艺以及多年的电动机控制技术积累，目前国际上主流的半导体厂商均有完备的电动机控制解决方案，如TI、ST、Allegro MicroSystems。中国研究电动机控制集成电路的企业主要有杭州士兰微电子股份有限公司、重庆中科芯亿达电子有限公司、上海晶丰明源半导体有限公司、峰岹科技深圳有限公司。

撰稿人：重庆中科芯亿达电子有限公司　　　王敬
审稿人：深圳市质能达微电子科技有限公司　林丰成

▷▷▷ 2.4.16 串行/解串器，串列/解串器，SerDes

串行/解串器（Serializer/Deserializer, SerDes）的特点为数据与时钟在同一信道中传输,在接收端通过时钟数据恢复技术(CDR)提取数据中所包含的时钟信息并以此时钟采样接收到的数据。当前,绝大部分高速信号传输使用 SerDes 结构[1]。

SerDes 的发送端(TX)包括并串转换器、编码器、发送端均衡、驱动器等部分,SerDes 的接收端(RX)包括接收端衰减器(ATT)、接收端均衡、时钟数据恢复、解码器、串并转换等。目前 SerDes 主要有并行时钟 SerDes 方案(Parallel Clock SerDes)、嵌入式时钟 SerDes 架构(Embedded Clock SerDes)、8bit/10bit SerDes 方案、位交织 SerDes 方案(Bit Interleaved SerDes)四种实现方案。

并行时钟 SerDes 方案中时钟与数据分离,数据与控制/地址位信号分别传输,其中数据与时钟信号分别通过特定线传输,常用于低速传输。其优点在于不需要时钟数据恢复电路,电路简单,对抖动要求低;其缺点在于需要额外的时钟线,且时钟线会造成电磁辐射(EMI)及串扰,因此无法在高速链路上使用。目前采用该种 SerDes 的有 DDR 等。

嵌入式时钟 SerDes 架构是标准 SerDes 架构,即时钟嵌入数据信号中并在接收端通过 CDR 恢复。优点在于消除了单独时钟线引起的电磁干扰和串扰的影响,且减少了时钟线对 PCB 布局的影响;缺点在于远端时钟恢复对抖动要求高,PCIe、USB 3.0、USB 3.1、SATA 均采用此种 SerDes 方案。

8bit/10bit SerDes 方案,即在串行数据中添加额外编码来平衡直流分量,降低 CDR 压力。其编码不一定是 8bit/10bit,也有更高效率的编码,比如 PCIe3.0 的 128bit/132bit 编码。优点在于插入的位可防止长"1"或"0"码型,从而能够始终让 CDR 接收到 0/1 跳变保证其正常工作;缺点在于插入的位会造成无效冗余,比如 8bit/10bit 编码的冗余可达到 20%。

位交织 SerDes 方案是指将多个低速串行数据拼接成一条高速串行数据。其优点在于能提高速率且减少数据传输通道数,有利于 PCB 的布局及降低串扰;缺点在于需要额外的时钟、选择器和 CDR 电路。12Gbit/s XAUI(XAUIx4)就是通过这种架构实现的。

由于数据传输速度的不断提高,所以开发出了 SerDes 结构。早期信号传输速度仅为 kbit/s~Mbit/s 时,并行接口足以处理此类型传输。然而伴随工艺的更新和传输速率的增长,高速信号特别是时钟信号对其他传输线造成的串扰(Crosstalk)日益严重并影响传输质量;同时,应用产品的小型化也需要减少并行走线;因此,使用串行走线并不需要单独时钟线的 SerDes 结构成为最好选择。

SerDes 架构是目前民用高速接口协议的主流选择。目前国内外各大公司均采用 SerDes 架构来实现高速接口产品,如 Synopsys 的 USB/PCIe/SATA 等 IP、华为的 10Gbit/s 企业级 SerDes、Xilinx 在 2011 年推出的 26Gbit/s SerDes 等。

参考文献

[1] Eric Bogatin. 信号完整性分析 [M]. 李玉山, 李丽平, 等译. 北京: 电子工业出版社, 2005.

撰稿人: Synopsys 公司　　　　　　　　　　杨哲

审稿人: 深圳市质能达微电子科技有限公司　林丰成

▷▷▷ 2.4.17　串行通信与通用串行总线接口, 串列通信與通用串列匯流排介面, Serial Communication and Universal Serial Bus Interfaces

1960 年，电子工业协会（Electronic Industries Alliance，EIA）制定了最早的串行通信标准，即 RS-232（RS 意为推荐标准）。RS-232 串行通信标准开始主要用于电话/电报信号的传输，后来成为 PC 与外设（例如打印机）的标准接口。RS-232 的传输距离不到 15m，速率为 20kbit/s，单个驱动器，单个接收器。1994 年 EIA 发布了 RS-422 标准，将数据传输速率提升至 10Mbit/s，传输距离提升至 1200m。1998 年发布的 RS-485 标准在 RS-422 基础上又进行了优化提升，通过增加三态输出功能实现了总线多点传输，总线接收器最多可达 32 个。这些标准接口有 9 针和 25 针等。RS-232、RS-242、RS-485 串行通信标准的参数见表 2-17。RS-232、RS-422、RS-485 常用的接口形式如图 2-42 所示。目前这些串行标准接口正在逐渐被通用串行总线（Universal Serial Bus，USB）、以太网（Ethernet）等接口取代。RS 系列协议的一种典型应用为通用异步收发器（Universal Asynchronous Receiver/Transmitter，UART），这是一种用于异步串行通信的计算机硬件设备，主要用于计算机或外围设备单元的串行端口通信。

表 2-17　RS-232、RS-422、RS-485 串行通信标准参数对比

协　议	RS-232	RS-422	RS-485
传 输 模 式	单端传输	差分传输	差分传输
总线节点数（最大值）	1 驱动/1 接收	1 驱动/10 接收	1 驱动/32 接收
电缆传输长度（最大值）	15m	1500m	1500m
传输速率（最大值）	20kbit/s	10Mbit/s	10Mbit/s
输出驱动电压（最大值）	±25V	−0.25～+6V	−7～+12V
驱动端负载阻抗	3～7kΩ	100Ω	54Ω

续表

协　议	RS-232	RS-422	RS-485
压摆率（最大值）	30V/μs	—	—
接收端输入电压	±15V	-10~+10V	-7~+12V
接收端输入范围	±3V	±200mV	±200mV
接收端输入阻抗	3~7kΩ	4kΩ（最小值）	≥12kΩ
驱动端共模电压	—	-3~+3V	-1~+3V
接收端共模电压	—	-7~+7V	-7~+12V

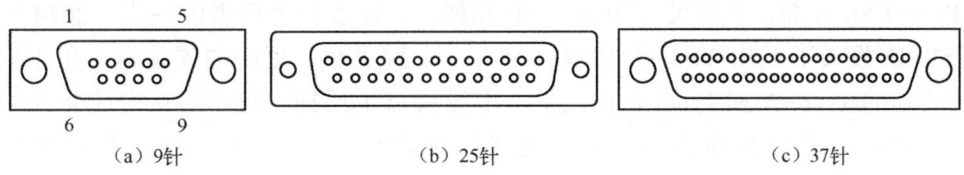

图 2-42　RS-232、RS-422、RS-485 常用的接口形式

1994 年 Intel、Microsoft、IBM、Compaq 等公司联合提出 USB 协议，它与高速串行解串（SerDes）技术紧密关联。USB 接口同时包含串行器和解串器两种功能：在发送端，首先将多路并行低速数据信号转换成串行信号，然后通过同轴线或光缆等介质进行高速传输；在接收端，串行传输的高速信号被解码，并还原为多路并行低速信号，从而实现串行和解串的功能。这种点对点（P2P）的串行通信技术，占用较少的传输信道和器件引线数量即可实现高速传输功能，大大节省了通信传输成本。

USB 接口的内部仅有两根电源线及两根信号线，以串行形式传输信号。在数据传输时，发送主机中的 USB 收发芯片负责按照 USB 传输协议将数据打包，并转换为串行传输的数据流，然后发送到两根信号线（D+、D-）上进行高速传输；接收端的 USB 设备负责接收该串行传输的数据包，并按照 USB 传输协议将数据包进行解串处理，以实现完整的 USB 数据传输过程。USB 接口系统由集线器、主机和功能外设三部分组成，功能外设和集线器又合并称为外部设备。USB 标准版本更新得非常快，数据传输速率的提升也非常迅速，见表 2-18。

表 2-18　不同 USB 标准参数对比

规　格	数据传输速率	模　式	发布时间
USB 1.0	1.5Mbit/s	Low Speed	1996 年

续表

规　　格	数据传输速率	模　　式	发布时间
USB 1.1	12Mbit/s	Full Speed	1998 年
USB 2.0	480Mbit/s	High Speed	2000 年
USB 3.0	5Gbit/s	Super Speed	2008 年
USB 3.1	10Gbit/s	Super Speed+	2014 年
USB 3.2	20Gbit/s	Super Speed+	2017 年

在外形尺寸方面，USB 连接器尺寸越做越小。USB-IF 于 2007 年发布 Micro-USB 标准，其宽度与 Mini-USB 相似，但厚度仅为后者的一半。2014 年 USB-IF 发布了 USB Type-C 协议，定义了一种更小、更薄的连接器，用于取代之前的 Type-A 和 Type-B 连接器，电缆可以正反插，也不再区分主机端插头（Plug）或设备端插头，因此连接更加简单。另一种 Lighting 接口是由 Apple 公司开发的专用计算机总线和电源连接器接口，于 2012 年 9 月推出，替代其前身的 30 针底座连接器，用于连接 Apple 移动设备。USB 的各种接口形式如图 2-43 所示。

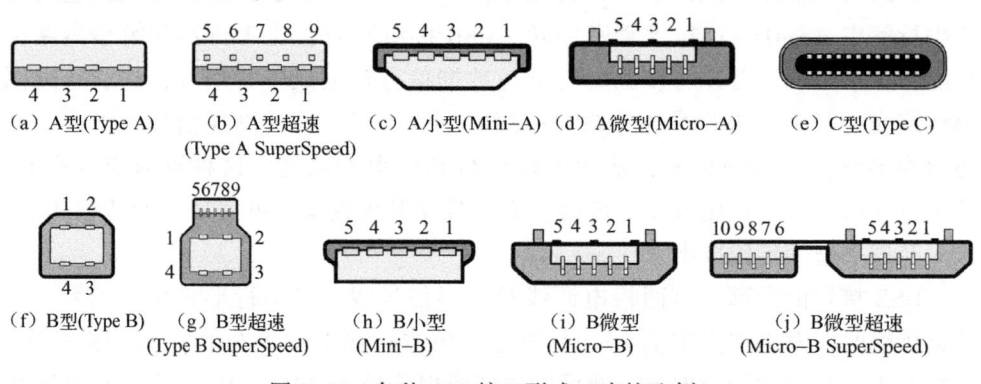

图 2-43　各种 USB 接口形式（未按比例）

USB 接口具有连接方式简单、传输速度快、即插即用、无须额外供电、满足多设备级联要求等特点，在计算机键盘、鼠标、闪存、摄像头等外围设备中得到了广泛的应用，几乎成了每台计算机的标配接口。

撰稿人：中国电子科技集团公司第二十四研究所　　甘明富
　　　　Synopsys 公司　　　　　　　　　　　　　　金辉
审稿人：深圳市质能达微电子科技有限公司　　　　林丰成
　　　　中国科学院大学　　　　　　　　　　　　陈春章

2.4.18 以太网接口集成电路，乙太網路介面積體電路，Ethernet Interface IC

以太网是一种用于局域网（Local Area Network，LAN）和城域网（Metropolitan Area Network，MAN）通信的计算机网络技术，连接这些网络设备的各种接口统称为以太网接口。目前使用的各种网络接口都可以称为以太网接口。常见的接口类型有 RJ-45 接口、RJ-11 接口、SC 光纤接口、FDDI 接口（Fiber Distributed Data Interface）、AUI 接口（Adaptive User Interface）、BNC（Bayonet-Neill Concelman）接口、控制台（Console）接口等。

1980 年，由 3Com、DEC、Intel 和 Xerox 等公司联合推出"DIX"标准，规定 10Mbit/s 以太网拥有 48 位目标和源地址以及全局 16 位 Ethertype 型字段。早期的以太网数据传输速率仅能达到 10Mbit/s，使用 CSMA/CD（Carrier Sense Multiple Access with Collision Detection），即带冲突检测的载波监听多路访问技术。1983 年制定了 IEEE 802.3 协议，正式实现了以太网协议的标准化。随着网络应用需求的逐渐增长，需要传输更多的网络数据，要求以太网络具备更快的数据传输速率和更远的传输距离，因此促使人们对以太网协议不断进行改进。1993 年 10 月，Grand Junction 公司研制出世界上首台快速网络接口卡（FastNIC100）和配套的集线器（FastSwitch10/100），并在商业应用方面取得了成功。随后 3Com、Intel、BayNetworks、SynOptic 等公司纷纷推出具有各自特色的快速以太网（Fast Ethernet）设备。1995 年 3 月 IEEE 推出了 IEEE 802.3u 版本 100Base-T 形式的快速以太网标准。当前千兆位以太网技术的应用正在快速普及，万兆位以太网已开始应用。万兆位以太网可以支持 10Gbit/s 的传输速率，其规范采用 IEEE 802.3ae 标准，该标准在 IEEE 802.3 协议规范基础上做了进一步扩展。

构成以太网物理结构的集成电路包括媒体访问控制（MAC）器和物理接口（PHY）收发器两类：其中媒体访问控制器芯片主要负责控制与连接物理层的物理介质，提供寻址和信道访问控制机制等，使得多个终端或网络节点可以在包含共享介质的多址网络内进行通信；而 PHY 收发器芯片则实现以太网物理接口的收发功能，在发送数据时芯片把并行数据转化为串行数据，再按照物理层的编码规则将数据编码转换为模拟信号进行传输，接收数据时则采用类似的相反流程，此外 PHY 收发器芯片还具有载波侦听和冲突检测功能。

目前以太网接口主要产品包括 10/100 兆位以太网和千兆位以太网 PHY 收发器，如美国 Cisco 公司的 WS-C2960 系列和 WS-C3850 系列以及国内华为公司的 S57xx 系列千兆位以太网产品，其主要应用领域包括网络打印机、宽带网关、智能电视、机顶盒、智能电网、楼宇自动化等。

未来网络虚拟现实技术、分布式人工智能、4K 高清晰度电视和网络虚拟游戏等应用，对网络带宽的需求量极大，正在推动着万兆位以太网技术突飞猛进的发展，从而取代千兆位以太网。

撰稿人：中国电子科技集团公司第二十四研究所　甘明富
审稿人：深圳市质能达微电子科技有限公司　　　林丰成

▷▷▷ 2.4.19　标清与高清视频传输接口，標清與高清視頻傳輸介面，Interface for Standard-Definition Television and High-Definition Television

标清电视（Standard-Definition Television，SDTV）技术一般支持处理物理分辨率在 400 线左右的 VCD、DVD、电视节目等"标清"视频格式。SDTV 技术常用于电视机、机顶盒、摄像头、视频会议等各类多媒体设备中。SDTV 视频信号传输接口多采用模拟信号进行传输，常见的有 CVBS、S-Video、VGA 等。SDTV 像素纵横显示比例（Display Aspect Ratio，DAR）有 4:3 和 16:9 两种。

CVBS 接口针对的是复合视频广播信号（Composite Video Broadcasting Signal，CVBS）或复合视频消隐和同步（Composite Video Blanking and Sync，CVBS）[1]。CVBS 接口也称为基带视频或 RCA 视频（Radio Corporation of America），是（美国）国家电视标准委员会（NTSC）制定的电视信号的传统图像数据传输方法，其采用模拟波形来传输数据。

S-Video 接口（分隔式视频接口）规格由日本开发，它将亮度信号和色度信号分离传输，避免了混合视频信号传输时亮度和色度的相互干扰[2]。S 端子是一种五芯接口，由两路视频亮度信号、两路视频色度信号和 1 路公共屏蔽地线共 5 条芯线组成。S 端子常见的有 4 针、7 针、8 针、9 针四种型号。

VGA 接口全称为视频图形阵列（Video Graphics Array，VGA）接口，属于模拟接口，标准的 VGA（640×480，60Hz）接口传输 3 个 RGB 模拟信号、行同步信号（HS）和帧同步信号（VS）[3]。VGA 首先是将计算机内的数字信号转换为模拟信号，将信号发送到 LCD 显示器，由显示器再将该模拟信号转换为数字信号形成画面。一般模拟信号在超过 1280×1024 分辨率以上的情况下就会出现明显的误差，分辨率越高越严重。因此，VGA 正在被高清多媒体接口（HDMI）逐步取代。

高清电视（High-Definition Television，HDTV）主要支持以下 3 种格式：①逐

行扫描（Progressive Scan）1080p，1920×1080p，每帧（Frame）像素约为2.07MP（MegaPixels）；②隔行扫描（Interlaced Scan）1080i，1920×1080i，每场（Field）像素约为1.04MP或每帧像素约为2.07MP；③逐行扫描720p，1280×720p，每帧像素约为0.92MP。HDTV像素纵横显示比例有4:3和16:9两种。HDTV视频格式已经普遍应用于无线广播电视（Terrestial Broadcast Television）、有线电视（Cable Television）、卫星电视（Satellite Television）、DVD等[4]。

1993年制定的音视频压缩格式MPEG-1（Moving Picture Experts Group Phase 1）带来了数字视频广播（Digital Video Broadcasting，DVB）的3种标准：DVB-S（用于卫星视频）、DVB-C（用于有线视频）和DVB-T（用于无线视频）。DVB既支持MPEG-2格式，也支持H.264（或MPEG-4 AVC）标准。中国提出的音视频标准AVS（Advanced Video（Coding）Standard）编码性能与H.264基本相当。H.265是基于H.264的新一代高效视频编码标准（High Efficiency Video Coding，HEVC）。中国提出的新一代标准AVS+与H.265编码性能基本相当。

从SDTV及其VGA视频标准发展到HDTV及其DVB系列视频标准，以及相关的音视频标准HEVC和AVS+等，标准所包含的内容非常丰富，应用场景也非常广阔，所需要的芯片接口类型也非常多，这些需求情况给HDTV集成电路产品的设计带来了很多挑战。

参考文献

[1] Composite video[EB/OL].[2018-02-01].https://en.wikipedia.org/wiki/Composite_video.

[2] S-Video[EB/OL].[2018-02-01].https://en.wikipedia.org/wiki/S-Video.

[3] Video graphics array [EB/OL].[2018-02-01].https://en.wikipedia.org/wiki/Video_Graphics_Array.

[4] High-definition television [EB/OL].[2018-02-01].https://en.wikipedia.org/wiki/High-definition_television.

撰稿人：Synopsys公司　　　　　　　　　　　黄师
审稿人：深圳市质能达微电子科技有限公司　林丰成
　　　　中国科学院大学　　　　　　　　　　陈春章

▷▷▷ 2.4.20　高清多媒体接口集成电路，高清多媒體介面積體電路，High-Definition Multimedia Interface IC

高清多媒体接口（High-Definition Multimedia Interface，HDMI）通过单根连接线传输未压缩的高清视频、多信道环绕声音频及消费电子控制（CEC）信号，是一种数字化视频/音频接口技术。HDMI 可搭配宽带数字内容保护（High-Bandwidth Digital Content Protection，HDCP），以防止具有著作权的影音内容遭到未经授权的复制。HDMI 还支持 DVD Audio 等数字音频格式，支持多声道 96kHz 或立体声 192kHz 数码音频传送，可以传送无压缩的音频信号及视频信号。

HDMI 系统模块如图 2-44 所示。

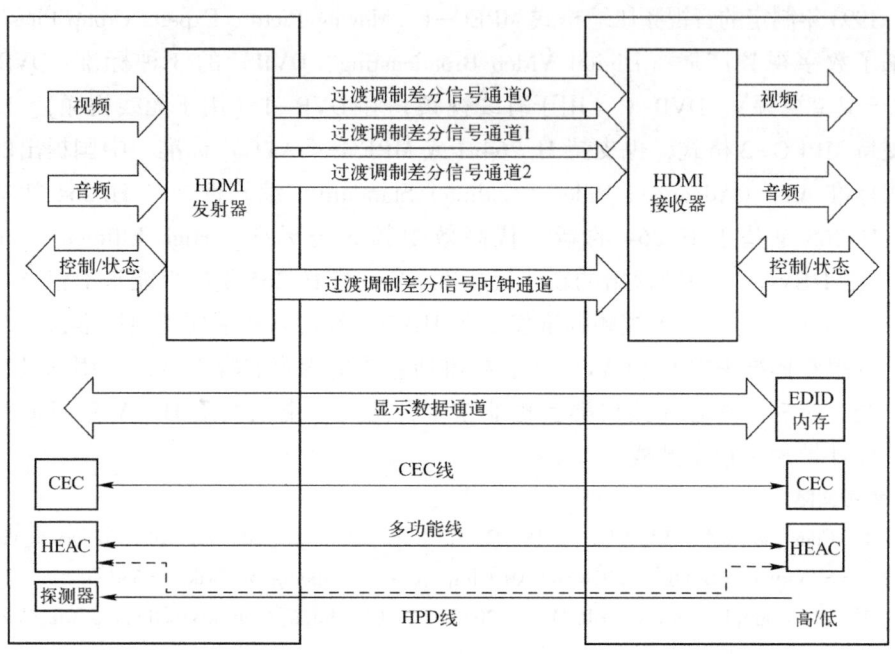

图 2-44　HDMI 系统模块

HDMI 可用于机顶盒、DVD 播放器、个人计算机、游戏机、功放、数码音响与电视机。HDMI 支持 EDID、DDC，因此具有 HDMI 的设备具有"即插即用"的特点，信号源和显示设备之间会自动进行"协商"，自动选择最合适的视频/音频格式。

2017 年 1 月最新版本（HDMI Version 2.1）可以支持 4K 和 8K 超高清（Ultra High-Definition）视频，最高数据传输速率为 14.4Gbit/s，同时无须在信号传送前进行数/模或者模/数转换。

常用的 HDMI IC 有高清发射芯片（HD Transmitter）、高清接收芯片（HD Receiver）、高清分配芯片（HD Splitter）、高清切换芯片（HD Switch）、高清转换芯片（HD Converter）和高清矩阵芯片（HD Matrix）等。知名厂商有矽映电子科技（Silicon Image）、百利通半导体（Pericom）、微驱科技（Explore）、晶翰科技（CAT）等。

近期，HDMI 特许公司发布 HDMI 创立者针对 USB Type-C 规范开发的 HDMI 转接模式。这使得具有 HDMI 功能的源设备可以利用 USB Type-C 连接器直接连接到具有 HDMI 功能的显示器上，无须烦琐的协议及连接器、适配器或硬件保护装置，通过单根线缆传输本机的 HDMI 信号。

撰稿人：Synopsys 公司　　　　　　　　　　　王伟
审稿人：深圳市质能达微电子科技有限公司　　林丰成

▷▷▷ 2.4.21　高技术配置接口，高技術配置介面，Advanced Technology Attachment Interface

IBM 公司于 1984 年发布的个人计算机（PC）型号为 AT（Advanced Technology），该 PC 的（并行）接口英文简称为 ATA（AT Attachment）。随着 2003 年串行 ATA（Serial ATA，SATA）技术的开发，人们将 2003 年之前的并行（Parallel）ATA 称作 PATA，以示区别。发展至今日，SATA 基本上已经取代了 PATA。

高技术配置（Advanced Technology Attachment，ATA）技术与由集成驱动电子设备（Integrated Drive Electronics，IDE）技术实现的磁盘驱动器关系最密切。通常来说，ATA 是一种磁盘控制器技术，而 IDE 是一种与之对应的磁盘驱动器技术，这两种说法经常可以通用。

由于 ATA 接口同属于 IDE 的技术规范系列，其发展和应用需求与 IDE 关系密切。最初 IDE 只是用于连接控制器和硬盘之间的一种接口技术，后来全球标准化协议组织将 ATA 接口的一系列规范整理为硬盘行业标准，产生了 ATA 标准。

SCSI 接口（Small Computer System Interface）又称为小型计算机系统接口，用于连接计算机和外围设备。SCSI 标准定义了命令、协议、电气和光接口。SCSI 最常用于硬盘驱动器和磁带驱动器，但它还可以用于连接其他设备，包括扫描仪和 CD 驱动器。SCSI 接口中的一种为 PATA（Parallel ATA）接口，它始于原始 ATA 接口，开发用于早期 PC 设备。ATA/ATAPI 的许多同义词及其以前的形式仍然被非正式使用，特别是扩展 IDE（EIDE）和 Ultra ATA（UATA）。

ATA 或 SATA 主机控制器芯片几乎被集成到每块主板，提供连接最少 4 台设备的能力。目前绝大部分计算机微处理器和主板控制器均支持 SATA 接口标准，如 Intel、IBM、AMD 等知名厂商的计算机产品。

ATA（IDE）接口发展至今，可以细分为 ATA-1（IDE）、ATA-2（Enhanced IDE/Fast ATA，EIDE）、ATA-3（Fast ATA-2）、Ultra ATA、Ultra ATA/33、Ultra ATA/66、Ultra ATA/100 及 Serial ATA。

ATA 接口已得到了多次修改和完善。第一代是 ATA-1，即最初的标准规范，用于康柏公司推出的桌面 386 系列。它被制定为"主/从"结构，以后逐渐发展出 ATA-2、ATA-3、ATA-4、ATA-5、ATA-6、ATA-7、Compact Flash 6.0 等各种后续版本。ATA-4 的传输速率为 16.7~33.3MB/s，ATA-7 的传输速率达到 133MB/s，Compact Flash 6.0 的传输速率达到 167MB/s。

第一代 SATA 接口（SATA 版本 1.0）于 2003 年 1 月发布，又称为 SATA，以 1.5Gbit/s 速率通信。第二代 SATA 版本 2.0（3Gbit/s，300MB/s，Serial ATA-300）于 2004 年 4 月发布，向下兼容 SATA 1.5Gbit/s 版本。SATA 版本 3.0（6Gbit/s，600MB/s，Serial ATA-600）由串行 ATA 国际组织（SATA-IO）于 2008 年 7 月提交了物理层规范草案，而完整的 3.0 标准于 2009 年 5 月推出。SATA 版本 3.3 于 2016 年 2 月发布，速率提升到 16Gbit/s。

目前，ATA 接口产品已广泛应用在各种计算机数据处理和传输设备中，包括主板、硬盘、光驱等。该类产品一般通过芯片集成的方式集成在主板、硬盘等设备内部，具有连接方式简单、传输速度快、满足多设备级联要求等特点，已成为计算机设备必不可少的接口部件之一。

  撰稿人：中国电子科技集团公司第二十四研究所 甘明富 赖凡
  审稿人：深圳市质能达微电子科技有限公司   林丰成

▷▷▷ 2.4.22　DDR SDRAM 接口，DDR SDRAM 介面，DDR SDRAM Interface

双倍数据速率 SDRAM（Double Data Rate SDRAM，DDR SDRAM）常简称为 DDR。DDR SDRAM 由三星公司于 1996 年推出，其接口在数据传输时，在时钟信号上升沿与下降沿均进行数据处理，使数据传输速率达到单倍数据速率 SDRAM（Single Data Rate SDRAM，SDR SDRAM，常简称为 SDR）的 2 倍。所以，DDR 是 SDR 的升级版本。

DDR 接口标准是由 JEDEC 组织定义、升级与维护的，目前已有的协议标准有 DDR（JESD79）、DDR2（JESD79-2）DDR3（JESD79-3）、DDR4（JESD79-4）、LPDDR（JESD209）、LPDDR2（JESD209-2）、LPDDR3（JESD209-3）、

LPDDR4（JESD209-4）、LPDDR4X（JESD209-4-1），LPDDR5 和 DDR5 协议正在开发中。另外还有 GDDR 接口用于图形显卡处理芯片。DDR 各版本接口协议的特征见表 2-19[1-3]。

表 2-19 DDR 各版本接口协议的特征

特征	DDR1	DDR2	DDR3	DDR4	LPDDR	LPDDR2	LPDDR3	LPDDR4	LPDDR4X
最高数据传输速率/(Mbit/s)	400	800	2133	3200	400	1066	2133	4266	4266
总线特性	单通道	单通道	单通道	单通道	单通道	单通道	单通道	多通道 16bit 为一个通道	多通道 16bit 为一个通道
突发长度 (Burst Length, BL)	2, 4, 8	4, 8	4 (Burst Chop, BC), 8	4 (Burst Chop, BC), 8	2, 4, 8, 16	4, 8, 16	8	16, 32	16, 32
I/O 电压	2.5V	1.8V	1.5V/1.35V	1.2V	1.8V	1.2V	1.2V	1.1V	0.6V
命令/地址总线	SDR 命令采样	SDR 命令采样	SDR 命令采样	SDR 命令采样	DDR 命令采样	DDR 命令采样	DDR 命令采样	SDR 命令采样	SDR 命令采样
Bank Group	0	0	0	2, 4	0	0	0	0	0
最大块（Bank）数	4	8	8	16	4	8	8	8	8
单片位宽/bit	4, 8, 16	4, 8, 16	4, 8, 16	4, 8, 16	16, 32	16, 32	16, 32	16, 32	16, 32
片上电阻匹配	不支持	需要 ODT 信号	需要 ODT 信号	支持，动态，不需要 ODT 信号	不支持	不支持	支持 DQ	支持 (CA, DQ)	支持 (CA, DQ)
参考电压训练	不需要	不需要	不需要	需要	不需要	不需要	不需要	需要	需要
CRC	不支持	不支持	不支持	支持	不支持	不支持	不支持	不支持	不支持
DBI	不支持	不支持	不支持	支持	不支持	不支持	不支持	支持	支持

从系统层面看，主芯片对存储器 DRAM（在同步工作状态时，即为 SDRAM）进行访问需要通过 DDR 接口来实现，故在主芯片设计中需要包括 DDR 控制器（DDR Controller）和 DDR 物理接口（DDR PHY）。DDR 控制器用于处理 SoC 访问 DDR 的命令，它支持总线多端口仲裁，并将仲裁到的命令地址映像到 DDR 的地址空间。DDR 物理接口（DDR PHY）将 DDR 控制器的访问 SDR 信号变为 DDR 的双沿数据访问信号，并按照 DDR PHY 所需的电气特性发送到相应的 DRAM（或者 SDRAM）；同时将接收的 DDR 双沿采样读数据变换为

单沿数据传送给 DDR 控制器。DDR 主芯片的结构如图 2-45 所示。有些 DDR PHY 还包含 DDR 初始化、眼图训练、ZQ 校准等功能。DDR 控制器与 DDR PHY 之间由 DDR PHY 定义的 DFI 总线进行互联。这个接口定义了 DDR 控制器和 DDR PHY 之间的握手信号，归一化了接口设计，目前主要的控制器和 PHY 的 IP 厂商都遵循此协议。

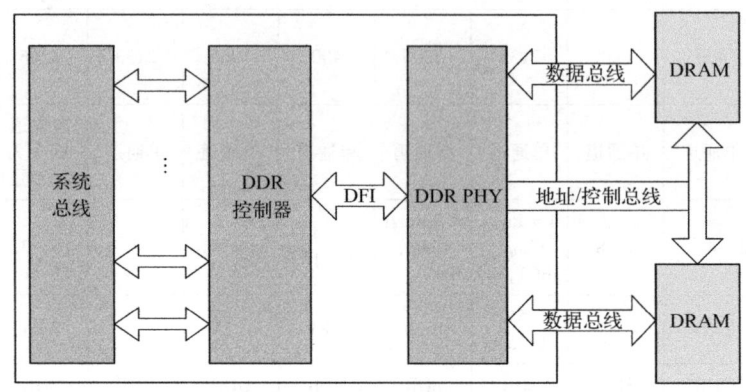

图 2-45 DDR 主芯片的结构框图

目前 DDR SDRAM 芯片的主流供应商有三星、SK 海力士和美光，每家公司都能提供全面的各种容量与速度等级的 DDR SDRAM 芯片，如 DDR4 SDRAM、DDR3 SDRAM、DDR2 SDRAM、DDR SDRAM、GDDR、LPDDR4、LPDDR3、LPDDR2 等。这些 DDR 芯片的封装形式有 VFBGA、WFBGA、TFBA、PoP、FBGA、UFBGA。

DDR SDRAM 的应用市场非常广阔：对于消费类市场，一般使用多协议接口 DDR 芯片较多，如监控产品、机顶盒产品主要使用混合 DDR 芯片（DDR3、DDR4、LPDDR3）；车载设备主要使用 DDR3、LPDDR2、LPDDR4 等满足车规标准的芯片；智能手表一般使用 LPDDR3、LPDDR4 和 LPDDR4X；移动终端一般使用 LPDDR4，部分采用 LPDDR4X 进一步提高性能，降低功耗；无人机一般使用 DDR4、LPDDR3、LPDDR4；在 PC 以及服务器市场，一般低端 PC 使用 DDR3 UDIMM、DDR4 UDIMM，高端服务器使用 DDR4 RDIMM、DDR4 RLDIMM、NVDIMM[4,5]。

参考文献

[1] JESD79-4A, DDR4 SDRAM [S]. 2012.

[2] JESD209-4, Low power double data rate 4 [S]. 2014.

[3] JESD209-4-1, Addendum No. 1 to JESD209-4-low power double data rate 42X [S]. 2017.

[4] JESD82-30, LRDIMM DDR3 memory buffer (MB) version 1.0 JESD 82-30 [S]. 2014.
[5] JEDEC248, DDR4 NVDIMM-N design standard revision 1.0 [S]. 2016.

撰稿人：Synopsys 公司　　　　　　　　许晓多
审稿人：深圳市质能达微电子科技有限公司　林丰成

▷▷▷ 2.4.23 接口转换集成电路，介面轉換積體電路，Protocol Converter Interface IC

接口转换也叫协议转换，主要是指将当前设备协议的数据消息、事件、命令和时间同步等信息转换为另外一种设备的不同协议，以实现设备的互操作。协议转换广泛应用于发电、输配电、石油和天然气、自动化、公用事业、远程监控等领域。完成上述转换协议的集成电路统称为接口转换集成电路。

接口转换集成电路主要包括以下几类：①专用接口转换芯片，例如 ST 公司推出的 Mystique 系列 DisplayPort 和 HDMI 接口转换器系列芯片，可完成各种消费电子、商用计算机、商用多媒体设备之间的无缝连接。②专用网络处理芯片，根据实际应用中所需的接口协议转换类型进行定制。此类芯片可以将基于 TCP/IP 协议的网络数据格式转变成通用的数据格式。③嵌入式网络协议芯片，使用嵌入式系统自带的协议转换功能进行接口转换，包括软件方式直接处理和固化硬件芯片处理两种方式，例如 ARM 嵌入式系统。④网络控制芯片与单片机，可根据实际需求进行功能扩展。

网络协议转换是接口转换集成电路的主要应用领域，网络接口转换集成电路连接网上采用不同高层协议的主机，互相协作，完成各种分布式应用[1]。当前的网络接口转换集成电路主要有 E1/以太网协议转换器、RS-232/485/422/CAN 转换器、RS-232/USB 转换器、基于现场总线的协议转换器等。例如，美国 Silicon Laboratories 公司推出的 CP2102/CP2103 可实现 RS-232 和 USB 协议的互相转换。

通过使用接口转换集成电路，可以克服技术标准多样化造成的不同标准之间互联互通的障碍。例如，升级、改造或重新构建既有通信时，可在不需要更改原有通信软件的情况下，能够很方便地实现各标准多点组网、远程通信，用户可直接嵌入原有的应用领域。

参考文献

[1] 协议转换器 [EB/OL]. [2018-02-01]. http://baike.baidu.com/view/296772.htm.

撰稿人：中国电子科技集团公司第二十四研究所　赖凡
审稿人：深圳市质能达微电子科技有限公司　　　林丰成

▷▷▷ 2.4.24　控制器局域网总线，控制器局域網匯流排，Controller Area Network Bus

控制器局域网（Controller Area Network，CAN）总线是一种总线标准，最初设计的目的是在没有主机的情况下用于汽车微控制器和设备之间的通信。CAN总线是ISO国际标准化的串行通信协议，具有高性能、高可靠性等特点，是国际上应用最广泛的现场总线之一。

1986年德国Bosch公司首次提出控制器局域网总线技术[1]，并在位于密歇根州底特律市的汽车工程师协会（Society of Automotive Engineers，SAE）会议上正式发布。由Intel和飞利浦生产的第一块CAN控制器芯片于1987年上市。1988 BMW 8系列是第一款基于CAN总线的多路布线系统生产的车辆。随后CAN总线技术通过了ISO 11898及ISO 11519标准认证。

CAN控制器通过CAN收发器将用于收发的信息转换为符合规范的CAN帧在总线上进行通信。CAN控制器芯片可以是独立的芯片，也可以是包含微控制器在内的芯片。CAN收发器是CAN协议控制器和CAN总线之间的物理接口，具有电平转换功能，可将数字协议信息转换为模拟信号通信。

在汽车电子中，CAN总线常用于引擎控制、ABS系统及气囊等关键地方，是保障汽车安全的重要组成部分[2]。因此，CAN总线系统对电磁干扰（EMI）和静电放电（ESD）标准的要求极为严格，既要保证系统不受外来干扰的影响，也不能干扰其他电子组件的正常工作。此外，对于一些在户外使用的设备，CAN总线接口还需要采用大电流浪涌保护电路，提高系统防护性能。

除了在汽车通信上的应用，CAN总线还以其可靠性高、实时性好和灵活性强的特点，被广泛地用于火车、航空、船舶、医疗设备、机械制造、交通管理等领域。独特的技术特点、广泛的应用领域，同时作为国际化的标准，这些都进一步推动了CAN总线的快速发展。

参考文献

[1] ISO 11898-1, Road vehicles-controller area network (CAN) -Part 1: Data link layer and

physical signaling [S]. 2003.

[2] 罗峰, 孙泽昌. 汽车 CAN 总线系统原理、设计与应用 [M]. 北京：电子工业出版社, 2010.

撰稿人：北京华大九天软件有限公司　　　关宇恒
审稿人：龙迅半导体（合肥）股份有限公司　陈峰

▷▷▷ 2.4.25 内部集成电路总线，内部積體電路匯流排，Inter-Integrated Circuit Bus

1982 年，飞利浦半导体公司开发出一种两线式同步串行总线，即内部集成电路（Inter-Integrated Circuit，I^2C；也写作 I2C 或 IIC）总线，也称集成电路间总线，用于集成电路之间的通信连接。I^2C 总线支持任何制造工艺（nMOS、CMOS、Bipolar）器件组成的 IC 连接。I^2C 总线有两根双向信号线，即串行数据线（Serial Data Line，SDA）和串行时钟线（Serial Clock Line，SCL），它们通过电流源或上拉电阻器连接到电源上。当总线空闲时，SDA 和 SCL 均被拉高，如图 2-46 所示。电源电压 VDD1 的典型值为+5V 或+3.3V，也允许使用其他供电电压（VDD2/VDD3）系统，不同供电电压的设备可共享同一条总线。I^2C 串行总线的连线少，结构简单，因此，大大简化了系统的硬件设计，降低了系统功耗。

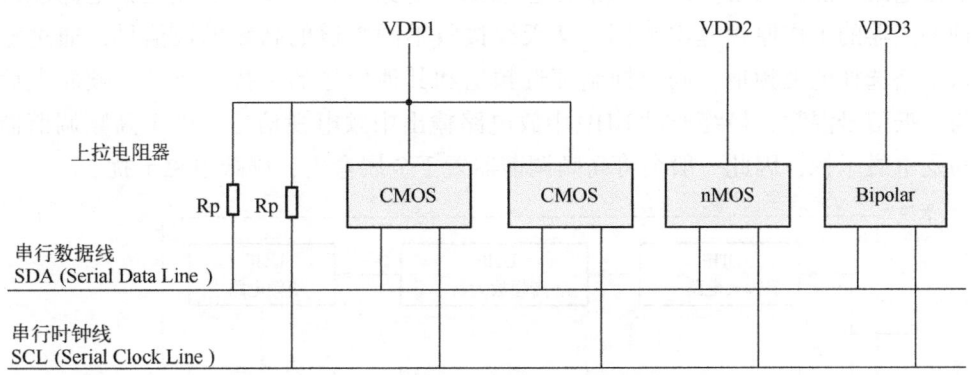

图 2-46　多供电电压设备共享 I^2C 总线

常见的 I^2C 总线依据不同的数据传输速度分为低速模式（10kbit/s）、标准模式（100kbit/s）、快速模式（400kbit/s）和高速模式（3.4Mbit/s），其中快速模式、高速模式更为广泛地应用在嵌入式系统中。

I^2C 总线是多主机总线，多个设备具有控制总线的能力。利用 SDA 和 SCL，主机（通常是微处理器）可控制总线上的数据传输；每个连接到 I^2C 总线上的设备都会被分配一个唯一的地址，主机按照该地址寻址并进行通信。

简单的接口方式、高效的传输速率，使得 I^2C 总线在微电子通信控制领域广泛应用，相关产品种类丰富。例如，I^2C 总线除了用于音视频芯片，还用于缓冲器、中继器、集线器和扩展器；同时 I^2C 总线还能用于不同电源电压的电平转换器、IC 传感器的通信信道等。智能手机中使用了大量 I^2C 总线。对 I^2C 总线的改进和扩大应用极大地促进了总线的发展，如 Intel、NEC、TI、ST 等也制定了一些类似的标准。Intel 在 1995 定义了 I^2C 总线的子集 SMBus，其使用规定更加严格。

撰稿人：北京华大九天软件有限公司　　　　　关宇恒
审稿人：龙迅半导体（合肥）股份有限公司　　陈峰

▷▷▷ 2.4.26　高频调谐器，高頻調諧器，High Frequency Tuner

高频调谐器（High Frequency Tuner）主要用于调谐所接收的电视信号，即对天线接收到的视频信号进行选择、放大和变频处理，是电视机信号通道最前端的电路。

高频调谐器的电路组成原理框图如图 2-47 所示，包括 VHF 调谐器和 UHF 调谐器，分别处理不同频段的信号。VHF 调谐器包括输入电路、高频放大器、本振电路和混频电路。UHF 调谐器包括输入电路、高频放大器和变频电路。两种调谐器的工作原理基本相同，从天线接收不同频道的高频电视信号，通过输入电路选择电视频道，同时抑制邻近频道和其他信号的干扰；经过选频放大后与本振信号混频，最终通过 UHF 中放电路输出中频电视信号。由于高频调谐器易受电磁干扰，因此一般会将高频调谐器置于金属盒内，屏蔽电磁干扰。

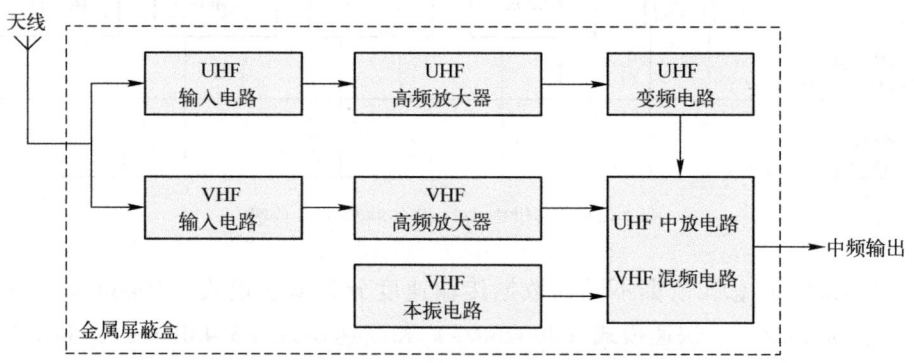

图 2-47　高频调谐器的电路组成原理框图

高频调谐器按不同工作方式可以分为机械式高频调谐器和电子式高频调谐器,见表2-20[1]。不论哪种调谐方式都必须同时改变输入电路、高频放大器和本振电路的调谐参数才能够切换电视频道。

表2-20 高频调谐器的分类

按调谐方式划分	按接收电视频道的范围划分
机械式高频调谐器	VHF高频调谐器
	UHF高频调谐器
电子式高频调谐器	普通全频道高频调谐器
	有线电视全频道高频调谐器

根据用途,常见的电子式高频调谐器有天线高频调谐器、收看高清数字电视的HDTV ATSC(Advanced Television Systems Committee)高频调谐器、收音机高频调谐器、TV高频调谐器卡(用于计算机收看电视)和TV数字网络高频调谐器。

作为电视机信号通道最前端的组成部件,高频调谐器对整机的性能起着决定性作用。在制作过程中,应注意几个方面:第一,要做好与天线、馈线及中放电路的阻抗匹配;第二,要达到较高的功率增益和较小的噪声系数,同时高频放大器的自动增益控制能力要强;第三,其本振频率要稳定且具有合适的通频带和良好的选择性。随着技术的发展,电路集成化和可靠性要求越来越高,高频调谐器的制作也更加精良,性能更加优异。

参考文献

[1] 电视机高频头[EB/OL]. [2018-02-01]. http://www.docin.com/p-443786422.html.

撰稿人: 北京华大九天软件有限公司　　关宇恒
审稿人: 龙迅半导体(合肥)股份有限公司　　陈峰

▷▷▷ 2.4.27 数字视频广播调制解调,數位視頻廣播調製解調,Digital Video Broadcasting Modulation/Demodulation

数字视频广播(Digital Video Broadcasting, DVB)是一套国际认可的数字电视公开标准,由DVB Project维护[1]。DVB Project是一个有着超过300个成员的国际工业联盟,由欧洲电信标准化组织(European Telecommunications Standards Institute, ETSI)、欧洲电子标准化组织(英文为European Committee for Electrotechnical Standardization,法文为Comité Européen de Normalisation Électrotechnique, CENELEC)和欧洲广播联盟(European Broadcasting Union,

EBU）联合组成的联合专家组（Joint Technical Committee，JTC）发起。

相比于传统的模拟电视传输系统，DVB标准用于采用全数字技术进行通信的电视传输系统。DVB标准主要构成部分有数据扰乱、纠错编码、数字调制、均衡和同步时钟提取，此外还包括基带接口、基带滤波器和中频滤波。DVB系统的核心技术是纠错编码、数字调制和回波均衡。数字调制包括四相相移键控（Quadrature Phase Shift Keying，QPSK）、正交振幅调制（Quadrature Amplitude Modulation，QAM）和正交频分复用（Orthogonal Frequency Division Multiplexing，OFDM）。

DVB标准是基于不同传输方式转换的通用数字电视系统规范。DVB数字视频广播系统的传输主要采用的方式有有线（对应标准为DVB-C/C2）[2]、卫星（对应标准为DVB-S/S2）和地面无线（对应标准为DVB-T/T2）。这些传输方式的主要区别在于针对不同的应用采用的调制方式不同。

数字有线广播系统标准（Digital Video Broadcasting-Cable，DVB-C）利用VHF/UHF载波，使用QAM（16-QAM、32-QAM、64-QAM、128-QAM或256-QAM）调制方式，以有线电视网作为传输介质，应用范围广泛。

数字卫星直播系统标准（Digital Video Broadcasting-Satellite，DVB-S）利用SHF载波，使用QPSK、8-PSK或16-QAM调制方式。DVB-S2[3]相比DVB-S有更多的调制方式，可使用QPSK、8-PSK、16-APSK或32-APSK调制方式，以卫星作为传输介质，针对卫星信号的传输特点设计，可满足卫星转发器的带宽要求。这种传输方式覆盖面广，节目量大。

数字地面广播系统标准（Digital Video Broadcasting-Terrestrial，DVB-T）利用VHF/UHF载波，使用16-QAM或64-QAM（或QPSK）与编码正交频分复用（Coded OFDM，C-OFDM）的组合调制方式[4]，并且可以支持分层调制。8MHz带宽内可以传送4套电视节目，且传输质量高、本地区覆盖好，在与现行模拟电视混合传输方面具有突出优势。DVB发送、接收系统框图如图2-48所示。

DVB发送端将音视频进行编码、传输复用，最后将调制后的射频信号发送。DVB接收端实现与发送端相反的工作过程，接收射频信号进行解调制、解复用，最后解码完成接收。

由于不同的数字视频广播系统对应不同的调制解调器，目前已生产出了集数字有线广播系统标准（DVB-C）、数字卫星直播系统标准（DVB-S）和数字地面广播系统标准（DVB-T）于一体的解调器芯片。该芯片以较小的芯片尺寸、多标准解调方案来实现，可简化软硬件设计。此外，集成多标准协议到同一款芯片中，可降低管脚数量，从而减少外围器件数量，提供高集成度的系统解决方案。

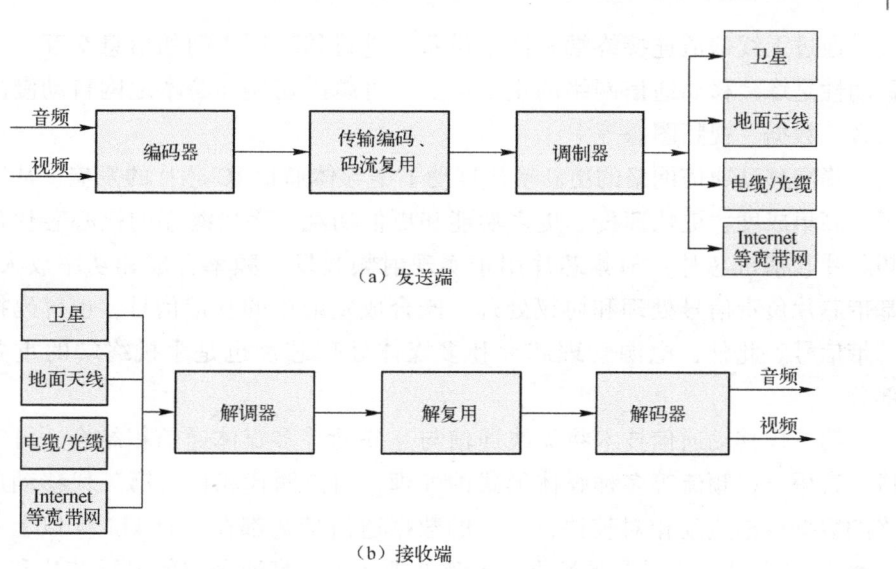

图 2-48 DVB 发送、接收系统框图

参考文献

［1］ Digital Video Broadcasting（DVB）；A guideline for the use of DVB specifications and standards［S］. 2008-08-30.

［2］ Digital Video Broadcasting（DVB）；Frame structure channel coding and modulation for a second generation digital transmission system for cable systems（DVB-C2）［S］. DVB consortium, 2010-05-07.

［3］ ETSI EN 302 307, Digital Video Broadcasting（DVB）；Second generation framing structure, channel coding and modulation systems for broadcasting, interactive services, news gathering and other broadband satellite applications（DVB-S2）［S］. V1.2.1. 2009-08.

［4］ Digital Video Broadcasting（DVB）；Frame structure Channel coding and modulation for a second generation digital terrestrial television broadcasting system（DVB-T2）［S］. DVB consortium, 2011-02.

撰稿人：北京华大九天软件有限公司　　　　关宇恒
审稿人：龙迅半导体（合肥）股份有限公司　　陈峰

▷▷▷ 2.4.28　蜂窝移动通信集成电路，蜂窩移動通信積體電路，Cellular Mobile Communication IC

蜂窝移动通信（Cellular Mobile Communication）网络以蜂窝无线组网的方

式，通过无线信道连接终端和网络设备，进行移动用户间的信息交互。终端的移动性是蜂窝移动通信网络的主要特点，可越区切换和跨本地网自动漫游传输语音、数据、视频图像等[1]。

蜂窝移动通信网络的更新换代推动了半导体通信 IC 芯片的发展，从而实现了更高集成度、更快速度、更多功能和更低功耗。手机终端的核心芯片包括射频芯片和基带芯片：射频芯片用于实现射频收发、频率合成和功率放大功能；基带芯片负责信号处理和协议处理，既合成发射用的基带信号，也解码接收的基带信号。此外，电源管理芯片和多媒体处理芯片也是手机终端的重要组成部分。

第三代移动通信技术将无线通信与互联网等多媒体通信相结合，可完成图像、音乐、视频流等多种媒体形式的处理。与前两代相比，第三代移动通信网络的数据传输速度相对较快，一般的数据通信带宽都在几百 kbit/s 以上[2]，因此要求 IC 芯片具有较强的数据存储和处理能力。高通公司的射频芯片和基带芯片在业界具有技术领先地位，基本垄断了码分多址（Code-Division Multiple Access，CDMA）技术专利。英飞凌、美信、飞思卡尔、联发科、博通等公司也推出了各自的手机射频收发器和基带芯片解决方案。

将 3G 技术与 WLAN 相结合的第四代移动通信技术，能够实现高质量的视频图像传输，并以更快的速率传输数据。下载速率可达到 100Mbit/s，上传速率也达到了 30Mbit/s，基本可以满足所有用户对无线传输应用的要求。4G 系统对通信 IC 芯片的要求也相应提高。华为海思的芯片设计提高了国产 4G 手机芯片的市场占有率。海思麒麟 960 芯片的性能已经达到高通骁龙 820 的同一水平。1G~4G 无线通信方式的对比见表 2-21。

表 2-21 1G~4G 无线通信方式的对比

技术代	系统技术	上传速率，下载速率	启用时间	特点
1G	AMPS（模拟）	14.4kbit/s，14.4kbit/s	1970 年	仅用于语音
2G	GSM，TDMA，CDMA	9.6kbit/s，14.4kbit/s	1990 年	数据与语音
2.5G	GPRS，TDMA	9.6kbit/s，115kbit/s	2001 年	开始具有上网功能
3G	WCDMA，CDMA2000	64kbit/s，2Mbit/s	2004 年	用于手机和 PDA
3.5G	HSDPA，HSPA	384kbit/s，14.4Mbit/s	2006 年	支持更高数据速率
4G	WiMax，LTE，Wi-Fi	500Mbit/s，1Gbit/s	2012 年	支持高清视频

随着智能终端科技的快速发展，移动数据流量急剧增长，无线移动通信除了 1G 采用模拟方式外，现有的无线 2G~4G 数字通信技术使得传输速度不断提高，VR、AR 等高清视频和智能家居对第五代移动通信传输速度提出了更高的

要求。全球各地均在积极推进 5G 网络，各大半导体公司也在纷纷布局研发 5G 通信 IC 芯片。

参考文献

［1］韦惠民. 蜂窝移动通信技术［M］. 西安：西安电子科技大学出版社，2002.

［2］啜钢，常永宇. 移动通信原理与系统［M］. 北京：北京邮电大学出版社，2009.

撰稿人：北京华大九天软件有限公司　　　　关宇恒

审稿人：龙迅半导体（合肥）股份有限公司　　陈峰

▷▷▷ 2.4.29　音频编解码器，音頻編解碼器，Audio Codec

音频编解码器（Audio Codec）是能够对音频数据流进行编码或解码的设备或程序。音频编解码器在保持音频质量的同时，能够以较少数量的比特位来表示高保真（High Fidelity，Hi-Fi）音频信号，有效地减小存储空间及传输音频文件所需的带宽。音频编解码器广泛地应用于智能电话和多媒体电话、数码相机和数码摄像机、便携式媒体播放器和便携式音频播放器及电话配件中。

在硬件芯片设计的实现中，音频编码过程将模拟音频信号转换成数字信息并完成编码，音频解码过程将数字信号解码并转换成模拟音频信号。也就是说，音频编解码器包含运行在相同时钟下的模/数转换器（ADC）和数/模转换器（DAC），可用于支持音频输入和输出的声卡。

音频编码包括以下几种技术：MPEG-1（VCD），主要解决多媒体存储问题，是一种有损的数据压缩方式[1]；MPEG-2（DVD），其发展可分为对 MPEG-1 增加低采样频率、对 MPEG-1 实施多声道扩展和 MPEG-2 先进音频编码（Advanced Audio Coding，AAC）三个阶段[2]；MPEG-4 压缩效率进一步提高，具有较好的交互性，可以存储、传送多种音频内容[3]；AC-3 是以 AC-1 和 AC-2 为基础发展起来的多通道编码技术。其中，AAC[4] 和 AC-3 是高保真、高采样率的音频标准，多用于高清数字电视、数字影院等领域。

参考文献

［1］ISO/IEC JTC 1/SC 29（2009-10-30），Programme of work-allocated to SC 29/WG 11，MPEG-1（Coding of moving pictures and associated audio for digital storage media at up to about 1.5Mbit/s）［S］. Retrieved 2009-11-10.

［2］ISO/IEC 13818-1：2013/Amd 4：2014，Support for event signalling in transport stream inMPEG-2 systems［S］. Retrieved 2014-07-24.

［3］ISO/IEC 13818-1：2013/Amd 1：2014，Extensions for simplified carriage of MPEG-4 over MPEG-2［S］. Retrieved 2014-07-24.

[4] ISO/IEC 13818-7: 2006/Amd 1: 2007, Transport of MPEG surround in AAC [S]. Retrieved 2009-10-29.

撰稿人：北京华大九天软件有限公司　　　　关宇恒
审稿人：龙迅半导体（合肥）股份有限公司　　陈峰

▷▷▷ 2.4.30　视频编解码器，視頻編解碼器，Video Codec

视频编解码器（Video Codec）是对数字视频进行压缩、解压缩的电路或软件。最初视频以模拟信号形式存储在磁带上，随着光盘的出现，数字形式存储逐渐取代了模拟形式存储。由于记录和传送原始视频需要非常大的存储量和带宽，急需一种方法来减少用于表示原始视频的数据量，由此压缩数字视频数据的解决方案应运而生，一些相关技术也随之发展起来。

压缩数据的格式要符合视频压缩规范标准，通常这种压缩都是有损的，即被压缩的视频丢掉了一些存在于原始视频中的信息。由于没有足够的信息来准确地重建原始视频，因此解压缩后的视频质量会低于原始未压缩的视频质量。视频质量、用于表示视频的数据量、编码和解码算法的复杂性、对数据丢失和错误的敏感性、编辑的方便性、随机访问以及端到端延迟等方面之间存在较为复杂的平衡关系。常见的视频编码方式有 H.26X 系列（包括 H.261、H.262、H.263、H.264、H.265）、MPEG 系列及 AMV、AVS 等其他编码方式。目前个人计算机和消费类电子产品上的视频编解码器软件非常多，用户可以在这些设备上同时安装多种视频编解码器，以满足不同的需求。视频编解码器被广泛用于 DVD/VCD 播放、视频记录、视频广播等应用中。

撰稿人：北京华大九天软件有限公司　　　　关宇恒
审稿人：龙迅半导体（合肥）股份有限公司　　陈峰

▷▷▷ 2.4.31　电力线通信，電力綫通信，Power Line Communication（PLC）

电力线通信（Power Line Communication，PLC）也称为电力线载波（Power Line Carrier）通信，是一种利用电力线作为传输介质的通信技术[1]。PLC 技术能够充分利用电力配电网络的广泛线路资源，在高压电力线（35kV 及以上）、中压电力线（10kV 级）或低压配电线（380V/220V）等不同电压等级的电力线路上进行数据传输。PLC技术通过在输电电流上加载受调制的高频信号进行数据发送，经电力线输送至接收端后再经过滤波、解调恢复出原始信号，从而实现信息传递。

电力线通信技术可以分为宽带电力线（Broadband over Power Line，BPL）通信技术和窄带电力线载波（Narrowband over Power Line，NPL）通信技术。通常BPL通信带宽限定在2~30MHz、通信速率在1Mbit/s以上，目前多采用以OFDM为核心的扩频通信技术，较宽的带宽为各种宽带数据服务和宽带市场提供了广阔的发展空间。NPL通信带宽限定在3~500kHz，通信速率低于1Mbit/s，多采用普通的PSK技术、DSSS技术和线性调频Chirp等技术，主要用于控制与数据采集网络的通信，可很好地满足低数据量的通信需求，成本低且易于实现。

电力线通信芯片是由调制器、振荡器、功放、T/R转换开关、耦合电路和解调器等模块组成的双向传输系统。发送数据时，振荡器为调制器提供载波信号，经调制器调制的数据信号在功放级进行放大，并通过T/R转换开关和耦合电路加载到电力线上。接收数据时，调制信号经耦合电路和T/R转换开关进入解调器，解调提取出的原始数据信号被送入下一级接收的数字设备。电力线通信能够将普通电网转换为通信网络，实现智能电网连接，包括连接智能电表、智能家居、自动化监控和路灯监控。

起初电力公司仅能以1Mbit/s的速度在电力线上传输数据，随着电力线通信技术的日益成熟，2Mbit/s、14Mbit/s、45Mbit/s带宽的电力线通信逐步普及。PLC技术也向着200Mbit/s以上带宽的更高速率发展。针对国内电网环境，需要优化电力线通信SoC设计，如电力线调制解调器的模拟前端（AFE）设计就变得非常具有挑战性。此外，由于电力线本身具有噪声，为确保数据可靠性就需要在架构设计中考虑这些因素；同时开发人员还需要针对不同应用和工作环境等因素优化设计，遵守相关协议标准和调制方案。

参考文献

[1] PLC [EB/OL]. [2017-12-12]. https://en.wikipedia.org/wiki/Power-line_communication.

撰稿人：	北京华大九天软件有限公司	关宇恒
审稿人：	龙迅半导体（合肥）股份有限公司	陈峰
	中国科学院大学	陈春章

▷▷▷ 2.4.32 数字用户线路，數位用戶綫路，Digital Subscriber Line (DSL)

数字用户线路（Digital Subscriber Line，DSL）技术，是一种基于普通电话线的数字通信技术，能够实现在同一条电话线上分别传送语音和数据信号。DSL 主要包括 ISDN DSL（IDSL）、High-Speed DSL（HDSL）、Symmetric DSL（SDSL）、Asymmetric DSL（ADSL）、Rate Adaptive DSL（RADSL）和 Very-High-Bit-Rate DSL（VDSL）等，统称为 xDSL 技术[1]。由于 DSL 技术在普通电话双绞线上可实现 100Mbit/s（VDSL2+）的下行传输速率，所以因其同时满足低成本和高带宽的要求而广泛应用于数字宽带通信，并可作为对无源光纤网络（PON）的补充。

DSL 通过在双绞铜线上采用较高的信号传输频率及特定的调制技术，可实现在普通模拟电话线路上进行高速数字数据传输，其编码调制解调方式有 2B1Q、QAM、CAP、DMT 四种。

由于 DSL 技术需要在传输线路两端分别进行调制解调，所以 xDSL 芯片在实际应用中均采取芯片组解决方案的形式。xDSL 芯片组主要包括模拟和数字两部分：模拟部分的主要作用是进行数据信号的传送与接收，通过模拟前端（AFE）和线路驱动器实现数/模转换和模/数转换、反混叠（Anti-aliasing）、信号滤波、增益控制及线路驱动等功能；数字部分主要由成帧器/映射器模块、DSP 模块、微处理器内核等功能模块组成，实现 DSL 帧结构处理、数据编码、通信调度控制等功能。

参考文献

[1] International engineering consortium. Digital subscriber line 2001 comprehensive report. ISBN 978-0-933217-95-9 [R]. IEC, 2001.

撰稿人：	北京华大九天软件有限公司	关宇恒
审稿人：	龙迅半导体（合肥）股份有限公司	陈峰
	中国科学院大学	陈春章

▷▷▷ 2.4.33 无源光纤网络和电缆调制解调器，無源光纖網路與纜綫數據機，Passive Optical Network and Cable MODEM

光纤通信是利用光导纤维（简称光纤）传输光波信号的通信方法，具有传输频带宽、通信容量大、抗电磁干扰能力强、信号衰减小及传输质量高等优势，是现代通信的主要技术之一。目前普遍采用的光纤通信系统是数字编码-强度调制-直接检波系统,由光发送部分(光源和光发送端机)、光传输部分(光纤和光中继器)和光接收部分(光接收端机、光检测和转换模块)组成。光发送端机将数据电信号变换成光强调制的光信号送入光纤,经光纤传送至光接收端机,光信号经接收机检测变换为电信号,然后解调恢复出原始数据信息[1]。

随着高速以太网的发展,无源光纤网络(Passive Optical Network,PON)成为宽带接入的关键技术。PON 主要分为异步传输模式 APON(Asynchronous Transfer Mode PON,ATM PON,即更早的标准 ITU-T G.983)、GPON(Gigabit PON)和 EPON(Ethernet PON)三种。各芯片设计公司面向新一代 PON 网络设备纷纷推出 IC 产品,力求实现高度集成,并为系统供应商提供高性价比的解决方案,实现最低的系统成本。ITU-T G.987 标准定义 GPON 的下行传输速率为 10Gbit/s,上行传输速率为 2.5Gbit/s;根据 IEEE 802.3av 和 IEEE 802.3ah 的技术,EPON 可以同时实现两条分别为 10Gbit/s 和 1Gbit/s 的下行传输速率。

在 PON 服务端的传输线由光纤线终端(Optical Line Terminal,OLT)和用户端的多个光纤网络单元(Optical Network Unit,ONU)或者光纤网络终端(Optical Network Terminal,ONT)组成。与 GPON/EPON 相应的芯片产品需求包括位于服务中心的 OLT 芯片、位于用户端的 ONU/ONT 芯片,以及光纤传输网络(Optical Transport Network,OTN)的中继芯片等。

同轴电缆通信是一种有线通信方式。同轴电缆由若干同轴管组成,常用规格有 2 根、4 根、6 根、8 根、12 根、18 根、22 根,可分为小同轴、中同轴等。同轴电缆具有较好的传输质量,传输过程中损耗小,容量大。同轴电缆通信主要用于长途干线通信,在要求高质量传输和多种业务传输的长途新闻通信干线上占据重要地位。

电缆调制解调器(Cable MODEM)用于对有线电视 CATV 的某个传输频带进行调制解调。需要传输的数据首先通过有线电视网进行传输,并且有线电视信号共享通信介质[2];到达接收端后,通过电缆调制解调器解调,传输速率可达 10Mbit/s 以上。Cable MODEM 可以划分为双向对称式传输和非对称式传输、单向数据传输和双向数据传输、同步和异步几种,外形有外置式、内置式和交互式机顶盒几种。

参考文献

[1] GR-1209 Issue 4, generic requirements for passive optical components [S]. Telcordia Technologies, 2010-09.

[2] IEEE SA - 802.7-1989, local area networks: IEEE recommended practice: broadband local area networks [S]. IEEE, 1989.

撰稿人:	北京华大九天软件有限公司	关宇恒
审稿人:	龙迅半导体(合肥)股份有限公司	陈峰
	中国科学院大学	陈春章

▷▷ 2.5 射频集成电路产品

▷▷▷ 2.5.1 射频领域集成电路产品，射频領域積體電路產品，RF and Microwave IC Products

射频（Radio Frequency，RF）集成电路自 20 世纪 90 年代开始突飞猛进地发展，逐渐替代射频分立器件成为射频电路产品的主流。射频集成电路不仅进入了家庭、办公和工业应用领域，连接了计算机、手机、家用电器、电视机、智能家居、数码相机、打印机、投影仪等设备；同时也进入了市政设施和环境监测领域，例如非接触式支付、图书借阅、建筑和边境安全监测等。这一方面得益于工艺尺寸减小带来的成本不断下降，主流器件的技术节点从 20 世纪 90 年代中期的 0.5μm 和 2005 年的 130nm，一直发展到 2015 年的 14nm/16nm。由于成本下降，射频集成电路产品（例如蓝牙、Wi-Fi、导航芯片等）逐渐进入民用领域，为人们的生活提供了种种的便利。另一方面，CMOS 技术的性能迅速提升，逐渐接近或超过了分立组件或者Ⅲ-Ⅴ族器件的性能。例如，早期的 CMOS 器件的噪声性能较差，无法满足无线通信领域严格的性能要求，因而只能采用成本较高的Ⅲ-Ⅴ族器件；而到了 2000 年以后，随着工艺的进步，CMOS 器件的噪声性能也逐渐达到无线通信的严格要求，从而成为了主流产品。

此外，射频集成电路的工作频率也不断提升[1]，从 20 世纪 90 年代中期的 500MHz 左右一直提升到 21 世纪初期的 70GHz，到目前已经达到了 300GHz，从而使得射频集成电路的应用领域逐渐覆盖了 10GHz 以下的 2G/3G/4G 通信、导航、Wi-Fi、RFID、蓝牙，以及 10GHz 以上的毫米波、太赫兹等领域，进一步扩大了应用范围。

随着集成度的提升，芯片尺寸的缩小，出现了集众多的功能于一颗芯片上的射频集成电路产品。例如在无线通信领域，为了兼容不同的通信制式，出现了集成多模多频段的芯片。随着更多的功能集成，对射频集成电路的设计也提出了越来越高的要求。

射频集成电路产品主要包括以下几种。

（1）射频 IC 模块：主要包括放大输出功率的功率放大器（Power Amplifier，PA）电路、对微弱输入信号进行放大并去除噪声的低噪声放大器（Low Noise Amplifier，LNA）电路、对射频信号进行降频解调和升频调制的混频器（Mixer）电路、提供高频低噪声时钟信号的振荡器（Oscillator）电路、对接收和发射信号进行有效分离的双工器（Duplexer）电路，以及对不同频带的信号进行滤除的滤波器

(Filter) 电路等。

(2) 射频器件：包括微波器件、毫米波器件和太赫兹器件。

(3) 射频集成芯片：包括收音芯片、导航芯片、无线网络(Wi-Fi)芯片、蓝牙(Bluetooth)芯片、紫蜂(ZigBee)芯片、非接触式射频识别(RFID)芯片、近场通信(NFC)芯片等。

参考文献

[1] 毕查德·拉扎维. 射频微电子学：原书第2版·精编版 [M]. 邹志革, 雷鉴铭, 邹雪城, 等译. 北京：机械工业出版社, 2016.

撰稿人：北京大学　汪波
审稿人：深圳大学　李琰

▷▷▷ 2.5.2　射频功率放大器，射频功率放大器，RF Power Amplifier (RF PA)

1996年，摩托罗拉设计出第一个基于硅工艺的集成功率放大电路，而目前一般采用的是GaAs和双极工艺，其中应用最广泛、技术最成熟的是GaAs。功率放大器目前多应用于无线通信领域、音频驱动领域等。

射频功率放大器（RF Power Amplifier, RF PA）可将射频小功率信号转变成大功率信号，即通过将小的射频信号放大而产生较大的输出功率。射频功率放大器的一些基本应用包括驱动另一个高功率的信号源，驱动发射天线或者作为微波腔谐振器的激励。其中，驱动天线负载是最常见的应用[1]。

根据器件导通角不同，射频功率放大器分为A类、B类、AB类和C类。典型的射频A类功率放大器电路如图2-49所示。射频功率放大器电路通常由输入匹配、功率放大、直流偏置和输出阻抗匹配等几部分组成，从而可以在电源电压不变的情况下扩大输出范围。为了扩大电路的输出范围，通常用一个大电感代替（称为频率阻塞）负载。为了降低输出晶体管的峰值电压、提高效率，会在放大器和输出负载之间插入一个匹配网络，降低负载电阻，从而在更低的输出摆幅下传输规定的功率。

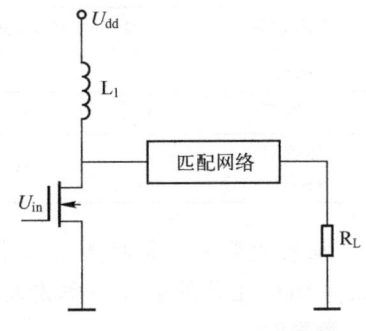

图2-49　射频A类功率放大器电路

影响射频功率放大器的指标如下。

(1) 输出功率。

(2) 效率：漏极效率和功率附加效率（Power-Added Efficiency，PAE）。

(3) 功率增益。

(4) 线性度：1dB 压缩点、三阶交调点和相邻信道功率比等。

其中线性度和 PAE 成为目前的关键技术指标。在高效率的射频功率放大器中，为提高线性度采用的技术主要包括前馈、预失真、功率回退、包络消除与再生技术（Envelope Elimination Recovery，EER），使用非线性组件的线性化技术（Linear Amplification using Non-linear Components，LINC），以及采用 Doherty 结构[2]。

依据主要考虑的性能指标，如线性工作还是恒包络工作，可以将功率放大器分为线性功率放大器和开关模式功率放大器。线性功率放大器（A 类、B 类、AB 类和 C 类）具有较高的线性度，但效率较低，在实际中应用较广泛。根据实现方式不同，工作在开关模式下的功率放大器通常分为 D 类、E 类和 F 类。各类功率放大器性能的比较见表 2-22[2]。

表 2-22 各种类型功率放大器性能比较

类型	A	AB	B	C	D	E	F
晶体管工作模式	电流源	电流源	电流源	电流源	开关	开关	开关
晶体管导通角	2π	$\pi \sim 2\pi$	π	$0 \sim \pi$	π	π	π
输出功率	中	中	中	小	大	大	大
理论效率	50%	50%~78.5%	78.5%	78.5%~100%	100%	100%	100%
典型效率	35%	35%~60%	60%	70%	75%	80%	75%
增益	高	中	中	低	低	低	低
线性度	极好	好	好	差	差	差	差
晶体管漏端电压峰值（DC）	2V	2V	2V	2V	2V	3.6V	2V

随着亚微米、深亚微米技术的发展，CMOS 器件的特征频率得到大幅度提高，CMOS 工艺的射频功率放大器将得到更广泛的运用[3,4]。

参考文献

[1] Behzad Razavi. RF microelectronics, Second Edition [M]. New York：Pearson Education, 2012.

[2] 池保勇, 余志平, 石秉学. CMOS 射频集成电路分析与设计 [M]. 北京：清华大学出版社, 2006.

[3] 高同强. 用于射频识别读写器的 CMOS 功率放大器关键技术研究 [D]. 北京：清华大

学，2008.

[4] T. Johansson and J. Fritzin. A review of watt–Level CMOS RF power amplifiers [J]. IEEE Transactions on Microwave Theory and Techniques，2014，62（1）：111-124.

撰稿人：北京大学　汪波　许郁冰
审稿人：深圳大学　李琰

▷▷▷ 2.5.3　低噪声放大器，低雜訊放大器，Low Noise Amplifier（LNA）

低噪声放大器（Low Noise Amplifier，LNA）在有效放大信号的同时，自身贡献的噪声很低。它一般应用在无线电接收机的信号接收支路前端，并对接收的微弱信号进行放大以便后级处理。低噪声放大器的应用范围相当广泛，如高灵敏度电子探测设备、雷达系统、近场通信、卫星通信和收发器无线通信卡等系统。

影响低噪声放大器的指标有噪声系数（Noise Figure，NF）、增益、输入反射损耗、稳定性、线性度、带宽和功耗等。由于放大器本身产生的噪声系数会直接叠加在输入信号上，可能会对输入信号产生很严重的干扰，因此希望减小这种噪声，提高信噪比，从而提高抑制噪声的能力。定义噪声系数 $\mathrm{NF}=\dfrac{\mathrm{SNR_{in}}}{\mathrm{SNR_{out}}}$，其中，$\mathrm{SNR_{in}}$ 为输入信噪比，$\mathrm{SNR_{out}}$ 为输出信噪比，放大器自身噪声不可能等于零，所以输出噪声总是大于输入噪声，故噪声系数 NF 总是大于 1。

与输入信号连接的低噪声放大器电路及其等效噪声模型如图 2-50（a）、（b）所示[1]，其中 A_v 为 LNA 的增益，$\overline{U_{n,RS}^2}$ 为天线的热噪声，$\overline{U_n^2}$ 为 LNA 的输出噪声。

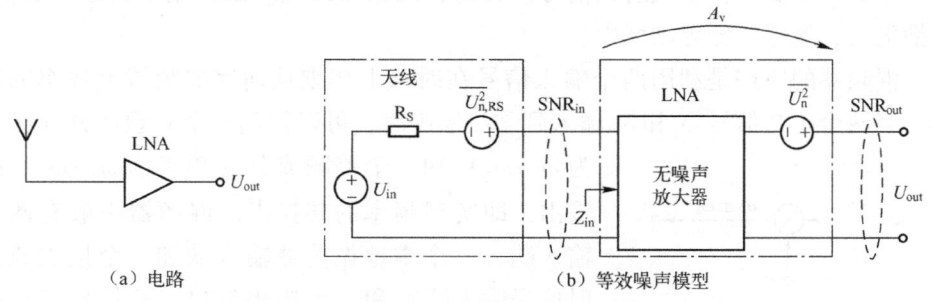

图 2-50　低噪声放大器电路及其等效噪声模型

为了减小电路的噪声系数，可提高电路增益，但提高增益通常会导致线性度下降。由于在大多数的应用中，LNA 对接收器的线性度不会有太大的影响，因此在设计时很少考虑其线性度问题。低噪声放大器的输入反射损耗，即输入

电阻的匹配程度，定义为反射功率与入射功率之比，$\varGamma=\left|\dfrac{z_{\text{in}}-R_{\text{s}}}{z_{\text{in}}+R_{\text{s}}}\right|^2$，其中$R_{\text{S}}$为等效信号源阻抗，$z_{\text{in}}$为 LNA 的等效输入阻抗，单位通常是分贝（dB）。输入反射损耗越低越好，这就要求输入阻抗与信号源阻抗尽量匹配。LNA 设计时通常会在噪声系数、功耗等之间进行权衡。

低噪声放大器的主要拓扑结构可分为共源极、共栅极和宽频拓扑结构等几种[1]。

随着 CMOS 工艺的发展以及高频性能的提升，未来的低噪声放大器将向低功耗、高增益、宽带宽的方向发展[2]。

参考文献

[1] Behzad Razavi. RF microelectronics，Second Edition［M］. New York：Pearson Education，2012.

[2] 彭进先，刘国福，杨俊，等. 低噪声电荷灵敏度前置放大器关键技术的现状与发展［J］. 核电子学与探测技术，2012，32（1）：1-6.

撰稿人：北京大学　汪波　朱海鹏
审稿人：深圳大学　李琰

▷▷▷ 2.5.4　混频器，混频器，Mixer

混频器（Mixer）是一种通过电路本身的非线性或者时变特性来完成频率变换的电路，是无线收发机中的重要模块。混频器的主要功能是将接收机模拟前端接收到的射频信号通过下变频转换成低频信号，以及将发射机模拟前端的低频信号通过上变频转换成射频信号。目前，混频器已经广泛应用于雷达、通信、广播电视、遥感遥测等领域中。

混频器的原理是利用两个输入信号在时域上相乘从而完成频域上频率的加减。当两个正弦信号ω_1和ω_2输入到乘法器中时，可以得到一个和频成分（频率为$\omega_1+\omega_2$）和一个差频成分（频率为$\omega_1-\omega_2$）的输出，即实现频率的转换[1]。混频器一般有两个输入端（一个本地振荡器输入端和一个接收或发射信号输入端）和一个输出端口，其符号和功能如图 2-51 所示。

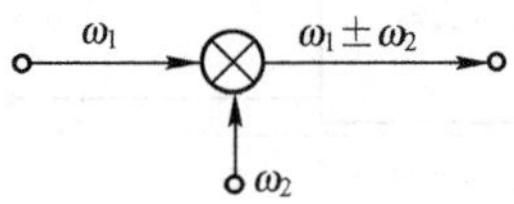

图 2-51　混频器的符号和功能

混频器通常可以分为有源混频器和无源混频器两大类[2]：其中有源混频器又可分为双平衡混频器、单平衡混频器和非平衡混频器等；无源混频器又可分为基于单个 CMOS 开关的混频器、单平衡无源混频器和双平衡无源混频器等。

单端 CMOS 混频器是最简单的结构，它的两个输入都是单端输入，电路结构主要包括开关级、跨导级和负载级三部分，如图 2-52 所示。该电路虽简单，但因为 RF 端口和 LO（Local Oscillator）输入端口的耦合会使得 RF 信号产生损耗，所以该电路的隔离度不高。

目前，电流换向有源混频器（Current Commutated Mixer）是应用较为广泛的混频器结构。其中，采用双平衡结构的电流换向有源混频器如图 2-53 所示。该类混频器的特点是可以有效抑制干扰，只输出有用的交调成分，并提供一定的转换增益，具有比较好的隔离度。这些优异的性能使得其广泛应用在无线收发机中。

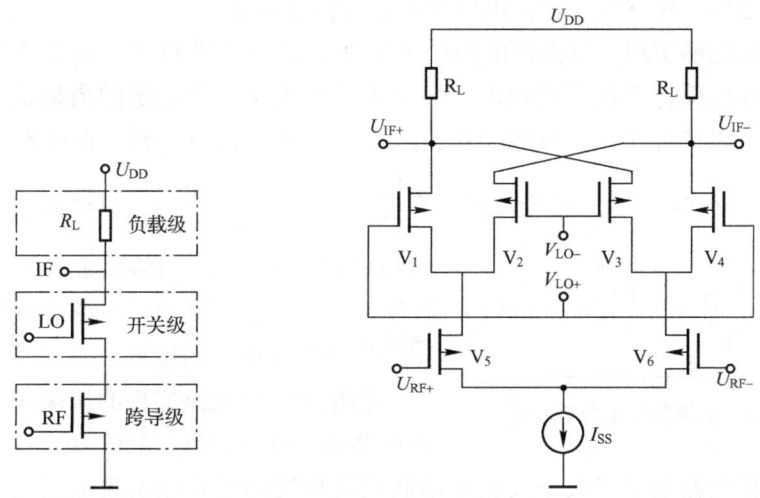

图 2-52　单端 CMOS 混频器结构图　图 2-53　双平衡有源混频器（Gilbert 混频器）

混频器的主要性能指标有噪声系数（输入信噪比与输出信噪比的比值）、转换增益（输出信号与输入信号的比值）、线性度（通常用 1dB 压缩点和三阶交调点来描述，决定了最大输入信号）和端口隔离度（混频器中三个端口之间相互影响的程度）[3]。

未来，如何实现高性能的混频器是研究的热点，而解决这些问题的关键点在于电路架构的创新，以及新型半导体材料的研究与应用。

参考文献

［1］池保勇，余志平，石秉学．CMOS 射频集成电路分析与设计［M］．北京：清华大学出版社，2006．

［2］Behzad Razavi. RF microelectronics, Second Edition［M］. New York：Pearson Education, 2012.

[3] 唐守龙. 高性能 CMOS 混频器设计技术研究 [D]. 南京：东南大学，2005.

撰稿人：北京大学　汪波　肖康林
审稿人：深圳大学　李琰

▷▷▷ 2.5.5　振荡器，振荡器，Oscillator

　　振荡器（Oscillator）是指用来产生周期性模拟信号（通常以电压的形式输出）的电子线路，其主要功能是产生准确的参考频率。振荡器的应用十分广泛，包括无线通信、传感器、计算机以及医学装备等领域。

　　振荡器能够实现持续振荡的原因主要在于振荡电路的"自我维持"机制可以放大自身内部特定频率的噪声并最终形成和输出一个稳定的周期信号。大部分振荡器可以被看作一个反馈回路，从反馈的角度进行分析。振荡器反馈分析示意图如图 2-54 所示，其传输函数为 $\dfrac{U_{\text{out}}(\omega)}{U_{\text{in}}(\omega)} = \dfrac{H(\text{j}\omega)}{1-H(\text{j}\omega)}$，只要满足一定的相移和环路增益条件（Barkhausen 条件），该反馈系统即可实现频率由电路的选频网络决定的稳定振荡信号的输出。

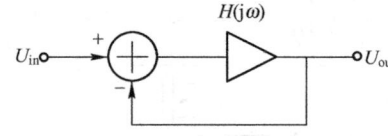

图 2-54　振荡器反馈分析示意图

　　利用 CMOS 电路实现的振荡器一般是环形振荡器、LC 振荡器和 RC 弛豫振荡器。其中，环形振荡器是将奇数个反相器串联成闭环反馈形式而实现振荡的，其输出信号频率由环形振荡器级数和反相器的固有时延决定。简单的三级环形振荡器电路如图 2-55 所示。环形振荡器具有电路结构极为简单，调谐范围比较宽，可以实现多相位的输出，版图面积比较小，以及可通过标准的 CMOS 工艺制造等优点；但存在难以获得较低振荡频率、频率温度敏感性高等缺点。

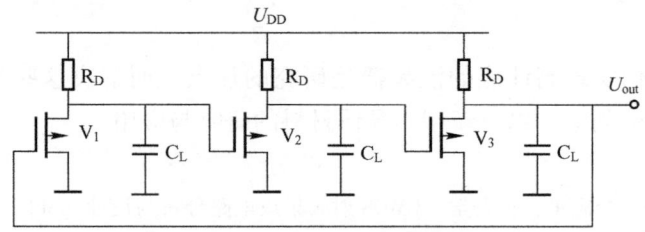

图 2-55　三级环形振荡器电路

LC 振荡器的无源谐振器件包括电感器和电容器。其基本原理是电感器 L 和电容器 C 并联在一起会在频率为 $\dfrac{1}{\sqrt{LC}}$ 处发生谐振。交叉耦合振荡器是一种典型的 LC 振荡器，如图 2-56 所示。LC 振荡器的输出频率高、品质因数高、噪声低，但存在电感器件的建模困难、调谐范围窄、功耗大等不足。

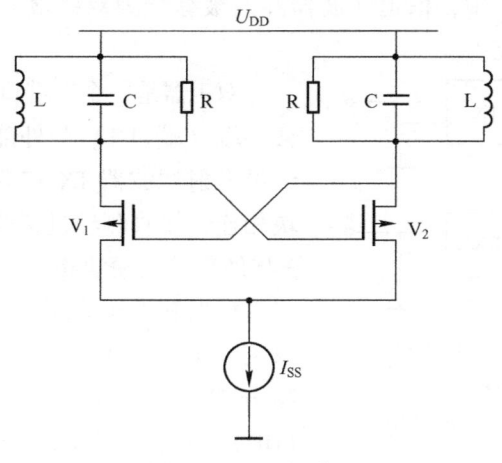

图 2-56 LC 振荡器

衡量振荡器的性能指标主要有振荡频率、品质因数 Q（Q 值越高，频率选择特性越好）、相位噪声（器件噪声引起的电路输出相位抖动）、频率稳定度（振荡器长期或短期维持某一恒定振荡频率的能力）[1]。

随着半导体工艺特征尺寸缩小、芯片电压不断下降和信息时代下物联网产业的兴起，如何设计和实现低功耗、高频率、低噪声、调谐范围大的高性能振荡器是未来研究的热点。

参考文献

[1] 邓扬扬. 带温度补偿的高精度 CMOS 振荡器的研究与设计 [D]. 成都：西南交通大学，2012.

撰稿人：北京大学　汪波　肖康林
审稿人：深圳大学　李琰

▷▷▷ 2.5.6 双工器，雙工器，Duplexer

双工器（Duplexer）用于隔离接收信号和发射信号，使接收模块和发射模块可以共享一条通道（一副天线），是现代通信系统的重要部件；其主要功能包括：抑制接收信号和发射信号的互相干扰；实现频带的隔离，可以分离一个信号源里包含的多个频带；进行阻抗变化，使信号能以最大功率传输[1]。

在20世纪60年代，Matthaei和Cristal首次提出星状公共结的双工器综合设计方法。在20世纪70年代后期，另一种综合公共结微波双工器的方法被Haine等人提出。在该方法中，信道滤波器开始被综合为双终端滤波器，从此以后双工器得到大量的研究[2]。

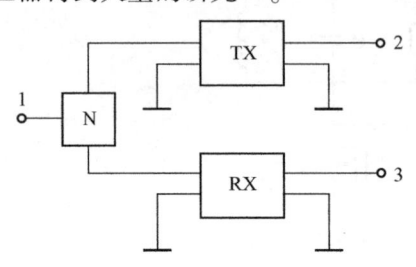

TX—TX滤波器；RX—RX滤波器；
N—三端口接头
图2-57 双工器一般结构

双工器是一个三端口器件（见图2-57），公共端（端口1）与外部天线相连，发射侧经过发射滤波器TX和端口2与外部发射模块相连，接收侧经过接收滤波器RX和端口3与外部接收模块相连。

根据其工作原理，双工器可以分为时分双工（Time-Division Duplexing，TDD）和频分双工（Frequency-Division Duplexing，FDD）[3]两类。

时分双工是指发射和接收信号使用相同的频段，但是使用的时间不同。时分双工器就像一个开关：当要发射信号时，就切断接收模块；当要接收信号时，就切断发射模块。

频分双工可以同时处理不同频段的信号。实现方法是使用滤波器来分离发送和接收信道，即两个滤波器分别调谐在发射频率和接收频率，隔离发送端口和接收端口，并让本端口的信号通过。这种双工器的传统实现方法有三种：①在天线与两个滤波器之间加入有定向耦合功能的环形器；②使用附加在公共端的消纳（或消抗）来调谐电路，从而减弱滤波器之间的互相干扰；③"全互补型"双工器，即它的输入导纳（或阻抗）在全频谱上不变，因而可有效抵消两个通道间的干扰。因为频分复用方法效率更高并且提高了抗干扰能力，因此应用更广泛[4]。

上述的传统设计方法，没有从整体结构出发，而只是单独地考虑各个滤波器的影响，因而存在局限性。目前的研究主流是找到一种更具一般性，可综合双工器的特征多项式，消除各个滤波器之间影响的设计方法。同时，使设计出的双工器的体积不断减小，并向着模块化发展。

双工器的主要设计指标有工作频率（双工器可工作的频率，其范围应大于发送模块和接收模块的频带）、带宽（发送频带和接收频带各自的频带带宽）、隔离度（衡量发射端口和接收端口之间的隔离程度）、插入损耗（在各个端口对应的通带内的有用信号的衰减情况)、匹配阻抗(双工器应与发射端口、接收端口和天线的阻抗匹配,一般取 50Ω)。

参考文献

[1] 周文胜. 多任务器理论与实现 [D]. 大连:大连海事大学,2001.
[2] 张效钦. 双工器综合技术的研究 [D]. 成都:电子科技大学,2012.
[3] 洪江民. 双工器设计与实现 [D]. 北京:北京邮电大学,2014.
[4] 张政伟. 双工器设计方法研究及其小型化建模 [D]. 西安:西安电子科技大学,2013.

撰稿人:北京大学　汪波　林笑琦
审稿人:深圳大学　李琰

▷▷▷ 2.5.7　滤波器,濾波器,Filter

滤波器(Filter)能将选定的频率波段以外的信号进行有效的消除,得到所需要的选定频率波段的信号,其主要目的是取得或者消除某个特定频率的信号。滤波器一般用于信号的传递和处理,目前已广泛应用于航天、军事、医疗、电信、通信、机械、能源等领域。

最初的滤波器电路是由电阻、电容、电感等组成的无源电路。现代高科技信息化的迅速发展和集成电路晶体管工艺性的提高,正一步一步地促进 RC 有源滤波器、数字滤波器等各类新型滤波器电路的高速发展。

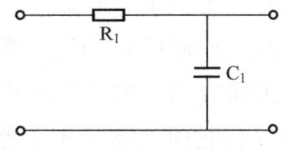

图 2-58　以 RC 滤波器构成的选频网络电路

滤波器的基本原理是利用电感和电容的阻抗特性,将信号中的特定频率信号阻挡或者导通。滤波器具有选频网络的特点,传统上它是由电阻、电容、电感等具有选频功能组件组成的选频网络电路。常见的以 RC 滤波器构成的选频网络电路如图 2-58 所示。

滤波器的重要性能指标有截止频率、纹波幅度、通带带宽、品质因数、幅频特性等。滤波器的截止频率是指相对于滤波器的幅频特性平均值衰减到 3dB 的时候产生的频率值。在一般的电路中,滤波器的波形幅度与幅频特性的比值设计得越小,滤波器的性能就越高,而幅频特性在电路仿真中一般呈现纹波的形状。滤波器的两截止频率之差的带宽是通带带宽。

滤波器的种类很多,基于信号的处理分析功能,可以将滤波器分为模拟、数字滤波器;基于频率响应的方式,可以将滤波器分为低通滤波器、高通滤波器、带通滤波器、带阻滤波器。另外，数字滤波器既可以通过 DSP 处理器实现，也可以通过 FPGA 进行编程通过数字设计实现[1,2]。

随着多种多样的滤波器被应用于现代高速通信的科技产品中，人们对滤波器的设计要求越来越高。近些年出现了缺陷地结构（Defected Ground Structure，DGS）、基片集成波导（Substrate Integrated Waveguide，SIW）、多模结构和低温共烧陶瓷（Low Temperature Co-fired Ceramic，LTCC）等新结构、新材料。这些新结构、新材料的出现将引领未来新型滤波器的发展方向。

参考文献

[1] 刘朋全. 基于 FPGA 的 FIR 数字滤波器的设计和实现 [D]. 西安：西北工业大学，2006.
[2] 位朝垒. 新型微波滤波器关键技术研究 [D]. 成都：电子科技大学，2009.

撰稿人：北京大学　汪波　邱常沛
审稿人：深圳大学　李琰

▷▷▷ 2.5.8　微波器件，微波元件，Microwave Devices

微波器件（Microwave Devices）是指工作在微波波段（300MHz～300GHz）的器件，常应用在信号发送机、信号接收机、雷达系统、手机移动通信系统等电子产品中。微波器件包括微波真空器件、微波半导体器件等，由于后者的可集成性，本词条主要描述后者。

按工作原理和功能，微波半导体器件可以分为微波二极管和微波晶体管。在微波接收信号的抑制噪声方面，微波二极管可起到很好降噪的作用，其代表性器件有混频二极管和变容二极管等。在微波控制器件应用方面，微波晶体管起到了主要的作用，其代表性器件有增强型 MESFET 和高电子迁移率场效应晶体管等。

混频二极管利用的是金属-半导体接触原理。在正向偏压下，当金属的逸出功大于或等于 n 型半导体的逸出功时，n 型半导体中的载流子迁移到金属中形成电流。因为开启电压低，所以串联电阻较小，产生电流大。同理，在反向偏压下，由于其反向击穿电压较高，电阻小，产生的是小电流。混频二极管的主要指标有击穿电压、零偏压结电容、串联电阻和噪声系数[1]。

变容二极管主要应用于基本的参量放大、混频、倍频等频率变换电路。最初的变容二极管采用硅材料制作，其截止频率没有达到 100GHz，因此其低噪声参量放大器工作波段很低。现今新型 GaAs 材料的快速发展促进了变容二极管的更新迭代，变容二极管能够对外延层浓度分布和交界面陡度进行有效的控制。变容二极管的主要指标有击穿电压、变容比和截止频率[2]。

耗尽型 MESFET 已得到广泛的应用，它的电流驱动能力强，构成的电路具有较大的逻辑摆幅；但器件功耗大、电路较为复杂，因此集成度受到一定的限制。

增强型 MESFET 刚好相反，它的电路简单、功耗低，因此构成的电路具有较低的逻辑摆幅。影响增强型 MESFET 的主要因素有阈值电压和势垒正向开启电压。增强型 MESFET 的主要性能指标包括可靠性功率、输出功率和击穿电压[3]。

结型场效应晶体管（JFET）消耗功耗低，其 pn 结的开启电压较大，如异质结 FET 的开启电压可以达到 1.4V，故其电路的输出摆幅较大。JFET 比 MESFET 具有更大的抗辐射容限，缺点是 pn 结栅边缘电容大，与相同尺寸的 MESFET 电路相比，在离子迁移的过程中速度要慢一些。JFET 的主要性能指标是正向电流大于或等于 3.5A、反向击穿电压大于或等于 1700V、跨导大于或等于 0.52S[4]。

高电子迁移率场效应晶体管（HEMT）由半绝缘的 GaAs 衬底制成，采用 MOCVD 技术生长高纯度的 GaAs，并且掺杂 Al、Ga、As 和 GaAs 等多层结构。由于窄带隙的 GaAs 中电子亲和力大，因此宽带隙 AlGaAs 层中的自由电子渡越到高纯的 GaAs 中靠近 AlGaAs 界层中，产生二维电子气。HEMT 在电路中比 MESFET 具有更好的高速性能，而且高纯砷化镓中的杂质散射很弱，具有很高的电子迁移率。HEMT 的主要性能指标是输出功率和频率特性等[5]。

未来的微波器件将具有更好的稳定性、热导率、耐热性、耐压性并抗辐射。

参考文献

[1] 韩钧，林顺兵. GaAs 混频二极管的设计和制作 [J]. 半导体技术，2006，31（10）：774-777.

[2] 田超. 一种指数掺杂的砷化镓平面肖特基变容二极管的设计与制作 [J]. 电子器件，2011，(34)：1-2.

[3] 李亚. GaAs MESFET 击穿特性的研究现状与进展 [J]. 河北工业大学学报，2004，(33)：6-7.

[4] 陈刚. 高压 SiC JFET 研究进展 [J]. 固体电子学研究与进展，2013，(33)：3-4.

[5] 张效玮. 毫米波 GaN 基 HEMT 器件研究 [D]. 天津：河北工业大学，2013.

撰稿人：北京大学　汪波　邱常沛
审稿人：深圳大学　李琰

▷▷▷ 2.5.9 毫米波器件,毫米波元件,Millimeter Wave Devices

毫米波(Millimeter Wave,mmW)也称作极高频(Extremely High Frequency,EHF),通常认为其频段为 26.5~300GHz,波长为 1~10mm。毫米波频段又可以细分为 Ka 频段(26.5~40GHz)、U 频段(40~60GHz)、V 频段(50~75GHz)、W 频段(75~110GHz)和 T 频段(110~180GHz)等。由于具有波长短、波束窄的特性,天气变化对于毫米波器件性能的影响有限,因此毫米波器件可以满足全天候工作的要求。

毫米波这一概念最初由赫兹(Heinrich R. Hertz)在 1889 年提出。1897 年科学家们在 5mm 波段研究了毫米波在电离层衰减和雨水散射环境下的传输特性[1]。由于对基础材料特性和加工工艺都有很高要求,毫米波技术发展缓慢。进入 20 世纪 60 年代,随着材料和加工工艺的进步,脉冲雷达采用了波长为 6mm 的毫米波,面向天文应用领域的射电望远镜则采用了波长为 1mm 的毫米波系统[1]。20 世纪 80 年代以来,材料和微电子等方面的进展大幅推动了毫米波技术的研究工作,新型毫米波器件在雷达、通信和医疗等领域得到了广泛应用。

(1)毫米波雷达。由于毫米波的波长短、波束窄,因此毫米波雷达尺寸小、质量轻。在气候变化的情况下毫米波抗干扰能力强,毫米波雷达可以胜任全天候工作的要求。毫米波雷达分辨精度高、探测距离远、系统性能稳定,目前在精确制导、汽车智能驾驶、导航和探测等方面得到了广泛应用。

(2)毫米波卫星通信。毫米波载波频率高,可以携带宽频的信号分量,满足信息高速传递的技术需求。利用毫米波波长短、波束窄的特性,可以实现方向性强、多波束的窄带毫米波天线,并通过波段转换扩大覆盖区域。由于毫米波抗干扰能力强,毫米波天线在较差天气条件下也可以保证通信的质量。在外层空间工作环境中空气稀薄,毫米波在传播过程中能量损耗非常小,只需要很小的功率就可以实现远距离通信。基于以上的特点,毫米波技术已经广泛应用于卫星与地面和卫星与卫星之间的远距离通信系统。

(3)毫米波医疗。人体等生物组织的固有振荡频率处于毫米波的频率范围。因此基于谐振,毫米波能与人体生物组织产生一系列的生物学效应:如促进体内离子移动,改变蛋白质、氨基酸、酶的活性,调节细胞的代谢等。近年来已经逐渐开展了毫米波技术对于肿瘤免疫、内分泌系统和消化系统等方面影响的研究[2,3]。

由于具有辐射极低、分辨率高、隐私保护等优势,毫米波的应用还包括扫描成像安检门。毫米波安检门是安全检查领域的主要研究方向之一,有希望取代目前在机场、火车站、地铁站等广泛采用的 X 射线检查设备。

毫米波技术在生产和生活中承担着越来越重要的角色[4]。基于毫米波技术的器件可以通过提升频谱带宽实现超高速无线数据传播，因此毫米波技术已经成为 5G 通信系统的关键技术之一，具有很大的市场价值。掌握毫米波雷达核心技术的系统厂商有博世（Bosch）、大陆（Continental）和德尔福（Delphi）等。在集成器件方面，恩智浦（NXP）用于雷达控制的 S32R27、意法半导体（ST）的中/远距离雷达探测器件 STRADA431（24GHz）和 STRADA770（77GHz），以及英飞凌（Infineon）的 BGTx0 和 RXN7740 射频前端芯片为目前市场上主要采用的器件。

参考文献

[1] 王援朝，刘吉盛. 毫米波技术在射电天文中的应用［J］. 电波科学学报，1991（Z1）：44-46.

[2] Jinxia Ye, GuangwenWu, LiZ, et al. Millimeter wave treatment inhibits apoptosis of chondrocytes via regulation dynamic equilibrium of intracellular free Ca2+［J］. Evid Based Complement Alternat Med，2015，464（161）.

[3] Mahendra K. Logani. Effect of millimeter wave irradiation［J］. Bioelectromagnetics，2006（27）：258-264.

[4] 2016 年中国毫米波雷达市场现状分析及发展趋势预测［EB/OL］.［2017-09-20］. http：//chinaidr. com/tradenews/2016-06/97499. html.

撰稿人：深圳大学　李琰
审稿人：北京大学　汪波

▷▷▷ 2.5.10　太赫兹器件，太赫兹元件，Terahertz Devices

太赫兹波的频率范围为 0.1~10THz，波长范围为 0.03~3mm。在电磁波频谱范围中，太赫兹波介于微波与红外线之间，具有频谱宽、信噪比高、相干性高、光子能量低等优点。

早在 1896 年就有科研人员研究了涉及太赫兹频段的电磁波特性，但是受限于材料和加工工艺，缺乏太赫兹波信号源和高灵敏度探测器，前期的研究工作进展缓慢。20 世纪 80 年代以来基础材料科学的进展与生产工艺的日趋成熟，为发展太赫兹技术注入了新的动力，在国际上掀起了研究热潮[1]。随着新材料和新工艺的大量应用，目前在太赫兹波信号源和太赫兹器件等方面取得了显著的进展[2]。太赫兹波信号源包括宽带太赫兹辐射源和窄带太赫兹辐射源两种。宽带太赫兹辐射包含高达几十太赫兹的超宽频谱分量，但辐射功率较低，目前主要应用于光谱系统[3]。窄带太赫兹辐射源主要用于产生太赫兹信号振荡源或者相干太赫兹波源,已应用于亚毫米波振荡器[4]和自由电子激光器[5]等方面。太赫兹器件可以分为无源组件和有源组件两类:无源组件包括传输线、滤波器、耦合器和天线等;有源组件包括混频器、倍频器、检波器、放大器和振荡器等。太赫兹技术可以广泛应用于天文、检测和通信等领域,包括太赫兹射电天文望远镜、太赫兹检测技术、太赫兹通信技术。

(1) 太赫兹射电天文望远镜。通过研究宇宙辐射中的太赫兹频谱特性,可以研究分子云的组成成分,探究宇宙起源;通过分析宇宙射线中原子和分子散射包含的频谱信息,可以深入研究宇宙新生星系形成的内在机理。随着太赫兹技术的不断成熟,太赫兹射电天文望远镜已经成为观测太空、研究宇宙射线的重要科学手段。

(2) 太赫兹检测技术。太赫兹检测技术主要包括时域光谱技术和透射成像两个方面。时域光谱技术采用太赫兹波照射物体,由于经过物体之后形成的透射波和反射波会影响太赫兹电场,测量电场强度的变化可以获得被太赫兹照射物品的光谱特性。通过对于物质光谱特性的特征频率分析可以获得物质的结构和成分信息,实现物质特性的分析和鉴定。该项技术可用于食物和药品质量监管领域。透射成像的原理是太赫兹波信号的穿透特性。太赫兹波信号对于不含水分的固体材料具有良好的穿透性,而对于包含大量水分的生命体则穿透性不强。基于这个特性,太赫兹成像可以透过混凝土侦查屋内或废墟下等被掩盖区域的人员分布和活动,在反恐和灾难搜救领域有着巨大的应用价值。

(3) 太赫兹通信技术。将太赫兹波作为载频使用,无线数据的传输速度可以达到10Gbit/s的技术水平。宇宙中的太空卫星通信系统的工作环境近似真空,太赫兹波损耗小,基于太赫兹技术构建通信系统可以大幅提升数据通信速度,达到目前超宽带技术的一千多倍。虽然目前太赫兹通信技术的大规模商业化应用受限于太赫兹信号源和太赫兹天线的效率,但是随着新材料和新工艺的不断涌现,太赫兹器件的研究发展迅速,太赫兹通信已经成为未来通信系统的一个重要发展方向。

太赫兹技术在工业监控和质量控制领域具有重要的市场价值。在非破坏性测试和医学成像领域,太赫兹技术的应用大幅推动了相关市场的增长。

参考文献

[1] M. F. Kimmitt. Restrahlen to T-rays-100 years of terahertz radiation [J]. Journal of Biological Physics, 2003 (29): 77-85.

[2] 太赫兹技术:改变未来世界的十大技术之一 [EB/OL]. [2017-09-29]. http://

mt. sohu. com/20161031/n471862435. shtml.

[3] Park S G, Jin K H, Yi M, et al. Enhancement of terahertz pulse emission by optical nanoantenna [J]. Acs Nano, 2012, 6: 2026-2031.

[4] Razavi B. A 300-GHz fundamental oscillator in 65-nm CMOS technology [J]. IEEE J Solid-State Circ, 2011, 46: 894-903.

[5] 杨兴繁, 黎明, 金晓, 等. 自由电子激光器电子束性能与出光 [J]. 中国激光, 2006, 33: 156-159.

撰稿人：深圳大学　李琰
审稿人：北京大学　汪波

▷▷▷ 2.5.11 收音机芯片，收音機晶片，Radio Receiver Chip

　　收音机有调频（Frequency Modulation，FM）、调幅（Amplitude Modulation，AM）和短波（Shortwave，SW）三种工作方式。FM 即频率调制，FM 广播的频率范围为76~108MHz（中国为88~108MHz、日本为76~90MHz）；AM 即幅度调制，AM 广播的频率范围为530~1600kHz；SW 一般采用幅度调制技术，频率范围通常为1.6~30MHz。幅度调制技术传输距离较远，但受天气因素影响较大，适合省际电台的广播。许多国家利用 SW 方式进行世界范围的广播。20 世纪早期还曾经用过长波（Longwave，LW）广播，LW 广播通常是指波长大于1000m（频率小于300kHz）的技术。

　　收音机芯片是指在同一个衬底上集成了天线和音频处理模块，即单芯片可完整实现收音机接收器功能。一般收音机芯片都具有频率调谐、波段选择、音量控制、立体声处理（数/模转换）等功能。收音机芯片具有多种数字配置方式。一些收音机芯片通过外部微控制器（Microcontroller Unit，MCU）来配置 FM/AM/SW 等不同信号的调谐接收方式；一些收音机芯片则实现了系统的高度集成，无须 MCU 配置即可直接接收 FM/AM/SW 信号。

　　1958 年，基尔比研制出世界上第一块集成电路，30 年后，集成电路的收音机模块逐渐取代了分立晶体管收音机电路，大幅提高了电子系统的集成度。伴随着集成电路技术的不断进步，数字信号处理（Digital Signal Processing，DSP）技术不断成熟，出现了基于 DSP 技术的全数字收音机解决方案。2006 年，美国芯科公司（Silicon Labs）在国际上首次推出了 Si473 X 系列收音机芯片，涵盖了收音系统的短波、中波、长波与甚高频带，实现了收音机功能的单芯片集成[1]。

随着无线网络（如 Wireless Fidelity，Wi-Fi）通信技术的普及，融合网络功能的 Wi-Fi 收音机芯片的市场需求也日益扩大。

参考文献

[1] Silicon Laboratories. Silicon Laboratories 推出首款高度集成的调幅/调频收音机芯片[J]. 电子技术应用. 2007.

撰稿人：深圳大学　李琰
审稿人：北京大学　汪波

▷▷▷ 2.5.12　导航芯片，導航晶片，Navigation Chip

导航芯片用于接收太空中卫星发射的无线电信号，从而能够实现在地球表面或近地空间的任何地点为用户提供全天候的三维坐标、速度，以及时间信息的功能。

目前，世界上共有四套全球导航卫星系统（Global Navigation Satellite System, GNSS），分别是美国的全球卫星定位系统"GPS 系统"（Global Positioning System）、俄罗斯的全球导航卫星系统"GLONASS 系统"（Глобальная навигационная спутниковая система，即 Globalnaya navigatsionnaya sputnikovaya sistema，英文 Global Navigation Satellite System，GLONASS、欧洲的伽利略卫星导航系统"Galileo 系统"（Galileo Satellite Navigation System）和中国的北斗卫星导航系统"BDS 系统"（BeiDou Navigation Satellite System）。

卫星导航芯片主要应用于陆地、海洋和航空航天等方面。在陆地应用方面，包括大气物理观测、车辆导航、工程测量、资源勘探、地壳运动监测、市政规划、抢险救灾等领域；在海洋应用方面，包括货运调度、舰船导航、海洋救援、水文测量、海洋平台定位等领域；在航空航天方面，包括飞机导航、导弹制导、航空遥感、低轨卫星定轨和航空救援等领域。

卫星导航芯片是卫星导航产业的基础核心器件。卫星导航芯片可以分为前端射频信号处理芯片和后端基带数据处理芯片两个类别。随着对于系统集成度要求的不断提高，完整集成前端射频信号处理和后端基带数字信号处理功能的单芯片导航系统已经成为市场与技术发展的最新目标。

BDS 系统包括了 5 颗静止轨道卫星和 30 颗非静止轨道卫星。截至 2016 年 11 月，BDS 系统已经有 23 颗卫星入网工作[1]。在 BDS 系统覆盖方面，2012 年已经完成了对于亚太地区的覆盖，并计划于 2020 年左右完成全球覆盖。

参考文献

[1] 第 23 颗北斗导航卫星入网工作[EB/OL].[2017-09-20]. http://www.beidou.

gov. cn/2016/11/30/201611304b14b49a9cca4afa99b25abb519a9cee. html.

撰稿人：深圳大学　李琰
审稿人：北京大学　汪波

▷▷▷ **2.5.13　无线网络产品，無綫網路產品，Wireless Fidelity Products**

无线网络产品是利用无线局域网进行数据传输的设备，通常工作在局部空间，例如家庭、学校、办公室等。在无线网络覆盖的领域，用户可以在自由移动的同时保持数据链接。

无线保真（Wireless Fidelity，Wi-Fi）是其中一种较为流行的无线网络技术，习惯上简称为Wi-Fi网络，是一种短距离通信技术。Wi-Fi技术遵循IEEE 802.11标准，联网设备都具有唯一IP地址，通过IP地址构建无线网络实现数据通信。Wi-Fi设备的工作频率有2.4GHz和5GHz两种，实际工作中支持的数据速率范围为1~150Mbit/s，最大通信距离为30m到数百米。

Wi-Fi技术于20世纪90年代由澳洲联邦科学与工业研究机构（Commonwealth Scientific and Industrial Research Organization，CSIRO）发明，并于1996年在美国获得了技术专利。1999年IEEE官方将Wi-Fi技术确认为IEEE 802.11标准。

Wi-Fi技术的载频采用2.4GHz或者5GHz信号，属于国际通信联盟定义的工业、科学和医用频段（Industrial Scientific Medical，ISM），在世界范围内不用申请电信运营执照即可免费使用。相对于蓝牙（Bluetooth）、紫蜂（ZigBee）等短距离无线通信技术，Wi-Fi技术传输速率更高，已经成为用户获取无线网络服务的主要途径，在移动设备上得到了广泛应用。

目前Wi-Fi芯片提供商主要有博通、德州仪器、美满电子（Marvell）、高通、雷凌（Ralink）、瑞昱（Realtek）等。其中，博通、Marvell和德州仪器的Wi-Fi芯片技术成熟、性能稳定，构建起了完整的Wi-Fi芯片产品链；Ralink和Realtek的Wi-Fi芯片基本占据了低端路由器的市场。由于Wi-Fi芯片的高功耗限制了Wi-Fi技术在物联网中的应用，所以低功耗Wi-Fi芯片一直是产业界的研究热点。

独立的Wi-Fi芯片只有连接和传输信号的作用，必须配置单独的处理器处理传输协议，因此需要采用Wi-Fi芯片结合外部微控制器（Microcontroller Unit，MCU）的方式才能够组成完整的无线连接技术方案。额外的芯片提高了成本。

在物联网应用的庞大需求驱动下,集成 Wi-Fi、蓝牙及 MCU 构造面向物联网应用的 SoC 芯片已经成为最新的技术趋势。另外,Wi-Fi 芯片最开始基于 IEEE 802.11n 标准,只支持 600 Mbit/s 的数据传输速率,已经无法满足随着物联网应用发展带来的大数据量传输需求。2012 年推出了基于 5GHz 频带的 IEEE 802.11ac 标准,理论上可以达到 1Gbit/s 的无线数据传输速率。满足 IEEE 802.11ac 标准的 Wi-Fi 芯片已经逐渐成为无线路由器产品的主要选择。

撰稿人:深圳大学　李琰
审稿人:北京大学　汪波

▷▷▷ 2.5.14　蓝牙产品,藍牙產品,Bluetooth Products

蓝牙(Bluetooth)技术是一种点对点的短距离无线数据传输技术,于 1994 年由爱立信公司(Ericsson)开始研发。蓝牙技术采用了基于跳频的扩频通信技术,频率范围为 2.4~2.485GHz,属于国际通信联盟定义的工业、科学和医用频段(Industrial Scientific Medical,ISM),在世界范围内不用申请电信运营执照即可免费使用。蓝牙技术的通信等级有 Class A 和 Class B 等制式。Class A 典型通信距离为 20~30m,功耗过大,不适合用于个人通信产品;Class B 典型通信距离为 5~10m,功耗低,目前广泛用于消费类电子产品中。

根据应用领域的不同需求,蓝牙技术的发展经历了多个版本。蓝牙 1.1/1.2 为单工模式,数据传输速率为 748~810kbit/s;蓝牙 2.0 支持双工模式,数据传输速率得到了提高,为 1.8~2.1Mbit/s;蓝牙 3.0 面向高速应用,数据传输速率可达 24Mbit/s;蓝牙 4.0 整合了传统蓝牙、高速蓝牙和蓝牙低功耗(Bluetooth Low Energy,BLE)三个技术规范,由于具备低功耗的技术特点,大幅拓展了蓝牙技术在移动产品中的应用范围,最高数据传输速率为 25Mbit/s;蓝牙 5.0 技术于 2016 年 6 月发布[1],支持 255B 数据包传输以提升数据传输效率,最大数据传输速率为 50Mbit/s,并显著提升了信号覆盖范围。

蓝牙技术广泛用于计算机、移动电话、手机、打印机、数码相机、耳机、键盘和鼠标等移动无线产品的无线互联。2013 年以来智能手机及相关周边产品、平板电脑和可穿戴电子产品等领域市场的飞速发展带动了蓝牙芯片的爆发式增长。国际上蓝牙芯片的最大供应商是英国 CSR(Cambridge Silicon Radio)公司,该公司于 2015 年 8 月被美国高通公司并购。

蓝牙技术的发展前景主要有三个方面:①发展蓝牙的组网能力,在智能家居和可穿戴设备中结合低功耗蓝牙技术将不同设备组成通信网络,构建低功耗物联网系统；②将蓝牙技术与传感器结合，把传感器采集的数据直接通过蓝牙技术送到云端进行处理并进行信息反馈，通过蓝牙技术提升设备的智能化水平；③基于蓝牙技术的移动产品定位，为室内定位技术打下坚实的基础。

参考文献

[1] 蓝牙5标准正式公布 更快更持久[EB/OL].[2017-09-20].http://www.eepw.com.cn/article/201612/341398.htm.

撰稿人：深圳大学 李琰

审稿人：北京大学 汪波

▷▷▷ 2.5.15 紫蜂产品，紫蜂產品，ZigBee Products

紫蜂（ZigBee）技术是一种低功耗的短距离无线网络通信技术。ZigBee技术基于IEEE 802.15.4—2006标准，载波频段有三个：2.4~2.484GHz，为主要频段；在北美还可以使用902~928MHz频段；在欧洲可以还使用868.0~868.6MHz频段[1]。

ZigBee概念起始于1998年，技术标准IEEE 802.15.4制定于2003年。该技术由成立于2001年的ZigBee联盟开发和管理。ZigBee联盟是一个由国际上处于领导地位的半导体厂商、技术供应商及世界范围的终端用户组成的非营利性组织。ZigBee联盟2004年推出了第一个版本ZigBee V1.0；2006年推出了ZigBee 2006，完善了系统架构；2007年、2009年相继推出了ZigBee PRO和ZigBee RF4CE，系统具备了更高的灵活性和更强的远程控制能力。

ZigBee技术具备可组网功能，可通过采用星状、片状和网状等结构大面积扩展ZigBee网络的通信覆盖面积。ZigBee技术面向低数据速率应用，具有待机功耗低、延时短、容量高的特点。ZigBee通信模块的功耗低于蓝牙，是功耗最低的短距离通信技术之一。ZigBee相邻节点的最大传输范围为10~100m，可以通过路由和节点间接力的方式进行扩展。ZigBee可以提供三种不同的传输速率：在2.4GHz频段上的250kbit/s、在915MHz频段上的40kbit/s和在868MHz频段上的20kbit/s，以满足不同应用的技术需求。

市场上的主流ZigBee芯片有德州仪器的CC243X和CC253X系列、飞思卡尔的MC1321X和MC1322X系列、ST的EMBER系列以及恩智浦的JN516x系列等。这些产品都在单芯片上完整地集成了射频前端和协议栈，可以大幅提高ZigBee系统的集成度。

ZigBee技术已经在工业控制、农业自动化和医用设备控制等多个领域得到了广泛应用。利用 ZigBee 技术组成传感器信息采集网络，可以实现数据自动采集，通过后端系统实现传感器网络大数据的分析和处理，为工业控制和决策提供重要的技术手段。在农业自动化领域通过 ZigBee 技术构建的传感器网络，可以通过基于对农作物水分、土壤养料、气候信息的全面采集与分析，实现自动化、网络化、智能化的精准农业生产模式。在医用设备控制领域，可以基于 ZigBee 技术构建各种类型医疗监测设备的传感器网络，实现针对病人血压、体温和心率等各项生命体征信息的实时不间断监测，提高对患者的智能化监护水平。

参考文献

[1] Zigbee 的频带 [EB/OL]．[2017-09-20]．http://www.chinabaike.com/2011/0118/189276.html.

撰稿人：深圳大学　李琰
审稿人：北京大学　汪波

▷▷▷ 2.5.16　射频识别产品，射頻識別產品，Radio Frequency Identification Products

射频识别（Radio Frequency Identification，RFID）是一种无线通信技术，可以通过磁场耦合或者电场传输等非接触方式实现数据的无线传输，达到识别特定目标的目的。RFID 技术无须识别系统与目标间建立机械或者光学连接，应用灵活、识别速度快，相关设备具有使用简单、寿命长、安全性高的特点。RFID 技术是构建物联网的核心技术之一，目前已广泛应用于商业自动化、交通运输管理、物流等众多领域。

RFID 设备主要分为无源（Passive，被动式）和有源（Active，主动式）两种类型。

无源 RFID 设备内部没有供电电源，一般都包含储能线圈，通过接收外部的电磁波能量进行储能。储能达到驱动阈值时开启电路，用反向散射调制（Backscattering Modulation）的方式与识别系统交换信息。无源 RFID 设备受限于储能，一般识别范围较小，数据传输速率较低。

有源 RFID 设备内部包含微型电池或者电源，在极低功耗条件下随时处于待机状态。由于内部包含电源，有源 RFID 设备响应速度更快，在工作状态下一般采用射频方式与识别系统交换信息，识别范围更大，可以获得更高的数据传输速率。

基于 RFID 技术制作的通行卡、车票、门禁卡等电子标签工作于 13.56MHz 频段，可以通过非接触的方式实现通行门禁系统的自动化管理，有效识别人员身份，大幅简化了通行的识别程序，显著提高了效率。

设置在高速公路、停车场出入口的传统人工收费系统效率低下，容易造成道路拥挤。电子不停车收费（Electronic Tolling Collection，ETC）系统工作于 5.8GHz 频段，通过安装在车辆上的车载有源 RFID 标签与收费站实现短程数据交换，扣费过程采用后台结算的方式处理，无须在出入口停车，大幅提高了汽车通行管理效率。

将 RFID 电子标签用于仓库货物，可以实现货物进出的智能化自动管理，实时监控货物信息及了解库存情况。在货运过程中，还可以通过货物上的 RFID 标签实现货物运送路径、环境的远程智能监控，大幅提高物流的自动化水平。

撰稿人：深圳大学　李琰
审稿人：北京大学　汪波

2.6 功率器件产品

2.6.1 功率器件，功率元件，Power Devices

功率器件（Power Devices）通常也称为电力电子器件，是专门用来进行功率处理的半导体器件。功率器件具有承受高电压、通过大电流的能力，处理电压的范围可以从几十伏到几千伏，通过电流的能力最高可达几千安。功率器件大量应用于高压电传输，如变电站、储能设备，以及功率电子设备，如伺服驱动、变频器、电机保护器等。在这些应用里，系统依赖功率器件实现变压、变频、功率管理等各种功能[1]。

常见的功率器件有大功率晶体管（Power MOSFET）、晶闸管（Thyristor）、双向（Triode for Alternating Current，TRIAC）晶闸管、栅极关断（Gate Turn-Off，GTO）晶闸管、绝缘栅双极晶体管（Insulated Gate Bipolar Transistor，IGBT）、集成栅极换流晶闸管（Integrated Gate Commutated Thyristor，IGCT）、发射极关断（Emitter Turn-Off，ETO）晶闸管、MOS 门控晶闸管（MOS Controlled Thyristor，MCT）。早期的功率器件主要为大功率二极管、晶闸管等，应用也通常仅限于工业和电力系统。后来随着功率金属-氧化物-半导体场效应管器件和各种新型功率器件如 IGBT 的快速发展，功率器件的应用变得越来越广泛。

功率器件的分类有下列几种方法。

根据开关特性的不同，功率器件可分为两种。①半控型器件：器件的栅极

（早期也称门极）信号只能控制器件导通但不能控制器件关断，如 SCR。②全控性器件：器件的栅极信号既能控制器件导通又能控制器件关断，如三极管、IGBT、IGCT、ETO 晶闸管、MCT、GTO 晶闸管等。

功率器件的控制极有栅极、基极等不同类型，因此根据控制极信号类型的不同，功率器件可分为两种。①电流控制型器件：控制极的控制信号是电流的流入或流出，如 SCR。②电压控制型器件：控制极的控制信号是电压，控制极损耗的电流很小，如 IGBT。

根据导电载流子的不同，功率器件可分为三种。①单极器件：只有一种载流子参与导电，如 MOSFET。②双极器件：由电子和空穴共同参与导电，如 BJT。③混合型器件：由单极器件和双极器件组合而成的器件，如 IGBT。

从技术上讲，功率器件正向着提高快速恢复性能、降低导通电阻、提高电流控制能力、提高额定耐压、提高耐温与降低功耗等方向发展。

随着硅基功率器件和工艺的渐渐成熟，其性能已逐步逼近材料极限，要取得突破性的进展就需要采用具有更高性能极限的材料。而宽禁带半导体材料，如氮化镓（GaN）、碳化硅（SiC）等，具有临界击穿电场强度高、电子饱和速率高、耐高温、抗辐射等优势，使用宽禁带半导体材料制作的功率器件也已进入商用市场，而系统设计者对宽禁带半导体产品的使用程度将决定市场成长的速度。

GaN 在功率半导体领域以功率放大、整流和高频切换等应用为主，在 300V~1kV 的中压电力电子市场成长快速。此外，节能产业对高效率中高压变频器的需求也会加速 GaN 功率半导体市场的成长。采用 MOCVD 方法在蓝宝石基板上生长 GaN 薄膜的技术在 LED 产业已十分成熟，故在新兴的电力电子市场，发展以 MOCVD 在大尺寸的 Si 基板上形成 GaN-on-Si 结构来制作功率器件的技术极具产业化潜力。

SiC 的阻断电压远比 GaN、功率 MOS 管及硅 IGBT 要高，适合用在高于 1kV 的高压及大电流的电力电子领域，主要市场以铁路交通和高压电网等为主，但稳定性及较长的生命期是主要需要考虑的因素。此外，美国 Cree 公司也已量产 GaN-on-SiC 结构的微波器件。

参考文献

[1] 王彩琳. 电力半导体新器件及其制造技术 [M]. 北京：机械工业出版社，2015.

撰稿人：北京大学　　　　　林信南
审稿人：华大半导体有限公司　张开伟
　　　　北京大学　　　　　罗正忠

▷▷▷ 2.6.2 功率二极管，功率二極體，Power Diode

功率二极管（Power Diode）是一种分立式电力半导体器件，它的电压和电流应用范围远大于一般的小信号二极管，可用于整流、钳位、瞬态电压抑制、续流、吸收、调制、转换等。功率二极管分为 PiN（P-intrinsic-N）二极管和单极型肖特基二极管（Schottky Barrier Diode，SBD）两大类型。

1. PiN 二极管

PiN 二极管是用电流控制的少子（Minority Carriers）器件，输入的阻抗较低，驱动功率较大，在导通时 pn 结附近有少子存储，致使器件的开关速度较慢。硅基 PiN 二极管的工作频率通常小于 1kHz。PiN 二极管的结构及载流子浓度图如图 2-59 所示，在重掺杂的 p^+ 层及 n^+ 层之间增加一个具有特定厚度的低掺杂 n 型漂移区（或 p 型漂移区）作为耐压层。对 PiN 二极管施加正向偏置电压时，大量少子注入漂移区会产生电导调制效应而使通态电阻和电压降低，故能大幅降低通态功耗。在反向偏置时，p^+n 结的空间电荷区主要向低掺杂的 n 型漂移区延伸，反向阻断电压则由 n 型漂移区的耗尽区来承受，使得 PiN 二极管能够承受极高的阻断电压，且有很小的泄漏电流。通常最大的反向工作电压为雪崩击穿电压的 2/3 倍。正向偏置时，p^+ 区向 n 型漂移区注入大量的空穴，同时 n^+ 区也向 n 型漂移区注入大量的电子，由于注入的非平衡少子浓度远高于 n 型漂移区的原掺杂浓度，故使 n 型漂移区的电阻率下降，导致通态电阻降低以及通态电流增大，这就产生了电导调制效应。此时，大的通态电流不受 n 型漂移区低掺杂及厚度的限制[1,2]。

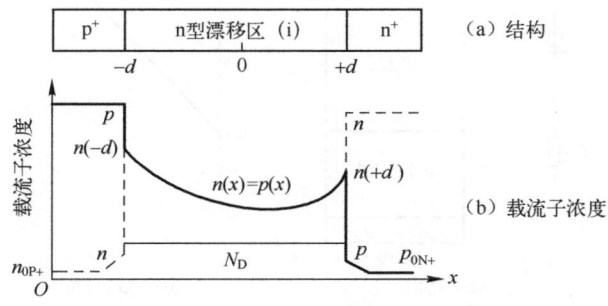

图 2-59 PiN 二极管的结构及载流子浓度图

减少 PiN 二极管漂移区的厚度可形成穿通型结构，较薄的漂移区可使通态的存储电荷降低而提高关断速度。采用扩散金、扩散铂、质子辐照或电子辐照的方式可以在硅禁带中引进深能级（Deep Levels）的复合中心，使少子的寿命降低而缩短反向恢复时间，故能提升关断速度。宽禁带碳化硅 PiN 二极管不仅具有更高的临界击穿电压，而且其内较薄的漂移区结构可降低反向恢复电流并提高关断速度，因此在大电流及高于10kV领域有很大的应用空间。

2. 单极型肖特基二极管

由金属与硅半导体之间形成的肖特基（Schottky）接触势垒可产生整流作用，但这种势垒高度比pn结的势垒高度要低，因此，一般小信号肖特基二极管的正向压降及击穿电压较低，而反向泄漏电流则偏大。如图2-60所示，在肖特基二极管中增加一个低掺杂浓度的n^-漂移区就形成了一种由肖特基结、n^-漂移区和n^+阴极区组成的功率肖特基二极管结构。通态压降由金属半导体界面压降、n^-漂移区的电阻及衬底端的欧姆压降决定。由于单极型肖特基二极管是多子（Majority Carriers）器件，没有载流子存储及电导调制效应，具有快速的开关特性和较低的通态压降，故在高频下工作的功耗较低。在反向偏置时，耐压特性由空间电荷区向n^-漂移区扩展的宽度决定。理论上，最大的电场强度出现在金属-半导体接触处，当该处电场强度等于半导体的临界电场强度时即产生击穿。但实际上，反向阻断的击穿电压会受限于金属电极的边缘击穿，故采用边缘终端技术（Edge Termination Technology）可提高功率肖特基二极管的击穿电压。通常硅基肖特基二极管的击穿电压小于200V，故硅基肖特基器件适用于高频领域，而不适用于大电流大电压领域。宽禁带SiC肖特基二极管（SiC-SBD）的击穿电压已超过3kV，可适用于较高的功率水平领域，与硅基IGBT组成的Si-IGBT+SiC-SBD模块单元能大幅降低功耗。

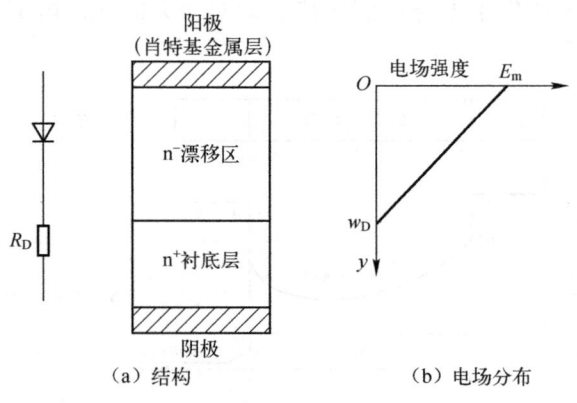

图2-60 功率肖特基二极管示意图

功率肖特基二极管的泄漏电流包含由耗尽区内空间电荷产生的电流、由中性区内载流子产生的扩散电流，以及在金属-半导体接触处产生的热电子发射电流。其中热电子发射电流由温度及肖特基接触势垒主导。由于肖特基接触势垒高度相对较小，故泄漏电流以热电子发射电流为主。选用相对较大的肖特基接触势垒可以降低泄漏电流，减少阻断状态下的功耗，同时可以避免热奔（Thermal Runaway）过程而使功率肖特基二极管在较高的环境温度下工作。

功率二极管是第一代功率半导体器件，它既可以独立地运用，也可以为所有功率半导体器件做续流及吸收。现代功率半导体器件如 IGBT，至少需要一两个功率二极管为之续流及吸收。

参考文献

［1］ B. Jayant Baliga. Fundamentals of power semiconductor devices［M］. Springer Science，2008.
［2］ 王彩琳. 电力半导体新器件及其制造技术［M］. 北京：机械工业出版社，2015.

撰稿人：北京大学　林信南　潘福泉
审稿人：北京大学　罗正忠

▷▷▷ 2.6.3 快恢复二极管，快恢復二極體，Fast Recovery Diode（FRD）

整流用功率二极管必须要有较低的正向压降以提高通态电流及降低通态功耗，同时还要具有较高的击穿电压，但对反向恢复时间的要求不高。开关用功率二极管则要求有较高的开关速度，必须缩短反向恢复时间及降低通态电压。对于快恢复二极管（Fast Recovery Diode，FRD）即续流用功率二极管，要有快恢复速度及低通态电压，同时具备较高的软度（Softness，也称作恢复系数，即反向偏置时电流下降时间 t_f 与延迟时间 t_d 的比值 t_f/t_d），以保障电力电子系统的工作可靠性。

采用扩散金、扩散铂或辐照等方法都可以提高功率二极管的恢复速度。扩散金或扩散铂功率二极管不仅关断截止泄漏电流较大，而且导通正向峰值电压也比较高，所以开关功耗较大。电子辐照功率二极管的关断截止泄漏电流较低，但太大的反向恢复峰值电流不易软恢复，致使开关功耗变大。质子辐照功率二极管的反向恢复峰值电流较低，较易软恢复，故开关功耗较低。辐照的位置若与 PiN 功率二极管的 p^+n 结区域重叠，会使器件的高温泄漏电流增大，并劣化二极管的击穿特性。采用电场屏蔽阳极（Field Shielded Anode，FSA）二极管结构可改善击穿特性，即由较薄的 p^+ 区和稍厚的低掺杂 p 区组成阳极区，形成 $p^+pn^-n^+$ 结构的 PiN 功率二极管，采用适当的低能量辐照可使含有高密度复合中心的缺陷区仅位于较薄的 p^+ 区内，而不与 pn 结的空间电荷区重叠；这样就可降低阳极的注入效率，使器件的反向恢复速度变快，同时也降低了高温泄漏电流，并可提高功率二极管的高温击穿电压[1]。

改变二极管的阳极结构或阴极结构等方法也可提高功率二极管的恢复速度，并降低开关功耗。降低阳极的掺杂浓度和减小其厚度可降低导通状态的少子注入浓度，虽然器件的通态特性会变差，但可获得较快的反向恢复特性，在开关及续流应用上可降低开关功耗。发射极注入效率自调整二极管（Self-adjustable p^+ Emitter Efficiency Diode，SPEED）的结构示意图如图 2-61 所示，以离子注入方式在低掺杂的 p 阳极区内形成高掺杂的 p^+ 区[2]。在低电流密度时，pn 结的注入效率较低，故通态压降由正向压降较低的 pn^-n^+ 结来决定；在高电流密度时，p^+pn^- 结的高注

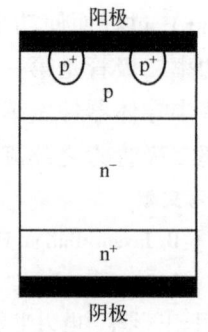

图 2-61 发射极注入效率自调整二极管（SPEED）的结构示意图

入会产生电导调制效应，使二极管的压降由正向压降较低的 $p^+pn^-n^+$ 部分来决定。由于 SPEED 结构在高电流密度时的正向压降变化较小，故可提高器件的抗浪涌电流（Surge Current）能力，同时具有较高的反向恢复速度，是一个典型的快恢复二极管。

此外，如图 2-62 所示，将 PiN 二极管和肖特基二极管组成复合并联结构（Merged PiN and Schottky，MPS）则可提高肖特基二极管的耐压特性，降低正向压降[3,4]。MPS 二极管是结合 PiN 功率二极管和肖特基二极管优点的快恢复二极管。

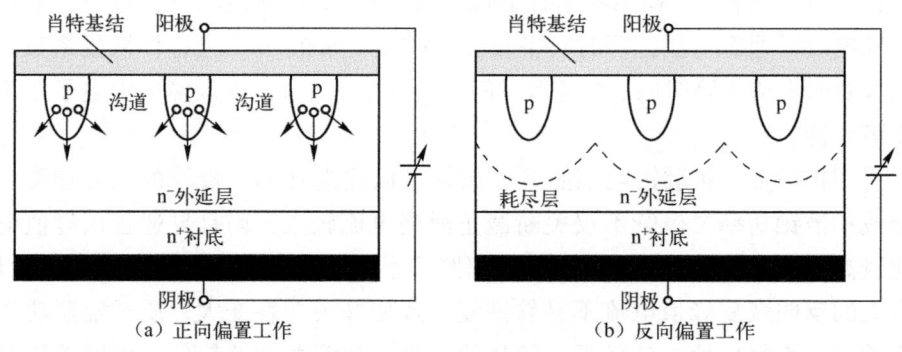

图 2-62 MPS 二极管的结构及工作原理

在低电流密度下，PiN 二极管并不导通，但在提高电流密度时，p 区会向 n^- 漂移区注入大量的空穴而产生电导调制效应，致使正向电压下降而让大电流能流过金属-半导体接触处。MPS 二极管的导通机制随着外加正向电压的逐渐增加，就由初始的肖特基结主导的单极工作状态转成由 pn 结主导的双极工作状态。当 MPS 二极管反向偏置时，pn 结空间电荷区扩展连成一片而屏蔽了肖特基

结，使得肖特基结不再承受外加的反向偏置电压，而由反偏 pn 结的势垒承受外加的反偏电压来提高 MPS 二极管的击穿电压。MPS 二极管具有耐压及快恢复的特性，也是一种标准的快恢复二极管。

FRD 的主要应用是与开关器件（例如 GTO 晶闸管、IGCT、IGBT 等）结合，实现直流信号和交流信号的转换。以 IGBT 为例，IGBT 能提高电力的利用效率，而 FRD 作为 IGBT 反偏工作状态下的辅助配合器件，可增加系统的稳定性与可靠性。

参考文献

[1] S. Matthias, J. Vobecky, C. Corvasce, et al. Improved recovery of fast power diodes with self-adjusting p emitter efficiency[C]. Proceedings of the ISPSD, 2011: 88-91.

[2] H. Schlangenotto, J. Serafin, F. Sawitzki, et al. Improved recovery of fast power diodes with self-adjusting P emitter efficiency[J]. IEEE Electron Device Letters, 1989, 10(7): 322-324.

[3] B. Jayant Baliga. Fundamentals of Power Semiconductor Devices[M]. Springer Science, 2008.

[4] 王彩琳. 电力半导体新器件及其制造技术[M]. 北京：机械工业出版社, 2015.

撰稿人：北京大学　林信南　潘福泉
审稿人：北京大学　罗正忠

▷▷▷ 2.6.4　晶闸管，晶闸管，Thyristor（SCR）

晶闸管（Thyristor）又称作可控硅整流器（Silicon Controlled Rectifier, SCR），是一种 pnpn 四层结构的三端器件。晶闸管同时具有正向阻断和反向阻断的能力，施加一个较小的栅极电流就可触发它由正向阻断状态进入导通状态，并保持稳定的导通特性。SCR 在导通状态时可以被看作一个导通状态的 PiN 整流二极管。单个功率 SCR 的额定电流值已达 5000A，额定电压可达 8000V（即功率能够达到 40MW）。将多个功率 SCR 串联在一起可以承受超过 100kV 以上的电压，以配合高压电力传输的需求。SCR 可在大电流低电压，或高电压小电流的稳定状态下工作，具有功耗低及效率高的节能优点，非常适用于交流电源电路，是大功率电子系统中常用的器件。已由 SCR 衍生出栅极关断晶闸管和集成栅极换流晶闸管等多种电力电子器件。

一个 $n^+pn^-p^+$ 晶闸管是由三个 pn 结 J_1、J_2 和 J_3 组成的，如图 2-63 所示[1]。在晶闸管的阳极加上负电压就进入反向阻断状态，此时 J_1 结和 J_3 结反偏，J_2 结正偏；由于 J_3 结两侧掺杂浓度较高，只能承受较低的电压，所以加在阳极的反向

阻断电压主要是由 J_1 结来承受。n^- 漂移区的掺杂浓度和厚度决定功率 SCR 的反向阻断电压值，晶闸管在 J_1 结和 J_2 结之间形成类似一个基极开路的双极晶体管；SCR 器件的击穿电压是由基极开路 pnp 双极晶体管 J_1 结的击穿电压决定的，而不是由 pn 结的雪崩击穿电压决定的。在晶闸管的阳极施加正电压就进入正向阻断状态，此时 J_1 结和 J_3 结正偏，而 J_2 结则反偏，所加的正电压几乎全由 n^- 漂移区承受。正向阻断电压主要由基极开路 npn 双极晶体管 J_2 结的击穿电压决定，而不是由 pn 结的雪崩击穿电压来决定[2,3]。

SCR 在正向阻断状态的工作原理如图 2-64 所示，图中 npn 晶体管的基极与 pnp 晶体管的集电极相连，而 pnp 晶体管的基极则与 npn 晶体管的集电极相连。在正向阻断状态，施加一个小的栅极电流 I_G 可增大 npn 晶体管的基极电流 I_{B2} 而提高电流增益，因此使 I_{C2} 变大；而 I_{C2} 又是 pnp 晶体管的基极电流 I_{B1}，增大的 I_{B1} 则再放大 pnp 晶体管的 I_{C1}，进而得到更大的 I_{B2}。这种正反馈强制晶体管进入饱和区而使 SCR 的三个结都处在正偏，此时 SCR 处在导通状态。一旦 SCR 进入导通状态，即使关断外部栅极电流 I_G，SCR 的正反馈过程仍旧能维持电流流动。

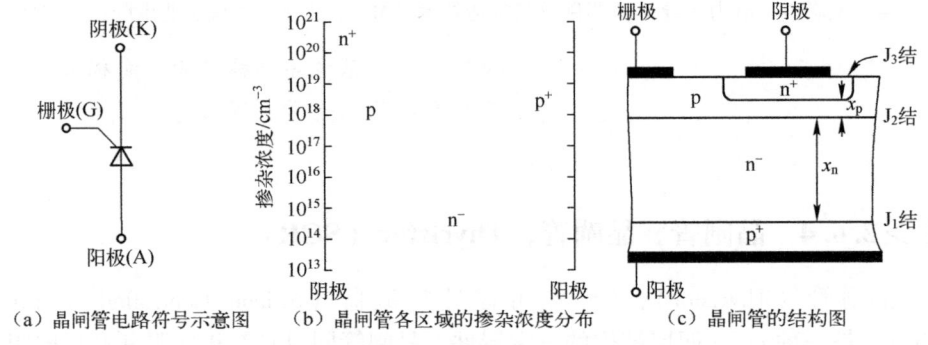

（a）晶闸管电路符号示意图　（b）晶闸管各区域的掺杂浓度分布　（c）晶闸管的结构图

图 2-63　晶闸管的电路符号、掺杂浓度与结构图

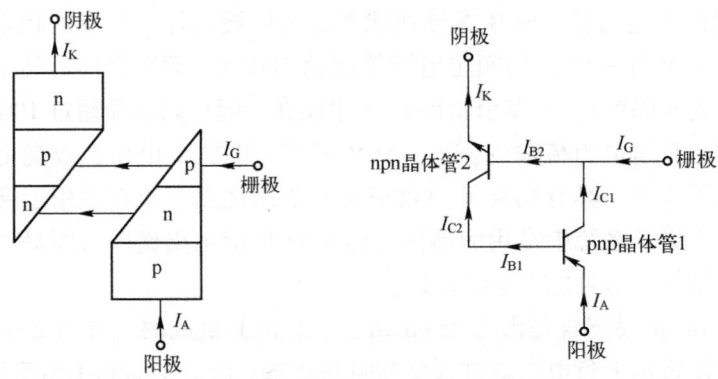

图 2-64　SCR 在正向阻断状态的工作原理图

功率 SCR 的电流-电压特性曲线如图 2-65 所示，在 SCR 阳极-阴极两端加上正电压 U_{AK} 使其处于正向阻断状态，即使未施加栅极触发电流（即 $I_G = 0$），当 U_{AK} 增大到转折电压（Breakover Voltage）U_{BO} 时，SCR 也会发生转折导通，此时 SCR 类似一个二极管。这种 pnpn 结构的两端器件（没有栅极）就成为转折二极管（Breakover Diode，BOD）。BOD 可当作电路的过电压保护器件[3]。在正向阻断的 SCR 上施加栅极触控电流 I_G 可以使 SCR 在较低的正电压 U_{AK} 下发生转折导通。因此，可利用栅极触发电流 I_G 来控制 SCR 触发导通的时刻，较大的 I_G 可降低转折电压而使 SCR 提前导通，SCR 导通后，电流 I_A 不会随着 I_G 变化，即使降低或撤除 I_G，SCR 仍可依靠正反馈保持导通状态。此时 SCR 是在高电流低电压的稳定状态下工作，功耗很低。只有阳极电流 I_A 低于维持电流（Holding Current）I_H 才会回到阻断状态。在 SCR 阳极-阴极两端加上负电压 U_{AK} 则使其处于反向阻断状态，优化 p 基区和 n⁻ 漂移区的宽度及掺杂浓度可提高反向阻断电压，并降低泄漏电流，使 SCR 在高电压小电流的稳定状态下工作，降低了工作功耗。

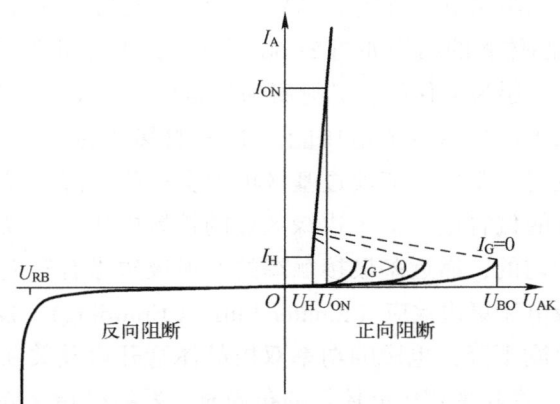

图 2-65 功率 SCR 的电流-电压特性曲线

参考文献

［1］K. K. Ng. Complete guide to semiconductor devices（2nd Edition）［M］. John Wiley & Sons，2002.

［2］B. Jayant Baliga. Fundamentals of power semiconductor devices［M］. Springer Science，2008.

［3］王彩琳. 电力半导体新器件及其制造技术［M］. 北京：机械工业出版社，2015.

撰稿人：北京大学　林信南
审稿人：北京大学　罗正忠

▷▷▷ 2.6.5 功率双极晶体管，功率雙極電晶體，Power BJT

传统的双极晶体管是一种电流驱动型放大器，对其信号放大特性的分析以小注入电流为主，即在共发射极工作状态时，输入很小的基极电流就能控制输出端的集电极电流而获得很大的功率增益。功率双极晶体管（Power BJT，中文常简称功率 BJT）的工作原理与传统信号放大用的双极晶体管相同，但在关断状态要能承受高电压，故在 p 型基区与 n^+ 集电极之间加上一层较厚的轻掺杂 n^- 漂移区来承受高阻断电压。导通时是大电流注入状态，在基区和集电区的大电流注入会使功率双极晶体管的电流增益降低，致使控制电路要提供较大的电流来驱动功率双极晶体管，控制电路的设计会更复杂且成本提高。此外，功率双极晶体管的电流放大率和特征频率都会随着电流的增大而迅速降低。n^- 漂移区因大电阻而增大的通态压降，以及开启和关断过程的存储电荷注入及抽取都使功率双极晶体管产生较高的功耗。虽然达林顿结构（Darlington Configuration）的多级功率双极晶体管可以提高电流增益，但导通压降会大幅升高而增加功耗。目前功率双极晶体管的阻断电压可达 1.8kV，控制电流已达 800A[1,2]。

npn 功率双极晶体管的结构如图 2-66 所示，其中 n^+ 扩散层为发射区，p 扩散层为基区，n^- 外延层为漂移区，n^+ 衬底为集电区。与 PiN 器件中的 n^- 漂移区功能类似，功率双极晶体管的耐电压能力由 n^- 漂移区的掺杂浓度及厚度决定。在基极注入大电流时，基极电流流过基区电阻会产生压降，导致发射极与基区的 n^+p 结中心部分的偏置电压低于边缘区域的偏置电压，所以发射极和集电极的电流密度是不均匀的，靠近基极接触端的发射极边缘有较大的发射极电流密度。这就是发射极电流集边效应（Emitter Current Crowding）。发射极电流集边效应会使电流增益急剧下降，也影响功率双极晶体管开启及关断过程的功耗。所以如图 2-67 所示，在功率双极晶体管的布局时，发射极指叉周围都有基极指叉形成对称的指状交叉几何图形（Interdigitated Finger Geometry），这样既可以降低发射极电流集边效应，同时也可以增强器件的散热能力。

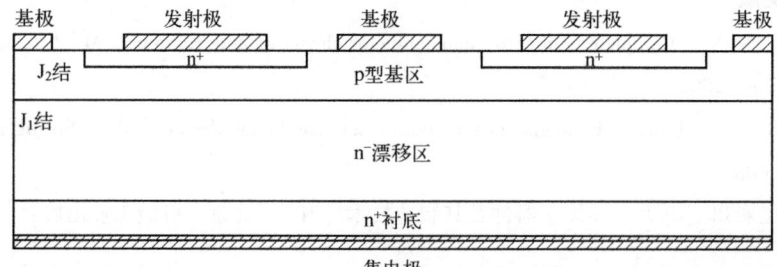

图 2-66 npn 功率双极晶体管的结构图

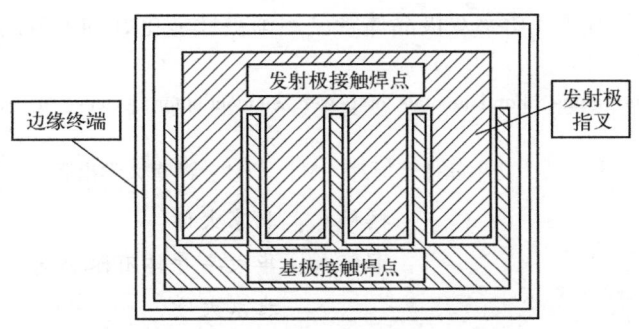

图 2-67　npn 功率双极晶体管的芯片布局

功率双极晶体管在开启瞬间会使集电极电流 I_C 产生电流过冲（Current Overshoot），在关断瞬间会使集电极电压 U_C 出现电压过冲，这些过冲现象产生的大电流及大电压会增大功率双极晶体管的功耗，也易发生破坏性器件失效。当功率双极晶体管工作在特性曲线的正向有源区时，电流密度分布不均匀的发射极电流会在发射结上形成局部热起伏；发射结上局部区域电流密度较高的部分具有较高的温度，致使该区域的 pn 结自建电势（Built-in Potential）随温度上升而下降，促使更多的电流注入该区而提高耗散功率；再进一步引起局部升温，使发射结上因热正反馈现象而在晶体管内部产生热斑。热斑产生的高温会使 pn 结耗尽区的自建电势急剧降低而使集电极短路，功率双极晶体管即进入热型低电压大电流二次击穿状态。在外部电路加上限流保护装置则可使晶体管恢复工作。若无限流保护装置则会因热斑温度快速上升而破坏材料组成及器件结构，导致功率双极晶体管永久损坏。此外，在正偏的高电压及大电流情况下，集电极电流上升会使 p 基区与 n^- 漂移区间的势垒降低，最大的电场强度就移到 n^-/n^+ 结上，并在 n^-/n^+ 结附近产生雪崩碰撞电离，功率双极晶体管即进入正偏低电压大电流二次击穿状态，造成器件破坏性失效。

在功率双极晶体管关断瞬间，晶体管处于反偏状态，集电极电流会瞬间被集中在发射极的中心区域，使该区域电流密度增大 10 倍以上。随着集电极电压上升到峰值，就使晶体管处于高电压大电流的反偏状态，此时电场的峰值出现在 n^- 漂移区与 n^+ 衬底交界处，电子即以饱和速度向集电极移动，致使集电结 J_1 的电压下降且集电极电流增大，就发生反偏雪崩击穿而使器件损坏。由于这种击穿是因为峰值电场由 J_2 结区移至 n^-/n^+ 结区，致使 n^-/n^+ 结的雪崩区向集电区注入空穴而引发的低电压雪崩电离效应，故称为反偏二次击穿。在 n^- 漂移区和 n^+ 衬底之间引入一层掺杂浓度略高的缓冲层可以降低界面的电场强度峰值，或者增大条型发射极边缘区的结深，这样就可避免在低电压时发生雪崩击穿。

功率双极晶体管的技术已十分成熟，但因电流增益较小及输入阻抗较低，故在高电压应用领域,功率双极晶体管已逐渐被性能更好的 IGBT 所取代。

参考文献

[1] B. Jayant Baliga. Fundamentals of power semiconductor devices[M]. Springer Science, 2008.

[2] 万积庆,唐元洪. 功率晶体管原理[M]. 长沙:湖南大学出版社,2009.

撰稿人:北京大学　　　　　林信南
审稿人:华大半导体有限公司　张开伟
　　　　北京大学　　　　　罗正忠

▷▷▷ 2.6.6 功率金属-氧化物-半导体场效应管,功率金氧半塲效電晶體,Power MOSFET

功率金属-氧化物-半导体场效应管（Power MOSFET）由于输入阻抗高、开关速度快,并且具有负温度系数（温度上升时电流减少）,因此被认为是一种理想的开关器件。功率金属-氧化物-半导体场效应管有垂直（或纵向）（Vertical Diffused MOSFET, VDMOS）和横向（或水平）（Lateral Diffused MOSFET, LDMOS）两种类型。

垂直型器件的源极和漏极分别制作在圆片上下和两侧。因为电流垂直流过圆片,垂直型器件不适合做成集成电路,通常封装成分立器件,可以承受较大的电流。传统 VDMOS 的结构如图 2-68 所示。超高压器件（600V 以上）需要 100μm 左右的外延层厚度,通态电阻较大。沟槽式栅极 MOSFET 的结构如图 2-69 所示。沟槽式栅极 MOSFET 有较大的沟道密度,通态电阻较小。采用背面研磨技术（Backside Grinding）可把圆片厚度研磨至 100μm 以下,有助于降低沟槽式栅极 MOSFET 的内阻[1]。

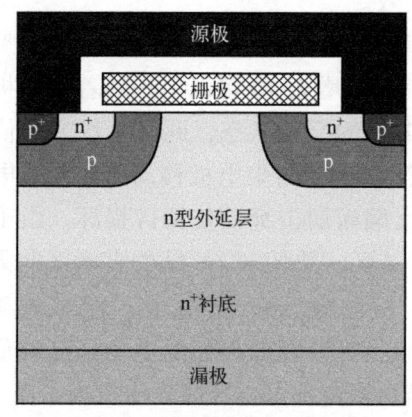

图 2-68　传统 VDMOS 的结构

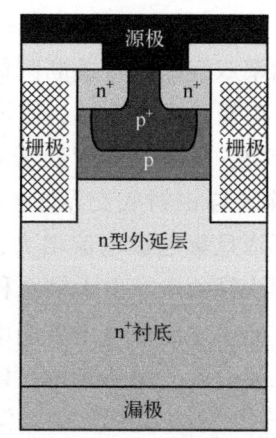

图 2-69　沟槽式栅极 MOSFET 的结构

LDMOS 的结构如图 2-70 所示。制造工艺若可以提供浅槽隔离（Shallow Trench Isolation，STI）结构，则可以将 STI 加在漂移区靠近沟道处，以增加 LDMOS 承受电压的能力，如图 2-71 所示。LDMOS 管可以和集成电路结合。图 2-71 所示的器件厚度约 10μm 左右，可以耐电压 100~200V，结合低压控制电路和保护电路可以做成智能功率 IC 和显示器驱动电路。

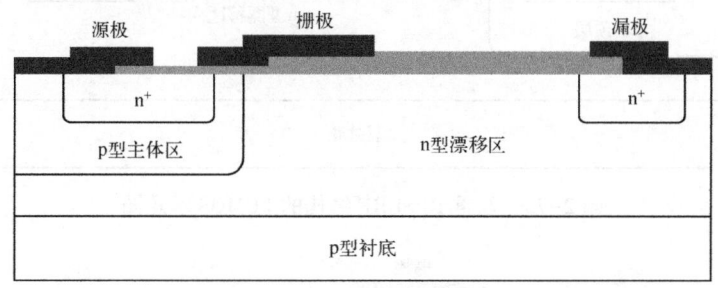

图 2-70　LDMOS 的结构

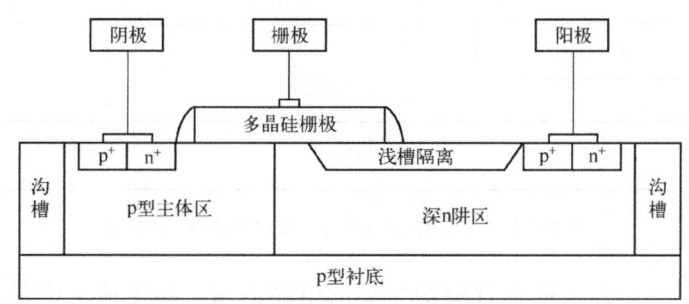

图 2-71　具有 STI 结构的 LDMOS 示意图

耐压 600V 以上的超高压 LDMOS 需要既厚且长的漂移区（接近 100μm）。1979 年，J. A. Appels 和 H. Vaes 提出采用薄外延层并使其完全耗尽成空间电荷区以降低表面电场（Reduced Surface Field，RESURF）的概念[2]，可以优化器件的特性。器件漂移区耗尽示意图如图 2-72 所示。

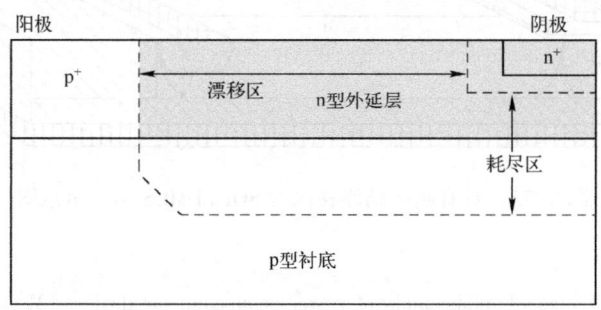

图 2-72　LDMOS 器件采用薄外延层 RESURF 结构使漂移区耗尽的示意图

此一观念后续又发展出多重 RESURF 结构的器件,如图 2-73 及图 2-74 所示[3,4]。

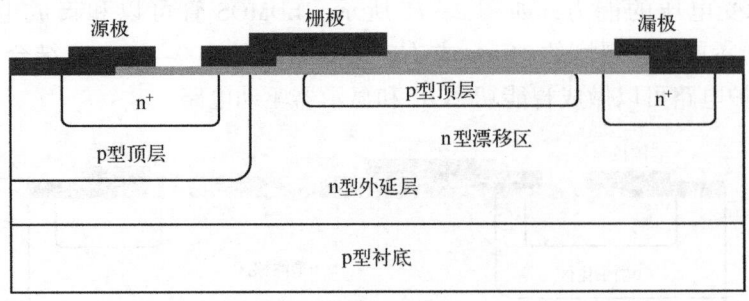

图 2-73 双重 RESURF 结构的 LDMOS 示意图

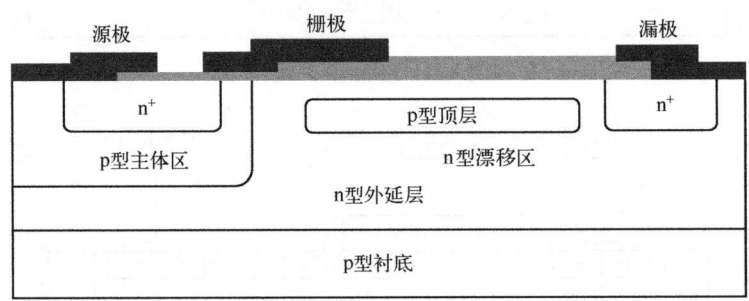

图 2-74 三重 RESURF 结构的 LDMOS 示意图

横向超高压器件集成在智能功率集成电路内时,其电流上限受到封装工艺的影响,通常为 2A 左右。

超级结(Super Junction)的结构以及沟槽式栅极都可以做在 LDMOS 里,类似的器件结构也都可以用 SOI 工艺制造,如图 2-75 所示。

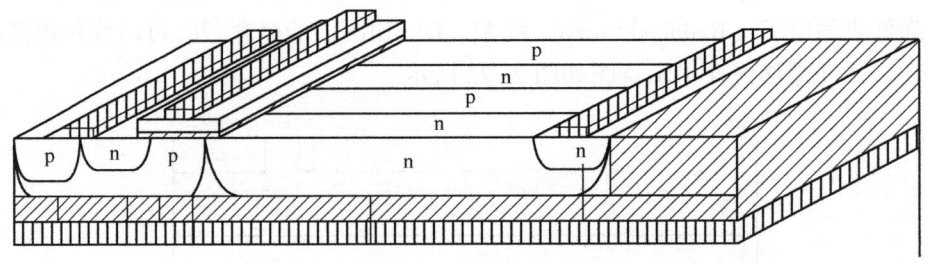

图 2-75 具有超级结漂移区的 SOI LDMOS 结构示意图

参考文献

[1] B. Jayant Baliga. Fundamentals of power semiconductor devices[M]. Springer Science,

2008.

[2] J. A. Appels, H. M. J. Vaes. HV thin layer devices (RESURF devices)[C]. Proc. Intl. Electron Devices Meeting, 1979:238-241.

[3] M. M. De Souza, E. M. Sankara Narayanan. Double resurf technology for HVlCs[C]. Electronics Letters, 1996:1092-1093.

[4] Ming Qiao, Yanfei Li, Xin Zhou, etal. A 700-V junction-isolated triple RESURF LDMOS with n-type top layer[J]. IEEE Electron Device Letters, 2014, 7(35):774-776.

撰稿人：东海大学　龚正
审稿人：北京大学　罗正忠

2.6.7 绝缘栅双极晶体管，絕緣閘雙極電晶體，Insulated Gate Bipolar Transistor (IGBT)

绝缘栅双极晶体管（Insulated Gate Bipolar Transistor，IGBT）是由 B. J. Baliga 发明的[1]，该器件可解决功率 MOSFET 在高压应用下导通电阻较大的问题。从 1986 年产品化以来，IGBT 的制作工艺逐渐走向成熟。IGBT 有垂直型（适用于高电压大电流的分立器件）与横向型（适合与集成电路集成）两种类型。

垂直型器件如图 2-76 所示，是由四层交互的 npnp 半导体形成的，栅极下方的结构与 VDMOS 相同；但在圆片下方，VDMOS 的 n^+ 漏极改成了 p^+ 结构。当栅极电压控制沟道导通后，发射极电子就经由沟道注入 MOS 结构的漏极；此电子电流形成垂直 pnp 晶体管的基极电流，触发 pnp 晶体管导通（见图 2-76 (a)），使集电极发射空穴电流流向上方的发射极。IGBT 把 VDMOS 的电子电流用 pnp 晶体管加以放大（增益为 β 倍），所以导通电流比 VDMOS 大，即导通电阻较小。当栅极电压关闭时，MOS 沟道的电子电流随即消失，致使 pnp 晶体管关闭。整个器件的开关完全由栅极电压控制，但是 IGBT 器件为双极器件，存储在漂移区的空穴需经由复合消除，此现象与二极管的反向恢复现象相同。因此，IGBT 的工作频率通常比 MOSFET 要低。图 2-76 (b) 中的中央长方型框区域是一个寄生晶闸管结构，一旦这个寄生的晶闸管导通，即使栅极电压关闭也无法关闭器件电流，栅极会失去控制能力，这是 IGBT 的栓锁（Latch-Up）效应，和 CMOS 的栓锁效应相似。在设计器件时必须抑制寄生晶闸管的作用，使 IGBT 就像晶体管一样工作[2]。

按照结构和工艺改进的顺序，IGBT 的发展演进如下。

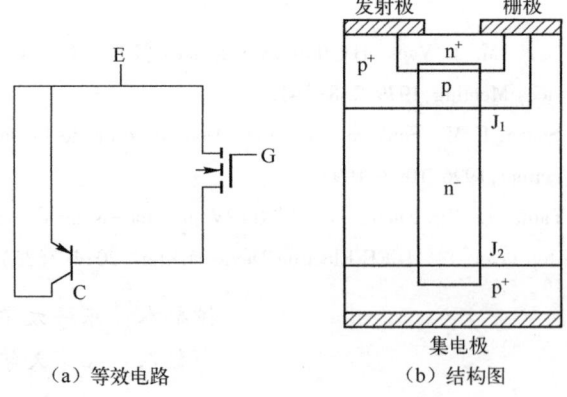

图 2-76 垂直型 IGBT 结构图及等效电路图

（1）平面穿通型 IGBT（PT-IGBT）出现于 1988 年。IGBT 的导通机理与 MOSFET 不同，可降低导通电阻，解决了耐压与电阻之间的矛盾。但主要缺点是用外延层充当漂移区，集电极注入效率较高导致较大的开关损耗，耐压也比较低。

（2）改进后的平面穿通型 IGBT（Improved PT-IGBT）出现于 1990 年。相对于 PT-IGBT，改进后的结构应用了电场中止技术，采用掺杂浓度低于重掺杂 p^+ 区的缓冲层以使电场在缓冲层截止，有利于减薄基区的厚度，缓和耐压与电阻之间的矛盾，如图 2-77 所示。

（3）沟槽型（Trench）IGBT 出现于 1992 年。沟道方向由表面平行变为体内垂直（见图 2-78），降低了硅片表面缺陷对耐压的影响，减小器件面积，使得单位面积下器件可以承受更大的导通电流，在静态性能和动态性能上都有着较大的改善。沟槽型结构的缺点在于栅极过于密集的电流会影响器件的短路能力。

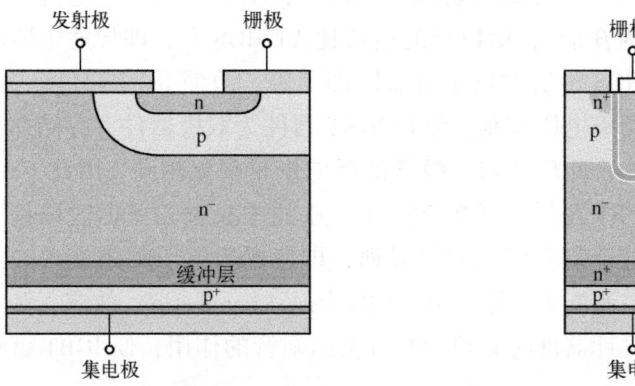

图 2-77 改进后的平面穿通型 IGBT 结构示意图　　图 2-78 沟槽型 IGBT 结构示意图

(4) 平面非穿通型 IGBT（NPT-IGBT）于 1997 年推出。传统平面穿通型器件的外延层较薄，漂移区内的电场强度呈梯形，如图 2-79（a）所示。整体器件的厚度较大，主要厚度来自 p^+ 衬底。

平面非穿通型 IGBT 采用较薄的 n 型衬底，漂移区内的电场强度变化呈三角形，如图 2-79（b）所示，以离子注入控制集电区的掺杂浓度。整体器件的厚度较小，控制集电区的掺杂浓度可以降低集电极的载流子注入效率，不需要采用辐照技术或掺杂金及铂降低载流子寿命，优化了通态压降和关断功耗之间的折中关系。同时，寄生 npn 晶体管的基极变厚可使电流增益降低，且具有正温度系数，克服了传统 IGBT 的缺点，有利于器件的并联运行。

(5) 平面场截止型 IGBT（FS-IGBT）（见图 2-79（c））出现于 2001 年。针对解决 NPT-IGBT 难以应用于高压场所的问题，FS-IGBT 在漂移区底部增加一层掺杂浓度高于漂移区的 n 型电场截止层，用来截断电场并降低集电极的注入效率。在相同的耐压条件下，FS 结构所需的芯片厚度比 NPT 结构减少了 1/3，而且不需要降低载流子寿命。

(6) 沟槽场截止型 IGBT（FS-Trench IGBT）（见图 2-79（d））于 2003 年问世。沟槽场截止型 IGBT 融合了场截止层和槽栅的优点，目前已成为相应 IGBT 领域的主流产品。

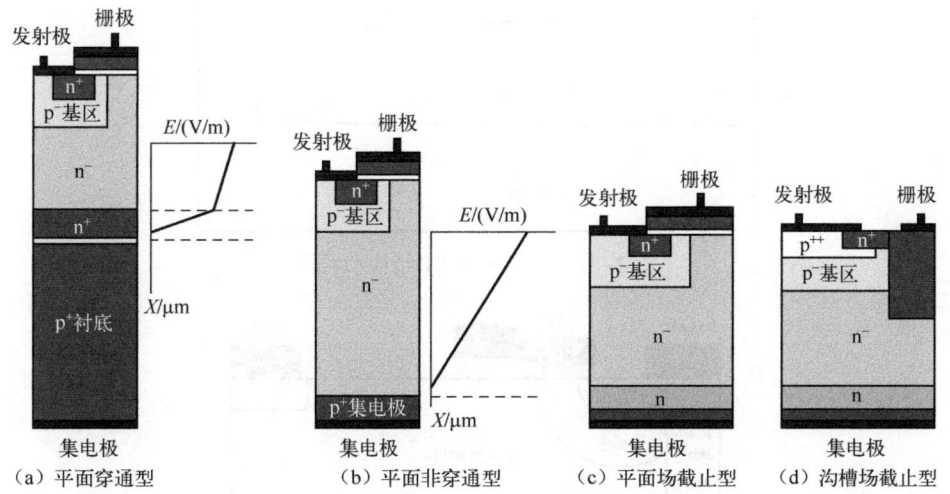

图 2-79 各种垂直型 IGBT 结构示意图

集电极 p^+ 层如果有一部分更改成 n^+，则该部分形成反偏的二极管且和原来的 IGBT 并联。这种器件称作反向导通 IGBT（Reverse-Conducting IGBT，RC-IGBT）（见图 2-80），在电路系统里无须另接外部并联的二极管。RC-IGBT 的优点是节省封装成本、体积小且可以提高切换速度。

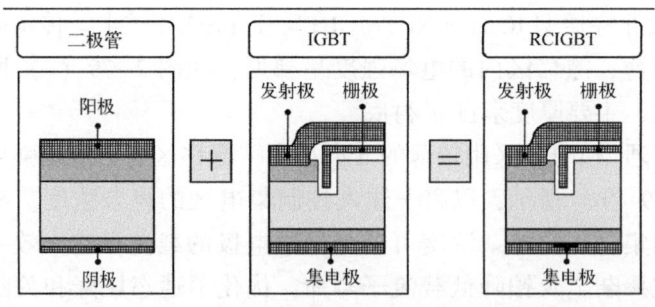

图 2-80　RC-IGBT 结构示意图

横向型 IGBT（Lateral IGBT，L-IGBT）结构和 LDMOS 类似，只是 n^+ 漏极变更为 p^+ 结构，如图 2-81 所示。耐压 200V 以下的 L-IGBT，电流增加量不会比 LDMOS 大，但需承担栓锁效应与高温不稳定的风险。耐压 600V 以上的 L-IGBT 因为漂移区的长度大于厚度，导通时的水平电场强度可能小于垂直电场强度，致使集电极发射的空穴容易注入衬底而形成泄漏电流。因此，L-IGBT 的研究多专注于绝缘体上硅（SOI）结构，如图 2-82 所示。

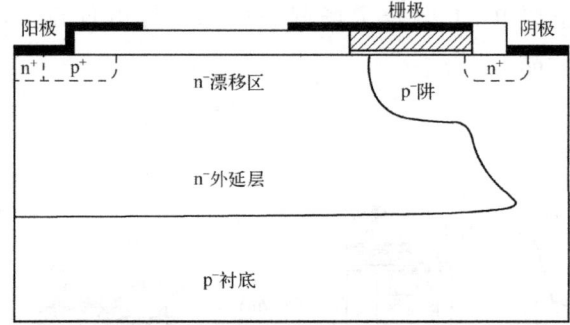

图 2-81　横向型 IGBT 结构示意图

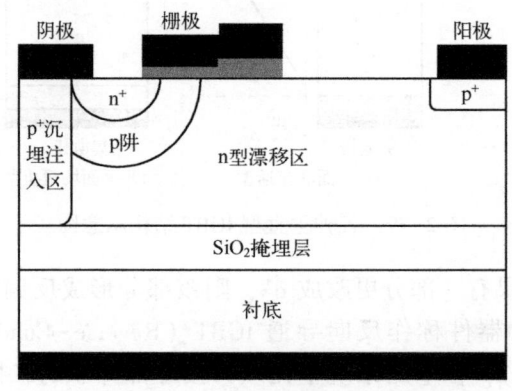

图 2-82　横向型 SOI IGBT 结构示意图

参考文献

[1] B. Jayant Baliga. Enhancement and depletion mode vertical channel MOS-gated thyristors [J]. Electronics Letters,1979,15:645-647.

[2] B. Jayant Baliga. Fundamentals of power semiconductor devices[M]. Springer Science,2008.

撰稿人：东海大学　龚正
审稿人：北京大学　罗正忠

▷▷▷ 2.6.8 宽带隙半导体器件，寬能隙半導體元件，Wide Bandgap Semiconductor Devices

在设计功率器件时可以根据击穿电压/通态特征电阻（Specific On-State Resistance，单位为 V/(mΩ·cm²)）比值的大小作为评量指标。此值越高代表器件的特性越好。通态特征电阻的定义是器件导通电阻乘以其俯视面积。导通电阻值决定了器件导通时的损耗功率，而击穿电压则决定了器件关闭时的耐压。理论推导显示，对平行电极 pn 结（一维电场）而言，理想漂移区的通态特征电阻为[1]

$$R_{\text{on-ideal}} = \frac{4\text{BV}^2}{\varepsilon_S \mu_n E_C^3}$$

式中，BV 为击穿电压；ε_S 为半导体的介电常数；μ_n 为电子迁移率；E_C 为造成击穿的临界电场强度。通常将式中的 ($\varepsilon_S \mu_n E_C^3$) 命名为功率器件的巴利加优值（Baliga's Figure of Merit，BFOM）。这是半导体材料特性对漂移区电阻影响的标志。从上述关系可以看出，在传统一维电场的功率器件里，通态电阻随击穿电压的平方成正比。例如，击穿电压增加为原来的两倍，通态电阻则会增加为原来的四倍。

宽带隙半导体一般指碳化硅（SiC）与氮化镓（GaN）。半导体材料常用参数见表 2-23。

表 2-23　半导体材料常用参数表

参　　数	Si	GaAs	4H-SiC	GaN
E_g/eV	1.12	1.43	3.26	3.50
μ_n/(cm²/(V·s))	1400	8500	900	1250
μ_p/(cm²/(V·s))	600	400	100	200
E_C/(V/cm)	0.3×10^6	0.4×10^6	3.0×10^6	3.0×10^6
v_{sat}/(cm/s)	1.0×10^7	2.0×10^7	2.7×10^7	2.7×10^7
ε_S	11.8	12.8	9.7	9.5

注：不同条件下的数值会有些许差异。

若把硅的巴利加优值设为1，则GaAs的巴利加优值为15.6，SiC的巴利加优值为528，GaN的巴利加优值为718。就同样的击穿电压而言，宽带隙半导体器件的通态特征电阻大约是硅器件电阻的千分之二。

根据节开始的公式和表2-23的数据绘出如图2-83所示的直线图，其中对应于硅的线被称为硅极限。研究者常常将自己产品的通态特征电阻及击穿电压绘制于表上，以检视自身产品与理论极限之间的差距。在一维电场下，当功率器件的漂移区与电极平行时，宽带隙半导体的R_{on-sp}与击穿电压关系远在硅极限之下。

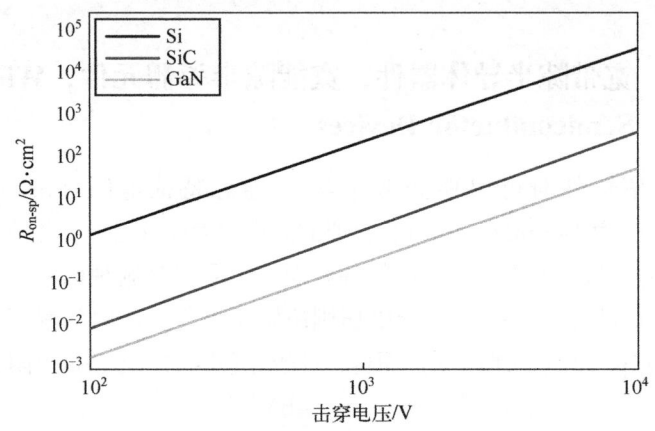

图2-83　不同半导体的R_{on-sp}与击穿电压关系图

参考文献

［1］ B. Jayant Baliga. Fundamentals of power semiconductor devices［M］. Springer Science, 2008.

撰稿人：东海大学　龚正
审稿人：北京大学　罗正忠

▷▷▷ 2.6.9　超级结型晶闸管，超極接面型晶閘管，Super Junction Thyristor

超级结是由中国科学院院士陈星弼教授所发明的，基本结构如图2-84（a）所示[1]。以超级结的结构作为漂移区的VDMOSFET如图2-85所示。其理论基础是当n⁻区与p⁻区掺杂浓度相等，而且体积也相等时，正负电荷完全抵消，相当于一块掺杂极低的半导体。实质上，其漂移区厚度可以远小于常规器件的厚度，通态电阻会小很多。采用超级结的600V VDMOSFET漂移区厚度约为20μm，其通态电阻约为传统600V器件的20%。

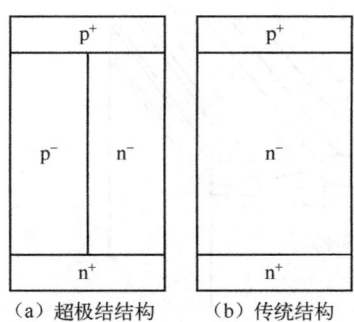 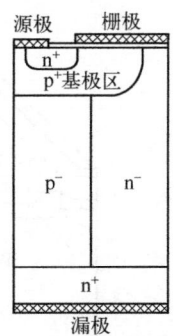

图 2-84　超级结结构和传统结构的对比

图 2-85　以超级结结构作为漂移区的 VDMOSFET

因为 n⁻区与 p⁻区的内建电场呈水平方向，当器件施加电压时（垂直方向），漂移区内会形成二维电场。理论推导显示此类型器件的通态特征电阻与击穿电压间的关系为

$$R_{\text{on-sp}} = \frac{2\text{BV}p}{\varepsilon_S \mu_n E_C^2}$$

式中，p 为 n⁻区与 p⁻区宽度的总和[2]。超级结型器件 $R_{\text{on-sp}}$ 与击穿电压的关系如图 2-86 所示。因为多维电场的作用，其特性已经超越一维电场的硅极限，但是仍然不及宽带隙器件。

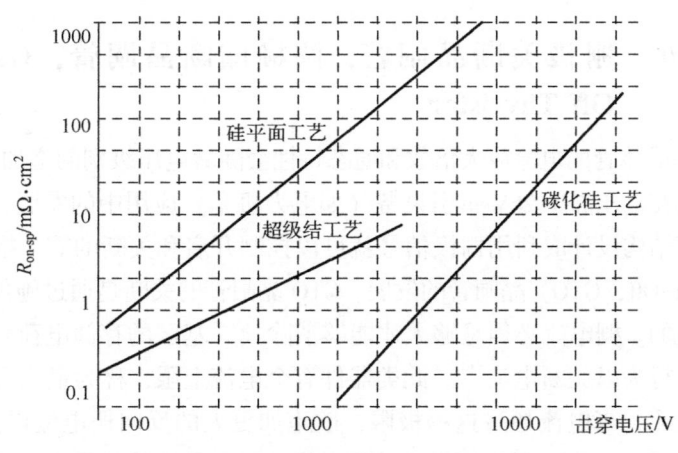

图 2-86　超级结型器件 $R_{\text{on-sp}}$ 与击穿电压的关系图

超级结既可以用于垂直型 IGBT 的漂移区，也可以用于横向型器件的漂移区。具有超级结漂移区的横向型晶闸管结构如图 2-87 所示。

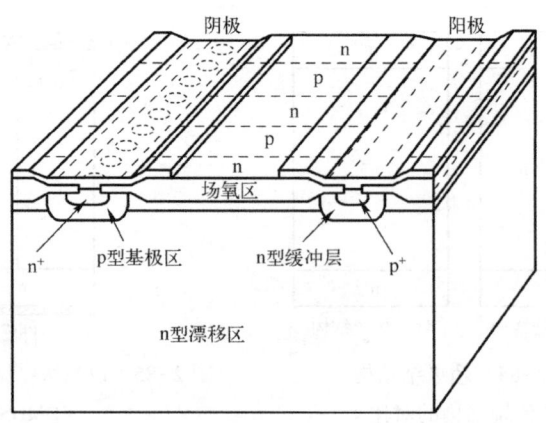

图 2-87 具有超级结漂移区的横向型晶闸管结构

参考文献

[1] Xingbi Chen. Semiconductor power devices with alternating conductivity type high-voltage break down regions: US, 5216275[P]. 1993.

[2] B. Jayant Baliga. Fundamentals of power semiconductor devices [M]. Springer Science, 2008.

撰稿人：东海大学　龚正

审稿人：北京大学　罗正忠

▷▷▷ 2.6.10　栅极关断晶闸管，閘極關斷晶閘管，Gate Turn-Off Thyristor

双极功率晶体管的电流放大倍数和通态特性会随着电压级别的增加而迅速降低，因此抑制了其在电压高于 2kV 牵引设备（如电力机车）应用中的发展。在直流电路中，将晶闸管结构设计成利用栅极信号就可以控制开启和关断的需求推动了栅极关断（Gate Turn-Off，GTO）晶闸管的发展。GTO 晶闸管的关断是通过施加一个大的反向电流来实现的。栅电流必须足够大才能够消除掉 p 基区的存储电荷，同时中止内部晶体管耦合行为以关断电流[1]。此类器件有个电流上限，称为最大可关断电流或最大可控制电流。当电流超过这一极限，欲施加更大的反向栅电流以关闭器件时，会引发 p 型基区与 n^+ 阴极导通而无法关闭电流。GTO 晶闸管的最大可关断电流密度约为 $1000A/cm^2$，最大关断增益（器件电流与反向栅电流之比值）约为 5。

对称 GTO 晶闸管的结构和电场分布如图 2-88 所示。尽管和传统的晶闸管结构相似，但是 GTO 结构不包含阴极短接。正向偏置时，由 p 型基区/n 基区结承受电压降。晶体管 npn 基区开路的击穿电压决定了正向阻断能力，这一点与传统晶闸管一致。反向偏置时，电压降主要集中在 p^+ 阳极-n 基区结，这一结构有着几乎相同的反向阻断电压。

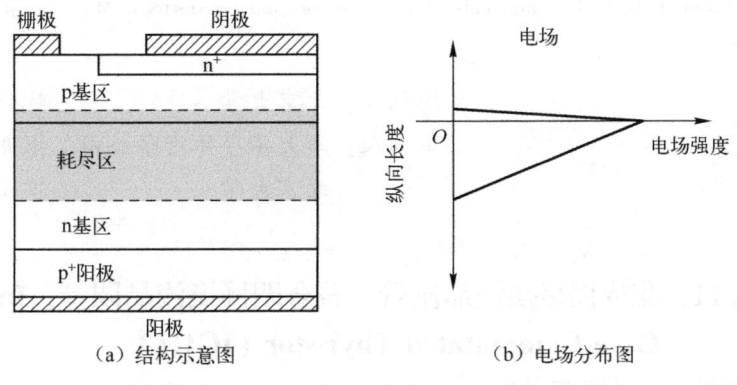

图 2-88 对称 GTO 晶闸管的结构和电场分布

因为 GTO 晶闸管是用在直流电路中的，所以它的反向阻断能力不需要和它的正向阻断能力一样强。非对称 GTO 晶闸管的结构和电场分布如图 2-89 所示。在临近 p^+ 阳极区域的 n 基区内加入了一个 n 缓冲层，如图 2-89（a）所示。n 缓冲层的掺杂浓度比 n 基区轻掺杂部分的掺杂浓度要高很多。非对称 GTO 晶闸管的梯形电场分布如图 2-89（b）所示。要获得相同的正向阻断电压，非对称结构 GTO 晶闸管的 n 基区净厚度比对称结构的 GTO 晶闸管所需要的 n 基区厚度小一些，这会使得通态压降低。同时 n 缓冲层也降低了 pnp 晶体管的电流放大倍数，这可以提高 GTO 晶闸管的关断增益。n 缓冲层常和阳极短接在一起用来缩短关断时间。

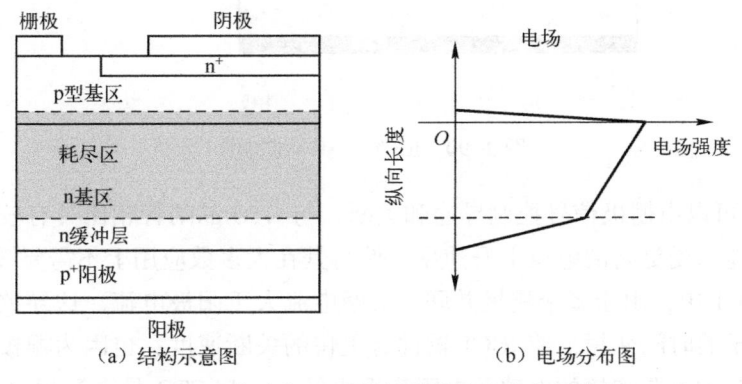

图 2-89 非对称 GTO 晶闸管的结构和电场分布

GTO 晶闸管可以关断直流功率电路中的电流，故在电力机车的电机驱动设备中已采用 GTO 晶闸管来控制驱动电流。这些新一代的电机驱动设备被广泛应用在高速铁路运输系统中。

参考文献

［1］B. Jayant Baliga. Fundamentals of power semiconductor devices［M］. Springer Science, 2008.

撰稿人：北京大学　　　　　　　　林信南
审稿人：华大半导体有限公司　　　张开伟
　　　　北京大学　　　　　　　　罗正忠

▷▷▷ 2.6.11 集成栅极换流晶闸管，整合閘極换流晶閘管，Integrated Gate Commutated Thyristor（IGCT）

集成栅极换流晶闸管（Integrated Gate Commutated Thyristor，IGCT）是用于工业设备中切换电流的功率半导体电子器件，是由三菱和 ABB 共同开发的。IGCT 的基本结构图如图 2-90 所示。IGCT 与栅极关断（GTO）晶闸管相似，但是有多个栅极并联。

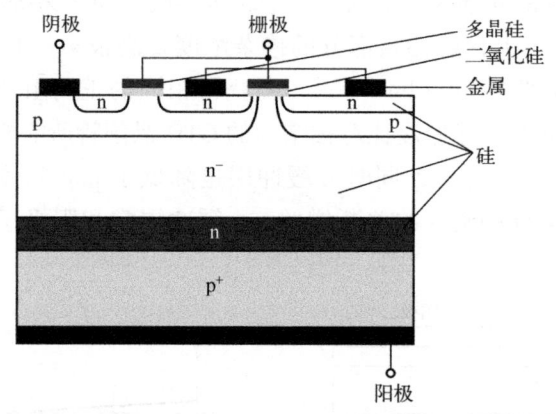

图 2-90　IGCT 的基本结构图

IGCT 可以由栅极信号控制导通和关断，与 GTO 晶闸管相比具有较低的传导损耗，并能承受更高的电压上升速率，使得其在大多数应用上不需要缓冲器。

在 IGCT 中，由于多个栅极并联，关断电流大于阳极电流，这导致完全消除少数载流子的时间变短，使 IGCT 器件有更快的关断速度；也因为栅极并联，使得和栅极驱动电路连接的电感及电阻变得更低[1]。与 GTO 晶闸管相比，IGCT 具有更快的关断时间，故可在较短的时间内在高达几 kHz 的频率下工作。IGCT 可以制作成有或没有反向阻断能力的器件。但由于需要具有长且低掺杂的漂移区来提高反向阻断能力，所以会增加正向压降。能够阻止反向电压的 IGCT 称为对称型 IGCT (Symmetrical IGCT, S-IGCT), 其结构与电场分布和 GTO 晶闸管类似, 如图 2-91 所示。通常 S-IGCT 的反向阻断电压额定值和正向阻断电压额定值相同。S-IGCT 的典型应用是电流源逆变器。

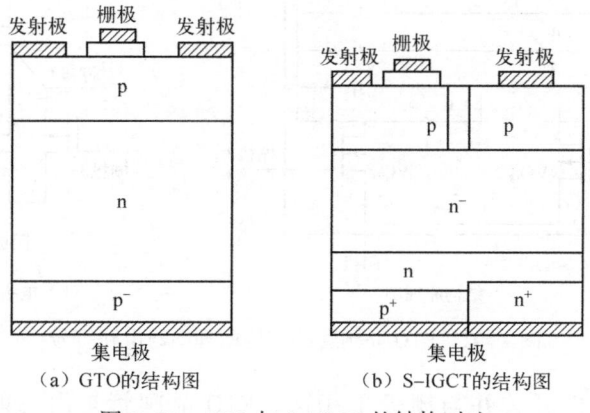

图 2-91　GTO 与 S-IGCT 的结构对比

不能阻挡反向电压的 IGCT 称为非对称型 IGCT (Asymmetrical IGCT, A-IGCT), 通常具有几十伏的反向击穿电压。但是因为加入 n 型缓冲层使漂移区变短, 其正向压降比 S-IGCT 低。A-IGCT 用于并联施加反向导通二极管 (例如, 在电压源逆变器中) 或者没有反向电压的场合 (例如, 在开关电源或 DC 牵引斩波器中)。

如果 p^+ 集电极有部分更改成 n^+ 区域, 则该部分成为和 IGCT 并联的反向导通二极管。在同一封装中用反向导通二极管制造的非对称 IGCT 则称为 RC-IGCT, 是一种用于反向导电的 IGCT。

IGCT 主要应用于变频逆变器, 用在驱动和牵引的电动机驱动装置上。

参考文献

[1] Integrated gate commutated thyristors [EB/OL]. [2018-02-09]. https://en.wikipedia.org/wiki/Integrated_gate-commutated_thyristor.

撰稿人: 北京大学　林信南
东海大学　龚正
审稿人: 北京大学　罗正忠

▷▷▷ 2.6.12　发射极关断晶闸管, 發射極關斷晶閘管, Emitter Turn-Off Thyristor

发射极关断 (Emitter Turn-Off, ETO) 晶闸管具有栅极截止晶闸管的耐高电压和高电流的能力, 以及易于控制 MOS 栅极的优点, 其他功能包括高电压电流整流能力和器件电流检测能力。ETO 晶闸管的结构原理图与电路符号如图 2-92 所示。

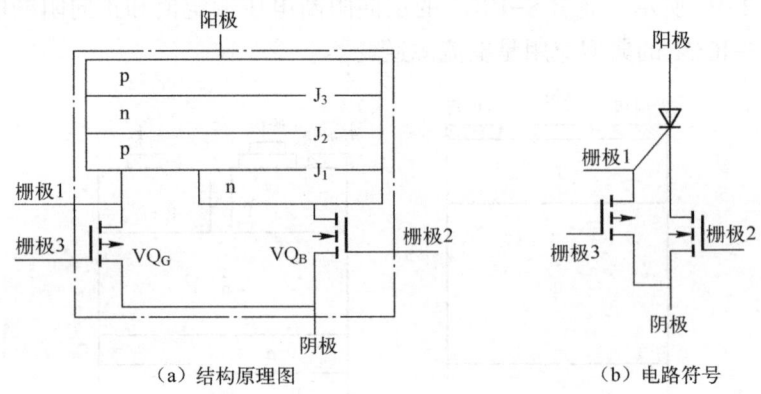

图 2-92　ETO 晶闸管的结构原理图与电路符号

VQ_G 充当栅极开关并与栅极 1 相连。ETO 晶闸管是由发射极开关即低压 MOSFET（VQ_G 是 pMOSFET，VQ_B 是 nMOSFET）和 GTO 晶闸管串联组成的功率器件。在栅极 2 和栅极 3 上施加正电压就打开器件，此时 VQ_G 关断，VQ_B 开启，阴极电压通过 VQ_B 加到 GTO 晶闸管上使 GTO 晶闸管开始导通。在栅极 2 和栅极 3 上施加负电压则关断器件，此时 VQ_B 关断而 VQ_G 打开，GTO 晶闸管的电流全部经由栅极 1 和 VQ_G 流至阴极。因为从阳极流入的电流只流经 pnp 晶体管而不流过第一个 pn 结 J_1，GTO 晶闸管的正反馈环路就被破坏，使器件得以关断[1]。在开放式 pnp 模式下，关断 npn 晶体管是实现高速和大截止电流能力的关键。ETO 晶闸管使用阳极电流来提供关断能量，与 IGCT 的技术相比，ETO 晶闸管大大节省了高频操作所需的驱动功率，其开启与关断都是通过低电压 MOS 管的栅极电压来控制的。

参考文献

[1] Bin Zhang, A. Q. Huang, Yunfeng Liu, et al. Performance of the new generation emitter turn-off (ETO) thyristor[C]. IEEE Conference Record of the 2002 IEEE Industry Applications Conference, 2002: 559-563.

撰稿人：北京大学　　　　　　　　　林信南
审稿人：华大半导体有限公司　　　　张开伟
　　　　北京大学　　　　　　　　　罗正忠

▷▷▷ 2.6.13　MOS 门控晶闸管，MOS 關斷晶閘管，MOS Controlled Thyristor（MCT）

MOS 门控晶闸管（MOS Controlled Thyristor，MCT）是结合双极功率晶体管

和 MOS 功率晶体管于一体的功率器件，主要利用两个 MOS 栅极来控制晶闸管的导通电流以获得较好的关断特性[1,2]。如图 2-93（a）所示，一个 MOS 用来开启器件，另一个 MOS 用来关断晶闸管。MCT 不仅提供了双极技术和 MOS 技术的工作特性，同时也为现有功率器件提供了合适的替代方案。MCT 是一种新型复合器件，它结合了晶闸管高功率处理能力以及 MOS 栅控器件的易控制性和高速度[3]。

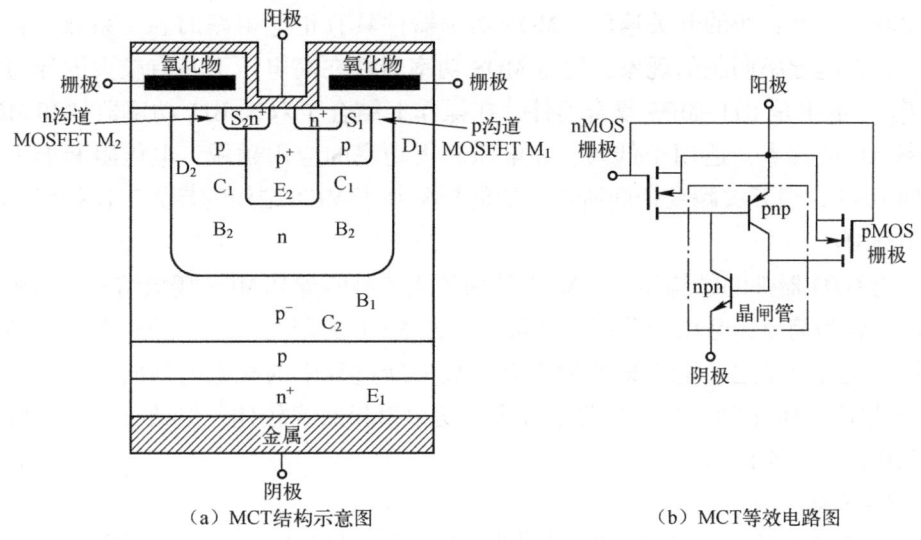

（a）MCT结构示意图　　　　　（b）MCT等效电路图

图 2-93　MCT 结构和等效电路图

MCT 采用集成电路工艺制成，图 2-93（a）所示的是其中的一个单元（Cell），图 2-93（b）是其等效电路，一个小的 MCT 大约有一万个单元。由等效电路看出，两个 MOSFET 的栅极与 MCT 的栅极（G）相连。当栅极电压相对于阴极为正时，nMOSFET 导通，电流从阳极流进 npn 晶体管的基极使器件导通。当器件导通时，阳极的电压仅略高于阴极电压，此时若栅极电压相对于阳极为负则使 pMOSFET 导通，电流经由 pMOSFET 直接流至阳极而不经过 pnp 晶体管的射基结，则晶闸管的正反馈因被破坏而关闭。如果功率器件里只有一个用于触发导通晶闸管的 MOSFET，而没有关闭晶闸管的 MOSFET，则此器件称作 MOS 栅控晶闸管（MOS Gated Thyristor，MGT）。

MCT 的优点：①电压高，电流大；②通态压降小（为 IGBT 的 1/3，约 1.1V）；③极高的 di/dt 和 dv/dt 耐量（di/dt = 2000A/μs，dv/dt = 20000V/μs）；④开关频率高，功耗低；⑤工作温度高（200℃以上）；⑥门极驱动电路简单；⑦器件不因关断失效而损坏。

双极 BJT 功率器件具有通过大电流和耐高电压的能力。大电流注入造成的强电导率调制效应可使 BJT 具有较低的通态电压，故导通功耗较低。双极 BJT 功率器件是少数载流子传输器件，具有较长的少数载流子存储时间，致使器件的开关速度变慢；且由于它们是电流控制器件，匹配的驱动电路相对较复杂。相比之下，MOS 功率器件是多数载流子传输的器件，所以开关速度非常快。此外，MOS 功率器件的输入阻抗是电容式的高阻抗，器件的开关由电压控制，所以驱动电路的设计及制造很简单；特别是在低频下工作时，与双极 BJT 功率器件比较，会有较快的开关速度。MOS 功率器件具有正电阻率的温度系数，且由于不存在电导率调制的现象，使得 MOS 功率器件在高电压下具有较大的导通电阻 R_{ds}。MCT 是 BJT-MOS 复合器件，在操作上结合了双极 BJT 功率器件和 MOS 功率器件的优点，适用于低频、高电压和大功率的应用领域，电压阻断能力可达到 10kV，但开关瞬变期间所产生的能耗限制了 MCT 结构的最大工作频率（低于 100kHz）。

与 GTO 器件的结构相比，MCT 结构的优势是匹配其 MOS 栅极结构的栅极控制电路较为简单，且由于分流路径很短，使 MCT 的阳极电压在栅极电压达到负的栅极电源电压之后能立即开始上升，故关断过程中的充电时间间隔较短。与 IGBT 相比，MCT 的通态电压降落较小，功率损耗曲线较佳，但缺乏正向偏置的全工作区，故难以取代 IGBT。

参考文献

[1] V. A. K. Temple. MOS-Controlled thyristors[J]. IEEE Electron Devices Meeting,1984, Abstract 10.7:282-285.

[2] M. K. Kazimierczuk, N. Thirunarayan, B. T. Nguyen, et al. Measured switching speed of MOS-controlled thyristor under inductive load conditions[R/OL]. AIP Conference Proceedings,1993,271:459-468[2018-02-09]. https://doi.org/10.1063/1.43187.

[3] B. J. Baliga. Advanced high voltage power device concepts[M]. Springer,2011.

撰稿人：东海大学　龚正
审稿人：北京大学　罗正忠

2.7　光电器件产品

2.7.1　光电器件，光電元件，Optoelectronic Devices

光电器件（Optoelectronic Devices）是以光-电子（或电子-光）转换效应为工作原理的各种功能器件的统称。早在 19 世纪末人们就已经开始研究硒

(Selenium) 的光电现象，并导致了后来硒光电池的应用，这比晶体管的发明早近 80 年。但由于当时的认知水平相当有限，光电器件的发展较为缓慢。1887年，德国物理学家海因里希·赫兹（Heinrich R. Hertz）在进行电磁波实验时，观测到电子在光辐射下从物体表面逃逸的情况，从而揭示了光电器件的物理基础——光电效应。1916 年，阿尔伯特·爱因斯坦（Albert Einstein）依据量子理论完善了光子与物体相互作用的基本原理，将光电效应的本质展现在世人的面前，并因此获得 1921 年的诺贝尔物理学奖。20 世纪 30 年代后，人们对半导体物理特性的研究，特别是对半导体光学性质的研究，进一步夯实了光电器件的物理基础。

光电效应划分为光生伏特效应、光电导效应和光电子发射效应。根据工作机制以及应用的差异，光电器件主要归为三类。第一类器件为光电探测器或光电接收器，如雪崩光电二极管（Avalanche Photodiode，APD）等，目前广泛应用于传感、探测及通信领域。受到辐射后，这一类器件的电学性质可以发生改变，从而将探测到的光信号转化为电信号，再通过电信号的分析结果获取所需信息。第二类器件为电致发光器件，可实现电信号到光信号的转换。发光二极管（Light Emitting Diode，LED）和激光二极管（Laser Diode，LD）是其典型代表。发光二极管具有寿命长、成本低、光谱范围宽等诸多优点，广泛用于显示和照明等领域。激光二极管的光谱较窄、方向性强，广泛应用于大容量、长距离的光纤通信系统以及光电集成电路。第三类器件以太阳电池（Solar Cell）为代表，实现了光能到电能的转化并可将其进行存储。这类器件能把太阳能以较高的效率直接转换成电能，以低运行成本提供电力。

如今，光电器件已经渗透到工作和生活的各个方面，如遥感、制导、红外探测、医疗检测、手机、相机、家用摄像机、显示器等，应用范围从军事国防扩展到民用商品，产业结构与规模日益庞大。与此同时，随着新技术、新材料、新原理的不断发现与应用，各种高性能光电器件将不断涌现。

撰稿人：北京大学　郁文
审稿人：北京大学　张盛东

▷▷▷ 2.7.2　光电二极管，光電二極體，Photodiode

光电二极管（Photodiode）通常由一个 pn 结构成，它在某些特定入射光的照射下会产生额外的光生电流，其伏安特性如图 2-94 所示。在反向偏置下，无光照时电流较小，这个电流在反向击穿前基本保持一定，被称为反向饱和电流。

在一定强度的光照射下，半导体材料中产生出相应数目的电子-空穴对。由于产生的电子-空穴对仍处在半导体内部，因此被称为内光电效应。在电场作用下，pn 结耗尽区的光生电子-空穴对迅速向相反方向漂移，从而形成光生电流。耗尽区附近一个扩散长度内的光生电子-空穴对经过扩散运动进入耗尽区，并在电场下向相反方向漂移产生光生电流。在耗尽区较远的地方由于不存在电场，故那里所产生的电子-空穴对不能形成电流，一般通过复合消失。光的照度越大，即光子数越多，产生的电子-空穴对数就越多，形成的反向电流也就越大。

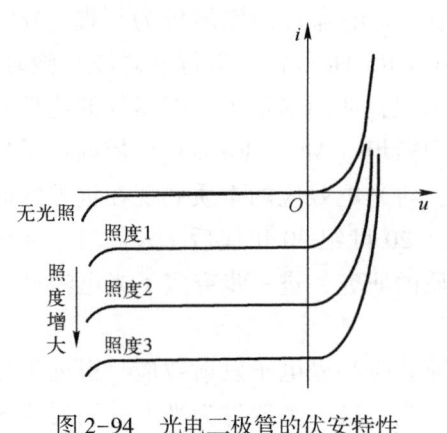

图 2-94　光电二极管的伏安特性

在制造工艺方面，为了提高吸收效率，pn 结面积宜大一些。由于表面的吸收最强烈，pn 结的位置越靠近表面越好。为了得到偏置电压低和暗电流小的光电二极管，低缺陷的高质量半导体材料是必需的。因此，半导体层外延生长技术的快速发展在光电二极管探测器性能提高和优化上起到了重要的作用。

光电二极管器件由于具有小尺寸、低成本、良好线性度、较宽响应光谱范围（190~1100nm）、低噪声、高可靠、长寿命和无须高压电源即可工作等优点，在光通信、照相、录像和光电探测等领域扮演了很重要的角色。不过，pn 光电二极管在光电探测的过程中存在灵敏度小、可探测度不够高和响应速度不够快等问题。PiN 光电二极管的出现很好地解决了这个问题。在光电探测方面，光电二极管在紫外辐射探测、可见光探测、红外探测及 X 射线成像等领域都有较广泛的应用和商业价值。不同的光吸收材料适用于相应光谱波段的检测，这个取决于其禁带宽度。高质量的锗单晶材料由于具有较高的灵敏度，被广泛应用于近红外探测领域。这种探测器一般需要冷却到 77K 来减小暗电流，这增加了工艺成本并且限制了它的应用。随着在硅衬底上生长锗技术的不断发展，锗光电二极管的工艺成本大大降低，同时拓宽了它在光通信方面的应用[1]。

光电二极管具有良好的线性度，因此市面上最常用的光功率计一般由光电二极管构成，可以对较大范围波段的光进行探测。在对紫外线进行探测时，若采用窄禁带半导体光电二极管，则需要用滤波器屏蔽其对可见光的响应，同时需要进行冷却以降低暗电流；若采用宽禁带半导体光电二极管，则不存在上述问题，但需要合适的衬底和先进的外延生长技术。在医用 X 射线成像技术中，可以利用光电二极管直接或间接探测 X 射线。间接探测情况下，通常先通过一层较厚的闪烁体材料吸收 X 射线并发射出相应波长的可见光或紫外线，然后再由光电二极管器件进行光电转换。

参考文献

[1] MICHEL J, LIU J, KIMERLING L C. High-performance Ge-on-Si photodetectors [J]. Nature Photonics, 2000, 4 (8): 527-534.

撰稿人：北京大学　卢慧玲
审稿人：北京大学　张乐陶　张盛东

▷▷▷ 2.7.3　雪崩光电二极管，雪崩光電二極體，Avalanche Photodiode（APD）

雪崩光电二极管（Avalanche Photodiode，APD）是一种具有高增益电流放大效应的光电二极管，其工作原理如图 2-95 所示。在反向偏置下，光电二极管耗尽区的电场随所加电压的升高而增强，耗尽区载流子的漂移速度和动能也相应增高。当电子或空穴的能量增加到一定程度时会产生碰撞电离效应[1]，即高能量的电子或空穴与晶格碰撞可将其化学键打断，从而产生新的电子-空穴对，而新的电子-空穴对在电场作用下继续加速获得高的速度并与晶格再次发生碰撞，又产生新的电子-空穴对。此过程形成正反馈并持续下去，导致类似"雪崩"效应的发生，这样就产生了具有很高内增益的光电响应。APD 和普通光电二极管的主要区别在于，半导体层吸收一个光子后，其内部不止产生一对电子-空穴对，即具有大于 1 的量子效率。倍增系数 M 用来衡量其光电增益，定义为

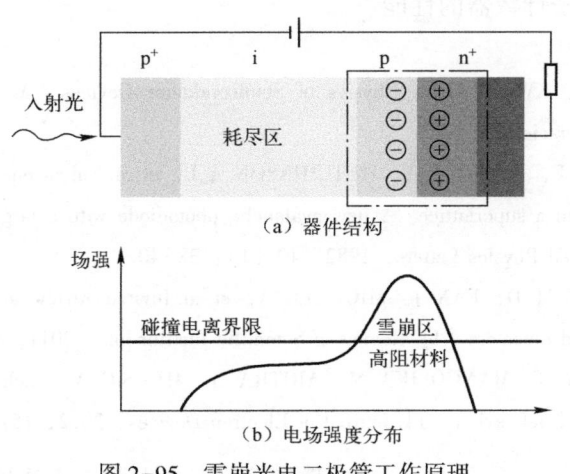

图 2-95　雪崩光电二极管工作原理

$$M = \frac{i}{i_0}$$

式中，i 为输出电流；i_0 为倍增前的电流。

为保证载流子在整个光敏区的均匀倍增，半导体材料须无缺陷，且须保证界面平整，以免局部提前被击穿。为了获得低噪声的雪崩光电二极管，电子和空穴的离化速率差异要大。硅具有较高的离化速率比（≈20），因此是理想的APD材料。目前大多数Ⅲ-Ⅴ族半导体（例如磷砷镓铟（InGaAsP））的离化速率比近似为1，所以通常通过采用超晶格结构提高Ⅲ-Ⅴ族半导体的离化速率比，从而制得低噪声的雪崩光电二极管[2]。

在光电探测方面，对于长波的探测，例如红外线、可见光等，主要采用窄禁带半导体，如硅、锗、铟镓砷（InGaAs）和碲镉汞（HgCdTe）等。禁带宽度在3.36eV左右的多晶碳化硅（4H-SiC）被广泛应用于"对可见光盲"或者接近可见光盲的紫外探测领域。和氮化镓相比，碳化硅的制造技术成熟，热稳定性优越，离化速率比较高[3]。近年来，APD在商业、军事和科学研究等领域的应用已日渐成熟。和PiN光电二极管相比，APD可以探测更低强度的光，可以满足远距离光通信和光程测试的需求，但其对偏置和温度的稳定性要求更加苛刻。

APD由于灵敏度高、响应快，近年来在光子计数领域得到了广泛的应用。光子计数领域最早采用的器件是真空器件结构的光电倍增管，APD器件的出现使固体单光子探测器成为现实。硅基单光子APD可实现高效率、低噪声的可见光光子计数。而由于没有很好的红外线吸收材料，目前红外线光子计数器的性能不如可见光光子计数器的性能[4]。

参考文献

[1] SZE S M, KWOK K NG. Physics of Semiconductor Devices [M]. 3rd ed.. Hoboken：Wiley-Interscience, 2007.

[2] CAPASSO F, TSANG W T, HUTCHINSON A L, et al. Enhancement of electron impact ionization in a superlattice：A new avalanche photodiode with a large ionization rate ratio [J]. Applied Physics Letters, 1982, 40（1）：38-40.

[3] EISAMAN M D, FAN J, MIGDALL A, et al. Invited review article：single-photon sources and detectors [J]. Review of Scientific Instruments, 2011, 82（7）：071101.

[4] MOUMITA G, MANGOLIKA M, ARITRA A. 4H-SiC Avalanche photodiodes as UV sensors：a brief review [J]. Journal of Electron Devices, 2012, 15：1291-1295.

撰稿人：北京大学　卢慧玲
审稿人：北京大学　张乐陶　张盛东

2.7.4 发光二极管，發光二極體，Light Emitting Diode（LED）

发光二极管（Light Emitting Diode，LED）是利用电子和空穴的复合发出特定波长光的二极管。最常见的白光由三基色光，即红、绿、蓝光混合而成。材料的禁带宽度决定了辐射光子的能量，即光的波长，因此 LED 的发展史主要是不同禁带宽度材料的发展史。1962 年，美国通用电气实验室的尼克·霍洛尼亚克（Nick Holonyak）首次制备出 GaAsP 的红色 LED[1]。随后，基于 GaP 的绿光 LED 也被成功制备[2]，而蓝光 LED 在 20 世纪 90 年代之前一直难以实现，因此无法获得白光 LED。20 世纪 90 年代初，中村修二（Shuji Nakamura）、赤崎勇（Isamu Akasaki）、天野浩（Hiroshi Amano）等科学家成功制备出蓝光 LED，使得 LED 技术有了突破性的发展，他们也因此获得了 2014 年的诺贝尔物理学奖[3]。LED 目前已经得到广泛应用，如家用照明灯、各种指示灯、液晶电视的背光源等。

LED 的工作原理如图 2-96 所示。当 p 型半导体、n 型半导体构成结时，p(n) 型半导体中的空穴（电子）因浓度差向另一方进行扩散，在界面处形成带电区，进而又形成逆于扩散的空穴（电子）漂移，最终两种机制将平衡。如果在 p 区和 n 区分别施加正电压和负电压，内建电场便会被减弱，扩散电流增大，最后导致大量电子和空穴复合、发光。

在实际的发光二极管中，结构的设计要远远比图 2-96 复杂，这是由于简单 pn 结构的发光效率较低，并且在注入电流较高时，发光效率会进一步降低。以蓝光 LED 为例，其结构设计如图 2-97 所示，在 p-GaN 与 n-GaN 之间会插入多

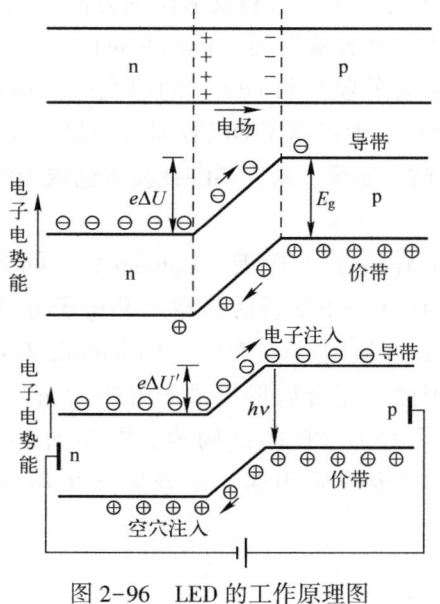

图 2-96　LED 的工作原理图

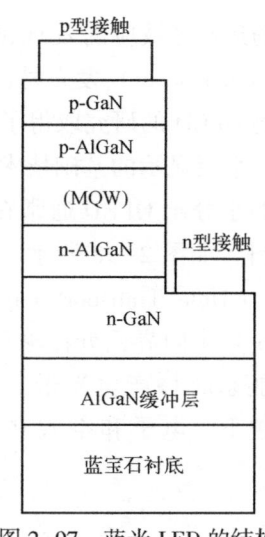

图 2-97　蓝光 LED 的结构

量子阱结构（Multiple Quantum Well，MQW）来提高载流子辐射复合发光的概率。另外，在MQW与p型（n型）GaN之间插入p型（n型）AlGaN可更好地束缚注入的电子和空穴，进一步提高发光效率。

参考文献

［1］N Holonyak，BEVACQUA S F. Coherent（visible）light emission from Ga（As$_1$−xPx）junctions［J］. Applied Physics Letters，1962，1：82-83.

［2］SHIH K K，PETTIT G D. Properties of GaP green-light-emitting diodes grown by liquid-phase epitaxy［J］. Journal of Applied Physics，1968，39（11）：5025-5029.

［3］NAKAMURA S. The roles of structural imperfections in InGaN-Based blue light-emitting diodes and laser diodes［J］. Science，1998，281：956-961.

撰稿人：北京大学　张乐陶
审稿人：北京大学　卢慧玲　张盛东

▷▷▷ 2.7.5　有机发光二极管，有機發光二極體，Organic Light Emitting Diode（OLED）

有机发光二极管（Organic Light Emitting Diode，OLED）是一种基于有机半导体的发光二极管器件。OLED的发现最早可以追溯到19世纪50年代对有机材料在大电压下光发射现象的观察[1]。1983年，邓青云（Ching W. Tang）等人制备了异质结OLED，并提出了制造小分子有机荧光材料发射层的方法[2,3]，自此为OLED研究热潮揭开了序幕。1990年，聚对苯乙烯（Polyphenylene Vinylene，PPV）的场致发光效应的发现进一步推动了聚合物OLED的研究[4]。1998年，磷光（Phosphorescent）发光材料的发现极大地提高了OLED器件的量子效率[5]，使得聚合物OLED的研究取得了重大突破。如今，磷光OLED技术已成为节能光源和低功耗平板显示的基础技术。

典型的小分子OLED通常在阳极（Anode）和阴极（Cathode）之间夹着两层有机材料，如图2-98所示。当OLED处于正偏置时，空穴和电子分别在空穴传输层（Hole Transport Layer，HTL）和电子传输层（Electron Transport Layer，ETL）中向界面处传输后积累于此，复合后形成激子（Exciton）。当激子回到低能态时将产生光子。单层聚合物OLED的结构示意图如图2-99所示，正偏置下，电子和空穴在聚合物中传输后相遇，复合后产生激发态的激子。

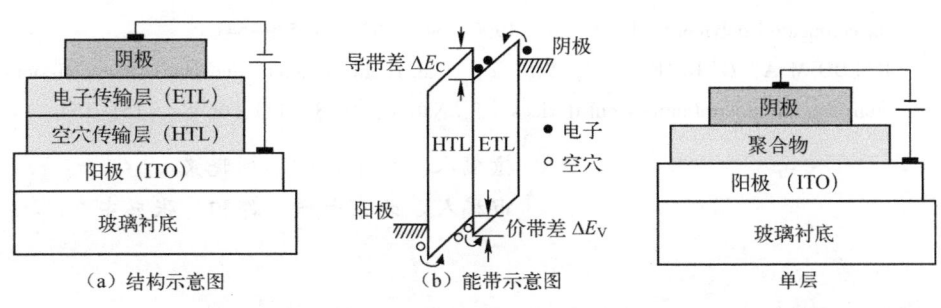

图 2-98　小分子 OLED 结构示意图和能带示意图　　图 2-99　单层聚合物 OLED 结构示意图

OLED 光源作为新型的节能光源,符合绿色照明的要求。OLED 的一大优势是可采用薄膜沉积工艺制备。此外,OLED 光源是一种面发光光源,因此可以达到更加均匀的光照效果。韩国的 LG、日本的住友化学、荷兰的飞利浦等公司均展出过和 OLED 光源相关的产品。在未来的几年中 OLED 光源产品将迎来快速的发展。但是,目前 OLED 的发光效率仍然较低,且红、绿、蓝三种颜色的 OLED 中,寿命最短的蓝光 OLED 的寿命估计为 10 000h 左右。随着技术的发展和材料性能的提高,蓝光 OLED 有望满足 40 000h 的寿命要求。

OLED 的另一个重要应用是平板显示。与传统 LCD 显示面板相比,OLED 显示面板不需要背光源,可以做得更加节能、轻薄和便携,此外还能实现柔性和曲面显示等。近年来,随着 OLED 面板在智能手机、电视等领域的大量应用,OLED 市场正在快速发展。例如,目前虚拟现实(Virtual Reality,VR)产品 Sony PlayStation VR、Oculus Rift 和 HTC Vive 的显示屏幕均采用了 OLED 技术。由于 OLED 需要电流驱动发光,因此要求驱动器件,即薄膜晶体管(Thin Film Transistor,TFT)具有较高的场效应迁移率。当前主流的非晶硅 TFT 的场效应迁移率不能满足 OLED 面板的要求,而多晶硅 TFT 虽然迁移率较高,但大面积均匀性较差的不足使其主要应用于小尺寸面板中。新一代氧化物 TFT 技术可以满足 OLED 面板的要求。

参考文献

[1] BERNANOSE A, COMTE M, VOUAUX P. A New method of emission of light by certain organic compounds [J]. The Journal of Chemical Physics, 1953, 50: 64-68.

[2] TANG C W, VANSLYKE S A. Organic electroluminescent diodes [J]. Applied Physics Letters, 1987, 51 (12): 913-915.

[3] TANG C W, VANSLYKE S A, CHEN C H. Electroluminescence of doped organic thin films [J]. Journal of Applied Physics, 1989, 65 (9): 3610-3616.

[4] BROWN A R, BRADLEY D D C, BURROUGHES J H, et al. Light-emitting diodes based

on conjugated polymers [J]. Nature, 1990, 347 (6293): 539-541.

[5] BALDO M A, O'BRIEN D F, YOU Y, et al. Highly efficient phosphorescent emission from organic electroluminescent devices [J]. Nature, 1998, 395 (6698): 151-154.

撰稿人：北京大学　周晓梁
审稿人：北京大学　邵阳　张盛东

▷▷▷ 2.7.6　有源矩阵有机发光二极管，主動式矩陣有機發光二極體，Active Matrix Organic Light Emitting Diode (AMOLED)

有源矩阵有机发光二极管（Active Matrix Organic Light Emitting Diode, AMOLED）显示是显示技术的一种。其中，AM 指的是有源矩阵开关选址技术，OLED 则是指基于有机物的场致发光二极管。较之于传统的液晶显示技术，AMOLED 显示技术具有反应速度更快、对比度更高、视角更广、可在极低温下（-40℃）工作等特点。在未来的显示技术中，AMOLED 显示技术作为后起之秀具有很大的发展潜力及广阔的市场前景，因此受到了广泛关注和高度重视[1]。

AMOLED 给每个像素设置了用于选址与驱动的薄膜晶体管（Thin Film Transistor, TFT）电路。TFT 电路以阵列的形式制备于玻璃基底上，有机发光层制备于 TFT 电路之上或侧旁。与液晶显示（Liquid Crystal Display, LCD）的电压驱动方式不同，OLED 靠电流驱动，电流大小决定其发光亮度。因此，其像素电路不仅需要具有开关功能的选通 TFT，还需要能为 OLED 提供驱动电流的驱动 TFT。

TFT-LCD（Thin Film Transistor Liquid Crystal Display）与 AMOLED 的发光原理比较如图 2-100 所示。对于液晶而言，它自身没有发光功能，因此需要背光源。对于 AMOLED 而言，采用红、绿、蓝三种独立发光材料可组成更多彩色模式而形成全真色彩。此外，OLED 具有自发光特性，不需要背光源，这样不仅节省了能源，且可使得显示器更加轻薄[2,3]。AMOLED 的两种发光结构如图 2-101 所示。在底发光结构中，像素电路部分不能成为有效显示区域，开口率比较低；而顶发光结构则避免了这一问题，像素区域可全部用于显示区域，开口率较高，成为目前重点研发的技术。

目前的智能手机市场，有相当一部分采用了 AMOLED 屏幕。未来 AMOLED 屏幕的市场占有率将会继续上升，在可穿戴设备、虚拟现实技术方面，AMOLED 屏幕轻薄、可弯曲、低功耗的特点会使它具有更大的应用前景[4]。

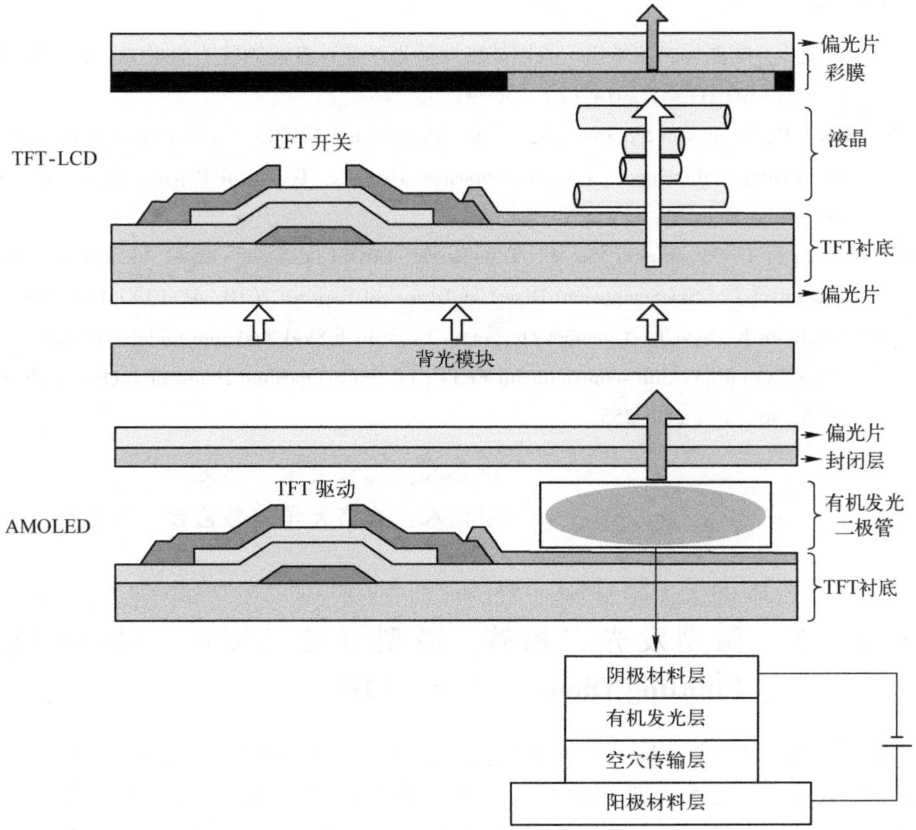

第 2 章 集成电路产品门类与应用

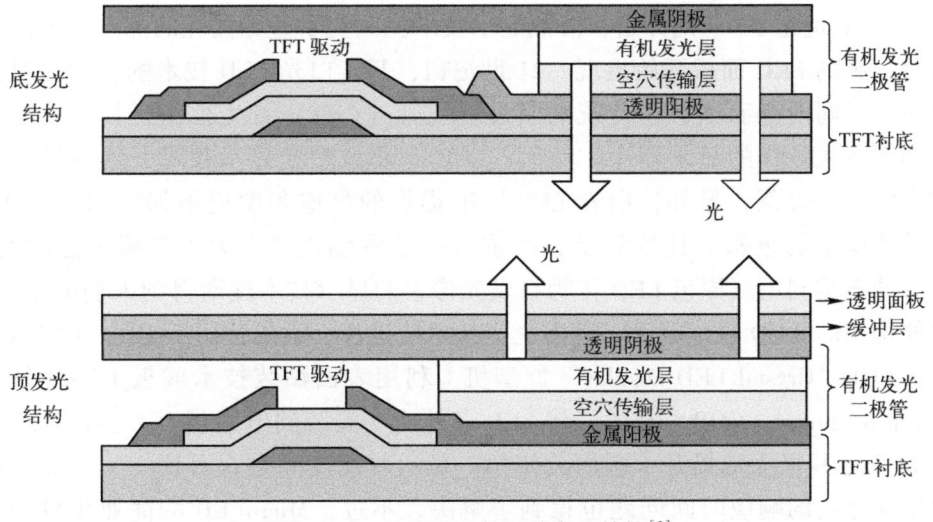

图 2-100 TFT-LCD 与 AMOLED 的发光原理比较

图 2-101 AMOLED 的两种发光结构[3]

参考文献

[1] 唐嘉玲, 陈振标, 刘敏榕. 我国战略性新兴产业: 有源矩阵有机发光二极管发展研究 [J]. 情报探索, 2014 (2): 36-41.

[2] Hack M, Weaver M S, Brown J J, et al. AMLCD and AMOLEDs: How do they compare for green energy efficiency? [J]. Sid Symposium Digest of Technical Papers, 2010, 41 (1): 894-897.

[3] Chung J, Lee J, Choi J, et al. Transparent AMOLED display based on bottom emission structure [J]. Sid Symposium Digest of Technical Papers, 2010, 41 (1): 148-151.

[4] Takahashi K, Sato T, Yamamoto R, et al. 13.3-inch 8k4k 664-ppi foldable OLED display using crystalline oxide semiconductor FETs [J]. Sid Symposium Digest of Technical Papers, 2015, 46 (1): 250-253.

撰稿人: 北京大学　郁文
审稿人: 北京大学　孙艺哲　张盛东

2.7.7　微型发光二极管, 微型發光二極體, Micro Light Emitting Diode (MicroLED)

微型发光二极管 (Micro Light Emitting Diode, MicroLED, 也称 micro-LED、mLED 或 μLED) 技术, 即 LED 的微缩和矩阵化技术。具体而言, 就是借助微加工技术将原本尺寸较大的 LED 集成在芯片上, 形成高密度像素矩阵; 像素间距从毫米级降低至微米级, 并且可以实现单个像素的独立寻址与点亮[1]。

自 20 世纪 90 年代开始, 液晶显示技术就成为了业界关注的焦点, 可以作为背光源的 LED 面板开始出现。21 世纪初, 基于白光 LED 技术的背光模组在很短的时间内全面取代了传统的阴极射线管 (CRT) 背光模组, 其应用范围延伸到各式各样的显示器中。然而, LCD 并非自发光显示技术, 这就导致了其光电效率较低; 另外, 白光 LED 所能提供的色饱和度仍不如三原色 LED, 室外环境下的色彩对比度较低, 严重影响了观感效果。为了克服上述问题, 另一种直接利用三原色 LED 作为自发光像素的显示技术逐渐得到人们的重视, 这便是 MicroLED 显示技术。随着生产技术的进步, 索尼公司于 2012 年展示了 55in FHD "Crystal LED Display" 原型机, 利用表面贴装技术或板上芯片封装 (Chip on Board, COB) 技术, 将 LED 芯片成功安装到电路板上; 多达 620 万颗 LED 芯片极大地提升了画面分辨率, 显示对比度高达百万比一, 液晶显示中饱受诟病的响应时间问题也得到了解决。不过, MicroLED 的商业化量产仍需克服技术、成本等方面的诸多问题。

MicroLED 的实质是一个 pn 结二极管。当在电极两端施加正向偏置时，pn 结处于导通状态，工作电流促进电子-空穴对在发光层的复合，从而发射所需的单色光。MicroLED 光谱色饱和度高，主波长半高宽约为 20nm。另外，对 MicroLED 而言，凭借自发光的显示特性，具有出光率较高的简易结构、低能耗及高亮度（>1000nit，$1nit=1cd/m^2$）等优点。

MicroLED 显示技术的工艺制程是先利用薄膜工艺，对 LED 结构进行微缩，从而实现器件的阵列化制备；然后将 LED 阵列转移至电路基板（含下电极与晶体管），利用物理沉积工艺完成保护层与上电极的制备；最后进行上基板的封装。薄膜晶体管液晶显示（Thin Film Transistor Liquid Crystal Display，TFT-LCD）、有机发光二极管（Organic Light Emitting Diode，OLED）和 MicroLED 三种显示技术的基本结构比较如图 2-102 所示。

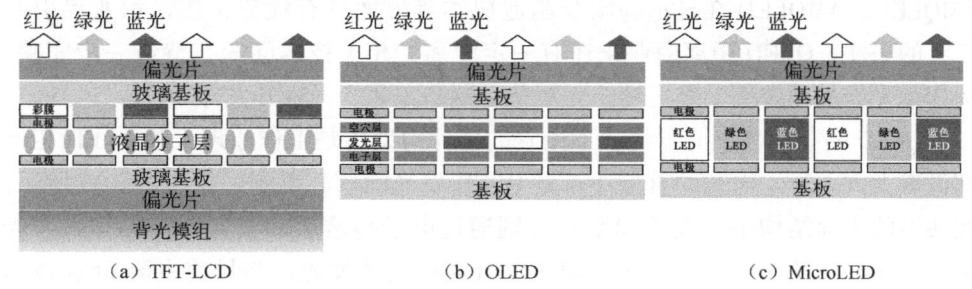

图 2-102 TFT-LCD、OLED、MicroLED 显示技术的基本结构比较

参考文献

[1] JIANG H, LIN J, JIN S, et al. Micro-size LED and detector arrays for minidisplay, hyper-bright light emitting diodes, lighting, and UV detector and imaging sensor applications: US, 6410940 [P]. 2002-06-25.

撰稿人：北京大学　孙艺哲
审稿人：北京大学　郁　文　张盛东

2.7.8 量子点发光二极管，量子點發光二極體，Quantum Dot Light Emitting Diode（QLED）

量子点发光二极管（Quantum Dot Light Emitting Diode，QLED 或 QD-LED）是一种以量子点（Quantum Dots，QDs）作为发光材料的 LED 技术。所谓量子点，是一种可溶液制备的准零维（Pseudo-Zero Dimension）纳米材料，其发射的光谱依赖于晶体尺寸的大小，因此有良好的光谱可调性。此外，量子点还具备色域宽、饱和度高、稳定性好等其他优异的特性。目前，基于量子点发光层的QLED已经成为显示领域的重要研究方向，例如，全球各面板制造商都启动了QLED产业化研发工作。

1994年，阿曼德·阿利维萨托斯（Armand P. Alivisatos）研究小组首次对QLED的研究进行了报道[1]。自从QLED的概念问世后，人们对新型材料与器件结构的不断探索，使QLED的器件性能迅速提升，同OLED之间的性能差距也在逐渐缩小。目前红光QLED的外量子效率已超过20%，寿命超过100 000h，半峰宽小于30nm；绿/蓝光QLED的器件性能也已十分接近甚至超出磷光OLED。2011年，三星电子以有机层和无机层分别作为QD发光层的电子和空穴传输层，制作了4in全彩有源矩阵量子点发光二极管（Active Matrix QLED，AMQLED）显示器原型。随后，QD Vision（2016年被 三星电子并购）也发布了4in全彩AMQLED。AMQLED在显示画质及制造成本等方面具有优势，在显示业界引起广泛的关注。QLED距离商业化还有一定距离，相关技术问题有待进一步完善，例如蓝光器件的效率、稳定性、无镉化、制备工艺、面板开发等[2]。

QLED是一种自发光器件，不论它的器件构型还是工作原理，和OLED相比都没有太大差异。电荷的直接注入是QLED发光的核心机制。如图2-103所示，在典型的平面结构中，电子和空穴分别通过电子传输层和空穴传输层注入发光层，进而在量子点内产生激子，激子复合实现电致发光。与目前主流LCD技术相比，电致发光的QLED器件可避免光转换过程中产生能量损耗；与此同时，由于QLED是主动发光器件，无须额外光源，这能够使显示屏变得更轻、更薄。另外，QLED中许多功能层都可以实现液体工艺制备，这有助于降低大规模生产的成本。

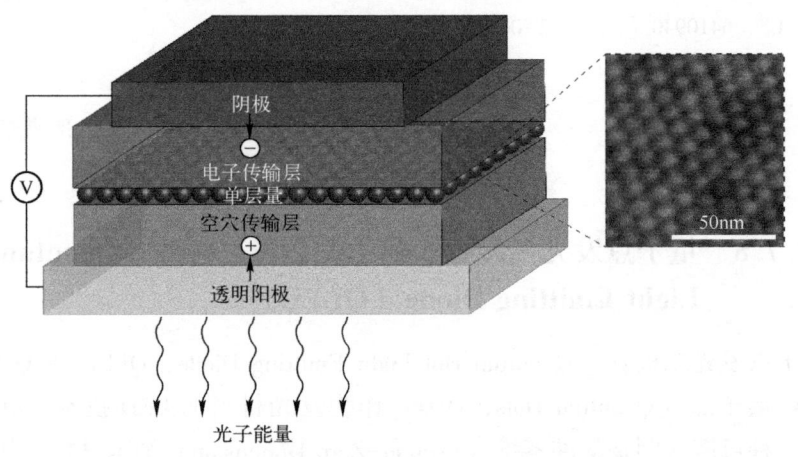

图2-103　QLED的基本构型与工作机制[3]

参考文献

[1] COLVIN V L, SCHLAMP M C, ALIVISATOS A P. Light-emitting diodes made from cadmium selenide nanocrystals and a semiconducting polymer [J]. Nature, 1994, 370 (6488): 354-357.

[2] SUPRAN G J S, SHIRASAKI Y, SONG KW, et al. Qleds for displays and solid-state lighting [J]. MRS Bulletin, 2013, 38 (9): 703-711.

[3] SHIRASAKI Y, SUPRAN G J, BAWENDI M G, et al. Emergence of colloidal quantum-dot light-emitting technologies [J]. Nature Photonics, 2013, 7 (1): 13-23.

撰稿人：北京大学　孙艺哲
审稿人：北京大学　郁文　张盛东

2.7.9　薄膜晶体管，薄膜電晶體，Thin Film Transistor（TFT）

薄膜晶体管（Thin Film Transistor，TFT）是一种三端有源半导体器件，它属于场效应晶体管。TFT 的基本结构示意图如图 2-104 所示。根据栅极的位置，即栅极位于器件的顶部或者器件的底部，TFT 可分为底栅（Bottom Gate）结构和顶栅（Top Gate）结构两类。TFT 工作状态受栅极电压控制，工作时，栅极电压通过场效应调节有源层半导体的导电性，从而决定器件的开启与关断。源极和漏极之间的电压差使有源层内产生横向电场，当器件开启时该电场决定有源层内电流的大小。

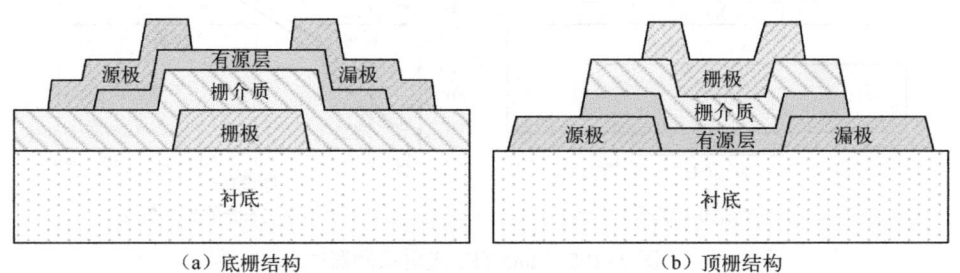

图 2-104　TFT 的基本结构示意图

TFT 技术已经历几十年的发展。早在 1934 年，朱利叶斯·利林费尔德（Julius E. Lilienfield）就提出了场效应器件的概念[1]，而第一个 TFT 器件是在 1962 年被成功制得的[2]。1979 年出现了以非晶硅（Amorphous Silicon，a-Si）为沟道材料的 TFT，随后 a-Si TFT 一直是 TFT-LCD 显示的主流技术。20 世纪 80 年代出现了多晶硅 TFT[3]，但直到 20 世纪 90 年代低温多晶硅（Low Temperature Poly-Silicon，LTPS）技术的成熟才使得在玻璃基板上制备多晶硅

TFT面板成为可能。2000年之后，AMOLED显示的发展使得多晶硅TFT技术真正开始得到产业应用。2004年，一种具有非晶结构的多元系金属氧化物半导体材料氧化铟镓锌（InGaZnO，IGZO）被首次报道用作TFT的沟道层，器件表现出了优异的开关特性，之后以IGZO为代表的金属氧化物TFT成为研究热点。目前，在TFT技术中，a-Si TFT和LTPS TFT已经实现大规模量产，而基于IGZO TFT背板技术的产品也有少量面市。总体而言，随着显示技术的不断发展，传统a-Si TFT将难以满足下一代先进显示的要求，多晶硅TFT和金属氧化物TFT将逐步取代a-Si TFT的主流地位。

TFT的一个主要应用是作为有源矩阵显示的驱动和开关器件，它是显示技术中的核心器件。此外，TFT在光电探测方面也具有一定的应用前景。2003年韩国延世大学H. S. Bae等人报道了氧化锌（ZnO）TFT的光探测特性，其结构示意图如图2-105（a）所示[4]。从图2-105（b）中可以看到，ZnO TFT器件电学特性对红光光照不敏感，而对波长小于绿光的入射光十分敏感。在入射光光子能量小于ZnO禁带宽度的情况下，光子将激发禁带内电中性氧空位形成光生电流。而在入射光光子能量大于ZnO禁带宽度的情况下，光子将直接激发价带电子到导带产生电子-空穴对，从而导致较大的光生电流。紫外线照射下器件特性的显著变化展现了金属氧化物TFT在紫外探测方向的应用潜力。

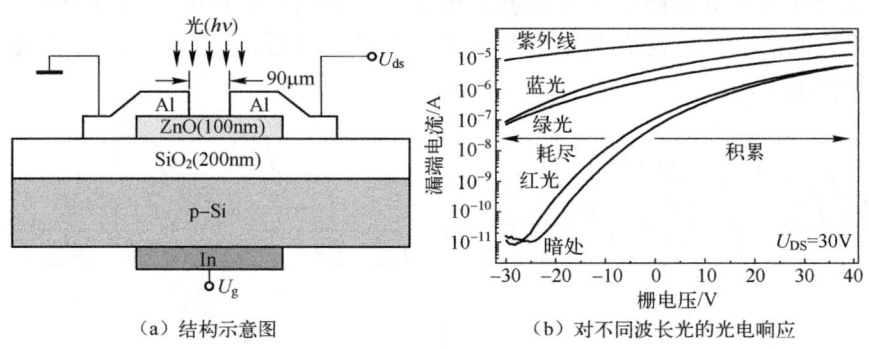

（a）结构示意图　　　　　（b）对不同波长光的光电响应

图2-105　ZnO TFT光电探测器[4]

TFT在光电探测方面的另一个应用是平板型X射线探测领域。其中，对X射线的探测可分为直接探测和间接探测。间接探测情况下闪烁体材料吸收X射线发射出可见光，氢化非晶硅TFT或氧化物TFT可将此光信号转换为电信号，从而实现对X射线的探测。

参考文献

[1] EDGAR L J. Device for controlling electric current：US，1900018［P］. 1933-03-07.

[2] WEIMER P K. The TFT A New Thin-Film Transistor [J]. Proceedings of the Ire, 1962, 50 (6): 1462-1469.

[3] DEPP S W, JULIANA A, HUTH B G. Polysilicon FET devices for large area input/output applications [C]. Electron Devices Meeting, 1980 International. 1980: 703-706.

[4] BAE H S, YOON M H, KIM J H, et al. Photodetecting properties of ZnO-based thin-film transistors [J]. Applied Physics Letters, 2003, 83 (25): 5313-5315.

撰稿人：北京大学　邵阳
审稿人：北京大学　周晓梁　张盛东

2.7.10　激光二极管，雷射二極體，Laser Diode（LD）

激光二极管（Laser Diode，LD）是一种以 pn 结电注入泵浦的方式实现受激发射的半导体二极管器件。它以直接带隙半导体为光增益介质，利用从 pn 结注入的电子和空穴复合产生光增益，并通过器件内的谐振腔产生正反馈，进而实现激光发射。

1962 年，科学家首次研制出砷化镓（GaAs）同质结激光二极管，该二极管在 77K 温度下成功实现受激发射。在随后的十年中，以异质结为基础设计的激光二极管也得到了系统的研究。20 世纪 80 年代，量子阱理论的出现为激光二极管的发展开辟了一片新天地，基于量子阱结构的激光二极管输出功率得到了明显提升，使激光二极管在诸多领域扮演着不可替代的角色。此外，为了增加有源区增益并朝大功率方向进一步发展，人们还设计了各种复杂的器件结构。其中，条形结构的产生不仅降低了器件的阈值电流，还显著提升了器件的输出功率和可靠性，对激光二极管的普及和应用产生了重大的影响。近几十年来，凭借科研人员的不断努力，激光二极管已经具备了体积小、效率高、可靠性高等诸多优点，给光电信息领域注入了生机与活力。

LD 的结构示意图如图 2-106 所示，pn 结的结间插入了一层光活性半导体材料。该光活性半导体材料层的两侧端面与 pn 结面相垂直，经过抛光后具备光反射的效果，从而形成光谐振腔；另外两个不太光滑的侧面可消弭主方向之外的激光[1]。LD 的工作原理依赖于受激辐射，要想使受激的光从器件中输出，就需要实现粒子数反转并达到一定的阈值。当注入电流足够大时，载流子数目将发生变化，甚至形成与热平衡时相反的分布状况，即粒子数反转。此时，少量由于自发辐射产生的光子会受到谐振腔两端面的反射作用，产生感应辐射，从而造成选频谐振的正反馈，令介质具有增益。当粒子数反转到一定程度（阈值），使有源介质内的增益大于损耗时，pn 结才能够发射出良好谱线的激光[2]。

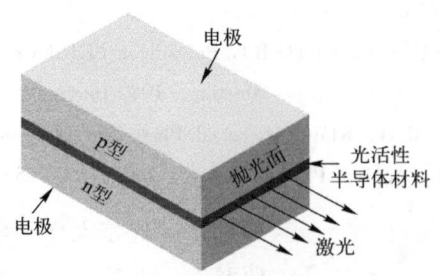

图 2-106 LD 的结构示意图

目前，激光二极管在光通信产业中的应用已经非常普遍。此外，激光二极管还广泛应用于科研测试设备中，如光谱仪、干涉仪等。虽然传统激光二极管的产业化已经成熟，但是人们仍在不断探索着可代替Ⅲ-Ⅴ族的新材料，以及激光二极管在新兴领域的应用[3]。因此，激光二极管未来很可能为我们带来更多惊喜。

参考文献

[1] 宋丰华. 现代光电器件技术及应用 [M]. 北京：国防工业出版社，2004.
[2] 董潮涌. 半导体激光二极管光束质量评价 [D]. 西安：西安电子科技大学，2011.
[3] 和平. 激光器市场回顾与展望：二极管激光器 [J]. 光机电信息，2004（8）：23-30.

撰稿人：北京大学　郁文
审稿人：北京大学　孙艺哲　张盛东

▷▷▷ 2.7.11　光电倍增管，光電倍增器，Photomultiplier（PMT）

光电倍增管（Photomultiplier Tube 或 Photomultipliers，PMT）能够将极微弱的光信号转换为电信号，并将电信号进行倍增放大，因此它在极微弱光探测领域有着极为重要的地位。真空型光电倍增管的问世可追溯到 20 世纪 30 年代，发展至今种类众多，应用广泛。20 世纪 90 年代，硅光电倍增管（Silicon Photomultiplier，SiPM）被发明，并广泛应用于高能物理及核医学等领域。

真空型光电倍增管（端窗型）的探测原理如图 2-107 所示，即基于外光电效应以及二次电子发射理论[1]。光子在阴极激发产生电子，这些光激发产生的电子在真空中在聚焦电极施加的电压下由电场加速，并进入倍增系统。这些电子在第一次级聚焦后将激发产生更多电子，之后再次聚焦。上述过程经过多次重复后，最终将探测到的信号进行放大并测量，在阳极得到输出信号。SiPM 的内部结构如图 2-108 所示，其最基础的单元由一个雪崩二极管（Avalanche Photo Diode，APD）和一个电阻器构成，然后大量的这种单元并联组成面阵列[2]。在反偏下，光子诱发 APD 产生雪崩效应后输出一个瞬时电流脉冲，最终将每个基本单元产生的脉冲叠加在一起，由一个公共输出端输出。

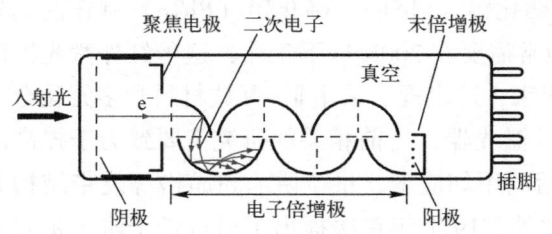
图 2-107 真空光电倍增管（端窗型）探测原理示意图

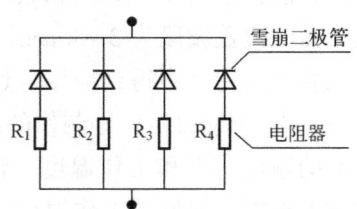
图 2-108 硅光电倍增管的内部结构

真空型光电倍增管的应用范围较广，涵盖电子、天文、航空、宇宙空间研究、医疗、冶金、化工等各个领域，可以对不同波段的光信号进行探测。硅光电倍增管主要应用于高能物理及核医学等领域，最近几年来尤其在核医学领域发展迅速，用于对极弱光进行探测。虽然光电倍增管已经相对成熟且已广泛地应用于各个领域，但是在更高的测量精度、更复杂的应用环境、模块化、集成化等要求的驱使下，光电倍增管的制造技术仍然在不断发展。具体而言，光电阴极制造工艺的优化有利于量子效率的提高，从而达到有效提高探测灵敏度的效果；新型复合材料在阴极的应用可将光电倍增管的探测范围向更短波长的信号扩展，如 X 射线等；对新型倍增系统的开发也在不断进行，旨在提高光电倍增管的增益水平、动态范围、时间特性等性能；开发真空光电倍增管和 SiPM 结合的新型复合型器件结构等工作也在不断地推动着光电倍增管技术的进步。

参考文献

[1] 王海科，吕云鹏. 光电倍增管特性及应用 [J]. 仪器仪表与分析监测，2005（1）：1-4.

[2] 殷登平，胡春周，胡小波，等. 硅光电倍增管（SiPM）研究进展 [C]. 全国核电子学与核探测技术学术年会，2010：237-242.

撰稿人：北京大学　周晓梁
审稿人：北京大学　邵阳　张盛东

▷▷▷ 2.7.12 红外器件，红外元件，Infrared Devices（IR Devices）

红外器件（Infrared Devices）利用红外线的一些特性来完成某种功能，主要包括红外辐射和红外探测。红外辐射器能够发射相干或非相干的红外辐射信号。其中，相干红外辐射器或称为红外激光器，能在一个小的带宽范围内产生一个非常高的红外光谱强度，有望在空间光通信和光纤通信系统、高灵敏度气体传感器以及高分辨率光谱等领域得到广泛应用。1964年制得了首个铅盐红外激光器。目前，采用Ⅳ-Ⅵ族材料，如硒化铅（PbSe）、碲化铅（PbTe）制作的红外激光器的覆盖波段为3~30μm，通常需要在200K以下工作，这种红外激光器已经在高分辨光谱中得到应用。近年来，还出现了采用Ⅲ-Ⅴ族材料和多元化合物如碲镉汞（HgCdTe）等制作的红外激光器。目前相关的研究主要致力于提高激光器的输出功率和工作温度，包括利用如应变、量子阱、超晶格等能带结构调控技术来提高器件的工作温度。此外，1971年首次提出了通过量子阱子带间跃迁的方式实现红外激光器的概念，其发光来源于半导体异质结中导带（或价带）能级上分立的子能带间的电子跃迁。1994年这种量子级联激光器（Quantum Cascade Lasers）展现在世人面前。它利用量子阱中能级的分离来产生激光跃迁，器件的有源层由许多量子阱串联构成，使得一个单一电子能产生多个光子。目前，量子级联激光器在增大输出功率、提高工作温度等方面具有不俗表现。非相干红外辐射器通常采用二极管结构。当二极管处于正偏时，空穴和电子分别注入p区和n区，之后发生复合产生红外辐射；当二极管处于反偏时，发光有源层的载流子浓度降低，器件的黑体辐射被关闭，这样就能够使其具有低于背景红外辐射的特性。因此，这种二极管结构的红外发光器件具有对温度进行模拟使其低于或高于周围环境的能力，可用作校准红外热像仪的参考辐射源。

　　红外探测器通过把所接收的红外辐射转换成其他物理量来获取所需信息。它最早可以追溯到17世纪，威廉·赫歇耳（Wilhelm Herschel）利用水银温度计发现了可见光红色波段外的辐射。此后，众多探测器和温度计一样都利用热效应进行探测。热探测器具有在室温下工作、成本低廉的优点，但是其存在不够灵敏和反应迟缓的缺点，这使得光子探测器被发明并得到了广泛研究和快速发展。光子探测器利用的是光电效应，它非常灵敏并能做到快速响应，但通常需要在低温下工作。在光子探测器中，入射的红外辐射被半导体材料吸收，使得其自由载流子浓度发生变化，通过对这个变化量进行测量从而实现探测。目前，已经开发了各种各样的半导体光子探测器，能够实现在整个红外光谱范围内的高灵敏探测。在众多探测器材料中，碲镉汞半导体是性能最优异的一种材料。近年来，砷化镓/砷铝化镓（GaAs/GaAlAs）多量子阱探测器得到了迅速发展，由于采用了成熟的砷化镓工艺，能够获得非常均匀的大型阵列。

　　目前，红外探测器在工业和科学领域都已经得到了广泛应用，如在远程温度传感器、光谱仪、红外成像系统中的应用。当然，军事方面的应用是研究红外探测技术最主要的推动力。利用红外探测技术能够实现对目标的远距离探测和跟踪、被动夜视以及在烟雾环境下视觉的增强。红外探测器经历了从单元、多元、线阵到凝视型焦平面器件的发展过程。目前，已经出现了阵列规模达到1024×1024以上的红外探测器。此外，也在不断研发双色或多波段、非制冷探测器。

撰稿人：北京大学　邵阳
审稿人：北京大学　周晓梁　张盛东

▷▷▷ 2.7.13　光通信器件，光通信元件，Optical Communication Devices

光通信（Optical Communication）是以光波为载体的通信方式。相比电子通信，光通信传输容量非常大，载频非常高，传输损耗非常低。光通信所需要的器件一般都统称为光通信器件，包括光源、载体（即光纤）、中继器等。

光通信的实现过程示意图如图2-109所示。光发送机利用输入的电学信号调制出相应的光学信号，并进入光纤进行传输。虽然光纤（通常窗口为1550nm）的损耗非常小，然而长距离衰减却不容忽视，因而传输中需要光中继器放大信号。有两种光中继器形式：一种是光-电-光中继器，该中继器对电信号进行放大，从而达到光信号的放大；另一种是直接采用光纤放大器。光接收机包含检测器和放大电路。

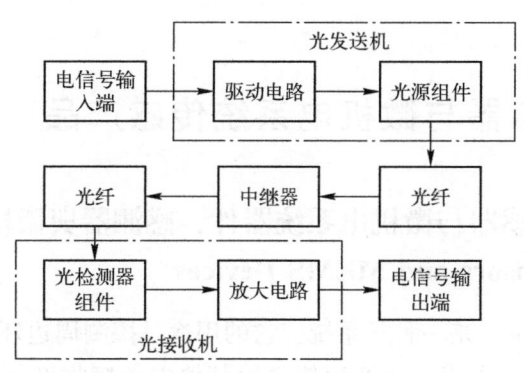

图2-109　光通信实现过程示意图

光源器件是光纤通信设备的核心。发光二极管属于非相干光源（Incoherent Light Source），存在光强低、单色性差等缺陷，一般只使用在低速率、近程的光通信系统。而半导体激光器则更常被使用，这种器件具有小尺寸、高效耦合、高速响应等特点。

光纤是光信号的载体，但在光纤设计时都会对应特定的波长窗口，因此在应用过程中光纤也需要与其他光通信器件匹配。目前，传统光纤技术的发展已经很成熟，人们根据不同用途不断开发出新型的光纤材料，如柔韧性好的聚合物光纤[1]、传输带宽大的半导体光纤等[2]。

最简单的光放大器由共振光泵在二能级系统中形成粒子数反转[3]实现，常见的有掺铒光放大器（Erbium Doped Fiber Amplifier，EDFA。波长2940nm）。

除了上述重要的光通信器件，在光通信网络中还涉及很多起辅助作用的器件，包括耦合器、波分复用器、光开关、调制器等。人们可以把它们也统一归为光通信器件。随着科技的日新月异，科研人员将逐步研究出新的器件，光通信的容量必将进一步提升。

参考文献

［1］BECKERS M，SCHLÜTER T，VAD T，et al. An overview on fabrication methods for polymer optical fibers［J］. Polymer International，2015，64（1）：25-36.

［2］PEACOCK A C，HEALY N. Semiconductor optical fibres for infrared applications：A review［J］. Semiconductor Science and Technology，2016，31（10）：103004.

［3］Yariv A. Quantum optics［M］. New York：Cambridge University Press，1989.

撰稿人：北京大学　张乐陶
审稿人：北京大学　卢慧玲　张盛东

▷▷ 2.8 传感器与微机电系统传感产品

▷▷▷ 2.8.1 传感器与微机电系统器件，感測器與微機電系統元件，Sensors and MEMS Devices

传感器（Sensor）是一种子系统，它的用途是探测周边环境事件或者物理量变化，并将变化信息采集、变换后传送给其他电子接收设备。按照被测量物理量的不同，传感器分为压力、位移、速度、温度、流量、气体等类别；按照工作原理的不同，传感器分为电阻式、电容式、电感式、压阻式、光电式等类型。传感器发展历史悠久，德国物理学家汤姆斯·赛贝克（Thomas J. Seebeck）于

1821 年发明的热电偶（Thermocouple）传感器是最早的传感器。近些年来工业界为了提高生产效率，连续监测生产过程中的温度、压力、物位和流量等参数，并通过中央控制室来控制各个生产环节，这一应用极大促进了传感器的发展。此外，半导体技术和产业的发展也带动了传感器技术的不断更新，例如 pn 结温度传感器、集成温度传感器和半导体热电偶传感器等。通过研究物质与波的相互作用，红外、微波和声学、温度等传感器也相继出现[1]。各类传感器已被广泛应用于工业生产、环境保护、海洋探测、生物工程、医学诊断等领域。

微机电系统（Micro-Electro-Mechanical System，MEMS）是指一种微型器件或系统，它一般集微传感器、微执行器、微机械结构等于一体。20 世纪 60 年代，贝尔实验室（Bell Labs）和霍尼韦尔（Honeywell）研究中心研发出了第一个硅隔膜压力传感器和应变计[2]。安格尔（Angell）和罗伊兰斯（Roylance）于 1979 年研发了压阻式微加速度计。亚德诺（Analog Devices）公司于 1993 年推出了首个采用表面微机械加工技术的全集成硅微加速度计。MEMS 集合了电学系统的采集、处理优势和机械系统的执行、控制优势，通过微型化，开发出各种具有特殊功能的各类新型组件或系统[3]，它涉及多门学科，涵盖多方面的技术，其中包括微电子学、材料学、力学、化学、机械学等学科领域。按照应用领域，微机电技术分为传感 MEMS 技术、生物 MEMS 技术、光学 MEMS 技术及射频 MEMS 技术等。微机电系统生产工艺也非常多元化，其制造工艺除传统的光刻、腐蚀、薄膜沉积等工艺外，还融合了硅微加工、非硅微加工以及精密机械加工等技术。

相比传统器件，微机电系统及器件具有微型化、高集成度和易于大批量生产等特点。常见的 MEMS 器件包括硅麦克风、加速度计、陀螺仪、磁传感器、体声波（Bulk Acoustic Wave，BAW 滤波器）、压力传感器、指纹传感器、距离传感器、环境光传感器等。每个 MEMS 器件都是一个独立的小系统。MEMS 传感器主要应用范围如图 2-110 所示。MEMS 执行器的主要应用范围如图 2-111 所示。

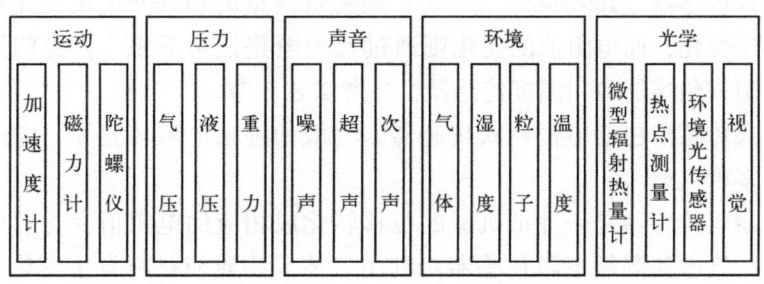

图 2-110　MEMS 传感器的主要应用范围

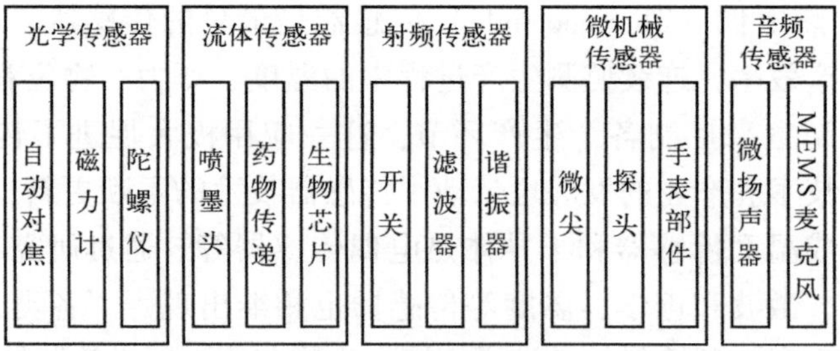

图 2-111　MEMS 执行器的主要应用范围

目前 MEMS 传感器在汽车行业，尤其是在 ADAS 智能驾驶辅助系统中应用十分广泛。ADAS 基于不同传感技术，集合了摄像头、雷达、激光和超声波等各式传感器用以探测光、热、压力等，以便通过各种传感器收集到的信息实现智能驾驶辅助的功能。

参考文献

［1］各种传感器相关知识［EB/OL］.［2018-01-02］. http：//www.eeworld.com.cn/MEMS/2011/0324/article_932.html.

［2］王淑华. MEMS 传感器现状及应用［J］. 微纳电子技术，2011，08：516-522.

［3］You Zheng, Li Bin, Yu Shijie, et al. Applications of MEMS Devices in nanosatellite［J］. Engr. Sci.，2012，10（5）：33-35.

撰稿人：北京大学　　　　　　　　　　　　　　　金玉丰
　　　　中芯国际集成电路制造有限公司　　　　　刘煊杰
审稿人：中芯国际集成电路制造有限公司　　　　　季明华

▷▷▷ 2.8.2　电阻式传感器，電阻式感測器，Resistance Sensor

电阻式传感器（Resistance Sensor）是将被测量的物理非电量变化转换成电阻值的相应变化，而电阻值的变化则通过检测电路记录下来[1]。专门用于温度探测的电阻式传感器也叫温度传感器，参考 2.8.6 节。

电阻式传感器包括电位器式传感器、气敏和湿敏电阻传感器、电阻应变片传感器等多种类型。

电位器式传感器是一种把机械的位移转化成相应的电阻值变化及电压变化的传感器。气敏和湿敏电阻传感器是利用气体等物质使材料发生变化，并转化成电阻变化和电压变化的传感器。

电阻应变片传感器基本是通过受力使金属丝、箔或半导体等材料发生形变，

进而产生电阻阻值变化,然后通过电压或电流完成检测和输出。例如,一个圆截面的金属丝,它的初始的电阻值为

$$R=\rho \cdot (L/A)$$

式中,ρ 为金属丝的电阻率;L 为金属丝长度;A 为横截面积。

当金属丝被力 F 作用拉伸时,金属丝的长度会发生改变,它的面积和电阻率产生相应变化,它的电阻值相对变化率如下:

$$\frac{\Delta R}{R}=K_0\varepsilon$$

式中,K_0 为单根金属丝的灵敏系数;ε 为轴向相对应变,等于 $\frac{\Delta L}{L}$。当测得 $\frac{\Delta R}{R}$,并且已知 K_0 时,即可求出金属丝的应变值 ε。

电阻应变片传感器使用的材料种类很多。例如,称重的磅秤以及电阻式触摸屏一般采用氧化铟(Indium Tin Oxides,ITO)材料,这种材料具有弱导电性,透光率和透明率较好。电阻式触摸屏目前有四线、五线和八线等,但这类电阻式触摸屏可靠性不高,长期按压会使上层的 ITO 发生形变,造成器件损坏,影响整机寿命。

电阻式传感器的发展时间很长,应用范围和领域很广。当前,结合 MEMS 技术,电阻式传感器在电力电子、轨道交通、医疗教育、军事等一些领域中将继续发挥着重要作用。

参考文献

[1] 张洪润. 传感器技术大全 [M]. 北京:北京航空航天大学出版社,2007:838-882.

撰稿人:哈尔滨工业大学　韩宇菲　孙韵卓
审稿人:哈尔滨工业大学　王明江

▷▷▷ 2.8.3　电容式传感器,電容式感測器,Capacitance Sensor

电容式传感器是通过介质电容的变化来测量其他物理量改变的一种传感器[1]。电容式传感器的核心部分包括两个电极、绝缘体以及衬底。电容式传感器的电容量与其他参数之间的关系如下:

$$C=\frac{\varepsilon S_b}{\delta}=\frac{\varepsilon_r \varepsilon_0 S_b}{\delta}$$

式中,C 为电容;ε 为极板间介质的介电常数,在介质为空气时,$\varepsilon=1$;S_b 为上

下两个极板相互对应覆盖的面积；δ 为两个极板间的平均距离；ε_0 为真空介电常数；ε_r 为相对介电常数。

电容式传感器主要包括三种类型，即极距变化型电容式传感器、面积变化型电容式传感器和介质变化型电容式传感器。

极距变化型电容式传感器利用两块电容极板之间的长度变化取得测量结果。极距变化型电容式传感器测量细微的移动以及一些应力或振动产生的长度改变。这类传感器测量振动振幅、距离尺寸以及金属表面时，通常都是利用单边式的电容传感器。

面积变化型电容式传感器利用两块极板之间相互覆盖的面积变化取得测量结果。面积变化型电容式传感器通常应用于角位移和一定的线位移的测量，与介质变化型电容式传感器相比，这种类型的传感器的测量范围更大一些，可应用到其他的一些场合。

介质变化型电容式传感器利用两块极板之间的介质的变化来使介电常数产生相应的改变，从而获取测量结果。介质变化型电容式传感器往往应用于物位和许多介质特性的测量。

电容式传感器可用于测定含水量、压力、声强、角度、液位、密度、振动、位移、厚度和湿度等各种物理参数，非常适合测量精密轴系回转精度以及高频的振动和振幅等一系列的机械量。

近年广泛使用的电容式触摸屏、指纹识别产品等都用到电容传感器。电容式触摸屏包括表面式和投射式，表面式触摸屏采用单点操控，而投射式触摸屏采用多点操控。对于表面式电容触摸屏，当在 x 方向加电、y 方向不加电时，x 方向形成电场，沿着 x 方向形成电位变化，x 坐标与其电位相对应，通过检测这个电位点对应的电流变化就能计算出该点的坐标信息。目前的投射式多点操控触摸屏一般通过采用插值算法提升控制效果。

基于微机电系统（MEMS）的传感器是当前传感器的重要研究方向。与 IC 工艺兼容，将微机械传感器敏感芯片与相应的接口电路集成在同一个硅片上，利用 IC 制造特点，可以批量制造，降低成本，并且重复性与一致性好，灵敏度和分辨率高。MEMS 电容式传感器结合了电容式传感器和 MEMS 传感器的优点。随着 MEMS 工艺技术水平的逐渐提高，传感电容越来越小，外界物理量引起的传感电容的变化更是微小。MEMS 电容式传感器以及基于 MEMS 电容变化而制作的压力、惯性等各类 MEMS 传感器已经成为传感器领域的热点。随着材料技术、工艺技术、电子技术等相关技术的发展，电容式传感器的种类越来越多，应用也越来越广。

参考文献

[1] 张洪润. 传感器技术大全 [M]. 北京：北京航空航天大学出版社，2007：1269-1305.

撰稿人：哈尔滨工业大学　韩宇菲　孙韵卓
审稿人：哈尔滨工业大学　王明江

▷▷▷ 2.8.4 电感式传感器，電感式感測器，Conductance Sensor

电感式传感器（Conductance Sensor）利用自感原理，首先将被测量对象的变化转换为自感的变化，而自感接入一定的测量电路，然后自感的变化即可转换为电信号并输出[1]。

电感式传感器的线圈自感 L 为

$$L = \frac{N^2}{R_m}$$

式中，N 为线圈匝数；R_m 为磁路总磁阻。

由于气隙厚度 δ 较小，可以假设气隙磁场分布均匀，故总磁阻为

$$R_m = \sum \frac{l_i}{u_i S_i} + \frac{2\delta}{u_0 S}$$

式中，l_i 为导磁体的长度；S_i 为各段导磁体的截面积；δ 为气隙厚度；u_i 为导磁体的磁导率；u_0 为真空磁导率；S 为气隙截面积。将 R_m 代入第一个公式，可得

$$L = N^2 \bigg/ \left(\sum \frac{l_i}{u_i S_i} + \frac{2\delta}{u_0 S} \right)$$

在基本的材料以及传感器的结构确认后，当 δ 不变时，而 S 作为外部的唯一变化，这种类型的传感器被称为截面型电感式传感器。当 S 保持不变时，这种类型的传感器被称为气隙型电感式传感器。在线圈中加上一个圆柱形的衔铁，令自感量发生改变，这种类型的传感器被称为螺旋管型电感式传感器。

气隙型电感式传感器具有灵敏度高和线性好的优点，能够在大多数的环境下使用。截面型电感式传感器利用导磁截面积的改变产生自感变化，具有线性的优点，但在实际使用中可能会出现一些非线性的误差。螺管型电感式传感器是气隙传感器的一种，制作时要求线圈骨架形状及尺寸不变，线圈绕制均匀一致。

电感式传感器具有结构简单、抗干扰能力强、工作环境要求不高、可靠性和稳定性好等优点，因此被广泛应用于半导体集成电路生产、自动化机械生产和产品质量检测等各种领域。

参考文献

[1] 张洪润. 传感器技术大全 [M]. 北京：北京航空航天大学出版社，2007：1306-1330.

撰稿人：哈尔滨工业大学　韩宇菲　孙韵卓

审稿人：哈尔滨工业大学　王明江

▷▷▷ 2.8.5　压电传感器，壓電感測器，Pizeo-Electric Sensor

压电传感器（Pizeo-Electric Sensor）是利用压电材料制成的传感器，是一种自发电式传感器[1]。压电效应是指当压电材料受到外力作用时，材料表面出现电荷的现象。依据压电材料特性的不同，可产生正压电效应或逆压电效应。

压电材料种类很多，石英晶体和压电陶瓷是工业界用得较多的压电材料。右旋石英晶体结构如图2-112所示，垂直于x轴的棱面上产生的压电效应最强，故称x轴为电轴；在外加电场情况下，垂直于六边形对边的y轴方向上产生的机械形变最大，故称y轴为机械轴；而z轴方向上不会产生任何压电效应，称z轴为中性轴。

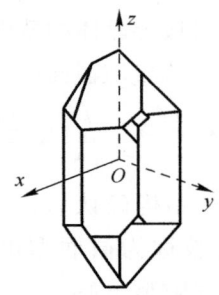

图2-112　右旋石英晶体结构

压电方程表示压电体中电场强度、应力、电位移和应变张量之间的关系。当压电组件在某一方向受到一定的外力F作用时，在其相应的表面产生的电荷Q为

$$Q = F \cdot d$$

式中，d为压电常数。

压电传感器被广泛应用于汽车发动机、煤气炉自动点火装置、压电扬声器和很多种超声波发生器中。重力传感器是当前智能手机内部的一个重要部件。重力传感器将一块重物与压电片黏合在一起，利用两个方向产生的电压的大小，计算水平方向。重力传感器可用来帮助手机自动切换横屏或直屏。在一些平衡

球、赛车等游戏装置中,重力传感器被用于实现交互控制。

压电传感器的主要缺点是输出阻抗高,需要使用低电容低噪声的电缆,并且无静态输出[2]。由于压电式传感器工作可靠、灵敏度高、信噪比高,并且具有自发电和可逆等特点,使得其市场应用规模不断扩大。

参考文献

[1] 张洪润. 传感器技术大全 [M]. 北京:北京航空航天大学出版社,2007:734-813.

[2] Lin S. Study on the radial vibration of a new type of composite piezoelectric transducer [J]. Journal of Sound & Vibration, 2007, 306 (1-2): 192-202.

撰稿人:哈尔滨工业大学 孙韵卓 韩宇菲
审稿人:哈尔滨工业大学 王明江

▷▷▷ 2.8.6 温度传感器,温度感测器,Temperature Sensor

温度传感器(Temperature Sensor)又称为热敏传感器,是指将待测的温度物理量转换为电荷量或电压变化并进行输出的一种传感器装置[1]。和温度相关的物理特性很多,可以根据温度敏感区域的不同分别加以选用。

温度传感器种类很多,市场上广泛使用的主要有热敏传感器(Thermometer)、电阻温度计(Resistance Sensor)、热电偶(Thermocouple)、热敏电阻(Thermistor 或 Thermal Resistor)等。当被测物体的温度比较高时,一般使用非接触式热敏传感器进行测量;当被测物体的温度比较低时,一般使用热电偶或半导体和金属电阻传感器进行测量;当被检测物体的温度在常温附近时,则一般使用半导体热敏传感器或热敏电阻进行测量[2]。当代先进的温度传感器可以采用 SoC 设计,其中微控制器(MCU)通过 I^2C 总线发送命令并启动芯片进行温度检测。红外温度传感器将测量值(环境温度数据、目标温度数据)存储于 RAM 中,这些温度数据经过校准就可以使用。为了获得高精度的温度信号(输出电压),温度传感器电路通常采用恒流源、双极晶体管和电阻器组成的基极-发射极电压乘法电路实现;通过基极电流误差补偿电路还可以对流过电阻器的双极晶体管基极电流进行误差补偿。

温度传感器被广泛应用于空调系统、冰箱、电饭煲、服务器、PC、移动电话等各类产品中。近年来,随着微电子技术和 MEMS 技术的快速发展,MEMS 传感器与传统的传感器相比具有体积小、质量轻、固有热容小等优点,在测量温度方面相对传统传感器有很大的优势。MEMS 温度传感器正在逐渐替代传统温度传感器。

近年来,我国集成电路和电子信息产业保持高速增长,传感器技术也随之快速进步和发展。温度传感器未来将向高可靠性、高精度、高分辨率、高安全性、智能化和非接触式等方面发展[3]。

参考文献

[1] 刘少强. 现代传感器技术面向物联网应用 [M]. 北京：电子工业出版社，2016：179-197.

[2] Reverter F, Perpiñà X, Barajas E, et al. MOSFET dynamic thermal sensor for IC testing applications [J]. Sensors & Actuators A Physical，2016，242：195-202.

[3] 传感器未来五化趋势中集成化、微型化是基础 [EB/OL]. [2018-02-01]. http://www.afzhan.com/news/detail/35669.html.

撰稿人：哈尔滨工业大学　孙韵卓　韩宇菲
审稿人：哈尔滨工业大学　王明江

▷▷▷ 2.8.7　霍尔传感器，霍爾感測器，Hall Effect Sensor

霍尔（效应）传感器（Hall Effect Sensor）是指利用霍尔效应将磁信号或间接将非电、非磁的物理量变化转换为电学量的变化，并进行采集、放大和输出的一种传感器装置[1]。霍尔效应是霍尔（A. H. Hall）1879年发现的，霍尔传感器的工作原理示意图如图2-113（a）所示[2]。

霍尔电压可表示为

$$U_H = R_H IB/d$$

式中，R_H为其值由薄片材料决定的霍尔系数；B为磁感应强度（Gs）；d为霍尔组件的厚度；I为通过薄片的电流，称为激励电流。

霍尔传感器基本结构示意图如图2-113（b）所示，在由半导体制成的基片的两个侧面各装一对电极。沿电流方向的A电极和B电极连接的是激励电压，产生激励电流使电子运动进而受到洛伦兹力的影响而偏转，故称激励电极。电压计连接C电极和D电极，测量半导体内部产生的霍尔电压，故称霍尔电极。

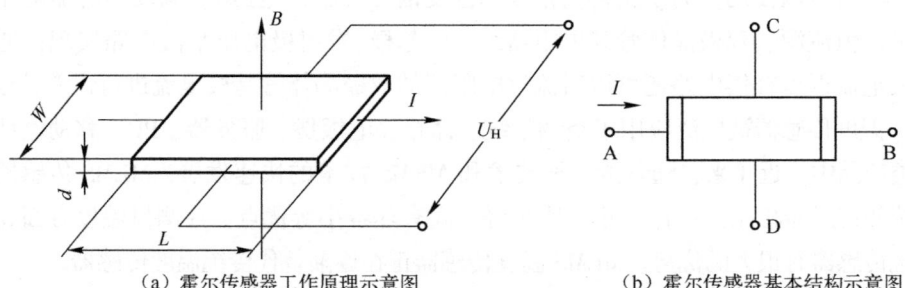

(a) 霍尔传感器工作原理示意图　　(b) 霍尔传感器基本结构示意图

图2-113　霍尔传感器的工作原理及基本结构

霍尔传感器可用于压力、应变、机械振动、加速度、微位移、磁感应强度、有功功率、无功功率、相位、电流、电压、表面粗糙度、转速等参数的测定。霍尔传感器应用广泛，例如乘除和开方等运算器、调制和解调组成的回转器、三角波发生器、无接触发信装置、同步传递装置等。

目前市场上霍尔传感器的应用非常广泛。现在大规模普及的智能手机所配备的智能翻盖保护套和以前非常流行的翻盖手机都用到了霍尔传感器。当闭合保护套或手机盖时，手机进入休眠状态；当翻开保护套或手机盖时，手机被唤醒，整个过程无须点按任何按钮。

霍尔传感器具备寿命长、形小体轻等许多优点，能够实现无电刷化、电子化和无噪声化，预计在不远的将来，其在汽车电子、电力通信等许多领域内将得到广泛使用。

参考文献

[1] 张洪润．传感器技术大全［M］．北京：北京航空航天大学出版社，2007：1401-1417．

[2] 霍尔传感器原理［EB/OL］．［2018-02-01］．http：//www.elecfans.com/article/dianqi/2012/20120904287282.html．

撰稿人：哈尔滨工业大学　孙韵卓　韩宇菲
审稿人：哈尔滨工业大学　王明江

▷▷▷ 2.8.8　压力传感器，壓力感測器，Pressure Sensor

压力传感器是指能测量压力信号的器件、模块或子系统，其能将压强的变化转换成电信号。1938 年，美国加州理工大学的 E. E. Simmons 设计了纸基丝绕式电阻应变计。1969 年，Hans W. Keller 采用集成电路工艺设计和批量制造了硅半导体压力传感器[1]。

压力传感器按照参考压力分为表计压型、绝压型和差压型三种。表计压型传感器（Gauge Pressure Sensor）用于测量参考大气压力，绝压型传感器（Absolute Pressure Sensor）用于测量参考真空压力，差压型传感器（Differential Pressure Sensor）用于测量两个测量端的压强差。

按照被测量压力的信号变化快慢，压力传感器分为静态压力传感器和动态压力传感器。静态压力传感器适用于变化频率在几十赫以内的静态及准静态压力测量。动态压力传感器适用于变化速度较快的压力的测量，动态压力传感器的参数中一般还包括频响特性、固有频率、响应时间。依据传感器的工作原理，动态压力传感器主要有硅压阻式和压电式两种，静态及准静态压力传感器主要有硅压阻式、压电式、硅电容式、金属电容式、陶瓷电容式、硅谐振式、石英晶体谐振式、溅射薄膜应变式等类型。

依据测量环境温度的差异，压力传感器分为高温压力传感器和普通温度压力传感器。高温压力传感器通常指工作温度在130℃以上的压力传感器。高温压力传感器的种类包括溅射薄膜压力高温传感器、SOI高温压力传感器[2]、硅-蓝宝石高温压力传感器和压电式高温压力传感器。压电式高温压力传感器的工作温度可达175℃。SOI高温压力传感器和硅-蓝宝石高温压力传感器的工作温度可达350℃以上[3]。

依据感应工作原理，压力传感器可分为电容压力传感器、压阻式压力传感器和谐振式压力传感器。其中硅电容压力传感器、硅压阻式压力传感器和硅谐振式压力传感器的精度非常高，可以达到万分之一[4]。硅谐振式压力传感器的工作原理是，将硅膜片感受的压力大小变化转变成硅谐振梁的谐振频率变化，通过测量谐振频率来测量压力值。硅谐振式压力传感器的工作模式有静电激振和电磁力激振两种。硅谐振式压力传感器非常适合用于高精度压力检测。

硅半导体压力传感器具有性能高、成本低、用途广等特点，是目前广泛应用的压力传感器产品；其芯片质量可小于0.01g，量程可从几千帕到几百兆帕。

压力传感器的主要发展方向是高精度、耐高温、集成化。在集成化方面，单片集成技术虽然已经经历了20余年的发展，但是产品仍然偏重于低量程、中等精度的应用，如主要在汽车及民用方面获得了较多应用，目前在高温领域的应用方面还没有取得根本性突破。

参考文献

[1] 40 years of pressure sensors [EB/OL]. [2018-02-01]. http://www.keller-druck.com/home_e/panews_e/news_2004_04_e.asp.

[2] Z C Yang, Q Z Zhao, C C Gao, et al. Highly sensitive seesaw capacitive pressure sensor based on SOI wafer [J]. Electronics Letters, 2014, 50 (5): 376-377.

[3] G. D. Liu, W. P. Cui, H. Hu. High temperature pressure sensor using a thermostable electrode [C]: NEMS 2015: in 10th IEEE International Conference on Nano/Micro Engineered and Molecular Systems, Xi'an, China, 2015-07-11: 201-204.

[4] X Huang, DC Zhang. A high sensitivity and high linearity pressure sensor based on a peninsula-structured diaphragm for low-pressure ranges [J]. Sensors & Actuators A Physical, 2014, 216 (3): 176-189.

撰稿人：北京大学　　　　　　　　　　　　　　高成臣
审稿人：中芯国际集成电路制造有限公司　　　黄河
　　　　哈尔滨工业大学　　　　　　　　　　王明江

2.8.9 微机电系统惯性器件,微機電系統慣性元件,MEMS Inertial Device

微机电系统惯性器件是指采用 MEMS 技术构建的能够随时自主测量运载体相对于参考坐标系运动的方位、姿态、速度、加速度等运动参数的器件,主要包括 MEMS 加速度计(Accelerometer)和 MEMS 陀螺(Gyroscope)。依据检测原理,MEMS 加速度计分为压阻式、电容式、谐振式、隧道电流式、热对流式等类型。MEMS 陀螺通常为科里奥利(Coriolis)振动陀螺,根据激振方式可以分为振动和转动两种类型。振动激振方式主要包括半球式、调谐音叉式和框架式。转动激振方式的陀螺以动态调谐陀螺为代表。

压阻式加速度计是最早出现的 MEMS 惯性器件。1962 年,采用蝴蝶形半导体应变计制作出了可以测量振动和冲击的压阻加速度计。1968 年,采用扩散半导体应变计的 2266 系列加速度计出现,量程达到 $2\times10^4 g$(g 为重力加速度,$1g=9.8m/s^2$)。1974 年 4 月,采用体硅释放工艺制作压阻应变计的 7070 加速度计上市,量程达到 $1\times10^5 g$。1983 年,7270A 系列加速度计的量程可以达到 $2\times10^5 g$,谐振频率达到 1.2MHz[1]。现代的电容型加速度计以表面硅工艺制作为主,同步集成大规模电子电路。ADI 公司的 ADXL50 是第一款大规模应用的单片集成电容式 MEMS 加速度计,在汽车安全气囊中得到了广泛应用[2]。谐振式加速度计理论上具有更好的测量精度并可方便进行数字信号处理。2005 年,谐振式加速度计的偏值稳定性和重复性优于 $1\times10^{-6}g$,并已在战略导弹的惯性导航中列装。

压阻式加速度计铰链结构如图 2-114 所示。

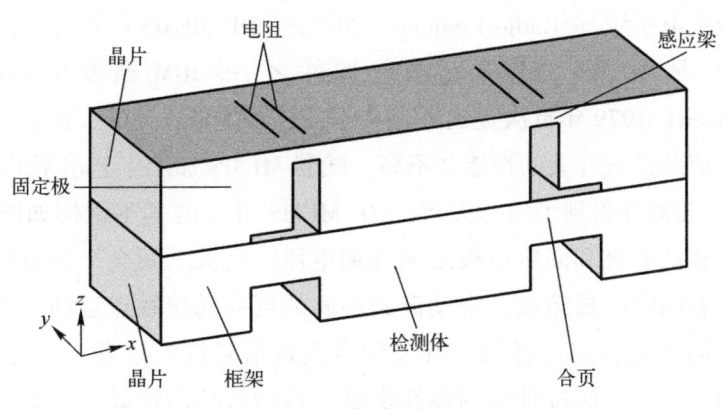

图 2-114　压阻式加速度计铰链结构示意图[3]

20世纪60年代出现的小型化陀螺,例如振动弹簧陀螺、调谐音叉陀螺、动调陀螺,在20世纪90年代开始在MEMS领域实现。1990年实现了压电激振、压阻检测的调谐音叉MEMS陀螺。1994年研制出玻璃-硅结构的振动框架陀螺。1997年研制出全硅振动盘式陀螺。2008年出现了MEMS转动陀螺。2014年硅基振动盘式MEMS陀螺的偏值稳定性达到了0.1°/h[4],可以应用于惯性导航。

参考文献

[1] P. L. Walter. Review: fifty years plus of accelerometer history for shock and vibration (1940-1996) [J]. Shock and Vibration, 1999, 6: 197-207.

[2] D. J. Marek. MEMS Technology- from automotive to consumer [J]. in MEMS 2007, Kobe, Japan, 2007: 59-60.

[3] V. Narasimhan, H. Li, and M. Jianmin. Micromachined high-g accelerometers: a review [J]. Journal of Micromechanics and Microengineering, 2015, 25: 1~18.

[4] A. D. Challoner, H. H. Ge, and J. Y. Liu. Boeing disc resonator gyroscope. in position, location and navigation symposium-PLANS 2014, 2014 IEEE/ION, 2014: 504-514.

撰稿人:北京大学　　　　　　　　　　　　　张威

审稿人:中芯国际集成电路制造有限公司　　黄河

　　　　哈尔滨工业大学　　　　　　　　　王明江

▷▷▷ 2.8.10 射频微机电开关,射频微機電開關,RF MEMS Switch

射频微机电系统(Radio Frequency MEMS, RF MEMS)开关(简称射频微机电开关)是MEMS领域最重要的器件之一。IBM研发中心的彼得森(K. E. Petersen)1979年首次提出并制作了RF MEMS开关[1]。由于当时MEMS工艺水平不成熟,该开关的性能并不高。随着MEMS加工工艺水平的不断提高,RF MEMS开关器件得到了快速发展。RF MEMS开关的基本结构如图2-115所示,通过在驱动电极和固定电极之间外加电压,电极之间会产生静电引力,使驱动电极向着固定电极运动,带动硅梁中间的可移动接触点运动,直到移动触点与信号线的固定接触点接触,开关闭合实现信号线的导通。如使电压断开,则静电吸引力消失,通过硅梁的弹性恢复力带动可移动接触点自动与信号线固定接触点分离,从而信号线处于断开状态。

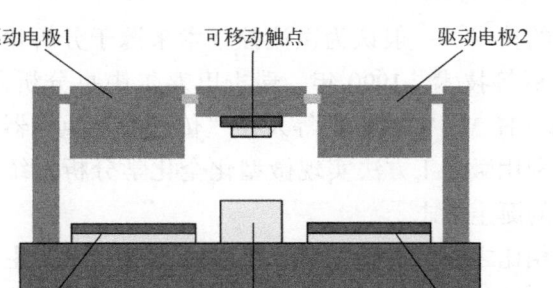

图 2-115 RF MEMS 开关的基本结构

RF MEMS 开关较传统开关具有更优的开关性能,当与应用系统中其他不同类型组件集成后,可形成多种新的功能模块,大大拓展了 MEMS 开关的应用范围[2]。RF MEMS 开关具有功耗低、隔离度高、插入损耗小、线性度高、体积小等优点,其应用领域包括无线通信系统、国防雷达系统、汽车雷达、卫星通信系统等。RF MEMS 开关在实现商业化时,往往会面临可靠性不高、成本高、封装困难、驱动电压高等实际问题,目前部分问题已得到初步解决。2009 年日本欧姆龙(Omron)公司推出一款高可靠性能的 RF MEMS 双位选择开关[3],并成功进入商业化应用。随着技术的进步,其他 RF MEMS 产品也将逐步走向成熟。现在美、法、德、韩等国家的多家企业,以及国内相关公司均在积极推进 RF MEMS 开关领域的技术研发。

参考文献

[1] Petersen K E. Micromechanical membrane switches on silicon [J]. IBM Journal of Research & Development,1979,23(23):376-385.

[2] 刘立,胡磊,丑修建. 发展中的 RF MEMS 开关技术 [J]. 电子技术应用,2016,42(11):14-17,21.

[3] 谭伟. RF MEMS 开关的性能研究 [D]. 成都:电子科技大学,2015.

撰稿人: 北京大学 吴蒙
审稿人: 中芯国际集成电路制造有限公司 黄河
哈尔滨工业大学 王明江

▷▷▷ 2.8.11 微流控芯片,微通道晶片,Microfluidics Chip

微流控(Microfluidics)技术是指采用微管道方法对亚毫米量级乃至微米量

级流体进行测量的技术。一般认为微流控技术来源于分析化学领域的毛细管电泳、流体注射分析等技术。1990年，瑞士巴塞尔中央分析研究所的曼茨（A. Manz）和威德姆（H. M. Widmer）等人在"传感器与执行器、化学"期刊上撰文，首次提出了利用微加工方法实现微型化全化学分析系统的概念[1]，这被公认为微流控芯片的诞生标志。

微流控芯片相比之前的分析系统，尺寸减小后带来的主要问题是表面特性还是扩散特性占主导的问题[2]。表面特性占主导使得微流控芯片可以通过其具有的超大表面积提高目标分子壁面俘获量，从而提高检测灵敏度或反应效率；同时超大表面积也使得微流控芯片的非特异性吸附严重，甚至会导致相应的反应失效，故而对表面进行功能化修饰或钝化处理成为微流控技术的关键。扩散特性主导使得微流控芯片可以通过精细的尺寸优化设计实现基于扩散原理的物质分离；同时由于微尺度下物质交换仅能依赖于扩散进行，缺乏高效的物质输运方法。因此，高效率片内混合方法是微流控芯片直到今天仍未能彻底解决的重大挑战。

典型的微流控芯片的结构如图2-116所示，基本功能单元包括进液口（连接外部反应液或样品）、微通道（流体输运结构、功能实现的空间）、功能结构（提供功能，如温度控制等）、出液口（连接外部储液池或废液池）。此外，为实现多功能集成，有些微流控系统需要将微泵、微阀等功能单元与微通道集成。

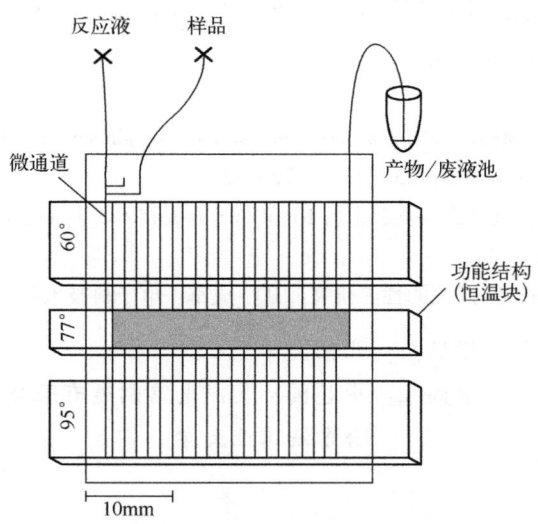

图2-116　典型的微流控芯片（连续流动聚合酶链式反应芯片）的结构[2]

近年来开发出的很多基于表面驱动、离心驱动的微流控芯片技术,由于液体驱动简单、易于实现而具有很好的应用潜力。技术最成熟并已经取得商业化成功的微流控芯片包括 MEMS 喷墨打印头,以及近年来出现的 MEMS 微流体泵等。

参考文献

[1] A. Manz, N. Graber, H. M. Widmer. Miniaturized total chemical analysis systems: a novel concept for chemical sensing [J]. Sensors and Actuators B: Chemical, 1990, 1 (1-6): 244-248.

[2] MU Kopp, AJ de Mello, and A. Manz. Chemical amplification: continuous-flow PCR on a chip [J]. Science, 1998, 280: 1046.

撰稿人: 北京大学　　　　　　　　　　　王玮
审稿人: 中芯国际集成电路制造有限公司　黄河
　　　　哈尔滨工业大学　　　　　　　　王明江

▷▷▷ 2.8.12 MEMS 磁强计,MEMS 磁強計,MEMS Magnetic Field Sensor

磁强计(Magnetic Field Sensor)也称磁场传感器(Magnetometer),是一种测量环境磁感应强度与方向的传感器。目前主要的 MEMS 磁强计包括磁阻式磁强计、磁通门式磁强计、霍尔效应式磁强计、隧道效应式磁强计和谐振式洛伦兹力磁强计等。

磁通门式磁强计包含一个高磁导率的软磁材料制成的铁芯。在同时受到交变和恒定两种磁场作用情况下,缠绕在铁芯上的检测线圈感生的电压中含有偶次谐波分量,特别是二次谐波;谐波电压与磁场强度正相关,所以可以通过测量检测线圈的谐波电压来检测磁场强度[1]。

霍尔效应式磁强计是基于霍尔效应进行测量的。将一个导体置于磁场中并通电,磁场对导体中的电子会产生一个横向作用力,从而在导体两端产生电压差,测量该电压差,即可得到待测磁场的强度[2]。霍尔效应式磁强计具有探头体积小、灵敏度高、线性度好等特点。

磁阻式磁强计有半导体磁阻式和薄膜磁阻式两种类型。半导体磁阻式磁强计是用 InSb 或 GaAs 等材料制作而成的测量磁场大小和方向的传感器,它是利用半导体材料在磁场作用下电阻发生变化这一特性工作的。而薄膜磁阻式磁强计的核心结构是用 NiFe 或 NiCo 合金制作的,利用薄膜磁阻材料的各向异性磁阻效应工作[3]。

隧道效应式磁强计具有深腔结构，腔内有薄膜和硅尖。利用静电力将薄膜拉至与硅尖 1nm 的距离，在偏置电压的作用下，薄膜与硅尖之间会产生微安级隧道电流。而薄膜上具有线圈结构，其中通有交流电，在待测磁场作用下，线圈中会产生洛伦兹力使薄膜上下振动。当薄膜和硅尖之间的距离随着薄膜的振动而变化时，遂穿电流值也将随之变化，通过测量此电流的变化，便能够获得外界磁场强度[4]。

谐振式洛伦兹力磁强计结构上具有激励线圈。通入交流电流的激励线圈在磁场中受到交变的洛伦兹力作用，从而使结构处于谐振状态，测量结构振动幅度的大小可以间接获得外界磁场强度。当电流频率与扭梁的固有振荡频率一致时，系统会产生谐振，此时输出振幅达到最大值，并且与外界磁场强度成比例。多数的洛伦兹力磁强计通过压阻或电容检测方法来测量振幅[5]。由于 MEMS 谐振结构具有较高的 Q 值，因此该磁强计的灵敏度较高。而且，此类磁强计不需要磁性材料，加工工艺过程较为简单，成品率相对较高。

磁场探测是 MEMS 传感领域的重要方向之一。近年来，随着原子磁强计等新概念的出现和发展，推动着相关 MEMS 磁强计技术的不断进步；同时，MEMS 微加工方法使得磁强计的体积大大减小，成本也降低许多，使其具有了更广阔的应用前景。

参考文献

[1] 杨建中，尤政，刘刚，等. 微型磁通门式磁敏感器 [J]. 功能材料与器件学报，2008，14（2）：313-318.

[2] A. Grosz, V. Mor, S. Amrusi, et al. A high-resolution planar hall effect magnetometer for ultra-low frequencies [J]，IEEE Sensors Journal，2016，16（9）：3224-3230.

[3] 孙雪峰，熊沈蜀，周兆英，等. 磁阻式磁强计的 SET/RESET 电路设计及应用 [J]. 电测与仪表，2003，40（451）：22-25.

[4] 汤学华，尤政. 水平式隧穿磁强计的性能实验 [J]. 清华大学学报，2006，46（2）：203-205.

[5] Z. Tian, D. Ren, Z. You. Self-oscillation-based frequency tracking for the drive and detection of resonance magnetometers [J]. Sensors，2016，16（5）：744-757.

撰稿人：清华大学　　　　　　　　　　　　　任大海
审稿人：中芯国际集成电路制造有限公司　　　黄河
　　　　哈尔滨工业大学　　　　　　　　　　王明江

▷▷▷ 2.8.13　红外传感器，红外感测器，Infrared Sensor

红外传感器（Infrared Sensor）是对红外辐射进行探测的传感器系统，也称红外探测器。根据工作温度，红外探测器分为制冷（Cooled）型和非制冷（Uncooled）型；根据探测手段，红外探测器分为光子（Photon）型和热效应（Thermal Effect）型。

制冷型红外探测器通常基于光电效应进行成像。常见的光电二极管材料包括碲镉汞（HgCdTe）、锑化铟（InSb）、铟镓砷（InGaAs）、磷化铟量子阱（InP Quantum Well, InPQW）。制冷型红外探测器通常工作于杜瓦（Dewar）瓶，系统复杂、功耗高、体积和质量均很大、成本昂贵。但与非制冷型红外探测器相比，信噪比较好，分辨率高。

非制冷型红外探测器通常基于热效应感应完成成像，红外辐射转换为热量，使探测器温度产生变化。常见的非制冷型红外探测器包括热释电（Pyroelectric）、微测辐射热计（Micro-bolometer）、热敏二极管（Thermal Diode）、热电堆（Thermopile）等类型。非制冷型红外探测器能够在室温下工作，具有成本低、能耗小、体积小、质量小、启动快等特点。随着技术的进步，非制冷型红外探测器的性能逐步赶上了制冷型红外探测器的性能。目前非制冷型红外探测器广泛应用于热像瞄准器、制导、车载视觉增强、安防监控、消防营救、电力监测、森林防火等领域。

电阻型微测辐射热计技术是非制冷红外探测器的主流技术。电阻型微测辐射热计依据使用的材料又可以分为氧化钒（VO_X）、非晶硅（a-Si）等类型。美国霍尼韦尔（Honeywell）公司最早成功研制了基于氧化钒材料的微测辐射热计探测器[1]。法国 CEA-LETI 最早成功研制了基于非晶硅材料的微测辐射热计探测器，该产品目前由法国 ULIS 公司生产。

非制冷型红外探测器的读出电路非常关键。读出电路阵列与传感器阵列逐点相连，像素输出的模拟信号经选择、放大、校正、模/数转换、信号处理，最终获得需要的热图像。通过无热电制冷器（TEC-Less）的模拟前端放大器、片上集成的非均匀性校正及数字化读出等前沿技术，可以进一步提升探测器性能，进一步降低整体功耗和成本。目前可以实现的噪声等效温差最小可达 20mK，像素最小至 12μm，阵列规模也扩大到 1280×1024，帧频最高可达 100Hz。2015 年雷神（Raytheon）公司展示了一款集成 12μm 像素、中心距 206×156 规模的非制冷型红外探测器的热成像相机，并用于 iPhone 等手机移动终端。随着非制冷型红外探测器体积的进一步减小和成本的进一步降低，红外热像技术有望在汽车电子、无人机、手机及其他移动智能终端领域得到大规模应用。

参考文献

[1] Takasawa S. Uncooled LWIR imaging: applications and market analysis [J]. SPIE Sensing Technology+Applications. 2015: 94810H-94810H-13.

撰稿人：北京大学	鲁文高
审稿人：中芯国际集成电路制造有限公司	黄河
哈尔滨工业大学	王明江

▷▷▷ 2.8.14 电荷耦合器件，電荷耦合元件，Charge Coupled Device（CCD）

电荷耦合器件（Charge Coupled Device，CCD）是一种半导体器件，它的基本单元是 MOS 电容器，器件中的所有基本单元电容器依次排列。当对某个 MOS 单元电容器施加电压时，单元上的电荷包能够逐次转移。图像传感器是 CCD 的一种成功应用。CCD 的工作原理是，首先在一个称为光敏区的区域搜集由光电效应等方式产生的电荷，然后将其转移到一个可以对电荷进行读出与处理的区域，最终通过外围电路进行信号输出以供后续传输和处理[1]。

CCD 于 1969 年由贝尔实验室的 Willard. S. Boyle 和 George. E. Smith 共同发明[2]。从 20 世纪 80 年代以后，索尼公司逐步成为最大的 CCD 供应商。电子倍增 CCD（Electron Multiplying CCD，EMCCD）在读出寄存器和输出放大器之间加入了增益寄存器，使得电子在转移过程中发生"撞击离子化效应"，产生新的电子，实现了电子倍增。EMCCD 的信噪比较普通 CCD 获得了较大提高，特别适合在单光子探测、活细胞显微观察、细胞荧光成像等低光照条件下应用[3]。

早期的 CCD 采用正照方式工作，即光从正面入射，经过多晶硅电极及介质层，在芯片内部半导体材料中被吸收并产生电子-空穴对。由于入射光子要通过多晶硅材料，而多晶硅材料强烈吸收短波长的光，这样将会导致入射光强的损失，从而致使 CCD 量子效率下降。经过改进的背照式 CCD，光从芯片背面一侧进入，不通过多晶硅电极，从而能提高 CCD 的量子效率。背照式 CCD 能够在低照度条件下完成目标摄像，在目标侦测、定位导航、资源勘查、环境监测等航空航天领域具有广泛的应用[4]。

时间延迟积分（Time Delay Integration，TDI）CCD 是面阵结构，以线阵方式工作，它具有光响应灵敏度高、信噪比高、能消除像移和可选择 TDI 级数来控制曝光时间等特点,是星载、机载遥感相机图像获取和目标识别的核心器件[5]。目前世界上航空航天领域中的遥感相机大都采用 TDI CCD。

与真空摄像管、热释电管和硅摄像管相比,CCD 具有体积小、质量小、功耗低、寿命长、灵敏度高、光谱响应范围宽、动态范围大、可全局快门成像等优点,是图像传感器领域的一次革命性突破[5]。CCD 曾一度在安防监控、数码相机等民用市场得到广泛应用,但是随着 CMOS 图像传感器技术的出现,在民用市场 CCD 逐步让位于 CMOS 图像传感器。当前 CCD 在军事、航天和天文观察等专业领域仍有一定应用。

参考文献

[1] Janesick J R. Scientific Charge-coupled devices [M]. Bellingham, Washington: SPIE Press, 2001.

[2] Boyle W S, Smith G E. Charge coupled semiconductor devices [J]. Bell System Technical Journal, 1970, 49 (4): 587-593.

[3] Denvir D J. Electron-multiplying CCD: the new ICCD [J]. Proc Spie, 2003, 4796: 164-174.

[4] LesserM P. CCD backside coatings optimized for 200-to 300-nm observations [C] // International Symposium on Optical Science and Technology. International Society for Optics and Photonics, 2000: 8-15.

[5] Gibson B K, HicksonP. Time-delay integration CCD read-out technique: image deformation [J]. Monthly Notices of the Royal Astronomical Society, 1992, 258 (3): 543-551.

撰稿人: 中国电子科技集团公司　　　　熊平
审稿人: 中芯国际集成电路制造有限公司　黄河
　　　　哈尔滨工业大学　　　　　　　王明江

▷▷▷ 2.8.15　CMOS 图像传感器,CMOS 影像感测器,CMOS Image Sensor (CIS)

CMOS 图像传感器(CMOS Image Sensor,CIS)主要由光电二极管及 MOSFET 放大器组成。20 世纪 60 年代,Plessey 公司的 P. J. Nobel 研发出被称作无源像素传感器(Passive Pixel Sensor, PPS)的基于 MOS 结构的图像传感器。1995 年,美国国家航空航天局(NASA)的 JPL(Jet Propulsion Laboratory)成功制造有源像素传感器(Active Pixel Sensor, APS),该传感器像素单元内集成了信号放大器。随后,JPL 分离出 Photobit 公司,进行 CIS 的商业化开发。

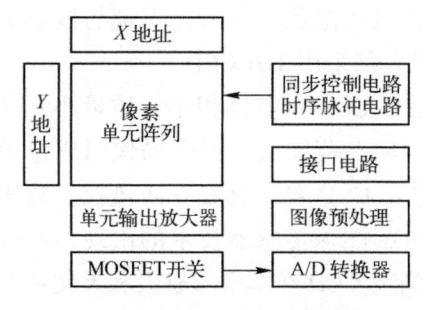

图 2-117 CIS 基本工作原理框图

从结构上看，CIS 由光电探测器、光电流读出电路、定时脉冲发生器、A/D 转换器以及片上数字图像处理电路等组成。由于高度集成并使用单一电源供电，CIS 具有成本低、功耗低的优点。CIS 的基本工作原理框图如图 2-117 所示[1]。像素单元阵列按 X 和 Y 方向排成二维阵列，每个单元可分别由 X 和 Y 方向的地址译码器进行选择。列放大器放大每一列像素输出的信号，放大后的信号通过 MOSFET 开关送入 A/D 转换器，转换得到的数字信号通过接口电路输出。评价 CIS 性能的主要参数有光谱范围、外量子效率（External Quantum Efficiency，EQE）、噪声、填充因子（Fill Factor）、输出特性与动态范围、调制传递函数（Modulation Transfer Function，MTF）等[2]。

日本索尼公司在 CCD 图像传感器领域有较好的技术积累，开发了背照式 CIS 图像传感器并完成了商业化。该公司开发的 CIS 技术是三维叠层（3D Stacked）CIS 图像传感器技术，即将光电有源像素单元传感器置于顶层硅半导体层，而将片上部分外围模拟和全部数字信号处理电路置于底部硅半导体层，通过硅通孔（TSV）实现片上互连，大幅度提高了其光电感应、信号处理和整体图像传感性能。豪威公司（2016 年被北京君正收购）已经与台积电、华力半导体和武汉新芯等代工厂商合作，推出了超过 2 千万像素的背照式 CIS 产品。

CIS 已经大规模应用于包括智能手机和个人计算机等各种移动终端和消费电子系统中，同时 CIS 在安防监控、工业电子和医用电子等领域也得到了大量应用。

参考文献

［1］王庆有．图像传感器应用技术［M］．北京：电子工业出版社，2013.

［2］Junichi Nakamura．数码相机中的图像传感器和信号处理［M］．徐江涛，高静，聂凯明，译．北京：清华大学出版社，2015.

撰稿人：	北京大学	周航
	深圳大学	赵晓锦
审稿人：	中芯国际集成电路制造有限公司	黄河
	哈尔滨工业大学	王明江

▷▷▷ 2.8.16 指纹识别芯片，指紋識別晶片，Fingerprint Recognition Chip

指纹识别芯片（Fingerprint Recognition Chip）是用于指纹识别的芯片。指纹识别过程包括指纹图像采集、对采集的图像进行信息处理、匹配并判决身份三部分。指纹识别技术涉及的学科很广，尤其对于指纹图像的特征处理，需要使用数学形态学和小波分析等学科的理论[1]；对于指纹图像的匹配及识别，需要使用模式识别以及机器学习的一些算法。

指纹识别系统主要包括指纹传感器和指纹识别算法处理模块。对于具有特殊功能以及存储量较大的应用，还需要增加外设存储器模块。新型的指纹处理及认证芯片，内部都集成了指纹识别加速器部件，并集成一定容量的 RAM 以及 Flash。

指纹传感器通常有光学、电容和超声波三种类型。光学指纹传感器利用指纹对光的折射和反射成像，也就是指纹的纹路所产生的不同的光学图像。因此，一旦手指上沾染了灰尘或者水渍，它们在光源下会呈现出不同特征。然而，利用一个已通过认证的指纹，将其复制做成假手模，却能够"欺骗"识别系统。电容指纹传感器利用电容充放电原理，能够检测极板间电荷的变化，从而将这些变化信息记录，根据一定的规则形成不同的指纹图像。对于受到一些沾染的手指，由于指纹上的杂质或水渍影响传感器采集电荷，因此对这类手指不能很好地识别。从用户体验上，只要手指有水，或者手脏，则无法解锁。超声波指纹传感器利用医学超声波的原理，不仅能够产生指纹的二维图像，甚至可以识别出指纹的 3D 特征。用压电换能器产生声波，用该高频率的声波穿透皮肤表皮层，对皮下的浅层组织进行成像。因此，超声波传感器对手指的清洁度、表皮皮肤是否受损并没有很高的要求。

指纹图像是指纹识别过程中的主要处理对象，从采集到进行判别，主要包括以下几个步骤。

（1）指纹图像采集。

（2）指纹图像压缩。由传感器采集到的指纹数据非常庞大，为了减小存储器的负荷，需要对这些数据进行压缩，其主要方法包括 JPEG、Wavelet Scalar Quantization（WSQ）和 Embedded Zerotree Wavelet（EZW）等。

（3）指纹图像的预处理[2]。由传感器直接得到的指纹图像，具有很多噪点，进行特征识别之前首先需要进行预处理。

（4）指纹区域检测。对待测区域进行定位。

（5）指纹分类。主要的分类方法是根据纹形来划分。

(6) 特征提取。根据特征点坐标确定指纹特征的主要集中区域，在此基础上，对纹线的初始点、走向及最后相交的位置等细节进行标记。

(7) 指纹比对。第一步，进行粗匹配，根据纹形来分类；第二步，利用细节信息对图像进行精确匹配；第三步，根据相似度高低判断是否是同一个指纹，若该指纹没在指纹图库中，则不予通过。

指纹识别技术广泛应用于公司的考勤系统、手机及笔记本式计算机解锁、安全支付等领域。手机终端主要采用电容式指纹识别芯片。第二代身份证的指纹信息采集，以及海关通关的指纹身份识别，主要使用传统光学指纹识别传感器。

指纹识别传感器的主要发展方向是进一步提高指纹的识别率和降低误识率，同时提高指纹的识别和解锁速度。

参考文献

[1] 王曙光. 指纹识别技术综述 [J]. 信息安全研究, 2016, 2 (4): 343-355.

[2] 蔡赫, 梁春美. 指纹识别系统及其算法设计与实现 [J]. 通讯世界, 2016 (1): 212-212.

撰稿人：哈尔滨工业大学　　　　　　　张聪燕　王明江
审稿人：中芯国际集成电路制造有限公司　黄河

▷▷▷ 2.8.17 触控芯片，觸控晶片，Touch Control Chip

触控芯片是指能够集成和完成单点或多点触控技术的芯片，其拥有多种特点。

(1) 传统触控模块包含机械按键，频繁使用后会缩短其寿命，而触控芯片以触控技术为基础，以触摸的方式工作，因此大大延长了使用寿命；

(2) 触控操作界面平滑美观；

(3) 触摸屏的灵敏度灵活可调，改变其内置基准电容值便可调节；

(4) 内置电容具有其自身独有的特性，如隔热性能、防潮性能等，正是由于其优良的特点使触控芯片不受温度、湿度等环境因素的影响。

电容式触控芯片是目前触控芯片的主要类型。当使用者用手或者其他身体部位触碰芯片时，会引起电容有效横截面积或者间距发生微小变化，从而引起电容值的改变。触控芯片内置基准电容，当触动芯片后，由于输入电容发生了改变，使其产生了电信号变化，该信号经过模拟放大电路放大后被输出。

目前，欧洲、美国触控芯片研发企业（如 Atmel、Cypress、Synaptic 等公司）的技术遥遥领先。这些企业在长期的研发中累积了许多较好的技术经验，有效地降低了芯片噪声，提高了芯片的灵敏度、稳定性、分辨率等。近些年，较多的中国企业投身到电容式触控芯片的研发与制造中，通过各种科研经费的长期支持，使得国产电容式触控芯片占据的市场份额逐年增加。在触控行业，目前AMOLED产品具有定位准确、使用寿命长等特点。

触控芯片面临触控点定位精确、能耗低、寿命长等技术的挑战。当前手势触控正在成为触控芯片发展的新方向。手势触控芯片不仅要精确定位出触控点的坐标，还需要准确辨别手势，记录手势摆动轨迹，这都要求触控芯片处理数据的能力从一维向三维转换。短期内，触控芯片的应用领域仍将在智能家居方面继续拓宽，如智能门禁、智能换风系统和智能保险柜等。

撰稿人：哈尔滨工业大学　　　　　　　　　王征宇　王明江
审稿人：中芯国际集成电路制造有限公司　黄河

▷▷▷ 2.8.18　生物微机电集成电路，生物微機電積體電路，Bio-MEMS IC

生物芯片是可感知探测生物信息的微型反应器，被分析物可以是蛋白质、抗体、核酸、细胞等。生物芯片与电子芯片不同，电子芯片表面集成的是电子单元，而生物芯片表面排布的则是生物探针（Antenna Array）[1]。目前，生物芯片分类并没有统一的方式，常见的分类有按照作用方式分类和按照被分析物分类两种。按照作用方式，生物芯片可分为被动式和主动式两种。被动式生物芯片自身不包含电源，在信号施加前处于非激活状态，只在实验的步骤中收集信号，具有高并行度特点，在目前生物芯片市场占有较大比例。被动式芯片的基本结构大多包含电子芯片、转换器和探针三部分，通过该结构可以获取及存储生物信息，常见的被动芯片有基因芯片、蛋白质芯片、细胞芯片等。主动式芯片是将生物信号分析实验的步骤高度集成的芯片，通过一步反应就可以完成探测分析，效率高、操作简单[2]。按照被分析物，生物芯片可分为基因芯片、蛋白质芯片、细胞芯片、组织芯片、实验室芯片等。

生物芯片主要用于分子成分分析和医疗应用。分子成分分析主要是指对于各种生物大分子的检测，如核酸（Nucleic acid）、蛋白质（Protein）、抗体（Antibody）等，应用最为广泛的是DNA（Deoxyribonucleic Acid）和RNA（Ribonucleic Acid）的测序分析。荧光检测法（Fluorescence Detection）、网格法（Grid Method）和微沉积法（Micro-deposition Method）是三种主要的分子成分检测方法。荧光法通过荧光反应的能量强弱进行信息的读取。网格法是一种二维检测方法,芯片中的高分子材料和被检测物进行交联,通过对于高分子材料分子链的信息读取直接获得被检测物的生物信息。网格法存在重现性差、灵敏度较低的缺点。微沉积法的作用过程是在被检测物表面沉积一层高分子材料,通过分析沉积后表面的形貌对被检测物进行分析。形貌检测多采用原子力显微镜,对于被检测物表面性质、沉积物的接触角以及被检测物量都有一定的要求[2,3]。

在医疗方面,生物芯片主要用于疾病诊断和药物筛选。通过生物芯片采集正常人基因组信息,得到标准基因图谱,将患者 DNA 或 RNA 序列与正常人进行对比,即可得到病变的 DNA 图谱信息。搜集病变的 DNA 图谱信息可以建立 DNA 病变库,DNA 病变库可以作为疾病诊断的重要手段,尤其是对于癌症早期的诊断,有着重大的意义。通过生物芯片还可以检测身体组织对于各种不同药物的反应,作为药物筛选以及靶向材料筛选的重要方法[4]。

生物微机电系统是以生物医疗诊断或者生物信息分析为目的的,包含传感器、驱动器和机械结构的微米量级器件,主要应用包括生物信息识别分析、医疗诊断、组织细胞工程、医疗注射及手术辅助等[5]。生物微机电系统在生物信息识别分析方面的应用机理与生物芯片技术相类似,区别在于通过微机电制造技术实现的机械机构可以更好地集成信息提取和分析功能。例如通过硅悬臂梁或者振膜,可以选择性地检测生物表面的表面自由能;通过电信号的变化,如电阻、电容等,直接反映生物信息。通过生物微机电系统进行医疗诊断具有快速、自动化等特点。用氮化硅材料制造的微注射器可以在不触碰人皮肤神经的条件下完成注射,达到无细胞组织破坏、无痛感的注射效果[5]。

参考文献

[1] E. Southern, K. Mir, M. Shchepinov. Molecular interactions on microarrays [J]. Nature Genetics, 1999, 27 (5).

[2] N. Kimura, T. Nagasaka, J. Murakami, et al. Methylation profiles of genes utilizing newly developed CpG island methylation microarray on colorectal cancer patients [J]. Nucleic Acids Research, 2005, 33, e46.

[3] A. Kumar, O. Larsson, D. Parodi, et al. Silanized nucleic acids: a general platform for DNA immobilization [J]. Nucleic Acids Research, 2000, 28, e98.

[4] Toomey R., Freidank D. and Rühe J. Swelling behavior of thin, surface-attached polymer networks [J]. Macromolecules, 37, 2004: 882-887.

[5] Steven S. Saliterman. Fundamentals of bio-MEMS and medical microdevices [M]. Bellingham, Wash., m USA: SPIE-The International Society for Optical Engineering, 2015.

撰稿人:中芯国际集成电路制造有限公司　刘煊杰
审稿人:中芯国际集成电路制造有限公司　季明华

2.9 集成电路产品在消费电子、计算机和通信等领域的主要应用

2.9.1 电子游戏机与电子玩具产品，電子遊戲機與電子玩具產品，Electronic Games and Toys

任天堂（Nintendo）是电子视频游戏的开创者，在电视机时代推出了多种具备先进开发理念和游戏技术的产品（例如 Nintendo Wii），打造了多款经典游戏，树立了游戏机霸主的地位。任天堂株式会社创立于 1889 年，是日本的电视游戏制造商。微软公司于 2001 年年底进入家用游戏市场。Xbox 产品是微软公司战略蓝图的一环，其定位不仅是一款游戏机，更是一个连接游戏用户的家庭互联网平台。微软公司后续的 Xbox 360 和 Xbox One 也取得了成功。索尼（Sony）旗下的索尼电脑娱乐 SCEI 家用电视游戏机 PlayStation（例如 PS4）已经成为最出名的家庭游戏产品之一。

普通电子游戏机与玩具产品使用的主要芯片有语音芯片、单片机、传感器芯片等，而微软、任天堂、索尼的游戏机则采用了更高性能的 CPU 和 GPU 芯片。

语音芯片将模拟的语音信号通过采样转化为数字信号存储在 ROM 中，同时也可以将 ROM 中的数字语音信号还原成模拟语音信号。

单片机可以简化设计并实现控制功能，从而满足应用需求。目前单片机在电动玩具中已被广泛采用。

现代玩具产品中常采用不同功能的传感器器件，以赋予产品一定的智能功能。

当前，随着 AI 和机器人技术的发展，具有 AI 功能的交互机器人、娱乐机器人开始进入人们的生活，游戏机将迎来丰富多彩的发展局面。

      撰稿人：深圳华强电子产业研究所   朱怡捷
      审稿人：上海华虹宏力半导体制造有限公司 李国强
          中国电子信息产业发展研究院   霍雨涛

2.9.2 家用电器，家用電器，Home Appliances

家用电器分为白家电（White Goods）和黑家电（Brown Goods），在工业革

命后期开始进入家庭。白家电泛指帮助人们减轻劳动强度或替代家务劳动、提升生活品质，外观颜色基本上以白色为主的家电。最典型的白家电有空调、洗衣机、电冰箱，此外还包括常见的生活电器（取暖电器、扫地机器人、空气净化器、空气加湿器、电风扇等），以及新兴的健康监测电器（体重计、PM2.5检测仪、婴儿监护智能摄像机、血压计、血糖仪等）。生活电器和健康监测电器作为新品类，不断推陈出新。黑家电泛指可提供信息沟通、休闲娱乐的家电产品。典型的黑家电有电视机、录像机、VCD/DVD影碟播放机、机顶盒、音响和家庭影院等。

  目前主要家电厂商有飞利浦、索尼、东芝、西门子、三星等。中国已经成为全球家电制造大国，产生了海尔、格力、美的等一些千亿元规模的世界级家电企业。

  数字化、网络化和智能化浪潮最早起源于个人计算机，随后扩展到个人消费数码产品和手机，现在已延伸至家庭领域，给家电的产品功能、形态甚至消费者的使用习惯都带来了很大的变化。例如，有线电视、卫星电视和互联网机顶盒基本取代了传统地面广播和VCD/DVD播放机，成为家庭的主要视频内容来源。电视机的处理、存储和网络连接能力越来越强大，集成了多媒体播放、互动点播、游戏、教育和购物等功能。新一代智能音箱集成了语音交互和人工智能功能。白家电也开始智能化与网络化，拥有了更强的数据收集、处理、存储和通信能力。黑白家电、通信设备互相渗透融合已是大势所趋。例如，小米推出的净水器、电饭煲、扫地机器人和空气净化器都可以通过无线网络实现远程控制；海尔推出了带摄像头和显示屏的网络冰箱，可以在冰箱上实时下单购物，未来甚至可以根据冰箱内的物品消耗情况自动联网下单。

  传统白家电所用到的主要芯片有微控制器（MCU）、电动机驱动芯片和电源管理芯片等。在物联网时代，白家电将采用大量的应用处理器、无线连接芯片、各种传感器和更大容量的存储器等。例如，目前扫地机器人内置了MCU、Wi-Fi芯片以及多种传感器。黑家电中的主要芯片有显示驱动控制芯片、多媒体处理芯片、电源管理芯片等。

撰稿人：深圳华强电子产业研究所　　　　　潘九堂
审稿人：上海华虹宏力半导体制造有限公司　　李国强
　　　　中国电子信息产业发展研究院　　　　霍雨涛

▷▷▷ 2.9.3　个人消费电子产品，個人消費數碼產品，Consumer Electronics Products

  消费电子产品（Consumer Electronics Products）可分为个人消费电子产品和

家庭消费电子产品。由于消费水平和技术水平的不同，个人消费电子产品在不同时期有不同的类型。早期的代表产品包括收音机、随身听（Walkman）、家用电视游戏机等，后期的代表产品包括 MP3/MP4 播放器、数码相机和数码摄像机等。

2010 年以来，随着智能手机集成的影音娱乐功能越来越强大，传统个人影音娱乐和摄影摄像数码产品出货量下降，进而向更专业化和更细分化转型。智能手机的普及催生了新型智能穿戴产品，如智能手表、智能手环、运动相机、运动健康追踪器和虚拟现实（Virtual Reality，VR）眼镜。智能穿戴产品呈现智能化、网络化、小型化、专业化和多元化发展趋势。

新一代的智能手表与蓝牙耳机相结合，将运动（如跑步记录、热量消耗记录）、健康（如心率监视、睡眠监视）、娱乐（如收音机、高音质歌曲）、通信（如使用嵌入式 SIM 卡）等多种功能集成于一体。

个人影音娱乐产品所用的主要芯片包括多媒体处理芯片、音频编解码芯片、存储芯片和电源管理芯片。摄影摄像产品所用的主要芯片包括 CMOS 影像传感（CMOS Image Sensor，CIS）芯片、影像处理芯片、触摸显示控制芯片和电源管理芯片。新型智能穿戴产品所用的主要芯片包括各种传感器、控制和处理芯片、无线连接（Wi-Fi 或者 Bluetooth）芯片和电源管理芯片。由于智能穿戴产品对成本、体积和功耗的要求非常高，因此对集成电路的制造和封测也提出了更高的要求，这些芯片会集成在一个系统芯片（SoC）里或采用系统级封装（SiP）。

    撰稿人：深圳华强电子产业研究所   潘九堂
    审稿人：上海华虹宏力半导体制造有限公司 李国强
        中国电子信息产业发展研究院   霍雨涛

▷▷▷ 2.9.4　智能卡，智慧卡，Smart Card

智能卡（Smart Card）又称集成电路卡，简称 IC 卡，是内嵌了半导体芯片的各种卡的统称。与传统磁条卡相比，智能卡的主要优点是存储数据容量大、防伪能力强、抗磁、耐用等，可存储密钥、数字证书或指纹等信息，具有高安全性和高可靠性。常见的智能卡，例如信用卡的长×宽为 85.5mm×54mm，厚为 1mm。

按照接触方式，智能卡可分为接触式智能卡和非接触式智能卡。接触式智能卡是通过触点将卡内的集成电路与外部读取设备进行通信的芯片卡，典型的产品如手机使用的用户身份模块（Subscriber Identity Module，SIM）卡。非接触式智能卡的工作原理是读/写器发出与卡片内 LC 串联谐振电路频率相同的固定频率电磁波，从而使非接触式智能卡产生共振，通过积累的电容电荷为非接触式智能卡的电路提供工作电压与电流，进而实现对卡内数据的操作。

经过多年的发展，目前国内智能卡的应用非常广泛，在通信、金融服务、城市管理、卫生文化、公共交通及智能安防等多个领域中都有应用。按照应用领域，智能卡可以分为电子政务卡、金融电信卡和其他卡，如图 2-118 所示。

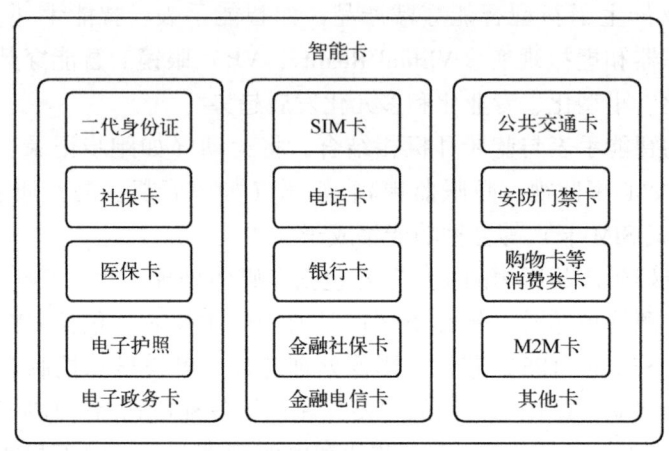

图 2-118　智能卡应用分类

中国的智能卡产业从 20 世纪 90 年代开始发展，在二代身份证等电子政务领域的安全标准和产业化方面已经形成了完整的产业链，实现了高度国产化[1]。

近年来，随着技术水平和应用需要的不断提高和演进，包括银行卡在内的很多智能卡都具备金融功能，这种带有金融功能的智能金融 IC 卡（简称金融 IC 卡）也成为国内智能卡应用的新热点。

金融 IC 卡涉及国内国际的金融业务，要求符合规定的安全标准。国际 IC 金融卡的安全规范主要包括国际信息技术安全评估通用评估准则（Common Criteria for Information Technology Security Evaluation，CC）[2]认证和 EMV 行业标准[3]认证（最初由 Europay、MasterCard 和 Visa 共同发起制定，其后 JCB、American Express、中国银联和 Discover 加入）。CC 认证由 CCRA（Common Criteria Recognition Arrangement）[1]组织制定，截至 2016 年，已有 26 个成员国家。

在金融卡领域，国家信息安全测评认证中心基于 CC 标准制定了国内的认证体系，中国人民银行也制定了中国 IC 金融卡规范。多家中国 IC 卡芯片设计企业通过了相关的国内、国际认证，进入了银联双标卡国内、国际市场，具备了向国内、国际金融领域供货的实力。

参考文献

[1] 国家金卡工程 [EB/OL]. [2017-09-20]. http://www.chinagoldencard.cn/.
[2] Common criteria [EB/OL]. [2017-09-20]. https://en.wikipedia.org/wiki/Common_Criteria.
[3] EMV [EB/OL]. [2017-09-20]. https://en.wikipedia.org/wiki/EMV.

撰稿人：国家集成电路设计深圳产业化基地　　刘奇
审稿人：上海华虹宏力半导体制造有限公司　　李国强
　　　　中国电子信息产业发展研究院　　　　霍雨涛

▷▷▷ 2.9.5 物联网应用，物聯網應用，Application of Internet of Things

物联网（Internet of Things，IoT）诞生之初专指依托射频识别（RFID）技术的传感器网络。1999年美国麻省理工学院（MIT）首次提出了物联网的概念和万物皆可通过网络互联的观点，阐明了物联网的基本含义。在2005年的信息社会世界峰会（WSIS）上，国际电信联盟（ITU）发布了《ITU互联网报告2005：物联网》，将物联网的内涵和外延进行了拓展[1]。

物联网的体系架构如图2-119所示。

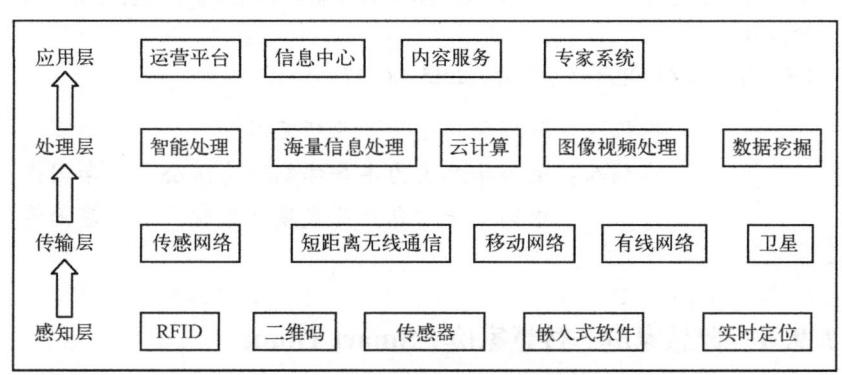

图2-119　物联网的体系架构[2]

物联网涉及数据采集、数据处理和数据传输，与其相关的技术有四项。第一项是射频识别（RFID）技术。物体要互联或者要被接入互联网，首先需要一个可被识别的身份地址。RFID是身份识别方面主流的和发展较好的技术。第二项是传感器技术。物体被识别和联网后，需要传感器把所感知的模拟信息转变为数字信号，并提供给本地或远程的计算中心处理。第三项是嵌入式技术。有些应用中传感器需要在本地处理信息,然后再把有价值的数据上传。由于物联网终端需要长时间工作,本地嵌入式处理器需要满足严苛的功耗、成本、性能等要求。第四项是无线通信技术。物联网的无线通信技术主要分为两类:一类是 ZigBee、Wi-Fi、蓝牙、Z-Wave 等短距离通信技术;另一类是 LPWAN(Low-Power Wide-Area Network,低功耗广域网),即广域网通信技术。LPWAN 又可分为两类:一类是工作于未授权频谱的 LoRa、SigFox 等技术;另一类是工作于授权频谱的 2G/3G/4G 蜂窝通信技术,如 EC-GSM、LTE Cat-M 和 NB-IoT 等。

物联网应用的芯片主要包括RFID 标签芯片、MEMS 传感器、无线连接芯片、MCU 等。RFID 系统由发射端和接收端两部分组成,常采用无线通信技术来识别目标并读/写相关数据。RFID 标签一般作为发射端,每个标签拥有唯一的电子编码,用来标识目标对象。按载波频率划分,RFID 标签可分为:低频(LF)射频卡,工作频率为 125kHz 和 134.2kHz;高频(HF)射频卡,工作频率为 13.56MHz;超高频(UHF)射频卡,工作频率为 433MHz、915MHz、2.45GHz 与 5.8GHz 等。按 RFID 芯片的可操作性划分,RFID 标签分为只读卡、读/写卡、CPU 卡三种。RFID 芯片主要由射频/模拟前端、MCU 核、存储器三部分组成[3]。

参考文献

[1] 中国电子技术标准化研究院. 物联网标准化白皮书[R]. 国家物联网基础标准工作组,2016.

[2] 上海科技发展研究中心. 国际物联网技术发展态势研究[J]. 科技发展研究,2012,291:4.

[3] RFID 原理[Z]. 电子产品世界,2015-06-17.

撰稿人:	深圳华强电子产业研究所	刘辉
审稿人:	上海华虹宏力半导体制造有限公司	李国强
	中国电子信息产业发展研究院	霍雨涛

▷▷▷ 2.9.6 智慧家庭,智慧家庭,Smart Home

智慧家庭(Smart Home)以家庭为载体,以服务家庭成员居家生活为目的,结合物联网、云计算、移动互联网、大数据等技术,提供便利、舒适、安全、健康、节能的家庭生活体验[1]。智慧家庭是智慧城市的最小组成单元。

早期的智能家居是指通过通信技术(蓝牙、Wi-Fi、ZigBee、PLC 等)将家庭内的家电、家居设备互联,再通过家庭网关接入互联网,最后通过智能手机等终端对这些设备进行操控。智能家居更多的是技术实现手段。

智慧家庭是智能家居的升级,它通过服务提升消费者的家居体验,真正解决消费者的家居信息服务需求。例如，通过智慧医疗解决老人的慢性病管理和紧急呼救，通过智慧空气管理提升家庭的空气质量，通过智慧能源管理降低家庭的能源费用支出等。智能家居是智慧家庭中的硬件部分，是实现智慧家庭、提升家居体验的必要技术手段。家居设备的智能化、设备的智能化价值、设备的率先智能化，都要围绕消费者的家居体验为核心目标来开展。智慧家庭和智能家居能实现多种系统（例如照明、取暖、通风、空调（智慧环境控制）、安全）和各种家用电器（例如洗衣机、干衣机、烤箱、冰箱、冰柜）的控制与自动化。

智慧家庭是智慧城市的最小单元，智慧家庭以服务家庭为核心，以硬件承载服务提升消费者家居体验为根本落脚点。智慧家庭产业的主要参与者有互联网公司、地产公司、智慧家庭平台公司（提供综合解决方案）、运营商、硬件厂商、芯片厂商、软件厂商、集成商等。

智慧家庭是一个综合系统，涉及多种硬件产品，应用了种类繁多的芯片，如各类传感器（温度、湿度、烟雾、有害气体传感器等）、通信（Wi-Fi、蓝牙、ZigBee、PLC 等）芯片、嵌入式处理器芯片（MCU、AP）、电源管理芯片（PMU）和服务器芯片等。

参考文献

[1] 智慧家庭 [EB/OL]. [2017-09-20]. https://en.wikipedia.org/wiki/Home_automation.

撰稿人：深圳华强电子产业研究所　　　刘辉
审稿人：上海华虹宏力半导体制造有限公司　李国强
　　　　中国电子信息产业发展研究院　　　霍雨涛

▷▷▷ 2.9.7　智慧城市，智慧城市，Smart City

智慧城市（Smart City）是指在未来的都市愿景规划中，将信息与通信技术（Information and Communication Technology，ICT）和物联网（Internet of Things，IoT）技术集成一体，安全管理城市的运营[1]。

智慧城市主要包括平安城市、智慧交通、智慧政务、智慧家庭、智慧医疗、智慧教育、智慧楼宇、智慧能源、智慧城管、智慧物流、智慧旅游、智慧水务、智慧垃圾管理等系统，是一个复杂的、相互关联、相互作用的综合系统。实现智慧城市的基础技术包括物联网、云计算、大数据、信息安全、移动应用的软硬件技术等，如图 2-120 所示。智慧城市的建设需要多种多样的电子技术监管、控制、分析和应用，每一个领域都使用大量的芯片产品。

智慧城市											
整合共享的城市数据，跨域的综合分析和应用											
四类主体	政府				民生				产业		环境
应用场景	智慧政务	智慧城管	平安城市	应急指挥	智慧交通	智慧家庭	智慧医疗	智慧教育	智慧社区	智慧楼宇	智慧能源	智慧物流	智慧旅游	智慧水务	智慧垃圾管理
相关技术	物联网、云计算、大数据、信息安全、移动应用											

图 2-120　智能城市产业的基本架构

参考文献

［1］Smart city［EB/OL］.［2017-09-20］. https://en.wikipedia.org/wiki/Smart_city.

撰稿人：深圳华强电子产业研究所　　　　　　　　刘辉
审稿人：上海华虹宏力半导体制造有限公司　　　　李国强
　　　　中国电子信息产业发展研究院　　　　　　霍雨涛

▷▷▷ 2.9.8　个人计算机、工作站与外部设备，個人電腦、工作站與週邊設備，Personal Computer and Peripherals

个人计算机或称个人电脑产品主要有三种类型，分别是台式计算机、笔记本式计算机和平板电脑。台式计算机是最传统的产品形态，主机和显示器一般相对独立，体积较大，需要放置在台面上进行工作。与台式计算机相比，笔记本式计算机体积小、质量轻，方便携带，适合移动办公，超轻超薄是笔记本式计算机的发展方向。平板电脑则具有更好的便携性，利用触摸屏取代了键盘，用户可以使用手写笔或手指直接触摸实现输入。平板电脑分为 ARM 架构和 x86 架构：ARM 架构以苹果 iPad 和安卓（Android）平板为代表，功能更加接近智能手机；x86 架构以微软 Surface 为代表，操作体验更加接近笔记本式计算机。

台式计算机和笔记本式计算机使用的主要芯片包括 CPU 芯片、北桥芯片、南桥芯片、存储芯片等。CPU 芯片是个人计算机的核心。北桥（North Bridge）芯片是个人计算机主板上的重要芯片之一，也叫主桥。北桥芯片负责连接内存、显卡等高速设备，它离 CPU 最近，以方便与 CPU 之间的通信。南桥（South Bridge）芯片也是主板芯片组的重要组成部分，主要负责 I/O 总线之间的通信。南桥芯片不与处理器直接相连，而是与北桥芯片相连，一般离处理器远一点，以方便布线。还有动态随机存取存储器（Dynamic Random Access Memory，

DRAM），这是一种可以随时读/写数据的、包含大量存储单元的大规模集成电路。通常所说的内存容量就是指 DRAM 的容量。为方便内存扩充，将多颗 DRAM 芯片颗粒焊接在内存条上。计算机厂家将数据写入只读存储器（Read Only Memory，ROM）并固化处理，用户一般无法修改，断电时 ROM 中的数据也不会丢失。因此，ROM 中通常保存的是计算机的基本输入/输出系统（BIOS）的信息。

计算机的外部设备是计算机系统中输入/输出设备的统称，可以分为输入设备、输出设备、输入/输出接口和外存储器，包括显示器、键盘、鼠标、打印机、扫描仪、移动存储等。

计算机外设使用的主要芯片有触控芯片、调制解调芯片、闪存芯片等。触摸屏是一种通过触控芯片实现人机交互的电子产品，目前广泛使用的是电容式触摸屏，它的基本原理是人体手指的触摸会改变触摸屏相应位置电容的容值，通过算法得到相应的位置信息，结合应用软件实现相应的操作。调制解调芯片一般由控制器、数据泵和数据整理三个硬件模块组成。调制解调器的性能和它采用的芯片有很大关系。目前大部分外围设备仍主要采用 NOR 闪存芯片用于代码存储，而 U 盘和 SSD 固态硬盘等数据存储产品则已全面采用 NAND 闪存芯片。

半导体、IT 和科学研究等行业的人员还广泛使用工作站（Workstation）取代个人计算机作为常规的工作设备。工作站的特点是性能先进、显示屏较大、图像清晰、视觉舒适。工作站用户通常通过局域网（Local Area Network，LAN）互联，使用多用户（Multi-User）操作系统，调用共享软件和数据进行分析工作。根据工作人员数目的多寡，局域网的中心往往由一台、多台或若干台服务器农场（Computer Farm）组成。

撰稿人：深圳华强电子产业研究所　　　　朱怡捷
审稿人：上海华虹宏力半导体制造有限公司　李国强
　　　　中国电子信息产业发展研究院　　　霍雨涛

▷▷▷ 2.9.9　超级计算机，超級計算機，Supercomputers

在商业、工业、交通和国防等领域，对高性能计算提出了大量需求，因而服务器、大型机、巨型机等产品得到了广泛的应用。服务器、大型机、巨型机（也称作超级计算机）等都属于高性能计算（High Performance Computing，HPC）设备的范畴。衡量高性能计算采用的是每秒浮点运算次数（Floating-Point Operations Per Second，FLOPS），取代了通用计算机采用的单位 MIPS。到 2015 年，超级计算机已达到 PFLOPS（Peta FLOPS）级的运算性能，它们大部分都运行于Linux的环境。服务器一般为企业与政府使用，通过网络为客户端众多用户同时提供服务。服务器在可靠性、可扩展性和易管理性方面具有较大优势，通常要求服务器具有高吞吐率计算（High Throughput Computing）和多任务计算（Many Task Computing）的功能。大型机使用专门的指令集、操作系统和应用软件，主要处理大型组织的应用任务，如人口普查、工业和消费统计、企业资源规划等大批量数据处理任务。超级计算机是一个巨大的计算机系统，主要用来承担战略性的重大科学研究，如量子力学、天气预报、石油勘探、导弹火箭、医药研究等。

超级计算机开始于20世纪60年代[1]。1983年，中国成功研制出每秒运算一亿次以上的银河巨型计算机。2004年曙光（Sugon）首次进入世界500强超级计算机，排名第10名。2010年，天河一号超级计算机在天津研制完成，峰值运算速度提升为4700×10^{12}FLOPS，持续运算速度提升为2566×10^{12}FLOPS，世界排名第一。2013年，天河二号研制成功，天河计算机获得世界超算排名"六连冠"殊荣；2016年6月达到54×10^{15}FLOPS，创造了一项新的世界纪录。2017年神威太湖之光搭载了40 960块"神威26010（SW26010）"高性能处理器，名列世界第一。超级计算机2017年前10位排名见表2-24。从表中可见，排名第2和第3的超级计算机都使用了Intel的处理器，排名第4的使用了AMD的处理器，排名第5的使用了IBM的处理器。

表2-24 超级计算机2017年前10位排名（第49届排名）[2]

名次	运算速度最高测量值/PFLOPS	运算速度峰值/PFLOPS	名称	模型	处理器	国家与制造商
1	93.015	125.436	神威太湖之光	神威MPP	SW26010	中国，无锡国家超算中心
2	33.863	54.902	天河二号	TH-IVB-FEP	Xeon E5	中国，广州国家超算中心
3	19.590	25.326	Piz Daint	Cray XC50	Xeon E5	瑞士，Cray国家超算中心
4	17.590	27.113	Titan	Cray XK7	Opteron	美国，ORNL
5	17.173	20.133	Sequoia	Blue Gene	A2（Power）	美国，LLNL
6	14.015	27.881	Cori	Cray XC40	Xeon Phi	美国，能源研究Cray
7	13.555	24.914	Oakforest-PACS	Fujitsu	Xeon Phi	日本，高级HPC合作中心
8	10.510	11.280	K computer	Fujitsu	SPARC64	日本，计算科学高级研究所
9	8.587	10.066	Mira	Blue Gene	A2（Power）	美国，ANL
10	8.101	11.079	Trinity	Cray XC40	Xeon E5	美国，LANL

注：根据LINPACK方法，排名采用最高测量值判断；峰值为理论值。

参考文献

[1] Supercomputer [EB/OL]. [2017-09-20]. https：//en.wikipedia.org/wiki/Supercomputer.

[2] TOP 500 [EB/OL]. [2017-09-20]. https：//en.wikipedia.org/wiki/TOP500.

撰稿人：深圳华强电子产业研究所　　朱怡捷
中国科学院大学　　陈春章
审稿人：中国电子信息产业发展研究院　　霍雨涛

▷▷▷ 2.9.10 手机，手機，Mobile Phone

从模拟时代到数字时代，手机（Mobile Phone）的发展经历了三个阶段：从具有语音通话、发短信（Short Message Service，SMS）的功能手机，到具有视频、音乐功能的多媒体手机，再到今天具有多项功能的智能手机。

手机核心芯片为手机提供无线广域网、无线局域网、近场通信和应用处理功能，目前这些芯片正在向"集成化""多核化""多功能化""小体积""低成本化"的方向发展。手机的核心芯片包括基带芯片、应用处理器、射频芯片、存储芯片、传感器芯片、电源管理芯片等[1]，如图2-121所示。

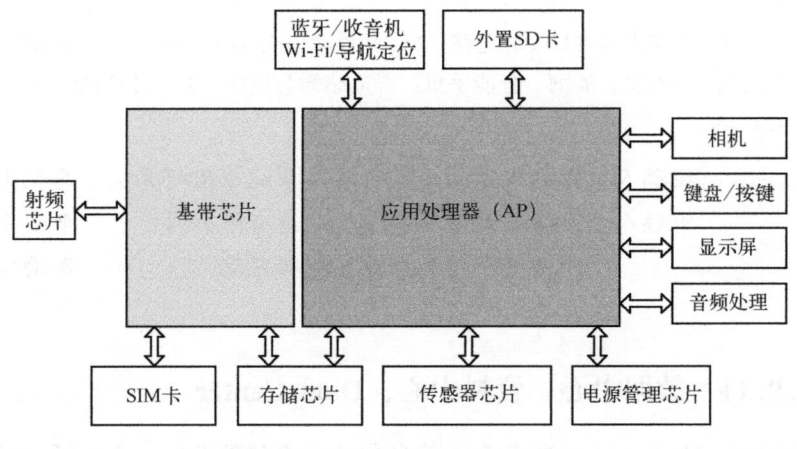

图 2-121　手机芯片方案示意图

（1）基带（Baseband）芯片：主要处理 2G/3G/4G 等多种通信协议，对基带信号进行调制或解调。目前有两种形式的基带芯片：一种是和 AP 集成在 SoC 中，代表厂商有高通、联发科和紫光展锐等；另一种是独立的基带芯片，代表厂商有高通和 Intel 等。

(2) 应用处理器（Application Processor，AP）：主要用于处理除通信功能之外的其他各种应用，如音视频播放、图像处理等。在经过从单核到多核、从单一功能模块到集成多种功能模块等技术提升后，AP 的综合性能得到飞速发展。目前的主流厂家为高通、MTK、Apple 和海思半导体等。

(3) 射频（RF）芯片：对特定频率的射频信号进行放大或处理的芯片。手机用射频芯片数量较多，包括功率放大器、射频开关和滤波器等。主流厂家为 Skyworks、Qorvo（由 RFMD 和 TriQuint 合并而成）、Avago、Anadigics 等。

(4) 存储（Memory）芯片：手机中的存储芯片主要有 DRAM 与 NAND Flash，主流厂家为 SK 海力士、三星等。

(5) 传感器（Sensor）芯片：主要用于采集各种环境信号，然后将其转化为电信号进行处理与应用。手机中的传感器芯片种类丰富，主要包括加速度计、陀螺仪、地磁传感器、压力传感器、接近光/环境光传感器、摄像头、红外传感器、指纹识别芯片等[2]。

(6) 电源管理芯片：实现电能的变换、分配、检测等功能，主要包括 PMU 芯片、LDO 芯片、DC/DC 芯片、电池充电管理芯片、无线充电管理芯片、过流保护芯片等。

随着技术的不断发展，手机芯片的设计将更加集成化和单芯片化。

参考文献

[1] 李闻达. 手机芯片市场发展之路 [J]. 软件和集成电路，2015，9：80-85.

[2] 陈龙彪，李石坚，潘纲. 智能手机：普适感知与应用 [J]. 计算机学报，2015，2：423-438.

撰稿人： 深圳市微纳集成电路与系统应用研究院   马乾力
审稿人： 上海华虹宏力半导体制造有限公司   李国强
        中国电子信息产业发展研究院   霍雨涛

▷▷▷ 2.9.11 数据中心，资料中心，Data Center

数据中心（Data Center）是企业信息化的重要基础设施，企业可通过集中的数据环境达到数据资源共享与处理的目的[1]。通常，数据中心包括计算机系统和配套设备（如通信系统和存储系统），以及冗余数据通信连接、环境控制设备，还有各种安全装置，如服务器、以太网交换机、存储器、UPS 电源、网络监控终端、基于内核的虚拟机（Kernel-Based Virtual Machine，KVM）控制台服务器等。数据中心的网络示意图如图 2-122 所示。

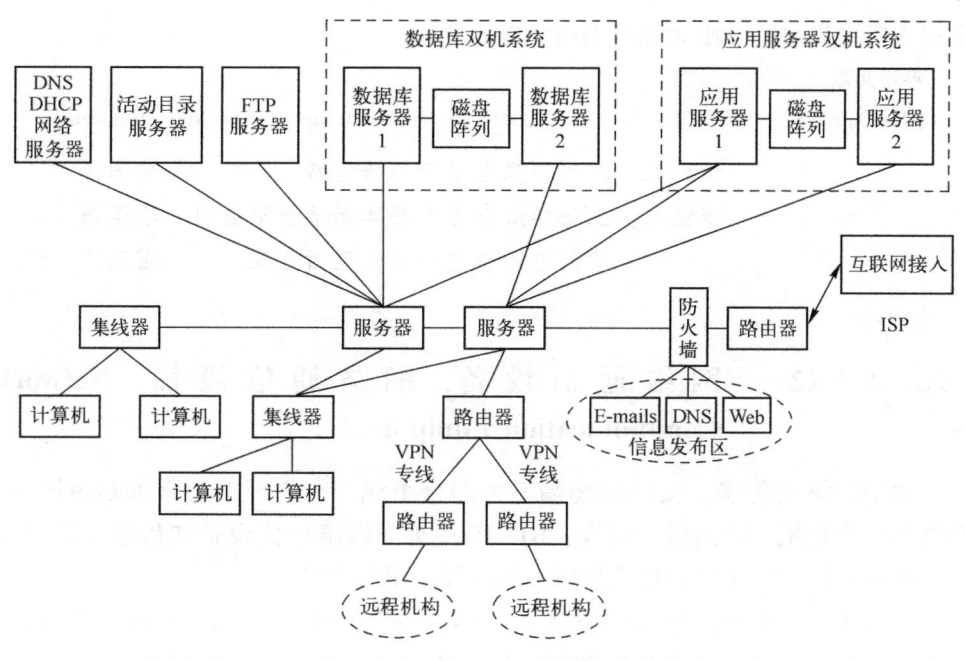

图 2-122 数据中心网络示意图

随着大数据（Big Data）时代海量数据的产生及其对云计算（Cloud Computing）分析需求的增长，人们提出了以存储为基础的服务方案（Infrastructure as a Service，IaaS）、操作系统和应用程序相结合的平台服务方案（Platform as a Service，PaaS），以及软件服务方案（Software as a Service，SaaS）等。这些需求对电子行业的软硬件协同设计，包括高性能 CPU 设计、高速存储设计、高速接口 IP 等芯片设计均提出了新的要求。

数据中心系统使用的主要芯片包括服务器芯片和以太网交换机芯片等。

服务器芯片主要包括 CPU 和相配套的芯片组（Chipset），其中芯片组按照在主板上排列位置的不同，通常分为北桥芯片和南桥芯片。Intel 的 x86 架构服务器是事实上的 CPU 技术规范和标准。Intel 至强（Xeon）系列和 AMD 皓龙（Opteron）系列产品是当前服务器芯片的代表产品。目前，这两大芯片厂商的服务器 CPU 占领了大部分服务器 CPU 市场。IBM 的 POWER 芯片则主要用于高端服务器。目前，ARM 也希望进入服务器市场，AMD 和高通都已开发出基于 ARM 架构的服务器芯片。

交换机技术的高低往往体现了数据中心的智能化、信息化程度的高低，利用专门设计的集成电路可使交换机以线路速率在所有的端口并行转发信息，提供比传统桥接器优越的操作性能。目前，Cisco 交换机主要采用自研芯片，而其他以太网交换机厂商则大部分采用博通的芯片。

参考文献

［1］ Data center ［EB/OL］. ［2017-09-20］. https://en.wikipedia.org/wiki/Data_center.

撰稿人： 深圳华强电子产业研究所　　　　朱怡捷

审稿人： 上海华虹宏力半导体制造有限公司　李国强

　　　　中国电子信息产业发展研究院　　　霍雨涛

▷▷▷ **2.9.12 网络通信设备，網路通信設備，Network Communication Equipment**

通信网络由传输、交换和终端三大部分组成，在物理上通常都是由网卡、集线器、交换机、路由器、网线、RJ-45接头等网络通信设备和传输介质组成的。网络通信设备主要包括交换机、路由器、服务器等[1]。

广义来讲，交换机分为广域网（WAN）交换机和局域网（LAN）交换机。广域网交换机主要应用于电信领域，提供通信基础平台。局域网交换机则应用于局域网络，用于连接终端设备，如PC及网络打印机等。按所在网络层次分类，交换机可分为接入交换机、汇聚交换机、核心交换机三种，如图2-123所示。交换机的核心芯片主要包括高性能CPU、高性能网络处理器（NP）、专用ASIC芯片与高带宽接口芯片等。主流的交换机芯片厂商有博通、Marvell等，高

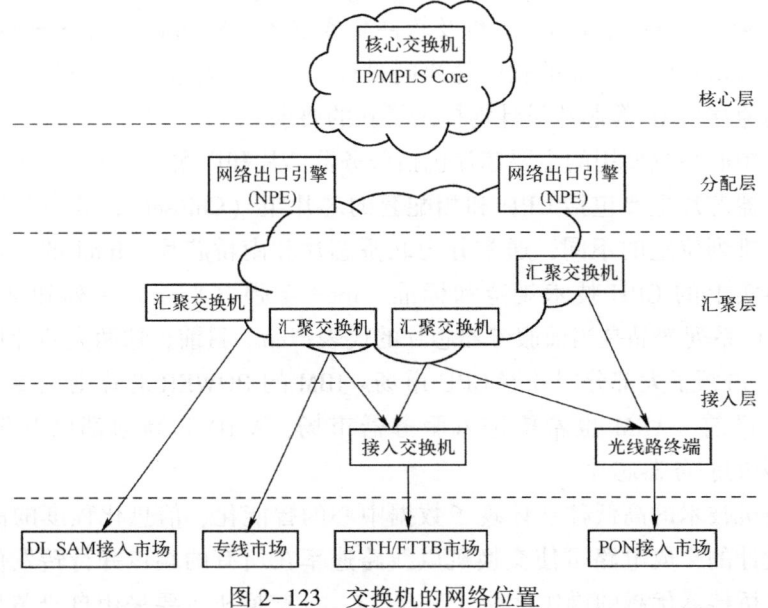

图2-123　交换机的网络位置

· 440 ·

端交换机采用博通交换芯片居多。目前国内海思半导体已成功开发出用于高端交换机的以太网处理器（Ethernet Processor，ENP）。

路由器是工作在网络层的数据包转发设备，典型功能是数据信道和控制。新一代核心及高端路由器的核心采用网络处理器（Networking Processor，NP）技术，其内部通常由若干高性能CPU和若干硬件协处理器（ASIC形态）组成，可实现多路由协议。

服务器是指在网络环境下运行相应的应用软件，并为网络中的用户提供共享信息资源和服务的设备。服务器由处理器、硬盘、内存、系统总线等构成，一般都针对具体的网络应用进行特别定制，是网络的中枢和信息化的核心，具有高性能、高可靠性、高可用性、高I/O吞吐能力、存储容量大、联网和网络管理能力强等特点。服务器主要涉及的芯片包括CPU、存储控制芯片和网络接口芯片。

参考文献

[1] 黄中砥. 组网技术与网络管理 [M]. 北京：清华大学出版社，2006.

撰稿人：深圳市微纳集成电路与系统应用研究院　　刘永新
审稿人：上海华虹宏力半导体制造有限公司　　李国强
　　　　中国电子信息产业发展研究院　　霍雨涛

▷▷▷ 2.9.13 无线通信核心网与接入网，無綫通信核心網與接入網，Telecommunication Core Network and Access Network

程控交换机的出现是通信网发展中的一个非常重要里程碑，尤其是数字程控交换机，标志了通信网从模拟时代跨入了数字化时代。最初，电话交换局由一个个程控机房、电源机房和配线机房构成，电话电缆先汇集到配线架，再汇集到程控交换机上。随着技术的发展，出现远端模块、V5、450MHz无线环路等接入网方式；接着出现了移动通信，移动核心网的移动交换中心（Mobile Switching Center，MSC）部署在中心机房，无线基站系统（Base Station System，BSS）星罗棋布分布。目前，通信网络架构正从传统电路域向扁平IP域演进，核心网是IP多媒体子系统（IP Multimedia Subsystem，IMS）的网络架构，通信业务涵盖语音通信、宽带业务、视频业务、音视频会议、多媒体业务等。

1. 电路交换的通信核心网与接入网

电路交换的特点是通信从呼叫发起、呼叫接续到呼叫结束，整个过程需要独占用户电路、中继电路和交换网络电路。程控交换机是电路交换的核心设备，是一个复杂的处理系统，采用模块化架构，通过模块组合叠加，实现不同功能和容量大小的交换局。程控交换机系统主要由中央处理、交换、时钟、中继、信令、用户和电源等子系统构成。

2. 软交换

软交换（Soft Switch，SS）的主要特点是呼叫控制与媒体承载分离，它的两个重要功能实体为呼叫服务器（Call Server，CS）和媒体网关（Media Gateway，MG）。呼叫服务器主要完成用户注册和认证鉴权、呼叫控制、信令处理、路由选择，并最终完成计费等功能。媒体网关提供用户接入、媒体资源等功能。呼叫服务器通过IP的城域网或广域网与媒体网关互联，因此媒体网关通常部署在用户汇聚点，从而节省大量铜缆。

3. IP多媒体子系统（IMS）

IMS通信网的特点是IP化和网络扁平化。IMS通信网包括以电路交换为特征PSTN固网、2G/2.5G（GSM/GPRS）移动通信网络、全IP化的3G/4G移动通信网络、Wi-Fi技术构建的WLAN和以Cable MODEM技术为核心构建的HFC有线广播通信网络。

通信网络设备采用的集成电路芯片类型多样，除主板芯片组、CPU芯片、内存芯片、Flash芯片之外，还会用到PCI（Peripheral Component Interconnect）控制器芯片、USB控制器、以太网芯片、UART（Universal Asynchronous Receiver/Transmitter）芯片、电源管理芯片、TSI（Timeslot Interxhange）时隙交换芯片、E1/T1中继接口芯片、FPGA芯片、用户电路芯片和DSP芯片等。

撰稿人：深圳市微纳集成电路与系统应用研究院　　何越文
审稿人：上海华虹宏力半导体制造有限公司　　李国强
　　　　中国电子信息产业发展研究院　　　　霍雨涛

▷▷▷ 2.9.14　通信领域的融合，通信领域的融合，Unified Communications

通信领域的融合（Unified Communications，常简称为融合通信）[1]可以理解为一种企业商务模式，它将各种通信服务集成为一体。这种融合通信服务包括若干现有的通信服务：短信交谈（Instant Messaging/Chat）、出席信息、声音（包括IP电话）、移动扩展、音频、网络视频会议（Web & Video Conferencing）、固定（电话）移动（电话）融合（Fixed-Mobile Convergence，FMC）、桌面分享、数据分享、电话呼叫控制与语音识别等。

伴随着通信业务的迅猛发展，传统的话音业务以外的短信、宽带、视频、游戏、互联网应用都已成为通信网络的重要业务，这些业务层面的网络设备借助计算机技术的快速发展，逐渐衍生出内容分发网络（Content Delivery Network，CDN）、网络电视（Internet Protocol Television，IPTV）、互联网数据中心（Internet Data Center，IDC）等应用于通信领域的新基础设施，而且成为日益重要的通信网络的组成部分。

使用 CDN 技术的主要目的在于增加访问速度，解决跨域互联，解决游戏和视频等新业务的大容量高并发等问题，提高用户体验等。CDN 使通信网络逐步与互联网融合。CDN 最早出现在 2005 年前后，涉及智能域名系统（Domain Name System，DNS）、内容存储与调度、宽带承载网等技术。目前电信运营商、各个互联网运营商都部署了 CDN。由于需求量巨大，甚至有一些专门提供 CDN 运营服务的厂商。

随着视频、游戏等业务的高速发展，CDN 也在近十年迎来了建设高潮，除了对电信承载网技术的巨大推动，CDN 也采用了大量的计算机和存储技术；尤其对于高性能的 CPU 芯片、高速通信总线、大规模存储控制芯片等技术提出更高要求，未来将会向更高分发性能、可靠性和安全性发展，局域网的超高速光纤通信、闪存和控制等都将成为 CDN 的核心关键技术。

随着 IP 技术的发展，传统电信网、广电网络和计算机网络的三网融合发展趋势日益显著，未来将由一个全数字化的网络设施来支持包括数据、语音和视频在内的所有业务的通信。三网融合的典型代表是网络电视业务，它是利用宽带网和新一代的音视频技术，集互联网、多媒体、通信等技术于一体，向家庭用户提供包括数字电视在内的多种交互式服务的业务。通常的 IPTV 系统是涵盖终端机顶盒、流媒体服务器 CDN、业务交互与管理系统（Content Management System，CMS）以及编码器等头端设备的大型解决方案。

近年来智慧家庭也从侧面推动了 IPTV 的快速发展，以三网融合为概念的 IPTV 等家庭娱乐和通信解决方案涉及众多的融合技术，如音视频编解码、存储与分发、内容安全与保护等，驱动相应的集成电路产业迅速发展。其中，机顶盒芯片、家庭网关芯片、数字证书认证中心（Certificate Authority，CA）/数字版权管理（Digital Rights Management，DRM）安全芯片都得到了广泛应用，典型芯片如海思 Hi3716、Hi3798 等。

参考文献

[1] Unified communications [EB/OL]. [2017-09-20]. https://en.wikipedia.org/wiki/Unified_communications.

撰稿人： 深圳市微纳集成电路与系统应用研究院　　张国新
审稿人： 上海华虹宏力半导体制造有限公司　　　　李国强
　　　　 中国电子信息产业发展研究院　　　　　　霍雨涛

2.10 集成电路产品在汽车电子与工业、医疗等领域的主要应用

2.10.1 车载信息娱乐系统，車載資訊娛樂系統，In-Vehicle Infotainment

目前，汽车正变得智能化与网络化。汽车在作为一种交通工具的同时，也在成为人们娱乐和获取信息的一个平台。车载信息娱乐系统（In-Vehicle Infotainment，IVI）旨在满足人们舒适性、娱乐性和信息性的需求。

车载信息娱乐系统既通过车载专用处理器、车载操作系统、控制器局域网（Controller Area Network，CAN）等控制车载娱乐系统，又通过公用的3G/4G以及未来的5G等移动网络、卫星导航技术、Wi-Fi、蓝牙与USB等通信技术联系外部世界，实现移动互联网服务等。

车载信息娱乐系统起源于汽车音视频系统，包括收音机、磁带机和CD播放器等。随着科技的发展，车载信息娱乐系统已经整合了音视频播放、实时路况与导航、音控、安全诊断、游戏、收发邮件、新闻资讯、手机互通等多种功能与应用。车载信息娱乐系统未来将与自动驾驶等功能进一步融合。

社会的信息化日益丰富导致车载信息娱乐系统日益复杂，比如支持多种手机操作系统[1]。2009年非营利组织GENIVI联盟（GENIVI Alliance）成立，旨在促进汽车制造商与软件开发人员之间的协作，共享一个标准的车载信息娱乐系统开发的开源平台，以缩短开发周期及上市进程，同时激发汽车信息娱乐系统的创新潜能。

车载信息娱乐系统不仅仅是一个硬件，更多的是内容服务，实现车内与外界的无缝信息交流，提高驾驶者与外界的安全互动，整合互联网、多媒体、导航与资讯等多种汽车信息娱乐项目。

参考文献

[1] 实现向车载信息娱乐技术过渡 [EB/OL]. [2017-11-17]. https://automotive.cn.mentor.com/news-publications/ivi-technology.

撰稿人：明导（上海）电子科技有限公司	颜全
审稿人：上海华虹宏力半导体制造有限公司	李国强
北京大学	王新安

▷▷▷ 2.10.2 车身控制模块，車身控制模組，Body Control Module

车身控制模块（Body Control Module，BCM）或车身控制系统（Body Control System，BCS）负责监测和实现车内外灯光、洗涤刮水逻辑及中央门锁、喇叭、四驱等功能[1]。目前，BCM正在不断增加更多的自动化及舒适便利功能，如大灯自动控制、遥控锁车后自动关窗等。

车身控制模块主要通过现场总线来实现各种控制功能，主流总线技术是CAN和局域互联网络（Local Interconnect Network，LIN）。CAN是一种高速双线差动总线，可实现微控制器和车内各个电子模块的相互通信。CAN是一种基于消息的协议，除了用于汽车控制，也被用于工业控制等其他领域。LIN是用于车辆组件之间通信的一种低成本串行网络协议，由于LIN相对速度不快，适用于汽车内分层网络的机电节点，是CAN网络的补充。

车身控制模块有两个重要的组成部分，分别是控制部分和电源部分。控制部分采用单片机（Microcontroller Unit，MCU）控制，可以实现系统自诊断，有效地提高了系统的鲁棒性和可靠性。控制部分主要负责包括照明、继电器驱动器及其他电子驱动器的控制。

在BCM的电源部分中，BCD电源的输入通常是12V或者24V，输出需要满足多种需求。一般半导体芯片需要低电压供电，有些模块在发动机未启动时就要开始工作，有些是大功率负载。对于雨刮等大功率负载，主要通过继电器或者中继驱动器/MOSFET实现；对于DSP、存储器等芯片供电，要通过电压调整器来降低电压；汽车门控需要持续供电，必须支持待机模式；同时汽车需要工作在高温或低温的环境中，也要求电源系统具有高低温工作能力。

射频识别（RFID）技术已经应用到车身系统的无线车钥匙中，工作频率通常是315MHz或433MHz。

车身控制系统是非常重要的一个系统，随着技术的发展，更多的主动车身控制（Active Body Control，ABC）模块加入此系统中，并且连接着动力控制模块和其他通信或传感功能模块，这就要求 BCM 具有更高集成度和可扩展性，以满足汽车电子高速发展的要求。

参考文献

[1] Body Control Module（BCM）[EB/OL].[2017-11-18].http://www.ti.com/solution/automotive_central_body_controller.

撰稿人：明导（上海）电子科技有限公司　　许岩
审稿人：上海华虹宏力半导体制造有限公司　　李国强
　　　　北京大学　　　　　　　　　　　　　王新安

▷▷▷ 2.10.3　动力传动综合控制系统，動力傳動綜合控制系統，Powertrain Control System

动力传动综合控制系统（Powertrain Control System，PCS）以电子控制单元（Electronic Control Unit，ECU）为核心，控制离合器的分离接合和换挡动作，并通过其他电子设备控制发动机的供油，从而对动力传动系统（发动机、离合器、变速器等）进行联合控制。

动力传动综合控制系统的数据感知、ECU 等子系统是其关键的组成部分。

数据感知系统主要由各种传感器组成。传感器采集换挡需要的各种参数，并把信号传递给 ECU。车辆必须能够按照驾驶员的意图行驶、工作，动力传动综合控制系统要做到正确理解和实现驾驶员的操控。传感器通过对控制机构，如加速踏板、制动踏板、方向盘转角等变化进行感知，经 ECU 分析后理解驾驶员的意图。此外，其他信号可通过开关、控制器或其他方式传递。

ECU 是控制系统的核心。ECU 根据检测到的车辆行驶状态信号，按照驾驶员的意图，改变工作状态和转换挡位。ECU 主要功能包括数据采集、数据预处理、车辆状态识别、驾驶员操作意图识别、换挡决策和质量控制，以及故障诊断、输出、显示控制等。现在 ECU 多采用高性能 16 位或 32 位微处理器，甚至采用全定制微处理器，以增强电路的功能并提升控制的可靠性。

动力传动综合控制系统通过传感器采样获得信号送到 ECU，ECU 处理数据后发送控制信号到执行机构，实现对传动系统的控制，调整传动系统的工作状态，保证对车辆的控制。

动力传动综合控制系统一般有三种控制方式：两机或多机控制；单 ECU 对发动机和变速器进行整体控制；采用 CAN 总线进行总体控制[1]。

参考文献

[1] 汽车动力传动系统智能控制技术研究［EB/OL］.［2017-05-07］. http://www.chinabaike.com/t/30660/2014/1208/3038303.html.

撰稿人：明导（上海）电子科技有限公司	刘雪峰
审稿人：上海华虹宏力半导体制造有限公司	李国强
北京大学	王新安

▷▷▷ 2.10.4 汽车主动安全系统，汽車主動安全系統，Automotive Active Safety Systems

汽车安全系统分为主动安全系统（Active Safety System，AAS）和被动安全系统。主动安全系统用来探测道路上存在的风险，主动采取措施避免碰撞所带来的危险。被动安全系统则用来当碰撞发生时保护车内乘员免受进一步的伤害，常由安全车身（Global Outstanding Assessment，GOA）、安全带及安全带预收紧装置、安全气囊、汽车专用安全调制玻璃、转向柱能量吸引装置组成[1]。当前汽车使用先进的电子系统来保障安全，这样的电子系统需要功能强大、种类丰富的汽车专用高可靠性集成电路的支撑。

主动安全系统包括以下几个部分。

（1）前向碰撞报警系统（Forward Collision Warning System，FCW）：通过系统感知车体前部的危险程度，避免碰撞的发生，通常包括雷达、激光、电子摄像机等模块。雷达探测模块用来确定车前的危险程度，通常由发射接收射频电路、模/数转换电路、中央数据处理单元、中央控制器、报警显示与语音电路组成。激光探测模块用来判定车辆所处的危险水平，包括半导体激光器、光电收发电路、光纤传输电路、中央数据处理单元和控制器、报警显示与语音电路。电子摄像系统完成对路面复杂情况的观察，主动实施安全保护性措施，通常包括 CCD 摄像头、CCD 图像控制器、图像处理器、报警显示与语音处理电路[2]。

（2）车道偏离报警系统（Lane Departure Warning System，LDW）：通过比较车辆在行驶车道中的位置变化，对车道偏离行为发出警告。目前，主要采用图像识别技术判定车道偏离。

（3）电子稳定控制（Electronic Stability Control，ESC）系统：在异常的情形下，通过控制车辆驱动力，使车辆保持最佳的稳定性。ESC 由 MCU 控制器和测量行车轨迹偏移传感器、测量车轮角速度传感器、方向转向角度传感器以及液压减速控制单元实施。

（4）防抱制动系统（Anti-lock Braking System，ABS）：可以防止制动抱死，使驾驶员在制动情况下仍可以控制车辆的前进方向，主要包括 MCU 控制器、车轮角速度传感器、制动液压控制单元。

（5）电子制动力分配（Electronic Brakeforce Distribution，EBD）系统：常和 ABS 安装在一起，可以重新分配制动力，由轮速传感器、电子控制器和液压执行器等组成。

（6）牵引力控制系统（Traction Control System，TCS）：帮助车辆在摩擦力较小的路面制动或加速时，通过调节车轮的输出扭矩，保证车辆良好的操控性和方向稳定性。作为 ABS 的补充，它们使用相同的控制系统，如 MCU 控制器、轮胎速度传感器、液压控制单元。

（7）紧急刹车辅助系统（Emergency Brake Assist System，EBA）：在紧急情况下，帮助驾驶者缩短制动距离。

（8）制动优先系统（Brake Override System，BOS）：保证在非正常加油状态下，车辆仍可安全制动。

（9）胎压监控系统（Tire Pressure Monitoring System，TPMS）：监视轮胎压力是否处于正常范围，由压力和温度传感器、无线传输和接收电路以及显示告警电路组成。

（10）泊车辅助系统（Parking Assist System，PAS）：通常由 CCD 摄像头、超声波发射与接收电路组成[3]。

参考文献

[1] Brain on Board［EB/OL］.［2017-04-25］. http://brainonboard.ca/safety_features/.

[2] Infineon Automotive Application Guide［EB/OL］.［2017-04-25］. http://www.infineon.com/automotive.

[3] 汽车安全系统［EB/OL］.［2017-04-25］. http://baike.baidu.com/item/%E6%B1%BD%E8%BD%A6%E5%AE%89%E5%85%A8%E7%B3%BB%E7%BB%9F.

撰稿人：明导（上海）电子科技有限公司　　付永杰
审稿人：上海华虹宏力半导体制造有限公司　　李国强
　　　　北京大学　　　　　　　　　　　　　王新安

▷▷▷ **2.10.5　新能源汽车，新能源汽車，New Energy Vehicles**

新能源汽车（New Energy Vehicles）是指采用非传统汽柴油为燃料作为动力来源的汽车，主要包括纯电动汽车、燃料电池电动汽车、混合动力汽车等。

集成电路芯片在新能源汽车上的应用相对于传统汽车更为广泛。除了广为人知的车载信息娱乐系统（In-Vehicle Infotainment）、车身控制系统（Body Control System）、动力传动综合控制系统（Powertrain Control System）、主动安全系统（Active Safety System）、高级驾驶辅助系统（Advanced Driver-Assistance Systems），新能源汽车的电控系统一般包含电动机控制系统、整车控制系统和电池管理系统（Battery Management System，BMS）等，其核心是BMS。

电池管理系统是新能源汽车的重要组成部分，其主要作用是提升新能源汽车中电池的利用率、均衡电池电量、保持电池组中各节电池的一致性，以及延长电池的使用寿命，并对电池容量进行精确评估和监控等。BMS的控制核心由硬件电路、底层软件和应用层软件组成，当前业内主流的电池检测芯片主要有Linear（LTC6803）/ADI（A7280A）、TI（BQ76PL536）、Maxim（Max11080）等。

撰稿人：明导（上海）电子科技有限公司　　游余新
审稿人：上海华虹宏力半导体制造有限公司　　李国强
　　　　北京大学　　　　　　　　　　　　　王新安

▷▷▷ 2.10.6　高级驾驶辅助系统，高級駕駛輔助系統，Advanced Driver-Assistance Systems（ADAS）

高级驾驶辅助系统（Advanced Driver-Assistance Systems，ADAS）利用车上的多种传感器，实时感测并收集周围环境信息，结合地图数据，辅助驾驶者安全行驶，降低交通事故的发生[1]。从某种意义上讲，高级驾驶辅助系统是汽车主动安全系统的一部分。

ADAS包含的内容广泛，主要包括导航与实时交通系统、智能速度适配（Intelligent Speed Adaptation或Intelligent Speed Advice，ISA）系统、自适应巡航（Adaptive Cruise Control，ACC）系统、车道偏离报警系统（Lane Departure Warning System，LDWS）、碰撞避免或预碰撞系统（Collision Avoidance System或Precrash System）、自动泊车系统（Automatic Parking System）、交通标志识别（Traffic Sign Recognition）系统、盲点探测（Blind Spot Detection）系统和驾驶员疲劳探测（Driver Drowsiness Detection）系统[2]等。恩智浦公司的ADAS采用了三类系统芯片[3]。

第一类是传感器，如雷达芯片和图像传感器，还可包括主动系统或者被动系统。传感器采集到的图像通过视频转换，再经由以太网将多路视频信息汇总到中央媒体处理器上，由中央媒体处理器进行处理后输出到显示屏，同时通过

CAN 总线输出操作命令。

第二类是数据传输/接口芯片，包括三个 MPC 系列芯片。其中第一颗是 32 位 MCU 芯片，具有视频处理和摄像头控制功能，可以将采集到的图像数据进行编码处理然后送给中央视频处理器，支持与以太网兼容的 IEEE 802.1AS 精确时间协议（Precision Timing Protocol，PTP）。第二颗是一颗基于雷达数据处理的 32 位 MCU，可以将采集到的雷达数据进行必要的处理后送给中央处理器。第三颗作为整个网络的协议转换的接口，用于以太网和车身内的总线之间的转换和传输。3G/4G 模块则是 ADAS 与以太网的接口，车辆可通过这个接口连接到以太网的云服务器，从而进一步组成车联网，最终实现车辆的自动驾驶。

第三类是数据处理芯片 S32V234，负责收集和整合各个传感器送来的数据，然后通过计算产生相应的警示信号或者操作信号，并下发到相关设备。MPC 系列也可视为特定应用的数据处理芯片。S32V234 系列是恩智浦发布的一款汽车视觉 SoC，集成 4 个 1GHz 的 ARMCortex®-A53 内核，能够满足严格的 ISO 26262 功能安全要求。类似的产品还有瑞萨公司的 SH7766，搭载有 SH-4A 内核、图像识别引擎 IMP-X2，支持 4 通道图像失真校正以及 2 通道 CAN 接口，可以方便地实现车身周围 360° 的监测。

车用芯片市场一直以来被恩智浦、飞思卡尔、英飞凌、意法半导体、瑞萨、博世等公司占据。随着高通、Intel、英伟达等芯片厂商的加入，车用芯片的市场格局也正在发生变化。

参考文献

[1] M Brockmann. Code of Practice for the Design and Evaluation of ADAS [R]. European：Response 3，2009.

[2] 高级驾驶辅助系统［EB/OL］. ［2017-06-15］. http://baike.baidu.com/item/%E9%AB%98%E7%BA%A7%E9%A9%BE%E9%A9%B6%E8%BE%85%E5%8A%A9%E7%B3%BB%E7%BB%9F.

[3] 恩智浦高级驾驶员辅助系统（ADAS）方案及产品介绍［EB/OL］. ［2017-06-15］. http://www.nxpic.org/article/id-ADAS？p=1.

撰稿人：	明导（上海）电子科技有限公司	张凌云
审稿人：	上海华虹宏力半导体制造有限公司	李国强
	北京大学	王新安

▶▶▶ 2.10.7 轨道交通，轨道交通，Rail Transit

轨道交通（Rail Transit）包括铁路列车、高速铁路、磁悬浮列车等，以及有轨电车、地铁、轻轨、城际列车、跨座式单轨、新型交运系统等交通方式[1]。

城市轨道交通系统一般由轨道路线网络、站点、运行车辆、牵引系统、维修基地、通信和供变电系统、站场运营设备，以及负责整个系统协调工作的控制指挥中心等构成。各类自动化设备在城市轨道交通系统中的广泛应用，大大提高了交通系统的运营效率。例如：列车的自动化控制设备能够根据实际情况自动地指挥、跟踪、调度以及驾驶正在运行的列车；自动化管理供电系统能够遥控和遥测轨道交通系统中实现电压供给的主变电压所、为电车供电的电力牵引专用变电所以及降压所的设备系统；自动化的环境监测系统和火灾报警系统能够根据状况自动控制车站环境和自动报警；自动售票机和自动检票机能够代替人工售票、检票，大大提高了售检票的效率。各个自动化系统内部形成各自的内部网络，而各个网络之间又由中心控制计算机进行统一协调和调度。

高铁、城市轨道和地铁列车系统主要采用绝缘栅双极晶体管（IGBT）模块作为主流电子电力器件。辅助系统中的 IGBT 模块可以提供更好的 DC/DC 变频变压隔离和直流电源，因而大量应用在牵引变流器和各种辅助变流器以及列车空调、通风机、空压机、蓄电池充电器和照明等系统中。

参考文献

[1]《中国电力百科全书》编辑委员会，《中国电力百科全书》编辑部. 中国电力百科全书：综合卷 [M]. 北京：中国电力出版社，2014.

撰稿人：哈尔滨工业大学	张啟权	王明江
审稿人：上海华虹宏力半导体制造有限公司	李国强	
北京大学	王新安	

▷▷▷ 2.10.8 智能电网，智慧電網，Smart Grid

智能电网（Smart Grid）是指由各种智能仪表、智能电气设备、可再生能源以及高效能源组成的电气网络。它的第一个官方定义来自美国国会 2007 年 1 月批准的《能源独立与安全法案》（EISA—2007）[1]。

智能电网结构图如图 2-124 所示。

2009 年，中国国家电网公司提出了建设"坚强智能电网"计划。"坚强智能电网"是以特高压电网为骨干，以通信平台为支撑，涵盖发电、输变电、配用电和调度各个环节，实现"电力流、信息流、业务流"的相互融合的现代电

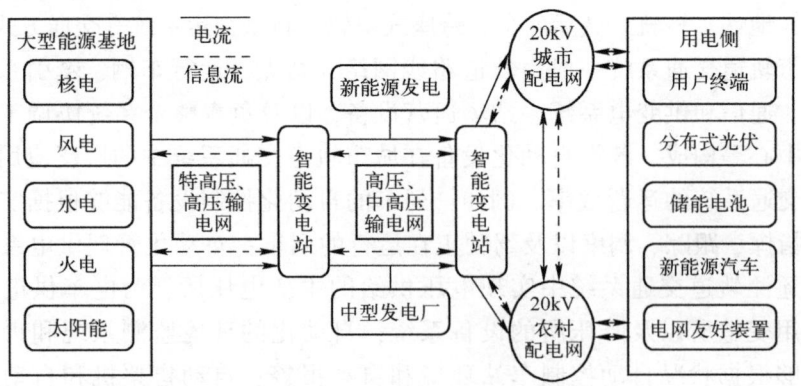

图 2-124 智能电网结构图[2]

网。该计划分三阶段完成：2009—2010 年，试点阶段，规划制定管理与技术标准，开展关键技术研发和设备研制；2011—2015 年，全面建设阶段，加快特高压电网与城乡配电网建设；2016—2020 年，将全面建成统一的"坚强智能电网"。

智能电网可以快速诊断和确定特定电网中断或停电的解决方案，其相关技术主要有分布式智能代理（控制系统）、分析工具（软件算法和高速计算机），以及运行应用（Supervisory Control and Data Acquisition，SCADA）、变电站自动化、需求响应等[3]。

智能电网对功率器件和高压 IC 产品的需求巨大。

参考文献

[1] Berger, Lars T. Iniewski, Krzysztof, eds. Smart grid-applicacions, communications and security [M]. John Wiley and Sons, 2012.

[2] 中国产业信息 [EB/OL]. [2016-11-18]. http：//www.chyxx.com/industry/201602/385830.html.

[3] U.S. Department of Energy. National energy technology laboratory, modern grid initiative [EB/OL]. [2016-11-18]. https：//en.wikipedia.org/wiki/Smart_grid.

撰稿人：北京大学　　　　　　　　　　　　　　林信南　刘美华
审稿人：上海华虹宏力半导体制造有限公司　　李国强
　　　　北京大学　　　　　　　　　　　　　　王新安

▷▷▷ 2.10.9　新能源应用，新能源應用，Application of New Energy Sources

新能源（New Energy Sources）通常是指采用新技术开发利用的可再生能源。可再生能源是指从可再生资源收集的能量，例如阳光、风、潮汐、波浪和地热。

可再生能源目前通常可为四个重要领域提供能源：发电，空气和水加热/制冷，交通运输，以及农村（离网）能源服务[1]。

太阳能发电系统主要包括太阳电池组件（阵列）、控制器、蓄电池、逆变器、用户级负载等。其中，逆变器按激励方式，可分为自激式振荡逆变和他激式逆变，主要功能是将存储在蓄电池中的直流电逆变成交流电。逆变器通过全桥电路，一般采用同步脉宽调制（Synchronized Pulse Width Modulation，SPWM）处理器，经过调制、滤波、升压等，得到符合国家市电要求的交流电，供系统终端用户使用。

太阳能发电系统等多种新能源系统以及大型并网电站系统中都应用了多种集成电路。

参考文献

[1] Renewable Energy [EB/OL]. [2017-04-06]. https://en.wikipedia.org/wiki/Renewable_energy.

撰稿人：北京大学　　　　　　　　　　　　　　　　林信南
　　　　南方科技大学　　　　　　　　　　　　　　何祝兵
审稿人：上海华虹宏力半导体制造有限公司　　　　李国强
　　　　北京大学　　　　　　　　　　　　　　　　王新安

▷▷▷ 2.10.10　医疗成像设备，醫療成像設備，Medical Imaging Equipments

随着技术的发展，越来越多的成像技术被应用于医疗领域，帮助医生更好地诊断疾病，极大地提高了诊断的直观性、准确性。目前主要成像技术包括计算机断层扫描（Computed Tomography，CT）、B型超声波成像（B-Scan Ultrasonography）、核磁共振成像（Magnetic Resonance Imaging，MRI）等技术。

1. CT

CT成像是利用计算机处理技术与X射线成像原理，从不同的角度形成被扫描物体特定区域的层析成像，如此可以在不用切割的情况下看见物体的内部情况。CT工作原理示意图如图2-125所示。数字图像处理可以产生被扫描物体内部的三维图像，该三维图像是由一系列围绕单轴旋转的二维射线图像得到的。X射线CT是医学成像最常见的应用，它的横截面图像可以用于多种医学诊断。

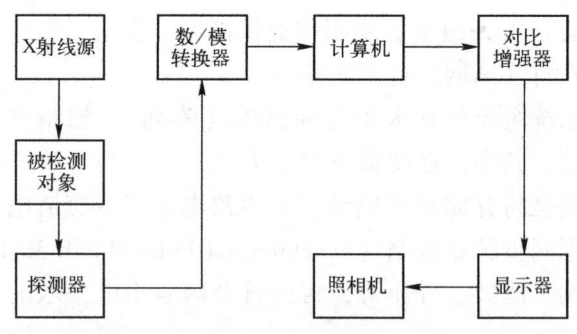

图 2-125　CT 工作原理示意图

因为不同身体结构阻碍 X 射线的程度不同，CT 能够产生一系列的可操作数据判定不同的身体结构。尽管成像以横断面或者轴线的形式呈现，即垂直地呈现人体的构造，但现在的图像处理技术能够通过这一系列数据重构断面甚至用3D 形式展现身体结构。除了医学方面，CT 还应用于其他领域，如材料无损检测、考古应用[1]。

2. B 超

B 型超声波成像仪（简称 B 超）是一种高频率声波二维成像系统，频率为 1~18MHz[2]，其工作原理示意图如图 2-126 所示。

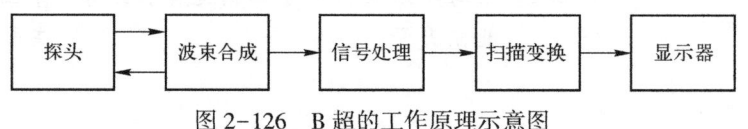

图 2-126　B 超的工作原理示意图

该技术最早出现在 1950 年，由英国苏格兰格拉斯哥大学的伊恩·唐纳德（Ian Donald）教授发明。最开始出现的是 A 超（A-Scan Ultrasound Biometry，也称作 Amplitude Scan），主要用于测量肿瘤大小等。

在 B 超的作用下，各器官的详细图像能够清晰地显示出来，为医学诊断提供了直观可靠的依据，因此 B 超技术被广泛应用于妇产科检查、血管疾病检查、乳腺检查、甲状腺检查、腹腔脏器（肝、肾、胆囊）以及前列腺等检查[3]。

随着科技的发展，彩色 B 超、三维 B 超、四维 B 超相继出现，所呈现的图像细节也越来越精确。

3. MRI

这里所讲的 MRI 主要是指一项应用放射学的医疗成像技术，它利用磁共振现象从人体中获得电磁信号，并重建人体信息，从而判断身体健康状况[4]。MRI 已被证明是一种高度通用的成像技术，除医疗领域外，还可应用于强磁场领域、无线电波领域等。

在 MRI 的临床研究中，通常使用氢原子来产生可检测的射频信号，该信号由天线接收。人和其他生物有机体中含有大量的氢原子，特别是在水和脂肪中。由于这个原因，大多数核磁共振成像扫描基本上可清晰描绘体内的水和脂肪的位置。通过改变脉冲序列的参数，基于氢原子的弛豫性质，可以对不同的组织进行对比。核磁共振系统的组成如图 2-127 所示。

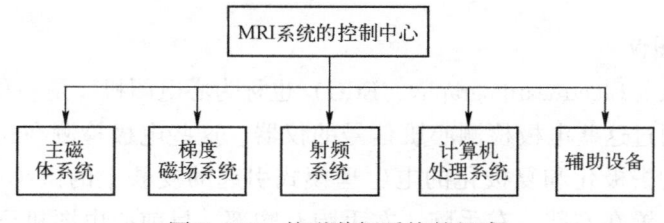

图 2-127 核磁共振系统的组成

医疗成像设备 CT、B 超、MRI 的信号处理、控制和显示等应用了多种集成电路芯片。

参考文献

[1] 陈慧能. 工业 CT 在文物考古无损检测技术中的应用 [A]. 陕西省机械工程学会无损检测分会. 2014.

[2] Medical Ultrasound [EB/OL]. [2017-11-15]. https://en.wikipedia.org/wiki/Medical_ultrasound.

[3] 安常福，张丽华. 医学彩超的临床应用分析 [N]. 生物技术世界，2016 (1): 117.

[4] 陈颖力，陈永信. 磁共振成像 MRI 的原理及其发展动向 [J]. 山西电子技术，2001, (01): 3-4. [2017-09-28].

撰稿人：	北京大学	孙贺
审稿人：	上海华虹宏力半导体制造有限公司	李国强
	北京大学	王新安

▷▷▷ 2.10.11 经典医疗电子设备，經典醫療電子設備，Medical Electronic Equipments

1. X 光机

X 射线是一种高能量的光子束，它的波长极短，只有 0.001~10nm，其穿透能力极强。当 X 射线穿透人体时，不同的人体组织对 X 射线具有不同的吸收率。密集的组织，如骨头，吸收了大部分的辐射，胶片相应区域的颜色较浅。软组织，如肌肉，吸收较少的辐射，胶片相应区域的颜色较深。基于 X 射线原理设计生产出来的 X 光机很快成为医学中的重要诊断工具，被广泛应用于骨折与肠胃等疾病的诊断[1]。

如今，在 X 光机领域中，数字化 X 光机具有快捷的拍片效率、较低的射线剂量、优质的成像效果等突出优点，逐渐淘汰了传统的胶片式 X 光机。数字化 X 光机系统主要由诊断床、高频逆变电源、控制台、图像处理计算机系统四部分组成。

2. 心电图仪

心电图仪（Electrocardiography，ECG）也称为心电图机，是一种在人体体表放置电极，通过这些电极检测心脏信号的仪器。这些电极检测在每个心跳期间由心脏肌肉的去极化和复极化的电生理模式引起的皮肤上的微小的电位变化。这些电极被放置在左腿、右手腕、左手腕及胸部。目前心电图机已经被医学界广泛应用，在心脏检测项目中具有不可替代的地位。

心电图机发展历史悠久。1887 年，科学家第一次记录了在人体心脏跳动期间，由于心肌搏动引起的人体皮肤表面的电位变化，此次记录被认为是人类的第一张心电图。莱顿（Leiden）大学的生理学家 Willenon Einthoven 于 1903 年发明了第一台心电图机，取名为"弦式电流计"。经过大量的临床研究以及动物实验，Einthoven 提出了一个比较完善的理论模型，将心电信号与心脏活动联系起来，成功地解读了心电图，他因此获得了 1924 年的诺贝尔医学奖[2]。心电图的系统结构图如图 2-128 所示。

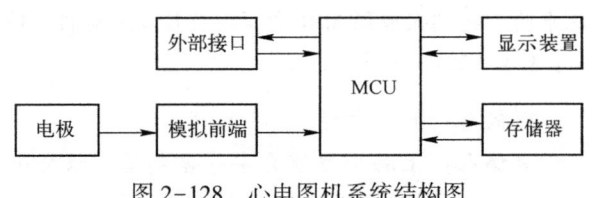

图 2-128　心电图机系统结构图

参考文献

[1] 宋文庆. GE 公司在华的 X 光机市场营销策略分析 [D]. 北京：对外经济贸易大学，2001.

[2] 郭继鸿. 百年辉煌，万众泽被：记心电图百年发展史 [EB/OL]. [2017-11-16]. http://news.medlive.cn/heart/info-progress/show-68856_129.html.

撰稿人：北京大学　　　　　　　　　　　　　　　马浩
审稿人：上海华虹宏力半导体制造有限公司　　　李国强
　　　　北京大学　　　　　　　　　　　　　　王新安

2.10.12 医疗监护仪，醫療監護儀，Medical Monitor

医疗监护仪（Medical Monitor）是一种可以观察疾病情况或实时监测部分医学参数的电子设备。通过对患者生命体征的连续监测，医护人员能够更好地对患者的身体状况做出正确的判断，并确定适当的治疗方案。

医疗监护仪根据功能可分为三类：床边监护仪，直接与卧床的患者相连，实时监测患者病情；离院监护仪，体积相对较小，便于随身携带，可收集患者一定时间内的病情信息或数据；中央监护仪，通过网络可以同时监测多个对象。

医疗监护仪的雏形于20世纪50年代出现，它的前身是物理实验室中的示波器（Oscilloscope），经过多年的研究与改进，终于能够应用于临床医学。医疗监护仪典型系统结构图如图2-129所示[1]。

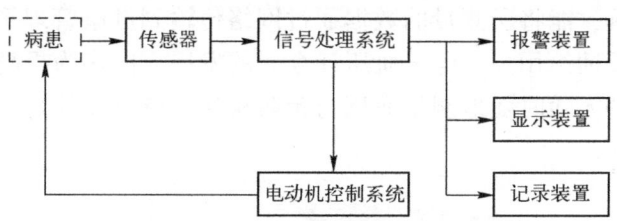

图2-129 医疗监护仪的典型系统结构图

预置的传感器可以进行多种生理参数的检测。生物医学信号通过预处理模块转换成为电信号之后，交由信号处理系统做出处理和判断，进行包括干扰抑制、信号滤波和放大等二次处理之后的电信号可通过显示装置直观地显示出来；然后，经过采样、量化和各种计算分析，将结果与报警装置中设定的阈值进行比较，当有危急情况出现时，报警装置即可自动通知医护人员。除此之外，记录装置还可将检测到的数据存档，方便医护人员了解病人身体情况的变化。如果有的参数需要被实时监护，内置的控制系统能够实现实时监护的功能[2]。

参考文献

[1] 柳佳玥. GE品牌医疗监护仪区域发展战略研究：以内蒙古为例[D]. 呼和浩特：内蒙古大学，2015.

[2] 监护仪原理、电路结构及其应用分析[EB/OL]. [2018-02-04]. http://www.21ic.com/app/med/201501/612280.htm.

撰稿人：北京大学　　　　　　　　　　　　　　冯玉凡
审稿人：上海华虹宏力半导体制造有限公司　　李国强
　　　　北京大学　　　　　　　　　　　　　　王新安

▷▷▷ 2.10.13 医疗电子装置，醫療電子裝置，Medical Electronic Devices

医疗电子装置（Medical Electronic Devices）种类繁多，这里仅介绍电子血压计、血糖仪和脉搏监测器。

电子血压计（Electronic Sphygmomanometer）是现代家庭常备的利用现代电子技术测量血压的医疗仪器。电子血压计具有操作简便、可家用自测等优点。当前常用的腕式电子血压计如图 2-130 所示，它是全自动智能电子设备，主要包括液晶显示屏、充气泵与气管、压力传感器、控制器模块等。控制器模块一般采用单片机芯片作为控制核心，通过压力传感器测量气压，根据相应算法确定实际舒张压和收缩压，最终显示在液晶屏上。当今市场中的电子血压计已经实现网络化管理，能将所测量的数据通过网络传输到健康管理平台，并生成相应的生理报告反馈给用户。电子血压计今后的发展方向多为提高精确度和便携度，方便更多的人随时随地测量血压与预防疾病，更重要的是要实现无气囊连续实时测量血压。

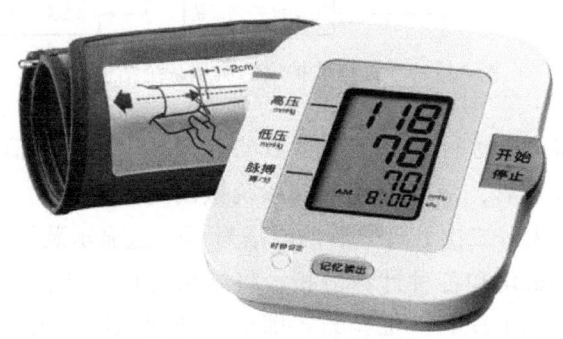

图 2-130 腕式电子血压计

血糖仪（Blood Glucose Meter）是测量血糖的电子仪器，尤其方便患者检测血糖浓度并采取正确的措施预防危险发生。血糖仪从 1968 年诞生至今经历了五代的发展，其基本原理从之前的光反射法发展为当前广泛使用的电化学法。现代血糖仪具有微创、无创的特点，多用固定偏压激发测试试纸与血液发生电化学反应并得到电流信号，再由芯片测量电流信号，然后进行运算并以数字输出显示[1]。实现数据在线共享、动态血糖监测、无创血糖监测是当代血糖仪发展的主要方向，在方便使用的同时，将进一步提高测量精度、稳定性与性价比。

脉搏监测器（Pulse Monitor）通过实时监控脉搏状况来快速发现病情，特别是心血管疾病，以达到保护人体健康的目的。脉搏监测器主要由传感器、控制单元、显示模块三部分组成。控制单元主要采用单片机，读取传感器数据，确定并显示脉搏数，在出现异常时给出提示或警告。目前脉搏监测多整合在其他可穿戴设备中，例如运动手环中。除脉搏监测，手环还能监测心电信号、呼吸率等。此外，脉搏监测也是其他生理参数测量的基础，例如由脉搏值测量血氧从而得到血糖值等，均说明了脉搏监测的重要性，未来脉搏监测需要在扩充功能方面进一步发展。

参考文献

[1] 陈宏铭，李水竹，陈宏维，等．适合低功耗便携式血糖仪的SoC芯片与方案实现[J]．中国集成电路，2012，10：41-48．

撰稿人： 北大深圳研究生院　　　　　　　　吴莹颖

审稿人： 上海华虹宏力半导体制造有限公司　　李国强

　　　　 北京大学　　　　　　　　　　　　王新安

▷▷▷ 2.10.14 植入式医疗电子装置，植入式醫療電子裝置，Implanted Medical Electronic Devices

典型的植入式医疗电子装置（Implanted Medical Electronic Devices）有心脏起搏器（Cardiac Pace-Maker，CPM）和植入型神经刺激器（Neurostimulator）。

心脏起搏器是一种植入体内的、治疗某些心律失常所致的心脏功能障碍的电子治疗仪器，它由仪器内部电池供电；仪器中的脉冲发生器产生一定频率的脉冲电流，通过电极刺激心肌，使心脏恢复正常的扩张与收缩能力。1958年第一个人工心脏起搏器被植入人体内部，它可全部或部分地代替心脏自身的起搏功能[1]。随着技术的发展，心脏起搏器不断优化，从20世纪60年代初开始，先后经历了固率型起搏、按需型起搏、心房同步心室型起搏、房室顺序抑制型起搏、生理型起搏等模式。20世纪80年代以后，随着生理性起搏功能的起搏模式的应用，具有自动控制功能的心脏起搏器得到了快速的发展。21世纪后出现的数码型心脏起搏器为心脏病临床样本的收集、治疗方案的研究做出了很大贡献。心脏起搏器的基本组成是脉冲发生器、电极、主控芯片、连接导线、电池[2]。脉冲发生器的作用是生成固定强度和频率的电脉冲，现在常见的是在单片集成电路上实现的。电极的作用首先是将电脉冲传送给心肌，刺激心肌细胞达到心脏起搏的目的；其次是感知心脏的电信号并传递给起搏器的控制部分，以达到调节参数适应生理状态的目的。

植入型神经刺激器是一种安装在人体体表或体内的电子医疗装置，如人工耳蜗（Cochlear Implant）。美国食品药品管理局已经授权部分植入式神经刺激器，可以应用于临床治疗，主要有脊髓刺激（Spinal Cord Stimulation, SCS）器、深部脑刺激（Deep Brain Stimulation, DBS）器、迷走神经刺激（Vagus Nerve Stimulation, VNS）器、骶神经刺激（Sacral Nerve Stimulation, SNS）器等。实践证明，植入式神经刺激器已经可以治疗二十多种神经或精神疾病，效果良好。植入式神经刺激器包括植入式脉冲发生器（Implantable Pulse Generator, IPG）和电极（Lead）两部分。其中，IPG根据医生设置的参数产生电脉冲，电极负责将电脉冲传递到靶点神经处。如果IPG和电极在患者皮下相隔较远，则需要用延长导线进行信号转接。

参考文献

[1] 王梦蛟. 心脏起搏器的发展及新技术［J］. 中国医疗器械信息，2008，14（8）：26-27.

[2] 董斐斐，安丽娜，秦永文. 完全皮下植入型心脏复律除颤器［J］. 国际心血管病杂志，2013，40（4）：203-205.

撰稿人：北京大学　　　　　　　　　　　　　　　　　　李柏杭
审稿人：上海华虹宏力半导体制造有限公司　　　　　　李国强
　　　　北京大学　　　　　　　　　　　　　　　　　　王新安

▷▷▷ 2.10.15　医疗机器人，醫療機器人，Medical Robot

医疗机器人（Medical Robot）是指专门服务于医疗科学领域，用以协助某些特定医疗行为的机器人。医疗机器人可用于辅助外科手术、定位体内微损伤位置、诊断，以及病后的康复和护理等多个医疗健康领域。它将电子、机械、计算机和医疗学科相结合，是多学科交叉融合的研究成果，可以极大地提高医疗部门的工作效率。目前，医疗机器人种类繁多，组成结构也不一致，主要包括医生操作台、机械臂系统、成像系统、传感系统、通信系统、数据处理与分析系统等。其中成像系统、通信系统、数据处理与分析系统主要由核心处理器和图像处理芯片构成，传感系统包括目前具有巨大市场的MEMS医疗传感器。20世纪90年代，美国加州放射医学中心研发出了首个手术机器人PUMA 560，它可以辅助医生进行神经外科活检手术。PUMA 560的出现，开启了机器人应用于医疗领域的大门。在PUMA 560之后，根据服务对象和工作内容的不同，具有不同功能和用途的医疗机器人被不断开发出来。例如在微创手术中，外科医生可以通过操控手术机器人进行微创操作，从而提高手术的效率和成功率。而在术后患者的康复过程或者残疾人群的日常生活中，康复机器人可以极大地减轻护理人员的工作压力。服务性机器人主要有给药自动化机器人、轮椅机器人、救援机器人、转运机器人、消毒机器人、护士机器人等,主要用来代替人做一些简单重复性以及人力做起来费力的事情。经过将近 30 年的发展,医疗机器人不断得到改进和发展,目前已经出现了较为成熟和完备的医疗机器人系统。其中,典型的代表就是由美国 Intuitive Surgical 公司开发出的达芬奇(da Vinci)外科手术机器人系统,它主要由外科医生控制台、机械臂和成像系统组成。

随着人工智能时代深度学习研究的迅速发展,用于疾病诊断的医疗机器人必将成为未来医疗机器人研究的主要领域。

撰稿人:北京大学　周康生
审稿人:深圳大学　蒙山
　　　　北京大学　王新安

2.11　集成电路产品在航空军事及新兴领域的主要应用

2.11.1　雷达,雷達,Radio Detection and Ranging(Radar)

雷达(Radio Detection and Ranging,Radar)是指通过发射电磁信号,接收来自其功率覆盖范围内目标的回波,并从回波信号中提取位置和其他信息,以用于目标探测、目标定位和目标识别的电磁系统[1]。

雷达出现于 20 世纪 30 年代中后期。当时飞机和舰船是交战双方的主要作战武器,探测敌方飞机和舰船的方位,引导己方飞机进行拦截是迫切需要解决的问题。因此,作为主要探测手段的雷达应运而生,这些雷达装备在第二次世界大战中发挥了重要作用。第二次世界大战后雷达装备得到了飞速发展。在军用领域,出现了导航雷达、武器制导雷达、战场侦察雷达、反导预警雷达等;在民用领域,出现了港管雷达、航管雷达、气象雷达、对地观测成像雷达等。如今主流雷达的工作频段可以从几兆赫兹到毫米波频段和太赫兹。相控阵雷达已成为先进雷达的主流体制。

未来先进雷达总体发展趋势如下。

(1)多功能一体化:探测、通信、电子对抗等多功能一体化。

(2)处理智能化:雷达与环境、目标、干扰相适应的智能处理。

(3)功能软件化:开放式架构,通过软件重构可形成不同雷达体制。

(4) 系统芯片化：在芯片上实现集功率放大、射频收发、数字处理等电路于一体的集成微系统。

典型数字相控阵雷达的组成及集成电路使用情况分布图如图 2-131 所示。

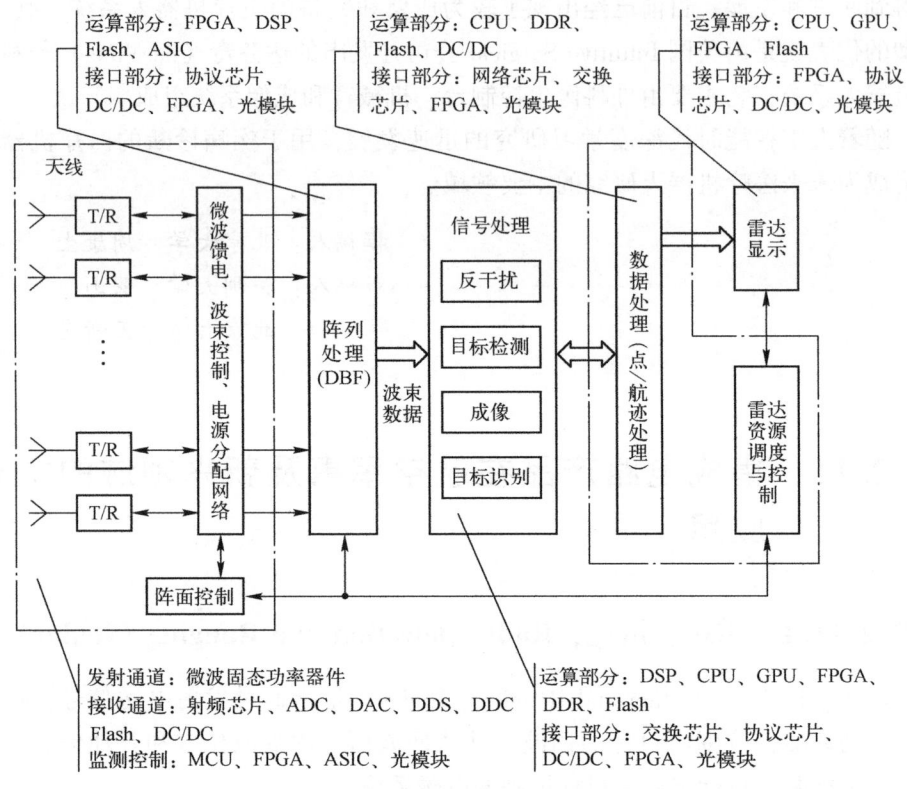

图 2-131　典型数字相控阵雷达的组成及集成电路使用情况分布图

雷达上使用的集成电路可以分成四类，即功率芯片类、射频芯片类、数字芯片类和光电芯片类。

功率芯片类：微波固态功率器件由第一代 Si 双极晶体管（BJT）、LDMOS，发展到第 2 代 GaAs pHEMT 器件，再到第 3 代宽禁带（Wide Bandgap）半导体材料的 GaN、SiC 功率器件，未来还会有超宽禁带半导体器件[2]。目前，固态高功率器件向着大带宽、高功率、高效率、高线性度以及质量轻、体积小、集成化和智能化的方向发展[3]。

射频芯片类：射频集成电路（RFIC）主要用于雷达接收系统的上下行通道，包括低噪声放大器（LNA）、混频器和增益控制器等射频器件。随着数字化技术的发展，ADC、DAC、数字频率合成器（DDS）、数字下变频（DDC）和 FPGA 等芯片在数字接收机中大量使用[4]。RFIC 的发展趋势是大宽带、数字化和高集成度。将射频前端与数字基带部分集成起来的射频系统芯片（RF SoC）将以其高集成、低功耗和低成本等特点而在相控阵雷达中获得广泛应用。

数字芯片类：雷达阵列处理、信号处理、数据处理、显示与控制等分系统中大量使用着处理器，如 FPGA、ASIC、MCU、网络交换、Flash、DDR 和 DC/DC 转换器等各类芯片。随着雷达阵列处理向高速实时处理平台和综合处理向通用集群处理平台的两大转变，异构多核和可重构计算成为下一代雷达用处理器的主流发展方向，而各类协议交换芯片和接口芯片的发展趋势是更高的交换带宽、更低的交换延迟和更高的数据传输带宽[5]。

光电芯片类：目前雷达系统中，上行的控制数据与定时信号、下行的成千上万路组件的通道数据，以及各数字处理平台之间的数据都采用光纤进行数据传输和交换。小信号的射频/微波光子链路技术正在开发，其发展趋势是成为从射频微波信号到数字信号的全信号链路。基于全光子技术的数字雷达具有超越传统雷达的潜能，目前已有激光雷达阵列系统芯片的报道。

参考文献

[1] IEEE std 1996. The IEEE Standard Dictionary of Electrical and Electronics Terms [S].

[2] 郑新. 雷达发射机技术 [M]. 北京：电子工业出版社, 2006.

[3] 胡明春, 周志鹏, 高铁. 雷达微波新技术 [M]. 北京：电子工业出版社, 2013.

[4] 张明友. 数字阵列雷达和软件化雷达 [M]. 北京：电子工业出版社, 2008.

[5] 王小谟, 张光义. 雷达与探测 [M]. 2 版. 北京：国防工业出版社, 2008.

撰稿人：中国电子科技集团公司第十四研究所　　刘刚
审稿人：深圳市国微电子有限公司　　邓玉良
　　　　中国电子科技集团　　赵正平

▷▷▷ 2.11.2　航空飞行控制，航空飛行控制，Aviation Flight Control（AFC）

航空飞行控制（Aviation Flight Control，AFC）主要是对航空器的质心运动（升降、前进和左右）以及角运动（俯仰、偏航和滚转）进行稳定和控制，其中航空器一般特指飞机[1]，也包括飞艇、气球、直升机和自转旋翼机等。航空飞行控制系统和航空器通过反馈控制原理组成闭环回路，实现对航空器的控制与稳定。在回路中，被控制量是航空器的飞行高度、飞行速度、侧向偏离和姿态角等参数；控制量则是油门杆的位移与气动控制面的偏角。典型航空飞行控制系统示意图如图 2-132 所示。

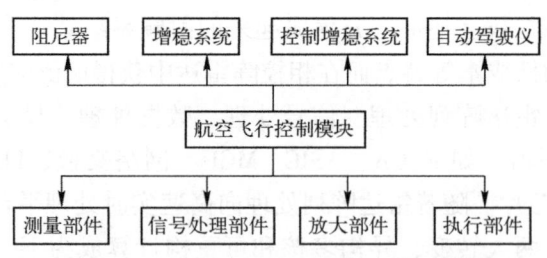

图 2-132 典型航空飞行控制系统示意图

航空飞行控制的发展经历了人工操纵和自动控制两个阶段。在人工操纵阶段，航空器的驾驶员通过航空器上的机械系统对油门杆和舵面进行操纵，进而实现对航空器的姿态和飞行的控制[2]。在自动控制阶段，航空器中装有飞行控制系统，通过这些搭载的控制系统实现对油门杆和舵面的操纵，实现航空器飞行的自动控制；在这个过程中，飞行员只进行必要的监控，不直接参与航空器的控制。飞行自动控制系统是航空飞行控制系统的核心，其发展可表示航空飞行控制系统的发展，共经历四个阶段[3]：第一阶段，航空飞行控制装置由自动稳定器发展为自动驾驶仪；第二阶段，发展为自动控制系统；第三阶段，出现了自适应飞行自动控制系统；第四阶段，航空综合系统得到发展。

航空飞行控制系统中用到的集成电路和有关组件主要有电源供给组件、惯导组件、内部存储器、I/O 接口、时钟电路和中断控制器等。随着集成电路的快速发展，航空飞行控制系统结构越来越复杂，功能也越来越全面而强大，集速度、航迹和姿态等参数控制以及航向保持、自动导航和地形跟随/回避等多种功能于一体是未来发展的趋势。

参考文献

［1］航空器［EB/OL］.［2018-02-01］. http://baike.baidu.com/link?url=1-15hnrAAKR13r7rLkF60wv9NNJ7xgIPbmmM3QogzG-Y9p_tJQUMgOZaB60rZSYbTroQhfXqM03YvuxpF-Xh3XWeoPEJhcYaaLt9hixR6lJeZRZ_DwzPDj-D9ICMfre6.

［2］飞机飞行控制［EB/OL］.［2018-02-01］. http://baike.baidu.com/link?url=3LAwVyryxzWlc-_4GeoGdzoRhG6A675RdEKUJ6gP3-ocg3dfFN2trLdGRXzjL4l1YBJFAalAbHyrWbaokroQUQzfn06MlUjgGq8ncitVk8NoLUaR6GdPAVYDKhO1bsSIlAbNzJhxDaUNPz4iqCZHwq UHy4zbIHP0DwBq1oLdNJTn3EMmIK1vlJllFDRbgcJgfIfMGziewx5JbpZm4gJJIPqP66Fw3stJ_Yq4JxDI0K2bwGq.

［3］飞机飞行控制［EB/OL］.［2018-02-01］. https://wenku.baidu.com/view/b39d7c39580216fc700afd25.html.

撰稿人：	中国电子科技集团公司发展战略研究中心	王龙奇	蔡世杰
审稿人：	深圳市国微电子有限公司	邓玉良	
	中国电子科技集团	赵正平	

▷▷▷ 2.11.3 集成电路在人造卫星中的应用，積體電路在人造衛星中的應用，Application of ICs in Satellites

卫星是围绕一个行星轨道并按照闭合轨道做周期运动的天体，人类科技的快速发展促成了人造卫星的出现。人造卫星利用自身的空间位置高和覆盖区域广的特点，可以实现比其他平台更优的通信、导航、侦察、广播、观测、探测和空间试验等各种军事和民用应用。经过几十年的快速发展，人造卫星平台和载荷正向着设计通用化、功能综合化、对象专用化和处理智能化等趋势发展。这些发展带来了对人造卫星系统研制的高度集成化的要求。随着集成电路集成度的提高以及新型射频和功率器件的使用，人造卫星质量越来越轻，体积越来越小，使得小卫星、微卫星、纳卫星，甚至皮卫星的研制成为可能。

人造卫星平台和有效载荷常用的集成电路如图 2-133 所示。

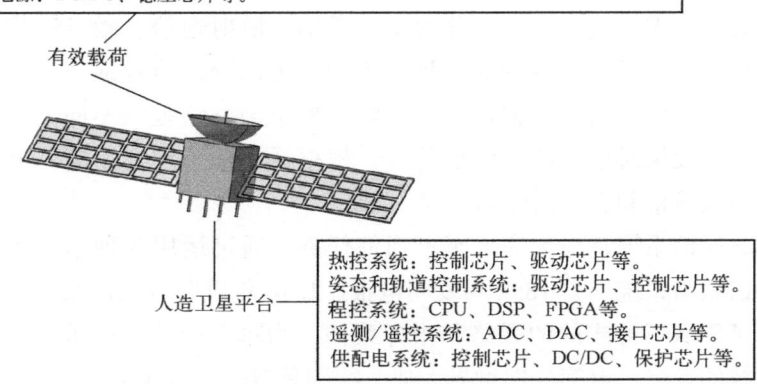

图 2-133　人造卫星平台和有效载荷常用的集成电路

高性能数字集成电路包括大规模 FPGA、ASIC、CPU、DSP、SRAM 和 PROM 等，这些数字芯片主要用于信号处理、过程控制、逻辑运算、程序和数据存储等。模拟和射频电路包括放大器、滤波器、电源管理电路、ADC、DAC、锁相电路和调制解调电路等。模拟集成电路芯片被大量使用，它们主要用于射频信号处理、模/数转换和控制管理等。混合集成电路主要包括混合集成的 DC/DC 转换器、译码驱动器、电压驱动器、稳压器和总线收发等。

随着化合物半导体（GaAs、InP、GaN）设计和工艺技术的提升，微波单片集成电路（MMIC）开始大量应用于人造卫星载荷。例如，GaAs 单片放大器、单片混频器、单片移相器和 GaN 功率放大器等各类芯片的应用极大地提高了人造卫星载荷的可靠性和集成度。

人造卫星应用的集成电路应具备相应轨道和寿命要求的抗辐射总剂量（Total Ionizing Dose，TID）、抗单粒子闩锁（Single Event Latch-up，SEL）和存储器的抗单粒子翻转（Single Event Upset，SEU）等宇航用可靠性指标。

撰稿人：中国电子科技集团公司第二十九研究所　刘枫
审稿人：深圳市国微电子有限公司　邓玉良
　　　　中国电子科技集团　赵正平

▷▷▷ 2.11.4　军事通信，軍事通信，Military Communication

军事通信（Military Communication）是军队为实现某种军事目的，综合运用多种通信手段所进行的信息传递活动，是保障军队指挥的基本手段。军事通信区别于民用通信的基本要求是迅捷性、保密性、可靠性和连续性。

军事通信有多种分类方法：根据传输媒质不同，可以分为有线通信和无线通信，其中，无线通信又可以分为微波通信、散射通信、激光通信、卫星通信和移动通信等；根据承载的业务种类不同，可以分为语音通信、电报通信、数据通信和多媒体通信等；根据通信保障的要求与联络范围不同，可以分为战略级通信、战役级通信和战术级通信等；根据通信任务种类不同，可以分为指挥通信、协调通信和后勤保障通信等。

军事通信系统是指为完成军事通信任务，通过运用各种军事通信技术而建立的通信联络系统。自1852年发明电报、1876年发明电话以来[1]，通信技术就成为军事领域不可或缺的联络和指挥载体，为军事通信带来重大变革，支撑着军事科技的发展。自第二次世界大战，特别是20世纪60年代之后，随着各种无线技术，尤其是数字程控交换技术及计算机技术的迅猛发展，微波通信、散射通信、卫星通信和光纤通信等无线通信方式与数据通信网、计算机网等有线通信方式相结合，逐步形成了以核心网、接入网和用户设备为主体的多层级分布式军事通信网络形态。20世纪末期至今，在空间、海洋通信需求的持续带动下，逐步形成了从太空到水下的多域、多网系、多模式、多业务和多维度的天地一体化通信系统，通信保密性、认知性能和抗干扰能力不断增强。

军事通信装备的模块化、智能化和小微化水平的提高，离不开集成电路的促进作用。尤其是20世纪80年代以来，微电子和半导体技术的进步与产业化，极大地推动了固态器件和大规模集成电路的更新换代，直接影响了军事通信技术和基础设施的形态与呈现方式。

军事通信系统及设备的典型原理框图如图 2-134 所示。军事通信系统历经从最早的采用分立器件搭建功能模块，发展到大规模层次化地使用集成电路。可以说，微电子技术的发展和集成电路产品的性能决定了军事通信系统在通信容量、通信速率、覆盖范围和安全可靠等方面的能力。军事通信系统主要采用的集成电路有中央处理器（Central Processing Unit，CPU）、数字信号处理器（Digital Signal Processor，DSP）、现场可编程门阵列（Field Programmable Gate Array，FPGA）、大容量存储器（Mass Memory）、高速接口电路（High Speed Interface Circuit，HSIC）以及各类高速高精度转换器等。当前，基于可编程系统芯片（Programmable System on Chip，PSoC；也称为 System on Programmable Chip，SoPC）实现通信处理功能已成为主流，在芯片上同时集成存储、转换和接口等电路，以形成单片基带处理能力；将射频分立器件和连接部件进行高度集成，实现一体化射频芯片，以形成信号的频率转换能力；随着第三代半导体技术的发展，实现了高功率密度的功率器件和功率单片电路，形成了更优的信号发射能力。

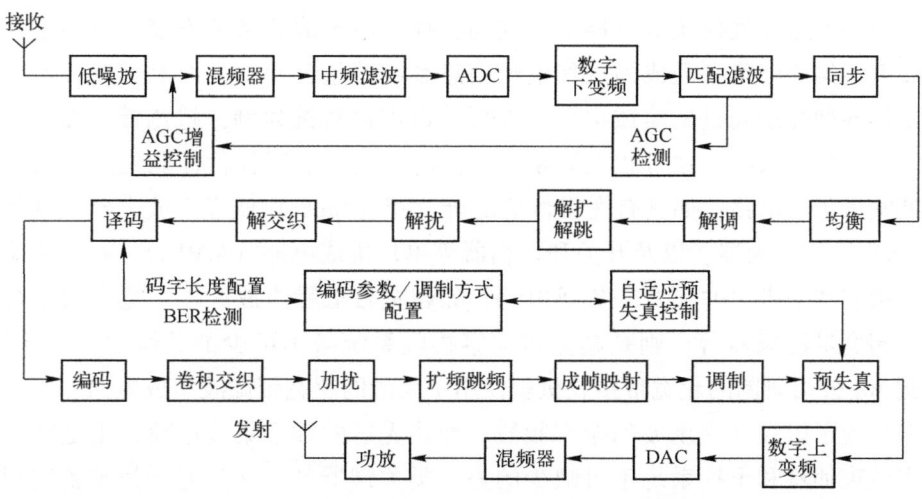

图 2-134　军事通信系统及设备的典型原理框图[2,3]

参考文献

[1] 军事通信 [EB/OL]. [2018-02-01]. http://baike.baidu.com/item/%E5%86%9B%E4%BA%8B%E9%80%9A%E4%BF%A1.

[2] 贺鹤. LDPC 码基础与应用 [M]. 北京：人民邮电出版社，2009.

[3] 蔡涛. 无线通信原理与应用 [M]. 北京：电子工业出版社，2002.

撰稿人：中科芯集成电路股份有限公司　　李斌
审稿人：深圳市国微电子有限公司　　邓玉良
　　　　中国电子科技集团　　　　　　赵正平

▷▷▷ 2.11.5　电子战用集成电路，電子戰用積體電路，Electronic Warfare IC

电子战（Electronic Warfare，EW）是指应用电磁能量来确定、探测、削弱或抑制敌方使用电磁频谱并保护己方应用电磁频谱的军事行动的统称。

20世纪初，从英国海军在地中海进行无线电干扰开始，电子战技术经历了一个多世纪的发展历程。第一次世界大战时仅使用简单测向定位技术。越南战争时运用了红外、激光新技术。海湾和科索沃战争时电子战进入了体系对抗时代[1]。进入21世纪，电子战的发展极为迅速，其重要性更加凸显，成为现代化战争主要作战手段。随着电子战向电磁频谱战的发展，网络化协同、智能化感知和精准化攻击将成为未来电子作战发展的新特点。

从电子战诞生起，电子器件就是电子战装备不可缺少的组成部分。从早期的真空电子器件到半导体分立器件，从各种性能先进的射频、微波、毫米波和光子器件到超大规模集成电路等，共同支撑了电子战装备的发展。事实上，现代微电子集成电路已经成为现代电子信息系统的重要基石，而电子战装备则更加依赖各种性能先进的集成电路与器件。以雷达对抗为例，超宽带、大动态和大功率的射频系统，宽带相控阵系统，都需要大量使用各种性能先进的微波毫米波宽带集成电路；如具有宽带性能的砷化镓（GaAs）低噪声放大器、氮化镓（GaN）功率放大器，以及开关和移相器等单片集成电路（MMIC）。瞬时覆盖射频、微波和毫米波的超宽带集成电路，如超宽带低噪声放大器、宽带频率合成器、超宽带混频器等，则是超宽带侦察接收系统必不可少的关键器件。例如，美国WJ公司研制的超宽带接收机就使用了大量的超宽带微波集成电路，其工作频率覆盖了射频到毫米波的全部频段。性能先进的数字集成电路，则是宽带数字多波束侦察和干扰系统不可缺少的另一类关键器件，它是电子战装备实现精准侦察和干扰功能的基本保障，这些器件包括ADC、DAC、FPGA以及DSP、高速数据存储器和高速接口等集成电路。同样，采用上述集成电路所实现的数字射频存储器（Digital Radio Frequency Memory，DRFM），因其具备对威胁信号的快速存储与精准复制能力，被公认为"雷达克星"。另外，具有宽带突出优势的微波光子集成电路新器件，可极大地拓展电子战装备的频谱适应范围，形成电子作战的新能力。

随着微电子技术向纳米、异质异构和三维（3D）集成方向发展，集天线、射频、采集、信号处理、电源管理和综合控制于一体，可实现多种功能的芯片级集成微系统将成为电子战发展的新需求，也必将推动电子战装备向智能化、网络化和微型化方向快速发展。

参考文献

[1] 熊群力,陈润生,杨小牛,等. 综合电子战:信息化战争中的杀手锏 [M]. 2版. 北京:国防工业出版社,2008.

撰稿人: 中国西南电子设备研究所　吴明远
审稿人: 深圳市国微电子有限公司　邓玉良
　　　　中国电子科技集团　　　　赵正平

▷▷▷ 2.11.6 导弹制导和控制系统,導彈制導與控制系統,Missile Guidance and Control System

导弹制导和控制系统(Missile Guidance and Control System)是综合应用各种方法引导导弹飞向预定目标的系统,由导弹制导和导弹姿态控制两部分组成。导弹制导系统包括测量装置和计算装置,其功能是测量导弹与目标的相对位置或速度,按预定的引导规律进行计算处理并形成制导指令信号,引导导弹飞达目标。导弹姿态控制系统包括敏感装置、计算装置和执行机构,主要功能是保证导弹稳定飞行,并接受制导系统传递的制导指令,控制导弹飞行姿态角,调整其运动方向,保证导弹准确命中目标[1]。导弹制导和控制系统的分类如图 2-135 所示。

导弹制导和控制系统的概念可追溯至第一次世界大战时期,当时主要是远程指引机载炸弹飞向目标。第二次世界大战末期,德国研制的 V 系列导弹首次采用了简单的制导系统。V-1 导弹采用自主式磁性陀螺制导和机械控制装置。V-2 导弹主要采用无线电制导。无线电制导方式易受干扰且设备复杂,不适合现代战争。20 世纪 50 年代以来,随着惯性仪表精度的不断提高,以及误

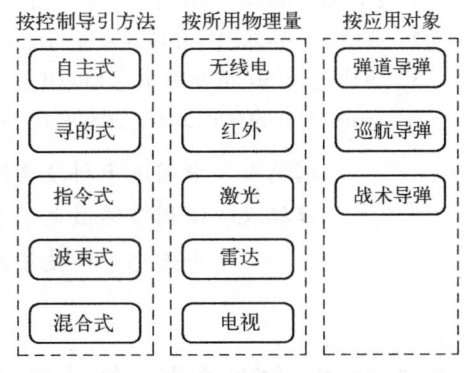

图 2-135　导弹制导和控制系统的分类

差分离与补偿技术和计算机技术的快速发展,惯性制导系统得到更为广泛的应用,世界各国研制的弹道导弹大多采用惯性制导以提高命中精度。这一时期,其他制导方式,如红外和激光制导,也得到了一定发展。20 世纪七八十年代,

复合制导方式被越来越多地采用，导弹命中精度得到大幅提升。例如，美国"三叉戟"Ⅱ弹道导弹采用惯性加星光制导，命中精度为400m左右，比20世纪五六十年代的导弹命中精度提高了一个数量级[2]。自20世纪90年代初海湾战争后，精确制导系统和反应敏捷的控制系统得到大量应用，使导弹获得极高的命中精度，作战效能大大提高。

导弹制导和控制系统中使用的集成电路和相关组件主要包括CPU（中央处理器）、DSP（数字信号处理器）、射频微波器件、存储芯片、IMU（惯性测量单元）、FPGA（现场可编程门阵列）、模/数转换器和数/模转换器等。1962年，德州仪器公司为美国"民兵"Ⅰ型和"民兵"Ⅱ型导弹制导系统研制了22套集成电路。这是集成电路在导弹制导和控制系统中的首次应用，当时采用的是小规模集成电路，即简单的二极管、晶体管逻辑电路，或非/与非门电路，以及触发电路等。随着导弹制导和控制性能要求的不断提升以及基础器件、集成电路和信息处理技术的快速发展，中规模集成电路和大规模集成电路得到大量应用。美国MX导弹的制导和控制系统中已采用了互补金属-氧化物-半导体（CMOS）中规模集成电路和大规模集成电路[3]。当前，随着以GaN（氮化镓）为代表的第三代半导体材料在集成电路中的应用，导弹制导和控制系统的性能将得到进一步提升。

参考文献

[1] 导弹制导和控制系统［EB/OL］.［2018-02-01］. https://baike.baidu.com/item/%E5%AF%BC%E5%BC%B9%E5%88%B6%E5%AF%BC%E5%92%8C%E6%8E%A7%E5%88%B6%E7%B3%BB%E7%BB%9F/9252711? fr=aladdin.

[2] 张国瑞. 导弹制导和控制系统的发展情况［J］. 国外导弹与宇航，1983，11.

[3] 集成电路50年发展史［EB/OL］.［2018-02-01］. http://www.ime.ac.cn/kxcb/wdzgs/201309/t20130918_3934962.html.

撰稿人：	中国电子科技集团公司发展战略研究中心	方芳
审稿人：	深圳市国微电子有限公司	邓玉良
	中国电子科技集团	赵正平

▷▷▷ 2.11.7 红外夜视，红外夜视，Infrared Night Vision

红外夜视（Infrared Night Vision）是基于光电转换或热电转换效应，通过特定的红外探测器接收自然界物体的红外辐射，将物体的红外辐射转换为微弱电信号，经过特定的放大、增强等信号处理和成像显示处理形成可供显示的信号，实现成像的一种方式。因此，红外夜视又可称为红外热成像或红外夜视成像。

从波长分布来看,红外线处于红光波长以外的波长区,红外线的波长为 0.76μm~1mm,其短波端与可见光相接,长波端与无线电波的毫米波相接,与可见光和无线电波一样属于电磁波谱的一部分。

红外探测器根据其工作机理不同可分为热探测器和红外光子探测器[1]。热探测器基于热电效应,在探测器的外加偏置信号作用下,通过后续处理电路对探测器的温度或因温度引起的其他物理量的处理,实现将物体辐射信号与电信号之间的转换,实现对物体红外辐射的探测。热探测器对红外辐射具有较宽的光谱响应范围,没有明显的波长选择性。红外光子探测器基于其红外敏感材料对相关波段红外辐射的吸收,将材料中的束缚态电子激发成传导电子,通过探测器的后续处理电路的处理,形成电信号并输出,实现红外辐射探测。为成功实现红外光子探测器对物体红外辐射的光电转换,红外辐射光子必须满足一定的能量要求,因此红外光子探测器对红外辐射具有波长选择性。

为实现红外夜视高信噪比、高分辨率的成像需求,需要对红外探测器所吸收的红外辐射产生的微弱电信号进行精细处理(如模拟域或数字域预处理、放大等),并经多路转换处理,形成后端处理电路易于接收和处理的特定格式的信号输出。因此,红外探测器需要配备专门的红外专用低温、低噪声放大电路,实现红外敏感元产生的微弱电信号的高信噪比放大与驱动等处理。

随着红外探测器阵列的像素单元规模的进一步扩大、灵敏度的进一步提高及功能的进一步增加,需要对红外探测器阵列接收的物体红外辐射形成的微弱电信号进行高增益低噪声放大等信号处理,因此需要具有低噪声、低功耗、低温工作等独特属性的专用集成电路。该电路对红外探测器阵列输出的微弱电信号进行处理,主要包括像素级处理(输入、积分等)、行列放大与转换(放大、多路转换等)和探测器阵列信号缓冲输出等,从而形成模拟信号输出,或经过模/数转换后形成数字信号输出。这种专用集成电路称为红外焦平面读出电路(Infrared Focal Plane Readout Integrated Circuit)。

红外焦平面读出电路是一种特殊的集成电路[2],通常采用标准互补金属-氧化物-半导体(CMOS)技术设计和制造。红外焦平面读出电路的组成框图如图2-136所示[3]。红外焦平面读出电路与红外阵列芯片的互连方式如图2-137所示。通常,红外焦平面读出电路采用铟柱倒装互连方式实现与红外探测器光敏元阵列的连接与微弱信号的输入,完成红外辐射信号的探测和信号输出,并经过外部信号处理和图像处理后实现高性能红外夜视成像。

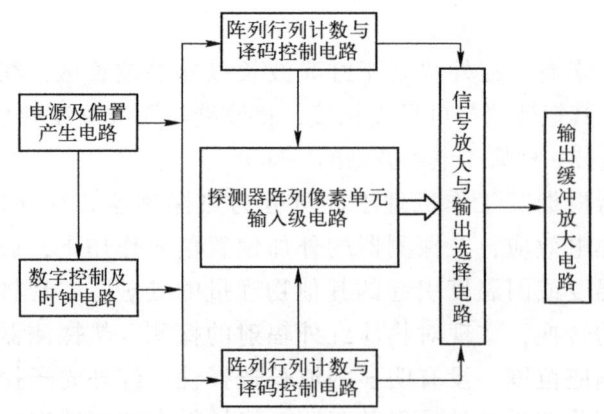

图 2-136　红外焦平面读出电路组成框图

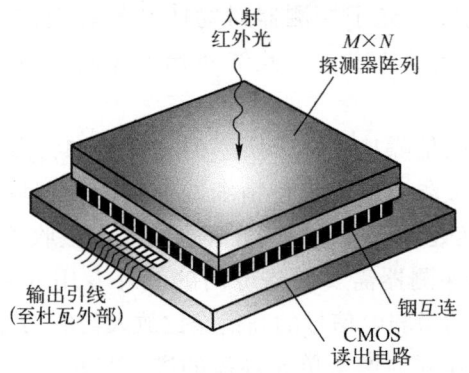

图 2-137　红外焦平面读出电路与红外阵列芯片的互连方式

基于 CMOS 集成电路设计和工艺等技术的红外焦平面读出电路在芯片上集成了非均匀性校正、基于场景的参数自适应匹配和数字增强处理等功能后，将大幅提升红外夜视成像技术和装备的性能，更好地满足高灵敏度、高集成度、高工作帧频及全数字化等发展需求。

参考文献

[1] 梅遂生，王戎瑞．光电子技术 [M]．2 版．北京：国防工业出版社，2008．
[2] William D. Rogatta. The infrared & electro-optical systems handbook volume 3: electro-optical components [M]. SPIE Optical Engineering Press, 1993: 405-429.
[3] 何力，杨定江，倪国强，等．先进焦平面技术导论 [M]．北京：国防工业出版社，2011．

撰稿人：华北光电技术研究所　　　　喻松林
审稿人：深圳市国微电子有限公司　　邓玉良
　　　　中国电子科技集团　　　　　赵正平

▷▷▷ 2.11.8　航空仪表，航空儀表，Avionics Instrument

航空仪表（Avionics Instrument）是飞机上各种仪表的总称，是飞机上为驾驶人员提供有关信息的设备，能为驾驶人员提供操纵飞机的依据，同时也能反映飞机被操纵后的结果。航空仪表的分类如图2-138所示[1]。

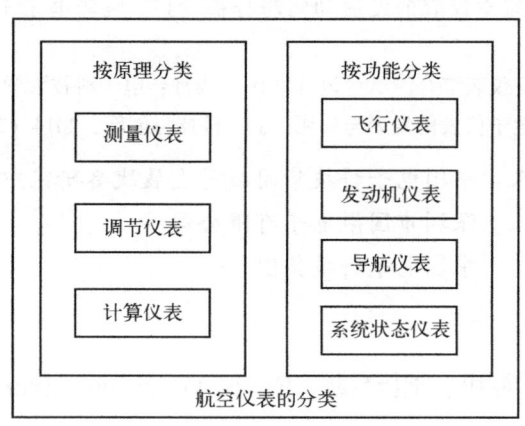

图2-138　航空仪表的分类

航空仪表的发展可分为四个阶段，依次为机械仪表、电气仪表、机电仪表及电子显示仪表。机械仪表的各个组成部分，如敏感组件、信号传输和显示部分，均是机械结构的，且只能测量单一参数，属于单个整体直读式结构。20世纪30年代后，航空仪表逐渐发展为电气仪表。与机械仪表不同的是，电气仪表的传感器和指示器的安装位置相隔一定距离，是通过信号传递来建立联系的。电气仪表用电气传输来代替机械传动，具有明显优势，仪表的反应速度、传输距离和准确度都得到大幅度提升，且仪表本身所占的体积也相应地大幅减小。20世纪40年代后，机电仪表开始出现，它与电气仪表的结构相近，利用反馈原理来保证输入/输出量的一致，仪表的灵敏度和精度因此得到进一步提升。由于电子信息技术的飞速发展，航空仪表逐渐进入了电子显示仪表阶段，它们的基本结构单元是能够实现信号转换、计算和传输的小功率伺服系统[2]。与此同时，因为航空设备种类和数量的增加，航空仪表大多为综合式显示仪表。

航空仪表应用的集成电路和器件主要有微处理器芯片、ADC、DAC和压力、温度、惯性等各种传感器。其中，由于小型化的需求增大，航空仪表中应用的传感器越来越多地开始采用微机电系统（MEMS）相关技术。

航空仪表未来的发展趋势是智能化、网络化和开放化。随着计算机技术的发展，分布式控制系统（Distributed Control System，DCS）的体系结构在不断优化,数字式、开放式的 DCS 系统应用将逐渐开始应用在航空仪表上[3]。传统的直流模拟信号传输将被总线中的双向数字通信所代替,进而智能变送器和智能执行器将会得到应用,航空仪表的量程和精度两方面的性能都会大幅度提升,从而提高航空仪表的可靠性及可用性。

参考文献

[1] 王旭. 海军航空仪表的发展动向与分析 [J]. 舰船电子工程, 2016, 35 (6): 22-25.

[2] 吴向阳. 航空仪表综合测试台设计 [D]. 成都: 电子科技大学, 2003.

[3] 李凯. 航空电子仪表的发展与应用 [J]. 科技与创新, 2014 (2): 28-29.

撰稿人: 中国电子科技集团公司发展战略研究中心　李硕
审稿人: 深圳市国微电子有限公司　　　　　　　　邓玉良
　　　　中国电子科技集团　　　　　　　　　　　赵正平

▷▷▷ 2.11.9　预警机,預警機,Early Warning Aircraft

预警机(Early Warning Aircraft)是指配备机载预警雷达的特种任务飞机,其最初的作战用途是通过将雷达置于飞机之上来弥补地面或舰载雷达的低空探测盲区。随着军事需求的牵引以及电子技术、航空技术的进步,现代预警机装备了先进的机载远程预警雷达来完成战场预警与探测跟踪,此外还装备了通信导航、指挥控制、敌我识别、电子侦查与电子对抗等多种电子系统;不仅能及早发现和跟踪各类入侵的空中和海面目标,还能对己方战斗机和其他武器装备进行引导和控制。现代预警机可分为陆基固定翼预警机、舰载固定翼预警机和舰载旋翼预警机等。

预警机诞生于第二次世界大战后期,经过 70 余年的发展,现已发展至第三代,并被誉为"空中帅府",其在作战体系中的核心地位和重要作用不言而喻。当前世界上具有代表性的第三代预警机主要有美国的 E-2D、俄罗斯的 A-100、以色列的 G550"湾流"和中国的空警-2000 等。这些预警机具备"网络化、多元化、一体化和轻型化"的技术特征,可基于战场态势统一与综合管控资源,实现体系作战效能倍增,成为现代化信息作战体系的核心力量。

任务电子系统是预警机功能实现的基础,而集成电路和相关器件则是预警机任务电子系统的重要组成部分。例如,中央处理器芯片、数字信号处理芯片、数/模转换电路、雷达光栅扫描显示器、存储器、固态微波功率器件、微波低噪声接收电路、微波振荡器以及一些专用集成电路等,是预警机任务电子系统功能实现的基础。其中，固态微波功率器件有助于预警机任务电子系统中的雷达探测、通信导航、电子侦查与对抗等电子系统实现全固态化；应用微波器件等元器件组装成发射机、接收机、天线系统和显示器等子系统，可用于预警机任务电子系统的雷达、电子战系统和通信系统等；此外，低相位噪声的微波振荡器是影响预警机任务电子系统中雷达作用距离的重要因素之一。

随着世界范围内作战环境和作战需求的显著变化，预警机在整个作战体系中的定位及其产品技术形态等都将出现重大变革，基于信息系统的体系作战环境，要求预警机从单平台作战向体系化对抗方向发展，这对用于预警机的电子器件提出了新的更高要求。当前，以纳电子、第三代半导体和集成微系统为代表的主要集成电路技术，使得电子器件逐步向小型化、集成化方向发展。这些电子器件的新技术、新产品应用于预警机，可大幅度降低预警机任务电子系统的体积、质量和能耗，促进预警机的产品技术形态进一步向高度综合化或一体化设计方向发展[1]。

参考文献

[1] 曹晨. 预警机发展七十年 [J]. 中国电子科学研究院学报, 2015 (4)：113-118.

撰稿人：中国电子科技集团公司发展战略研究中心　彭玉婷
审稿人：深圳市国微电子有限公司　邓玉良

▷▷▷ 2.11.10 智能机器人环境认知传感器，智慧機器人環境認知感測器，Smart Robot Environment Cognitive Sensors

在实际场景应用中，智能机器人（Smart Robot）需要对周围环境进行认知。智能机器人不仅要能够通过环境认知完成避障，还需要具备提取、理解、表达并推理相关环境知识的能力。环境认知能够使得智能机器人具备自身位置校正并规划下一步行为等能力。最早由 Smith、Self 和 Cheeseman 于 1986 年提出的即时定位与地图构建（Simultaneous Localization and Mapping, SLAM）系统[1]，被很多学者认为是真正实现全自主移动机器人的关键。SLAM 通常指通过对各种传感器数据进行采集、计算和融合，生成位置姿态定位和场景地图信息。SLAM 在服务机器人、无人机等领域有着广泛的应用，对机器人等系统的行动和交互能力起着支撑作用。机器人环境认知传感器种类较多，其中应用广泛的有激光雷达、视觉传感器和超声波传感器。

激光雷达可直接提供机器人本体与周围环境障碍物间的距离信息，具有测量速度快、精度高、计算量较小等特点。激光雷达测距的方式主要有脉冲式测距和相位式测距两种。脉冲式测距通过直接测定激光脉冲从激光雷达测距系统到目标物体上的来回传送时间,来确定激光雷达测距系统到目标物体之间的距离。此类传感器价格较高。相位式测距通过测定连续调制的光波在激光雷达测距系统与目标物体的距离之间往返传播时发生的相位变化,间接测量时间,从而计算出激光雷达测距系统与目标物体的距离。此类传感器价格较低。

在智能机器认知系统中,视觉传感器是机器人获取外界信息最多的传感器。随着 CPU 和 GPU 处理能力的快速增强,以及视觉传感器性能的提升,促进了高精度实时视觉感知技术的发展。对于视觉传感器的研究主要包括单目相机、双目(或多目)相机和深度相机(RGB-D),另外还有鱼眼、全景等特殊视觉传感方式。通常,为减轻视觉图像匹配计算负荷,可再结合惯性单元测量的信息。单目相机,即只有一个摄像头的相机,成本低廉。但是,单目相机有个最大的缺点,就是无法确切地得到深度。双目相机可以估计深度,从而消除了单目相机的缺点。双目或多目相机的配置与标定比较复杂,其深度量程也受到相机基线长度和图像分辨率的限制,导致其深度解算的运算量大,系统整体成本高。RGB-D 相机是利用结构光源实施环境照射,同时通过面阵传感器成像后,利用一致结构光几何信息实现距离解算的一种复合相机。它的显著特点是能直接给出深度。因此,它比单目相机和双目相机能提供更加直接的信息。然而现在大多数 RGB-D 相机仍存在一些缺点,如距离测量噪声大、视野受限和测量范围较小等问题。

在移动机器人避障中,超声波传感器是应用比较广泛的传感器之一。超声波传感器具有很多优点,其不仅能在众多物质中传播,而且受环境影响较小,方向性好。因此,在工业、生物医学和国防等领域,带有超声波传感器的移动机器人在众多领域中应用广泛[2]。

参考文献

[1] Smith R. C., Self M., Cheeseman P. Estimating Uncertain Spatial Relationships in Robotics. Proc. of the 2nd Ann. Conf. on Uncertainty in Artificial Intelligence UAI' 86 Univ. of Penn., Philadelphia, PA, USA: Elsevier. pp. 435-461.

[2] 曹瑞,包空军. 基于超声波传感器新技术的应用[J]. 科技信息,2009(3):497.

撰稿人:深圳市易星标技术有限公司　严方林
审稿人:深圳大学　　　　　　　　　　蒙山

▷▷▷ 2.11.11　机器人网络通信系统,機器人網路通信系統,Robot Network Communication System

随着科学技术的发展,机器人的应用领域不断扩大,与此同时对机器人数据传输的可靠性和稳定性也提出了更高的要求。从工业通信所要求的多节点、分布式网络化、通信距离长、环境恶劣、实时性、高可靠性等方面考虑，ROBBUS、CAN、EtherCAT 和 PROFINET 等现场总线逐步成为机器人网络通信的主要手段。

机器人通信总线（Robot BUS，ROBBUS）是由中国机械工业联合会于 2010 年 6 月提出，由中国自动化研究所牵头组织研制撰写的机器人总线标准[1]。该标准总线主要针对低成本、模块化机器人而设计，是一种无主式总线，具有良好的实时性和可扩展性，抗干扰性强，适用于模块机器人系统中模块之间的通信，具有多通道性。标准规定了模块机器人系统中通信总线的数据格式和程序规范，包括协议层次、格式定义、工作流程。

控制器局域网（Controller Area Network，CAN）总线是目前应用最为广泛的工业现场总线之一。由于 CAN 通信的高可靠性和稳定性，已被广泛应用于工业自动化、船舶、医疗仪器、多传感器测控等领域。CAN 控制器用于生成 CAN 通信协议帧，并将数据帧转换成的二进制比特流，传输给 CAN 收发器，发送出去。一般而言，CAN 控制器内部集成了逻辑控制器、收发 FIFO 缓冲区和 CAN 协议核心控制器。

以太网控制自动化技术（Ethernet for Control Automation Technology，EtherCAT）是一种以现有以太网为基础，开放架构的现场总线系统。EtherCAT 工业以太网具有灵活的拓扑结构和较低的开发成本，其增加的实时通道使得数据的传输更加高效和高速。EtherCAT 设备分主站和从站。EtherCAT 主站的实现相对简单，只需使用网络接口卡或计算机主板集成的网卡。EtherCAT 主站一般由在 ARM/x86/ZYNQ 等平台运行的实时操作系统（Real-Time Operating System，RTOS）给予支持。EtherCAT 在数据帧处理方式上借鉴了"集总帧"的通信机制，从站根据地址映像单元（Field bus Memory Management Units，FMMU）寻址提取与本机相关的数据，同时将反馈数据上传到该地址处。EtherCAT 在应用层协议上拓展了对 CAN 和串行通信伺服系统的协议支持，可以实现零成本跨总线通信[2]。

PROFINET（Process Field Net）是一种基于工业以太网技术的自动化总线标准，被广泛应用于运动控制、分布式自动化、故障安全、网络安全等自动化领域[3]。根据应用场景，PROFINET 可分为 PROFINET CBA（Component Based Automation）及 PROFINET IO。PROFINET CBA 适合基于 TCP/IP 协议并以软件为基础的通信场景，PROFINET IO 则适用于需要实时通信保障的应用系统，二者可以在一个网络中同时共存。为了满足机器人领域高实时性应用的要求，PROFINET 为用户提供了一条实时数据传输通道。在该实时通道下，PROFINET 实时通信（Real-Time，RT）的响应时间降至 5~10ms。同时 PROFINET 的同步实时（Isochronous Real-Time，IRT）技术，在 100 个节点的条件下，其典型响应时间达到 1ms，能够做到及时、确定地响应高速运动控制系统[4]。

参考文献

[1] 王硕. 机器人系列标准介绍：机器人 ROBBUS 通信总线 [J]. 机器人技术及应用, 2014（2）：37-38.

[2] EtherCAT 技术协会中国代表处. 关于"为何选择 EtherCAT"问题的技术解答 [J]. 国内外机电一体化技术, 2007（5）：28-30.

[3] 李鑫. 工业以太网 PROFINET 技术的研究与实现 [D]. 北京：北京化工大学, 2006.

[4] Peter Fuchs, Knut Dettmer. PROFINET 实施方案：TPS-1 芯片 [J]. 中国仪器仪表, 2014（8）：35-38.

撰稿人：深圳市易恬技术有限公司　　陆先念
审稿人：深圳大学　　　　　　　　　蒙山

▷▷▷ 2.11.12　智能制造系统，智慧製造系統，Intelligent Manufacturing System（IMS）

智能制造系统（Intelligent Manufacturing System，IMS）是指在制造过程中能进行诸如推断问题、分析问题、做出决策等一系列与人类近似的智能活动的智能系统[1]。智能制造系统旨在使制造过程中的各个组成部分具有智能化、柔性化，利用人工智能等技术手段学习以及模仿人类的思维活动，从而能够进一步取代其中的部分脑力劳动，进而系统能在制造过程中自动调节参数以适应不同的情况，使组织达到所处状况下的最佳状态[2]。

在 20 世纪 80 年代，美国提出了智能制造的概念，此概念一经提出就受到世界各个国家和地区的高度关注和重视。世界各个国家和地区均将智能制造列入国家或者地区未来的发展计划当中，相继推出具体的研究方案和发展计划，加大科研投入，大力推动智能制造的进一步实施。在信息技术向制造领域的快速渗透过程中，中国的现代工业信息化发展已迈入智能制造阶段。为了抓住这一发展机遇，国内各领域企业不断加快融合创新，推动生产管理方式、商业模式等的持续变革，在智能制造领域形成了一系列新模式、新业态、新特征。

德国工业 4.0 是由德国政府提出的项目，旨在提升制造业的智能化水平，在商业及价值流程中整合客户及商业伙伴资源，建立具有适应性、资源效率的智慧工厂。工业 4.0 基于互联网和物联网系统，由集中式控制向分布式增强型控制模式转变，建立一个高度灵活的个性化和数字化的产品与服务的生产模式。项目主要包括智能工厂、智能生产和智能物流三个部分。

德国工业 4.0 已经进入中德合作新时代，2014 年 10 月，中德双方签署了《中德合作行动纲要》[3]，涉及工业 4.0 的主要内容包括：由企业自行推进，政府提供政策支持；两国企业加强交流和深化合作；在标准问题上紧密合作，并将"工业4.0"议题纳入中德标准化合作委员会；进一步深化两国在移动互联网、物联网、云计算和大数据等领域的合作。

2014年12月，"中国制造2025"这一概念被首次提出，2015年5月8日，国务院正式印发《中国制造2025》[4]。《中国制造2025》提出通过三步走实现制造强国的战略目标：第一步，到2025年迈入制造强国行列；第二步，到2035年中国制造业整体达到世界制造强国阵营中等水平；第三步，到中华人民共和国成立一百年时，综合实力进入世界制造强国前列。《中国制造2025》涉及的领域包括新一代信息技术产业、高档数控机床和机器人、航空航天装备、海洋工程装备及高技术船舶、先进轨道交通装备、节能与新能源汽车、电力装备、农机装备、新材料、生物医药及高性能医疗器械等。

参考文献

[1] Andrew Kusiak. 智能制造系统 [M]. 杨静宇，陆际联，译. 北京：清华大学出版社，1993.

[2] 赵亚波. 智能制造 [J]. 工业控制计算机，2002，15（3）：26-28.

[3] 中德合作行动纲要 [EB/OL]. [2018-02-01]. http://www.gov.cn/guowuyuan/2014-10/11/content_2762677.htm.

[4] 国务院关于印发《中国制造2025》的通知 [EB/OL]. [2018-02-01]. http://www.gov.cn/zhengce/content/2015-05/19/content_9784.htm.

撰稿人：哈尔滨工业大学　张啟权　王明江
审稿人：深圳大学　　　　蒙山

▷▷▷ 2.11.13　无人机系统，無人機系統，Unmanned Aerial Vehicle System

无人机（Unmanned Aerial Vehicle，UAV）是一种由动力驱动，机上无人驾驶，可自主飞行或遥控控制，能单次或重复使用的飞行器的简称，亦被称作"空中机器人"[1]。无人机可利用无线电遥控设备和自备的过程控制装置在无人驾驶的条件下飞行并完成复杂的飞行任务和各种负载任务。

机架构件、飞控系统及传感器设备、数据通信系统、电源系统、发射回收系统等是构成无人机系统不可或缺的部分。无人机系统架构及使用的集成电路示意图如图2-139所示。

无人机飞行控制器主要包括无人机姿态测量、稳定控制、机载任务管理和容错计算等模块。飞控系统硬件包含全球定位系统（GPS）模块、惯性测量单元(IMU)、气压计和超声波测量模块、嵌入式CPU、电动机驱动调节器、通信设备等。目前飞控系统较为有名的开源项目有Paparazzi UAV项目、Dronecode/PX4项目、OpenDroneMap项目与Drone Journalism Lab项目。

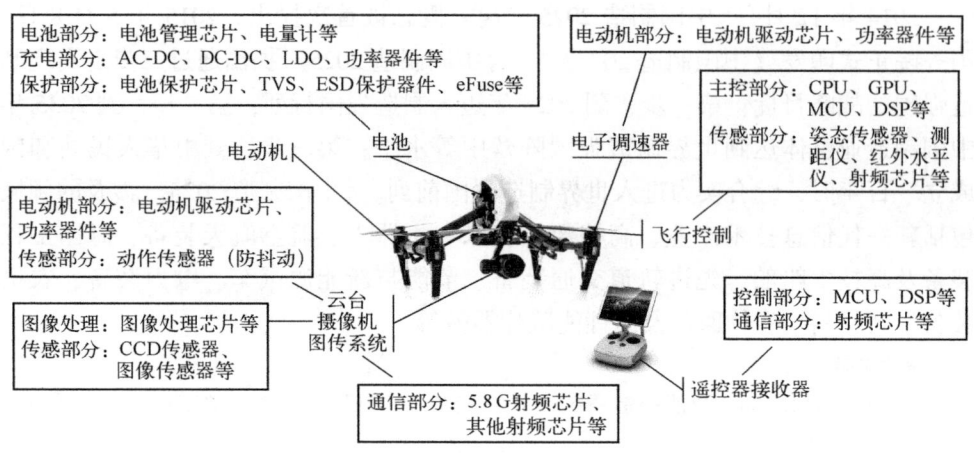

图2-139 无人机系统架构及使用的集成电路示意图

无人机数据通信装置主要负责完成对无人机进行远程操控及机载传感器设备数据的信息传输功能,主要包括数传电台、图传电台、遥控器与接收器、地面站系统等[2]。无人机典型的通信场景如图2-140所示。

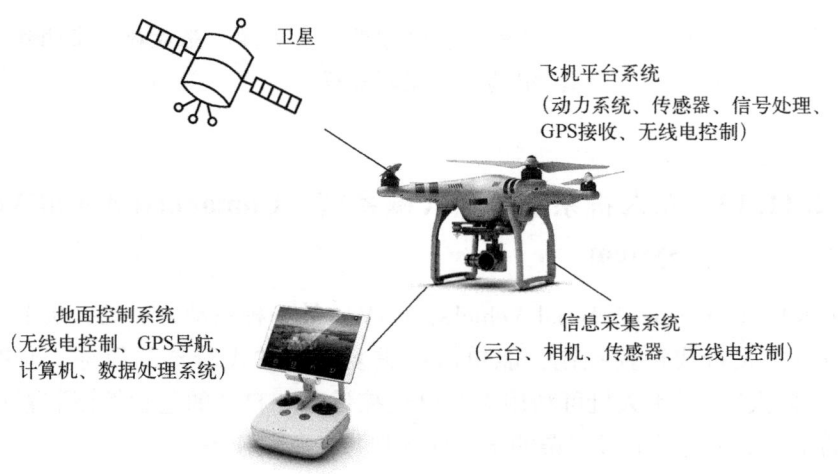

图2-140 无人机典型的通信场景

无人机动力驱动装置包括电动机和电子调速器(Electronic Speed Control, ESC),电子调速器控制无人机的电动机或者发动机的转速及其功率。目前市场上无人机的电子调速器还有一些如启动保护、电池保护、辅助制动等辅助功能。

无人机所携带的传感器设备是无人机实现自动检测、控制，稳定飞行必不可少的硬件设备。这些传感器设备主要包括视觉传感器、红外传感器、超声波传感器、毫米波雷达、气压计、GPS/GLONASSGPS 等定位传感器、IMU 和指南针双冗余传感器等[3]，可帮助无人机在飞行时获取实时图像、深度、定位等信息，构建飞行器周围的 3D 地图，并确定自己的位置。

无人机电源管理系统是优化无人机续航时间的核心之一，其主要由指令控制芯片、MOS 管、电池管理芯片等器件，并结合相应的嵌入式软件构成。市场上目前主要的电源管理器件包括分立式的电源管理芯片（PMIC）和集成电源管理单元（PMU），TI 公司的 BQ30Z55 系列芯片在无人机智能锂电池电源管理系统中较为常用[4]；另外比较有名的器件还有 NXP 的 MC3377x 系列的电池控制器IC、ADI 公司的 ADM66xx 系列的电源监控器等。

参考文献

［1］ 无人机定义、组成和分类分析研究报告［EB/OL］. ［2018 – 02 – 01］. http://bbs. pinggu. org/thread-3728437-1-1. html.

［2］ 无人机定义和分类及其发展的技术难点［EB/OL］. ［2018 – 02 – 01］. https://wenku. baidu. com/view/bdf844abf242336c1fb95ead. html.

［3］ ADI 民用无人机解决方案［EB/OL］. ［2018 – 02 – 01］. https://ezchina. analog. com/message/34332.

［4］ 电源管理指南［EB/OL］. ［2018-02-01］. www. ti. com. cn/power.

撰稿人：深圳市易星标技术有限公司　　严方林
审稿人：深圳大学　　　　　　　　　　蒙山

▷▷▷ 2.11.14　双目视觉系统，雙目視覺系統，Binocular Vision System

双目视觉系统（Binocular Vision System）使用位置不同的两个摄像头拍摄不同视角下的图像，通过匹配算法逐一计算图像之间像素的匹配关系，然后根据得到的匹配点之间的偏移获取拍摄物体的深度信息，进而构建三维信息。相比于现有的一些三维信息获取方式，双目视觉技术所需的设备简单，只需要普通摄像头，不需要主动发光，利于整体功耗的降低。

双目视觉系统技术的实现流程包括双目匹配、视觉定位、深度图融合、高层应用等不同层次[1]。基于双目匹配获取深度图像是双目视觉系统的基础。在相机位置固定的场景中，双目匹配得到的深度图可以直接用于姿态识别等任务，在人机交互等领域具有重要的应用价值。在移动平台场景中，相机位置的确定是其另一个基础任务。基于双目视觉技术，可以通过深度图序列的时间相关性恢复相机的运动轨迹，进而用于自主导航、三维融合等高层应用，对于移动机器人平台具有重要的应用价值[1]。

目前，在双目视觉技术系统实际使用时，存在的最重要的问题是实时性和准确性。首先，从双目图像中提取三维信息是一个复杂的算法运算过程，在实际场景中易受噪声、遮挡等非理想因素的影响。此外，双目视觉相关算法的运算量高，基于传统的通用处理器往往无法满足实时处理的要求。针对上述问题，较多研究工作只是从算法层面对结果的准确性进行优化，而这些工作多基于通用处理器，无法实现实时处理。为解决实时性问题，并行计算是该领域的另一个热门研究方向。常见的并行计算器件有现场可编程门阵列（Field Programmable Gate Array，FPGA）和图形处理器（Graphic Processing Unit，GPU）。其中，FPGA 由于计算结构和存储结构上的高灵活性，可以更好地满足并行图像处理对于高并行度和高内部带宽的需求[2]，因而得到了广泛的应用。高分辨率图像的实时处理可以考虑采用 GPU 并行计算，并行操作可有效提升多任务的运行速度，在这些方面的工作已经取得了一定的进展[3]。目前市场已有产品支持三维景深计算、双目图像匹配和视觉定位及相关处理算法。

参考文献

[1] 王文强. 基于 FPGA 的双目视觉系统研究 [D]. 北京：清华大学，2015.

[2] Asano S. Performance comparison of FPGA, GPU and CPU in image processing [J]. 2009：126-131.

[3] Jin S. FPGA design and implementation of a real-time stereo vision system [J]. IEEE Transactions on Circuits & Systems for Video Technology, 2010, 20 (1)：15-26.

撰稿人：北京大学　赵勇
审稿人：深圳大学　蒙山

▷▷▷ 2.11.15　虚拟现实/增强现实/混合现实，虛擬實境/擴增實境/混合實境，Virtual Reality/Augmented Reality/Mixed Reality

1. 虚拟现实

虚拟现实（Virtual Reality，VR）是指利用计算机生成一种虚拟环境，并通过多种专用设备使用户"投入"到该环境中，实现用户与该环境直接进行自然交互的技术。VR 技术可以让用户使用人的自然技能对虚拟世界中的物体进行考察或操作，同时提供视、听、摸等多种直观而又自然的实时感知。

目前虚拟现实主流产品为 HTC VIVE 和 Oculus Rift 头盔（Headsets）显示器，通过高性能计算机以及超强处理能力的图形处理器（Graphics Processing Unit，GPU）由软件生成逼真三维图像，并最终在 VR 眼镜中呈现虚幻视觉空间。HTC VIVE 头盔显示器架构框图如图 2-141 所示。虚拟现实可广泛应用于游戏、教育、娱乐、培训、旅游、设计、模拟训练等。

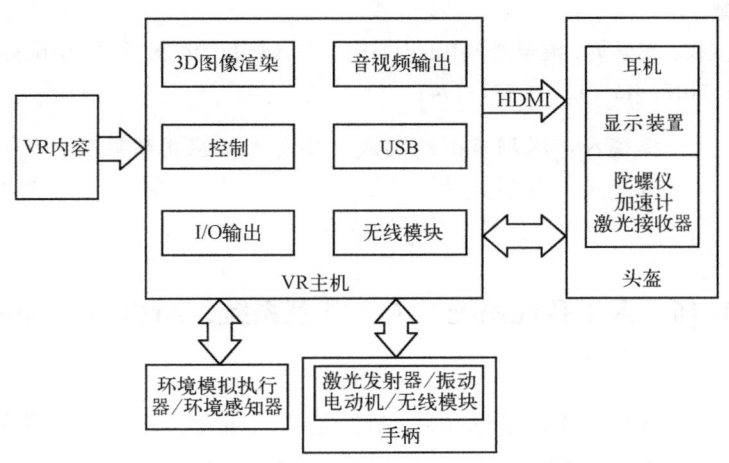

图 2-141　HTC VIVE 头盔显示器架构框图

2. 增强现实

与虚拟现实的完全沉浸效果不同，增强现实（Augmented Reality，AR）致力于创造一个虚实结合的世界。它将计算机生成的物体叠加到真实景物上，通过光学透视头盔显示器、眼镜、投影仪、手机屏幕等多种设备，为用户提供一个由虚拟信息和真实景物组成的混合场景。谷歌曾发布了 Google Project Glass 增强现实眼镜。该眼镜在观察周围环境同时，可以通过声音控制拍照，获取环境信息资料如天气、位置等，也可以上网、查看电子邮件等。增强现实具有非常广泛的应用领域，例如在工作中提供辅助信息、交通导航、支持灵活有效的计算机辅助设计界面、在训练或学习中的增强理解。

3. 混合现实

混合现实（Mixed Reality，MR）旨在将虚拟世界与现实世界融为一体，由穿戴式头盔显示器等设备提供可沉浸式观察混合现实场景的基础工具，并由计算机提供与用户观察适配的虚实融合景象[1]。虚实融合景象的生成，本质上是相异时空场景的相互嵌入，依赖于空间几何与光照环境的共享与相互作用，即几何一致性与光照一致性。

混合现实提供了用户与虚拟世界交互的自然界面，通过对人类动作和行为的理解，在现实世界的时空中搭建用户与虚拟世界的桥梁，在客观上具备对虚拟世界与现实世界连接的直观性。在虚实混合的世界中，人类智能可以通过对虚实混合场景的观察来理解世界，通过自然交互按需驱动机器对虚拟世界施加影响，并临场获得计算机对场景或者数据的反馈；从而实现人类与计算机的沉浸式深度交互，进而实现机器智能与人类智能的深度融合。

参考文献

[1] 陈宝权，秦学英. 混合现实中的虚实融合与人机智能交融 [J]. 中国科学：信息科学，2016，46（12）：1737-1747.

撰稿人：深圳市微纳集成电路与系统应用研究院　何越文
审稿人：深圳大学　　　　　　　　　　　　　　　蒙山

▷▷▷ 2.11.16　人工智能系统，人工智慧系统，Artificial Intelligence System

人工智能（Artificial Intelligence，AI）是一门研究、开发和模拟人类智能的理论、方法、技术及应用的学科。人工智能系统研究的内容包括机器人、语言识别、图像识别、自然语言处理和专家系统等。目前，集成电路在人工智能系统中的应用已经相当广泛，例如在 Boston Atlas 机器人头部使用了 MultiSense S7 传感器进行前视。此外，在深度学习领域，图形处理器（Graphics Processing Unit，GPU）利用其特有的并行计算架构使得在大数据样本下的模型训练时间显著减少，极大地节省了开发的资源。张量处理器（Tensor Processing Unit，TPU）作为 2016 年谷歌深度学习开源框架 Tensorflow 量身定做的专用处理芯片，已经在人工智能项目中发挥了重要的作用。IBM、三星等公司也开发了针对人工智能的专用芯片。可以说，人工智能的发展和集成电路的发展是一脉相承、相互驱动和推进的关系。人工智能计算系统总体示意图如图 2-142 所示。

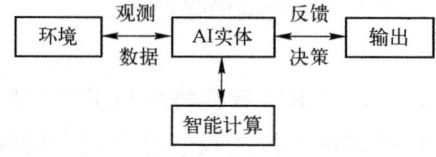

图 2-142　人工智能系统总体示意图

图形处理器又称显示核心，是一种专门在个人计算机、工作站、游戏机和一些移动设备上进行图像运算工作的微处理器。2006 年 NVIDIA 与 ATI 分别推出了 CUDA（Compute Unified Device Architecture）编程环境和 CTM（Close to the Metal）编程环境[1]。CUDA 作为一种全新的运算架构，使得 GPU 可以快速地解决复杂的计算问题。

张量处理器（TPU）是谷歌公司为机器学习（Machine Learning，ML）而设计的处理器。机器学习作为当代人工智能的核心学科，已经遍及我们的日常生活。TPU 的高效能的来源正是其非万能的设计逻辑（极度单一的设计原则），其使用专用的逻辑电路，单一工作，速度快。在晶体管总容量不变的情况下，TPU 可以在单位时间内运行更多的操作，通过使用更加复杂与强大的机器学习算法得到更加智能的结果。在现实生活中，谷歌在很多应用都用到了 TPU，并且都取得了非常好的效果，如谷歌街景和 AlphaGo 等[2]。

2011 年，IBM 公司首次提出了人工大脑项目，其目的是开发一套完整的人工智能系统来模拟人类行为。该系统创新性地开发了模仿人脑神经网络的高级芯片 TrueNorth。在此项目中，IBM 神经元作为基础处理单元，尺寸和邮票大小相当，功耗只有 65mW，但却集成了 100 万个"神经元"电路。复合信号处理器（Composite Biological Signal Processor）是一种搭载了生物信号传感器，能够接收和处理人体生物信号的专用处理器。这类新型处理器目前还处于新生萌芽阶段，只在医学领域、移动穿戴设备上得到了使用。

三星公司于 2016 年 CES 大会上发布的一款生物信号处理器 Bio-Processor，使用了最新的生物信号融合技术，基于增强型的数据转换分辨率和广域动态范围，可捕获到更加微弱而且容易被干扰的生物信号。

参考文献

[1] 华强电子网. GPU 电子维基技术专栏［EB/OL］.［2018.02.03］. http://www.hqew.com/tech/wiki/5477.html.

[2] 与非网. 控制器与处理器专栏［EB/OL］.［2018.02.03］. http://www.eefocus.com/mcu-dsp/362897.

撰稿人：深圳市易恬技术有限公司　　罗忠军
审稿人：深圳大学　　　　　　　　　蒙山

第 3 章　集成电路产业经济与投资

2018 年，在中国传统的天干地支纪年中，是戊戌年，正好与 60 年前的 1958 年是一个轮回。集成电路，从它诞生的 1958 年算起，到 2018 年，正好 60 年，一个"甲子"。《集成电路产业全书》这次出版，正好赶上向集成电路 60 年寿诞献礼。既然是集成电路产业的全书，必包罗万象；既然是产业，自然与经济相关，于是有全书的第 3 章——集成电路产业经济与投资。

集成电路诞生于美国。随着 60 年的产业发展和区域演进，集成电路产业从美国发展到欧洲、日本、中国台湾、韩国、新加坡、中国大陆和马来西亚等国家和地区。

中国发展集成电路产业，起步不晚，但进步不快。直至最近几年，在国家、地方、企业、科研院所和学校等各界的共同努力下，产业发展才有所加快，但与先进国家和地区比还有不小的差距。

从产业经济角度看集成电路产业 60 年的历史，还是有许多产业特点、产业趋势乃至规律可以总结的。

一、提起这个产业，人们首先会想起的是摩尔定律。美国专栏作家托马斯·弗里德曼把摩尔定律对社会的影响与传统工业时代爱因斯坦的相对论等量齐观，更多的人从技术、产品更新角度论述这一定律。但在本章，我们是从产业经济的视角去看待它的。归结起来，摩尔定律是产业的技术发展规律和经济规律相互作用的良性循环。

二、当我们打开世界地图，对 60 年的集成电路发展史做一个区域考察时，你会有许多的发现。

第一，我们认识到，这个产业的科技特征十分明显，同时它也具有明显的工业经济特征。也就是说，集成电路所分布的地区，必须同时兼具工业条件和科技条件。

第二，我们也发现：这个产业的产业链十分长，以至于任何一个国家（强大到如美国）都不可能关起门来完成整个产业链的布局。这就是集成电路产业的世界性特征。

第三，市场在何处，产业就必须在何处。这是工业经济的鲜明特征，集成电路产业也不例外。

第四，集成电路产业的复杂度（难度）使人们认识到，它的发展从来都不是完全由市场决定的。也就是说，市场的力量对于这个产业的发展往往是失灵的，而此时政府必须出手扶持。纵览历史，横观各国，概莫能外。

第五，这个产业必须经市场的洗礼，才能最后成功。一般而言，这个产业在一个国家兴起之初，都需要政府的政策支持和扶植。这个时间会是10~20年，然后就会有少数的市场主体成长为世界级的垄断性企业。一旦这种企业形成，政府可适当退出直接的支持，改以创造开放的市场竞争环境为主。世界上形成竞争优势的企业，是定义技术，定义产品，最后又定义市场的主导者。看一国的集成电路产业是否成功，主要看这个国家是否有一到几家这样的优势企业存在。

第六，集成电路产业是人才主导的产业。若把生产要素各项做一排列，人才居首位。没有人才，有钱也枉然。尊重人才，充分发挥人才优势，在此显得尤为重要。人才当然首先是各类技术人才，但懂得这一产业发展规律的优秀经营管理人才，同样十分重要。

第七，集成电路产业是一个需要耗费巨资的产业。尤其是集成电路制造环节，是十分明显的重资产领域。所谓一代技术，一代设备，一代产品。每一代技术，都要投入巨资进行设计和制造工艺的开发；技术完成后，要投入巨资购置新设备；然后，才能进入产品的生产。而一代产品，其生命周期也就几年而已。

第八，从集成电路产业的组织形态和商业模式上考察，这个产业也是百花竞放。有从头做到尾的巨无霸企业，也有在细分领域专做一个环节的单项冠军。各放异彩，各得其所。

第九，若对集成电路产业进行投资，要掌握其行业特性。总体而言,这是一个需要大投入、持续投入的行业。在具体细分领域,则又有很大不同。在设计领域,其行业特性可类比软件业。在制造领域,则表现为高强度和持续性的投入,而且代工企业对资本的来源还有要求,为了不与客户竞争,要求大股东不能来源于某一家(或几家)客户;同时这种企业也不宜对一家(或几家)客户进行大的股权投资。这里的主要原因是基于对客户知识产权的保护。

第十,往前走,集成电路产业还能走多久?这个行业的著名科学家胡正明先生说过,这个产业至少还可以做一百年。现在的共识还是认为这是一个国家的基础性、先导性、战略性产业;即使有一天变成和电力一样的传统产业了,它也是一个基础产业。

毛泽东词云:"人猿相揖别。只几个石头磨过,小儿时节。"人类早期打磨石头制作工具,从此与猿分开。集成电路是硅产业,硅者,砂也,石头风化者也。作为现代高科技产业,我们在硅上做信息产品,把人类带向信息社会,实在是意义非凡。

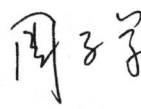

◎ 本章编委会

主　　编：周子学
副 主 编：潘建岳
编　　委：(按姓氏笔画排序)：
　　　　　丁　伟　冯　科　刘　越
　　　　　严衍伦　李芳芳　张　骋
　　　　　蔡　颖
责任编委：李芳芳　冯　科

第3章 集成电路产业经济与投资

▷▷ 3.1 与集成电路产业相关的经济学和金融学理论

▷▷▷ 3.1.1 集成电路产业与宏观经济，積體電路產業與宏觀經濟，IC Industry and Macro-economy

集成电路产业是衡量一个国家综合国力的重要标志，在各国的政治、经济和军事领域竞争中，集成电路产业也是被关注的焦点。随着全球信息化和知识经济的高速发展，集成电路产业已与国家安全、经济和社会等方方面面形成了密切的联系，对宏观经济的拉动作用和贡献日益增大[1]。不容忽视的是，宏观经济形势对集成电路产业的发展也有着显著的影响。

集成电路发明于1958年，首先用于军事领域。德州仪器先后为美国空军和美国国家航空航天局（NASA）提供计算方面的集成电路解决方案。世界上第一个基于集成电路的计算机就是由德州仪器于1961年为美国空军研发的。随后，美国国家航空航天局和空军将德州仪器提供的集成电路技术应用到了具体的产品中，改善了相关产品的智能水平。

迅速发展的集成电路于1970年之后开始受到工业界的关注，20世纪80年代开始大规模进入消费电子领域和个人计算机（Personal Computer，PC）领域。1990年以来，移动电话带来的通信芯片的需求快速增长，在制式从GSM、CDMA到LTE的发展过程中，一直对射频芯片、基带处理芯片、存储器和功放器件有明显需求。智能手机对集成电路产品的需求更加旺盛，除基本的通信模块之外，还增加了对传感器、逻辑电路和非易失性存储器的需求。集成电路是构成互联网这一深刻影响21世纪经济格局的发明的重要基础。与其他重大技术相比，集成电路对于宏观经济的积极影响不遑多让，但这一点直到其大规模民用化才开始明显显现。集成电路产业是一个高速扩张的产业，其强劲的动力在很大程度上驱动了全球经济的增长。集成电路产业的波动与全球宏观经济的波动高度正相关也证明了这一点（见图3-1）。

虽然半导体产业占宏观经济的比重逐渐提高，但绝对值仍然较小。半导体产业是信息产业的核心部分。全球半导体销售额占全球GDP的比重虽有波动但总体呈现上升趋势，从1986年的0.176%提高到2016年的0.45%以上，如图3-2所示。2016年全球GDP是1986年的5.03倍，而同期半导体产品销售额为1986年的12.84倍，增长速度为GDP的两倍以上。预计半导体产业销售额未来占比会有较快提升的可能性。半导体产业将在宏观经济中扮演越来越重要的作用。

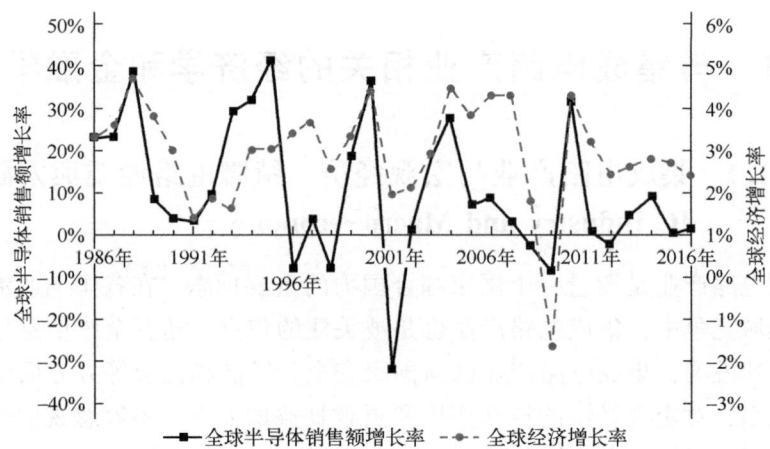

注：集成电路销售额是半导体总销售额的最主要组成部分，且比重稳定在80%左右。
数据来源：WSTS 和世界银行。

图 3-1　1986—2016 年全球半导体销售额增长率和全球经济增长率的相关性

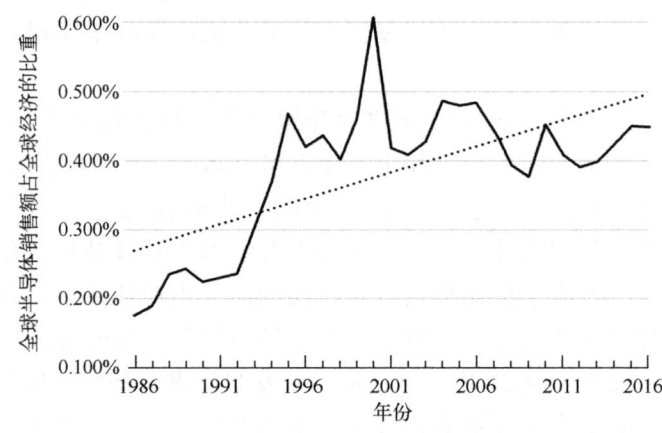

数据来源：WSTS 和世界银行。

图 3-2　1986—2016 年全球半导体销售额占全球经济的比重（虚线为线性化趋势线）

反过来看宏观经济对集成电路产业的影响。集成电路产业随 GDP 的波动同向波动，且波动幅度较 GDP 更为剧烈。这一现象的原因在于，集成电路产品不仅具有通用性，还具有很高的渗透性，几乎在任何领域都能看到集成电路的身影[1]。集成电路在每个应用领域中都扮演着倍增器的角色，推动着其他产业的发展，提升了国家的综合国力。计算机更新换代、家用电器更新换代、新兴的智能终端与可穿戴设备的发展等均依赖于集成电路芯片的先进程度和使用程度[2]。由于电子产品的需求弹性很大，消费者对智能手机、个人计算机、汽车以及许多其他装置与系统的采购规模,对全球电子产业影响深远。当经济越景气,消费者可支配收入越高,就会越倾向于消费在电子产品上,并连带拉动半导体市场的增长;反之,则会将宏观经济的不景气传导至集成电路产业。全球GDP增长率与半导体市场的增长率关联性日益密切,如图3-3所示。全球GDP增长率与半导体市场增长率间的相关系数(Correlation Coefficient)已由1980—1989年的0.35,提升为2010—2015年的0.93(越趋近1.0代表相关度越高)。这意味着全球半导体市场与全球宏观经济之间的关系越来越密不可分,关联性越来越紧密。

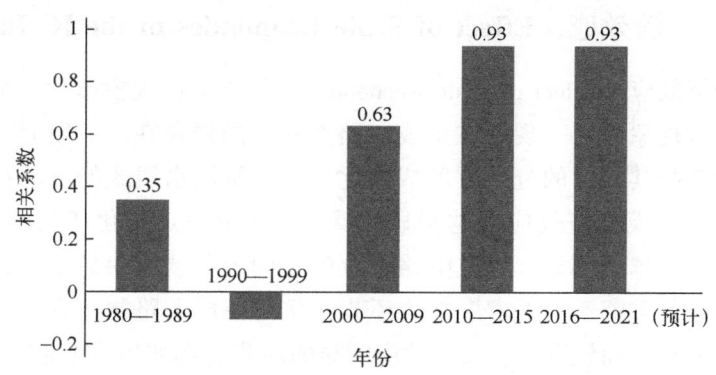

数据来源:IC Insights McClean Report 2017。

图3-3 全球GDP增长率与半导体产业增长率的关联性

历史上曾有一个特别经典的例子,说明了集成电路产业与宏观经济的关系。1985—1990年,美国在世界半导体市场所占的份额从51.4%下降至37.9%,而日本公司的市场份额从39%上升至50%[3]。在这样的市场变化下,人均集成电路产值年增长率、人均电子工业年增长率和人均GNP增长率都发生了改变,其结果是日本的各项指标均明显优于美国。但20世纪80年代后期,美国采取了一系列的政策措施,推动集成电路技术创新与产业发展,终于又夺回了其领先地位。迄今为止,美国经济始终持续保持高速增长,其主要原因便是信息技术的创新和产业的快速发展,而信息产业的基础正是集成电路产业。

未来,物联网、人工智能和云计算等新兴下游市场的快速扩张对于超强运算能力、超大存储能力、超快传输速度和超低能耗的集成电路芯片有着非常显著的需求,集成电路产业将继续在宏观经济中发挥重要作用。

参考文献

[1] 喻明艳. 发展黑龙江集成电路(设计)产业的基本思路[C]. 2007"振兴东北地区老工业基地"专家论坛, 2007.

[2] 周子学. 中国集成电路产业投融资研究[M]. 北京:电子工业出版社, 2015.

[3] 刘以非. 中国集成电路产业的战略定位与发展战略 [D]. 上海：上海交通大学，2002.

  撰稿人：中芯国际集成电路制造有限公司 周子学 郑凯
      电子工业出版社   李芳芳
  审稿人：北京清芯华创投资管理有限公司 刘越

▷▷▷ 3.1.2 集成电路产业的规模经济效应，積體電路產業的規模經濟效應，Effect of Scale Economies in the IC Industry

  规模经济效应（Effect of Scale Economies）是指生产规模越大、平均生产成本越低的一种现象。这一现象在集成电路产业中同样存在。一般而言，产业的规模经济效应与其需求的分散程度成反比。大批量流水线式的产品在产业需求份额中越大，规模经济效应就越明显；反之，小批量定制化产品的份额越大，规模经济效应就越不明显。集成电路产业的不同细分领域中显示出完全不同的规模经济效应：重资产、需求集中的环节（例如集成电路制造业）中，规模经济效应较为明显；而轻资产、长尾效应明显的环节（例如集成电路设计业）中，规模经济效应较不明显。

  集成电路产业中重资产的环节对于设备和研发投资的需求极大，而且呈不断上升的趋势。在这种情况下，产能的集中是产业发展的必然结果，企业必须不断扩张产能以使产品的边际成本下降，保证销售收入能够覆盖设备的开支。集成电路制造业是最明显的一个例子，设备的购买费用随着圆片尺寸扩大和工艺节点进步以极快的速度增加。集成电路制造企业不得不持续推动工艺的迭代，同时在市场竞争下扩展产能，以形成规模优势。规模经济效应与工艺标准化程度和产品通用性有着密切的联系。在高度需要标准化工艺且产品通用性较强的产业环节，企业可以通过扩大产量摊平固定成本的方式来提高自身的竞争力，即扩大市场份额的规模经济效应十分明显。

  按2017年预测数据排列的全球前10位集成电路制造企业2015—2017年资本支出情况见表3-1。以全球著名的集成电路制造企业三星、Intel和台积电为例，其2016年的资本支出分别达到113亿美元、95亿美元和102亿美元。2016年全球集成电路制造企业资本支出总额达677亿美元，前3大集成电路制造企业的占比高达45.79%。预计，2017年全球集成电路制造企业资本支出将继续保持高位，达到712.9亿美元，其中格芯和Intel将明显扩张资本支出的规模，三星、Intel和台积电3大集成电路制造企业的占比将保持在44.19%的高位。

表 3-1　按 2017 年预测数据排列的全球前 10 位集成电路制造企业 2015—2017 年资本支出情况

2017 年预测排名	公司	2017 年（预测）/百万美元	2017 年变化率	2016 年/百万美元	2016 年变化率	2015 年/百万美元
1	三星	12 000	6%	11 300	-13%	13 010
2	台积电*	10 000	-2%	10 249	27%	8089
3	Intel	9500	0%	9500	30%	7326
4	SK 海力士	5500	6%	5200	-14%	6011
5	美光**	5000	-13%	5760	28%	4500
6	中芯国际*	2500	-4%	2600	86%	1401
7	联电*	2500	0%	2500	32%	1899
8	格芯*	2000	33%	1500	-62%	3985
9	东芝	1900	3%	1840	5%	1745
10	闪迪/西数	1700	-3%	1750	20%	1460

* 为纯代工厂。
** 2017 年数据包括了华亚科。
数据来源：IC Insights McClean Report 2017。

2017 年全球有 10 家集成电路制造企业的投资支出预计超过 17 亿美元。先进集成电路制造技术门槛与成本越来越高，使得集成电路产业的资本支出逐渐集中于几家技术主导的大型制造企业。而这些大型集成电路制造企业之所以有意愿进行大量的资本开支，是因为依靠高额的资本支出能够在市场竞争中占据优势地位。在规模经济效应明显的集成电路重资产行业，不跟上市场竞争的步伐就可能被市场淘汰。

集成电路产业规模经济效应明显地反映在市场主体集中度上。在设备领域，排名前两位的企业市场份额达到 40% 左右，前 10 位企业共占 70% 左右，其他企业只能拼抢余下 30% 的市场份额，且企业毛利率与其市场占有率呈正相关。在刻蚀（Etching）市场中，泛林（Lam Research）占 47%；在沉积（Deposition）市场中，应用材料（Applied Materials）占 47%；在光刻（Lithography）市场中，阿斯麦（ASML）占 74%，整个市场基本被一家企业垄断[1]。

集成电路产业的集中度决定了企业数量。尤其在集成电路制造业和存储器领域，若盲目扩张，新建企业会因长期亏损而无法生存。所以在这些领域需要鼓励企业间的兼并重组，形成一两个有国际竞争力的巨型企业。而在规模经济效应较弱的领域，可以鼓励创新以促进中小企业的发展，为多样化的市场需求提供解决方案。

参考文献

[1] 周子学. 中国集成电路产业投融资研究 [M]. 北京：电子工业出版社, 2015.

撰稿人： 中芯国际集成电路制造有限公司　周子学
　　　　 电子工业出版社　　　　　　　　　　李芳芳
审稿人： 北京清芯华创投资管理有限公司　　刘越

▷▷▷ 3.1.3　摩尔定律的经济学理解，摩爾定律的經濟學理解，Economic View of Moore's Law

摩尔定律（Moore's Law）由 Intel 创始人之一戈登·摩尔提出。摩尔定律并不是数学、物理学等科学学科上具有严格意义的"定律"，它只是对集成电路产业发展趋势的预测。通过集成电路产业发展史，尤其是 Intel 企业成长史的反复验证，摩尔定律的主要内容可归纳为：当价格不变时，集成电路上可容纳的元件数目，约每隔 18~24 个月便会增加一倍，性能也将提升一倍。这就意味着，1 美元买到的集成电路性能，将每隔 18~24 个月翻一倍[1]。

摩尔定律揭示了信息技术进步的速度。存储器的代表——DRAM 的存储量从最初的 1Kbit 到现在 16Gbit 乃至 32Gbit，处理器也从 4004 处理器升级为现在多线程多核和众核的高性能处理器。

当集成电路技术不成熟（发展过程中）时，摩尔定律一直在起作用，学习效应较大，边际效益递增规律占据主导；当集成电路技术趋于成熟时，技术的牵引作用将逐渐消失，学习效应减弱，边际效益递减规律迟早会发生作用，摩尔定律也将失效。最终，集成电路产业将如农业一样变成传统产业，传统经济学中的边际效益递减规律将重新占据上风。正如布莱恩·阿瑟（Brian Arthur）所说："我们可以设想两个经济世界：规模生产世界，这一世界以少量的知识凝结大量的资源获得产品，运行遵循着马歇尔的报酬递减规律；经济中以知识和技术为基础的世界，这一世界以少量的资源凝结必要的知识获得产品，运行着报酬递增规律。"

以摩尔定律发展速度前进的信息产业是现代经济的重要引擎。可以说，摩尔定律是电子信息产业的核心产品——集成电路的技术经济发展规律（或称为趋势）。

摩尔定律什么时候走到极限，很难说清。但其对高技术产业留下的思想会长期启迪我们——技术垄断性和经济竞争性统一的市场竞争理念。从市场角度来看：摩尔定律揭示的是集成电路行业的市场竞争规律。竞争的主要内容包括技术发展竞争和人力资源竞争，竞争的目标表现在技术开发的领先性、前期顾客导入以及对知识资源的抢占。市场竞争规律包括技术规律和经济规律。其中技术规律是指通过对集成电路的版图设计、材料、设备、工艺、测试、检验等许多复杂技术的创新运用，以最细的线宽实现单位芯片上的集成电路数量最多，满足电子产品的轻、薄、小、可移动等特性要求，即实现功能最大化。经济规律又可分为投资规律和分配规律：投资规律是指为了适应上述技术规律牵引的需要，要求集成电路产业的投资规模具有高（投入）、快（投入）、连续（投入）、大（投入越来越大）等特性，以保证满足技术领先的需求；分配规律同样是指为了适应新的生产方式和技术规律牵引的需要，要求集成电路产业满足最优人才的最大集聚，激发信息技术人才的最大创新能量。

技术的领先在市场上表现为技术垄断，要保持更长时间的技术垄断，就要求越来越大的持续投入，吸引越来越多的优势人才，其结果为经济上强有力的竞争。以经济上的竞争优势来支撑技术上的垄断优势，从而赚取更大的技术垄断利润，以投入下一轮更激烈的竞争，由此螺旋式地循环发展[2]。

一项技术也许会有穷尽的时候，但是其所带来的经济思想永远都不会枯竭。摩尔定律所揭示的是一个产业，乃至全社会不断创新的真理，创业精神、创新活动以及创新速度所表现出来的技术垄断性和经济竞争性统一的市场竞争理念才是摩尔定律的精髓所在。只要还有不断的创新，收益递增规律就会一直存在，摩尔定律就不会真正消失。

参考文献

[1] L. Sydell, 冯雪. 摩尔定律提出50年，跟上该定律的步伐面临挑战[J]. 英语文摘, 2015（9）：41-44.

[2] 周子学. 电子信息产业发展中的规律性问题探证[J]. 电子财会, 2007（7）：1-4.

撰稿人：中芯国际集成电路制造有限公司　周子学
审稿人：北京清芯华创投资管理有限公司　刘越

▷▷▷ 3.1.4 集成电路产业的供给侧结构性改革，積體電路產業的供給側結構性改革，Structural Reform of Supply Side for IC Industry

集成电路供给侧结构性改革是用改革的办法推进集成电路产业结构调整，增加有效和中高端供给，提高集成电路全要素生产率，使供给体系更好适应需求结构变化。供给侧结构性改革的重点是解放和发展社会生产力，用改革的办法推进结构调整,减少无效和低端供给,扩大有效和中高端供给,增强供给结构对需求变化的适应性和灵活性,提高全要素生产率[1]。中国集成电路供给侧结构性改革也可以用经济增长理论中的生产函数来解释,其经济学含义为总产出 Y 的提高需要通过优化资本要素 K、劳动力要素 L 和提高全要素生产率 A 来实现。影响 A 的常见因素包括技术和政策等。

从宏观的角度来看,集成电路产业在整体国民经济中属于领先的高技术产业,是供给侧改革的代表。但是目前中国集成电路产业存在显著的供给侧问题,需要从供给侧的角度来解决。2016年中国集成电路进口额达到2271亿美元,连续4年进口额超过2000亿美元,贸易逆差1657亿美元,为中国目前逆差最大的产业,因而需要大力发展集成电路产业。各个国家和地区发展集成电路产业的经验证明,集成电路产业不是完全由市场决定的产业。尽管市场起主导作用,但是产业的发展也需要政府的支持,因而政府应该加强在集成电路产业上的投入,引导解决集成电路产业目前存在的供给侧问题。国内供给不足是中国集成电路产业目前面临的核心问题,而且中国是一个后发国家,面临的问题与先发国家截然不同,需要通过政府引导投入解决这一问题。

目前中国集成电路无法形成有效供给这一现象的主要原因可从 A、K、L 几个方面分析。

(1) 全要素生产率 A。一方面,中国集成电路产业发展创新能力不足,所掌握的核心技术较少。设计企业小、散、弱,制造企业量产技术落后国际主流约两代,关键装备、材料基本依赖进口。产业核心专利少,知识产权布局结构问题突出。另一方面,中国集成电路产业发展政策环境仍需改善。集成电路产业税收优惠政策落实不到位,政策难以达到预期实际效果;税收优惠方式单一,不利于引导创新型企业发展,对企业兼并重组中的税收优惠政策如何制定和落实尚需进一步研究;支持集成电路产业发展的融资体系仍不健全,间接融资成本高,融资渠道单一,银行类金融机构贷款抵押物折扣大,贷款担保条件高;上市公司增发股票审批环节及相关报批手续多,耗时长,企业上市条件要求苛刻,难以满足集成电路企业的资金需求。

(2) 资本要素 K。集成电路制造业资本投入积累不足,产业链协同格局尚未形成。芯片设计业轻资产,容易集聚人才和知识产权,因此在资本充足的条件下,设计业比较容易突破;而制造业、设备业、材料业等重资产,则需长期积累和长期投入才能实现进步。产业链环节的成长速度不一样导致协同格局难以形成。这其中,材料、设备的发展需要制造业发展带动,所以产业链协同中最核心的问题是制造环节的发展。资本需要长期持续投入制造业,积累到一定程度后才能最终形成设计、制造、材料等环节的协同发展。

（3）劳动力要素 L。集成电路产业高端人才不足问题突出。集成电路产业是高新技术产业，需要在技术上有专长、在管理上有魄力的领军人物。目前，中国集成电路产业高端技术人才缺乏，特别是集成电路制造领域里的工艺技术研发人才和设计领域里的高端设计人才，以及高端管理人才和领军人才严重短缺，没有形成真正的人才聚集。

因此，集成电路供给侧结构性改革最终的落脚点是在对资本要素 K、劳动力要素 L，以及全要素生产率 A 的优化与调整上，核心是要提高全要素生产率 A。

首先，要通过持续加大资本投入，创新国家金融体制，以国家各类产业投资基金以及低成本银行贷款进行持续支持，做优做强大企业。其次，通过差异化技术布局，实现创新的可持续性：一方面继续跟随最先进的技术步伐，另一方面，应基于物联网等不同市场需求，继续扩充"非尺寸依赖"集成电路芯片产能；同时进行基于小型化需求的系统集成技术开发，以满足市场对不同工艺节点的需求，实现创新的可持续性和市场的多元化布局。再次，着力营造产业发展的良好政策环境，全面降低企业的各种税费、融资成本等交易成本，进一步发展专门用于集成电路产业的建设基金，着力解决中国集成电路供给侧融资成本偏高的问题；同时，配合集成电路产业专项建设基金，尽快启动战略性新兴产业板块，提高供给质量与效率，改善供给结构，最终提高全要素生产率。最后，要进一步完善集成电路高端人才培养体制，全面提高劳动力的素质和水平。

参考文献

［1］习近平．在省部级主要领导干部学习贯彻党的十八届五中全会精神专题研讨班上的讲话［N］．人民日报，2016-05-10.

撰稿人：	中芯国际集成电路制造有限公司	周子学
	电子工业出版社	李芳芳
审稿人：	北京清芯华创投资管理有限公司	刘越

▷▷▷ 3.1.5 集成电路产业的范围经济和产业集群，積體電路產業的範圍經濟和產業集群，Scope Economy and Industrial Cluster in IC Industry

范围经济（Scope Economy）是指在一个地理范围之内，不同企业之间能够对彼此实现的积极作用。范围经济在对基础设施有着明显需求的高技术产业中更为明显，因而会形成强烈的同一产业向某一地点集中的产业集聚效应，并形成相应的产业集群。产业集群是指在某一特定领域内,相互关联的企业与机构集中成片地聚集在一定的地理区域内,形成某一特定产业链上中下游结构完整、外围支持产业体系健全、具有灵活机动等特性的有机体[1]。

集成电路产业的发展展现出很强的范围经济特征,形成了数个全球知名的集成电路产业集群。实现范围经济,集成电路产业集群中的企业可以享受能够辐射一定地理范围之内的基础资源,包括产业供应链、科研机构、交通基础设施和信息平台等。在这样的情况下,集成电路产业集群可以吸引更多优质生产要素进入。例如,中国台湾地区在新竹科学园区、中部科学园区及南部科学园区形成了三大集成电路产业集群。集成电路圆片制造产业主要集中在新竹科学园区,这里也集中了圆片制造产业的各种支持性子产业。芯片设计产业则因为其区位的技术指向而集中在教育中心台北附近。

中国大陆目前形成了京津(环渤海)、长三角和珠三角三个主要的集成电路产业集群,范围经济作用凸显。京津(环渤海)地区产业集群的主要企业有中芯国际(北京)、展讯、兆易创新和北方华创等,长三角地区产业集群的主要企业有中芯国际(上海)、长电科技、华宏虹力、士兰微和华大半导体等,珠三角地区集成电路设计产业集群的主要企业有海思和中兴微等。可以看到,中国集成电路的产业集群分布与经济中心高度重合,与高等教育中心基本重合。也就是说,中国集成电路产业集群的区位选择是高度市场和资本指向的,与科技人才的储备也是息息相关的。这一现象在其他集成电路产业较为发达的国家,例如美国、韩国和日本也非常明显。

目前,集成电路产业由于其自身特点,显现出区域分散及主体集中的特点。这与范围经济和产业集群的特点并不冲突,反而是集成电路产业向成熟期发展,一个地区的资源不足以支持大型集成电路企业发展的表现。整体而言,集成电路产业主要的市场主体仍然集中在北美、欧洲、日本和亚太地区。但是,企业为了追求利润最大化以及最低成本的生产要素,需要将其生产尽可能地分布在靠近生产要素和市场的区位。在这一趋势下,集成电路产业的分散化生产仍然主要集中在一些特定区域,例如近年来的中国。随着集成电路产业的发展,这一特点仍将继续保持。

参考文献

[1] 邹俊. 政策、金融与中国半导体产业发展之融合 [D]. 上海:上海交通大学, 2013.

撰稿人:电子工业出版社　　　　　　　张骋

审稿人:中芯国际集成电路制造有限公司　周子学

▷▷▷ 3.1.6 集成电路产业的蓝海和红海市场，積體電路產業的藍海和紅海市場，Blue Ocean and Red Ocean of IC Industry

红海（Red Ocean）代表现今存在的所有产业，也就是已知的市场空间；蓝海（Blue Ocean）则代表当今还不存在的产业，也就是未知的市场空间。在红海中，每个产业的界限和竞争规则为人们所知。随着市场空间越来越拥挤，利润和增长的前途也就越来越黯淡。与之相对的是，蓝海代表着亟待开发的市场空间，代表着创造新需求和利润高增长的机会。尽管有些蓝海完全是在已有产业边界以外创建的，但大多数蓝海则是通过在红海内部扩展已有产业边界而开拓出来的[1]。

集成电路是电子产品不可或缺的核心部件，应用领域非常广泛。这些广阔的下游市场有着不同的竞争烈度，虽无法一一列举各市场的红蓝海属性，但总体而言，竞争烈度/获利水平取决于技术门槛、资本门槛、竞争企业数量等要素。集成电路企业可以通过以下方式更好地把握下游需求，开拓蓝海市场。

（1）把握新兴需求产生的蓝海市场。下游市场对于集成电路产品的要求总是不断升级的，在关键技术节点上总是蕴含着集成电路产品更新换代的市场机遇。例如，芯片设计企业高通在2G移动通信网络时代就提前布局新一代的移动通信专利技术，所形成的专利壁垒导致下游任何手机企业都无法绕开高通提前建设好的专利"长城"，高通则趁机向手机企业收取高额的专利授权费。再如，光刻机设备企业阿斯麦（ASML），抓住193nm浸没式光刻的技术革新节点，先于竞争对手尼康（Nikon）、佳能（Canon）推出满足下游圆片制造厂需求的设备，在较短的时间内超越了同行；之后又通过产业链的整合并购率先研发出EUV光刻设备，实现了圆片光刻设备领域的一家独大[2]。

集成电路行业与其他行业一样，遵循着"先到先得"的规律。目前集成电路出现了许多新兴应用市场，如人工智能、物联网、可穿戴设备等，集成电路企业如能把握好下游市场的新兴需求，将比竞争对手得到更为广阔的市场机会。

（2）把握细分需求产生的蓝海市场。即使是在相同的、竞争激烈的市场领域中，也存在着通用产品难以满足的细分需求。这些细分需求可能有特殊的应用环境和性能要素，需要定制化产品来满足。而这些细分需求一旦被满足，往往能获得客户信任，从而获取稳定、可观的利润。

不论通过以上哪种方式，企业的研发能力都是必备要素。在过去较长的一段时间里，中国集成电路企业的研发投入不够，导致产品同质化程度高，价格竞争比较激烈。在这样的情况下，中国集成电路企业应开拓思维，投入更多的人才、资本进行研究开发，实现产业从成本优势到技术优势的升级。

参考文献

[1] W. 钱·金, 勒妮·莫博涅. 蓝海战略 [M]. 吉宓, 译. 北京：商务印书馆, 2010.
[2] 半导体行业观察. 光刻巨头ASML是怎样炼成的 [EB/OL]. (2016-07-14) [2017-09-18]. https://zhuanlan.zhihu.com/p/21632080.

撰稿人：北京清芯华创投资管理有限公司　祁耀亮　郑博精
审稿人：北京清芯华创投资管理有限公司　陈大同

▷▷▷ 3.1.7　集成电路产业的全球化和开放性市场，積體電路產業的全球化和開放性市場，Globalization and Open Market for IC Industry

集成电路产业是一个全球性的产业，其开发和生产是一条极为复杂和庞大的产业链。发展集成电路产业时，没有任何一个国家可以闭门造车，开放和国际合作才是行业主流。同时，集成电路产业一直以来都是在国家支持下的市场竞争产业，时至今日，先发国家仍然会针对后发国家设立一定的技术壁垒。所以要发展这一产业，除企业自身发展外，为产业的发展而投入部分要素也是国家的战略需求。

集成电路产业的全球化和开放性主要体现在两个方面。

（1）集成电路产品的开发和生产。集成电路产业是一个全球化垂直分工的产业，每一款芯片从设计、生产到销售，都必然经历全球化的分工。以苹果公司的iPhone手机基带芯片为例，其来自英国ARM的授权，在美国完成芯片设计，在中国台湾地区和韩国生产制造，在中国封装测试，随手机最终销往全球各地。集成电路生产所使用的设备、材料更是源自荷兰、美国、日本等国。通过全球化的开放分工以及产业链的合作达到资源的最优配置，使每个企业都能专注于自身的优势领域，不断地推进技术革新，将芯片的性能和成本尽可能地优化。

（2）集成电路产品的销售市场。集成电路芯片产品开发成本高，高投入必将带来高风险；同时集成电路圆片制造业遵循摩尔定律，其产品技术朝着更高集成度、更低功耗和更低成本的趋势演进发展。因而，集成电路产品必须达到海量的出货规模才足以分摊开发成本并获得利润。只有一个面向全球的开放性市场，才能最大限度地满足集成电路产品的销售规模需求。ITA1（Information Technology Agreement 1）、ITA2（Information Technology Agreement 2）等信息技术税率协定更是从侧面反映了这一需求。这些协定消除了成员国进入集成电路国际市场的关税壁垒，促进了信息技术产业贸易的发展。

全球化开放性的市场使集成电路产品可以自由地进出市场，然而先发国家为保护其在集成电路产业上的地位，针对后发国家设立了一定的技术及相关贸易壁垒。例如，以美国为首的巴黎统筹委员会（1949年成立，1994年解散）限制其成员国向社会主义国家出口战略物资和高技术。1996年，33个国家又签署了"瓦森纳协定"，依然包括管制敏感性高科技输往后发国家的条文。集成电路产业是国家战略与市场机制的二元结合的产业，因此，集成电路产业也需要政府提供有力的支持，例如通过税收优惠、信贷融资优惠、科技项目资助、投资入股或政府采购等方式对集成电路产业进行扶持。这样既可对集成电路产业形成有力支持，又不会影响企业的自主决策，保持了企业的独立性[1]。

参考文献

[1] 王阳元，王永文. 战略：生存与发展之本 [M]. 北京：科学出版社，2015.

撰稿人：中芯国际集成电路制造有限公司　冯童　郑凯　华克路
审稿人：中芯国际集成电路制造有限公司　周子学

▷▷▷ 3.1.8　集成电路产业的全球价值链和微笑曲线，積體電路產業的全球價值鏈和微笑曲线，Global Value Chain and Smiling Curve of IC Industry

价值链（Value Chain）理论是由迈克尔·波特（Michael Porter）于1985年首先提出的[1]。20世纪90年代，宏碁创始人施振荣在价值链的基础上提出"微笑曲线"理论，总结了一般制造业的产业链价值增值规律：一般而言，研发与设计、营销与服务分别位于产业链的前端和后端，属于技术领域和市场领域，附加价值较高；生产和制造位于产业链的中端，对产品的设计和市场没有大的话语权，附加价值较低[2]。

集成电路行业同样有自己的"微笑曲线"，不过其形态与一般制造业有所不同，如图3-4所示。

集成电路行业特殊的微笑曲线，大致是按照材料与设备—设计—制造—封测（封装测试）—设计的顺序画出的，它与一般制造业的"微笑曲线"相比，其特殊性主要如下。

（1）设计环节出现在微笑曲线的两端。集成电路设计的模式是，设计企业根据下游客户的需求，研发方案并对接制造企业和封测企业进行生产，生产出

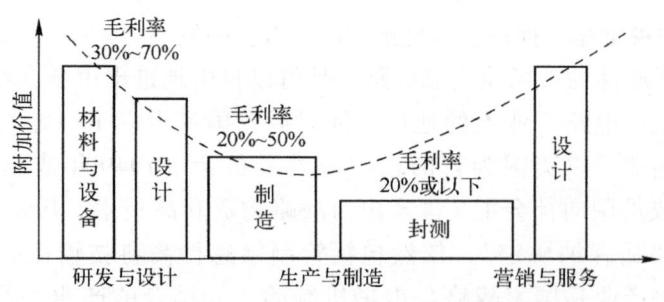

图 3-4 集成电路行业价值链增值"微笑曲线"

的集成电路产品最终也由设计企业销售给客户,即设计企业同时负责设计和市场环节。

(2)圆片制造环节的附加值较高。集成电路制造企业掌握着集成电路产业最核心的制程工艺,是摩尔定律不断发展的核心推动者,具有很强的技术实力。

实际上,微笑曲线和价值链理论指出了当前集成电路产业国际分工格局形成的原因:由于产业链中装备、材料、设计等环节附加值高,封测等环节附加值低,在全球化生产的大背景下,国际大厂一般首先将低附加值的封测等环节向后发地区转移。后发地区在追赶先发地区的过程中,大多数也是从承接低附加值环节开始,逐步积累产业实力,再向高附加值的环节进行产业升级。

中国集成电路产业的发展历史验证了制造业沿着"微笑曲线"实现产业升级的普遍规律。在过去较长的一段时间里,由于劳动力成本较低,中国在集成电路产业国际分工中主要是封测环节比较突出。随着技术的不断积累,资本、人才的持续投入,2000年以来中国涌现出一批优秀的设计和制造企业,设计业和制造业的增速远高于封测业,在集成电路产业产值中的占比快速提升。根据历史规律和当前态势,中国集成电路产业将沿着微笑曲线的路径升级,从附加值较低的封测等环节出发,逐步过渡到附加值较高的制造和设计等环节,实现全产业链协同发展。

参考文献

[1] Porter. M. E. The Competitive Advantage [M]. New York: Free Press, 1985.
[2] 施振荣. 再造宏碁 [M]. 上海: 上海远东出版社, 1996.

撰稿人:北京清芯华创投资管理有限公司　祁耀亮　郑博精
审稿人:北京清芯华创投资管理有限公司　陈大同

▷▷▷ 3.1.9 集成电路产业的贸易与关税，積體電路產業的貿易與關税，Trade and Tariff in IC Industry

关税是海关代表国家，依据国家制定的关税政策和公布实施的税法及进出口税则，对进出关境的货物和物品征收的一种流转税[1]。关税一般是国家最高行政单位指定税率的高级税种，是国家税收乃至国家财政的主要收入之一。按照商品流向，关税一般分为进口关税、出口关税和过境关税，通常所称的关税主要指进口关税。

进口商品的市场价格，除了决定于产品成本及物流成本，还决定于征收的进口关税。因为价格上升会影响进口货物的销量，所以征收进口关税是调节外国货物进口的一种手段。而从国际贸易的角度来看，如果全球主要国家普遍互相提高关税会对贸易产生抑制作用；相反，降低进口商品的关税则会对贸易具有促进作用。

信息技术协定（Information Technology Agreement，ITA）旨在分阶段削减信息技术产品关税至零。自该协定于1997年4月1日正式生效，其对于全球信息技术贸易产生了非凡的意义。目前每年全球信息技术产品贸易额达到了4万亿美元，为全球货物贸易额的1/5，可见ITA大大促进了信息技术产业全球贸易自由化。中国作为信息技术产品的最大进口国、出口国，于2003年4月24日正式成为ITA第43个参加方。逐步降低的全球信息技术产品关税，大大促进了中国制造的信息技术产品的出口。

集成电路产品及集成电路生产设备是ITA涉及的主要产品大类。中国在产业发展初期，生产所需要的制造设备、零部件、原材料、消耗品和技术都需要从美国、日本、欧洲等地进口。为了鼓励集成电路产业的发展，我国出台了若干鼓励集成电路产业发展的政策。财关税〔2004〕45号文件《财政部、海关总署、国家税务总局、信息产业部关于线宽小于0.8微米（含）集成电路企业进口自用生产性原材料、消耗品享受税收优惠政策的通知》规定："符合条件的集成电路生产企业进口自用生产性原材料、消耗品属于《线宽小于0.8微米（含）集成电路企业免征进口自用生产性原材料、消耗品目录》内的，免征进口关税和进口环节增值税。"随着国内集成电路制造能力的逐渐提升，财关税〔2015〕46号文件《财政部、发展改革委、工业和信息化部、海关总署、国家税务总局关于调整集成电路生产企业进口自用生产性原材料消耗品免税商品清单的通知》将进口税收政策适用企业范围提高到线宽小于0.5μm（含）。

关税的逐步降低直至取消使得进口芯片的价格明显下降，降低了利用芯片生产电子产品的系统厂商的进口成本，也降低了集成电路制造厂商对制造设备的进口成本。同时，降低关税为国外集成电路厂商产品自由进入中国创造了更有利的条件，给国内集成电路企业带来了更为巨大的挑战。对于已经接近或达到国际技术水平的领域，零关税使国内企业与国际企业在平等的环境下竞争，对国内企业的整体运营管理及技术水平提出了更高的要求。对于与国际技术差距较大的领域，如设备、材料、CPU、存储器等，中国企业需进一步加强技术研发，重视人才培养，通过国际合作及国际并购等方式快速提升自身实力。

参考文献

[1] 黄天华. 中国关税制度 [M]. 北京：中国财政经济出版社，2009.

撰稿人：武岳峰资本　蔡颖
审稿人：武岳峰资本　潘建岳

▷▷▷ 3.1.10　后发国家/地区的集成电路产业赶超策略，後發國家/地區的積體電路產業趕超政策，"Catching-Up" Strategy of Late-Comer Countries/Areas in IC Industry

中国集成电路产业在技术、能力、品牌等多方面起步较晚，作为后发国家一直与先发国家存在较大差距。这种情况下，中国针对集成电路设计、制造和封测三大细分领域制定了相应的赶超策略。在设计领域，中国目前缺少自主的主流 CPU。为实现赶超，中国政府一方面支持本土企业在自主标准技术的芯片设计上有所突破，提升芯片设计的自主创新能力，摆脱部分企业缺乏核心竞争力的局面；另一方面设立研发投资基金，引导社会资本和社会资源的投入，大力扶持国产芯片设计企业，改变过去支持购买设备和 IP 的方式[1]。在制造领域，中国先进工艺技术滞后，为此，中国发布《国家集成电路产业发展推进纲要》，加速发展集成电路制造业，抓住产业技术变革的有利时机，同时加大制造工艺技术的研发投入，突破投融资瓶颈，持续推动生产线建设。在封测领域，中国的封测企业规模小且分散，不利于提升企业竞争力。为赶超国外先进封测企业，中国政府在政策方面给予封测企业较大支持，促进相关封测工艺技术进入创新发展模式；并鼓励企业整合兼并，集中资金和人力资源将企业做大做强。除了上述赶超策略，中国政府还加大集成电路各领域的人才培养力度，通过培养、提高和引进协调产业发展与人才缺口的矛盾；完善相关政策和法律法规，积极鼓励支持集成电路企业上市，降低风险投资运作的法律风险等。

后发国家/地区中已有部分国家和地区取得显著的成效。例如，韩国政府出台强有力的政策和措施使韩国的高新技术产业在短短三十年中取得巨大的发展。工业化初期，韩国的集成电路企业存在很大的劣势，但其政府和企业通力合作，在政府政策的支持和推动下，韩国企业通过螺旋上升式的学习，从引进国外技术到模仿，再结合国情对技术进行改进到自主创新，成功实现了技术撬动。韩国通过强化产学研合作，如推动各方共同研究项目、建立大学合作科学园区、促进技术转让等，实现科技与经济的紧密结合，提升了企业经济实力。目前，韩国已处于集成电路产业的龙头地位，尤其在 DRAM 产业方面。

参考文献

[1] 陈宝亮. 千亿国家芯片基金的投向分析 [J]. 集成电路应用，2014（11）:6-7.

撰稿人：电子工业出版社　　　　　尹茗
审稿人：中芯国际集成电路制造有限公司　　后羿

▷▷▷ 3.1.11　集成电路产业贸易保护的主要手段，積體電路產業貿易保護的主要手段，Protective Trade Policy in IC Industry

贸易保护手段（Protective Trade Policy）是指在国际贸易中，一国为保护本国产业免受国外企业竞争压力，为促进本国商品出口、限制外国商品进口，所采取的经济、政策手段的总和。

世界上各地区均有各自的禀赋优势，根据比较优势（Comparative Advantages）理论，集成电路这样的技术、资本密集型产业应当实现全球化生产以达到经济学最优。但是，由于集成电路是电子信息产业的基石，与一国的信息安全、信息自主息息相关，因此各国对于本地区的集成电路产业的发展都倾向于采取扶持和保护的态度，贸易保护主义的活动也从未停止过。总体而言，集成电路产业的贸易保护手段呈现多样化、层次化特征，主要分为以下三种手段。

1. 以反倾销政策为主的贸易保护手段

以反倾销政策为主的贸易保护手段主要应用于 20 世纪 50—80 年代。在日本集成电路产业崛起的 20 世纪 50—70 年代，日本政府长期推行贸易保护政策，如对进口电子产品课以高额关税，严格审批国外企业在日进行半导体产业投资，加大政府采购本国产品的力度，完善政府补助措施，建立本国半导体产品出口税负优惠制度，等等。20 世纪 80 年代，日本实现了集成电路产业升级，对美国形成了一定的优势，美国也迅即启动反倾销手段保护本国产业。1986 年，美日半导体协议签订，对日本的集成电路产品在美销售做出许多限制，反倾销的贸易保护手段达到巅峰。此后,这种直接的贸易保护手段由于效果不佳、争议较大而逐渐减少了使用[1]。

2. 以专利壁垒、技术禁运为主的贸易保护手段

以专利壁垒、技术禁运为主的贸易保护手段兴盛于20世纪90年代至21世纪初。这种手段大多表现为公司与公司之间的专利纠纷,以及先发国家对于后发国家的高技术装备禁运。知识产权摩擦的典型案例如2005年美国矽玛特(SigmaTel)诉珠海炬力集成案[2]。高技术装备禁运的典型案例如瓦森纳协议下集成电路制造设备对中国的禁运,或用途限制(如ASML对中国出口时有保留条款,禁止ASML光刻机用于国内自主CPU生产)。这些手段提高了后发企业的进入壁垒,保护了先发企业的既有优势。

3. 限制后发国家跨境投资、并购的贸易保护手段

21世纪以来,集成电路产业新兴国家和地区为了尽快与世界先进水平接轨,对外进行的产业投资、并购日趋频繁;而以美国外资投资委员会(CFIUS)为代表的审查机构,为了保护本国优势地位,以"国家安全"为名义,人为制造壁垒,严格限制新兴国家在本国集成电路产业的投资、并购活动。

展望未来,只要集成电路产业的基础性地位不发生根本改变,各国的贸易保护主义就仍将延续,产业全球化发展和贸易保护手段之间的矛盾将长期并存。

参考文献

[1] 陈忠. 日本政府在推进电子信息产业发展中的作用[J]. 信息技术与标准化,2005(7):35-39.

[2] Vince Kovalick,吴晓群. 珠海炬力跨国专利保卫战全记录[J]. 进出口经理人,2009(11):60-61.

撰稿人:北京清芯华创投资管理有限公司　祁耀亮　郑博精
审稿人:北京清芯华创投资管理有限公司　陈大同

▷▷▷ 3.1.12 不同所有制集成电路企业在投融资方面的区别,不同所有制積體電路企業在投融資方面的區別,The Difference in Financing among IC Enterprises with Distinct Ownership System

所有制(Ownership)是指生产资料占有、使用、处置并获得收益等一系列经济权利和经济利益关系的总和,简而言之就是生产资料归谁所有。最基本的所有制包括公有制、非公有制,具体形式有国有独资、民营、外商独资以及混合所有制（如国有控股、国有参股、中外合资）等。

集成电路企业的资金需求量大，必须通过多个融资渠道获得资金助推企业发展。为满足融资需求，中国集成电路产业界在体制改革的历史进程中做了许多探索和努力。各个阶段中国集成电路企业的主要融资形式见表3-2。

表3-2　各个阶段中国集成电路企业的主要融资形式

阶　　段	集成电路产业标志性事件和特征	所有制实现形式	主要融资形式
计划经济阶段（1978年以前）	自主发展	国营（归类为国有独资）	政府拨款等
放权让利阶段（1978—1992年）	"908"工程	以国有独资为主，中外合资、外商独资开始出现	政府拨款、银行贷款等
市场化改革阶段（1992—2001年）	"909"工程和18号文颁布	国有独资、中外合资、外商独资、民营	参股形式的财政资金、银行贷款等
深化改革阶段（2001—2013年）	加入WTO	国有独资、中外合资、外商独资、民营、国有控股、国有参股等	私募股权投资（以国外风险投资为主），境外IPO和股票市场再融资，债权融资等
改革攻坚阶段（2013年—）	《国家集成电路产业发展推进纲要》颁布	国有独资、中外合资、外商独资、民营、国有控股、国有参股等	私募股权投资（以国内风险投资和产业基金为主），境内IPO和股票市场再融资，债权融资等，国家级产业基金发挥作用

在集成电路产业发展早期曾经主要依靠政府资金，这是有其历史合理性的。

（1）当时国内还没有完善的产业链，也没有大规模的下游市场，而且集成电路产业已经在全球形成了稳定的格局。中国集成电路作为产业"冲击者"，难免在较长的一段时间内都要承受经济效益不高的压力，只有政府资金才能够长期支撑。

（2）发展集成电路产业，关乎信息安全和信息自主，政府资金为之铺路是必然的。

有需求才有动力。2000年以来，随着经济的不断发展，下游市场逐步取代国家意志，成为产业升级主引擎。在这样的产业高速发展期，将政府和市场的资金联合起来，以基金形式助力企业发展，正当其时。一方面，政府资金作为杠杆撬动了社会资本的加入，扩大了企业的融资规模；另一方面，以产业基金的形式投资，能有效监督企业管理层、减轻企业负债水平、方便资金获取资本回报，一举三得。因此，随着国家一系列产业政策的出台及市场融资环境的改善，集成电路行业的证券投资、股权投资、风险投资越来越活跃，形成了投资—回报—再投资的良性循环。

值得注意的是，虽然现在产业融资环境有了很大改善，但与美国等集成电路先发国家相比，中国企业获取市场化资金的能力还有一定的差距。境外上市的门槛较低、程序较简便，一方面利于企业更快捷地从资本市场获取企业发展所需资金，另一方面也使得风险投资退出渠道更为畅通。因此，资本踊跃参与风险投资，既扶持了企业发展，又获取了丰厚收益，实现了"上市程序简易—风险投资踊跃—扶持企业发展—获得良好回报"的循环。中国作为集成电路产业后发国家，应该积极吸取先发国家的经验，在融资政策支持、社会资本参与等方面给予集成电路企业更多的便利。

撰稿人：北京清芯华创投资管理有限公司　　祁耀亮　郑博精
审稿人：北京清芯华创投资管理有限公司　　陈大同

▷▷▷ 3.1.13　集成电路产品的生命周期，積體電路產品的生命週期，Life Cycle of IC Products

产品生命周期（Product Life Cycle）理论是哈佛大学教授雷蒙德·维农（Raymond Vernon）1966年在《产品生命周期中的国际投资与国际贸易》一文中首次提出的。产品生命周期，即一种新产品从进入市场到被市场淘汰的整个过程，可以分成四个阶段：导入期、成长期、成熟期和衰退期。

在产品生命周期的不同阶段中，销售量、利润、购买者、市场竞争都有不同的特征，这些特征见表3-3。

表3-3　产品生命周期不同阶段特征[1]

阶　　段	导　入　期	成　长　期	成　熟　期		衰　退　期
			前　期	后　期	
销售量	低	快速增大	继续增长	有降低趋势	下降
利润	微小或负	大	高峰	逐渐下降	低或负
购买者	爱好新奇事物者	较多	大众	大众	后随者
市场竞争	甚微	兴起	增加	激烈	减少

产品生命出现周期性变化有其背后的原因，主要包括技术进步导致的产品升级，以及下游需求不断升级导致的产品持续迭代。

集成电路产品同样符合产品生命周期理论所表现出的周期性特点，主要体现在以下两个方面。

1. 产品内部的生命周期

集成电路产品中，有一些产品的生命很长，其基本架构、设计方法自发明以来并没有发生根本性变化，但由于工艺升级，产品性能不断向前进步，如今已经达到了它们被发明时难以想象的性能指标。这类产品以 CPU 和 DRAM 最为典型。

2. 产品形态的生命周期

随着下游不断提出新的要求，集成电路产品在形态上也会发生持续演进。例如，系统芯片、神经网络芯片、砷化镓/氮化镓芯片、锗硅芯片、生物芯片等产品成为新的发展领域；低功耗成为芯片最重要的评价指标之一。在演进过程中，新产品不断地被研发出来以满足市场需求，又不断地被更新的产品所取代。由于市场变化迅速，集成电路产品周期明显变短，虽然主流产品与累积的非主流产品在某一时间段会在市场上产生交叉，但很多产品仍被迅速淘汰。一般而言，用于工业领域的集成电路产品的生命周期相较于用于消费领域的集成电路产品的生命周期要长一些。

参考文献

[1] 郭国庆. 市场营销学通论 [M]. 北京: 中国人民大学出版社, 1999.

撰稿人：北京清芯华创投资管理有限公司　祁耀亮　郑博精
审稿人：北京清芯华创投资管理有限公司　陈大同

▷▷▷ 3.1.14 集成电路产业中的长尾效应和定制化产品，積體電路產業中的長尾效應和定制化產品，Long Tail Effect and Customized Products in IC Industry

长尾效应（Long Tail Effect）模型如图 3-5 所示。

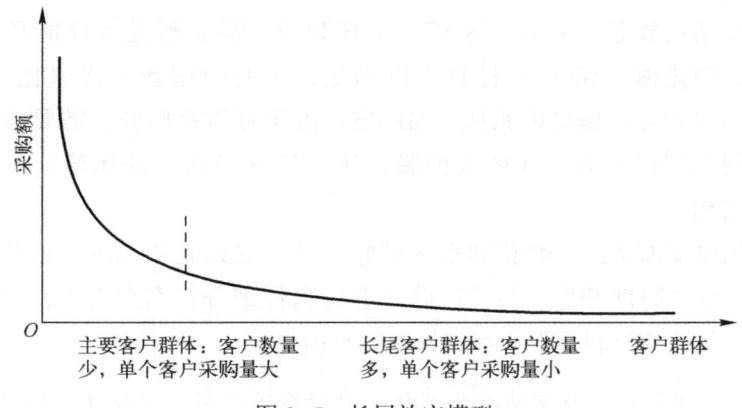

图 3-5　长尾效应模型

主要客户群体对应的纵坐标数值较大,即他们单个采购量较大;对应的横坐标数值较小,即他们的数量比较少。长尾客户群体则恰恰相反,对应较小的纵坐标数值和较大的横坐标数值,即虽然单个客户的采购额比较小,但客户群体数量很多。这条曲线有一条长长的尾巴,所以将这种曲线表现的情形称为"长尾效应"。

在集成电路行业中同样也存在长尾效应,这一点在工业客户身上尤为明显,其原因如下:

(1) 工业客户对集成电路产品的工作环境、保密性、功耗等性能可能有特殊要求,为了寻求相应产品,一般愿意支付较高的价格。

(2) 工业客户的设备/产品迭代周期较长,如机床、仪表、汽车前装等,因此看重集成电路的可靠性、稳定性,倾向与供应商长期合作。

(3) 工业客户的芯片采购数量以其设备需求为上限,单个客户的采购额较小。但是,工业客户的数量庞大,即使单个客户需求量较小,工业市场的总需求量仍然极为可观。

为了满足长尾客户的特定需求,经常要向这些客户提供定制化产品(Customized Products)。定制化产品可能在规格指标、数量、颜色、气味、包装、标识等各方面有别于标准的、规模化生产的产品。

在集成电路产业中,设计企业直接对接市场,因此定制化主要在设计环节实现。设计企业根据客户要求,集成所需功能,设计集成电路产品。这些产品的定制化程度并不一致,主要取决于下游客户的体量和设计企业的市场策略。

虽然集成电路的定制化主要在设计环节实现,但由于集成电路是软硬件相结合的产品,某些定制化产品仍然需要特殊材料、特殊工艺的密切配合。例如,通信基站功放芯片对功率密度、工作频段、高温耐受等性能都有较高要求,传统的砷化镓(GaAs)材料难以满足,需要使用新一代氮化镓(GaN)材料开发功放芯片;微机电系统(MEMS)由于有传感部分,需要硅表面微机械加工来制作沉积于硅晶体的表面膜,然后使其局部与硅体部分分离,呈现可运动的结构。

定制化程度越高,一般获利水平越好。但考虑到流片成本,也并非每一个细小需求都应定制性开发。集成电路企业应当仔细分析客户需求,评估客户采购能力,力争达到盈利水平、获利规模的平衡点。

撰稿人:北京清芯华创投资管理有限公司　祁耀亮　郑博精
审稿人:北京清芯华创投资管理有限公司　陈大同

▷▷▷ 3.1.15 集成电路企业的权益估值模型，積體電路企業的權益估值模型，Equity Valuation Model of IC Enterprises

权益估值就是对企业的资产进行评估计算。这需要根据企业基本特征选择正确的估值模型。估值模型通常可以分为绝对和相对两类：绝对估值模型是通过对企业历史经营状况和当前基本面的分析，加上对未来财务数据的预测来对企业估值，注重于分析企业的内在价值，常用的有现金流量折现法、期权定价法等；相对估值模型是使用市盈率（P/E Ratio）、市销率（P/S Ratio）、市净率（P/B Ratio）、企业价值倍数（EV/EBITDA）等指标与其他企业进行对比以估算企业的价值。

以下分类具体介绍几种常用的估值模型。

1. 绝对估值模型

现金流量折现（Discounted Cash Flow，DCF）是最为全面的绝对估值模型。基于"企业价值的基本构成就是未来的现金流量以及反映未来现金流量风险的折现率"的假设，该方法认为任何资产的价值等于其预期未来产生的现金流量通过该折现率折为现值之和，即

$$DCF = \frac{CF_1}{(1+r)^1} + \frac{CF_2}{(1+r)^2} + \cdots + \frac{CF_n}{(1+r)^n}$$

式中，CF 为现金流（Cash Flow）；r 为折现率，一般采用加权平均资本成本。在实际使用中，由于不可能估算未来每期的现金流，则在相应假设的情况下以一定的增长率来估算。集成电路企业，尤其是设计企业在高速增长期结束后也会回归到稳定期，需要在各个期间对其增长情况做出预判。可见该方法在实际使用时需要做一定的假设预估，引入了不确定性。对于成立不久或盈利模式还不稳定的集成电路企业，其历史财务数据往往也不完整，此时就需要采用多种方法，结合相对估值模型共同对企业做出评估。

2. 相对估值模型

（1）市盈率（P/E Ratio）估值模型：以行业平均市盈率来对企业估值。该模型将企业的价值（Price）与企业净利润（Earning 或 Net Profit）联系起来，是一种比较直观、易懂的估值方法。按照这种估值方法，企业的价值得自于其所处行业中可比较的企业或资产的平均市盈率乘以企业净利润，即价值=平均市盈率×净利润。

（2）企业价值倍数（EV/EBITDA）估值模型：分子使用的是企业价值（EV），即投入企业的所有资本的市场价值，分母使用息税折旧前盈利（EBITDA）代替市盈率法中的每股净收益。

(3) 市销率（P/S Ratio）估值模型：企业的价值得自于其所处行业中可比较的企业或资产的平均市销率乘以企业的销售收入（Revenue），即价值=平均市销率×销售收入。销售收入是公司盈利的基础。在企业盈利为负时，市销率也是常用的估值方法。

相对估值模型的优点是简单易用，但在使用中也需要注意两点：第一，在相对估值模型中，集成电路企业的价值通过参考类似集成电路企业的价值与某一指标得到，但是在现实中不存在完全可比的两个集成电路企业，所谓"类似"集成电路企业仅仅是一个主观概念；第二，相对估值模型的另一个问题是它会将市场对"类似"集成电路企业或资产定价的误差反向引入估值之中，形成更广泛的整体误差效应。对于集成电路设计企业估值时，同类企业一般选取同样产品类型、相同应用市场、毛利率水平接近的企业作为参照；对于集成电路制造企业及封测企业估值时，同类企业一般选取生产规模类似、工艺水平接近的企业作为参照。

企业价值本身具有相对性，因此不论何种方法，都只能估算而无法准确计算。

以大型集成电路制造企业为例，至2016年年底，台积电的市值已经逼近Intel，见表3-4。采用绝对估值法，若以过去10年的平均增长率（11%）来计算绝对估值，其市值为1600亿~2000亿美元；若仅以过去6年的平均增长率（20%）来计算，则市值应该在2200亿~3500亿美元（考虑7%~9%的平均市场回报，且假设企业有3%的永续增长率）；可见近期的高速增长给市场带来了很强的预期，目前其市值处于持续增长状态。从相对估值出发，综合三家可比的企业Intel、联电、中芯国际的实际倍数取平均值，若对台积电采用15.9倍的P/E值、2倍的P/S值和6.7倍的EV/EBITDA值，得到的估值分别是1628亿美元、587亿美元和1246亿美元。除了市销率倍数得出的结果较低，另外两项估值则基本接近市场水平。从业务角度来看，台积电近5年的销售额增速很快，超过另外三家公司，因此市场对其预期很高。

表3-4　Intel、台积电、联电与中芯国际2016年12月30日主要市场表现对比

企　　业	Intel	台积电	联电	中芯国际
上市交易所：股票代码	NasdaqGS：INTC	TSEC：2303	TSCE：2330	SEHK：981
市值/亿美元	1718.8	1461.0	43.2	66.8
企业价值/亿美元	1983.1	1422.9	56.6	87.1
EBITDA/亿美元	228.7	185.9	17.2	10.8
2016年营业收入/亿美元	593.9	294.3	45.9	29.1

续表

企　业	Intel	台积电	联电	中芯国际
2016年营业利润/亿美元	150.8	118.1	1.2	3.5
2016年净利润/亿美元	103.2	102.4	2.7	3.8
2016年净利润率	17.4%	35.0%	5.9%	13.1%
P/E	17.0倍	14.3倍	16倍	16.3倍
P/S	2.9倍	5.0倍	0.94倍	2.3倍
EV/EBITDA	8.7倍	7.7倍	3.3倍	8.1倍

注：折算汇率采用2016年12月30日汇率。

数据来源：表中所列公司的公开财务报告。

在集成电路行业里兼并与收购时有发生，且集成电路产业收购者进行并购多为追求长期发展，补充自身产品生态系统，以扩大市场、增强竞争力，而不仅仅是为了追求眼前利益。因此在对企业或资产进行估值时，各种模型以及方法最终应回归到"估值反映未来预期"的本质上来。以软银（Softbank）以320亿美元的价格收购ARM为例，其交易价格超出ARM当时市值43%，收购价的市盈率接近70倍，大幅高出国际市场上集成电路企业的平均市盈率水平，可见软银对于通过收购ARM进一步布局物联网的决心。ARM在被收购前的5年里净收入保持30%左右的高速增长（数据来自ARM公司2012—2016年的公开财务报告），从现金流来看，其自由现金流也有16%的年增速。若如软银所愿，接下来的10年物联网将迎来大爆发，可以由此推算ARM估值的基础：假设ARM的现金流以25%的速度增长3年，然后以15%的速度增长3年，最终以3%永续增长，考虑市场的平均机会成本为7%，以现金流测算，其2016年的估值应该为309亿美元；如果采用9%的机会成本，估值为203亿美元。可见对市场未来局势的判断会大大影响估值水平。ARM公司的产品作为无形的知识产权，可以无限复制与传播，因此自身具有轻资产的优良模式。此外，ARM框架生态圈对整个移动芯片行业具有举足轻重的影响，从传感器到智能手机、服务器、物联网应用，ARM与超过1400家企业合作，IP布局于全球各个主要的芯片市场，与高通、台积电等产业龙头合作形成宽广的产业联盟。在未来物联网增长预期强烈的形势下，与软银公司布局高科技、侧重轻资产的策略相符，320亿美元的估值是双方在估值模型计算的基础上合理考量长期发展目标后共同达成的，交易的成功也使得到现金或得到资产的双方都能实现利益最大化。

综上所述，多种方法结合起来估值，能够得到最准确的结果，而不同的参照标准和假设也会产生变化的估值结果。不论在一级市场还是二级市场，最终交易的达成，都是双方对交易后各自利益最大化的积极预期，我们不仅仅要考虑影响估值的短期因素，也要在其各自的产业链里进行长远分析。

撰稿人：武岳峰资本　薛喻文
审稿人：武岳峰资本　潘建岳

▷▷▷ 3.1.16　集成电路企业管理中的委托代理制度，積體電路企業管理中的委託代理制度，Principal-Agent System in IC Enterprise Management

在一般的公司治理结构中，股东大会、董事会、高层管理人员、监事会之间存在着密切的关系。这里存在两个层面上的委托代理关系：股东大会对董事会的委托和董事会对于高级管理人员的委托。董事会受股东大会的信任和委托，托管公司的法人财产并负责公司经营，成为公司的经营决策层。董事会以经营管理才能和盈利能力为标准，挑选并任命本公司的管理人员。管理人员，特别是总经理（General Manager，GM）或首席执行官（Chief Executive Officer，CEO），作为董事会的决议代理人，拥有公司运营的管理权和代理权。管理权是指管理人员对公司内部事务的管理职能。代理权是指经理人员在诉讼方面及诉讼之外的商业代理权[1]。

董事会成员之间合理搭配，形成有效的互补结构，有利于董事会做出科学的决策。董事会成员不仅需要有丰富的公司运营经验、相关行业的经验和资源，还需要有高度的战略眼光，为公司长远发展进行投资和布局。随着公司规模的扩大和经营复杂度的提升，董事会需要听取更多专业人员的意见，包括技术、财务、法律、金融等方面专家的意见。这些专家可以是公司内部董事，也可以是与公司没有关系的独立董事。以中芯国际的董事会为例，根据其2017年4月27日公布的2016年度报告披露，中芯国际董事会共由13名成员组成，他们各有专长，形成有效互补，包括董事长周子学（经济学专家，对产业经济、财税金融等方面均有深入研究）、执行董事邱慈云（公司运营及管理专家、集成电路产业技术专家）、执行董事高永岗（财务管理和产业投资专家）、非执行董事陈山枝（通信产业专家）、非执行董事周杰（证券行业专家、投资专家）、非执行董事任凯（产业投资管理专家）、非执行董事路军（信贷、行业投资和基金投资专家）、独立非执行董事童国华（通信产业专家、管理科学专家）、独立非执行董事陈立武（风险投资专家）、独立非执行董事William Tudor Brown（集成电路设计领域专家）、独立非执行董事周一华（跨境投资及交易专家）、独立非执行董事蒋尚义（集成电路研发及运营专家）、独立非执行董事丛京生（集成电路计算机辅助设计专家、学术专家）。

集成电路产业是典型的知识密集、技术密集、人才密集和资本密集的高科技产业。这些特点决定其发展不仅需要大规模资金的持续投入，还需要技术的不断积累和创新，对人才的依赖尤为突出，对集成电路公司管理层提出了更高的要求。

比如对于集成电路代工企业的 CEO，就要求其能力横跨技术研发、商务拓展、工厂运营和公司管理等方面。集成电路代工厂制造的不是普通的商品，CEO 必须理解复杂的集成电路制造工艺体系及其整体的技术架构，洞悉前沿的技术发展方向，以面对客户不断提升的需求和竞争对手的追赶、挑战。集成电路工厂的运营是世界上最先进的制造业管理，其工艺流程的复杂度、加工工艺的精度和稳定性要求、设备自动化程度均为各行业最高，需要高度系统化的管理工具和综合能力极高的管理人才，没有长时间集成电路工厂工作经验很难胜任。集成电路代工企业是资本密集型企业，需要持续的资本支出来支持其技术研发和产能扩张，需要管理层在理解集成电路产业的基础上进行综合的投资考量，才能满足企业盈利、公司发展、股东长期受益等目标。

所以，一个集成电路企业的委托代理管理，需要董事会及股东会首先理解集成电路产业的特性，挑选聘请行业经验丰富、综合能力出众的高层管理人员。在委托代理管理的过程中，需要董事会和股东耐心地与管理层保持密切的沟通，尊重管理层的专业意见，充分保证职业经理人发挥其管理能力。

参考文献

[1] 王关义. 现代企业管理 [M]. 2 版. 北京：清华大学出版社，2007.

撰稿人：武岳峰资本　蔡颖
审稿人：武岳峰资本　潘建岳

▷▷▷ 3.1.17 集成电路企业的资本结构，積體電路企業的資本結構，Capital Structure of IC Enterprises

企业通过负债和出让股权的形式获得资金以支持自身的运营和发展，这种负债和权益的组合称为资本结构。负债一般包括债券、长期应付票据等，而权益则包括普通股、优先股等。负债和权益所占的比例一定程度上反映了企业的风险，于是"债务权益比"（D/E Ratio）成为分析师经常考量的指标。

由于税盾效应的存在，负债会带来一定的赋税减免[1]，而且不会对企业的所有权造成影响。特别在利率较低的时期，负债更容易获得，相比出让权益，企业付出的代价也小一些。但是权益的好处在于，当企业收入下降的时候权益可以不用偿还，因为权益更多代表的是一种对未来收入的所有权。此外，虽然更多的负债意味着更大的风险，但相比权益也可能带来更大的收益。综合而言，不同的企业有不同的债务权益比，企业的决策层应考量各种资金的成本与风险，结合所在行业特性的实际情况摸索出最佳债务权益比以制定最符合自身发展的策略。

集成电路制造型企业在众多客户中需要严格保持中立以保证自身的长期稳定发展，因此其大股东不能来自客户，其自身也不能对客户进行较大的股权投资。此外，集成电路制造型企业是资本密集型企业，其建立之初就需要大规模的资本投入以建设厂房及购买设备。而且，为了达到规模效应，资本需投入至少持续3~5年。如此巨大的资本需求，决定了其资本结构必须由负债和权益共同组成：权益直接注入企业运营所需要的资金，同时也必须持续通过负债（银行贷款、企业债等形式）来获取产能建设所需要的巨额资金量。以台积电为例，随着总资产的增加，其债务总量几乎有增无减，从早期的4.3亿新台币增加到2016年的6440亿新台币（数据来自台积电1999—2016年的公开财务报告）。

另外，集成电路制造业也是人才密集型企业，不像集成电路设计企业，通过几个有技术、有市场经验、有管理能力的创始人共同合伙，就有机会创业成功。创立集成电路制造型企业所需要的人才储备相当大，并非普通的创业团队可以胜任。所以，作为资本与人才双密集的集成电路制造型企业，要创立成功，往往需要国家意志主导推动及投入。

相对而言，集成电路设计型企业类似于软件企业，在创始之初所需要的资本较少，其资本结构也比较灵活，因此不同企业的债务权益比差异较大，更多与其中短期内的发展目标相关。只要保证自身有足够的偿债能力且风险可控，集成电路设计型初创企业往往会优先通过举债来展开研发及产品设计，这样可以保证公司权益掌握在创始团队手中；但是在企业发展到一定阶段，需要较大的资金进行产品流片或进行更先进工艺的设计时，集成电路设计型初创企业往往会通过出让部分权益以获得发展所需的资本。在这种较为灵活的资本结构下，近十年来我国集成电路设计型初创企业发展迅猛，涌现了一批优秀企业。

参考文献

[1] 陈恩宪. 我国上市公司融资行为中的税盾效应研究 [D]. 杭州：浙江大学，2010.

撰稿人：武岳峰资本　薛喻文
审稿人：武岳峰资本　潘建岳

3.2 集成电路产业的发展规律和发展指标

3.2.1 集成电路产业的发展趋势，積體電路產業的發展趨勢，Developing Trend of IC Industry

集成电路产业属于技术密集、资本密集、人才密集型产业。近年来集成电路产业呈现的发展趋势是：发展趋稳，波动性下降，增速放缓；资本支出增加，强者愈强格局形成；市场和制造重心加速转向亚太地区；以特征尺寸持续缩小为路线的高端先进工艺技术的研发和制造仍然是集成电路制造技术进步的主流，但是特征尺寸缩小的节奏变慢；市场热点向移动和智能领域聚集。

1. 产业发展趋稳，波动性下降，增速放缓

过去十五年，集成电路市场保持总体增长，但是受经济危机和"硅周期"的影响，产业发展亦呈现较明显的波动。例如，1999年、2002年和2009年呈现明显下降；2014年以来，集成电路产业发展趋稳，波动幅度趋于温和，呈现稳步上升态势。全球半导体市场2000—2008年的平均增长率达到7.6%，而2009—2016年的平均增长率为4.4%，可见增速显著放缓。随着技术演进步伐的趋缓和投资强度的大幅提高，未来几年，如果没有特别巨大的市场需求出现，半导体市场规模将继续保持缓慢增长的趋势。

2. 资本支出增加，强者愈强格局形成

集成电路行业激烈竞争的市场环境要求投入更多的资本支出和研发费用，用于扩大生产规模与研发新技术和新产品。随着集成电路特征尺寸的缩小，特别是进入纳米时代以后，高端产品研发费用走高，集成电路生产线的投资巨大，投资回报周期变长，许多企业已经难以承受巨额资金的负担，企业并购重组频繁发生，产业发展越来越向部分创新型大企业集聚，逐渐形成龙头企业主导市场的格局，"大者更大、强者愈强"的趋势明显[1]。2016年统计数据显示，集成电路设计企业（Fabless）前三强高通、博通、联发科占据了全球40%的芯片市场份额；圆片代工企业（Foundry）前五强台积电、格芯、联电、三星和中芯国际占据了全球80%的圆片代工市场份额；封装测试企业前三强日月光、安靠、长电科技占据了全球40%的封装测试市场份额。

3. 集成电路市场和制造重心加速转向亚太地区

在市场份额方面，亚太地区是增长最快的地区，占全球六成左右的市场份额，故有"得亚太者得天下"的说法。特别是随着中国电子产品加工业的崛起和居民消费能力的提升，中国逐渐成为全球电子产品最大的消费市场。在产业结构方面，制造业愈发向亚太地区迁移。1985—2000 年，亚洲的芯片扩产支出占全球的 70% 以上，尤其是 2000 年后，芯片产能的扩充更主要集中在中国和韩国等。2014 年以来，《中国制造 2025》和集成电路领域的产业基金极大地推动了国内地方政府、民间资本、跨国公司及国内龙头企业在中国的投资和建设。2015—2016 年两年间国内新建和规划生产线多达 44 条，达到历史最高数量。

4. 特征尺寸缩小的节奏变缓

目前工业界规模量产的集成电路工艺依然是以硅材料为基底的半导体工艺技术。按目前的发展可以划分为三个阶段：20nm 之前的平面器件工艺阶段、14nm/7nm 的 FinFET 工艺阶段和未来的 5nm 及以下新型器件工艺阶段，如图 3-6 所示。关于未来集成电路技术的发展方向，业内有不同的声音，但是可以肯定的是，在以后若干年内，以特征尺寸缩小为发展路线的硅基工艺技术仍然是集成电路制造技术的主流；特征尺寸缩小的节奏变慢，将芯片晶体管数量提升 2 倍的周期已经延长到 30 个月或更长时间（摩尔定律为 18~24 个月）。但由于部分业界领先企业采用多代新工艺并行开发的办法，新工艺依然可以按照摩尔定律的节奏交付市场。目前 Intel、台积电、三星等半导体巨头公司，已经先后实现 14nm 量产，台积电称其 7nm 制造工艺将于 2018 年规模量产，未来拟在中国台湾地区新建 5nm 和 3nm 芯片生产线。

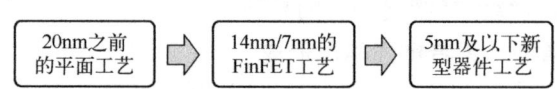

图 3-6　硅集成电路工艺发展阶段

5. 市场热点向移动和智能领域聚集

目前，集成电路最主要的应用市场仍然是计算机、通信和消费电子。随着移动互联网、物联网、云计算、大数据、人工智能等新型产业的出现和发展，未来集成电路的市场热点可能向上述产业转移。

综观当今信息产业，其发展趋势呈现三个特点：万物互联、信息爆炸、移动使用。未来第五代移动通信将不再是一个传统概念上的通信，而是在互联网基础上的延伸和扩展，用户端可在任何物品之间进行信息交换和通信。这样的万物互联带来信息的高度膨胀，整个社会变成了信息的海洋。终端信息产品越来越多地通过移动网络通信。作为信息产业的重要物质载体，集成电路产业因而出现了摩尔定律所强调的"线宽缩小、成本降低"之外的第三个特点："功耗降低"。集成电路企业在追求更高速度、更低成本的同时，将更侧重于满足产品对低功耗的需求。

参考文献

[1] 周子学. 中国集成电路产业投融资研究 [M]. 北京：电子工业出版社, 2015.

撰稿人：中芯国际集成电路制造有限公司　郭雅琳　冯童　郑凯　华克路
审稿人：中芯国际集成电路制造有限公司　周子学

▷▷▷ 3.2.2 存储器产业的特征，記憶體產業的特徵，Business Characteristics of Memory IC Industry

典型集成电路产品包含逻辑电路、存储器、处理器、模拟电路等。2016年集成电路产品销售额为2766.98亿美元，其中存储器销售额约为767.67亿美元，占比27.7%。目前全球前十大半导体公司中有一半涉及存储器业务。发展集成电路产业常常从存储器起步。日韩两国更是相继通过发展存储器实现了在集成电路领域的超越[1]。

1. 存储器市场呈周期性波动

自1946年晶体管发明至今，集成电路产业一直遵循摩尔定律，当价格不变时，每隔18~24个月单位面积可容纳的晶体管数目约增加一倍，性能也提升一倍。换言之，对于同样性能的集成电路，价格每隔18~24个月下降一半。但是存储器产品价格却处在不断暴涨和暴跌的循环中，其周期性明显强于半导体产业的整体周期性，呈现出与社会GDP强相关的变化趋势。以典型存储器产品DRAM为例，其产业特性特殊，供求波动大，因此价格长期存在大涨大跌的特点，约8~10年就会进行一次大循环。1991—2016年DRAM市场规模及增长率如图3-7所示。例如，1998年行业供过于求，同业大幅亏损。2000年左右互联网科技泡沫破裂，波及上游的集成电路市场，需求量骤降，单品价格下跌超过30%。2008年，受金融危机影响，整体市场需求疲软，产品价格暴跌。16Gbit容量DDR2的价格由2006年第四季度的每颗6美元跌至2009年第一季度的每颗0.6美元，跌幅超过90%。从2012年开始，受智能手机的持续增长拉动，以及对物联网前景的看好，行业迎来了新一轮增长。

存储器需求量大，具有高度标准化的特性，品种单一，适合IDM组织设计、生产和销售的全流程。但由于很难实现产品的差异化，该类产品不足以形成足够的客户黏性及产品溢价，导致各厂商只能集中在工艺技术和产业规模上比拼竞争力：行业处于上行周期时，各厂商不断引入新工艺缩小产品特征尺寸，并扩厂增加产能；而行业处于下行周期时，各厂商则不断降价出货以努力维持市场份额。存储器厂商的产能扩张、技术迭代等因素导致市场供应端出现剧烈波动，造成了存储器市场特殊的周期性风暴[2]。

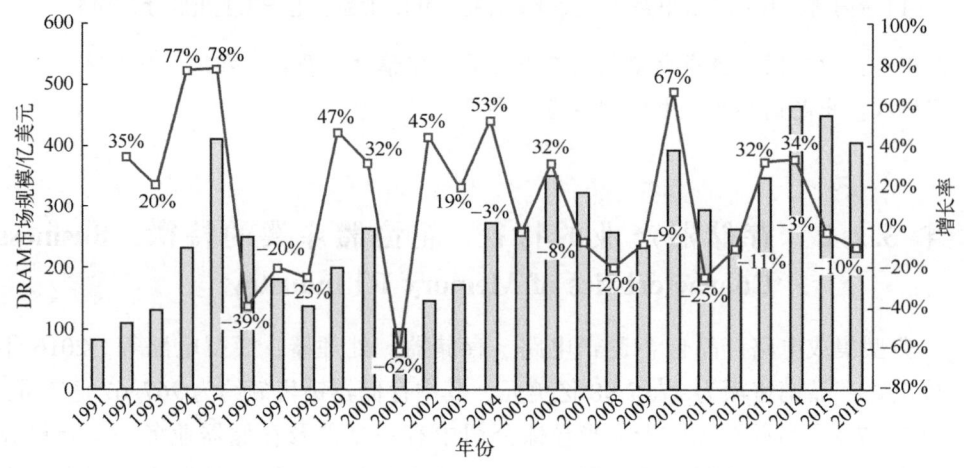

数据来源：IC Insights。

图 3-7　1991—2016 年 DRAM 市场规模及增长率

2. 存储器产业已经形成寡头垄断的格局

由于存储器制造的技术难度高、资本开支大，需极高的产能规模和出货量才能在市场立足。同时市场波动巨大，时常处在暴跌暴涨的环境中。企业在行业低迷期会出现巨额的亏损，小的制造企业无法持续经营，导致破产或被大企业收购。目前，全球存储器产业已经进入高度垄断的时代。2008 年全球前五大存储器芯片公司为三星、海力士、美光、闪迪和尔必达，其总营收占比为 75%。而到了 2016 年，全球前五大存储器芯片公司为三星、美光、SK 海力士、东芝和闪迪，其总营收占比已经达到 95%。

3. 主流存储器企业采用 IDM 发展模式

存储器产业中很少有独立的设计企业，与逻辑电路产业呈现出完全不同的生态状况。目前国际主流的存储器企业多为 IDM 发展模式，设计和制造一体化，如三星、美光、SK 海力士等都有自己的圆片制造厂和后段封测厂，产业布局相对完善。这一现象的出现主要有三个原因。首先，这是由存储器的产品特性决定的。存储器是高度标准化的产品，难度是提升存储密度。制造难度在于设计者和制造者之间的协调和交流必须十分频繁，且存储器企业往往需要严格把控核心技术，很少通过代工的方式外包订单。其次，随着工艺技术水平的提升，存储器生产线的建厂成本呈现指数式增长，新工艺的研发需要大量的人力和财力支持。最后，存储器企业之间的核心竞争力主要在于高成品率的大规模生产能力，IDM 企业所得利润相比三业分工更集中。

综上所述，存储器周期在技术上遵循摩尔定律，在产品品种上主要受个人计算机、智能手机、物联网等大宗主流应用的影响，在产能规模上主要受IDM寡头经营方式的影响，之外还叠加了社会经济的景气周期，成为一个复杂的数据模型。

参考文献

[1] 中国半导体行业协会，中国电子信息产业发展研究院．中国半导体产业发展状况报告（2017年版）[R]．2017．

[2] 海通证券．存储器产业系列专题报告之二：以史为鉴，从存储器发展历史规律探讨中国面临的机会 [R]．2015．

　　撰稿人：中芯国际集成电路制造有限公司　　冯童　郑凯　华克路
　　审稿人：中芯国际集成电路制造有限公司　　周子学

▷▷▷ 3.2.3 集成电路产业的战略和市场，積體電路產業的戰略和市場，Strategy and Market for IC Industry

集成电路产业具有战略地位和市场特征双重属性。作为国民经济和信息安全的主要保障，集成电路是基础性、先导性产业，其战略意义重大。因而，集成电路产业需要国家的大力支持和推动，特别是财政金融政策的支持。同时集成电路产业作为体量巨大的产业，又具有明显的市场属性，国家必须大力培植具有较强竞争力的市场主体，以便与其他国际企业展开竞争。

1. 集成电路产业的战略地位

集成电路是保障国家信息安全的基础，即使存在早期亏损也要投资，不赚钱也要发展独立自主的集成电路技术，否则国家将永远被威胁和压制。在现代化国防建设中，武器装备的电子含量逐年增加。当今爆发的国际冲突表明，通过在芯片中设置人为缺陷或植入木马程序等手段，不仅可以先期掌控或摧毁敌方的指挥系统，甚至可以直接使敌方的侦测系统、武器系统失常乃至瘫痪。最近，美国一方面通过"棱镜计划"对网络信息进行全面监控，另一方面则限制中国华为公司的产品进入美国市场，皆表明信息安全已成为国际政治、军事和经济斗争的焦点。因此，如果国防建设、信息安全不立足于独立的集成电路产业，则始终存在着被他人胁迫乃至致命的安全隐患[1]。

2. 集成电路产品的市场特征

原子弹、航天器等极具国家战略性产品都是最终产品，是10^1数量级的有限系统，其存在就是市场，就具备战略威慑力。而集成电路芯片是应用于整机系统和终端设备的中间产品,终端产品随市场变化需要不断调整、升级,因此芯片的性能和功能也必须随之更新和调整。集成电路的应用领域非常广泛,如通信、计算机、消费电子、工业控制、武器装备等。随着物联网、大数据、移动互联网、人工智能等新型产业的发展,集成电路的应用将会越来越广泛。集成电路产品一旦规模量产后,单一类型产品的出货量即能达到数千万甚至上亿,可给企业带来显著的经济效益[1]。

3. 市场力量和策略扶持对集成电路产业的发展缺一不可

集成电路产业具有战略和经济双重特性,是值得且必须大力发展的产业。美国总统科学技术咨询委员会 2017 年 1 月发布的名为《确保美国半导体的领导地位》的报告中强调,"中国半导体的崛起,对美国已经构成了威胁,建议美国政府对中国加以限制""集成电路从来不是自由竞争的产业"。这更加凸显了集成电路产业在国家层面上的战略意义。然而单从投资的经济回报率角度来看,集成电路产业整体具有投入高、风险大、回报期长的特点,企业发展初期难免会经历一段时间的亏损,也很少有民间资本可以承受,需要国家资金的带动。作为世界半导体发源地的美国,其政府出台了针对风险投资、采购、贸易等领域的保护政策;成功后起追赶的日本,其政府出台了政府采购、企业间并购、融资和出口信贷等政策,以及针对中小企业的金融和科技结合政策。这些政府政策的出台成为发达国家集成电路产业有效的推动力,使其成为世界集成电路产业强国。后发国家若要发展集成电路产业,需借鉴发达国家的经验,需要政府政策的有效扶持[2]。

参考文献

[1] 王阳元,王永文. 战略:生存与发展之本 [M]. 北京:科学出版社,2015.
[2] 周子学. 中国集成电路产业投融资研究 [M]. 北京:电子工业出版社,2015.

撰稿人:中芯国际集成电路制造有限公司　冯童　郑凯　华克路
审稿人:中芯国际集成电路制造有限公司　周子学

▷▷▷ 3.2.4 政府政策与集成电路产业发展,政府政策與積體電路產業發展,Government Policies and IC Industry Development

集成电路产业具有不同于其他行业的战略性属性,这要求政府应针对集成电路产业制定相关政策。在国防建设和国家安全领域,集成电路产品可以大规模地应用于武器、通信和数据存储等方面并发挥至关重要的作用,因而能够在战争中维护主权;在经济建设和增强综合国力的过程中,集成电路又是核心竞争力的体现[1]。基于此，各国对于集成电路产品的出口以及技术转移都非常谨慎，从来不把集成电路产业看作完全市场化的产业，因而集成电路的国际贸易受到严格的国家控制。在这种情况下，一国发展集成电路产业不能单纯地依靠市场，尤其是后发国家，更需要制定并落实政府政策以实现产业的健康发展。

政府可以使用的财税金融政策包括：改变政策性金融支持力度，调控商业性金融的信贷规模；设立风险投资和私募股权基金市场方面的相关扶持政策，引导投资重点向集成电路产业倾斜；扶持、设立和开展贷款保证保险和信用保险业务；建立直接服务于集成电路产业的财税优惠政策体系，包括流转税、所得税和关税，以及适用于集成电路企业会计的折旧政策；建立能够助推集成电路产业发展的 PPP 模式；设立专门针对集成电路产业的专项转移支付项目。

政府可以使用的产业政策包括：支持跨企业的产业联盟发展，推动实现产业链生态的建立；协助集成电路产业专利池的形成，引导建立知识产权战略联盟，加强集成电路知识产权的运用和保护；建立集成电路重大创新领域的标准，充分发挥技术标准的作用；建设完善的集成电路产业的人才体系[2,3]。

纵观全球集成电路产业的发展历程，政府政策发挥了十分重要的作用。后发国家利用政府政策实现向先发国家的快速赶超，先发国家则利用政府政策保护在国际竞争中已有的优势和霸主地位。以韩国为例，韩国政府为推进经济发展计划，实行了以大企业为中心的增长政策，不仅在金融、税收等政策方面给集成电路大公司以特殊优惠，还通过长期实行低利率、低汇率来保证大企业的竞争力；甚至政府不惜直接介入企业活动，监控企业发展方向。韩国政府还制定了专门的政策，鼓励大企业与中小企业之间的合作。韩国的行业协会在促进韩国经贸和大公司发展方面也发挥了重要和积极的作用，为会员企业提供及时可靠的信息和服务，进行对外贸易培训。韩国政府还为企业的发展提供充足的金融支持，使企业有很高的研发投入，为持续增长打下基础[4]。

参考文献

[1] 徐锐. 中国集成电路产业发展战略研究 [D]. 上海：复旦大学, 2009.
[2] 国家集成电路产业发展推进纲要 [J]. 中国集成电路, 2014, 23 (7)：14-16.
[3] 云金良. 促进高新技术产业创新的税收优惠政策研究 [D]. 呼和浩特：内蒙古大学, 2012.
[4] 周子学. 韩国信息产业与大公司发展实践及启示 [M]. 北京：电子工业出版社, 2006.

撰稿人：电子工业出版社　　　　　　　张骋
审稿人：中芯国际集成电路制造有限公司　周子学

▷▷▷ 3.2.5　集成电路产业的投资与成长，積體電路產業的投資與成長，Investment and Growth of IC Industry

集成电路产业从来不是由市场完全决定的产业。纵观集成电路产业发展历史，政府支持是普遍现象。在产业发展初期，因有较长时间亏损，民间资本一般不愿投资。这就需要政府对这一具有战略意义的产业进行率先和持续投资，并引导民间资本逐步进入，而当产业回归到市场主导后再逐渐实现退出。

从投资角度看，集成电路产业的发展一般需要在 15~20 年内分三步进行。

第一步是以政府支持为主。这个阶段需要经历约 5~7 年的企业亏损期，在政府支持下为产业健康发展奠定基础，帮助企业渡过生存期并逐渐在市场中找到竞争位置。

第二步是政府与民间资本的结合。这个阶段大概 5~7 年，需要更多的民间资本投入来支撑产业发展，培育出一两个具备国际竞争力的市场主体，实现企业对市场竞争节奏的适应。

第三步是以企业为主、政府为辅。这个阶段预计 5~7 年时间。在这一阶段国家资本逐步退出而完全由民间资本投入，实现企业对市场的完全融入，最终使得产业发展进入良性循环。

判断企业成长阶段可以参考一些经济指标，如毛利率，以此来分析产业是否应该进入下一个阶段。在不同的阶段，政府投入的力度也不同，以实现政府和民间资本形成最优配比，达到最好效果。

　　　　　　撰稿人：中芯国际集成电路制造有限公司　周子学
　　　　　　审稿人：北京清芯华创投资管理有限公司　刘越

▷▷▷ 3.2.6　集成电路产业商业模式转变的技术经济原因，積體電路產業商業模式轉變的技術經濟原因，Technomic Factors for IC Industry Evolution

从 20 世纪 60 年代起，全球集成电路产业共经历了三次变革，这些变革背后的经济原因是推动集成电路产业商业模式转变的主要推手。分析这些经济原因可以深入了解集成电路产业的变革历程，有助于我们预判集成电路商业模式的未来趋势。每次市场需求、资金门槛和经济分工程度等经济因素发生变化时，集成电路企业就开始寻找产业链上新的切入点，通过不断地整合与分工实现商业模式的创新。集成电路产业商业模式的变化如图 3-8 所示[1]。本节主要分析集成电路产业商业模式转变的经济原因,以及未来商业模式的发展趋势。

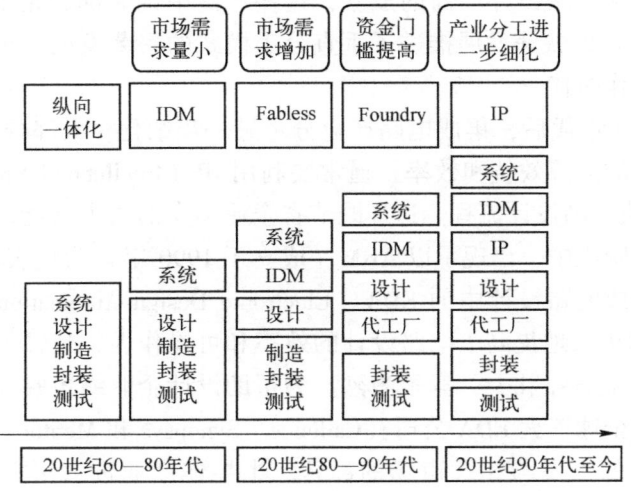

图 3-8　集成电路产业商业模式变迁历程

总体而言,导致集成电路产业商业模式变化的经济原因主要有三点:市场需求量变化、资金门槛提高和产业分工进一步细化,每一次商业模式变化又都是几种原因相互作用的结果。

20 世纪 70 年代,集成电路产业尚处于起步阶段,整体市场需求规模较小也较为单一,产业的资金门槛也相对较低,一家企业自身就可完成集成电路产品的设计、制造和封测,于是国外的集成电路企业大都采用整合器件制造商(Integrated Device Manufacturer,IDM)模式。从 20 世纪 80 年代开始,集成电路市场需求开始高速增长,且集成电路产品需求愈发多样化,部分整合器件制造商无法及时适应快速变化的市场需求。在这一背景下,私募基金帮助一小批具备集成电路产品设计经验的工程师组成小公司,使其以更快的速度设计出新产品来满足市场需求,Fabless 模式也就由此产生了。同时,整合器件制造商产业链复杂,产品生产周期较长,对某些细分领域稍有忽略或延迟就会丢失市场机会。而 Fabless 模式恰好弥补了整合器件制造商模式的不足,半导体产业开始了垂直分工历程[2]。

集成电路制造业具有规模经济性特征,企业大规模生产才能降低单位产品的成本,提高竞争力。在 20 世纪 80 年代后期及 90 年代,随着工艺升级加快,制造业的资金门槛也不断提高,只有少数厂商有能力扩张产能,而越是大型而专业的企业,越可以通过这种规模经济效应实现在市场上的竞争优势。中国台湾地区自身市场小,必须走国际化道路,在这种情况下,代工模式(Foundry)

应运而生,台积电诞生了。代工模式的出现同时降低了设计业的进入门槛,促进了中小型集成电路设计厂商的成立,这些厂商中绝大部分是 Fabless 模式的。Fabless 与代工厂的快速发展推进了垂直分工模式的繁荣发展,集成电路产业也进入了国际合作时代。

20 世纪 90 年代后,集成电路产业分工进一步细化,大部分 Fabless 模式公司为追求更高的经济效益和效率,通常要利用 IP(Intellectual Property)设计公司的 IP 来加快产品设计流程。这样既节省企业本身的精力又能缩短产品的面市时间。在这一阶段中,出现了以 ARM(成立于 1990 年)为代表的专业的 IP 公司。另外,集成电路设计中的 EDA(Electronic Design Automation)工具日臻完善。EDA 技术极大地提高了电路设计的效率和可操作性,减轻了设计者的劳动强度。EDA 企业日益壮大,竞争激烈。为帮助设计企业缩短验证时间、加快产品上市,目前全球三大 EDA 公司(Cadence、Synopsys 和 Mentor)均致力于加强硬件仿真工具的开发与相关市场的经营。半导体产业进入更完全的专业分工时代。

从历史的趋势看,分工可为产业带来更高的效率。但尽管如此,IDM 厂商依然存在。纵观全球半导体产业,收入前十大半导体厂商中 Intel、三星、SK 海力士、美光、德州仪器、东芝、恩智浦等都是 IDM 厂商。IDM 模式需要满足三个方面的条件:首先,IDM 厂商需具备内部整合资源的优势,集成电路设计、制造和封测的合作紧密;其次,IDM 厂商应具有技术优势,大多数 IDM 厂商都有自己的 IP 开发部门,经过长期的技术研发和积累,企业技术储备充足,开发能力强,具有技术领先优势;最后,产品工艺较为特殊,不是标准工艺,代工厂不具备相应的优势,如 CPU 和存储器。

随着产业的进一步成熟,商业模式有可能进一步转变,制造、设计、封测三大领域的整合态势将继续存在。以制造为基点,与集成电路设计及封测厂商进行深度合作的模式可以使产业链各环节快速回应,进而提升产业效率。其实,不论是分工还是整合都是产业创新的新路径,产业的每一次分工和商业模式创新都带来一次社会进步,分工细化后主攻某一领域,挖掘核心技术,再基于此实现整合,便可能成为产业中的强者。

参考文献

[1] 周子学. 中国集成电路产业投融资研究 [M]. 北京:电子工业出版社,2015.
[2] 何明燕. 中国大陆集成电路产业的国际竞争力研究 [D]. 上海:上海师范大学,2008.

撰稿人:	中芯国际集成电路制造有限公司	周子学
	电子工业出版社	尹茗
审稿人:	北京清芯华创投资管理有限公司	刘越

▷▷▷ **3.2.7 全球半导体产业投资规模与市场规模的变化，全球半導體產業投資規模與市場規模的變化，Changes in Total Investment and Market Size of Worldwide Semiconductor Industry**

纵观全球半导体产业，其市场规模变化呈现总体上扬和个别年份下降的周期性波动格局。半导体产业的投资与全球半导体产业市场规模变化趋势基本一致。

1. 全球半导体产业市场规模

全球半导体产业市场规模变化呈现总体上扬和个别年份下降的周期性波动格局。如图3-9所示，1976—2016年半导体市场规模增长接近70倍；受金融危机和世界经济大环境的影响，在1998年、2001年、2002年、2008—2009年出现较明显的下降；在2014年以后增长趋于平稳。

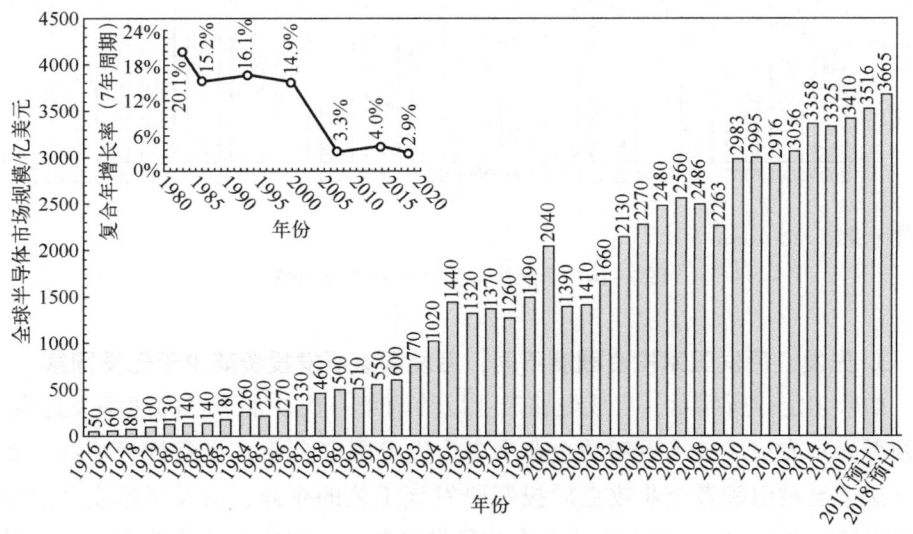

数据来源：WSTS。

图3-9　全球半导体产业市场规模

2. 半导体产业的投资规模

半导体产业的投资主要分为两部分：一是固定资产投资（即资本支出），如圆片制造厂用于生产线建设需要的厂房、洁净室、设备和材料的支出，设计企业购买服务器、辅助设计软件的支出等；二是无形资产投资（以研发投入为

· 529 ·

主），即先进技术的开发成本。全球半导体产业的资本支出略高于研发投入，如2016年全球半导体产业的资本支出为677亿美元（见图3-10），研发投入为565亿美元。随着半导体市场规模的扩大，半导体产业的投资总额和比重亦呈现增长趋势，同样，受金融危机影响，2001年、2002年、2008—2009年出现波动性下降，与全球半导体产业市场规模变化趋势基本一致，即当市场规模扩大，相应的投资也会提高。

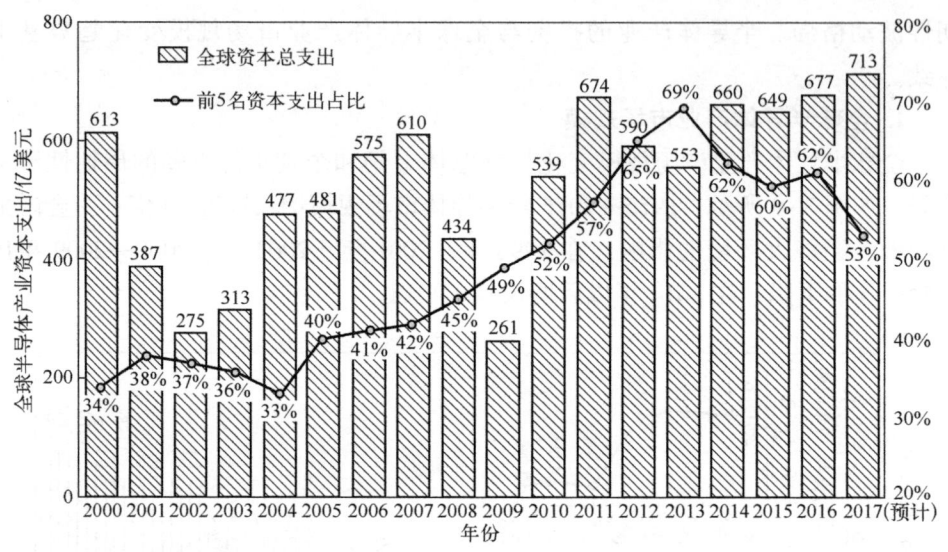

数据来源：IC Insights。

图3-10 全球半导体产业资本支出情况

3. 先发、后发国家投资额度不同，后发国家研发投资略少于先发国家

如摩尔定律所揭示，集成电路产业以约两年一代技术节点的速率飞速发展。引领者（率先完成技术更新的企业，多为先发国家企业）投资规模略高于跟随者（工艺已被引领者企业攻克后投资研发该工艺的企业，后发国家企业多属于技术跟随企业）。这一点主要体现在其研发经费上。集成电路产业有着"一代技术、一代设备、一代产品"的特点，尤其对于先进工艺，需重新购置设备、新建厂房[1]。因此，引领者与技术跟随者对于新技术所需的固定资产投资规模差距不大。在无形资产（主要是研发）投资规模方面，引领者需花费大量的人力、物力规划研究技术路线、寻找新型材料，从而推进最新工艺；而技术跟随者则可参考引领企业研究方向，降低研发成本，如图3-11所示。

4. 后发国家实现技术超越必须比先发国家有更高数额的投资

技术的先进性直接决定着企业的兴衰存亡。首先更新换代的新技术产品具有较高利润空间，同时又对应着大量的市场需求，而技术跟随者则获利艰难。由于技术基础相对薄弱和专业人才匮乏等因素的影响，使得后发国家需要完成比先发国家更高数额的投资才能实现技术超越。

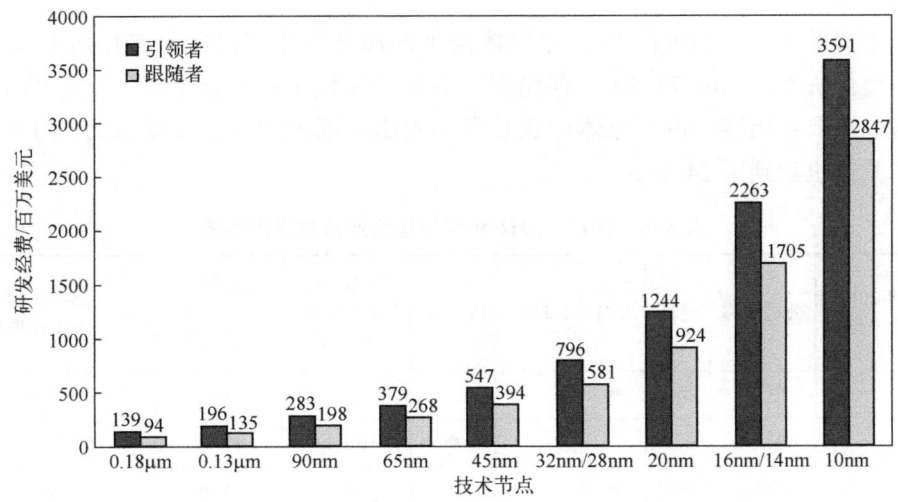

数据来源：WSTS。

图3-11 引领者和跟随者不同技术节点研发经费投入

参考文献

[1] 周子学. 中国集成电路产业投融资研究［M］. 北京：电子工业出版社，2015.

撰稿人：中芯国际集成电路制造有限公司　冯童　郑凯
审稿人：中芯国际集成电路制造有限公司　周子学

3.2.8 集成电路产业的资本支出和研发支出，積體電路產業的資本支出和研發支出，CAPEX and R&D Expense of IC Industry

集成电路产业是资本和技术高度密集的产业，资本支出和技术研发支出已经成为集成电路产业投资中占比最大的两项支出[1]。

1. 资本支出

据IC Insights统计，2016年半导体产业的资本支出数额达到677亿美元，同比2015年上涨4%，前3名依次为三星、台积电和Intel。其中三星2016年资本支出为113亿美元，台积电为102.49亿美元，Intel为95亿美元。存储器制造和圆片代工厂成为资本支出的主力，占据了资本支出前10位公司里面的

9家，中芯国际资本支出为26亿美元，年增达86%，是前10位半导体企业中增幅最大的。而像英飞凌、意法半导体、德州仪器和恩智浦等传统的IDM公司，开始走轻资产的路线，委托圆片代工厂加工生产，这使得资本支出比例不断下降[1]。

下面的表3-5所列前10位半导体企业2016年资本支出达到521.99亿美元，约占整体资本支出的77.5%。存储器厂商和圆片代工厂占据了资本支出的主流位置，主要存储器厂占半导体行业总资本支出份额的38%，主要圆片代工厂的这个数据也达到了24.9%。

表3-5 2015—2016年半导体企业资本支出列表

2016年排名	2015年排名	公司名称	地域	IDM	Fabless	Foundry	2016年资本支出/亿美元	2015年资本支出/亿美元	2015—2016年资本支出增幅
1	1	三星	亚太	◆			113	130.1	-13.14%
2	2	台积电	亚太			◆	102.49	80.89	26.70%
3	3	英特尔	美国	◆			95	73.26	29.68%
4	6	美光	美国	◆			57.6	45	28.00%
5	4	SK海力士	亚太	◆			52	60.11	-13.49%
6	9	中芯国际	亚太			◆	26	14.01	85.58%
7	8	台联电	亚太			◆	25	18.99	31.65%
8	7	东芝	日本	◆			18.4	17.45	5.44%
9	10	闪迪	美国		◆		17.5	14.6	19.86%
10	5	格罗方德	欧洲			◆	15	39.85	-62.36%
前10位半导体企业总资本支出							521.99	494.26	5.61%
其他半导体企业总资本支出							155.01	154.26	0.49%
总计							677	648.52	4.39%

数据来源：根据IC Insights数据整理。

2. 技术研发支出

研发投入是反映行业发展和企业竞争力的重要指标。据IC Insights的统计数据，2016年全球半导体产业的研发支出共计565亿美元，见表3-6。与资本支出不同，设计企业与IDM、代工和存储器企业一同占据研发支出的主要地位。IC Insights的统计数据显示，随着集成电路工艺技术不断推进，新技术的研发成本也越来越高。以Intel为例，在过去20年间，其研发支出占营收的比例总体上呈升高趋势，在2010年，这个比例是16.4%；但是到了2016年，这个比例已达到 22.6%[1]。

表 3-6 2015—2016 年半导体企业研发支出列表

2016年排名	2015年排名	公司名称	地域	IDM	Fabless	Foundry	2016年			2015年			2015—2016年研发支出增幅
							销售额/亿美元	研发支出/亿美元	占比	销售额/亿美元	研发支出/亿美元	占比	
1	1	Intel	美国	◆			563.13	127.4	22.6%	504.94	121.28	23.1%	5.0%
2	2	高通	美国		◆		154.36	51.09	33.1%	160.32	37.02	34.2%	38.0%
3	4	博通	美国		◆		153.32	31.88	20.8%	84.21	21.05	21.9%	51.4%
4	3	三星	亚太	◆			435.35	28.81	6.6%	416.06	31.25	6.2%	-7.8%
5	7	东芝	日本	◆			109.22	27.77	25.4%	97.34	16.55	31.0%	67.8%
6	5	台积电	亚太			◆	293.24	22.15	7.6%	264.39	20.68	7.8%	7.1%
7	8	联发科	亚太		◆		86.1	17.3	20.1%	66.99	14.6	22.9%	18.5%
8	6	美光	美国	◆			128.42	16.81	13.1%	148.16	16.95	12.5%	-0.8%
9		恩智浦	欧洲				94.98	15.6	16.4%	105.53	16.6	15.7%	-6.0%
10	9	SK海力士	亚太	◆			142.34	14.63	10.3%	169.17	14.21	8.0%	3.0%
前10位半导体企业总研发支出							2160.46	353.44	16.4%	2017.11	310.19	15.4%	13.9%
其他半导体企业总研发支出							1228.85	211.56	17.2%	1334.89	253.81	19.0%	-16.6%
总计							3389.31	565	16.7%	3352	564	16.8%	0.2%

注：高通、博通等企业的专利授权收入未计算在内；恩智浦 2015 年未排入前 10 位。

3. 不同环节的投资结构不同

从投资的经济回报率角度来看，集成电路产业整体上需要长期、耐心的投资。但集成电路产业不同环节的战略经济双重性有所区分，不同环节投资结构略有不同。集成电路设计业属于轻资产环节，虽然流片和人力成本逐年上涨，但相对于制造业和封测业来说，仍属于轻投入，且芯片在市场上的生产和销售周期较短，投资回收较快，经济成果能够得到较快的体现。这种知识型产品，风险很大，不适合传统的投融资方式，且很难得到银行贷款，适合风险投资（Venture Capital，VC）。在产业发展的成熟期，也需要不断的资金投入和其他形式的资本介入，如私募股权（Private Equity，PE）基金。集成电路制造业和封测业属于重资产环节，前期建厂和设备投入成本较高，投资回报周期长。同时，受摩尔定律的驱动，其生产线和技术一直在不停地进步，有着"一代技术、一代设备、一代产品"的特点，不仅投资额度大，更需要不断投入，因此从一开始就必须是 PE+政府+市场+银行+其他资本的联合投入。制造领域的投资有大投入、长期投入的特点，有较高的投资壁垒，民间资本很难也缺少信心进入，而集成电路产业是国家信息安全的保障，其战略意义重大，所以需要国家投入资金引导其发展。

参考文献

[1] 中国半导体行业协会，中国电子信息产业发展研究院. 中国半导体产业发展状况报告（2017年版）[R]. 2017年5月.

撰稿人：中芯国际集成电路制造有限公司　　冯童　郑凯　华克路
审稿人：中芯国际集成电路制造有限公司　　周子学

▷▷▷ 3.2.9　集成电路产业的进入壁垒，積體電路產業的進入壁壘，Entry Barriers of IC Industry

进入壁垒是新企业在进入某产业时可能遇到的不利因素，它具有保护产业内已有企业的作用，也是新企业进入某产业时必须首先克服的困难。集成电路产业具有资本密集和技术密集的双重特点，随着科技的不断进步，产业的进入壁垒持续提高。目前，其主要的进入壁垒主要有以下几种。

1. 专利壁垒

近年来，中国集成电路产业发展态势良好，但专利储备不足。在芯片专利申请量排名靠前的企业中，美国企业依然占主导地位。例如，Intel 和 AMD 几乎垄断了 CPU 市场，Intel 更是建立起涵盖知识产权、技术积累、规模成本、软件生态于一体的整个商业模式壁垒，而且这种壁垒从未有衰弱的迹象[1]。再如，美国的专利保护周期是 20 年，在 FPGA 设计最原始的关键专利尚未过期时[2]，涉足 FPGA 产业的公司必须自己独立研发。直到 FPGA 专利保护过期时，中国才开始涌现几个新的 FPGA 公司，中国的 FPGA 起步比国外落后了至少 20 年。要想实现中国集成电路产业的可持续发展，就必须迅速掌握自主可控的核心技术。如果只注重产业规模扩大，而没有核心技术，将来很容易受到国外竞争对手的专利阻挠。因此，进入集成电路产业将面临较高的专利壁垒。

2. 政治壁垒

在信息时代，信息安全成为各国政治和经济斗争的焦点。集成电路作为信息产业的核心，具有保证国家安全的战略作用。近年来，国际产业巨头结盟，垄断趋势加剧，利用各种政治手段阻碍中国集成电路产业发展，如瓦森纳协议使中国集成电路产业长期受到发达国家限制与禁运。所以，对于部分新进入者来讲，政治壁垒也是需要克服的主要壁垒之一。

3. 技术壁垒

集成电路产业是典型的技术密集型产业，所以集成电路企业若要在行业中发展壮大，必须具备深厚的技术底蕴。同时，因为集成电路技术及产品更新换代速度很快，这又要求集成电路企业具备持续的技术创新能力，不断满足多变的市场需求。此外，集成电路生产工艺复杂，精度高，集成电路企业还需要经过长时间、大规模的生产实践和开发研究，方能实现技术水平和制程工艺的创新。随着封测业的发展，先进封装技术也成为封测领域进入者的一项挑战。综合上述原因，技术壁垒也是新进入者需要考虑的主要壁垒。

4. 资本壁垒

集成电路产业一直具备投入高、回报慢、风险大的特点，存在的资本壁垒主要表现为两个方面：一是产业发展需要资本投资规模极大；二是产业投资回报周期长，回报率低，需要更多"耐心"资本。首先，集成电路制造业是当前制造业中投资最大的产业，如一条300mm的14nm生产线投资高达100亿美元，每次工艺节点的推进都需要资金的持续投入，并且在至少5年后才能产生收益[3,4]；其次，集成电路设计业也需要大量资金用于研发人员的工资、进口生产所需设备和技术、产品的研发等；最后，封测环节的新型封装技术也需要较高的资本投入。所以说，新进入者不论从事集成电路产业的哪个环节，资金投入能否维持各类支出、进入者本身能否承担资金风险都是其需要考虑的重要问题。因此，资本壁垒也构成其进入集成电路产业的壁垒之一。

5. 人才壁垒

集成电路产业属于高科技产业，政策和资金只是必不可少的条件，企业做大做强的关键在于专业技术，而专业技术归根结底掌握在人才的手中。目前，中国集成电路产业专业技术人才十分稀缺，无法满足产业发展需求。所以，对新进入者来说，较高的人才壁垒是其面临的主要问题之一。在集成电路设计业，创新力强的技术人才和经验丰富的管理人才可以帮助企业提升效率、保持技术领先地位；在集成电路制造业，则更需要工艺技术研发人才；在集成电路封测业，新型封测技术人才对企业十分重要。这些人才不论内部培养还是从外部引进，其培养成本和引进难度都十分大。因此，集成电路产业具有较高的人才壁垒。

参考文献

[1] 中国咨询综合."国芯"拿什么撼动Intel市场[EB/OL].（2015-08-15）[2017-06-16]. http://www.cnwnews.com/html/biz/cn_sapx/sddc/20150815/744665.html.

[2] 柳福东.东盟国家专利制度比较研究[J].知识产权，2005，15（1）：51-57.

[3] 周子学.以供给侧改革推进集成电路产业加速发展[J].产业经济评论，2016（1）：5-8.

[4] 周子学.集成电路产业面临的形势和发展特点分析[J].产业经济评论，2014（6）：5-9.

撰稿人：电子工业出版社　　　　　　　尹茗
审稿人：中芯国际集成电路制造有限公司　周子学

3.2.10 集成电路产业的区域演进，積體電路產業的區域演進，Regional Migration of IC Industry

市场在何处，产业就必须在何处。从 20 世纪 60 年代至今，伴随着市场的变化，集成电路产业出现了三次明显的区域演进[1]。

20 世纪 60 年代，集成电路产业发生首次区域演进。这次演进的原因在于美国在集成电路设计上具有比较优势，而亚洲在劳动力成本上具有比较优势。于是集成电路行业开始了国际分工和转移：测试行业与封装行业开始由美国向亚洲转移。目前，中国、马来西亚和韩国是全球主要的集成电路封装测试基地。

20 世纪 70 年代，欧美日之间存在集成电路贸易壁垒，出口集成电路的贸易成本很高，美国企业通过在日本和欧洲建立制造工厂的方式来降低贸易成本。20 世纪 80 年代末，以台积电为代表的中国台湾地区集成电路代工产业抓住了这一历史机遇，避开了美、日企业的恶性竞争困局，另辟蹊径，选择了为这些国家的半导体公司提供圆片制造代工，从而将竞争转换为了合作共赢，其他国家和地区的半导体产业的成功带动了中国台湾地区圆片制造代工业务的高速增长。台积电的专业芯片代工模式（Dedicated Foundry）改写了半导体产业的商业模式。台积电成立后，集成电路制造业开始向中国转移。这就是集成电路产业第二次明显的区域演进，此阶段的产业转移主要为制造环节。

第三次区域演进主要是集成电路设计业的转移，其目的是为了更接近当地市场并降低风险。20 世纪 70 年代设计业开始从美国向日本和欧洲转移，到 20 世纪 80 年代后期向中国台湾地区和新加坡转移，21 世纪以来开始向中国大陆转移。国际上很多芯片公司，包括 Intel、德州仪器等都在中国建立了研发中心，主要从事系统软件和产品方案的开发等。

伴随全球集成电路产业的三次产业区域演进，市场需求、企业发展和集成电路产业投资结构也发生了地域性变化，可以观察到其自美国向日本、韩国，再向中国演进的趋势。

参考文献

[1] 周子学. 中国集成电路产业投融资研究 [M]. 北京：电子工业出版社，2015.

撰稿人：中芯国际集成电路制造有限公司　　冯童　郑凯　华克路
审稿人：中芯国际集成电路制造有限公司　　周子学

3.2.11 集成电路产业投资与产业生态建设，積體電路產業投資與產業生態建設，IC Industry Investment and Industrial Ecology Development

产业生态是指产业在发展过程中所处的综合环境，与产业链不同，它受到国家政策法规、机制体制改革、研发技术创新、投融资情况等多方面外部因素的影响。对于集成电路产业而言，产业投资将会在很大程度上影响集成电路产业生态的建设。合理的投资和并购有助于集成电路产业生态建设，盲目或分散的投资将会给产业生态带来严重打击。

长期以来，集成电路产业一直是中国高度重视的产业。为建设良好的产业生态，中国通过出台政策，设立国家集成电路产业投资基金等方式，从宏观统筹的角度带动产业链协同可持续发展。例如，2014年中国出台了《国家集成电路产业发展推进纲要》（以下简称《纲要》）。《纲要》一经颁布，各地方政府、企业便积极响应，抓住机遇，拓展思路，为集成电路产业谋求发展之路。地方政府相继出台了发展集成电路产业的配套措施以及推动当地集成电路产业转型升级的具体方案，尤其是国家集成电路产业投资基金充分发挥其撬动作用，有效缓解了投资瓶颈，促进了产业链的协同发展，最终使产业生态环境得到优化。此外，地方政府投资基金的设立与实施，也成功推动了重点项目的发展。

但盲目投资或分散投资可能给半导体产业生态带来负面影响。例如，中国台湾地区也曾在存储器产业进行重投资，但却未能奏效。分析其原因主要有三点：从发展模式来看，台湾地区采用代工模式发展存储器企业，而代工模式在DRAM中大多以失败告终；从技术来看，台湾地区DRAM厂商缺乏自主技术，过多地依赖于技术转移；从市场来看，全球存储器市场未达预期，而台湾地区前2/3的新建和扩充产能都集中在存储器业中，几年前的投资开始发酵，造成供过于求的局面，致使DRAM和NAND闪存价格持续下降，台湾地区存储器企业无力竞争[1]。反观韩国，1980年后韩国政府开始大力扶持DRAM产业，三星半导体获得政府支持。韩国组织"官民一体"的DRAM共同研发项目，通过政府投资来发展DRAM产业，营造健康良好的产业生态环境。更重要的是，三星在全球半导体市场转弱、DRAM产业景气低迷时，采用反周期的投资策略，加倍投资研发自主技术，培养高端人才和扩大生产规模，使其成为全球先进存储器制造商之一[2]。

综上，每一次成功都是由多种因素共同促成的，任何策略都不能简单地复制，对集成电路产业的投资亦是如此。科学规划集成电路产业发展路径，结合国家、地方和企业的自身特点和配套条件选择适当的投资策略进行合理投资，有助于建立产业良性循环发展的生态环境，对集成电路产业发展具有重要意义。目前，中国在《纲要》的指导下，已形成了集成电路产业投资热潮，此时中央更要充分发挥协调能力，与地方形成合力，共建良好的产业生态环境，快速推动产业转型升级。

参考文献

[1] 莫大康. 台湾存储器之梦破碎 [EB/OL]. (2017-01-09) [2017-06-20]. http://www.elecfans.com/article/90/156/2017/0109471445.html? 148394373.

[2] 三星电子存储器发展给中国带来的启示 [EB/OL]. (2017-02-03) [2017-06-20]. http://www.360doc.com/content/17/0203/11/30123241_626174512.shtml.

撰稿人：电子工业出版社　　　　　　　尹茗

审稿人：中芯国际集成电路制造有限公司　　周子学

▷▷▷ 3.2.12 集成电路产业投资与技术进步的关系，積體電路產業投資與技術進步的關係，Relationship Between Investment and Technology Advancement in IC Industry

集成电路产业是资本密集型产业，其投资特点是投资规模大，风险高，回报周期长[1]。随着集成电路整体技术的进步，集成电路技术复杂度不断提高，集成电路企业必须不断跟进最新的技术，不断加大研发人员、厂房和设备等方面的投入力度，所以集成电路生产和研发的成本越来越高，投资规模越来越大。

1. 集成电路产业投资规模随技术进步增大

对于半导体产业而言，技术就是生命，只有掌握了最先进的技术，才能在市场上占据一席之地。而工艺技术节点的递进，会增加资本支出和研发支出。以集成电路制造业为例，随着特征尺寸的缩小，每更新一代技术尤其是先进技术均需重新购置设备，导致投资规模不断扩大。从表3-7可见，进入32nm后，每个技术节点的投入成本大约是前一代技术的1.5~2倍，且需要持续高强度投资建设生产线才能形成有力的规模优势。

表3-7　不同技术节点的集成电路投资额估计值

技术节点	90nm/65nm	32nm/28nm	22nm/20nm	16nm/14nm
芯片设计支出/百万美元	15~20	60~70	100~150	200~300
厂房和设备支出/百万美元	2500~3000	3600~4500	4600~5700	5600~7000
工艺研发支出/百万美元	200~400	600~800	1000~1300	1700~2500
大致满产规模/(万片/月)	3.5~5.0	3.5~5.0	3.5~5.0	3.5~5.0

2. 集成电路产业不但投资门槛高，投资风险亦很大

集成电路产业越来越高的投资规模要求，以及较大的投资风险，使得多数集成电路企业对更新工艺技术望而却步。如图3-12所示，拥有强大研发团队的科技巨头也难以支撑技术的延续，只有少数几家企业坚持投资研发最新的技术。

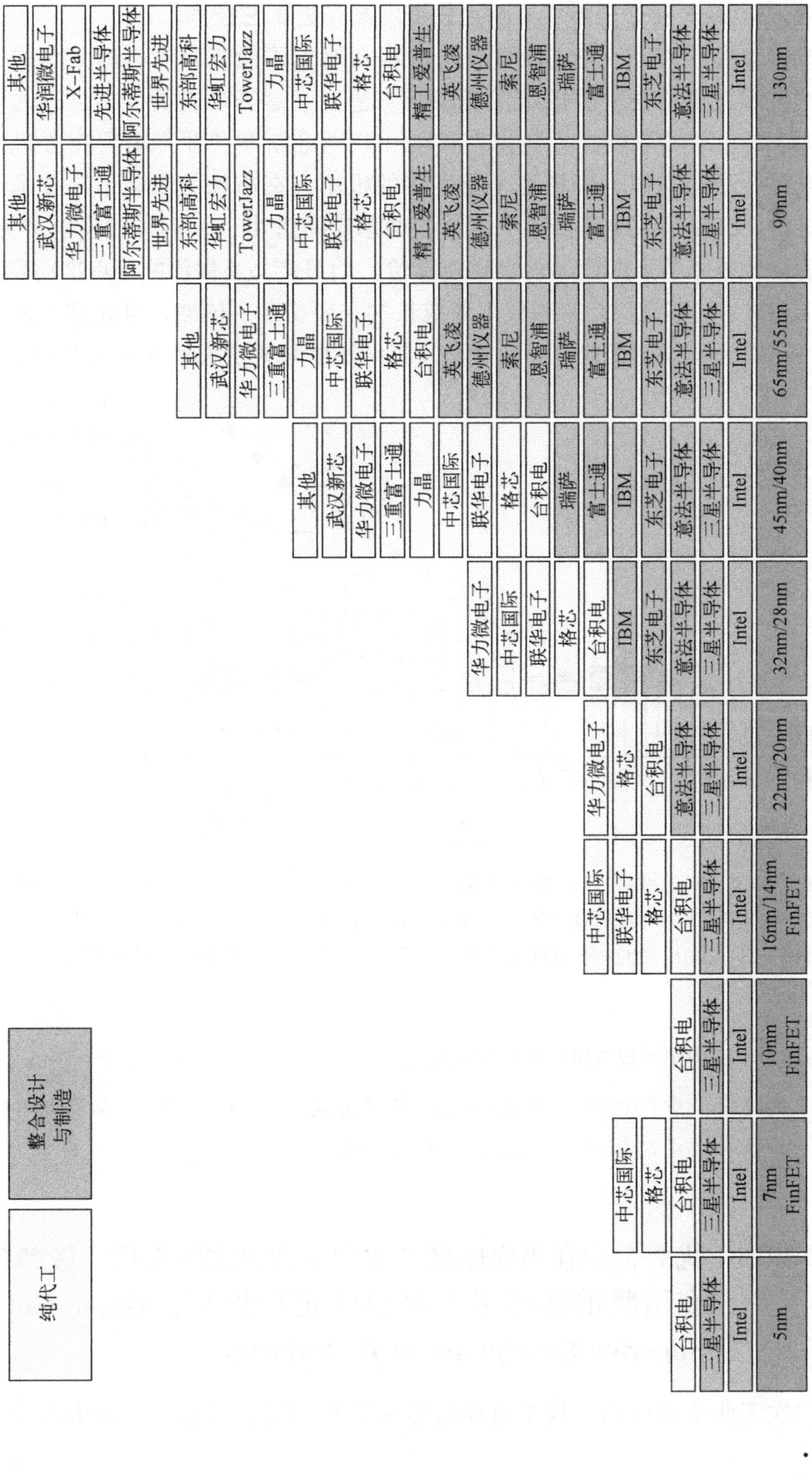

图3-12 130~5nm工艺节点的半导体企业（含研发及量产，截至2017年）

工艺节点	纯代工	整合设计与制造
5nm	台积电	三星半导体、Intel
7nm FinFET	中芯国际、格芯、台积电	三星半导体、Intel
10nm FinFET	台积电	三星半导体、Intel
16nm/14nm FinFET	中芯国际、联华电子、格芯、台积电	三星半导体、Intel
22nm/20nm	华力微电子、格芯、台积电	意法半导体、三星半导体、Intel
32nm/28nm	华力微电子、中芯国际、联华电子、格芯、台积电	IBM、东芝电子、意法半导体、三星半导体、Intel
45nm/40nm	其他、武汉新芯、华力微电子、三重富士通、力晶、中芯国际、联华电子、格芯、台积电	瑞萨、富士通、IBM、东芝电子、意法半导体、三星半导体、Intel
65nm/55nm	其他、武汉新芯、华力微电子、三重富士通、力晶、中芯国际、联华电子、格芯、台积电	精工爱普生、英飞凌、德州仪器、索尼、恩智浦、瑞萨、富士通、IBM、东芝电子、意法半导体、三星半导体、Intel
90nm	其他、武汉新芯、华力微电子、三重富士通、阿尔蒂斯蒂斯半导体、世界先进、东部高科、华虹宏力、TowerJazz、力晶、中芯国际、联华电子、格芯、台积电	精工爱普生、英飞凌、德州仪器、索尼、恩智浦、瑞萨、富士通、IBM、东芝电子、意法半导体、三星半导体、Intel
130nm	其他、华润微电子、X-Fab、先进半导体、阿尔蒂斯蒂斯半导体、世界先进、东部高科、华虹宏力、TowerJazz、力晶、中芯国际、联华电子、格芯、台积电	精工爱普生、英飞凌、德州仪器、索尼、恩智浦、瑞萨、富士通、IBM、东芝电子、意法半导体、三星半导体、Intel

3. 集成电路产业必须持续不断地投资发展先进工艺技术

虽投资规模的扩大、较高投资风险的存在增加了投资难度，但是集成电路技术必然进步，相关企业需投资发展最新工艺。一是当今人类社会已进入信息时代，人工智能、物联网、大数据、移动互联网等新型产业都需要更先进工艺的集成电路产品的支撑。市场是企业生存的根本，在市场的驱动下，技术必然也必须进步。二是集成电路产业一直遵循摩尔定律进步，每新一代技术被突破，市场上前一代技术节点的产品就会迅速降价。信息产品不保值的特点推动着企业向先进工艺技术转移。三是未来代工业成长的主要份额，依然来自先进工艺（见图3-13）。综上所述，集成电路产业必须持续不断地投资发展先进工艺技术。

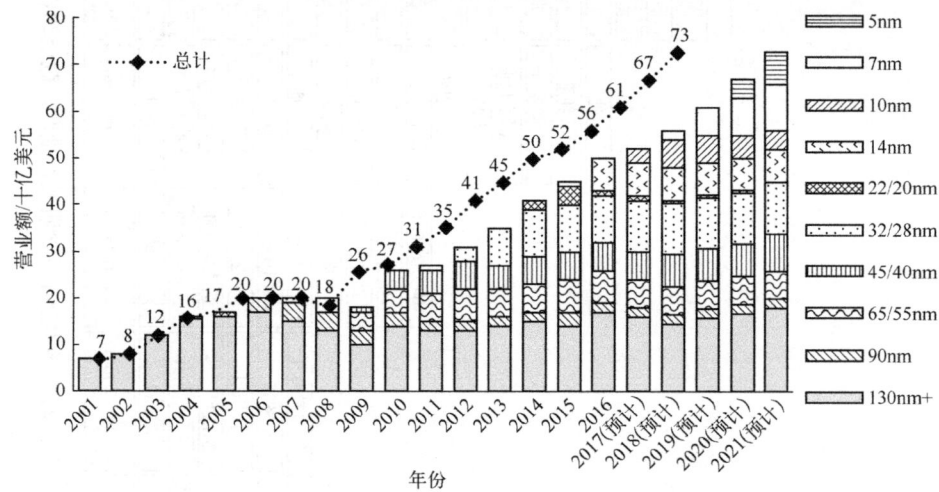

数据来源：IHS Markit, Technology Group 的数据库 Pure Play Foundry Market Tracker，2017 年 7 月版。任何使用该数据的风险由第三方自身承担。登录 technology.ihs.com 可了解更多信息。

图 3-13　2001—2021 年全球集成电路纯代工市场的实际营业额和预计营业额

参考文献

[1] 周子学. 中国集成电路产业投融资研究［M］. 北京：电子工业出版社，2015.

　　撰稿人：中芯国际集成电路制造有限公司　　冯童　郑凯　华克路
　　审稿人：中芯国际集成电路制造有限公司　　周子学

▷▷▷ 3.2.13　优势企业在集成电路产业中发挥决定性作用，優勢企業在積體電路產業中發揮決定性作用，Major Role of Superior Enterprises in IC Industry

第二次工业革命以来，技术革命的速度不断加快，发达国家在历次技术革命中起主导作用，技术革命的主要贡献者是企业和发明家。随着技术革命的不断深化，个人的作用越来越被企业（组织）代替。在19世纪，个人还能发挥出主导技术革命的作用，如莫尔斯发明电报、爱迪生发明电灯、贝尔发明电话等；而当下，企业发挥的作用更为关键，企业家和优势企业才是创新的不竭动力。这一现象类似于雁阵理论，即头雁率领雁阵同步飞行，优势企业在集成电路产业中也发挥着类似的作用。

当一个市场还处在发展初期，一家企业的商业模式与市场十分契合，不论在技术还是管理上都占据很强的优势，这家企业便很有可能成为该行业的领军企业，并成为市场规则的制定者和解释者。此时，市场就会朝着利于这家优势企业的方向发展，即便其他企业在其他方面有一点优势，都不可能超越它。依靠制定和解释规则，优势企业（Superior Enterprises）会在短时间内占据这个领域的大部分市场。

在CPU架构中，曾有精简指令集（RISC）和复杂指令集（CISC）之争。20世纪80年代，从IBM在大型机、小型机到微机、PC的发展经验看，CPU架构可以选择复杂指令集或精简指令集。Intel坚持选择复杂指令集，并和微软成为商业合作伙伴；经过10年的努力终于打赢了这场指令集之战，于是全球最大的半导体芯片制造商和世界软件巨头共同引领着整个市场发展方向。21世纪以来，精简指令集的代表ARM也取得较大进展，它的成功和与谷歌的合作也有很大关系。ARM和谷歌建立了一个强大的系统生态，市场又有了新的变化，精简指令集在有限的手机硬件上实现了性能和功耗的双丰收，快速占领了大部分移动市场。这个例子充分说明，优势企业才是定义技术和产品的强者，它们才能主导市场的发展。在我们思考集成电路发展问题时，一定要考虑其载体企业的重要价值。因为在市场竞争体制下，企业决定技术选择，进而形成市场，特别是竞争中保持优势的企业。中国正需要这样的企业。

目前，中国的教育界、科研界在帮助企业的过程中，有时会过多参与企业的技术、产品等决策。其实，政府、科研机构、企业应该各司其职，以企业为主体，科学家参与其中，政府只需创造更好的环境，例如提供政策降低营商成本，包括税费、金融成本和物流成本等。另外，政府也可以主动支持企业，采取一些奖励措施。

撰稿人：中芯国际集成电路制造有限公司　周子学
审稿人：北京清芯华创投资管理有限公司　刘越

▷▷▷ 3.2.14 集成电路产品的成本结构分析，積體電路產品的成本結構分析，Cost Structure Analysis of IC Products

集成电路产品的成本主要包括制造成本和设计管理成本等。

1. 制造成本

每块集成电路都是由原始硅片经过光刻、刻蚀、离子注入、金属沉积、互连、圆片测试与切割、核心封装、等级测试等一系列步骤生产加工而成的，这些工艺流程的费用即为集成电路的制造成本。对应圆片代工生产、封装测试产业，可将制造成本划分为芯片成本、测试成本、封装成本三部分[1,2]。

$$制造成本 = \frac{芯片成本+封装成本+测试成本}{成品率}$$

芯片成本可以理解为圆片成本分摊到该圆片所切割出的芯片上的成本。一般情况下，芯片成本约占制造成本的 50%~60%。

芯片成本可用以下公式简单地计算表达：

$$芯片成本 = \frac{圆片成本}{每个圆片的芯片数 \times 芯片成品率}$$

封装是将裸片、基板等进行引线键合，形成日常市场上销售的集成电路成品。封装成本约占制造成本的 30%~40%。传统的封装成本和芯片针脚数及功耗成正比。但随着技术的进步，3D 封装技术使得针脚数不再是决定封装费用的最主要原因。

每一个芯片出厂前都要经过一系列测试，检测其关键特性，如最高频率、功耗、发热量等，通常测试成本约占制造成本的 10%~15%。传统的测试成本与芯片针脚数成正比，随着 3D 封装技术的发展，测试成本将不再遵循这一规律。

除此之外，不拥有自主知识产权的企业每生产一片圆片都需要支付给相应 IP 厂商授权（License）费，其通常约占制造成本的 5%。

2. 设计管理成本

设计管理成本与制造成本接近，可简单地划分为设计研发成本、管理成本和营销成本等。设计研发成本包括工程师的人力费用、EDA 工具费用和第三方 IP 费用等[3]。管理成本是指企业行政管理部门为组织和管理生产经营活动而发生的各项费用支出，例如工资和福利费、办公费、邮电费和保险费等。营销成本是指与营销活动有关的各项费用支出。对于集成电路企业，设计研发成本在设计管理成本中占比最高。

集成电路产业发展离不开先进技术的推动，而先进技术离不开人的驾驭。高端人才缺乏将制约集成电路企业的发展。尊重人才，充分发挥人才优势，在此显得尤为重要。适当增加设计管理成本，可以吸引并留住更多优秀的专业技术人才和深谙产业发展规律的优秀经营管理人才。

3. 不同技术节点的产品成本变化

如摩尔定律所推测，实现相同功能的芯片，采用先进工艺后，管芯成本下降。对于那些密度高的芯片而言，这种下降趋势更为明显。在28nm节点之后的每代技术，管芯成本下降速度趋于缓和。当功能复杂的下一代芯片面世时，将要进入价高质优的时代。

参考文献

［1］Capital expenditures based on NAICS 3344（semiconductors and other electronic component manufacturing）from the U.S. Census Bureau's Annual Capital Expenditures Survey ［OL］.［2017-03-15］. http://www.census.gov/programs-surveys/aces.html.

［2］Semiconductor price data based on NAICS 334413 from the U.S. Bureau of Labor Statistics （BLS）producer price index program ［OL］.［2017-07-24］. http://www.bls.gov/ppi/.

撰稿人：中芯国际集成电路制造有限公司　　冯童　郑凯　华克路

审稿人：中芯国际集成电路制造有限公司　　周子学

▷▷▷ 3.2.15　集成电路制造业优化生产规模，積體電路製造業優化生產規模，Production Scale Optimization for IC Manufacturing Industry

集成电路制造业是投资见效慢、风险较大且具有非常明显规模效应的产业，企业必须投入大量资金进行新技术研发才能保证在市场上具有竞争力，也才有能力承受产业周期波动带来的风险。在中国集成电路市场目前供给不足的前提下，企业应估算一个最低量产规模，即边际成本等于平均成本，再进行投产，以保证新建生产线能维持基本的收支平衡，不出现亏损。

目前投资新生代生产线所需要的资金相较于20世纪70年代已经呈现出数十倍乃至数百倍的增长。现在200mm生产线投资额超过10亿美元，300mm的32nm/28nm生产线投资额甚至超过50亿美元，14nm生产线投资额更可高达100亿美元[1]。对于集成电路制造业来讲，每条生产线的支出，可粗略分为两部分：随着生产数量变化增加或减少的可变成本（Variable Cost），如消耗原材料的成本、专利费、管理支出、销售支出及工艺研发费用等；相对而言独立于产量的固定成本（Fixed Cost），如设计费用、建厂费用及设备购置费用等。固定成本所占比重越大，成本就越应分摊到更大数量的产品之上，边际成本也就越小于平均成本；反之边际成本（Marginal Cost）与平均成本（Average Cost）的差别就不会很大，规模对收益的影响也就相对较小。

下面以最大产能 5 万片的 28nm 生产线为例。该生产线的固定成本投资额 50 亿美元，按 7 年折旧，满产时对应每片圆片的折旧成本约 1200 美元。假设 1200 美元约占总成本的 50%（则单片圆片变动成本也为 1200 美元），即可根据以下公式[2,3]粗略推算出最低量产规模（以净收益率为 0 计算）。

$$芯片价格 = \left(\frac{固定成本投资额}{折旧年数 \times 12 \times 月产能} + 可变成本 \right) \times (1 + 净收益率)$$

例如，当单片圆片市场售价为 3600 美元时，其最低量产规模约为月产 2.5 万片。图 3-14 所示即是上述条件下生产规模与效益的关系，由于忽略了不同生产规模对于可变成本的影响，故生产规模与效益之间为线性关系。通过以上模型，可以得到圆片价格与最低量产规模的反比趋势，也就是说单片圆片的售价越低、利润空间越小，对最低量产规模的要求越高，给工厂生产的压力就越大。

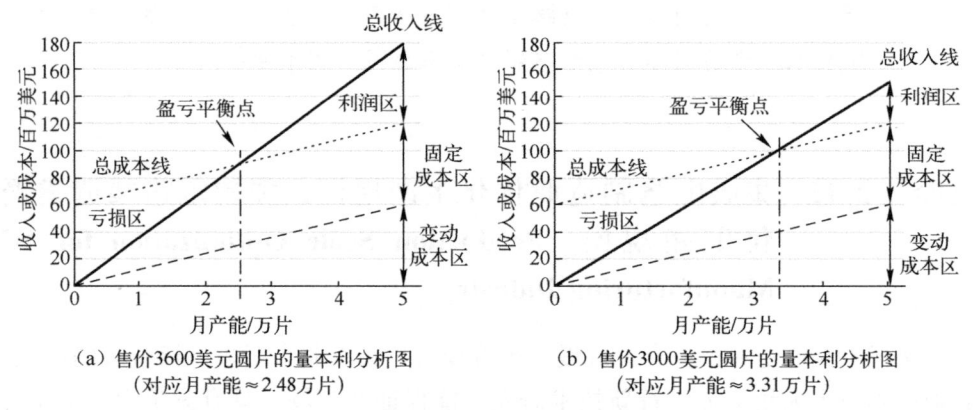

(a) 售价3600美元圆片的量本利分析图
(对应月产能≈2.48万片)

(b) 售价3000美元圆片的量本利分析图
(对应月产能≈3.31万片)

图 3-14　以投资额 50 亿美元，最大月产能 5 万片（直径 300mm）生产线为模型的量本利分析图

在达到最低量产规模后，根据边际报酬递减规律，理论上可以推算出一个最佳投产规模。但是从宏观上来看，整个中国集成电路产业市场供小于求，即现有半导体生产线产能尚未满足市场需求。因此决定投产规模的不是其边际利润，而是市场容量及是否可以达到设计最大生产规模，在此前提下，规模越大收益越高。

相比中国集成电路市场供给不足的情况，全球集成电路产业则要考虑其极强的垄断性特点。根据全球集成电路产业过去几十年的发展经验，前几名的企业往往占据细分领域绝大部分市场份额，呈现"大者恒大"的寡头发展格局。《美国半导体制造：产业趋势、全球竞争、联邦政策》研究报告中指出，由于集成电路市场是一个不完全竞争的市场，因此就会产生一个特殊的"最佳投产规模"[4]。这就是在这个市场中，产品售价高于平均成本，平均成本又高于边际成本，垄断厂商可以获得经济利润；但是由于市场整体需求规模有限，不能无限制扩张产能，同时需要考虑与其他垄断厂商的竞争关系，因此需要不断进行产量的寡头博弈，寻找最佳的投产规模。

参考文献

［1］周子学. 中国集成电路产业投融资研究［M］. 北京：电子工业出版社，2015.

［2］何明燕. 中国大陆集成电路产业的国际竞争力研究［D］. 上海：上海师范大学，2008.

［3］Capital expenditures based on NAICS 3344（semiconductors and other electronic component manufacturing）from the U. S. Census Bureau［OL］.［2017-03-15］. http://www.census.gov/programs-surveys/aces.html.

［4］Platzer, M. D. & Harrison, G. J. The U. S. automotive industry：National and state trends in manufacturing employment［R］. Washington, DC：Congressional Research Service［OL］.［2017-03-15］. http://digitalcommons.ilr.cornell.edu/key_workplace/666, press release, June 27, 2016.

撰稿人：中芯国际集成电路制造有限公司　冯童　郑凯
审稿人：中芯国际集成电路制造有限公司　后羿

▷▷▷ 3.2.16 集成电路制造业的盈亏特点，積體電路製造業的盈虧特點，Profit and Loss Characteristics of IC Manufacturing Industry

集成电路制造业是集成电路产业中典型的重资产环节，具有投资见效慢、风险较大及非常明显的规模效应特点。企业在持续投入大量资金进行新技术研发以保持市场竞争力的同时，还需要承受产业周期波动带来的风险。综观整个集成电路制造业，由于前期高额的资产投入引起的高折旧，通常其盈亏特点为前期亏损压力大，在经历5~7年的高折旧及产能爬坡期后，其获利能力逐步提高。造成该盈亏特点的原因如下。

1. 产业投入高、回报期长、风险大

以生产线建设为例，建设月产能5万片300mm的65nm生产线投资额约为30亿美元，32nm/28nm生产线投资额甚至达50亿美元[1]；而且在前期庞大资金投入的同时，还需要较长的时间才能实现规模量产并产生效益。另外，企业还需要不断投入大量的研发人员和资金以提升自身技术水平，否则将因为技术落后而被逐渐挤出历史舞台。以上两种投资缺一不可，加剧了投资风险。

2. 固定资产（设备、厂建）的折旧额和摊销额比较大

集成电路圆片制造企业是典型的重资产型企业，其折旧（Depreciation）、摊销（Amortization）等资本支出占比较大。以集成电路制造企业中芯国际为例，参考 2016 年中芯国际财报，其年收入约为 29.14 亿美元，毛利（Gross Margin）约为 8.5 亿美元，销售成本为 20.64 亿美元（折旧及摊销额为 7.29 亿美元），也就是说，其成本的 35.32% 为折旧摊销项目。

与集成电路制造等重资产企业相比，轻资产型企业，如集成电路设计公司，其固定资产的折旧与摊销的影响非常微小。根据 2016 年博通公司财报，其年收入约为 132.4 亿美元，毛利约为 59.4 亿美元，销售成本为 52.95 亿美元，其中折旧及摊销额为 7.63 亿美元，约占其销售成本的 14.4%，远低于集成电路制造企业中芯国际的 35.32% 的折旧摊销成本。

集成电路制造企业的资本支出主要包括厂房和设备的支出。设备支出一般占资本支出的 80%，土地、厂房等支出约占 10%。

除此之外，产品的价格和销量波动性较大也有可能对圆片制造企业的盈亏状况造成影响。产品不保值，是电子产品的普遍特点。根据摩尔定律，集成电路先进技术产品约每两年更新换代一次，首先更新换代的新技术产品在具有较高利润空间的同时又对应着大量的市场需求，这样巨大的市场需求及相应的利润空间可使各厂商在行业上行周期内不断地扩大更先进产品的产能产量。然而伴随着突破该技术的集成电路企业的增加，该类产品的价格就会大幅下降，再考虑市场竞争因素，除行业技术最领先的公司前期获得较大利润外，其他集成电路企业获利空间极小。

参考文献

［1］周子学. 中国集成电路产业投融资研究［M］. 北京：电子工业出版社，2015.

撰稿人：中芯国际集成电路制造有限公司　　冯童　郑凯
审稿人：中芯国际集成电路制造有限公司　　后羿

▷▷▷ 3.2.17 集成电路代工企业的股权结构，積體電路代工企業的股權結構，Shareholder Structure of IC Foundry

集成电路代工企业（Foundry）在股权结构上有其特点，即其上下游企业不能对它实行控股。在所有的设计企业客户中，代工企业在知识产权方面要保持其绝对独立的地位。若当一个集成电路设计企业或有一个带有设计部门的集团产业资本进入代工企业时，客户就会对其独立性产生怀疑甚至会造成客户流失。

这也就使得代工企业的股东一般不能有一股独大构成控股地位的资本出现，尤其不能有设计企业或是带有设计部门的集团产业资本。当然，代工企业也不要去投资控股设计企业。为了保证设计企业的知识产权不受侵犯，代工企业的公司治理（股权设计）是有选择性的；否则，代工企业将失去在这一产业模式中独立性，从而失去市场（客户），必然导致无法生存。

除了对客户（设计企业）知识产权的保护，代工企业也十分重视境外设厂情形下的自我知识产权保护。目前国际上具有竞争力的集成电路公司纷纷在中国大陆采取独资方式投资经营，典型的企业包括三星、Intel。这主要是因为企业担心核心技术无偿流失，从而丧失竞争优势。

集成电路代工企业对知识产权的保护，从归属权上看可分为三个方面，即设计公司、代工企业和产业链合作者。客户和产业链合作者的知识产权更为重要。要保护好客户和产业链合作者的知识产权，就必须设计好自己的股权结构，保持自己的独立和中立地位。

撰稿人：中芯国际集成电路制造有限公司　周子学
审稿人：北京清芯华创投资管理有限公司　刘越

▷▷▷ 3.2.18 集成电路产业的统计类景气度指标，積體電路產業的統計類景氣度指標，Prosperity Indicators of Statistics for IC Industry

考察集成电路产业景气度时，通常采用三个统计类指标：B/B 比率、产能利用率和 WSTS 的预测。B/B 比率考察集成电路企业向上游采购情况，属于事前指标。产能利用率考察集成电路企业的设备利用率，属于事中指标。WSTS 预测考察集成电路企业向下游客户销售的营收，属于事后指标。三者之间彼此联动，形成了考察集成电路产业景气度的统计类指标体系。B/B 比率在 1.4.12 节有详细讲解。

产能利用率是指集成电路制造企业中生产设备的产能利用效率。由于设备采购成本在集成电路制造企业的总投资中占较大的比例，所以设备产能能否被充分利用，直接关系制造企业生产效益的高低。在微观上，产能利用率反映了制造企业中设备的繁忙程度；在宏观上，它间接反映了下游的需求动力是否充足。一般而言，产能利用率高于 90%，则说明下游芯片设计需求充足，行业处于景气周期，通常会促使制造企业新建生产线。

WSTS 收集统计其会员公司每个月的销售数据并进行整理和分析，同时对未来进行预测。由于 WSTS 的资料直接来自各个成员企业，所以 WSTS 定期性的统计和预测已经超出了间接指标的范畴，它更类似于一种大规模普查，具有相当的权威性，成为评判全球集成电路行业景气度的统计类指标之一。

撰稿人：北京清芯华创投资管理有限公司　祁耀亮　郑博精

审稿人：北京清芯华创投资管理有限公司　陈大同

▷▷▷ 3.2.19　集成电路产业的证券类景气度指标，積體電路產業的證券類景氣度指標，Prosperity Indicators of Securities for IC Industry

考察集成电路产业景气度时，通常参考以下两个证券类指标：SOX（费城半导体指数）和 TWSESCI（中国台湾地区半导体行业指数）。

1. SOX

费城半导体指数（PHLX Semiconductor Sector）是反映全球半导体业景气度的主要指标之一，是以股价为权重的期权指数，建立于 1993 年 12 月 1 日，1994 年 9 月 7 日起上市交易，期权指数代码为 SOX。截至 2016 年年底，费城半导体指数由包括英特尔、美光在内的 23 家半导体制造企业、设计企业、设备企业、分销企业的股价组成，具体包含的企业名录见表 3-8。

表 3-8　费城半导体指数企业名录

序号	证券代码	企业名称	中文名称
1	SWKS	Skyworks Solutions Inc.	思佳讯
2	AVGO	Broadcom Limited	博通
3	ON	On Semiconductor Corp	安森美
4	MXIM	Maxim Integrated Products Inc.	美信
5	MCHP	Microchip Technology Inc.	微芯
6	CREE	Cree Incorporated	科锐
7	TSM	Taiwan Semiconductor Manufacturing	台积电
8	LRCX	Lam Research Corp	泛林
9	TXN	Texas Instruments Inc.	德州仪器
10	MU	Micron Technology Inc.	美光
11	INTC	Intel Corp	英特尔
12	CAVM	Cavium Networks Inc.	—
13	TER	Teradyne Inc.	泰瑞达
14	ADI	Analog Devices Inc.	亚德诺

续表

序号	证券代码	企业名称	中文名称
15	KLAC	KLA-Tencor Corp	科天
16	AMAT	Applied Materials Inc.	应用材料
17	ASML	ASML Holdings	阿斯麦
18	LLTC	Linear Technology Corp	凌力尔特
19	XLNX	Xilinx Inc.	赛灵思
20	MRVL	Marvell Technology Group	美满
21	NXPI	NXP Semiconductors	恩智浦
22	NVDA	NVIDIA Corporation	英伟达
23	QCOM	Qualcomm Inc.	高通

注：Avago 以 370 亿美元收购博通后，新成立的母公司以博通为企业名称。

2. TWSESCI

中国台湾地区半导体行业指数（Taiwan Stock Exchange Semiconductor Index，TWSESCI）业内常称为台湾半导体行业指数。它是一个以股价变动为基准的行业数据指标，其性质类似于费城半导体指数，是反映在中国台湾地区上市的半导体类企业的股价和市值指标。该指标以 2007 年 6 月 29 日为基期，基期指数设定为 100，自 2007 年 7 月 1 日开始发布。

在中国台湾地区上市的集成电路巨头型企业包括台积电、联发科、日月光、联华、矽品等，所有台交所半导体类上市公司，其股价都被纳入中国台湾半导体行业指数的考察范围中。由于中国台湾拥有目前排名世界前列的集成电路产业实力，故中国台湾半导体行业指数也与费城半导体指数类似，是反映地区性乃至全球性集成电路景气度的重要参考指标之一。

撰稿人：北京清芯华创投资管理有限公司　祁耀亮　郑博精
审稿人：北京清芯华创投资管理有限公司　陈大同

3.3 企业财务经营实务与分析

3.3.1 三大财务报表与财务分析方法，三大財務報表與財務分析方法，Financial Statements and Analysis Methods

我们在日常观察、分析企业财务情况时，最主要的工具就是公司的财务报告，包括财务报表以及同时披露的相关信息（一般以附注形式呈现）。财务报表至少应当包括资产负债表（Balance Sheet）、利润表（Income Statement 或者 Profit and Loss Statement）和现金流量（Cash Flow）表这三大报表，简称"三表"。在一些规模较小的企业或者初创企业，报表结构较简单，有时可以不包括现金流量表。全面执行企业会计准则体系的企业所编制的财务报表，还应当包括所有者权益（股东权益）变动表（Statement of Stockholders Equity）。

1. 资产负债表

资产负债表是反映企业在某一特定日期财务状况的会计报表。企业编制资产负债表的目的是如实反映企业的资产、负债和所有者权益金额及其结构情况，帮助使用者评价企业资产的质量以及短期偿债能力、长期偿债能力和利润分配能力等[1]。对于集成电路企业，应特别关注其中的应收账款、存货、无形资产、商誉、应付账款、短期借款及长期借款等项目；另外，对于固定资产投入较大的集成电路制造企业及封装企业，还需特别关注固定资产、在建工程、长期待摊费用等项目。

2. 利润表

利润表是反映企业在一定会计期间的经营成果的会计报表。企业编制利润表的目的是如实反映企业实现的收入、发生的费用、应当计入当期利润的利得和损失以及其他综合收益等金额及其结构情况，从而有助于使用者分析评价企业的盈利能力及其构成与质量[1]。对于集成电路企业，最应关注利润表中的营业收入、营业成本、营业费用（销售费用、管理费用、财务费用、研发费用）、营业利润、净利润等，以及各项成本、支出、利润占营业收入的比率，即毛利率、营业利润率、净利率等。

研究和开发费用也是营业费用的一种，作为技术密集型产业，集成电路企业普遍在研发上投入巨大，研发支出直接体现集成电路企业在技术上的投入，一定程度反映了集成电路企业未来获得技术竞争优势的机会。根据我国财政部制定的《企业会计准则》：企业内部研究开发项目的支出，应当区分研究阶段支出与开发阶段支出；研究阶段的支出应当于发生时记入当期损益，即利润表；开发阶段的支出，满足一定条件时，可以确认为无形资产并进行资本化处理，通过无形资产摊销而不影响当期损益[2]。目前我国的企业会计准则对于研发费用的处理，借鉴了"国际财务报告准则"（International Financial Reporting Standards，IFRS）的处理方法；但是在"美国通用会计准则"（United States Generally Accepted Accounting Principles，US GAAP）下研发费用不予资本化，均须记入利润表的营业费用项下的研发支出项目。在进行各国集成电路企业研发费用及盈利能力比较时需注意这一会计准则的差异带来的影响。

3. 现金流量表

现金流量表是反映企业在一定会计期间的现金和现金等价物流入和流出的会计报表。企业编制现金流量表的目的是如实反映企业各项活动的现金流入、流出情况，并根据其用途划分为经营、投资及筹（融）资三个活动分类，从而有助于使用者评价企业的现金流和资金周转情况[1]。对于集成电路制造企业及封装企业，其固定资产折旧是不导致现金流出的成本费用，但按权责发生制和配比原则要求将这些资产的取得成本在使用它们的受益期间合理分摊计入成本，实际并不需要付出现金；同理，对于集成电路设计企业，EDA 工具及外购的 IP 一般作为无形资产并进行摊销，不导致现金流出。所以尽管集成电路企业可能由于巨大的折旧及摊销费用导致利润表中净利润为负，其实际正向现金流仍能保证公司持续正常运转。

实践中，对于财务报表的分析研究，主要采用财务比率法、比较法和因素分析法。财务比率法是以同一财务报表上若干重要项目的相关数据相互比较，求出比率，主要评估公司获利能力、偿债能力、成长能力、周转能力等方面。比较法可以与本公司历史比（纵向比较），可以与同类公司比（横向比较），也可以与预算比（预算差异分析）。因素分析法则是根据各个指标之间互相的驱动因素，从数量上分析各因素间互相影响的程度。另外需要特别关注财务报表的注释（或附录）部分，往往在其中披露了影响某具体指标的关键因素及事件，以及更多的公司运营细节，是研究公司财务情况时不可或缺的信息来源。

参考文献

[1] 中国注册会计师协会. 会计［M］. 北京：中国财政经济出版社，2012.

[2] 中华人民共和国财政部. 企业会计准则［M］. 北京：经济科学出版社，2017.

撰稿人：武岳峰资本　蔡颖
审稿人：武岳峰资本　潘建岳

3.3.2　资本支出，資本支出，Capital Expenditure（CAPEX）

资本支出（Capital Expenditure，CAPEX）是指企业用于购置或升级实物资产而产生的支出，是企业借以保持已有业绩同时开拓新业务而对设备、厂房、生产线等大宗资产进行购买与投资的支出项目。同时，该指标也反映出管理团队对未来市场的判断、对未来业务方向的把握。资本支出产生的收益会持续较长时间，所以该支出也不在一年内结算，需要被资本化后在多个会计年内以固定资产的折旧、无形资产的摊销等形式出现在财务报表中。主流上市集成电路公司2016年资本支出与营运现金流及净利润的比较见表3-9。

表3-9 主流上市集成电路公司2016年资本支出与营运现金流及净利润的比较　　　单位：亿美元

分类	公司	营运现金流	净利润	资本支出	财年截止时间
集成电路设计	高通（Qualcomm）	74.0	57.1	5.4	2016-09-25
	博通（Broadcom）	34.1	-17.4	7.2	2016-10-30
	英伟达（NVIDIA）	20.3	17.0	1.6	2017-01-29
	联发科（MTK）	10.0	7.3	2.1	2016-12-31
	超威（AMD）	0.9	-5.0	0.8	2016-12-31
整合器件制造	英特尔（Intel）	218.1	103.2	95	2016-12-31
	德州仪器（TI）	46.1	36.0	5.3	2016-12-31
	美光（Micron）	31.7	50.9	57.6	2016-09-01
集成电路代工	台积电（TSMC）	166.6	102.4	102.5	2016-12-31
	中芯国际（SMIC）	9.8	3.8	26	2016-12-31
	联电（UMC）	14.3	2.7	25	2016-12-31
集成电路封测	矽品（SPIL）	6.4	3.0	4.7	2016-12-31
	日月光（ASE）	16.1	6.6	8.2	2016-12-31
	长电科技（Changdian）	3.8	0.15	6.9	2016-12-31
集成电路设备	泛林（Lam）	20.3	17.0	1.6	2017-06-25
	阿斯麦（ASML）	21.8	16.4	3.3	2016-12-31
	应用材料（AMT）	24.7	17.2	2.5	2016-10-30

注：折算汇率采用财年截止之日的汇率。

数据来源：表中所列各公司的2016财年报告和IC Insights。

从整体来看，集成电路企业自身资产的轻重比例决定了其资本支出的基本态势。

对于集成电路设计类企业，自身固定资产的占比较低，正常运行所需资本投入也较小，其资本支出集中在工具、仿真实验等设计相关的领域。例如，高通2016年的营运现金流为74亿美元，净利润为57.1亿美元，其资本支出为5.4亿美元，占总营运现金流的7.3%，占净利润的9.5%。对于集成电路生产制造类的企业，工厂设施、生产设备是占比很大的固定资产；不但建设初期需要投入大量的初始资金形成固定资产支出，建设完成后还要在不同的时间节点考虑扩充及升级产能，构成巨大的后续投入；另外，在设备的维护、修理与更新以及相应配套设施、工序、人员等方面都会形成大笔支出。以台积电为例，2016年营运现金流为167亿美元，资本支出达到了102.5亿美元，略微高于全年净利润。

从短期来看，资本支出反映企业对其业务发展的规划。除去保持现有业务正常的运营所必需的设备更替、生产线迭代，企业在开发新产品方面的投入，是其对未来业务的展望与部署。通常来看，新兴成长型企业的资本支出大于净利润；而已成熟但进入战略成长期的企业，也会有较高的资本支出，如台积电、中芯国际等。

此外，资本支出的变化能反映整个行业的景气情况，粗略地估计行业未来的衰减或复苏。Gartner认为从资本支出的角度看，半导体行业景气将保持到2019年，预计在2020年会有所回落，见表3-10。

表3-10 2016—2020年全球半导体资本支出情况　　单位：亿美元

项　　目	2016年	2017年（预计）	2018年（预计）	2019年（预计）	2020年（预计）
全球半导体资本支出	679.9	699.4	736.1	783.6	758.0
圆片级生产设备支出	358.6	380.1	384.9	417.8	398.3
圆片工厂设备支出	340.3	359.8	362.4	392.7	372.5
圆片级封装组装设备支出	18.3	20.3	22.5	25.1	25.7

数据来源：Gartner。

目前中国集成电路行业处于快速增长期，集成电路制造企业及封测企业资本支出增长明显，见表3-11。

表3-11 2012—2016年中国主要集成电路制造及封测企业资本支出

单位：亿元

公　　司	2012年	2013年	2014年	2015年	2016年
中芯国际	25.0	39.3	40.5	97.18	180.36
华虹半导体	3.2	1.9	4.7	11.8	11.7
长电科技	10.5	11.2	11.9	23.6	47.7
通富微电	2.9	1.2	6.6	12.5	15.6
华天科技	2.8	5.3	6.0	9.0	14.8

注：折算汇率采用财年汇率。

数据来源：表中所列各公司的2012—2016年公开报告和IC Insights。

撰稿人：武岳峰资本　薛喻文
审稿人：武岳峰资本　潘建岳

▷▷▷ 3.3.3 出货量，出货量，Shipment

出货量（或销量）是指一个企业销售给直接客户及代理商（或中间商）的产品数量。考虑库存的因素，出货量可能大于或小于产品的产量。

从全球宏观角度而言,全球半导体产品出货量反映了整个产业在产品数量上的发展趋势。据 IC Insights 统计,2016 年全球半导体出货量约为 8867 亿块,预计 2017 年达到 9368 亿块,预计 2018 年将达到历史性的 1.019 万亿块,如图 3-15 所示。这个出货量包含所有的半导体产品,即集成电路芯片、功率器件、光电器件、传感器和分立器件。根据该统计数据计算,1978—2016 年,全球半导体出货量的年复合增长率达到 9%,如此长时间的快速增长来自半导体产业自身的技术发展和全球经济需求相互作用形成的良性循环。

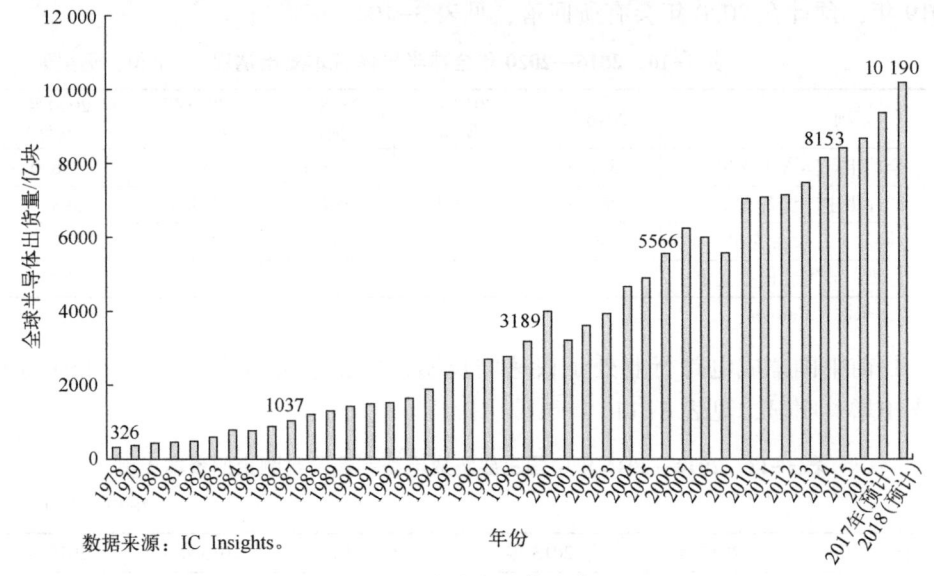

数据来源:IC Insights。

图 3-15 全球半导体出货量

对于集成电路设计企业、IDM 及封测企业而言,其产品形态是已经切割封装完成的芯片,出货量以芯片的"块"(或"颗""个")计算。一般集成电路设计企业芯片产品出货量的数量级达到百万块,所以业内经常以 KK(百万块)作为芯片出货量的单位。兆易创新公司 2016 年产品产销量情况分析见表 3-12。

表 3-12 兆易创新公司 2016 年产品产销量情况分析 单位:百万块

主要产品	生产量	出货量	库存量
存储芯片	1710.7	1686.5	88.2
微控制器	53.6	45.8	8.1

数据来源:北京兆易创新科技股份有限公司 2016 年年底报告。

对于集成电路代工企业及提供圆片级封装(Wafer Level Package,WLP)的封测企业而言,其出货量以圆片的片数计算,单位为"片"。圆片有不同尺寸之分,该数字表示的是圆片直径,一般统计上会按实际圆片面积比例折算到某一个圆片尺寸。目前最常用的是折算到 200mm 圆片。

以台积电为例,其 2013 年起在年报中公布的年度出货量的单位是折算到 300mm 等值圆片的片数(见表 3-13),在 2013 年以前公布的是折算到 200mm 等值圆片的片数。这一改变反映了台积电主要生产平台从 200mm 过渡到 300mm 的过程。

单个产品的出货量结合该产品的营业收入,能计算出该产品的平均售价(Average Selling Price,ASP),也可以对某一公司计算其 ASP。表 3-13 中列出了台积电 2013—2016 年的 ASP,台积电在总出货量及圆片销售收入持续增长的情况下,也保持了圆片 ASP 的持续增长。这反映出台积电先进工艺制程圆片比例上升带来的 ASP 的提升。横向及纵向的 ASP 比较,是分析集成电路产品整体市场趋势以及企业产品市场地位的重要参考数据。

表 3-13 台积电 2013—2016 年出货量及 ASP

年 度	2013	2014	2015	2016
总出货量/千片（折算到 300mm 圆片数）	6963	8263	8763	9606
圆片销售收入/亿新台币	5607	7237	8029	9092
圆片 ASP/新台币	80 528	87 589	91 628	94 647

数据来源：台积电 2013—2016 年公开年度报告。

撰稿人：武岳峰资本　蔡颖
审稿人：武岳峰资本　潘建岳

▷▷▷ 3.3.4　市场份额，市场份额，Market Share

市场份额是指特定实体占据行业或市场总销售额（或销售量）的百分比。该指标用于描述特定实体在一定时期内对于市场的控制能力。

从全球宏观角度来看，集成电路市场份额可以按不同地区来区分，以观察不同地区的产业实力。以集成电路设计业为例，2016 年全球集成电路设计业销售规模为 904 亿美元；其中总部位于美国的设计企业的市场份额为 53%，中国台湾地区设计企业的市场份额为 18%。在全球集成电路设计业中，市场份额增长最快的是中国大陆，2016 年增长至 10%。2016 年与 2010 年不同国家/地区集成电路设计业的市场份额见表 3-14。其中，欧洲在全球集成电路设计业市场份额下降，主要原因是 2015 年欧洲第二大集成电路设计公司英国的 CSR 被高通收购，欧洲第三大集成电路设计公司德国的 Lantiq 在 2015 年被 Intel 合并。在其他地区的集成电路设计企业中，总部位于新加坡的博通（原名 Avago）通过不断的并购成为全球第二大集成电路设计企业,所以其所属的"其他地区"的市场份额增长明显。

表3-14 2010年与2016年不同国家/地区集成电路设计业的市场份额

国家/地区	2016年	2010年
美国	53%	69%
中国台湾地区	18%	17%
中国大陆	10%	5%
欧洲	1%	4%
日本	<1%	1%
其他地区	17%	4%

数据来源:IC Insights。

从企业角度看,市场份额是其产品在市场同类产品中所占的比重,但对于同类产品的定义会影响市场份额的绝对数字。例如,Intel的CPU,若同类产品定义为集成电路产品,则Intel的CPU占全球集成电路产品的市场份额很小;如果定义同类产品为个人计算机CPU,则Intel公司的产品市场份额长期超过80%。

通常人们对集成电路企业进行的市场份额分析是基于其所处的具体的细分市场。2016年全球MCU市场份额前8名的企业见表3-15。MCU是微控制器(Microcontroller Unit)的简称,随着物联网领域应用对MCU需求的不断增长,该市场中的企业纷纷通过并购来提高市场份额。2016年全球市场份额最大的MCU供应商是收购了飞思卡尔的恩智浦,而微芯科技(Microchip)通过收购爱特梅尔(Atmel),赛普拉斯半导体(Cypress)通过收购飞索半导体(Spansion),也扩大了在MCU市场的份额。

表3-15 2016年全球MCU市场份额前8名的企业

2016年排名	公司	2016年销售额/亿美元	2016年市场份额
1	恩智浦(NXP)	29.1	19%
2	瑞萨(Renasas)	24.6	16%
3	微芯科技(MicroChip)	20.3	14%
4	三星(Samsung)	18.7	12%
5	意法半导体(STM)	15.7	10%
6	英飞凌(Infineon)	11.1	7%
7	德州仪器(TI)	8.4	6%
8	赛普拉斯半导体(Cypress)	6.2	4%

数据来源:IC Insights。

对于企业而言，市场份额体现了企业的竞争力，增加市场份额往往是企业经营活动最重要的目标之一。随着整个行业的增长，与总市场以相同速度增长的企业保持其市场份额，而市场份额增加则需要企业拥有比总市场更快的增长速度。由上述 MCU 市场的例子可以看到，企业除了通过以超越行业增长的速度来提高自身产品销售额（销售量），也可以通过并购同类企业来提高市场份额，以达到对市场更强的控制力。

我国集成电路产业市场份额的快速增长，是由需求驱动的。我国是全球最大的集成电路消费市场，市场在何处，产业就必然在何处。随着电子信息产品的消费市场整体向亚太地区转移，越来越多的集成电路产业链环节也开始在中国、韩国、印度发展起来。例如，中国近年来成为世界上智能手机购买量最大的国家，而华为海思的手机芯片也同时占据了越来越多的市场份额；除去华为本身对产品研发设计的投入因素，靠近供应链、满足当地政策要求的优势也促进了其市场份额的攀升。与此同时，海外大型传统集成电路制造企业也逐渐向亚太地区展开新的布局，以谋求进一步贴近市场。三星在西安高新区投资 70 亿美元兴建存储芯片项目、格芯在成都投资 100 亿美元兴建 300mm 圆片厂，以及海力士从 2005 年开始在无锡持续投资建厂就是典型案例。

撰稿人：武岳峰资本　薛喻文
审稿人：武岳峰资本　潘建岳

▷▷▷ 3.3.5　产品结构，產品結構，Product Category

根据 WSTS 的统计方法，半导体产品结构按器件种类可分为集成电路、光电器件、传感器、分立器件，其中集成电路又可以分为模拟集成电路、数字集成电路，数字集成电路又分为存储器、处理器及逻辑产品，各个种类都可以向下继续进行细分。WSTS 对全球半导体产品结构及其 2016 年市场规模的总结如图 3-16 所示。

对于集成电路设计企业及 IDM 企业来说，其产品结构一般是指某几种细分的芯片类别。兆易创新公司将其产品主要分为两类：存储芯片和微控制器（参见表 3-12）。在集成电路产业有专注于某一领域的企业，如 Intel 专注于 CPU，三星、SK 海力士、美光专注于存储器；也有产品结构广泛、涵盖多个不同领域的企业，如意法半导体，在传感器、模拟集成电路、功率器件、MCU、NFC 等多个领域都具有较强实力。分析集成电路企业的市场竞争力，不仅应关注其主要产品线在相应细分市场领域里的市场份额、技术能力及未来产品路线规划，也需要关注不同产品线间的协同效应。

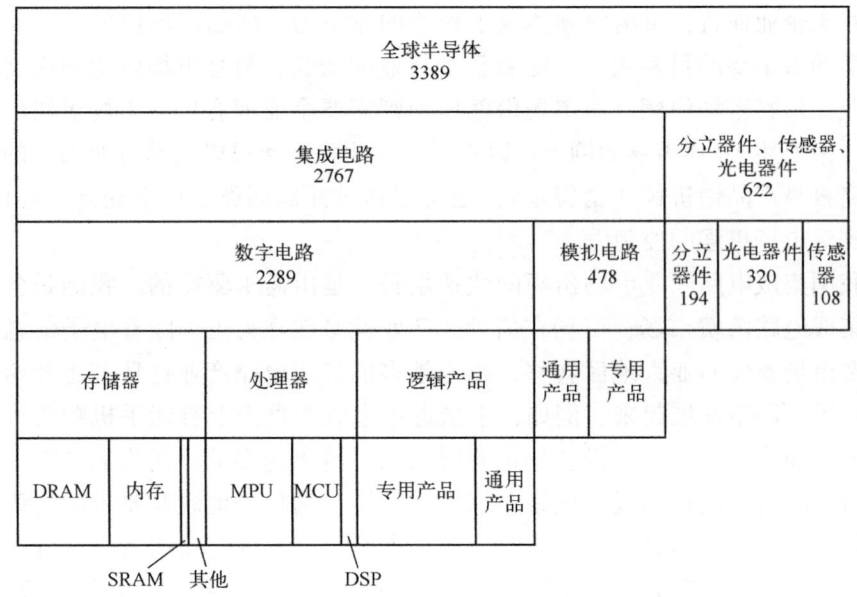

图 3-16 全球半导体产品结构及其 2016 年市场规模（单位：亿美元）

对于集成电路制造代工企业来说，其产品结构往往不按细分的芯片种类划分，而是采用工艺类型及工艺节点来进行产品结构的划分。对于主流代工企业来说，广泛的工艺类型和先进的工艺节点是其能否获取客户的关键。按工艺节点划分的中芯国际产品结构如图 3-17 所示，2016 年与 2010 年相比增加了 40nm/45nm 及 28nm 产品，而且 65nm 及更先进工艺产品的比例从 5% 上升至 45%。也有一些特殊工艺的代工企业，专注于主流代工厂较少涉足的特殊工艺领域，尽管其规模较小，但发展较为稳定，例如以砷化镓工艺代工为主业的中国台湾地区的稳懋半导体股份有限公司已保持盈利超过十年。

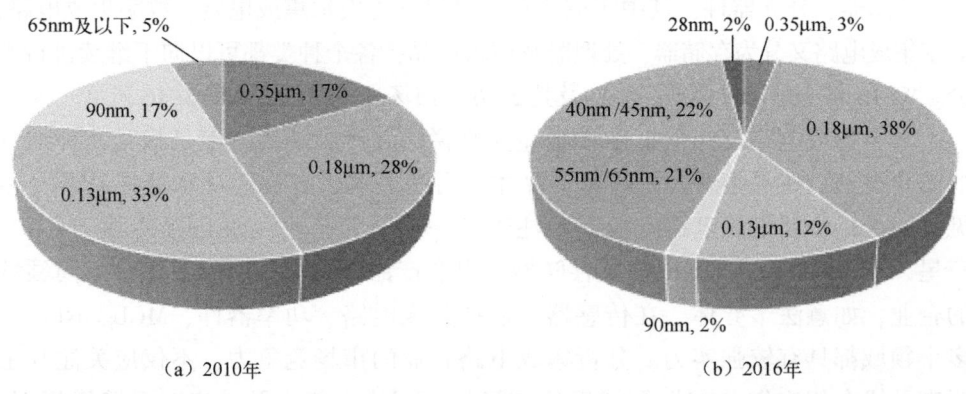

(a) 2010 年　　　　　　　　(b) 2016 年

数据来源：中芯国际 2010 年与 2016 年公开财务报告。

图 3-17 按工艺节点划分的中芯国际产品结构（2010 年及 2016 年）

对于集成电路封测企业来说，其产品结构主要按其可提供的封装类型来划分。集成电路封测代工企业可以提供的封装类型种类及能力，是其能否获取客户的关键。按封装类型划分的矽品精密工业股份有限公司（简称矽品）的产品结构如图 3-18 所示，在 2016 年第四季度矽品将其产品分为基于基板（Substrate Based）的封装、基于引线框架（Lead Frame Based）的封装、凸块及倒装芯片（Bumping & Flip Chip）封装和测试业务等大类；与 2010 年第四季度相比，凸块及倒装芯片封装比例的大幅上升是其满足客户需求及顺应封装技术发展趋势的结果。

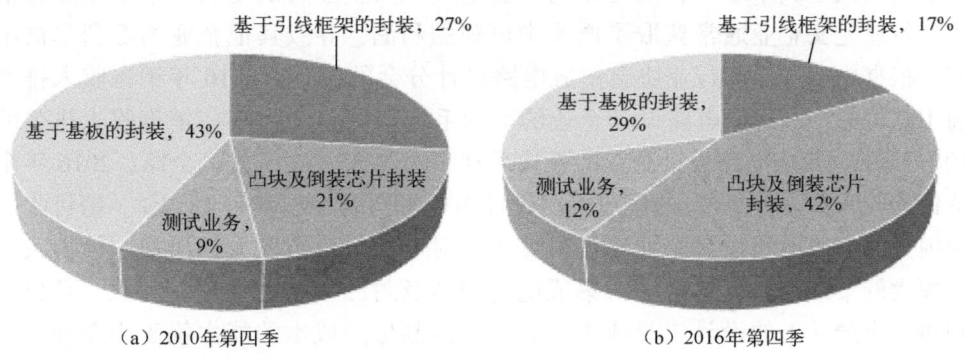

(a) 2010 年第四季　　　　　　(b) 2016 年第四季

数据来源：矽品公司 2010 年与 2016 年公开财务报告。

图 3-18　按封装类型划分的矽品公司产品结构（2010 第四季及 2016 年第四季）

撰稿人：武岳峰资本　蔡颖
审稿人：武岳峰资本　潘建岳

▷▷▷ 3.3.6　毛利率，毛利率，Gross Margin Rate

毛利率是毛利占营业收入（或销售收入）的百分比。

$$\text{毛利率} = \frac{\text{毛利}}{\text{营业收入}} \times 100\%$$

$$= \frac{\text{营业收入} - \text{营业成本}}{\text{营业收入}} \times 100\%$$

在集成电路产业中，毛利率是反映一个集成电路企业初始获利能力的重要财务指标，是集成电路企业净利润的起点，保持一定的毛利率对集成电路企业实现净利润相当重要。集成电路企业提高毛利率有两个途径：第一，通过提高产品竞争力来提高 ASP，比如提高产品性能、集成新功能等；第二，降低产品的直接成本，比如通过扩大生产规模来降低平均到每一个产品的固定成本，或者也可以通过降低原材料采购成本及优化供应链来降低可变成本。

毛利率水平与企业所处的行业高度相关。在集成电路产业链的不同环节，毛利率水平也各不相同。从本质上来说，毛利率反映的是商品经过生产转换后增值的那一部分，也就是说哪个行业和环节增值越多毛利率就越高。平均来说，集成电路设计企业的毛利率>集成电路制造企业的毛利率>集成电路封测企业的毛利率；另外，集成电路设备和材料行业门槛高、集中度高，毛利率也较高。

全球主要的集成电路企业2016财年毛利率见表3-16。尽管企业所处产业链环节影响其毛利率水平，但是相同产业链环节内企业间的毛利率水平差异也很大。行业龙头企业通常获取了产业中可观的利润，导致其他企业的毛利率被压缩。根据中国半导体行业协会集成电路设计分会的统计，2016年销售收入排名前100位的中国集成电路设计企业的平均毛利率约为30.6%，销售收入排名前10位的中国集成电路设计企业的平均毛利率约为35.0%。放眼全球，2016年全球销售收入排名前10位的集成电路设计企业平均的毛利率为48.2%。销售收入规模大的集成电路设计企业市场份额大，对产品定价有较大话语权；销售收入规模大的集成电路设计企业对集成电路制造及封测的采购议价能力强，且分摊到每一个产品上的设计工具成本少，故其控制生产成本的能力优于小企业。销售收入规模大的龙头企业毛利率较高。

表3-16 全球主要的集成电路企业2016财年毛利率

分 类	公 司	年度毛利率	财年截止时间
集成电路设计	高通（Qualcomm）	60.5%	2016-09-25
	博通（Broadcom）	60.0%	2016-10-30
	英伟达（NVIDIA）	58.9%	2017-01-29
	联发科（MTK）	35.6%	2016-12-31
	超威（AMD）	23.4%	2016-12-31
整合器件制造	英特尔（Intel）	61.6%	2016-12-31
	德州仪器（TI）	61.6%	2016-12-31
	美光（Micron）	20.2%	2016-09-01
集成电路代工	台积电（TSMC）	50.4%	2016-12-31
	中芯国际（SMIC）	29.2%	2016-12-31
	联电（UMC）	18.8%	2016-12-31
集成电路封测	矽品（SPIL）	22.7%	2016-12-31
	日月光（ASE）	19.4%	2016-12-31
	长电科技（Changdian）	11.6%	2016-12-31
集成电路设备	泛林（Lam）	45.0%	2017-06-25
	阿斯麦（ASML）	42.6%	2016-12-31
	应用材料（AMT）	41.7%	2016-10-30

数据来源：表中所列公司的2016财年公开财务报告。

对于一家集成电路企业的毛利率分析可以分部门、分产品、分客户群、分销售区域等进行，根据分析的目的以及可取得的资料而定；还可以横向与同行业公司进行比较，或纵向研究毛利率的历史变化情况。另外，单纯的高毛利率并不足以支撑一家集成电路企业的持续发展，还需结合公司的出货量、销售额、产品规划、研发能力等因素综合考虑。

撰稿人：武岳峰资本　蔡颖
审稿人：武岳峰资本　严衍伦

▷▷▷ 3.3.7　折旧，折舊，Depreciation

折旧是会计学中一种在有形资产运行的有效期内重新分配其成本的方法。企业在计算经营活动的净利润时，必须正确地量化经营活动所消耗的成本与产生的费用。折旧的方法通常分为两大类：直线折旧法（Straight-Line Depreciation），即每个会计期间计提（认列）相同金额的折旧费用；加速折旧法（Accelerated Depreciation），即在使用初期计提（认列）较高的折旧费用。

企业通常根据自身发展的需要对不同类别资产选取合理的折旧年限，综合以后产生最终的折旧费用。以集成电路制造企业台湾积体电路制造有限公司2016年年报所公布的数字为例，台积电采用直线折旧法。其中，地面设施按照20年折旧，建筑物按照5~20年折旧，机器和设备按照2~5年折旧，办公设备按照3~15年折旧，租用的固定资产按照20年折旧。

集成电路圆片制造业是风险较大且具有非常明显规模效应的产业，根据全球集成电路产业过去几十年的发展经验，前几名的企业往往占据细分领域绝大部分市场份额，呈现"大者恒大"的寡头发展格局，所以集成电路圆片制造企业必须扩张到一定规模才能具有经济效益。而且，集成电路圆片制造业也是技术不断迭代更新的产业，不同技术节点之间的设备不能通用。为了在竞争中取得优势，企业常常需要更新工艺，购买新的关键设备。企业每新建设一个工厂，所需投资金额可达上百亿美元；按照5~10年折旧，那么平均每秒就要折旧25~50美元（且不管有无产出）。折旧结束后即使设备能够使用，市场需求却可能已经发生变化；如果新的工艺节点成为主流，则需要提前考虑出售、更替旧设备。

对于新建的集成电路圆片制造企业，在设立之初的几年，大规模的初始投资带来的折旧压力很大，而此时营业收入尚在逐渐提升的过程，所以折旧占营业收入的比重很大，可能造成企业几年净亏损。随着集成电路圆片制造企业产能释放及打开市场，两者形成正循环，则企业营业收入的攀升会使折旧占营业收入的比重有所下降，但是此时的折旧占营业收入的比重则与该企业的后续投资有直接的关系。以中芯国际为例，如图 3-19 所示。折旧占营业收入的比重在其设立之初相当高，2003—2009 年保持在 46%~72%；而在近 4 年（2013—2016 年），随着中芯国际营业收入的不断攀升，主要设备也过了折旧期，其折旧占营业收入的比重相对稳定在 21%~26%，公司保持连续盈利。

数据来源：中芯国际 2002—2016 年公开年度报告。

图 3-19 中芯国际折旧率变化趋势

有一些集成电路圆片制造企业在扩张到一定程度后，几乎不再进行产能及技术投资，则在其所有的折旧完成后，成本中的折旧部分变为零或者很小的数字，此时该企业的利润水平会有所提高。但是从长期来看，不再进行资本支出使得企业的产能及技术原地踏步，企业竞争力逐渐下降，最终会导致利润下降甚至亏损。

对于无形资产，其成本需要系统地摊销到其使用年限中的每个会计期间。摊销应自无形资产可利用之日开始，年限不超过 20 年。摊销的方法应该反映企业消耗无形资产的经济利益的方式；如果该方式无法可靠地确定，则使用直线法。每期的摊销应确认为费用，除非其他的国际会计准则允许或要求其计入其他资产的账面金额。

撰稿人：武岳峰资本　薛喻文
审稿人：武岳峰资本　严衍伦

▷▷▷ 3.3.8　税息折旧及摊销前利润，税息折舊及攤銷前利潤，EBITDA

在讨论税息折旧及摊销前利润（Earnings Before Interest, Taxes, Depreciation and Amortization, EBITDA）之前，需要先解释相关指标"息税前利润"（Earnings Before Interest and Tax, EBIT）。一般而言，息税前利润就是企业的营业利润，反映了企业主营业务的经营成果。由于不扣除利息支出，所以该成果不会受到企业资本结构中有多少负债的影响,也不会受所得税的影响。EBIT由主营业务收入减去主营业务成本及营业费用得到,会计上会把与产品生产制造直接相关的折旧摊销计入主营业务成本。

税息折旧及摊销前利润即未计利息、税项、折旧及摊销前的利润,是在EBIT的基础上加上折旧摊销。

EBIT及EBITDA的计算公式如下:

$$\text{EBIT} = (主营业务收入 - 主营业务成本) - 营业费用$$
$$= 净利润 + 所得税 + 利息费用$$
$$\text{EBITDA} = 息税前利润 + 折旧费用 + 摊销费用$$
$$= 净利润 + 所得税 + 利息费用 + 折旧费用 + 摊销费用$$

EBIT的计算相比净利润剔除了所得税和利息以及非主营业务利润,方便分析和比较在不同所得税率情况下、不同资本结构下,同一类型企业的主营业务的盈利能力;而企业对其自身主营业务盈利能力进行纵向分析时,EBIT也较净利润更具可比性。

EBITDA在EBIT的基础上进一步剔除折旧及摊销,因为折旧和摊销都是包含在以前会计期间取得固定资产或无形资产时支付的成本,而不是当期的现金支出,这就避免了不同企业间不同的折旧政策差异以及折旧反常等现象对企业真正的运营绩效的影响。需要注意的是,并不能简单地将EBITDA与经营现金流对等。由于EBITDA没有考虑存货和往来款项的变化等因素对现金流量的影响,也没有剔除资产减值损失以及投资收益等项目,因此EBITDA与经营活动现金流量净额之间存在一定的差异,但是可以将EBITDA作为公司经营活动现金流量净额的一个不够精确的替代指标。

EBIT是衡量企业主营业务的盈利能力的指标,而EBITDA则是衡量企业主营业务产生现金流的能力的指标。EBIT和EBITDA是企业经营、并购与重组以及二级市场都比较重视的指标,通过在计算利润时剔除一些因素,可使利润的计算口径一致,方便分析比较。

由于集成电路产业是资本密集的高技术产业,资本投入制造产能的建设带来的折旧,或者投入IP、EDA工具等方面带来的无形资产摊销,影响不同阶段集成电路企业的利润表结果,采用EBITDA可以更加客观地衡量一段时期内的管理绩效。例如,比较初创期集成电路企业和折旧摊销完成的成熟企业,其EBIT或净利润水平可能相差非常大,无法判断差异来自运营管理还是来自折旧摊销,此时通过比较EBITDA可反映两个企业的差异及真正的运营绩效。

EBITDA是并购方对收购标的运营评估及估值的重要参数,并购方会使用其所适用的税率计算方法以及新的资本结构来计算收购企业的财务情况;即将折旧摊销排除在外，而用并购方对收购公司的未来资本开支的估算值代替。

随着越来越多的集成电路产业投资和并购的发生，投资者需要理解投资标的所处产业环节的特性，建立财务模型，合理估计盈利能力是做出投资决策的关键依据。以集成电路制造业这一需要长期、高强度资本投入的行业为例，在企业设立之初由于大规模初始投资带来的折旧及摊销，极有可能造成EBIT及净利润为负，此时企业运营需要守住的红线是经营活动现金流不能为负，而EBITDA则是这一方面直观的观察指标。但在密集投资期之后，集成电路制造企业的净利润仍是企业运营的关键指标，以回报公司股东的长期投资。

全球主要的集成电路企业2016年度财报EBIT及EBTTDA见表3-17。

表3-17 全球主要的集成电路企业2016年度财报EBIT及EBITDA

分类	公司	EBIT/亿美元	EBIT占营业收入比例	EBITDA/亿美元	EBITDA占营业收入比例	财年截止日期
集成电路设计	高通（Qualcomm）	68.1	29%	82.4	35%	2016-09-25
	博通（Broadcom）	19.7	15%	50.1	38%	2016-10-30
	英伟达（NVIDIA）	19.5	28%	21.3	31%	2017-01-29
	联发科（MTK）	7.1	8%	9.1	11%	2016-12-31
	超威（AMD）	-3.8	-9%	-2.5	-6%	2016-12-31
整合器件制造	英特尔（Intel）	150.8	25%	228.7	39%	2016-12-31
	德州仪器（TI）	47.8	36%	57.0	43%	2016-12-31
	美光（Micron）	2.3	2%	32.1	26%	2016-09-01
集成电路代工	台积电（TSMC）	117.4	40%	185.9	64%	2016-12-31
	中芯国际（SMIC）	3.5	12%	10.8	37%	2016-12-31
	联电（UMC）	1.2	3%	17.2	38%	2016-12-31
集成电路封测	矽品（SPIL）	3.3	13%	7.4	28%	2016-12-31
	日月光（ASE）	8.3	10%	17.3	20%	2016-12-31
	长电科技（Changdian）	0.5	2%	4.4	16%	2016-12-31
集成电路设备	泛林（Lam）	19.1	24%	22.2	28%	2017-06-25
	阿斯麦（ASML）	20.2	28%	23.5	33%	2016-12-31
	应用材料（AMT）	21.5	20%	25.4	23%	2016-10-30

注：折算汇率采用财年截止之日的汇率。

数据来源：各公司2016年的公开财务报告。

撰稿人：武岳峰资本 蔡颖
审稿人：武岳峰资本 严衍伦

▷▷▷ **3.3.9 其他报表财务指标，其他報表財務指標，Other Financial Indexes**

1. 营业费用

营业费用（Operating Expenses，OPEX）也称为运营支出，是企业进行正常业务运营所产生的费用，是持续性、消耗性的支出，通常简称OPEX。与之对照的是资本支出（Captial Expenditure，CAPEX）。例如：购买影印机的支出属于资本支出（CAPEX），而纸张、墨水、电力、维修等费用则属于营业费用（OPEX）。

营业费用通常由两部分组成：研发费用（Research and Development Expenses，R&D Expenses）与销售及一般管理费用（Selling, General and Administrative Expenses，SG&A）。企业要在竞争激烈的集成电路产业赢得一席之地，一种方法是靠低价抢占市场，另一种是依靠领先的技术获得竞争优势，企业的研发费用直观地反映了其在技术研发上的投入。表3-18中列出了2016年全球半导体企业研发费用支出排名前列的企业，与其他行业相比，集成电路企业的研发费用不论是绝对数字还是占销售额的比例，均十分可观。

表3-18 2016年全球半导体企业研发费用排名

2016年排名	公司	研发费用/百万美元	研发费用/销售	2015—2016年研发费用增长率
1	英特尔（Intel）	12740	22.4%	5%
2	高通（Qualcomm）	5109	33.1%	-7%
3	博通（Broadcom）	3188	20.5%	-4%
4	三星（Samsung）	2881	6.5%	11%
5	东芝（Toshiba）	2777	27.6%	-5%
6	台积电（TSMC）	2215	7.5%	7%
7	联发科（MTK）	1730	20.2%	3%
8	美光（Micron）	1681	11.1%	5%
9	恩智浦（NXP）	1560	16.4%	-6%
10	SK海力士（SK Hynix）	1514	10.2%	9%
	前10位总和	35395		
11	英伟达（NVIDIA）	1463	22.0%	10%
12	德州仪器（TI）	1370	11.0%	7%
13	意法半导体（STM）	1336	19.3%	-6%

数据来源：IC Insights。

SG&A 代表了公司主要的非生产费用总和。其中，销售费用包含所有直接、间接销售花费，包括员工工资、广告费用、租金支出等；综合费用包括公司综合运营过程中产生的费用；管理费用包含执行管理层的工资以及相关税费等。

2. 净资产

净资产（Net Asset）是指企业的资产总额减去负债以后的净值，由两部分组成：一部分是企业建立之初所投入的资本；另一部分是在经营过程中创造的资产。净资产也就是所有者权益，代表企业所有者在企业中的财产价值，包括实收资本、公积金（盈余公积金、资本公积金）、未分配利润等。

3. 净资产收益率

净资产收益率（Rate of Return on Common Stockholders' Equity，ROE）也是在进行企业并购及企业估值时常用的指标。净资产收益率是企业税后净利润与净资产的比值，反映股权的收益，用以衡量企业自有资本的盈利能力，体现资金的使用效率。

4. 扣非净利润

扣非净利润（Net Profit Excluding Unusal Items）指在净利润的基础上扣除非经常性损益后得到的利润值。由于非经常性损益不反映集成电路企业的主营业务盈利能力，因此有剔除这一部分损益的做法。常见的非经常性损益包括出售资产、诉讼产生的损益等。

$$\text{扣非净利润} = \text{净利润} - \text{非经常性收益（损失）}$$

非经常性损益没有周期性，很难预测。如果金额较大，会对企业自身运营分析造成干扰。例如，一些初创型的集成电路设计企业存在偶发的出售专利知识产权行为，获取的收益金额与其自身业务相比也相当可观，这时则需要剔除这一部分收益后再对其进行评估。

5. GAAP 指标与 Non GAAP 指标

通用会计准则（General Accepted Accounting Practice，GAAP）通常指美国通用会计准则，是一套由美国证券交易委员会承认的，对公司进行账目核算的会计报告的公允规范。集成电路企业财务分析需要考虑这一因素是因为要经常性地进行国际比较。GAAP 指标（GAAP Earnings）是指符合通用会计准则的指标，是通常在标准财务报表里见到的项目，包括营业额、净利润等。但在实际运营中存在一次性、非常规的支出、税率的变化等因素会导致标准的财务指标不能反映公司整体盈利能力，所以很多公司与财务金融机构会使用 Non GAAP（Non GAAP Earnings）指标来进行调整，以便更准确地反映公司真实的运营情况。常见的 Non GAAP 指标有息税折旧摊销前利润（EBITDA）、自由现金流（Free Cash Flow，FCF）等。通常单项指标的意义不明显，但是将多个指标联合起来,将集成电路企业放在整个行业中进行横向的国际比较,则会得到更准确的判断。

撰稿人:武岳峰资本 薛喻文
审稿人:武岳峰资本 严衍伦

▷▷▷ 3.3.10 市盈率,市盈率,Price-to-Earnings Ratio (PER, P/E)

市盈率(Price-to-Earnings Ratio, PER 或 P/E)是公司市值与净利润的比值,也是股价与每股收益的比值。

市盈率=股价÷每股收益

市盈率是分析股票和公司估值的最基础的指标之一,其反映的是市场对公司风险和增长的综合预估。一般来说市盈率数值越低,股票越具有投资价值,但是所谓高与低本身是一个相对的概念,在实际操作中要根据长期经验的积累和与市场上其他实体相比较来确定。

即时的市盈率波动较大,反映的是当时市场情况。一段时间的平均值则更能全面地反映公司的市场预期,如2015年以来高通在美股市场上的年平均市盈率从15倍上升到近20倍,与其业务的强劲增长相符合。部分大型上市集成电路企业的市盈率见表3-19。

表3-19 部分大型上市集成电路企业的市盈率

公司	交易所	市盈率
阿斯麦(ASML)	阿姆斯特丹泛欧交易所	33.3
中芯国际(SMIC)	港交所	22.9
英伟达(NVIDIA)	纳斯达克	54.6
美光(Micron)	纳斯达克	51.0
德州仪器(TI)	纳斯达克	23.2
泛林(Lam)	纳斯达克	21.0
应用材料(AMT)	纳斯达克	21.0
高通(Qualcomm)	纳斯达克	17.1
英特尔(Intel)	纳斯达克	17.0
汇顶科技(Goodix)	上交所	54.1
国民技术(Nationz)	深交所	134.2
欧比特(Orbita)	深交所	133.6

续表

公司	交易所	市盈率
矽品（SPIL）	台湾证券交易所	24.7
联电（UMC）		16.8
台积电（TSMC）		15.5
日月光（ASE）		15.4
联发科（MTK）		14.7

数据来源：S&P CapitalIQ 平台 2016 年 12 月 30 日的数据。

在我国证券市场上，集成电路板块是整体市盈率较高的板块。与欧美市场上的集成电路企业相比，在国内 A 股上市的集成电路企业市盈率倍数也较高。我国集成电路产业化刚刚兴起，扩张空间大，上升趋势明显，市场对该行业的预期非常乐观；加上国家政策的支持，一批有开创精神的龙头企业逐渐形成规模，带领着整个行业的进步，形成粗具规模的产业链。但是，集成电路企业盈利周期普遍较长，加上国内 A 股市场上市审批、转板等方面存在一定限制，也推升了已上市企业市盈率的走高。随着产业逐渐成熟，上市进程加快，可以预见整体市盈率将逐渐下降，投资者回归理性，进入稳定增长期。

撰稿人：武岳峰资本　薛喻文
审稿人：武岳峰资本　严衍伦

▷▷▷ 3.3.11　商誉，商譽，Goodwill

商誉（Goodwill）是企业所拥有的不可确指的、可预期的、未来超额收益能力的资本化价值[1]。在企业价值评估中，存在企业的公允市场价值要高于企业有形净资产和可确指无形资产评估值之和的情况，这部分价值被认为是企业客观存在的商誉所带来的。商誉产生的原因有很多，凡是能产生超额利润的均可属其范围，包括企业的信誉、企业高层管理人员的声望、优越的地理位置、良好的客户关系、良好的劳资关系以及产品的广阔市场的前景等。商誉不能离开企业整体而单独存在，其价值只有在企业整体出售或整体合并时才能体现。

在企业并购中，商誉带来的超额收益价值表现为收购企业向被收购企业支付的超过被收购企业净资产账面价值的数额，而实际上这一"购买溢价"通常由多种因素形成，如双方的谈判能力、来自收购企业兼并和被收购企业的净资产及其经营产生的预期的协作的公允价值等[1]。

全球主要集成电路企业 2016 年财务报告资产负债表中披露的商誉值见表 3-20，可以发现其中商誉值较高的企业往往是频繁参与并购的企业，如博通。Avago 在 2016 年 2 月以 287.58 亿美元完成对博通公司的收购，并将整个公司更名为博通。其在 2017 年 4 月 30 日公布的财务报告资产负债表中的商誉值为 247 亿美元，其中 230 亿美元来自收购博通公司的溢价，另外还有 8300 万美元来自 2015 年收购 Emulex 的溢价。

表 3-20　全球主要的集成电路企业 2016 年财务报表商誉值

分　类	公　司	商誉/亿美元	报表时间
集成电路设计	高通（Qualcomm）	65.2	2017-06-25
	博通（Broadcom）	247.0	2017-04-30
	英伟达（NVIDIA）	6.2	2017-07-30
	联发科（MTK）	21.4	2017-06-30
	超威（AMD）	2.9	2017-07-01
整合器件制造	英特尔（Intel）	141.0	2017-07-01
	德州仪器（TI）	43.6	2017-06-30
	美光（Micron）	12.3	2017-06-01
集成电路代工	台积电（TSMC）	1.9	2017-06-30
	中芯国际（SMIC）	未单列	2017-06-30
	联电（UMC）	0.0	2017-06-30
集成电路封测	矽品（SPIL）	未单列	2017-06-30
	日月光（ASE）	3.4	2017-06-30
	长电科技（Changdian）	3.9	2017-03-31
集成电路设备	泛林（Lam）	13.9	2017-06-25
	阿斯麦（ASML）	53.2	2017-07-02
	应用材料（AMT）	33.6	2017-07-30

注：折算汇率采用报表截止之日的汇率。

数据来源：表中所列各公司 2016 年的公开财务报告。

在企业并购时对商誉的处理方法，目前国际上主要有以下几种方法[2]。

（1）将其单独确认为一项资产，并在其预计的有效年限内加以摊销，或者列为费用，或者冲销留存收益。

（2）在合并时立即注销，直接冲减留存收益。

（3）将商誉作为一项永久性资产，不予摊销，除非有证据表明其价值发生了持续下跌。

以在上海证券交易所上市的浙江万盛股份有限公司发行股份购买资产为例，该公司基于国家产业结构调整，确定集成电路行业作为公司战略转型重点方向，2017年5月公布了《发行股份购买资产并募集配套资金暨关联交易预案》，拟通过发行股份方式购买嘉兴海大、国家大基金等7名股东持有的匠芯知本（上海）科技有限公司100%股权。匠芯知本已经完成对美国硅谷数模半导体公司全部股权的收购，故收购完成后万盛股份将间接持有硅谷数模公司100%股权。

万盛股份收购匠芯知本的交易作价（37.5亿元）较标的资产账面净资产增值较多。根据《企业会计准则》，对合并成本大于合并中取得的标的资产可辨认净资产公允价值的差额，应当确认为商誉，该商誉不做摊销处理，但需要在未来各会计年度期末进行减值测试，商誉一旦计提减值准备在以后会计年度不可转回。故万盛股份在《交易预案》中做了如下风险提示："若标的资产未来经营状况不达预期，则该次交易形成的商誉将存在较高减值风险。商誉减值将直接减少上市公司的当期利润，提请投资者注意商誉减值风险。"

参考文献

[1] 张彩英. 资产评估：理论·方法·实务 [M]. 北京：中国财政经济出版社，2008.

[2] 邱闽泉. 兼并收购财务实务 [M]. 北京：清华大学出版社，2005.

撰稿人：武岳峰资本　蔡颖
审稿人：武岳峰资本　严衍伦

▷▷▷ 3.3.12　股权激励，股權激勵，Equity Incentive

股权激励（Equity Incentive）是以一定条件给予被激励员工部分公司股权，达到激励和留住核心人才的一种长期激励机制，使被激励者能够以股东的身份参与企业决策、分享利润、承担风险，更深入地参与公司业务，为公司发展长期服务的一种激励方法。全球500强的公司中，超过80%的公司实施了公司管理者股权激励措施[1]。股权激励的形式有很多种，如业绩股票、股票期权、虚拟股票、限制性股票和股票增值权等。中国上市公司股权激励的常见形式为限制性股票和股票期权[2]。

对于高科技企业，股权激励是公司薪酬体系的有效补充，在满足业绩考核条件下给予管理团队及核心员工相应激励，是保证公司团队稳定及吸引人才的重要措施。股权激励的对象是对公司具有战略价值的核心人才，可以是拥有核心技术或掌握核心业务、控制关键资源等方面的人才。

集成电路产业各项生产要素中人才的重要性居首位，资本发挥作用需要以各类人才组成有效的协助团队为前提。所以相对于传统行业，集成电路激励范围更广，集成电路企业的股权激励范围至少包括高管层、技术人员和营销人员等。对于中国众多初创型集成电路设计企业而言，人才是企业生存并壮大的关键，而吸引和留住人才，很大程度上依靠的就是股权激励。但是中国公司在上市前进行股权激励时面临激励人数限制、股权激励产生的费用影响盈利等问题，所以激励范围和力度有一定的局限性。

由于股权激励的本质是公司为员工服务所支付的报酬，因此公司应将股权激励产生的费用摊销至员工提供服务的年份中。股权激励费用根据员工本身所在的部门以及提供服务的情况，计入相对应的会计科目。如果获授予股权的员工属于上市公司的高管，股权激励的费用通常记录在管理费用中。如果获授予股权的员工在生产部门，则股权激励的费用应记录在相应的生产成本中。上市公司年报附注中，会对股权激励的当期费用、累计负债以及权益工具的公允价值等进行披露。股权激励对员工来说是薪金酬劳，需缴纳个人所得税；对公司来说是用人成本，可作为经营成本进行税前扣除。作为研发型公司，高通公司的年度股权激励支出（Stock Based Compensation Expense）中，其记入研发费用的股权激励支出比例较大，见表3-21。

表 3-21 高通年度股权激励支出　　　　　　单位：亿美元

股权激励支出费用	2014 财年	2015 财年	2016 财年
计入：生产成本	0.5	0.4	0.4
计入：研发费用	6.7	6.6	6.1
计入：管理费用	3.4	3.3	2.9
年度股权激励总支出	10.6	10.3	9.4

数据来源：高通公司2014—2016财年公开年度报告。

参考文献

[1] 王硕. 我国中小板上市公司股权激励对公司绩效影响实证研究[D]. 杭州：浙江大学，2012.

[2] 中国证券监督管理委员会. 上市公司股权激励管理办法[J]. 中华人民共和国国务院公报，2016（33）：65-74.

撰稿人：武岳峰资本　蔡颖
审稿人：武岳峰资本　严衍伦

3.4 集成电路产业的投资与融资

3.4.1 风险投资基金/私募股权基金，風險投資基金/私募股權基金，Venture Capital/Private Equity（VC/PE）

风险投资基金也称为创业投资基金，英文名称为"Venture Capital"，简称

VC。在《2006—2020年国家中长期科学和技术发展规划纲要》及《实施〈国家中长期科学和技术发展规划纲要（2006—2020年）〉的若干配套政策》中，把"Venture Capital"的中文译名定为"创业风险投资"。它泛指通过发行基金受益券募集资金，并委托专门的投资管理机构——基金管理公司对未上市公司及新兴的、迅速发展的、有巨大潜力的企业（主要是高科技公司）投入权益资本，通过资本经营服务直接参与创业企业创业历程的一种资本投资行为。在这里，创业风险投资基金受益人和基金管理公司按协议分享投资收益[1]。

私募股权投资基金（Private Equity，PE）的概念来源于私募基金。根据投资方向，私募基金可分为私募证券投资基金与私募股权投资基金。私募证券投资基金主要投资于股票、债券、权证等；而私募股权投资基金则主要投资于未上市企业的股权或企业债券。广义的PE为涵盖企业首次公开募股（Initial Public Offering，IPO）前各阶段的权益投资，即对处于种子期、初创期、发展期、扩展期、成熟期和Pre-IPO各个时期企业所进行的投资。狭义的PE主要指对已经形成一定规模的，并产生稳定现金流的成熟企业的私募股权投资部分，即主要是指创业投资后期的私募股权投资部分[1]。在我国，产业投资基金与股权投资基金、创业投资基金、并购基金等非证券类投资基金一并列入私募股权投资基金。由于高科技行业的高风险和高回报并存的性质，VC/PE的股权投资方式成为其主要融资渠道。VC/PE投资高科技行业的主要目的是获得超额回报，同时也在很大程度上促进了高科技行业的发展。随着中国新三板和创业板的设立和推广，以及一级市场的愈加完善，VC/PE的退出方式更为丰富，投资意愿也随之增强。近年来中国VC/PE发展迅速，截至2016年，中国股权投资市场活跃的VC/PE机构超过1万家，管理资本量超过7万亿元。2016年，中国VC/PE的主要退出方式是新三板（66%）、IPO（11%）、股权转让（10%）和并购（7%）[2]。

2006—2016年中国VC/PE募资情况见图3-20。

现代意义上的风险投资基金源于美国，为第二次世界大战之后美国新兴产业的发展起到了很大的促进作用。Xerox以及IBM都在发展过程中得到过风险投资的大力支持。20世纪80年代美国风险投资开始快速发展，规模从1979年的25亿美元增长到1997年的6000亿美元，Intel和苹果等集成电路公司都得到过风险投资的大力支持[3]。但是，随着产业的成熟，美国风险投资现在基本上已经不再投资本国集成电路企业，而是向中国转移。2000年国务院发布《鼓励软件产业和集成电路产业发展的若干政策》之后，美国风险投资基金开始来到中国对集成电路产业进行投资。2014年《国家集成电路产业发展推进纲要》发布之后，中国本土的集成电路领域的风险投资基金和私募股权基金开始活跃，极大地促进了产业的发展。

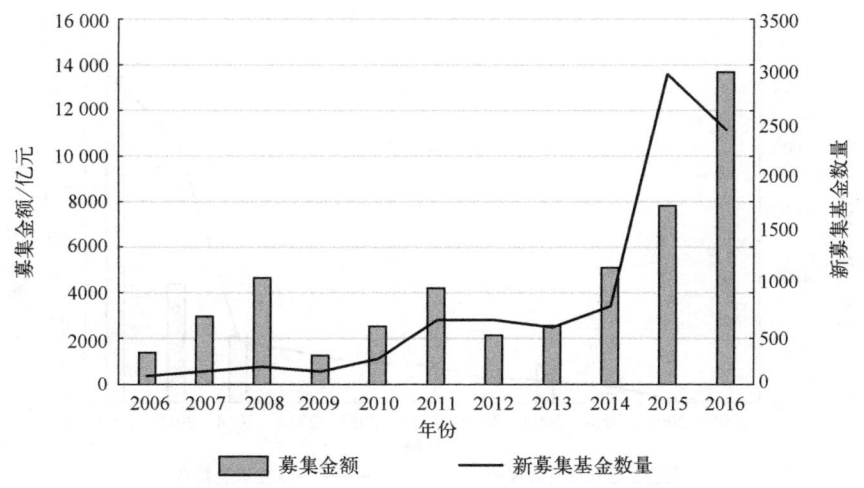

图 3-20　2006—2016 年中国 VC/PE 募资情况

集成电路产业的发展具有自身的特点，如投入高、回报期长、风险大。若对集成电路产业进行投资，要掌握其行业特性。资本金不足一直是制约集成电路产业发展的核心问题之一。针对集成电路产业全球化发展趋势，以及大者恒大、赢者通吃的特点，产业整合、兼并重组是集成电路产业未来发展的必然趋势。集成电路企业经营主体必须少而强。传统的资金支持方式不仅存在一定的问题，也无力支持耗资巨大且需要"耐心"资本的集成电路产业，必须借助有效的资本市场，培育引进以 VC/PE 为代表的长期机构投资者，利用市场机制来支持其发展。

国家和地方政府基金在集成电路产业的发展中发挥了重要作用。2006—2016 年，中国政府引导基金发展情况如图 3-21 所示。例如，在 2016 年的武汉东湖高新区存储器基地项目中，湖北省集成电路产业投资基金发挥了重要作用。目前，政府越来越重视市场化运作在推动创业创新中发挥的重要作用，同时将私募股权投资基金作为撬动社会资本的一个支点，以实现国家战略和经济效益并举。在中国集成电路产业还不够发达，企业上市和融资渠道较为狭窄，投资门槛较高的情况下，VC/PE 已经成为企业最重要的融资渠道之一。一方面，VC/PE 可有效发挥资金杠杆的撬动作用，有效撬动社会资本等资金，形成适应行业特点的产业投融资体系；另一方面，以股权投资为引导，通过股权改造优化公司治理架构，推动企业兼并重组，可提高企业竞争力，实现企业做大做强，从而推动国内集成电路产业链整合，早日跻身全球第一阵营。

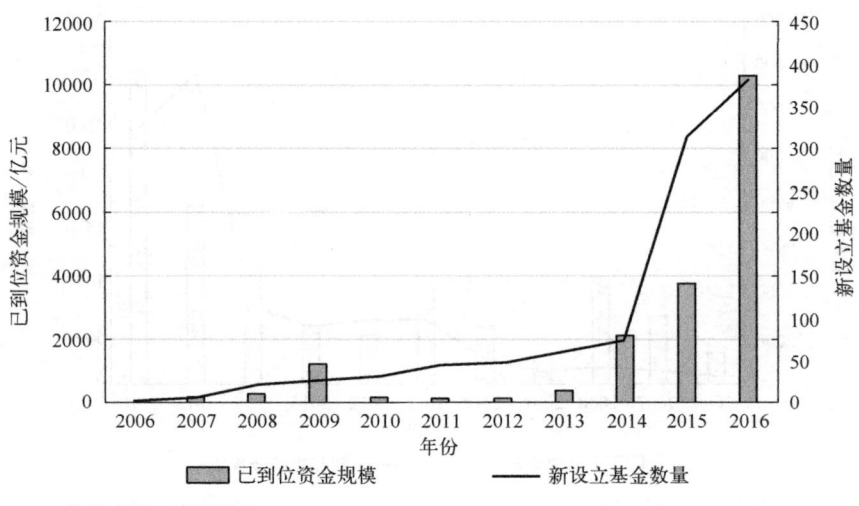

数据来源：清科研究。

图 3-21 2006—2016 年中国政府引导基金发展情况

参考文献

［1］陈芳．中国 VC、私募投资基金及产业投资基金的联系及发展中的对策研究［J］．金融理论与实践，2010（1）：86-90.

［2］清科研究中心．中国股权投资市场 2016 全年回顾与展望［EB/OL］．(2017-02-17)[2017-08-02]. https://wenku.baidu.com/view/9d6a32f35ff7ba0d4a7302768e9951e79a896947.html.

［3］陈东胜．风险投资发展历程及其产生的作用：世界各国（地区）风险投资研究系列之一［J］．科技、经济、市场，1999（4）：8-12.

撰稿人：电子工业出版社　　　　　　　　李芳芳　王蓓

审稿人：中芯国际集成电路制造有限公司　周子学

▷▷▷ 3.4.2 中国概念股，中國概念股，Chinese Concept Share

中国概念股（China Concept Share），简称中概股，是指在境外上市的在境内注册的公司，或虽在境外注册但业务和资产主要在境内的公司的股票。例如，展讯在退市之前就是在中国境外上市的集成电路企业之一。2007 年，它以"中国第一支 3G 概念股"的身份登陆纳斯达克，成为中国第一个上市的芯片平台公司和市值最大的设计企业。境外上市这种模式可以满足中国企业境外融资的需求，也的确帮助中国企业有效解决了境内融资环境支撑不足的问题。2000—2010 年，境外风险投资基金在集成电路设计企业的发展中扮演了重要的角色，不少集成电路企业选择境外上市，这样便可利用募集所得的境外资金，为企业提供全面贯穿各融资阶段的系统配套支持。

中国集成电路企业中很多曾是或现在是中概股企业，如中星微、珠海炬力、中芯国际、华大半导体、华虹半导体等，它们大多在纳斯达克交易所和香港联交所上市。美国资本市场接受中概股上市的原因主要是受中国庞大市场的影响并看好中国经济和集成电路产业发展的前景。如今个别企业的境外上市模式所暴露的种种问题导致了中概股信任危机[1]，这对中国集成电路企业也造成了一定的影响。随着境内风险投资基金的出现，不少集成电路企业已经从境外资本市场成功退市，完成了私有化收购，如中星微和澜起科技等。对于中国集成电路产业的发展而言，走境外上市之路有助于拓宽融资渠道，但是也要正确衡量境外上市造成中概股所可能遇到的风险。2016年以来，境内的融资环境向好，在境内上市的集成电路企业不断增多。这种情况下，取得境内资本更为有力的支持也是一个很好的选择。

参考文献

[1] 余波. 中国概念股信任危机的四大成因 [J]. 当代经济, 2012 (23)：8-9.

撰稿人：电子工业出版社　　　　　　　尹茗

审稿人：中芯国际集成电路制造有限公司　周子学

▷▷▷ 3.4.3　集成电路企业的主要融资渠道，積體電路企業的主要融資管道，Major Financing Sources for IC Companies

集成电路企业可以使用的融资渠道主要有政府投资、银行贷款、资本市场等。集成电路企业的融资渠道具有动态变化的特点，与产业的成熟度密切相关。一般而言，产业越是成熟，能为投资者提供的收益就越低，但风险也越小，因而产业成熟期的融资更多的是依靠银行贷款和二级资本市场（Secondary Capital Market）的投资。而产业越不成熟，其风险收益就越高，因此一级资本市场（Primary Capital Market）投资和企业自筹资本就成为主要的融资来源。从历史经验来看，多数国家集成电路企业的融资渠道都随着产业发展经历了政府投资→VC/PE介入→二级市场的变化过程。另外一个需要注意的现象是，由于不同国家在同一时间集成电路产业发展通常处于不同的阶段，因而很可能出现同一时间不同国家集成电路企业的主要融资渠道完全不同的现象。此外，由于不同产业环节的特点不同，其融资渠道也显示出不同的特点。

政府投资不仅有政府直接设立产业投资基金对企业进行股权投资这种直接渠道，而且还有政府采购、政府政策性贷款以及政府背景银团贷款等间接渠道。美国是全球集成电路产业发展起步最早的国家，其产业起步借助了NASA和空军的政府采购的大力支持。在20世纪90年代的海湾战争中，由集成电路技术保障的精确制导武器被美军第一次大规模使用。政府采购在美国集成电路产业进入成熟期之前发挥了重要作用。韩国集成电路产业的发展明显借助了政府背景的间接融资渠道，韩国的高科技企业的资本自有率一直是发达国家中最低的[1]。政府的间接融资还经常性地作为韩国集成电路企业抵御周期性衰退的一种方式。例如，三星的资产负债率在1997年达到了223%，在2001年和2006、2007年产业不景气时，三星的资产负债率也有明显的上升，如图3-22所示。

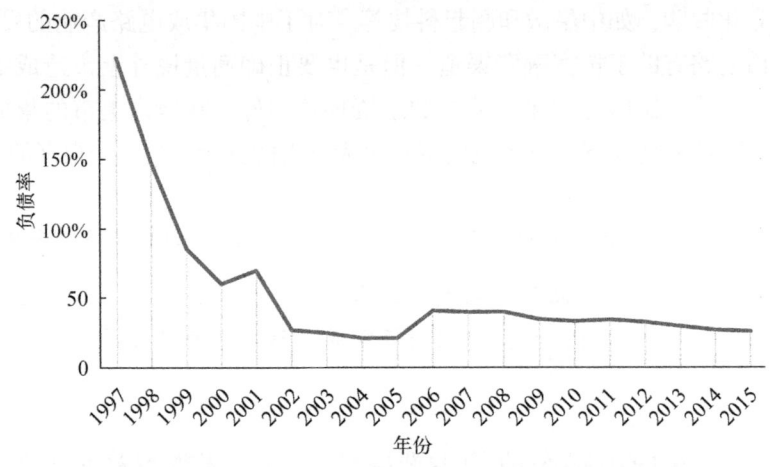

数据来源：三星公司1997—2015财年年报。

图3-22　1997—2015年三星的资产负债率变化

集成电路企业获得股权融资的方式很多，无论传统意义上的发行上市，还是风险投资、产业投资基金，都能在分担风险的同时，解决企业发展中旺盛的资金需求，不失为一种行之有效的融资渠道[2]。例如在中国，已经确立了由主板、中小板、创业板和场外市场构成的资本市场，集成电路企业可以根据自身情况自由选择适合的上市渠道。

企业债券、银行信贷和融资租赁是主要的债权融资方式。相较股权融资，企业债券在融资规模和期限上优于银行信贷，在融资成本上优于股市融资；发行债券融资的企业拥有更多自主权，不会削弱原有股东的控制权；负债经营有助于财务杠杆作用的发挥。由于融资渠道趋于多样化，适度运用债权融资手段，合理配置企业资本结构，可以达到融资成本最低、资本结构最优的状态。

融资租赁（Leasing）对企业资信状况要求不高，非常适合初创期的战略性新兴企业融资。融资租赁不会发生所有权的转移，作为表外融资的一种创新方式，也不会影响资信状况，更符合集成电路企业多渠道融资的要求。集成电路产业要求前期投入大量资金，融资租赁模式可以减少投资初期的资本支出。

参考文献

[1] 周子学. 韩国信息产业与大公司发展实践及启示 [M]. 北京：电子工业出版社，2006.

[2] 王洁. 中国战略性新兴产业成长的金融支持研究 [D]. 合肥：安徽财经大学，2013.

撰稿人：电子工业出版社　　　　　　　　　　张骋　王蓓

审稿人：中芯国际集成电路制造有限公司　　周子学

▷▷▷ 3.4.4　集成电路制造业的资金来源，積體電路製造業的資金來源，Financing Sources for IC Manufacturing

集成电路制造业是重资产行业，对资金的需求很大。资金不管来源于何处，对企业的价值不存在差异，但不同投资者的诉求不同。国家集成电路产业投资基金（国家基金）的基本诉求是在合理回报的前提下通过投资促进中国集成电路产业尽快做大做强，即"国家战略与市场经济的统一"，这是国家基金的定位原则（使命）。资本市场上的基金、券商或普通散户购买集成电路企业的股票，也是一种投资，或短线持有，或长线持有，都是为了获取最大的利益。

集成电路制造业的独立性和国际性决定了其资金来源主要有六大类。

（1）公开募集的公众资本（上市）。集成电路企业将它的股份向公众出售，公开募集资本以达到融资的目的。

（2）私募股权投资基金（PE）。PE既包括国家级股权投资基金，如国家基金或其他相关的国家级股权投资基金和政府引导基金；又包括各地方设立的集成电路股权投资基金及相关的股权投资基金和引导基金。这些基金以资本金的方式进入，支持企业做大做强。

（3）企业自我积累。这是一种企业通过盈余公积（税后利润）转增资本的筹资方式。此方式要求集成电路企业有一定的盈利能力和快速折旧能力，达到高利润后方可进行自我积累。

（4）员工持股（Employee Stock Ownership）。员工持股是指通过让员工持有本公司股票和期权而使其获得激励的一种长期绩效奖励计划，是企业资金来源的一种。

（5）债权融资。企业通过举债的方式进行融资，主要形式有银行信用、债权融资、民间信贷、债券融资、商业信用和租赁等。债权融资能够提高企业所有权资金的资金回报率，具有财务杠杆作用。因为集成电路制造业具有投资大、回报周期长的特点，所以选择此方式的制造企业需正确评估企业自身规模和偿还能力,选择适合企业的债权融资方式,将金融风险降到最低。

(6) 并购/被并购 (Mergers and Acquisitions, M&A)。集成电路企业为了实现其战略意图,提高自身市场份额等,会选择通过并购某家企业或被某家企业并购的方式进行资本整合。并购一般是指兼并和收购。兼并是指两家或者更多的独立企业合并组成一家企业,通常由一家占优势的公司吸收一家或者多家公司。收购指一家企业用现金或者有价证券购买另一家企业的股票或者资产,以获得对该企业的全部资产,或者某项资产的所有权,或者对该企业的控制权。

集成电路产业的制造环节是典型的规模经济。在做大做强的过程中,引入各方面的股东会受到各种资本所有者的不同诉求影响,甚至引起激烈的冲突,以致严重影响企业的发展。需要注意的是,集成电路制造企业在选择投资时,有两类投资不能考虑:一是有上下游关联的产业资本,因为这样会影响企业的独立性;二是独资控制集成电路制造企业的金融资本,因为这样会造成资本与人才、市场相分离[1]。

参考文献

[1] 周子学. 集成电路制造业的融资及公司治理机制 [J]. 产业经济评论, 2017 (1): 2-3.

撰稿人: 中芯国际集成电路制造有限公司　周子学
审稿人: 北京清芯华创投资管理有限公司　刘越

▷▷▷ 3.4.5　产业基金的投资方式,產業基金的投資方式,Investment Methods of Industry Funds

为了达到推动产业发展、培育优势企业并获得投资收益的目标,产业基金需要采用不同的投资方式。简单来说,产业基金的投资方式有以下五种。

1. 直接增资方式

产业基金增资并参股某家集成电路企业,增入资金用于企业对外并购或自主研发投入。之后,在产业基金达到退出年限要求时,可将持有的该公司的股权转让给其他公司,或者通过在二级市场上出售,实现获利退出。

2. 采取"上市企业+PE"式产业并购基金

上市企业+PE 的模式对于上市企业而言是一个能够顾及两个方面的选择方式,同时也开始得到了一定程度的应用。这种模式可以大大增强上市企业的并购能力并减轻上市公司的运营资金压力,其典型案例是长电科技收购星科金朋。在这个案例中,产业基金和两家上市公司长电科技及中芯国际形成收购合力,协助长电科技并购国际大型公司。在共计 7.8 亿美元的收购计划中,长电科技实际出资 2.6 亿美元,中芯国际子公司芯电半导体出资 1 亿美元,产业基金出资

3 亿美元（1.6 亿美元股权投资和 1.4 亿美元可转股的股东贷款），剩余 1.2 亿美元是由中国银行无锡分行提供的贷款[1]。这种方式很好地结合了产业和资本，产业基金可以借助上市企业对于产业链的了解筛选合适的投资标的，减少并购中遇到的信息不对称现象，同时在必要时可直接将所持有股权转让给上市企业，退出渠道通畅。

3. 与企业联合实施对外并购

产业基金与集成电路企业达成一致行动人关系，共同实施对外并购项目，由其控股公司控股，产业基金参股。待条件成熟后，由控股公司以现金或换股方式收购产业基金所持标的公司的股权。

4. 与控股企业共同成立专项投资子基金

产业基金与控股企业共同成立专项投资子基金，面向集成电路领域进行股权投资。产业基金作为有限合伙人，控股企业作为普通合伙人。该方式可通过基金持股的方式，充分、灵活利用社会资本；同时，该方式适合股权投资要求，可按市场要求规范投资行为，未来以所投资项目 IPO 或转让股权的方式，使基金投资人获利退出。

5. 设立融资租赁公司，支持制造企业

为了促进集成电路产业的发展，产业基金可以鼓励上下游环节进行投资合作，并设立新企业；产业基金以股权投资方式介入新设立企业，促进上下游企业的整合。另外，产业基金可以购买大生产用的设备，以供合资公司使用这些设备；产业基金也可成立或注资设备租赁公司，将大生产用的设备租赁给集成电路企业或合资公司使用，双方签订租赁协议，承诺按时支付租金。

参考文献

[1] 王雪青，李兴彩. 长电科技并购星科金朋案例分析[J]. 集成电路应用，2015（2）：24-25.

撰稿人：电子工业出版社　　　　　　　　　　李芳芳　王蓓
审稿人：中芯国际集成电路制造有限公司　　周子学

▷▷▷ 3.4.6 国家集成电路产业投资基金股份有限公司和华芯投资管理有限责任公司，國家集成電路產業投資基金股份有限公司和華芯投資管理有限責任公司，China Integrated Circuit Investment Fund Co. Ltd and Sino IC Capital

2014 年 6 月，《国家集成电路产业发展推进纲要》正式发布实施，明确提出设立国家产业投资基金,并支持设立地方性集成电路产业投资基金,鼓励社会各类风险投资和股权投资基金进入集成电路领域。

国家集成电路产业投资基金(以下简称国家基金)是一支主要从事集成电路行业股权投资业务的公司制私募股权投资基金(Private Equity Fund),基金所有人为国家集成电路产业投资基金股份有限公司(China Integrated Circuit Investment Fund Co. Ltd., CICF,以下简称"基金公司"),基金管理人为华芯投资管理有限责任公司(Sino IC Capital,以下简称"华芯公司"或"管理公司")。

基金公司于 2014 年 9 月 26 日在北京注册成立,经营宗旨为重点投资集成电路芯片制造业,兼顾芯片设计、封装测试、设备、材料等产业环节,通过市场化运作及专业化管理,努力为股东创造良好的回报。基金存续期为 10 年,经基金公司股东大会决议同意,可以延长最长不超过 5 年。目前基金公司的总股本 1387.2 亿元,由 19 家股东共同出资组建,见表 3-22。股东包括了中央财政和集成电路产业聚集区企业、实体经济主体、部分金融机构、集成电路产业链相关企业和部分民营资本。股东对基金有明确的财务回报要求,对基金设定有门槛收益率。

表 3-22 国家集成电路产业投资基金股份有限公司股东构成

股东名称	股东类型
中华人民共和国财政部	普通股
国开金融有限责任公司	普通股 优先股
中国烟草总公司	普通股 优先股
北京亦庄国际投资发展有限公司	普通股
中国移动通信集团公司	普通股 优先股
上海国盛(集团)有限公司	普通股
武汉金融控股(集团)有限公司	普通股
中国电信集团公司	普通股 优先股
中国联合网络通信集团有限公司	普通股 优先股
中国电子科技集团公司	普通股
中国电子信息产业集团有限公司	普通股
大唐电信科技产业控股有限公司	普通股
华芯投资管理有限责任公司	普通股
北京紫光通信科技集团有限公司	普通股

续表

股东名称	股东类型
上海武岳峰浦江股权投资合伙企业（有限合伙）	普通股
赛伯乐投资集团有限公司	普通股
全国社会保障基金理事会	优先股
中国人保资产管理股份有限公司	优先股
中国人寿保险股份有限公司	优先股

基金公司是依照《中华人民共和国公司法》设立的股份有限公司，股东大会是基金公司的最高权力机构，依照《中华人民共和国公司法》和基金公司《章程》行使职权。基金公司设董事会，董事由股东大会选举产生，董事会对股东大会负责。高级管理人员由董事会聘任。基金公司的各项行为均严格遵照中国法律和市场规则，员工身份也全部市场化。

按照所有权、管理权分离的原则，基金公司委托华芯公司作为基金唯一管理人，华芯公司注册资本金1.2亿元，由8家股东共同出资组建。基金公司与华芯公司属于委托管理的契约关系，华芯公司代为管理基金的投资业务，按照约定提取管理费。投资项目退出后，在满足基金公司股东的门槛收益之后，华芯公司与基金公司股东按约定比例分享超额投资收益。目前，华芯公司的股东有国开金融有限责任公司、赛迪工业和信息化研究院有限公司、北京赛普信科技术有限公司、盈富泰克创业投资有限公司、苏州元禾控股有限公司、中国移动通信集团公司、北京亦庄国际投资发展有限公司和上海数字产业（集团）有限公司。

基金投资业务采用市场化决策机制，主要看重项目的成长性，不受政府干预。基金所投企业不区分所有制，不区分内外资。基金的投资项目在基金公司存续期满后，按照市场化的方式退出。一般而言，和其他私募股权基金类似，投资前主要衡量项目的技术创新水平、盈利能力、企业管理团队、市场份额、投资风险等因素。截至2016年12月31日，国家基金累计有效投资决策43个项目，涉及35个企业，承诺投资额818亿元，实际出资额563亿元，分别占基金首期总规模的59%和41%。投资项目覆盖集成电路设计、制造、封装测试、装备、材料、生态建设等产业链上的各个环节。

撰稿人：国家集成电路产业投资基金股份有限公司　丁伟
审稿人：中芯国际集成电路制造有限公司　　　　　周子学

3.4.7 中国主要省级集成电路政府投资基金（北京），中國主要省級積體電路政府投資基金（北京），China's Major Provincial IC Investment Funds（Beijing）

北京集成电路产业发展股权投资基金有限公司（以下简称北京母基金）于 2014 年 7 月成立，注册资金 90.09 亿元，由中关村发展集团股份有限公司、北京盛世宏明投资基金管理有限公司共同出资组建，并由后者作为管理人进行管理。

2014 年 9 月，北京母基金的第一支子基金北京集成电路制造和装备股权投资中心（有限合伙）（以下简称北京制造和装备子基金）设立。北京制造和装备子基金目标规模 60 亿元，存续期为 8 年（其中投资期为 5 年，退出期为 3 年），到期可延期 2 年。北京制造和装备子基金采用有限合伙制组织形式，普通合伙人为北京盛世宏明投资基金管理有限公司，有限合伙人主要有北京集成电路产业发展股权投资基金有限公司、北京亦庄国际新兴产业投资中心（有限合伙）、国家集成电路产业投资基金股份有限公司等。

北京制造和装备子基金旨在引导和推动北京集成电路产业发展，在保障中芯北方 B2 生产线建设所需资金之外，管理人基于国内集成电路产业链各环节发展快慢有别，对设计、制造、封测、设备、原料及应用等不同领域采取不同的投资策略。另外，利用管理人的投资经验和产业内的丰富资源，提供投资后管理和增值服务，帮助被投资企业与产业界领先企业建立密切关系，对接全球资本市场，并寻求并购机会。基金的主要投资主题包括国企改制、民企成长、并购重组。

2014 年 9 月，北京母基金的第二支子基金北京集成电路设计与封测股权投资中心（有限合伙）（以下简称北京设计与封测子基金）设立。北京设计与封测子基金目标规模 20 亿元，存续期为 8 年（其中投资期 5 年，退出期 3 年），到期可延期 2 年。北京设计与封测子基金采用有限合伙制组织形式，普通合伙人为北京清芯华创投资管理有限公司，有限合伙人主要有北京集成电路产业发展股权投资基金有限公司、北京亦庄国际新兴产业投资中心（有限合伙）等。

北京设计与封测子基金主要投资集成电路领域内的设计、封装、测试企业及上下游相关产业，涵盖处于初创期、成长期及成熟期的优秀企业，充分发挥资本对于产业创新资源的配置作用。其管理团队秉持纵横结合的投资策略，一方面通过投资集成电路上下游企业，推进地方及国内集成电路产业链条整合升级；另一方面，采用联合收购、并购重组等多种方式，打造细分领域龙头企业，推动集成电路产业集群的发展。

撰稿人：国家集成电路产业投资基金股份有限公司　　丁伟
审稿人：中芯国际集成电路制造有限公司　　　　　　周子学

3.4.8 中国主要省级集成电路政府投资基金(上海),中國主要省級積體電路政府投資基金(上海),China's Major Provincial IC Investment Funds(Shanghai)

2015年年底,上海集成电路产业基金设立方案获得审议通过。该基金通过"1+1+3"模式设立总规模为500亿元的集成电路产业基金,1、1、3分别代表100亿元设计业并购基金、100亿元装备材料业基金和300亿元制造业基金。

上海设计业并购基金是上海武岳峰集成电路股权投资合伙企业,采用有限合伙制组织形式,普通合伙人为仟品(上海)股权投资管理有限公司,有限合伙人主要有上海创业投资有限公司、上海张江科技创业投资有限公司、国家集成电路产业投资基金股份有限公司等。该基金首期规模为54亿元,存续期为7年(其中投资期为4年,退出期为3年),到期可延期2次,每次1年。

上海设计业并购基金定位:一是国际化,以成为国际一流产业基金为目标,其并购投资标的主要着眼国际,基金在全球集成电路信息产业领域内寻找优质资源,以合理的价格进行收购,将其先进技术、一流团队、成熟渠道与本土产业环境进行有机整合;二是市场化,基金在资金募集、基金管理、投资决策和退出机制上将按照国际市场化规则运作,严格遵循法律监管和《合伙协议》的约定,尊重市场规律,以自身独特优势与国内外产业基金开展市场化竞争,同时也将为投资人带来符合市场化要求的投资回报收益。

上海制造业基金由上海科技创业投资(集团)有限公司于2016年年底牵头设立,采用公司制组织形式。基金所有人为上海集成电路产业投资基金股份有限公司,注册资本285亿元,股东主要包括上海科技创业投资(集团)有限公司、上海汽车集团股权投资有限公司、国家集成电路产业投资基金股份有限公司、上海国际信托有限公司、上海国际集团有限公司、上海国盛(集团)有限公司、上海浦东新兴产业投资有限公司、上海嘉定创业投资管理有限公司。基金管理人为上海集成电路产业投资基金管理有限公司。该基金存续期为8年(其中投资期为5年,退出期为3年),到期可延期不超过5年。

上海制造业基金主要通过股权投资的方式,投资于集成电路制造业,主要关注成熟的集成电路制造企业;同时依托已投资的骨干制造企业,适当进行行业整合,以及新技术和新工艺的开发。

上海装备材料业基金是上海半导体装备材料产业投资基金合伙企业,是依据上海市政府关于上海集成电路产业基金总体规划,由临港管委会牵头,会同上海浦东科技投资有限公司共同组建的。该基金于2018年初设立,普通合伙人为上海半导体装备材料产业投资管理有限公司,有限合伙人包括上海临港芯成投资合伙企业、上海国盛（集团）有限公司、国家集成电路产业投资基金股份有限公司、上海万业企业股份有限公司、云南国际信托有限公司等。该基金首期规模为50.5亿元，存续期为7年（其中投资期为4年，退出期为3年），到期可延期2次，每次1年。上海装备材料业基金将聚焦半导体装备材料产业链，结合国内装备材料企业小而散的现状，抓住下游厂商增线扩产的有利契机，以并购整合为主要手段，在关键细分领域培育若干具有全球影响力的装备材料企业，提升上海乃至我国半导体装备材料产业综合竞争力。

撰稿人：国家集成电路产业投资基金股份有限公司　丁伟
审稿人：中芯国际集成电路制造有限公司　周子学

▷▷▷ 3.4.9 中国主要省级集成电路政府投资基金（其他），中國主要省級積體電路政府投資基金（其他），China's Major Provincial IC Investment Funds（Others）

1. 福建省安芯产业投资基金

2016年6月，福建省安芯产业投资基金合伙企业（有限合伙）（以下简称安芯基金）设立。安芯基金总规模为500亿元，首期规模75.1亿元；存续期为8年（其中投资期为4年，退出期为4年），到期可延期2次，每次1年。安芯基金采用有限合伙制组织形式，普通合伙人为福建省安芯投资管理有限责任公司，有限合伙人主要有福建地方产业股权投资基金合伙企业（有限合伙）、泉州市产业股权投资基金有限公司、晋江市能源投资集团有限公司、国家集成电路产业投资基金股份有限公司等。

安芯基金的投资理念：旨在创新投融资体制机制，吸引龙头企业和地方政府资金投入，破解集成电路产业融资瓶颈，带动产业链协调可持续发展；支持行业龙头企业通过境内外并购，获得国际领先团队与核心关键技术，实现核心产品自主可控，通过提升高端集成电路的自给能力拓宽市场。基金的投资方向是以集成电路产业链为主的半导体领域，在集成电路设计、制造、封测、材料、设备和应用等环节，以境内外并购、直投、夹层投资等方式助推三安光电业务实现跨越式发展。基金管理人福建省安芯投资管理有限责任公司成立于2016年5月，注册资本3000万元，股东包括三安光电股份有限公司、国家集成电路产业投资基金股份有限公司、晋江安瀛投资基金合伙企业（有限合伙）。

2. 陕西省集成电路产业投资基金

2016年8月，陕西省设立集成电路产业投资基金（有限合伙）（以下简称陕西基金）。陕西基金按照"政府引导、市场化运作、专业化管理"的基本原则，采用有限合伙制的组织形式，普通合伙人为西安高新技术产业风险投资有限责任公司，有限合伙人主要有西安高新新兴产业投资基金合伙企业（有限合伙）、西安投资控股有限公司、西安经恒金融服务有限公司等。陕西基金总规模300亿元，首期规模60亿元；存续期为12年（其中投资期为7年，退出期为5年），到期可延期不超过3年。

陕西基金重点支持陕西省内集成电路产业等重大项目建设，主要投向集成电路产业链上的优质企业、骨干企业、高成长性企业、拟上市及挂牌后备企业。该基金的投资领域包括：①集成电路制造、封装、测试、核心设备等产业关键环节的重点项目，打造具备竞争力的集成电路产业链；②半导体功率器件重点项目，发展特色工艺技术和功率器件产品；③Ⅲ-Ⅴ族材料及器件、光电子集成等领先技术创新平台建设及产业化，提升自主创新能力；④认购陕西省内集成电路领域的子基金份额。

撰稿人：国家集成电路产业投资基金股份有限公司　丁伟
审稿人：中芯国际集成电路制造有限公司　　　　周子学

▷▷▷ 3.4.10　国际集成电路相关政府投资基金，國際積體電路相關政府投資基金，International Government Investment Funds on IC

产业投资基金是一国推动集成电路产业发展的重要手段之一，因而在全球被广泛应用。产业投资基金的运作不仅能改变一国内部的市场竞争态势和企业价值，也有可能影响全球集成电路产业的整体发展情况。显然，除了依靠产业投资基金的股权融资推动产业的发展，银团贷款等债权融资的渠道也是一个可用的选择。与中国不同的是，其他国家很少有专注集成电路一个产业的产业投资基金，因而下列基金并不一定是专门进行集成电路产业投资的基金，而是在集成电路产业领域有显著影响的基金。值得注意的是，欧美集成电路先发国家市场化直接融资渠道较为发达，政府多采取间接方式支持产业发展；而日本和韩国政府则多采取间接融资的渠道支持产业发展。因而下列基金均是东南亚和西亚地区的政府投资基金。

新加坡淡马锡（Temasek）是一家由财政部100%控股的基金，其投资方向在很大程度上代表了新加坡政府的意志，也是新加坡最著名的政府投资基金。在淡马锡之前，在新加坡集成电路产业领域发挥重要作用的是经济发展局（Economic Development Board，EDB）及其财政资源。1991年EDB设立了新加坡微电子研究所，主要从事与微电子有关的电子工业增值产品的研究和开发工作，

1991—1994年EDB累计对新加坡微电子研究所投资共5000多万美元。1991年，淡马锡开始通过收购特许半导体公司（Chartered Semiconductor Manufacturing, CSM）95%的股权涉足集成电路领域，并将特许半导体公司转型为一家纯代工工厂。特许半导体公司也形成了类似淡马锡的公司治理结构：董事会7人中有1人由政府委派，其余6人企业内外各半；总经理由董事会选举产生，如果公司不增值，财政部有权罢免总经理[1]。在此之前，特许半导体公司已经分出了设计中心Tri Tech，其被新加坡科技创业投资公司全资收购。1992年，EDB与德州仪器、佳能和惠普共同投资建立Tech半导体公司，总投资3.25亿美元，EDB出资26%并为其提供了低利贷款以及租税优惠。这也是新加坡第一家存储器以及DRAM制造企业。接连的巨大投入使得新加坡代工技术实现了快速发展。1995年淡马锡设立了特许半导体的兄弟公司星科金朋（STATS ChipPAC）。之后，EDB还投资了飞利浦（后将股权转让给恩智浦）和台积电在新加坡的合资项目SSMC（Systems on Silicon Manufacturing Co. Pte Ltd）[2]。至此，新加坡通过政府基金的运作实现了集成电路全产业链体系的建立。然而，2000年以来的全球集成电路产能过剩和企业的不断亏损使得新加坡政府投资基金考虑撤出集成电路行业。在2008年金融危机的冲击下，淡马锡不得不最终出售特许半导体和星科金朋。2010年，淡马锡以24.24亿美元的价格将持有的特许半导体62%的股权出售给格芯的母公司阿联酋阿布扎比先进技术投资公司（Advanced Technology Investment Co., ATIC）。2014年淡马锡的子公司Ion投资以1.76亿美元的价格出售了持有的首尔半导体的股权（2009年入股时花费了2.42亿美元）。2015年淡马锡更是将已发展为全球第四大封测企业的星科金朋出售给江苏长电。目前，淡马锡已基本退出集成电路行业。

阿联酋政府投资基金近年来加大了在集成电路行业的投资规模，其主要投资机构是由政府完全控股的成立于2002年的阿布扎比穆巴达拉发展公司（Mubadala Development Company）及成立于2008年的阿布扎比先进技术投资公司（2011年被前者全资收购），目前总规模达到635亿美元。目前，阿联酋政府投资基金在集成电路领域的投资主要是AMD和格芯在纽约的工厂。2009年，阿联酋政府投资基金与AMD合资成立了格芯，之后收购AMD在格芯的股份，使之成为其独资企业，随后依靠兼并新加坡特许半导体和IBM微电子部门不断发展壮大。2016年，阿联酋政府投资基金向格芯增资20亿美元供其研发7nm工艺。此外，阿联酋政府投资基金还拥有AMD 8.1%的股份。格芯2017年在中国投资设厂。

马来西亚国库控股公司（Khazanah Nasional Berhad, KNB）成立于1965年并由马来西亚财政部100%控股，目前拥有325亿美元的资产。国库控股在集成电路领域有一定的投资，但只占其总资产的2%左右，其主要投资的企业是全球排名第15位的代工厂商矽佳（SilTerra）（独资控股，1995年成立）和测试设备厂商 Aemulus（持股 15%）。矽佳整体财务状况欠佳，2011—2014 年累计亏损额达到了 17 亿马币（约合 3.8 亿美元）；而 Aemulus 一直保持盈利状态。

参考文献

[1] 张纯蓓. 新加坡、马来西亚的微电子工业 [J]. 半导体技术，1995（4）：17-21.

[2] 约翰·马休斯，李文耀. 东方硅岛：新加坡的半导体产业 [J]. 理论学习与探索，2002（3）：76-79.

撰稿人：电子工业出版社　　　　　　　　张骋

审稿人：中芯国际集成电路制造有限公司　周子学

▷▷▷ 3.4.11　国际集成电路研发投资，國際積體電路研發投資，International ICR&D Investment

很多成功的集成电路研发项目是由政府支持和投资的，所以说，政府的支持和投资对集成电路产业的发展提供了巨大的帮助。

比利时微电子研究中心（Interuniversity Microelectronics Center，IMEC）是 1984 年由比利时的法拉德斯省政府出资创建的非营利组织，其宗旨在于结合荷语区内各大学学术研究力量，致力于集成电路先导技术研发，进而带动外围相关科技的发展。在 IMEC 创立之初，由于比利时政府的预算有限，当时只投入了 6200 万欧元。2007 年，在 IMEC 与政府签订的协议中，法拉德斯省政府在 2007—2011 年向 IMEC 提供总计 2 亿 1 千万欧元的资助，而这 5 年间 IMEC 的总预算已超过 12 亿欧元，相差的近 10 亿欧元全部要靠研发收入获得。IMEC 的研发项目与产业发展紧密结合，创造出与企业合作、共同开发、共享成果的独特商业模式[1]。经过 33 年的发展，IMEC 已成为全球最具影响力的集成电路技术研发中心，为全世界的集成电路产业发展做出了极大的贡献。

日本超大规模集成电路（Very Large Scale Integration，VLSI）联盟是典型的集成电路投资项目的成功案例。凭借该联盟，日本在微米工艺存储器芯片的研发上超过了美国；并开始取代美国成为半导体产业霸主，连续占有全球半导体市场一半以上份额。在产业发展过程中，政府对该联盟提供了很多补助。在 1976—1979 年，VLSI 联盟研究经费中政府补贴 291 亿日元，占总经费 737 亿元的 40%。VLSI 联盟的研发支出一般占日本半导体产业研发支出的 20%~60%。东芝、日立等老牌集成电路企业对超大规模集成电路研发给予了支持。按照协议，研发成果首先用于返还政府补贴，企业可持有技术专利。在 1976—1979 年，VLSI 联盟共取得了 1000 多项专利，为日本公司占领全球市场提供了巨大助力。1980 年，日本成功研制出 64Kbit 动态随机存储器，比美国早半年；同年研制出 256Kbit 动态随机存储器，领先美国两年。在1985—1992年，日本成为世界最大的半导体生产国。

在借鉴日本发展经验的基础之上，韩国走出了一条选准突破口、买进国外技术、消化吸收，最后走上技术自立的成功之路。韩国集成电路产业最终取得丰硕成果的主要原因仍是政府的引导和资助。1981年韩国政府正式通过《半导体工业综合发展计划》，主要发展超大规模集成电路、计算机、通信设备和电子部件4个领域。1983年商工部制定《半导体产业培育计划》，并在此后四年中投入2600亿韩元，用于建立半导体生产基地。1986年组建了由13家公司参加的"韩国半导体联合体"（South Korea Semiconductor Consortium），利用3年时间投资1400亿韩元，政府和联合体各出资一半，开发4Mbit DRAM以上的超大规模集成电路。20世纪90年代至今，韩国集成电路产业迅速崛起，韩国企业在全球排名中也遥遥领先。

参考文献

[1] IMEC合作研发路：访IMEC执行副总裁［EB/OL］.（2009-02-27）［2017-08-25］. http://www.eeworld.com.cn/manufacture/2009/0227/article_140.html.

撰稿人：电子工业出版社　　　　　　　　　尹茗
审稿人：中芯国际集成电路制造有限公司　　周子学

▷▷▷ 3.4.12 中国主要民间集成电路投融资机构，中國主要民間積體電路投融資機構，China's Major Private IC Investment and Financing Institutions

尽管国家级集成电路产业投资机构可以发挥重大作用，但民间投资组织，由于其更加市场化、更加灵活的运营方式，也可以起到极为重要的作用。由于集成电路产业本身具备的高度国际性和市场导向性，民间集成电路投融资机构可以根据自身特点找到各自擅长的领域，且能够和政府引导基金形成良好的合作关系[1]。目前中国主要的民间集成电路投融资机构包括武岳峰资本（Summitview Capital）和北京清芯华创投资管理有限公司（Hua Capital Management Ltd, 简称华创投资）等。

武岳峰资本成立于2011年年初，一直致力于高科技新兴产业全生命周期的股权投资，涵盖天使、风险投资和私募股权等各种类型，聚焦于信息产业、智能制造、清洁技术、精准医疗、文化创意等核心投资领域。武岳峰资本为武岳峰旗下全球所有专业投资基金及基金管理公司的集合总称，旗下基金包括上海武岳峰集成电路股权投资基金、北京亦合高科技产业投资基金（亦合资本）、上海合一科文创业投资基金（合一资本）、嘉兴浙华武岳峰投资基金、常州武岳峰创业投资基金、上海武岳峰创业投资基金、上海国际人才创业投资基金、美国Wismont Capital 等十余支人民币与美元基金。武岳峰资本的投资管理团队分布于上海、北京、江苏、浙江、美国及欧洲等地，目前管理资产总额近 200 亿元。秉承"专业成就产业"的核心理念，武岳峰资本长期与各级政府引导基金及国内外各界合作，2014 年上海市创业引导基金与武岳峰正式签署战略合作意向书，共同发起设立上海武岳峰集成电路股权投资基金（总规模为 100 亿元）。该基金专注于并购整合全球范围内最先进的集成电路产业优势资源，通过资本力量将其引入中国，以推进中国集成电路产业跨越式的发展并在全球集成电路产业格局中占领重要战略地位。除武岳峰资本外，国家大基金、上海创投、联发科、张江高科、嘉定创投、亦庄国投和清华控股等也参与其中，且通过与国家开发银行、中国银行、招商银行、浦发银行和上海银行等一流金融机构的战略合作，武岳峰资本可随时调用达 470 亿元的授信资金额度。在此基础上，由武岳峰资本领投的中国资本联合体于 2015 年以超过 7 亿美元的总价击败 Cypress 成功收购芯成半导体（ISSI），并正式获得美国外资投资委员会（CFIUS）的审批。芯成半导体是一家存储芯片设计公司，目前设计的产品以利基型 DRAM（Niche DRAM）和 SDRAM 为主。武岳峰成功收购芯成半导体，填补了中国在 DRAM 这一薄弱领域上的空白。

北京清芯华创投资管理有限公司成立于 2014 年，同年中标成为总规模达 300 亿元的北京市集成电路产业发展股权投资基金的设计和封测子基金管理公司。此外，作为专业的私募股权基金管理人，华创投资还与国际产业资本共同成立了美元基金，与地方投资机构、上市公司等共同成立了人民币基金，集聚国内外资源助力中国集成电路产业发展。在全球化视野加全产业链投资理念的指导下，华创投资通过产业上下游整合、海内外并购等方式，帮助被投企业提升价值，不断做强做大。华创投资于 2014 年与中信资本和金石投资组成买方团，收购了美国集成电路设计公司豪威科技（OmniVision Technologies）。豪威科技作为全球排名前 3 的 CMOS 图像传感芯片供应商，其产品广泛应用于消费和工业领域。2015 年，华创投资与武岳峰、北京市亦庄国投等联合完成了对芯成半导体的收购。

目前，中国民间集成电路投融资机构已经基本形成完善体系，专注于并购、创投、产业生态构建、债权投资和 GP 的机构各司其职，为集成电路产业的发展构建了良好的外部环境。

参考文献

[1] 周子学. 中国集成电路产业投融资研究 [M]. 北京：电子工业出版社，2015.

撰稿人：电子工业出版社　　　　　　　　　　尹茗
审稿人：中芯国际集成电路制造有限公司　　　周子学

▷▷▷ 3.4.13 集成电路产业的并购，積體電路產業的併購，Mergers and Acquisitions in IC Industry

2009年以来中国半导体行业的部分并购事件见表3-23，可以看出，从2013年起，集成电路产业的并购日趋频繁，而便利的融资渠道和雄厚的资金实力也使上市公司成为大多数并购事件的发起方。

产业整合频发的原因：一方面，经过近60年的发展，产业的集中趋势愈发明显，龙头企业凭借技术、资本等优势获取了更多的市场份额，挤占了剩余企业的生存空间；另一方面，随着移动互联网、物联网、云计算等新应用场景的出现，半导体技术仍将不断演进，而国内集成电路产业在新技术研发、人才储备和产能规模等方面与国际先进水平仍有较大差距，通过并购的外延式发展是国内企业跨越壁垒并迅速提高竞争力的理想途径之一。

表3-23　2009年以来中国半导体行业部分并购事件

完成时间	并 购 方	被 并 购 方
2009年	浪潮集团	奇梦达中国研发中心
2011年	苏州固锝	明锐光电
2013年	紫光集团	展讯通信*
	紫光国芯	深圳国微电子
	太极实业	新义微电子
	华天科技	昆山西钛微电子
2014年	紫光集团	锐迪科（RDA）
	歌尔股份	丹拿（Dynaudio Holding A/S）
	浦东科投	澜起科技*
2015年	紫光国芯	西安华芯半导体
	华天科技	FlipChip International LLC
	武岳峰资本、华创投资、亦庄国投	芯成半导体（ISSI）*
	建广资产	恩智浦（NXP）RF Power部门
	力源信息（A股；300184）	鼎芯无限

续表

完成时间	并购方	被并购方
2016年	中芯国际	LFoundry
	通富微电	超威半导体（AMD）苏州、AMD槟城
	华创投资等	豪威科技（OmniVision Technologies）*
	长电科技	星科金朋
	北方华创	北方微
	力源信息	飞腾电子
	建广资产	恩智浦（NXP）标准产品业务
	集创北方等	iML
2017年	力源信息	武汉帕太

注：以中国半导体行业协会成员及部分相关上市公司完成的控股并购为主，并购双方名称均为简称，标注*表示为私有化美股案例。

首先，集成电路企业对外并购可以协助其获得先进技术及完善产品线等目标：一是获取标的企业的技术和专利等知识产权资产；二是吸收标的企业技术团队并强化研发能力；三是借助标的企业拓宽自身销售渠道，形成协同效应。例如，在通富微电收购AMD槟城、AMD苏州两家子公司这一案例中，AMD子公司拥有世界先进的大规模高端封装产品量产平台，而通富微电作为国内主要的封装测试企业，通过收购不但可以使自身在倒装芯片封测领域达到世界一流水平，更重要的是可以提升公司在高端先进封装方面的产能和竞争力，为国内外客户提供规模化、定制化的高端封测服务。

其次，产业内部通过并购可以实现资源的优化与整合，形成规模效应。资本密集型的产业特点在集成电路制造领域尤为显著，制程工艺不断升级，动辄需要几十亿、上百亿美元的资金投入，给企业带来巨大挑战，只有形成一定规模的企业才能实现盈利目标。目前中国集成电路产业发展现状是集中度不高、企业规模效应不足且同质化竞争现象严重，资源配置分散不利于产业健康发展。在此情况下，并购无疑是一剂良方。例如，2013年华天科技成功收购昆山西钛微电子63.85%的股份，快速扩充了先进封装产能，增强了自身竞争力。

最后，产业合作式的市场并购，可以达到多赢的目标。例如，长电科技对星科金朋的收购，不仅使长电科技获得了先进技术，奠定了其国内封测龙头及行业巨头的地位；同时，二者在市场、产能和人力资源及管理等方面具备很强的互补和协同效应，未来既能面向高端的国际市场，又能更贴近中国市场和客户，提升了企业的全球竞争力。值得一提的是，此次收购还引入了国家集成电路产业投资基金及中芯国际等产业方，为今后国内集成电路企业探索海外并购的模式及产业链上下游的合作提供了很好的参考价值。

撰稿人：北京清芯华创投资管理有限公司　胡颖平　刘洋
审稿人：北京清芯华创投资管理有限公司　陈大同

▷▷▷ 3.4.14　IPO 和私有化，IPO 和私有化，IPO and Going Private

首次公开募股（Initial Public Offering，IPO）是拟上市公司首次在证券市场公开发行股票募集资金并上市的行为，需要发行人在满足必须具备的条件，并经证券监管机构审核、核准或注册后，通过证券承销机构面向社会公众公开发行股票并在证券交易所上市，公司也因此成为上市公众公司[1]。在中国，因为现行《证券法》规定股票公开发行是上市交易的前提，所以 IPO 与上市两个概念被紧密联系在一起，并时常被混用。中国的 A 股市场、中国香港的港股市场以及美国的美股市场是最受中国集成电路企业青睐的三个 IPO 目标市场。

由于集成电路产业是典型的资本密集型产业，且存在"赢者通吃"的现象，市场占有率排名靠前的企业就有动力扩大规模，以期获得更高的市场份额。上市无疑是企业发展的理想路径：借助股市强大的"造血能力"，企业无论通过加大研发投入进行内生式增长，或者通过并购实现外延式增长，都可以得到资金上的有力支持。例如，长电科技对星科金朋收购一案，充分体现了上市公司的资本优势。

在不同地点上市的企业能否获得较高估值不仅与其综合能力有关，也受到不同产业发展阶段所对应的市场成长空间的限制。这一点在集成电路乃至整个半导体行业尤为明显：经过 60 年的发展，目前美国的半导体产业已经由孕育期和成长期进入成熟期，增长趋于平缓；而在中国，巨大的人口基数带来了广阔的市场，加上完善的电子产品设计与生产产业生态及政策的鼓励和支持，半导体产业方兴未艾，市场增长强劲。相应的，中美两国产业发展阶段的差异直接体现在半导体行业个股的估值上面：中国 A 股相关企业市盈率水平较高，反映了 A 股市场对于处在成长期阶段的集成电路产业良好发展趋势的肯定。当然，中美股市的估值差异还与很多因素有关，如中国经济近年来的持续高增长率、中国尚未完全开放国际收支平衡表中的资本账户以及中国 A 股市场上市门槛高于美国股市等。截至 2017 年 7 月 31 日收盘时，美股部分知名半导体企业的滚动市盈率如图 3-23 所示。截至 2017 年 7 月 31 日收盘时，A 股部分半导体企业的滚动市盈率如图 3-24 所示。

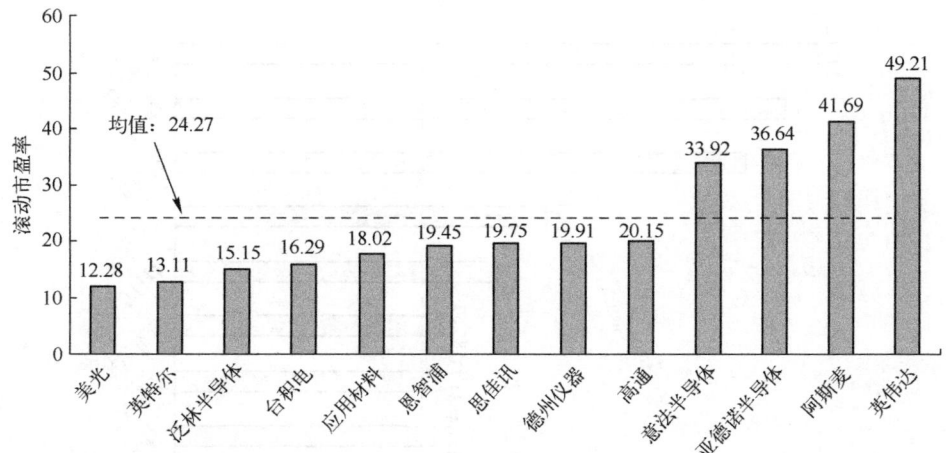

注：滚动市盈率又称最近 12 个月市盈率（即 Trailing Twelve Months，TTM），一般指以某企业最近报告的 12 个月（4 个季度）每股收益计算的其股票市盈率。滚动市盈率＝当前收盘价/最近 4 个季度基本每股收益之和，或滚动市盈率＝当前市值/最近 4 个季度归属于上市公司股东的净利润。使用滚动市盈率指标可消除上市公司间因不同财政年度设置而产生的差异。

数据来源：Wind。

图 3-23 截至 2017 年 7 月 31 日收盘时美股部分知名半导体企业的滚动市盈率

上市公司私有化是以实现上市公司退市、变为非公众公司为目的而进行的一种资本运营行为。私有化有时发生在上市公司股票的市场价值低于账面价值的情况下；但也有部分私有化案例是以并购上市公司从而实现产业整合为目的发起的；还有部分则是为了将公司股票转换至估值水平更高的市场上市以获取资本溢价而发起的，此时上市公司的股票市值并未跌破账面价值。私有化通常由管理层或控股股东提出（也可由其他投资人发起），操作上以现金或证券等方式向其余股东全数买入上市公司股份，之后向交易所提交退市申请，完成除牌退市。上市公司私有化的现象在美国、中国香港等地成熟的资本市场中较为常见，而中国 A 股市场的上市机会属于稀缺资源，罕有私有化的案例出现。

IPO 与私有化本质上并不对立，都是为了企业获得更好的发展机会。而且很多公司在私有化之后会择机再次上市，如芯成半导体（ISSI）就曾在中国台湾地区和美国市场两度上市又私有化退市。有时，私有化也是产业整合的一环，如 2016 年博通（Broadcom）因被安华高（Avago）收购而从纳斯达克市场退市。

2013—2016 年，部分在美上市的中国企业选择私有化并谋求回归 A 股，其中也有集成电路企业的身影。例如，展讯和锐迪科于 2013 年及 2014 年先后被紫

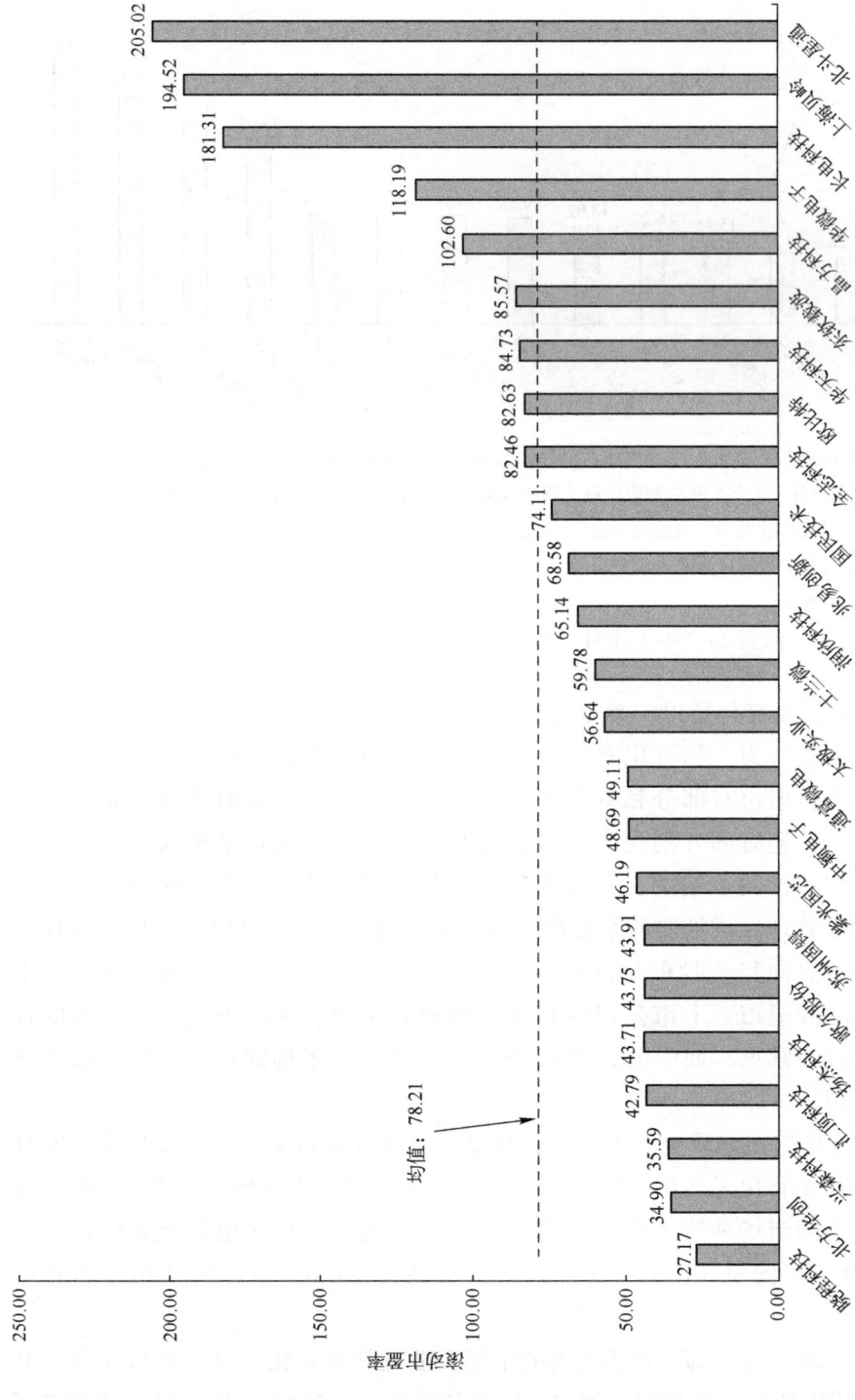

图3-24 截至2017年7月31日收盘时A股部分半导体企业的滚动市盈率

注：以上海申银万国证券研究所有限公司编制的半导体行业指数中所包含的上市公司为主。
数据来源：Wind。

光集团收购，2014年澜起科技完成私有化等。究其原因，一是美国集成电路产业进入成熟期，美国投资者无法完全理解在全球市场整体趋缓的情况下，处在成长期且高速发展的中国集成电路企业的经营模式和价值，这给企业估值造成影响；二是国内日趋成熟的资本市场及各类配套政策也为优质集成电路企业提供了便利的融资渠道和政策环境。至于豪威科技等美国企业接受中国财团的私有化要约，也证明了中国为促进集成电路产业发展而进行的努力正在得到各方认可。

从历史经验来看，美国的集成电路产业之所以能够经久不衰，是因为有创新融资工具不断涌现的多层次资本市场提供着有力支撑。因此，中国集成电路企业应在合适的时机和地点寻求上市，及时给早期的风险投资者提供退出渠道，形成资本在产业内"投资—退出—再投资—再退出"的良性循环。

参考文献

[1] 中国证券业协会. 股票发行市场［EB/OL］.（2012-09-14）［2017-01-21］. http://tzz.sac.net.cn/rsbd/scjs/201209/t20120914_59755.html.

撰稿人：北京清芯华创投资管理有限公司　　胡颖平　刘洋

审稿人：北京清芯华创投资管理有限公司　　陈大同

▷▷▷ 3.4.15 集成电路企业的风险投资操作流程，積體電路企業的風險投資操作流程，Procedure of Venture Capital for IC Companies

当前电子信息产业中的集成电路产业对风险投资需求很大，涵盖了设计、制造、封测、设备和材料等各产业环节。集成电路产业的风险投资具有专业性强的特点，因此在投资的各个阶段，需要专业化的团队参与，以提高投资的成功率。一般而言，风险投资项目流程如图3-25所示。

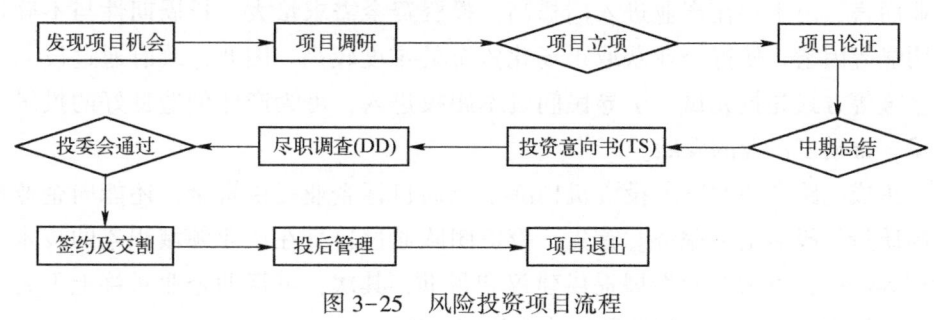

图3-25　风险投资项目流程

风险投资在进行决策时,除了考量集成电路企业的财务和法务状况、管理水平和运营情况,还需要根据行业内部的一些特征,重点对目标企业进行分析,见表3-24。

表3-24 集成电路产业风险投资需要关注的行业特征

行业特征	相应关注点
智力密集	• 专业知识和技术人才 • 技术发展快,技术领先性
资本密集	• 资金门槛高,尤其是制造、封测、设备等领域 • 一次性资本投入高,比如购买先进工艺的制造设备
投入周期长	• 新技术研发周期长 • 产品研发持续投入周期通常以年计算,如1~3年 • 产品市场和客户推广链条环节比较多
产业链协同	• 设计、制造及封测需要良好的产业协同关系 • 芯片、元器件与整机制造也需要产业协同合作 • 整机制造、品牌建设与终端销售紧密联系,形成链条
全球化竞争	• 技术和管理人才全球化配置 • 基础技术全球化分享,如工艺 • 设备和材料全球化采购 • 市场和客户全球化分布
行业集中度高	• 在某细分市场发展到一定程度,排名前列的企业占有较大的市场份额 • 企业毛利率与其市场占有率正相关

集成电路产业的风险投资通常关注的是处于早期发展阶段的企业,这决定了投资的长时间性及高风险性。在产业及资本市场成熟的国家和地区,风投资金的主要来源是各类市场化的机构投资者及企业等。对于后发的中国集成电路产业而言,由于存在产业进入门槛高,投资资金需求量大,长周期性与不确定性明显等因素,使得企业获取市场化资金的难度较高。因此,政府通过设立引导基金等方式先投先试,引导民间资本跟投进入,可为产业创造良好的投融资环境,推动了产业的发展。

集成电路产业的风险投资机构除了能向目标企业提供资金,还能向企业提供高质量的投后增值服务。首先,投资团队通过自身在产业领域积累的技术和管理等经验,可为企业发展提供建议和帮助;其次,可帮助企业对接上下游及其他机构等产业和社会资源,构建合作网络等。

作为一种投资行为,风险投资的最终目的是通过项目退出获取投资回报,退出是整个投资流程的最终环节。风险投资退出的方式大体包括被投企业成功上市和股权转让两种。上市既能为风投机构带来可观的投资回报,而且被投企业上市后将获得持续融资的能力,可以算是一种理想的退出方式。在市场中,原股东回购、管理层收购、企业并购和转让给其他机构等退出方式也很常见。部分风险投资支持下的集成电路企业及投资机构见表3-25。

表3-25 部分风险投资支持下的集成电路企业及投资机构

企业名称	参与风险投资的部分机构(排名不分先后)
展讯	上海实业、中科招商、联想创投、北极光、恩颐投资(NEA)
锐迪科	华平投资、美国国际数据集团(IDG)
中芯国际	北大青鸟环宇、上海实业、高盛、华登国际
兆易创新	启迪、中海创投、华山资本
澜起	永威投资、英特尔资本(Intel Capital)

撰稿人:北京清芯华创投资管理有限公司　胡颖平　刘洋
审稿人:北京清芯华创投资管理有限公司　陈大同

▷▷▷ 3.4.16　A股上市的半导体企业,A股上市的半導體企業,
A Share Listed Companies of Semiconductor Industry

在中国A股市场逾3000家的上市公司中,集成电路企业数量不多。以下用中国半导体行业协会公示的会员单位及部分相关企业中的41家A股上市企业为例,简要展示中国半导体产业在A股市场的发展历程,如图3-26所示。

从图3-26中可以看出A股市场的发展:2003年股票发行审核体制改革,2004年中小板正式设立,2005年股权分置改革启动,2009年创业板开启并于2010年进行扩容,各项机制不断完善。中国半导体企业集中上市是从2003年开始的,其后上市数量的变化基本符合A股发展趋势。

市场环境的优化给更多优秀集成电路(及半导体大类)企业上市融资创造了便利,而产业层面得到的政策支持也在惠及整个行业。2014年之后,国家集成电路产业投资基金(简称"大基金")及各类集成电路产业投资机构(如华创投资、武岳峰资本、华山资本、华登国际等)的身影出现在多家上市企业的定向募集资金或资产交易方案中,通过参股等方式给企业"增信",从而进一步

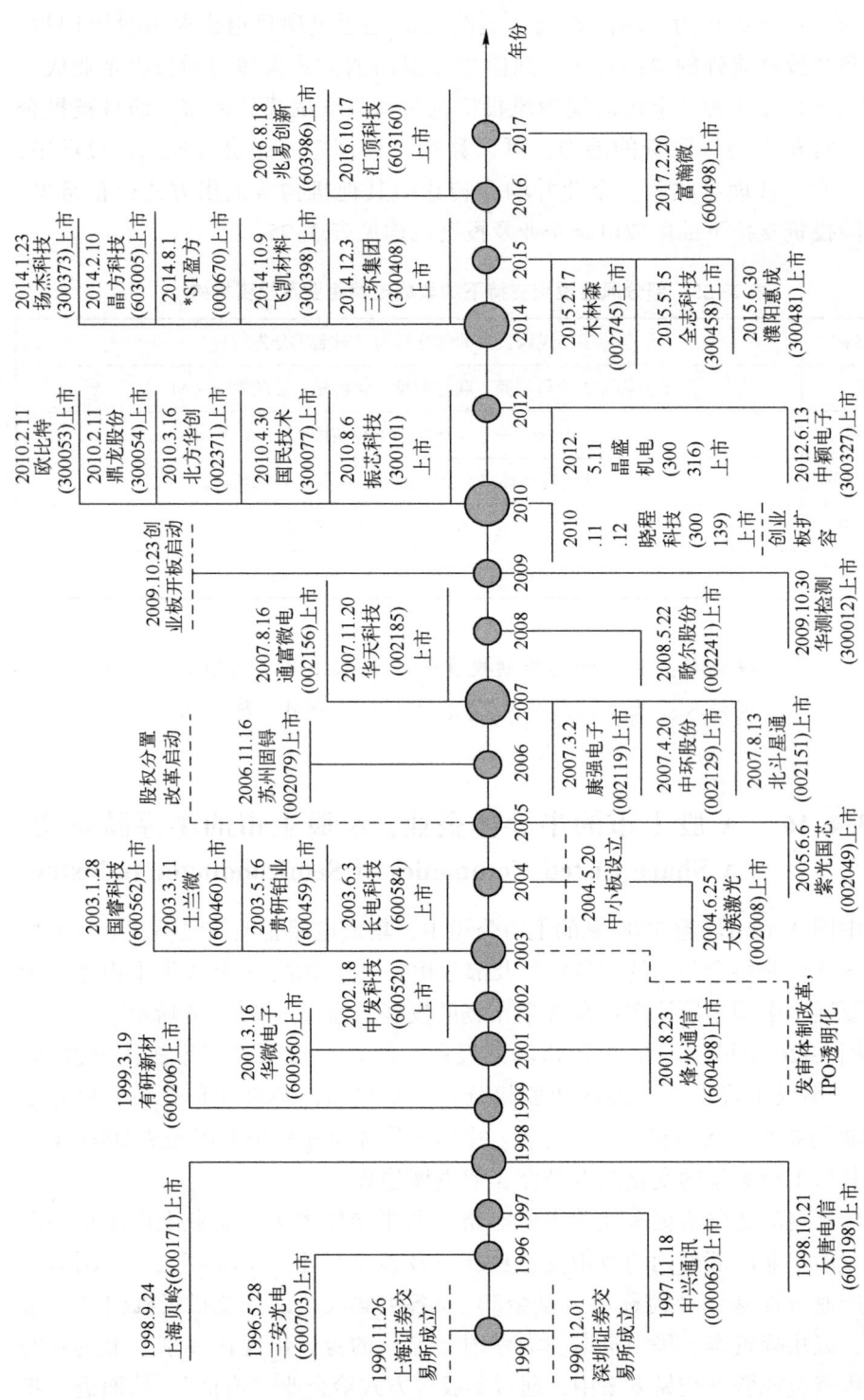

图3-26 中国半导体行业协会会员单位及部分相关企业A股上市进程一览

提升了企业在证券市场的融资能力。

　　　　撰稿人：北京清芯华创投资管理有限公司　　胡颖平　刘洋　孔羽
　　　　审稿人：北京清芯华创投资管理有限公司　　陈大同

▷▷▷ 3.4.17 在香港联交所上市的中国集成电路企业，在香港聯交所上市的中國積體電路企業，Listed Companies of China IC Industry in HKEX

香港联合交易所（简称"联交所"）隶属于香港交易所集团，于1986年由香港证券交易所、远东交易所、金银证券交易所及九龙证券交易所合并而成，是香港唯一的证券交易所，其有主板和创业板两个市场供有意上市的公司选择。

鉴于香港的国际金融中心地位和健全的市场治理结构，香港可以为上市企业提供优质的服务，包括先进的交易结算及交收措施、便利快捷的再融资制度，以及帮助企业建立国际化的运营平台。因此，在中国内地资本市场尚未发展成熟的时候，香港是内地企业上市的首选。据香港联交所官方网站（www.hkex.com.hk）公布的数据，自1993年首家H股公司上市至2016年底，中国内地上市公司在香港市场融资总计5万亿港元。截至2016年12月31日，联交所共有上市公司1973家，总市值25万亿港元；其中在主板和创业板上市的中国内地企业（包括H股及红筹股）共计400家。截至2016年12月底，主板的中国内地企业总市值10.2万亿港元，占股份总值41.78%；创业板相应为200亿港元，占股份总值6.55%。

内地集成电路行业企业也看重香港市场与国际接轨的窗口作用，2000年开始陆续有企业选择赴港上市，如图3-27所示。

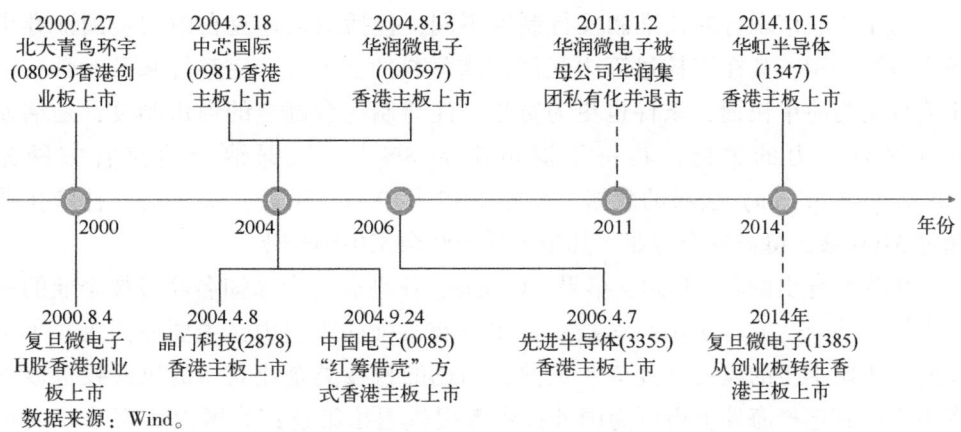

数据来源：Wind。

图3-27　截至2017年3月内地赴港上市集成电路企业一览

除前述种种便利以外，港交所灵活的上市规则也吸引了许多内地企业。例如，主板上市规则中对于上市主体提供了三种经营状况的考核标准——盈利测试、市值/收益/现金流测试、市值/收益测试，企业符合其中的一种即可，这就使得不满足A股上市连续盈利要求的企业可以在香港上市。

撰稿人：北京清芯华创投资管理有限公司　　胡颖平　刘洋
审稿人：北京清芯华创投资管理有限公司　　陈大同

3.4.18 在纳斯达克交易所上市的中国集成电路企业，在納斯達克交易所上市的中國積體電路企業，Listed Companies of China IC Industry in NASDAQ

纳斯达克（National Association of Securities Dealers Automated Quotations，NASDAQ）是美国全国证券交易商协会自动报价表的简称。纳斯达克市场创立于1971年，是全球第一个电子交易市场，也是目前全球上市公司总市值第二大的证券交易市场，仅次于美国纽约交易所。

纳斯达克市场共有三个层次，从上到下分别为"纳斯达克全球精选市场"（NASDAQ Global Select Market，IPO标准高，要求公司具有极好的财务和流动性水平等）、"纳斯达克全球市场"（NASDAQ Global Market，纳斯达克最大最活跃的股票市场）以及"纳斯达克资本市场"（NASDAQ Capital Market，专为成长期公司提供的市场），每一层次的市场各有多套标准供企业选择。三个层次的设计能满足大中小不同规模公司的上市需求，而下面两层的企业在符合更高标准之后可以升入上一层的市场。

与中国股市现行的核准制发行制度不同，包括纳斯达克在内的美国证券市场实行注册制，其在审核过程中强调披露材料的真实性、完整性和及时性，上市流程更为简单快捷，条件也更为宽松。注册制配合健全的退市制度，是纳斯达克保持活力的关键，其每年退市率为8%[1]。根据纳斯达克官方网站（www.nasdaq.com）公布的数据，截至2017年9月，纳斯达克市场总挂牌企业超过3100家，覆盖各个行业，其中包括100余家中国企业。

作为培育出微软、Intel、苹果、Google、亚马逊等全球知名高科技企业的股票市场，纳斯达克对中国高科技企业也具有很强的吸引力，主要原因为：①早年间，中国本土的风投产业尚不成熟，初创的科技类企业获得的风险投资以外资为主，其选择海外上市可为国外投资者提供退出渠道；②国内A股市场对申请上市的企业有严格的盈利要求，因此许多处于成长期而尚未盈利的科技类企业便将纳斯达克作为上市首选。

在纳斯达克上市的中国企业里不乏集成电路企业的身影（见图3-28），如中星微（2005年上市）、炬力（2005年上市）、展讯通信（2007年上市）、锐迪科（2010年上市）、澜起科技（2013年上市）等。然而时过境迁，截至2016年12月炬力宣布私有化退市，上述企业全部告别了纳斯达克。出现这种现象的原因有两方面：一方面是由于中美文化、市场环境、半导体产业发展阶段等存在差异，美国投资者不能完全理解中国集成电路企业业务模式及其价值，造成这些企业在纳斯达克股价表现不佳；另一方面，国内资本市场的建设日趋完善，一级市场上PE/VC机构迅速成长，二级市场的主板和创业板不断发展，给集成电路企业的融资带来了便利，企业有回归的动力。

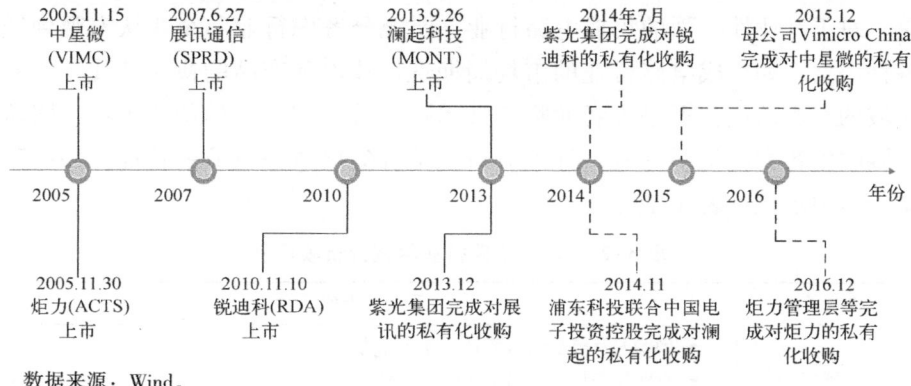

数据来源：Wind。

图3-28 部分中国集成电路企业在纳斯达克上市后又退市的时间一览

从海外上市到退市，中国集成电路企业在资本市场上轨迹变迁的背后是中国经济和产业的不断发展、各项制度的不断成熟。纳斯达克依旧受到全球高新技术企业的追捧，然而现在国内企业有了更多的选择，这对中国的集成电路产业发展大有裨益。

参考文献

[1] 徐洋. 美国"注册制"管窥 [R/OL]. [2017–01–21]. http://www.sse.com.cn/aboutus/research/research/c/3996085.pdf.

撰稿人：北京清芯华创投资管理有限公司　胡颖平　刘洋
审稿人：北京清芯华创投资管理有限公司　陈大同

▷▷▷ 3.4.19 集成电路企业的尽职调查，積體電路企業的盡職調查，Due Diligence in IC Enterprises

通常，股权投资机构对集成电路企业的投资决策主要分为三个步骤：第一步,根据市场和集成电路企业的发展状态,收集潜在的目标企业信息,结合机构自身的投资理念分析目标企业的投资价值,从中筛选出合适的企业进行立项;第二步,验证投资可行性和价值确定性,对目标企业开展尽职调查,全面考量企业的运营状况、发展潜力并评估各方面潜在的风险,形成尽职调查报告;第三步,投资决策委员会(投委会)将根据尽职调查的结果对是否进行投资做出决策。其中尽职调查是非常重要的环节——如果尽职调查过程中发现了目标企业存在潜在不可控的巨大风险等情况,项目可能在投委会上被否决。

尽职调查又称谨慎性调查(简称为"尽调"或"DD(Due Diligence)"),通常包括但不限于目标企业的商业、财务、法务等方面。投资机构可能会聘请外部的专业团队,如行业专家、会计师、律师等共同参与,随后需要制定尽调清单。对于专业性极强的集成电路行业,要充分考虑行业和企业从宏观到微观的各种因素,如集成电路行业的市场周期性、技术和产品的快速迭代、产业细分领域的寡头效应、后进入者面临的技术壁垒等。在制定尽调清单后,团队将按步骤收集各方面材料并进行详细分析。结合集成电路行业的特征,一些重点尽调分析项示例见表3-26。

表3-26 集成电路行业尽调分析项示例

行业特征	尽调分析项示例
智力密集	• 创始人及核心团队背景,专业能力 • 企业核心技术及储备,IP自主性 • 核心技术竞争力
资本密集	• 新产品研发投入 • 财务健康指标(如现金流) • 持续运营、抗市场风险能力 • 融资历史及股权架构
长回报周期	• 产品的投资回报(ROI) • 产品市场竞争力(如产品市场定位、成本、单价、毛利率) • 市场和渠道能力(如销售团队)
产业链协同	• 产业转移趋势(如"微笑曲线") • 上下游区域协同,运营效率
全球化竞争	• 市场细分领域竞争格局 • 公司治理结构(如核心团队股权激励机制) • 全球化的业务支持 • 先进工具和设备 • 目标市场区间和目标客户群
行业集中度高	• 市场细分领域发展阶段以及竞争策略 • 行业战略目标(如行业龙头或寡头) • 运营执行指标(如毛利率、市场份额)

实践中不存在各方面都完美的企业，针对不同发展阶段的企业，尽职调查关注的重点也不同。总体而言，投资机构开展尽职调查的目的是了解企业的详细情况，并根据收集到的信息分析企业未来在市场中的成长性和竞争力，以便做出合理投资决策。

撰稿人：北京清芯华创投资管理有限公司　胡颖平　刘洋
审稿人：北京清芯华创投资管理有限公司　陈大同

▷▷▷ 3.4.20 集成电路企业的资产评估，積體電路企業的資產評估，Asset Evaluation of IC Enterprises

为经营管理、资产交易等目的，企业需要进行资产评估，对象包括不动产、动产、无形资产、企业价值、资产损失或者其他经济权益等。评估通常在企业股份制改造、上市、并购、资产抵押贷款、对外融资及股权转让等事项发生时进行，评估结果将为资产定价提供参考。基本的评估方法有4种，分别为收益法（Income Approach）、成本法（Cost Approach）、市场法（Market Approach）和清算价格法（Liquidation Approach）。除清算价格法应用于破产清算外，其余三种方法使用得较为普遍。

（1）根据《资产评估准则——企业价值》，收益法是将预期收益资本化或折现，从而确定评估对象价值的方法[1]。使用收益法需综合考虑被评估对象过往的经营情况及未来收益的可预期性，并对影响贴现的各项因素做出合理假设。收益法多用于企业整体价值的评估，但结果容易受主观判断或不可预见因素的影响。

（2）成本法（在进行企业价值评估时称为资产基础法（Asset-Based Approach））是通过测算评估对象各类资产的重置成本（资产基础法以账面价值为主），并将其加总、扣除贬值因素后得到评估价值的过程。成本法使用范围较广，但需要考虑评估对象的资产是否具有可重置性且能够被识别和评估，因此不太适于高新技术产业等无形资产较多的标的评估。

（3）市场法是指在活跃、有效且公平交易的市场中，通过与被评估对象相似或者有可比性的参照物（如参照上市公司或可比交易案例等）的价值来确定评估对象价值的方法。

上述三种方法各有其适用条件及局限性，在实际操作中，应根据情况灵活运用。针对集成电路产业中轻资产的无生产线设计（Fabless）企业与重资产的材料及设备类企业、圆片代工企业和封装测试企业等进行资产评估时，需要根据不同企业的资产属性特点,选择合适的评估方法。

(1) 产业中典型的无生产线设计(Fabless)企业除账面资产外,还拥有包括资质、团队、服务和营销等在内的大量无形资源,使用收益法可以更加全面地将这些无形资源以及企业内部其他资产间形成的协同效应纳入考量范畴,反映未来企业整体资产的获利能力价值。因此在并购等涉及对设计类企业股东权益的评估时,收益法较为常用。此类案例如四维图新(股票代码:002405)收购杰发科技[2],同方国芯(现紫光国芯,股票代码:002049)收购深圳国微电子等[3]。

(2) 资产基础法(成本法)建立在企业资产负债表的基础上,分别评估每一种资产的价值,其评估结果具有较强的客观依据性,在并购等交易中易为买卖双方所接受。例如,在七星电子(现北方华创,股票代码:002371)收购北方微这一案例中,评估公司采用了收益法及资产基础法。鉴于北方微所在的中国集成电路设备产业尚在发展初期,产业整体达到国际先进水平还需时日,虽然企业的发展潜力良好,但未来能否实现技术突破从而真正形成核心竞争力及收益能力具有不确定性,所以最终评估报告以资产基础法评估下的北方微股东全部权益结果为主[4]。

(3) 当评估对象在资本市场中有一定数量的可比企业(上市公司),其规模、行业地位、资产结构和经营模式等都与评估对象相近时,使用市场法并对企业的成长性、企业特点等做一定修正后得到的结果可以反映市场对同类企业的普遍价值判断。例如,在长电科技(股票代码:600584)拟收购苏州长电新朋这一案例中,评估公司选用了市场法及收益法对长电新朋的股东全部权益进行评估,并考虑到市场法是基于评估时点与可比企业在财务运营和收益状况的比较,能更好地反映理性投资的价值,最终报告以市场法所得结果为主[5]。

在交易环节中,资产评估虽然不起决定作用,但评估结果具有重要的参考意义。随着国内集成电路产业的快速发展,企业间的并购整合案例日益增多,全面考量标的企业情况,选择合理的方法综合评估企业价值,有利于交易的顺利进行。

参考文献

[1] 中国资产评估协会. 中国资产评估协会关于印发〈资产评估准则——企业价值〉的通知(中评协〔2011〕227号)[S/OL]. (2011-12-30) [2017-01-21]. http://www.cas.org.cn/pgbz/pgzc/47398.htm.

[2] 北京中同华资产评估有限公司. 北京四维图新科技股份有限公司拟收购杰发科技(合肥)有限公司股权项目资产评估报告书(中同华评报字〔2016〕第173号)[R/EB]. [2017-01-21]. http://www.cninfo.com.cn/cninfo-new/disclosure/szse_sme/

bulletin_detail/true/1202325364? announceTime=2016-05-17%2008:04.

[3] 北京卓信大华资产评估有限公司. 同方国芯电子股份有限公司拟收购深圳市国微电子股份有限公司96.4878%股权评估项目资产评估报告书（卓信大华评报字〔2012〕第036号）[R/EB]. [2017-01-21]. http://www.cninfo.com.cn/cninfo-new/disclosure/szse_sme/bulletin_detail/true/61422236? announceTime=2012-08-15%2006:30.

[4] 北京亚超资产评估有限公司. 北京七星华创电子股份有限公司拟发行股份购买资产并配套募集资金所涉及的北京北方微电子基地设备工艺研究中心有限责任公司股东全部权益项目评估报告（北京亚超评报字〔2015〕第A196号，第一册）[R/EB]. [2017-01-21]. http://www.cninfo.com.cn/cninfo-new/disclosure/szse_sme/bulletin_detail/true/1201973424? announceTime=2016-02-05.

[5] 中联资产评估集团有限公司. 江苏长电科技股份有限公司拟发行股份购买苏州长电新朋投资有限公司股权项目资产评估报告（中联评报字〔2017〕第36号）[R/EB]. [2017-01-21]. http://www.cninfo.com.cn/cninfo-new/disclosure/sse/bulletin_detail/true/1203012127? announceTime=2017-01-13.

撰稿人：北京清芯华创投资管理有限公司　胡颖平　刘洋

审稿人：北京清芯华创投资管理有限公司　陈大同